# SOMMAIRE

# PROGRAMME DE PHILOSOPHIE EN TERMINALE A

***(Arrêté du 5 juillet 1983)***

Le programme se compose :

— d'une liste de notions suivie de questions au choix ;

— d'une liste d'auteurs.

Ces deux éléments du programme seront étudiés conjointement.

## I. - Notions

Les notions sont groupées par thèmes fondamentaux. Des groupements sont proposés parmi d'autres possibles. En effet, certaines notions, par exemple l'imagination, pourraient aussi trouver place au sein d'un autre groupement, par exemple « l'homme et le monde » : il suffit que toutes les notions du programme soient examinées.

L'étude des notions est toujours déterminée par des problèmes philosophiques dont le choix et la formulation sont laissés à l'initiative des professeurs.

Les notions qui figurent sous chacun des titres indiquent non pas des chapitres successifs, mais des directions dans lesquelles la recherche et la réflexion sont invitées à s'engager. L'ordre d'énumération choisi pour les notions du programme n'impose pas d'ordre obligatoire à leur examen.

Les questions au choix — deux questions en section A — ne doivent pas être considérées comme s'ajoutant aux programmes de notions : elles en constituent d'éventuels approfondissements. Le temps réservé à l'étude de ces questions ne dépassera pas un cinquième du nombre d'heures dont dispose l'enseignement philosophique dans l'ensemble de l'année scolaire.

***L'homme et le monde***

La conscience.
L'inconscient.
Le désir. Les passions.
L'illusion.
Autrui.
L'espace. La perception.
La mémoire. Le temps.
La mort. L'existence.
Nature et culture.
L'histoire.

***La connaissance et la raison***

Le langage.
L'imagination.
Le jugement. L'idée.
La formation des concepts scientifiques (un exemple)[1].
Théorie et expérience.
Logique et mathématiques.
La connaissance du vivant.
Constitution d'une science de l'homme (un exemple)[2].
L'irrationnel. Le sens. La vérité.

***La pratique et les fins***

Le travail. Les échanges.
La technique. L'art.
La religion.
La société. L'État[3].
Le pouvoir[3].
La violence.
Le droit. La justice.
Le devoir. La volonté. La personne.
Le bonheur.
La liberté.

***Anthropologie Métaphysique Philosophie***

**1.** Dans cet ouvrage : *La Lumière*.
**2.** Dans cet ouvrage : *La Sociologie*.
**3.** Ces deux notions, *L'État*, *Le Pouvoir*, ont été ici regroupées en un seul chapitre.

## Questions au choix

**I.** Étude analytique et critique d'un certain nombre de concepts et de thèmes métaphysiques (par exemple : l'être et le néant, l'essence et l'existence, l'absolu, Dieu...).

**II.** Réflexion critique concernant quelques théories et quelques concepts fondamentaux d'ordre scientifique ou technologique étudiés en eux-mêmes et, le cas échéant, dans leur histoire (par exemple : le nombre, les ensembles, la matière, l'évolution, le comportement, la parenté, modèle, structure, système, régulation, norme...).

**III.** Réflexion critique concernant quelques concepts fondamentaux d'ordre esthétique (par exemple : imitation, création...).

**IV.** Réflexion critique sur les problèmes fondamentaux de l'éducation (par exemple : les « modèles » éducatifs, école et société...).

**V.** Étude d'œuvres de caractère religieux ou littéraire (par exemple : la Bible, les tragiques grecs...) ou scientifique (par exemple : textes de Galilée ou de Darwin, de Mauss ou de Lévi-Strauss...) ou technologique (par exemple : extraits d'articles de l'encyclopédie de Diderot et d'Alembert...) pouvant intéresser la réflexion philosophique.

**VI.** Étude d'une doctrine, d'un courant ou d'un moment de la pensée ayant joué un rôle majeur dans l'histoire de la culture (par exemple : le stoïcisme, le libéralisme, les lumières...).

**VII.** Étude analytique et critique de notions et de thèmes ne figurant pas au programme, mais en liaison avec ce programme (par exemple : en liaison avec l'espace : le corps ; en liaison avec le travail : les loisirs ; en liaison avec la société : l'idéologie ; en liaison avec la technique : schéma et schème...).

**VIII.** Étude de questions propres au monde contemporain dans leur rapport avec une problématique philosophique.

# PROGRAMME

## II. - Auteurs

Il n'y a pas lieu d'établir une liste des œuvres dont l'analyse peut contribuer à l'étude des notions du programme. Le professeur choisit dans ces œuvres des textes qui répondent aux besoins philosophiques de son enseignement. Mais dans toutes les classes terminales on entreprendra l'étude suivie d'œuvres philosophiques choisies dans une liste limitative.

- * Platon - * Aristote - Épicure - * Lucrèce - * Épictète - Marc-Aurèle - Saint Augustin - Saint Thomas.
- Machiavel - Montaigne - Hobbes - * Descartes - Pascal - * Spinoza - Malebranche - Leibniz - Montesquieu - Hume - * Rousseau - * Kant.
- * Hegel - * Comte - Cournot - Kierkegaard - Marx - Nietzsche - Freud - * Husserl - * Bergson - Alain - Bachelard - Merleau-Ponty - Sartre - Heidegger.

Cette liste est celle à laquelle se réfèrent les épreuves orales du baccalauréat[1]. Parmi les œuvres des auteurs dont le nom figure sur cette liste, le professeur choisit celles dont l'analyse peut être entreprise en même temps que l'étude des thèmes et en relation avec elle.

Telle œuvre sera étudiée dans son ensemble : le professeur délimite alors les passages qui feront expressément l'objet d'une explication de texte. Telle autre sera étudiée dans certaines de ses parties : celles-ci auront une certaine ampleur, formeront un tout et présenteront un caractère de continuité.

Dans toutes les sections, au moins l'une des œuvres choisies sera de l'un des auteurs dont le nom est précédé d'un astérisque.

***En section A :***

Trois œuvres au minimum, choisies au moins dans deux périodes différentes (la liste des œuvres fait apparaître trois périodes : l'Antiquité et le Moyen Age, la période moderne, la période contemporaine).

De ces trois œuvres, l'une au moins sera étudiée dans son ensemble. Si deux œuvres sont choisies dans la même période, l'une au moins d'entre elles doit être d'un auteur dont le nom est précédé d'un astérisque.

1 : Pour les terminales qui comportent un oral, une note indiquant les œuvres étudiées figurera sur le livret scolaire des candidats ou sera remise à l'examinateur par les candidats sans livret.

# PRÉSENTATION

Les lycéens n'abordent la philosophie qu'au terme de leurs études secondaires. Elle est donc de leur part l'objet d'une *curiosité légitime* : comment « philosophe »-t-on, tout le monde peut-il « philosopher », peut-on être un « philosophe sans le savoir », faut-il lire les philosophes du passé — en un mot, « qu'est-ce que la philosophie ? »

Cette attente reste *trop souvent déçue*. Enseignants nous-mêmes, nous avons constaté combien une part excessive des élèves jugent hâtivement la philosophie hors de leur portée.

## UN ACCÈS PLUS FACILE

L'objet de *Parcours philosophiques* est de *favoriser la rencontre* de l'enseignant et de l'élève, et de faciliter ainsi l'accès de chacun à la philosophie dans ce qu'elle a de plus actuel.

## UNE SÉRIE D'ÉTAPES

*Parcours philosophiques* présente en conséquence un ensemble d'éléments, une série d'étapes qui mèneront l'élève de son expérience la plus quotidienne à une réflexion authentiquement philosophique. Nous pensons par là œuvrer dans le sens qui convient à la philosophie, la réconciliant avec un public qui doit être naturellement le sien.

## UNE ANTHOLOGIE ET UN COURS

*Parcours philosophiques* est né de la rencontre entre deux idées, deux conceptions du manuel de philosophie : l'*anthologie*, avec sa richesse de textes, et le *cours*, avec son souci de l'élève. Nous avons voulu concilier les avantages de ces deux formules, et offrir un ouvrage à la fois riche et accessible, un ensemble de textes, de commentaires et de leçons offrant à l'élève un cadre efficace et solide.

## DES TEXTES, DES COMMENTAIRES, DES RÉFLEXIONS

*Parcours philosophiques* propose à l'élève d'entreprendre une exploration au sein d'un réseau de *textes variés* (classiques ou contemporains), et de suivre un ensemble d'itinéraires déjà balisés : les leçons, que nous avons conçues comme des *exemples de réflexion* plutôt que comme des modèles définitifs.

## UN OUTIL DE TRAVAIL

*Parcours philosophiques*, pour la première fois, offre donc aussi bien la matière du travail — les textes — que l'analyse et la mise en chantier de ce même travail — des commentaires et des problématisations.

# ORGANISATION D'UN CHAPITRE

Chaque chapitre traite une notion du programme. Il comprend dix pages réparties en cinq doubles pages qui se suivent selon une progression soigneusement échelonnée : PRÉ-TEXTE, EXTRAITS, GRAND TEXTE, LEÇON, RÉFÉRENCES.

Un sigle placé en haut à droite des doubles pages permet de repérer à quelle étape du chapitre l'on se trouve.

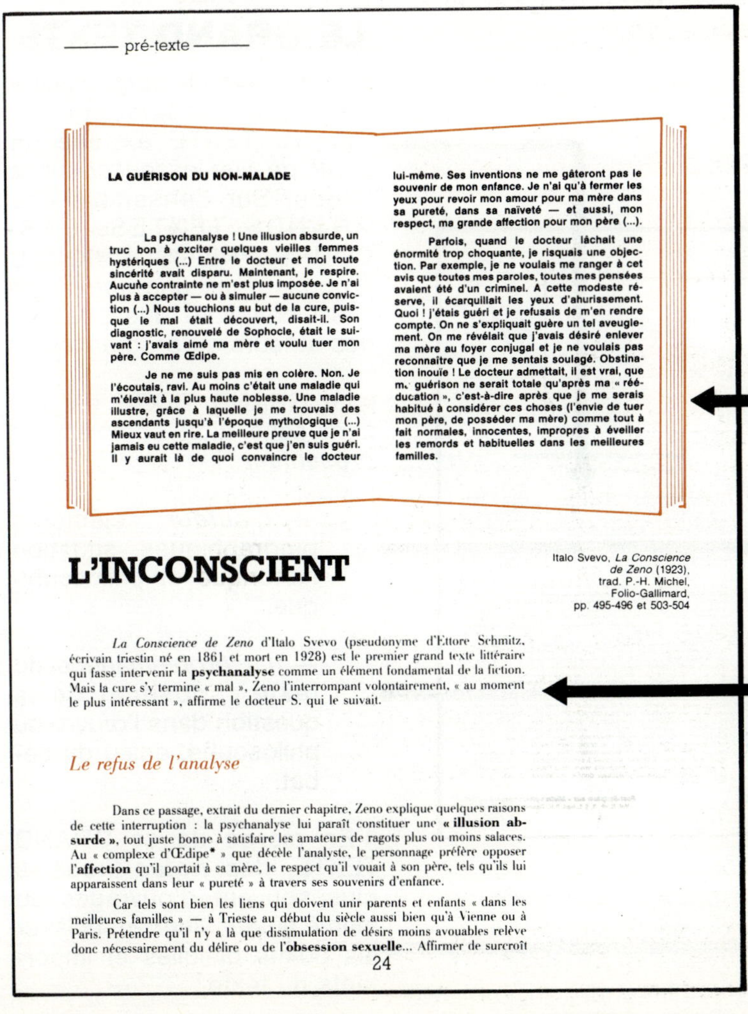

pré-texte

**LA GUÉRISON DU NON-MALADE**

La psychanalyse ! Une illusion absurde, un truc bon à exciter quelques vieilles femmes hystériques (...) Entre le docteur et moi toute sincérité avait disparu. Maintenant, je respire. Aucune contrainte ne m'est plus imposée. Je n'ai plus à accepter — ou à simuler — aucune conviction (...) Nous touchions au but de la cure, puisque le mal était découvert, disait-il. Son diagnostic, renouvelé de Sophocle, était le suivant : j'avais aimé ma mère et voulu tuer mon père. Comme Œdipe.

Je ne me suis pas mis en colère. Non. Je l'écoutais, ravi. Au moins c'était une maladie qui m'élevait à la plus haute noblesse. Une maladie illustre, grâce à laquelle je me trouvais des ascendants jusqu'à l'époque mythologique (...) Mieux vaut en rire. La meilleure preuve que je n'ai jamais eu cette maladie, c'est que j'en suis guéri. Il y aurait là de quoi convaincre le docteur lui-même. Ses inventions ne me gâteront pas le souvenir de mon enfance. Je n'ai qu'à fermer les yeux pour revoir mon amour pour ma mère dans sa pureté, dans sa naïveté — et aussi, mon respect, ma grande affection pour mon père (...).

Parfois, quand le docteur lâchait une énormité trop choquante, je risquais une objection. Par exemple, je ne voulais me ranger à cet avis que toutes mes paroles, toutes mes pensées avaient été d'un criminel. A cette modeste réserve, il écarquillait les yeux d'ahurissement. Quoi ! j'étais guéri et je refusais de m'en rendre compte. On ne s'expliquait guère un tel aveuglement. On me révélait que j'avais désiré enlever ma mère au foyer conjugal et je ne voulais pas reconnaître que je me sentais soulagé. Obstination inouïe ! Le docteur admettait, il est vrai, que ma guérison ne serait totale qu'après ma « rééducation », c'est-à-dire après que je me serais habitué à considérer ces choses (l'envie de tuer mon père, de posséder ma mère) comme tout à fait normales, innocentes, impropres à éveiller les remords et habituelles dans les meilleures familles.

# L'INCONSCIENT

Italo Svevo, *La Conscience de Zeno* (1923), trad. P.-H. Michel, Folio-Gallimard, pp. 495-496 et 503-504

*La Conscience de Zeno* d'Italo Svevo (pseudonyme d'Ettore Schmitz, écrivain triestin né en 1861 et mort en 1928) est le premier grand texte littéraire qui fasse intervenir la **psychanalyse** comme un élément fondamental de la fiction. Mais la cure s'y termine « mal », Zeno l'interrompant volontairement, « au moment le plus intéressant », affirme le docteur S. qui le suivait.

*Le refus de l'analyse*

Dans ce passage, extrait du dernier chapitre, Zeno explique quelques raisons de cette interruption : la psychanalyse lui paraît constituer une **« illusion absurde »**, tout juste bonne à satisfaire les amateurs de ragots plus ou moins salaces. Au « complexe d'Œdipe* » que décèle l'analyste, le personnage préfère opposer l'**affection** qu'il portait à sa mère, le respect qu'il vouait à son père, tels qu'ils lui apparaissent dans leur « pureté » à travers ses souvenirs d'enfance.

Car tels sont bien les liens qui doivent unir parents et enfants « dans les meilleures familles » — à Trieste au début du siècle aussi bien qu'à Vienne ou à Paris. Prétendre qu'il n'y a là que dissimulation de désirs moins avouables relève donc nécessairement du délire ou de l'**obsession sexuelle**... Affirmer de surcroît

24

## 1. LE PRÉ-TEXTE

■ *Document* ou plus souvent texte littéraire (voire philosophique) particulièrement *accessible,* le PRÉ-TEXTE prépare l'élève à des textes plus difficiles : il constitue un premier défrichage de la notion, au sein de laquelle l'élève peut déjà s'orienter. En outre, le PRÉ-TEXTE est accompagné d'une réflexion librement développée, qui pose *quelques jalons* explicités par la suite.

## 2.
# LES EXTRAITS

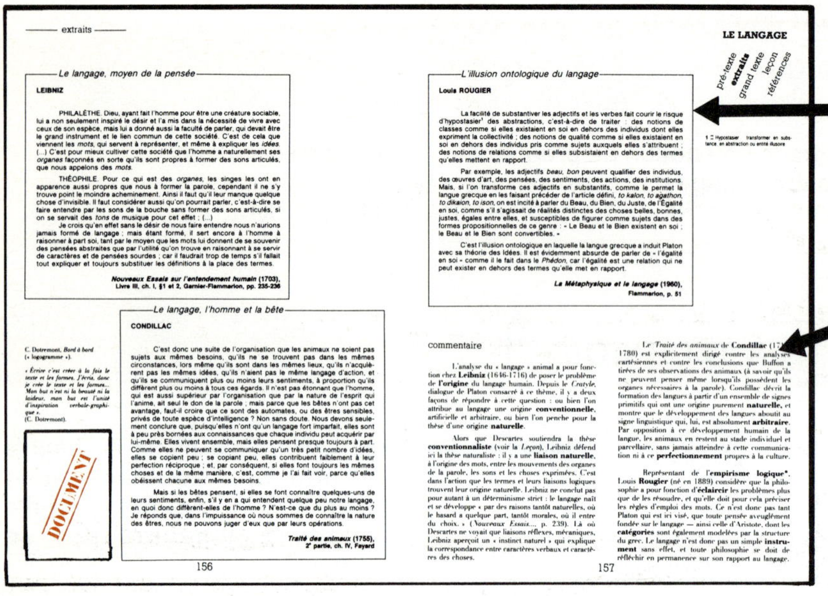


■ Trois EXTRAITS de textes philosophiques ont été choisis pour leur complémentarité. D'une *longueur équivalente* à celle des textes proposés comme sujets d'examen, ils sont accompagnés d'un rapide *commentaire* qui en relève les points fondamentaux. Ces trois EXTRAITS familiarisent l'élève avec la notion étudiée, et soulignent la *variété* des approches qui en sont possibles.

## 3.
# LE GRAND TEXTE

■ Choisi parmi le corpus philosophique fondamental, le GRAND TEXTE expose un *point de vue essentiel* sur la notion. Sur l'ensemble des GRANDS TEXTES, PARCOURS PHILOSOPHIQUES propose donc une *anthologie* aussi complète que possible des auteurs au programme.

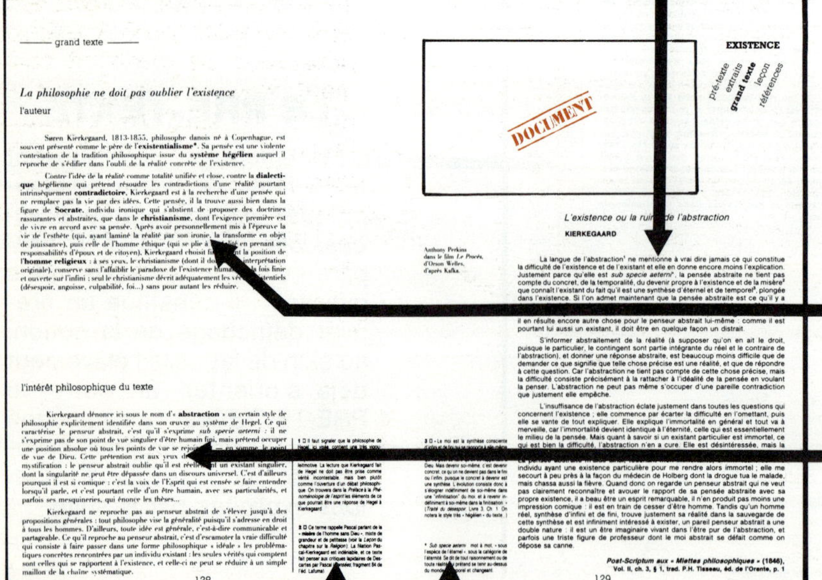


■ Le GRAND TEXTE est accompagné d'un *commentaire présentant* :

— *L'auteur :* éléments biographiques, situation historique et philosophique.

— *La problématique* du texte : position de la question dans l'œuvre du philosophe, enjeu du débat.

■ En marge de ce GRAND TEXTE, des *notes* tirées le plus souvent d'ouvrages du même auteur viennent éclairer les points difficiles et importants du texte.

## CULTURE, TRAVAIL, TECHNIQUE

Comme le souligne Auguste Comte dans son *Cours de philosophie positive*, l'homme est de tous les animaux celui chez qui l'[illegible] a le plus à faire pour atténuer la discordance entre les [illegible] physiques » et les « nécessités morales » de [illegible] condition. La constatation de ce que l'être humain sort inachevé des mains de la nature constitue, depuis Platon, un poncif de l'anthropologie philosophique (voir plus haut l'*Extrait* du *Protagoras*) : faiblesse de l'**espèce humaine** qui n'a ni fourrure ni armes pour se protéger des attaques du froid et des grands animaux ; faiblesse de l'**individu humain** dont l'enfance est exceptionnellement longue et qui, même parvenu à l'âge adulte, n'est guère apte à survivre en dehors de la société.

L'homme est donc cet être de la nature qui doit **inventer** lui-même, par le **travail**, jusqu'à ses moyens de survie. Le travail humain implique la **conscience d'un projet**[1] : alors que l'agriculteur le plus primitif sait **prévoir** la récolte de l'année suivante, les animaux, remarque Engels, « pratiquent à un haut degré le gaspillage et, en outre, ils détruisent en germe les pousses nouvelles » (*Dialectique de la nature*, éd. Sociales, p. 176). Or, c'est cette même faculté d'**anticiper** intelligemment la fin recherchée qui [illegible] à l'homme de s'en détourner provisoirement afin d'[illegible] de forger des **outils***, c'est-à-dire des **objets fabriqués** [illegible] à **agir sur la matière** : une définition célèbre, donnée [illegible] Franklin, puis reprise par Marx, a ainsi pu caractériser l'homme comme un **animal** fabriquant des **outils** *(« a toolmaking animal »).*

Outre le développement maximal de la capacité crânienne (1 300 $cm^3$ environ), la station droite (qui élargit notablement le champ perceptif) et la libération de la main (pouce opposable aux autres doigts) ont présidé aux premiers progrès de l'espèce. La main est un organe tout particulièrement remarquable par la complexité de son squelette et de son innervation : n'étant pas spécialisée, elle est, comme le dit Aristote, « non pas un outil, mais plusieurs » (*Parties des animaux*, IV, 10) ; elle est un outil à faire des outils. L'outil **réagit** d'ailleurs sur la nature de l'être qui l'a fabriqué, remarque Bergson, car « pour chaque besoin qu'il satisfait, il produit un besoin nouveau » (*L'Évolution créatrice*, chap. II, P.U.F., p. 142) : de la roue à la fusée cosmique, n'est-ce pas le **besoin toujours renouvelé** d'aller *plus* vite et *plus* loin qui a guidé l'inventeur ? Ainsi, en s'exerçant, la technique humaine se dispose à mieux s'exercer.

Picabia,
*Machine tournez vite* (1916).

### *Science et technique*

**Technique** qualifie originairement, on l'a vu, tout procédé mis en œuvre pour obtenir un résultat déterminé. L'idée de technique évoque donc d'abord celles d'empirisme, de recette transmise par quelque tradition : « J'appelle *technique*, écrivait en ce sens Marcel Mauss (1872-1950), un acte *traditionnel efficace* » (« Les techniques du corps », in *Sociologie et anthropologie*, P.U.F., p. 372. Voir à ce sujet le *Grand Texte* du chapitre sur *Nature et Culture*). Mais, de nos jours, le terme de technique fait toujours plus référence à des ensembles de procédés fondés sur des **connaissances scientifiques**. On pense **machine** et on pense **rationalité** lorsque l'on parle de techniques : la technique apparaît désormais presque exclusivement comme la **science appliquée**.

Cette évolution sémantique tient à deux raisons essentielles. D'une part, l'Antiquité et le M[illegible] Age ayant distingué soigneusement les **a[illegible] libéraux*** des arts réputés indignes d'u[illegible]me libre,

1 □ Sur la notion de **projet**, voir la *Leçon* sur le *Temps*.



## 4.
## LA LEÇON

■ Spécialement conçue pour cet ouvrage, la LEÇON tient toujours compte de la *progression* du chapitre. Délaissant une forme définitivement fixée pour s'adapter à la nature de chaque notion, la LEÇON s'appuie parfois sur les *textes déjà étudiés,* ou bien s'organise autour d'une *question-force originale* et féconde, ou encore présente un *panorama des multiples problématiques* possibles. En montrant comment s'élabore un raisonnement, la LEÇON prépare l'élève à la dissertation. Lorsque cela s'impose, un jeu de *renvois* est prévu vers d'autres leçons complétant et enrichissant l'approche développée.

## 5.
# LES RÉFÉRENCES

■ En complément de la LEÇON, des éléments permettent à l'élève *d'approfondir* son travail personnel et de poursuivre sa réflexion. Ces RÉFÉRENCES sont constituées de :

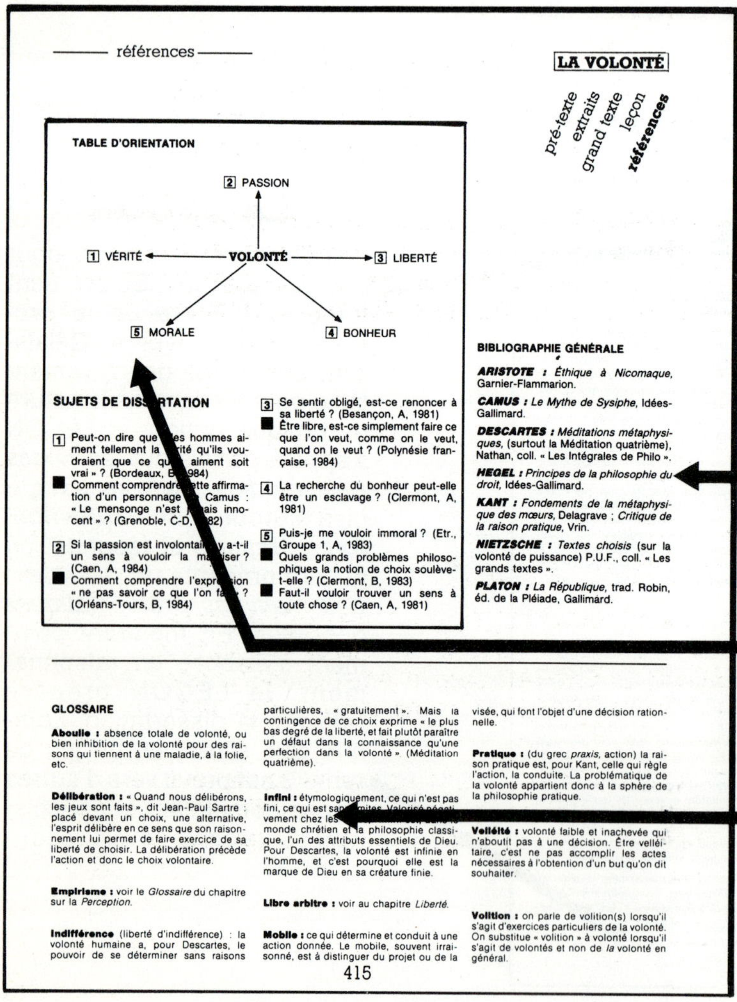



**LA VOLONTÉ**

pré-texte
extraits
grand texte
leçon
**références**

**TABLE D'ORIENTATION**



**SUJETS DE DIS  RTATION**

1 Peut-on dire que  es hommes aiment tellement la  rité qu'ils voudraient que ce qu  aiment soit vrai » ? (Bordeaux, B  984)

■ Comment comprendre  tte affirmation d'un personnage  Camus : « Le mensonge n'est  ais innocent » ? (Grenoble, C-D,  82)

2 Si la passion est involontai  y a-t-il un sens à vouloir la m  iser ? (Caen, A, 1984)

■ Comment comprendre l'expr  ion « ne pas savoir ce que l'on fa  ? (Orléans-Tours, B, 1984)

3 Se sentir obligé, est-ce renoncer à sa liberté ? (Besançon, A, 1981)

■ Être libre, est-ce simplement faire ce que l'on veut, comme on le veut, quand on le veut ? (Polynésie française, 1984)

4 La recherche du bonheur peut-elle être un esclavage ? (Clermont, A, 1981)

5 Puis-je me vouloir immoral ? (Etr., Groupe 1, A, 1983)

■ Quels grands problèmes philosophiques la notion de choix soulève-t-elle ? (Clermont, B, 1983)

■ Faut-il vouloir trouver un sens à toute chose ? (Caen, A, 1981)

**BIBLIOGRAPHIE GÉNÉRALE**


***ARISTOTE :*** *Éthique à Nicomaque*, Garnier-Flammarion.

***CAMUS :*** *Le Mythe de Sysiphe*, Idées-Gallimard.

***DESCARTES :*** *Méditations métaphysiques*, (surtout la Méditation quatrième), Nathan, coll. « Les Intégrales de Philo ».

***HEGEL :*** *Principes de la philosophie du droit*, Idées-Gallimard.

***KANT :*** *Fondements de la métaphysique des mœurs*, Delagrave ; *Critique de la raison pratique*, Vrin.

***NIETZSCHE :*** *Textes choisis* (sur la volonté de puissance) P.U.F., coll. « Les grands textes ».

***PLATON :*** *La République*, trad. Robin, éd. de la Pléiade, Gallimard.


**GLOSSAIRE**

**Aboulie :** absence totale de volonté, ou bien inhibition de la volonté pour des raisons qui tiennent à une maladie, à la folie, etc.

**Délibération :** « Quand nous délibérons, les jeux sont faits », dit Jean-Paul Sartre : placé devant un choix, une alternative, l'esprit délibère en ce sens que son raisonnement lui permet de faire exercice de sa liberté de choisir. La délibération précède l'action et donc le choix volontaire.

**Empirisme :** voir le *Glossaire* du chapitre sur la *Perception.*

**Indifférence** (liberté d'indifférence) : la volonté humaine a, pour Descartes, le pouvoir de se déterminer sans raisons particulières, « gratuitement ». Mais la contingence de ce choix exprime « le plus bas degré de la liberté, et fait plutôt paraître un défaut dans la connaissance qu'une perfection dans la volonté » (Méditation quatrième).

**Infini :** étymologiquement, ce qui n'est pas fini, ce qui est sa  mites.  vement chez les  monde chrétien e  a philosophie classique, l'un des attributs essentiels de Dieu. Pour Descartes, la volonté est infinie en l'homme, et c'est pourquoi elle est la marque de Dieu en sa créature finie.

**Libre arbitre :** voir au chapitre *Liberté.*

**Mobile :** ce qui détermine et conduit à une action donnée. Le mobile, souvent irraisonné, est à distinguer du projet ou de la visée, qui font l'objet d'une décision rationnelle.

**Pratique :** (du grec *praxis,* action) la raison pratique est, pour Kant, celle qui règle l'action, la conduite. La problématique de la volonté appartient donc à la sphère de la philosophie pratique.

**Velléité :** volonté faible et inachevée qui n'aboutit pas à une décision. Être velléitaire, c'est ne pas accomplir les actes nécessaires à l'obtention d'un but qu'on dit souhaiter.

**Volition :** on parle de volition(s) lorsqu'il s'agit d'exercices particuliers de la volonté. On substitue « volition » à volonté lorsqu'il s'agit de volontés et non de *la* volonté en général.



— La *bibliographie de la leçon* et la *bibliographie générale* du chapitre, qui facilitent le recours aux textes intégraux.

— Une *table d'orientation,* qui permet de restituer la notion dans l'ensemble du programme et de relier entre elles des notions en apparence lointaines.

— Un *glossaire,* qui analyse les termes techniques rencontrés dans les textes et constitue au fil de l'ouvrage un véritable dictionnaire philosophique.

# ORGANISATION DE L'OUVRAGE

## LES ILLUSTRATIONS

Dans chaque chapitre, une abondante iconographie a fait l'objet de recherches précises. Nous avons volontairement écarté les traditionnels portraits de philosophes pour privilégier des illustrations parfois inattendues ou provocantes, mais en tout cas *stimulantes*. Les légendes ont été rédigées pour prolonger cette réflexion par l'image.

Le chapitre sur l'*Art* a été enrichi de 20 pages en couleurs reproduisant une cinquantaine d'œuvres d'art, de la Préhistoire aux productions les plus contemporaines. Nous avons cherché par là à remettre en question la conception étroite de l'art qui est encore trop fréquente (voir la présentation de cette partie p. 304).

## LES RENVOIS D'UN CHAPITRE À L'AUTRE

La lecture d'un EXTRAIT, d'un GRAND TEXTE ou d'une LEÇON, sera encore plus fructueuse si l'élève prend l'habitude de se référer aux textes complémentaires. Ainsi, la lecture d'un EXTRAIT sera utilement enrichie par la consultation d'un éventuel GRAND TEXTE du même auteur, et la présentation de celui-ci.

Le *glossaire* présenté à la fin de chaque chapitre concerne également l'ensemble de l'ouvrage. Un mot suivi d'un astérisque est défini dans l'un des chapitres de *Parcours philosophiques* : c'est l'Index des notions qui indiquera à quel chapitre se reporter.

## LES INDEX

L'*Index des notions* permet donc en premier lieu de repérer la page où est défini un concept (ex. p. **83**). Mais il renvoie également à une page où le concept est soit évoqué (ex. : p. 94), soit plus longuement analysé (ex. : p. *234*).

L'*Index des auteurs* renvoie soit à des textes (ex. : p. **126**), soit à des citations et analyses de leur pensée (ex. : p. 234).

**SOUDAIN LA CONSCIENCE...**

C'est alors que survint, pour Émily, un événement d'une importance considérable. Elle sut tout à coup qui elle était.

Il n'y a guère de raison appréciable pour que cela ne lui fût pas arrivé cinq ans plus tôt, ou ne dût lui arriver cinq ans plus tard ; il n'y en avait aucune pour que cela survînt justement ce jour-là.

Elle avait joué à se faire une maison dans un recoin (...) ; fatiguée de ce jeu, elle marchait sans but vers l'arrière, quand lui vint tout à coup la pensée fulgurante qu'elle était *elle*.

Elle s'arrêta court, et se mit à examiner tout ce qui, dans sa personne était à portée de ses yeux. Elle ne pouvait pas en voir grand-chose, sauf le devant de sa robe, en raccourci, et ses mains quand elle les levait pour les considérer : mais c'en était assez pour qu'elle pût se former une idée grossière du petit corps qu'elle réalisa soudain comme *sien*.

Elle eut un petit rire un peu moqueur. Elle pensait : « Alors ? Alors, c'est *vous* et non pas une autre, qui êtes venue vous faire prendre là-dedans ? Maintenant, impossible de vous en tirer ; du moins pas avant très longtemps ! Il va falloir être une enfant, puis une grande personne, puis une vieille dame, avant d'en finir avec cette sotte plaisanterie ! » (...)

Une fois pleinement convaincue de ce fait étonnant qu'elle était « maintenant » Émily Bas-Thornton (pourquoi elle ajoutait ce « maintenant » elle ne le savait pas, car elle n'imaginait certainement pas quelque absurde histoire de transmigration et ne se disait pas qu'elle avait dû être auparavant quelqu'un d'autre), elle se mit à examiner sérieusement tout ce qu'un tel fait impliquait.

Premièrement, quelle volonté avait décidé qu'entre tous les êtres de ce monde, elle serait cet être particulier, Émily : née en telle ou telle année, parmi toutes celles dont le temps est fait, et contenue dans cette petite enveloppe de chair, lui appartenant en propre, et plutôt sympathique ? Était-ce elle qui avait choisi ? Était-ce Dieu ? (...)

Deuxièmement, pourquoi tout cela ne s'était-il pas présenté plus tôt à son esprit ? Elle vivait déjà depuis plus de dix ans, et pas une fois elle n'y avait pensé.

Richard Hughes, *Un cyclone à la Jamaïque*, trad. J. Talva, © Presses-Pocket, Le Livre de Poche, pp. 123-125

# LA CONSCIENCE

## *Une intuition fulgurante*

Alors qu'elle n'y avait jusqu'alors jamais songé, Émily vient de réaliser qu'**elle est une personne**, une personne unique distincte, singulière. Cette intuition fulgurante et inattendue n'est rien d'autre qu'une « prise de conscience ».

Prendre conscience de soi, c'est se rendre compte de sa propre identité, de son « moi ». Lorsqu'il commence à parler, le très jeune enfant le fait à la troisième personne, comme s'il parlait de quelqu'un d'autre. Jusqu'au jour où il emploiera, pour exprimer sa volonté ou son désir, le « Je » qui le fait passer au stade de la personnalité. Il aura sans le savoir « pris conscience » de son identité singulière. Mais peut-on, paradoxalement, prendre conscience sans le savoir ?

## *Connaissance, reconnaissance et expérience*

Étymologiquement, le mot même de conscience contient l'idée de **« savoir »**. Aussi la découverte d'Émily va-t-elle au-delà du « jeu » du petit enfant, car en même temps qu'elle constate qu'elle est une personne, elle ajoute qu'elle a un nom, une identité, un corps et une pensée ; elle se reconnaît comme **différente** de

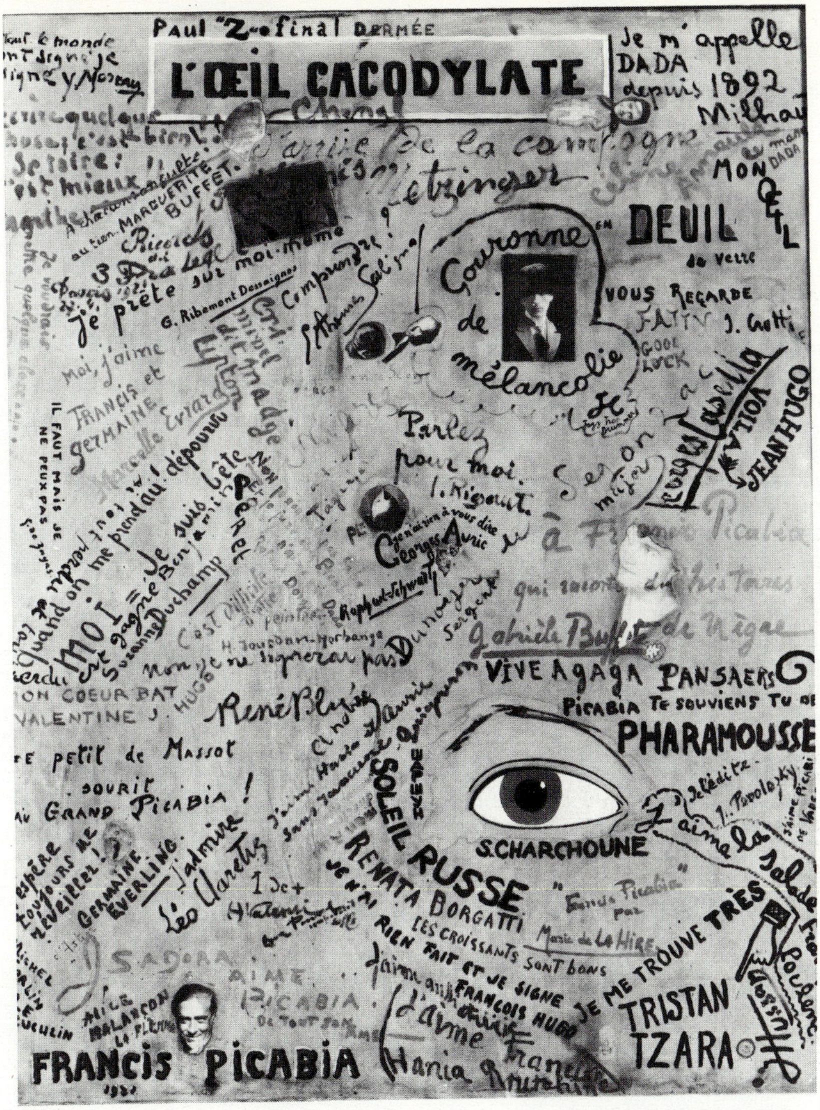


*« L'œil était dans la tombe et regardait Caïn ».*
V. Hugo.

F. Picabia, *L'œil cacodylate* (1917).

ce qui l'entoure, différente des autres. Elle est une petite fille, mais pas n'importe quelle petite fille : elle est **unique**. Et en même temps, cette idée lui fait peur parce qu'elle sait que désormais, elle est seule, seule avec ce moi que les autres ne pourront pas pénétrer. C'est une découverte, dit Jean-Paul Sartre, « qui fait peur et qui ne paie pas ». Car pour s'assurer de son être, Émily va devoir s'avancer vers tout ce qui n'est pas elle : elle fait l'**expérience de la solitude** mais, si elle était seule au monde, cette expérience n'aurait pas de sens. Ce qui va désormais guider sa conscience de soi, c'est son **rapport au monde**, son rapport à **autrui**.

Ce n'est pas une intuition vide, mais un événement plein de sens, concret et tangible. En prenant conscience d'elle-même, Émily accède à son être-dans-le-monde et met ainsi la main sur sa singularité.

Sartre pose comme point de départ qu'un autre moi est indispensable à « l'existence de ma conscience comme conscience de soi » et Simone de Beauvoir note dans l'*Invitée* : « On ne peut pas réaliser que les autres gens sont des consciences qui se sentent du dedans comme on se sent soi-même (...) Quand on entrevoit ça, c'est terrifiant : on a l'impression de ne plus être qu'une image dans la tête de quelqu'un d'autre. »

Ainsi, je ne prends conscience de moi qu'en me distinguant des autres. La découverte de mon intimité me découvre en même temps l'autre sans lequel je ne saurais pas ce que je suis. La conscience est alors à la fois un témoin et un juge, sans lesquels je ne puis exister.

## Le « Cogito »

**DESCARTES**

Ainsi, à cause que nos sens nous trompent quelquefois, je voulus supposer qu'il n'y avait aucune chose qui fût telle qu'ils nous la font imaginer. (...) Je rejetai comme fausses toutes les raisons que j'avais prises auparavant pour démonstrations (...) et me résolus de feindre que toutes les choses qui m'étaient jamais entrées en l'esprit n'étaient non plus vraies que les illusions de mes songes.

Mais, aussitôt après, je pris garde que, pendant que je voulais ainsi penser que tout était faux, il fallait nécessairement que moi, qui le pensais, fusse quelque chose. Et remarquant que cette vérité : *Je pense, donc je suis,* était si ferme et si assurée que toutes les plus extravagantes suppositions des sceptiques n'étaient pas capables de l'ébranler, je jugeai que je pouvais la recevoir sans scrupule pour le premier principe de la philosophie que je cherchais. Puis, examinant avec attention ce que j'étais, et voyant que je pouvais feindre que je n'avais aucun corps, et qu'il n'y avait aucun monde ni aucun lieu où je fusse ; mais que je ne pouvais pas feindre pour cela que je n'étais point ; et qu'au contraire, de cela même que je pensais à douter de la vérité des autres choses, il suivait très évidemment et très certainement que j'étais ; au lieu que, si j'eusse seulement cessé de penser, encore que tout le reste de ce que j'avais imaginé eût été vrai, je n'avais aucune raison de croire que j'eusse été ; je connus de là que j'étais une substance dont toute l'essence ou la nature n'est que de penser, et qui, pour être, n'a besoin d'aucun lieu, ni ne dépend d'aucune chose matérielle. En sorte que ce moi, c'est-à-dire l'âme, par laquelle je suis ce que je suis, est entièrement distincte du corps, et même qu'elle est plus aisée à connaître que lui.

***Discours de la méthode*** **(1637),**
**IV[e] partie, Nathan, coll. « Les Intégrales de Philo », pp. 54-55**

## « Conscience de quelque chose »

**J.P. SARTRE**

La conscience et le monde sont donnés d'un même coup : extérieur par essence à la conscience, le monde est, par essence, relatif à elle. C'est que Husserl voit dans la conscience un fait irréductible qu'aucune image physique ne peut rendre. Sauf, peut-être, l'image rapide et obscure de l'éclatement. Connaître, c'est « s'éclater vers », s'arracher à la moite intimité gastrique pour filer, là-bas, par-delà soi, vers ce qui n'est pas soi, là-bas, près de l'arbre et cependant hors de lui, car il m'échappe et me repousse et je ne peux pas plus me perdre en lui qu'il ne se peut diluer en moi : hors de lui, hors de moi. (...)

Imaginez à présent une suite liée d'éclatements qui nous arrachent à nous-mêmes, qui ne laissent même pas à un « nous-mêmes » le loisir de se former derrière eux, mais qui nous jettent au contraire au-delà d'eux, dans la poussière sèche du monde, sur la terre rude, parmi les choses ; imaginez que nous sommes ainsi rejetés, délaissés par notre nature même dans un monde indifférent, hostile et rétif ; vous aurez saisi le sens profond de la découverte que Husserl exprime dans cette fameuse phrase : « Toute conscience est conscience *de* quelque chose »... Que la conscience essaye de se reprendre, de coïncider enfin avec elle-même, tout au chaud, volets clos, elle s'anéantit. Cette nécessité pour la conscience d'exister comme conscience d'autre chose que soi, Husserl la nomme « intentionnalité ».

***« Une idée fondamentale de la phénoménologie de Husserl : l'intentionnalité »*** **(1939),** ***in Situations I,*** **Gallimard, coll. Idées, pp. 39-40**

## Le « Je pense »

**KANT**

Le *je pense* doit *pouvoir* accompagner toutes mes représentations ; car autrement serait représenté en moi quelque chose qui ne pourrait pas du tout être pensé, ce qui revient à dire ou que la représentation serait impossible, ou que, du moins, elle ne serait rien pour moi. La représentation qui peut être donnée avant toute pensée s'appelle *intuition*. Par conséquent, tout le divers de l'intuition a un rapport nécessaire au *je pense* dans le même sujet où se rencontre ce divers. Mais cette représentation est un acte de la *spontanéité*, c'est-à-dire qu'on ne saurait la considérer comme appartenant à la sensibilité.

Je la nomme *aperception pure* pour la distinguer de l'aperception *empirique*, ou encore *aperception originaire* parce qu'elle est cette conscience de soi qui, en produisant la représentation *je pense*, doit pouvoir accompagner toutes les autres, et qui est une et identique en toute conscience, ne peut être accompagnée d'aucune autre. J'appelle encore l'unité de cette représentation l'unité *transcendantale* de la conscience de soi, pour désigner la possibilité de la connaissance *a priori* qui en dérive. En effet, les diverses représentations qui sont données dans une certaine intuition ne seraient pas toutes ensemble *mes* représentations si elles n'appartenaient pas toutes ensemble à une conscience de soi, c'est-à-dire qu'en tant qu'elles sont mes représentations (quoique je n'en aie pas conscience à ce titre), elles doivent pourtant être nécessairement conformes à la condition qui seule leur permet d'être groupées dans une conscience générale de soi, puisque autrement elles ne m'appartiendraient pas entièrement.

***Critique de la raison pure* (1781),**
**« Analytique transcendantale », L. 1, ch. II, 1re section,**
**trad. Tremesaygues et Pacaud, P.U.F., pp. 110-112**

## commentaire

**Descartes** (1596-1650) voit dans la recherche de l'**évidence**, c'est-à-dire de ce qui subsiste une fois que tous les doutes possibles ont été écartés, l'un des principes fondamentaux de sa méthode. L'évidence à laquelle il aboutit avec le *Cogito*, le « je pense, donc je suis », est la certitude première de sa métaphysique. Il s'agit moins d'une évidence liée à une **expérience** que d'une **intuition rationnelle** : Descartes peut continuer à douter de son propre corps, mais non de sa pensée ni de son être pensant. L'homme se définit donc par sa conscience et n'existe que dans la mesure où il est conscient de son existence pensante. L'essence de l'homme, c'est sa conscience.

Avoir conscience, c'est toujours **avoir conscience de soi**, être capable de se poser soi-même parmi ses propres représentations. Cette conscience, nous dit **Kant** (1724-1804), accompagne mes représentations et constitue, en quelque sorte, leur unité. Cette unité originelle constitue une « pensée de la pensée », un acte de réflexion pure qui ne s'accomplit que par rapport à une représentation fournie de l'extérieur. Cette **synthèse** ne peut se faire que par rapport à un objet, car toute connaissance est connaissance de quelque chose et le sujet s'oppose forcément à un objet. D'où la distinction entre la conscience de l'objet (rapport simple du sujet à l'objet), la conscience du sujet (où le sujet s'objective en se détachant de la représentation pour se représenter à lui-même dans un mouvement de réflexion sur soi), et la conscience de la représentation (où le sujet se saisit lui-même affecté d'un objet). « La conscience de ma propre existence est en même temps une conscience immédiate d'autres choses hors de moi », affirme Kant.

**Sartre** (1905-1980) refuse la réduction de la conscience à la **connaissance**, qui introduisait en effet dans la conscience la dualité sujet-objet. « Il faut, si nous voulons éviter la régression à l'infini, que [la conscience] soit *rapport immédiat*. » Autrement dit, tout ce qu'il y a d'intentionnel dans ma conscience me dirige vers le monde. Car si toute conscience est conscience de quelque chose, elle est avant tout conscience de soi : c'est le seul mode d'existence qui soit possible pour une conscience de quelque chose. La conscience est « une nécessité de fait » qui n'a rien de substantiel : elle n'existe que dans la mesure où elle s'apparaît à elle-même.

## l'auteur

Edmund Husserl (1859-1938) s'intéresse très tôt aux **mathématiques** et, à vingt-quatre ans, soutient une thèse sur le calcul des variations. A Vienne, il rencontre le philosophe et psychologue Franz Brentano qui l'incite à orienter ses recherches vers la philosophie. Après une thèse sur le *Concept de nombre* (1887), Husserl entre dans la carrière universitaire. Le luthéranisme étant la religion requise pour les fonctionnaires de l'État prussien, Husserl s'y convertit plus par nécessité que par conviction. Il est alors successivement nommé privatdozent à l'université de Halle, professeur à Göttingen (1905), puis à Fribourg-en-Brisgau (1916) où Heidegger suivra ses cours. En 1933, Husserl est radié du corps enseignant par le gouvernement nazi, puis réintégré tout en étant soumis aux lois antisémites.

Les 23 et 25 février 1929, Husserl fit à la Sorbonne les quatre conférences sur l'« Introduction à la phénoménologie transcendantale », publiées après révision de l'auteur lui-même sous le titre *Méditations cartésiennes.*

## l'intérêt philosophique du texte

La conception de l'**intentionnalité de la conscience** est une notion clé de la phénoménologie husserlienne. C'est parce qu'elle est tout entière dans son orientation vers les choses que la conscience est « conscience de ». L'intentionnalité est donc l'unité *cogito-cogitatum.* Puisque la conscience peut dépasser son contenu représentatif pour viser et appréhender l'objet en tant que tel, elle ne peut se réduire ni à la conception idéaliste qui l'enferme dans ses propres représentations, ni au préjugé physiologique selon lequel elle ne serait qu'un simple reflet à la surface du monde réel[7]. C'est aussi dire que la conscience n'a **ni dedans ni dehors**, étant par essence cette exclusive et pleine relation à l'objet de son intention. Il serait absurde de concevoir comme écran ce qui permet d'accéder aux choses.

L'intentionnalité ne permet pas seulement à la conscience d'être conscience de ce qu'elle vise, mais aussi d'être **conscience d'elle-même** (réflexivité) : la conscience est un vécu, c'est-à-dire qu'elle est immanente à toute expérience. Mon vécu se construit sur ma conscience et non sur mon savoir ou sur ma perception. De fait, qu'est-ce qui est irréductible en toute expérience sinon ma conscience, et non l'expérience au sens commun du terme ? Ni savoir ni perception, mon propre vécu est ma conscience ; vécu qu'elle ne peut jamais ignorer. C'est en ce sens que, relativement à elle-même, la conscience est réflexivité. La phénoménologie sape l'affirmation fondamentale de la « conscience interne » revendiquée par la psychologie, en mettant au jour son fondement caché : la propriété qu'a le vécu d'être essentiellement intentionnel. Autrement dit, l'intentionnalité réhabilite la conscience en tant qu'elle a droit à la connaissance du monde et d'elle-même.

1 ◻ *Phénoménologie :* dès le XVIIIe siècle, ce mot désigne l'étude philosophique des phénomènes, c'est-à-dire de « ce qui apparaît ». Considérant le phénomène comme une illusion, Lambert (*Neues Organon,* 1764) opposait la phénoménologie à la doctrine de la « vérité ». Pour Hegel, la conscience est « le phénomène de l'Esprit ». La phénoménologie hégélienne retrace alors l'histoire de la formation progressive de la conscience par elle-même. Husserl emploie le mot pour désigner sa propre philosophie qui se présente comme « retour aux choses elles-mêmes », c'est-à-dire comme « une description de l'expérience dans laquelle est mise en œuvre la nature de la conscience de pouvoir saisir ses objets dans une évidence apodictique », c'est-à-dire dont on ne peut absolument plus douter (J.-T. Desanti, *Introduction à la phénoménologie,* Idées-Gallimard, p. 156).

2 ◻ *Épokhê :* mot d'origine grecque, signifiant « interruption », « mise entre parenthèses ». Les sceptiques désignaient ainsi la suspension du jugement qu'ils prônaient. Lorsqu'il met en œuvre son doute méthodique, Descartes pratique une *épokhê* que Husserl juge encore insuffisante et parcellaire. « Quand je procède ainsi, comme il est pleinement au pouvoir de ma liberté, je ne *nie* donc *pas* ce "monde", comme si j'étais sophiste ; *je ne mets pas son existence en doute,* comme si j'étais sceptique ; mais j'opère *l'épokhê* "phénoménologique" qui m'interdit absolument tout jugement portant sur l'existence spatio-temporelle. » (*Idées directrices pour une phénoménologie,* trad. P. Ricœur, Gallimard, pp. 102-103).

Dans la peinture de la Renaissance, l'autoportrait du peintre se substitue de plus en plus fréquemment à la figure du commanditaire. *Le voyage des rois mages*, de Benozzo Gozzoli, intègre dans sa composition le visage et la signature de l'artiste.

## *Phénoménologie*[1] *et conscience*

**HUSSERL**

Si l'évidence cartésienne — celle de la proposition : *Ego cogito, ego sum* — est demeurée stérile, c'est parce que Descartes a négligé deux choses : d'abord d'élucider une fois pour toutes le sens purement méthodique de l'*épokhê*[2] transcendantale, — et, ensuite, de tenir compte du fait que l'*ego*[3] peut, grâce à l'expérience transcendantale[4], s'expliciter lui-même indéfiniment et systématiquement ; que, de ce fait, ce moi constitue un *champ d'investigation* possible, particulière et propre.

Nous allons donc diriger la lumière de l'évidence transcendantale non plus sur l'*ego cogito*[5], — ce terme pris au sens cartésien le plus large, — mais sur les *cogitationes* multiples, c'est-à-dire sur le courant de la conscience qui forme la vie de ce moi (mon moi, le moi du sujet méditant). Le moi identique peut à tout moment porter son regard réflexif sur cette vie, qu'elle soit perception ou représentation, jugement d'existence, de valeur, ou volition. Il peut à tout moment l'observer, en expliciter et en décrire le contenu. (...)

La perception de cette table est, avant comme après, perception *de* cette table. Ainsi, tout état de conscience en général est, en lui-même, conscience *de* quelque chose, quoi qu'il en soit de l'existence réelle de cet objet et quelque abstention que je fasse, dans l'attitude transcendantale qui est mienne, de la position de cette existence et de tous les actes de l'attitude naturelle. Par conséquent, il faudra élargir le contenu de l'*ego cogito* transcendantal, lui ajouter un élément nouveau et dire que tout *cogito* ou encore tout état de conscience « vise » quelque chose, et qu'il porte en lui-même, en tant que « visé » (en tant qu'objet d'une intention) son *cogitatum* respectif.

Chaque *cogito*, du reste, le fait à sa manière. La perception de la « maison » « vise » (se rapporte à) une maison — ou, plus exactement, telle maison individuelle — de la manière perceptive ; le souvenir de la maison « vise » la maison comme souvenir ; l'imagination, comme image ; un jugement prédicatif ayant pour objet la maison « placée là devant moi » la vise de la façon propre au jugement prédicatif ; un jugement de valeur surajouté la viserait encore à sa manière, et ainsi de suite.

Ces états de conscience sont aussi appelés états *intentionnels*. Le mot *intentionnalité*[6] ne signifie rien d'autre que cette particularité foncière et générale qu'a la conscience d'être conscience *de* quelque chose, de porter, en sa qualité de *cogito*, son *cogitatum* en elle-même.

***Méditations cartésiennes. Introduction à la phénoménologie,***
**trad. G. Peiffer et E. Levinas, Vrin, pp. 26-28**

3 ☐ *Ego,* en latin « je », désigne dans le vocabulaire de la phénoménologie le sujet fondateur du monde et du sens. L'*Ego transcendantal* est indépendant aussi bien de ses opérations (les thèses qu'il pose) que de la conscience qu'il en prend.

4 ☐ *Transcendantal :* pour Kant, les conditions transcendantales sont celles qui fondent *a priori* la possibilité de l'expérience. Par exemple, l'espace est une condition transcendantale de la perception des objets. La phénoménologie husserlienne est transcendantale dans la mesure où elle cherche les structures *a priori* d'une expérience faisant sens pour une conscience.

5 ☐ *Cogito/cogitatum* : en latin, « je pense ». Employé comme substantif, « le » *cogito* s'impose à Descartes quand il décide de douter méthodiquement. J'ai beau douter de tout, le *cogito* résiste : je ne peux douter que j'ai conscience de douter et que j'existe pendant que j'ai conscience (« Je pense, donc je suis »). Le participe passé *cogitatum* désigne « ce qui est pensé » (une idée, un souvenir, un sentiment, etc.).

6 ☐ Husserl emploie le terme d'*intentionnalité* pour désigner ce caractère distinctif qu'a la conscience d'être toujours orientée vers un objet, présent ou possible.

7 ☐ Voir les textes de Maurice Merleau-Ponty aux chapitres sur la *Perception* et le *Langage*.

# LA CONSCIENCE : VÉRITÉ OU ILLUSION ?

Que la conscience soit pour nous un problème, c'est ce qui, au premier abord, est tout à fait incompréhensible. J'ai conscience de vouloir quelque chose, j'ai conscience de connaître, j'ai conscience de ressentir, j'ai conscience de désirer, d'agir, de me souvenir, et tous ces états de conscience m'apparaissent comme autant d'évidences. Pourtant, la conscience semble bien réaliser une unité : n'est-elle pas ce qui me permet d'affirmer avec certitude que tous ces états m'appartiennent, à moi, et à nul autre ?

Dans la mesure où la conscience apparaît comme l'expression de l'intériorité, elle semble être le signe de ce qu'il y a de plus **profond** en moi.

Dürer, *La Mélancolie.*

## La conscience ou la vérité du moi selon Bergson

Je serais donc l'ensemble de mes états de conscience, seuls aptes à me révéler sans me transfigurer ni me trahir. Ma conscience, par exemple, sait mieux qu'autrui ce que je suis, **ce que je pense** ou **ce que je ressens**. Pourtant, dès que l'on essaie de cerner ce moi au plus près, dès que l'on essaie de l'isoler afin de désigner ce qu'est la conscience, celle-ci semble s'échapper. « Qu'est-ce que le moi ? », la réponse ne coule pas de source.

Pascal le soulignait dans ses *Pensées* : « Et si on m'aime pour mon jugement, pour ma mémoire, m'aime-t-on moi ? Non, car je puis perdre ces qualités sans me perdre moi-même. Où est donc ce moi, s'il n'est ni dans le corps ni dans l'âme ? » Qu'est-ce qu'une conscience, en effet, sinon un ensemble de caractéristiques intellectuelles ou morales, de « qualités » dit Pascal, toutes « périssables » ? Je peux perdre la mémoire, et je reste pourtant moi. Que devient l'unité de la conscience, qui nous apparaissait pourtant comme une évidence ? Au lieu d'une conscience stable, toujours égale à elle-même, d'une conscience « substantielle », nous voici confrontés à une réalité fugitive, insaisissable : l'homme n'est donc pas si transparent à lui-même qu'il y paraît.

### A - La conscience est le temps

Comment dépasser cette difficulté ? Pascal, dans sa recherche d'une conscience qui soit substance, exclut l'hypothèse que la conscience soit traversée par le temps. Comme si la conscience de tout homme était **réalité intemporelle**, **inaltérable** : en ce sens, elle s'avère également introuvable. Si l'on veut assigner une **réalité** à la conscience, y trouver la **vérité** de l'homme, l'identifier à lui, il faut donc admettre que la conscience doit compter avec le temps.

Le temps n'est pas hors de ma conscience, il est ma conscience elle-même. La philosophie de Bergson se veut encore plus radicale : **temps et conscience** se **confondent**, coïncident absolument. Ma conscience est la vérité parce qu'elle est la temporalité elle-même, la **durée**[1].

La conscience n'est rien d'autre qu'un pur changement. Cela ne signifie pas simplement que nos pensées, nos sentiments ou nos actes soient tous différents d'une heure à l'autre ou d'un moment à l'autre. Car même dans l'hypothèse où je chercherais à persévérer dans un même sentiment, par le fait même que celui-ci s'inscrit dans une durée, il se modifie à chaque instant. Ainsi, la conscience est-elle l'imprévisible total : nous pouvons, bien sûr, prévoir telle ou telle action, telle ou telle occupation, mais nous ne saurons jamais à l'avance ce que sera ma conscience précisément à cet instant, puisqu'elle est l'inédit. « Hors de nous, écrit Bergson, il y a extériorité sans succession, en nous, succession sans extériorité. » Le temps passe et à chaque fois qu'il passe, il se passe en nous quelque chose de nouveau. Par définition l'avenir est toujours plus, toujours autre que l'idée que nous en avions formée. Autre façon de dire

1 Voir le *Grand Texte* de Bergson au chapitre l'*Espace.*

que, pour ma conscience — et c'est ce qui fait sa richesse — **rien n'est jamais joué**.

La réalité intime d'un sentiment ou d'une perception se modifie toujours, et la vérité se situe bien dans cette modification perpétuelle.

Ces nuances échappent au premier abord à notre intelligence : nous croyons éprouver les mêmes sensations, nous croyons à la répétition, nous sommes insensibles à la vérité profonde de notre propre conscience. Mais en réalité nous ne sommes jamais les mêmes.

Une objection se présente d'emblée à l'esprit : d'où vient ce privilège accordé à la conscience ? Le temps ne fait-il pas partie des choses, de l'extériorité en général ? Là encore, la réponse de Bergson est sans ambiguïté possible : le temps affecte les choses de l'extérieur seulement (par exemple, l'eau peut ne pas se transformer en glace, cela n'affecte pas son essence), tandis que le changement est l'être même de ma conscience. Nous ne serions pas nous-mêmes si nous n'étions pas toujours en devenir.

## B - La psychologie ne peut pas atteindre la conscience

La conception d'une conscience comme pur devenir bouleverse l'objet de la psychologie traditionnelle. Celle-ci, en effet, essaye d'étudier la conscience comme s'il s'agissait d'un objet stable et figé : par exemple, elle « mesure » des états de conscience, un taux d'émotivité ou d'agressivité, etc. Peine perdue selon Bergson : si le moi est constitué de part en part par le changement, il est évident que ce type d'investigation s'avère irréalisable et illégitime. Les notions de grandeur et d'intensité ne sauraient s'appliquer aux phénomènes de la conscience : celle-ci est une **expérience unique**. Ainsi, une sensation n'est pas « plus grande » qu'une autre, un sentiment n'est pas « plus intense » qu'un autre. Il n'y a somme toute qu'une différence d'ordre **qualitatif**, qu'aucun discours scientifique ne peut approcher.

La psychologie parle de la conscience comme si elle était un objet matériel. Elle la malmène donc, elle la transforme en la dénaturant : puisque le vécu est la seule source de vérité, la psychologie (ou tout autre approche quantitative) se voit condamnée sans appel.

## C - Le langage ne peut pas dire la conscience

La critique bergsonienne du langage provient également de la conception d'une conscience comme pure durée. En effet, le langage n'a pas de moyens appropriés pour viser ma conscience : un nombre limité de mots s'oppose au caractère illimité de mes états de conscience. Le mot « tristesse », par exemple, veut désigner une infinité d'états, tous qualitativement différents les uns des autres. Mais ce faisant, il les simplifie à outrance, les schématise grossièrement : la généralité du mot est telle qu'il ne peut que rater l'état de conscience, toujours spécifique.

Sous la **pression du langage**, mal adapté à la vie intérieure, nous **transposons** la durée intérieure de notre conscience en espace extérieur, ce qui nous permet de discerner les choses. Mais l'efficacité du langage dans ce cas est un leurre : ma conscience est l'**indicible**.

## D - Le temps « objectif » ne peut pas mesurer ma conscience

C'est que le temps extérieur, le temps des choses n'est qu'un temps construit, artificiel. Au regard du vrai temps de la conscience, la **durée**, il n'est même qu'un temps « bâtard », parce qu'impersonnel. Il n'y a pas de vérité dans les soixante minutes qui s'écoulent, mais simplement un consensus d'ordre pratique. La vérité est ailleurs, dans la **subjectivité** de chaque conscience, dans un temps originellement et originalement vécu, celui qui nous fait dire, par exemple, que « le temps passe vite » ou « qu'il semble long ». Ce temps est le seul authentique, où toute distinction passé-présent-avenir est impensable, car tout y est mêlé : « rien ne se perd, écrit Bergson, et tout se crée à chaque instant. »

Ainsi, il devient impossible de définir ou même de tenter une approche rationnelle de cette réalité que l'on nomme la conscience. L'impuissance du langage, de tout modèle universel, est le signe d'une condamnation de la philosophie en général, et de sa méthode conceptuelle.

## *La conscience dévalorisée*

Comment juger cette conscience qui se retranche dans son isolement, qui se croit inaccessible, et qui pense être la source de toute vérité ?

Cette situation, cette figure de la conscience, Hegel l'avait déjà analysée dans la *Phénoménologie de l'esprit* : il s'agit de la *« certitude sensible »*. La certitude dont il est question est celle selon laquelle il existe une singularité de la conscience qui ne peut pas être exprimée. Certitude de toute conscience, sans doute, qu'elle porte en elle-même une profonde originalité, une richesse dans la profondeur, que nul ne peut atteindre. Dès que j'essaye d'exprimer un état, en effet, je ressens un appauvrissement et une banalisation manifestes. Mais l'interdiction qui pèse sur le langage ne tient pas : le langage n'appauvrit pas, il rend au contraire le singulier universel ; il est donc, d'une certaine manière, enrichissement.

La conscience croit peut-être se réserver un domaine propre, mais ce domaine, elle n'en a même pas conscience. En effet : « nous n'avons conscience de nos pensées, nous n'avons de pensées déterminées et réelles que lorsque nous leur donnons la forme objective, que nous les différencions de notre intériorité... » La conscience ne peut prétendre à l'être sans les mots. Cet **isolement** de la conscience n'est en fait que le signe d'une **conscience obscurcie**, « à l'état de fermentation », dit Hegel. La conscience consciente d'elle-même et de sa vraie valeur ne se passe pas de mots. Il nous faut donc quitter l'illusion d'une conscience absolument singulière et unique, et entrer dans l'objectivité du langage et des choses. Il est certain pourtant, qu'en entrant dans le monde, la conscience n'aura plus le statut privilégié qu'elle possédait.

## *La conscience est source d'illusions*

Concevez, écrivait Spinoza à Schuller en 1667, qu'une pierre qui a été lancée soit consciente de son propre mouvement : « Cette pierre, puisqu'elle n'est consciente que de son effort, et qu'elle n'est pas indifférente, croira être libre et ne persévérer dans son mouvement que par la seule raison qu'elle le désire. » Dès lors que l'on replace l'homme dans la nature, qu'on le considère comme partie de cette nature, la conscience cesse d'être ce par quoi l'homme se croit libre de toute détermination.

C'est que cette conscience est nécessairement **partielle**. *Nous n'avons pas conscience des lois qui nous déterminent à agir* (voir le chapitre la *Liberté*), et, conscients seulement des désirs dans lesquels nous persévérons, nous pensons choisir ceux-ci librement. La conscience n'est donc pas un privilège ; elle est au contraire ce qui engendre toutes sortes d'illusions, sur nous-mêmes et sur la nature environnante : *c'est notre conscience qui nous fait croire que l'homme est le centre de l'univers*, que tout dans la nature a été conçu en vue d'une fin, qu'un Dieu tout-puissant a tout fait pour nous, et ainsi de suite. La conscience croit exercer son pouvoir librement, mais que peut-elle, en réalité ? Elle n'a même pas de prise sur le corps, car nous ne savons pas ce que peut le corps.

L'homme, assurément, ne peut pas être défini par sa seule conscience, la seule complexité de son corps le lui interdisant : « le corps, par les seules lois de sa nature, peut beaucoup de choses dont son esprit reste étonné... ». Spinoza révèle ainsi l'extrême **précarité** de la conscience. Et le point de départ de la **psychanalyse** sera cette constatation que le privilège accordé à la conscience n'est qu'un privilège démesuré et injustifié : « Pour bien comprendre la vie psychique, écrit Freud, il est indispensable de cesser de **surestimer la conscience**. » La dévalorisation de la conscience va donc de pair avec un souci de meilleure compréhension de l'homme, comme chez Spinoza. De ce point de vue, toutes les tentatives philosophiques pour sauver le **privilège** de la conscience (comme le refus par Sartre de la notion d'inconscient), quoique louables d'un point de vue moral, s'avèrent contestables sur le plan de la connaissance.


**BIBLIOGRAPHIE DE LA LEÇON**

***BERGSON :***
*Essai sur les données immédiates de la conscience*, P.U.F.

***FREUD :***
*L'Interprétation des rêves*, P.U.F.

***HEGEL :***
*Phénoménologie de l'esprit*, Aubier.

***PASCAL :***
*Pensées*, Seuil, coll. l'Intégrale.

***SPINOZA :***
*Éthique*, Garnier-Flammarion.

### TABLE D'ORIENTATION

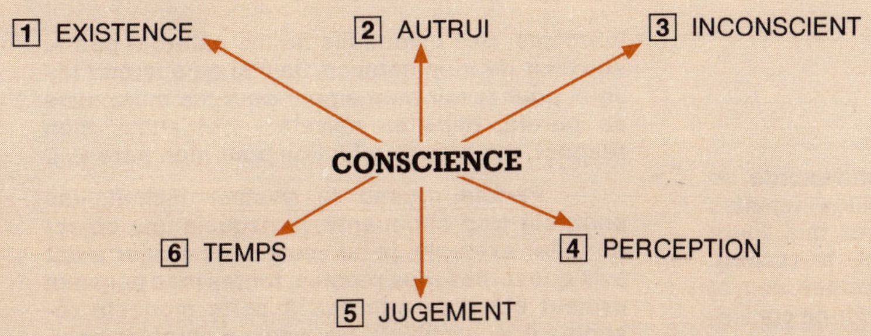


### SUJETS DE DISSERTATION

1. Peut-on dire avec Descartes que « l'âme est plus aisée à connaître que le corps » ?

2. Que penser de ce mot de Jean-Paul Sartre : « Toute conscience poursuit la mort de l'autre » ?

■ Est-ce dans la solitude que l'on prend conscience de soi ? (C-D, Bordeaux, 1984)

3. N'exprime-t-on que ce dont on a clairement conscience ?

4. Quand nous percevons, comment savons-nous que nous ne rêvons pas ? (A, Aix, 1984)

■ « Science sans conscience n'est que ruine de l'âme ». Commentez ce mot de Rabelais.

5. Que penser de ce mot d'Alain : « La conscience est toujours implicitement morale et l'immoralité consiste toujours à ne pas vouloir penser qu'on pense et à ajourner le jugement intérieur » ?

6. Peut-on penser l'écoulement du temps ? (A, Aix-Marseille, 84)

Rembrandt, *Le philosophe.*

### BIBLIOGRAPHIE GÉNÉRALE

***BERGSON :*** *L'Énergie spirituelle* (« La Conscience et la vie »), P.U.F.

***DESCARTES :*** *Méditations métaphysiques* (Méditation seconde) Nathan, coll. « Les Intégrales de Philo ».

***EY Henri :*** *La Conscience*, collection SUP, P.U.F.

***FREUD :*** *Nouvelles conférences sur la psychanalyse*, Gallimard.

***NIETZSCHE :*** *Le Gai savoir*, Idées-Gallimard.

***PLATON :*** *Apologie de Socrate*, Garnier-Flammarion.

### GLOSSAIRE

**Âme :** principe vital. Selon Aristote, les végétaux ont une âme nutritive, les animaux ont en outre une âme sensitive et locomotrice, mais seul l'homme possède une âme pensante.

**Appréhension :** acte le plus simple de la connaissance, par lequel l'esprit saisit immédiatement l'objet à connaître.

**Association :** phénomène psychique par lequel un état de conscience amène spontanément et machinalement l'apparition d'autres états de conscience.

**Empirisme :** voir le *Glossaire* du chapitre sur la *Perception*.

**Évidence :** ce qui est maintenant vrai et s'impose à tous. Chez Descartes, la clarté et la distinction d'une idée constituent les critères de son évidence.

**Réduction :** dans le langage phénoménologique (Husserl) la « réduction éïdétique » (*éïdétique* : qui concerne l'essence) consiste à éliminer les éléments empiriques du donné pour n'en retenir que la pure essence. La « réduction phénoménologique » consiste à mettre « entre parenthèses » les existences empiriques.

**LA GUÉRISON DU NON-MALADE**

La psychanalyse ! Une illusion absurde, un truc bon à exciter quelques vieilles femmes hystériques (...) Entre le docteur et moi toute sincérité avait disparu. Maintenant, je respire. Aucune contrainte ne m'est plus imposée. Je n'ai plus à accepter — ou à simuler — aucune conviction (...) Nous touchions au but de la cure, puisque le mal était découvert, disait-il. Son diagnostic, renouvelé de Sophocle, était le suivant : j'avais aimé ma mère et voulu tuer mon père. Comme Œdipe.

Je ne me suis pas mis en colère. Non. Je l'écoutais, ravi. Au moins c'était une maladie qui m'élevait à la plus haute noblesse. Une maladie illustre, grâce à laquelle je me trouvais des ascendants jusqu'à l'époque mythologique (...) Mieux vaut en rire. La meilleure preuve que je n'ai jamais eu cette maladie, c'est que j'en suis guéri. Il y aurait là de quoi convaincre le docteur lui-même. Ses inventions ne me gâteront pas le souvenir de mon enfance. Je n'ai qu'à fermer les yeux pour revoir mon amour pour ma mère dans sa pureté, dans sa naïveté — et aussi, mon respect, ma grande affection pour mon père (...).

Parfois, quand le docteur lâchait une énormité trop choquante, je risquais une objection. Par exemple, je ne voulais me ranger à cet avis que toutes mes paroles, toutes mes pensées avaient été d'un criminel. A cette modeste réserve, il écarquillait les yeux d'ahurissement. Quoi ! j'étais guéri et je refusais de m'en rendre compte. On ne s'expliquait guère un tel aveuglement. On me révélait que j'avais désiré enlever ma mère au foyer conjugal et je ne voulais pas reconnaître que je me sentais soulagé. Obstination inouïe ! Le docteur admettait, il est vrai, que ma guérison ne serait totale qu'après ma « rééducation », c'est-à-dire après que je me serais habitué à considérer ces choses (l'envie de tuer mon père, de posséder ma mère) comme tout à fait normales, innocentes, impropres à éveiller les remords et habituelles dans les meilleures familles.

# L'INCONSCIENT

Italo Svevo, *La Conscience de Zeno* (1923), trad. P.-H. Michel, Folio-Gallimard, pp. 495-496 et 503-504

*La Conscience de Zeno* d'Italo Svevo (pseudonyme d'Ettore Schmitz, écrivain triestin né en 1861 et mort en 1928) est le premier grand texte littéraire qui fasse intervenir la **psychanalyse** comme un élément fondamental de la fiction. Mais la cure s'y termine « mal », Zeno l'interrompant volontairement, « au moment le plus intéressant », affirme le docteur S. qui le suivait.

## *Le refus de l'analyse*

Dans ce passage, extrait du dernier chapitre, Zeno explique quelques raisons de cette interruption : la psychanalyse lui paraît constituer une **« illusion absurde »**, tout juste bonne à satisfaire les amateurs de ragots plus ou moins salaces. Au « complexe d'Œdipe* » que décèle l'analyste, le personnage préfère opposer l'**affection** qu'il portait à sa mère, le respect qu'il vouait à son père, tels qu'ils lui apparaissent dans leur « pureté » à travers ses souvenirs d'enfance.

Car tels sont bien les liens qui doivent unir parents et enfants « dans les meilleures familles » — à Trieste au début du siècle aussi bien qu'à Vienne ou à Paris. Prétendre qu'il n'y a là que dissimulation de désirs moins avouables relève donc nécessairement du délire ou de l'**obsession sexuelle**... Affirmer de surcroît que la révélation de la « vérité » des désirs de meurtre ou d'inceste est précisément ce qui apporte la « guérison » transforme le délire en attitude charlatanesque. Comment une telle « énormité », ou anormalité, pourrait-elle aider qui que ce soit à redevenir normal, à recomposer un équilibre psychique que la cure entend favoriser ? « Mieux vaut en rire », affirme le narrateur — ce que n'importe quel psychanalyste amateur interprétera sans attendre comme une réaction supplémentaire de défense...

## *Accepter l'inconscient*

Que disait le « docteur » à Zeno ? Simplement que « sous » ses souvenirs conscients se dissimule une **signification autre**, qui relève d'un **inconscient** par définition incapable d'accéder comme tel à la conscience. Signification tellement autre qu'elle paraît grotesque, toujours inacceptable : le dévoilement est refusé.

Pourtant Zeno avait d'abord accepté la règle du jeu que lui imposait l'analyste : la rédaction de ses trois cents pages d'autobiographie en témoigne ; il paraissait prêt, pour « guérir », à aller jusqu'au bout d'une certaine curiosité. Mais, « au bout », c'est précisément l'impasse, le refus d'admettre qu'entre le sens apparent (ou « manifeste ») et le sens caché (ou « latent »), il peut y avoir opposition ; d'admettre qu'il y a surtout une trame de relations complexes à explorer.

A la curiosité succède le scandale — et peut-être faut-il admettre que l'inconscient reste toujours capable de susciter en nous ce double mouvement d'**attirance** et de **répulsion** : comme si l'acquiescement aux affirmations de Freud n'était possible qu'à distance, sous la forme d'une théorie qui ne me concerne pas en propre. Et, dès qu'elles viendraient au contraire ébranler la certitude de ce que je crois être, je devrais me condamner à les **« oublier »** pour garantir ma propre tranquillité.

Chagall, *L'obsession.*

## Toute perception n'est pas consciente

**LEIBNIZ**

D'ailleurs il y a mille marques, qui font juger qu'il y a à tout moment une infinité de perceptions en nous, mais sans aperception[1] et sans réflexion, c'est-à-dire des changements dans l'âme même, dont nous ne nous apercevons pas, parce que ces impressions sont ou trop petites et en trop grand nombre, ou trop unies, en sorte qu'elles n'ont rien d'assez distinguant à part, mais jointes à d'autres, elles ne laissent pas de faire leur effet, et de se faire sentir au moins confusément dans l'assemblage.

C'est ainsi que la coutume fait que nous ne prenons pas garde au mouvement d'un moulin ou à une chute d'eau, quand nous avons habité tout auprès pendant un certain temps. Ce n'est pas que ce mouvement ne frappe toujours pas nos organes, et qu'il ne se passe encore quelque chose dans l'âme qui y réponde à cause de l'harmonie de l'âme et du corps ; mais les impressions, qui sont dans l'âme et dans le corps, destituées des attraits de la nouveauté, ne sont pas assez fortes pour s'attirer notre attention et notre mémoire, qui ne s'attachent qu'à des objets plus occupants.

Toute attention demande de la mémoire et quand nous ne sommes point avertis, pour ainsi dire, de prendre garde à quelques-unes de nos perceptions présentes, nous les laissons passer sans réflexion et même sans les remarquer.

***Nouveaux essais sur l'entendement humain***
**(1703), Avant-propos, Garnier, pp. 37-38**

1 □ Leibniz entend par « aperception » une perception dont nous sommes conscients.

## Le Moi n'est qu'illusion

**NIETZSCHE**

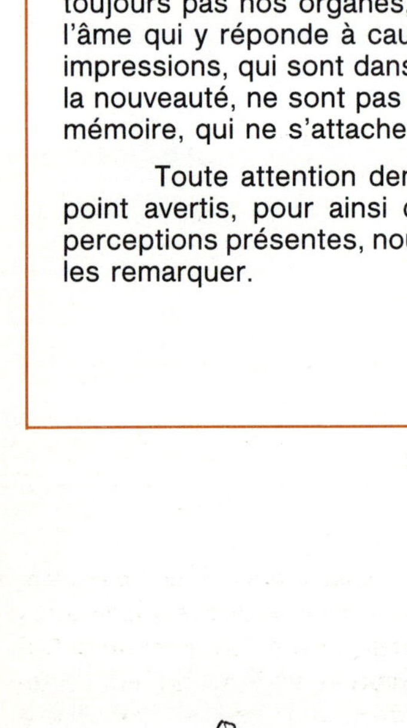

L'iceberg, avec les célèbres 9/10e de son volume immergés serait-il devenu métaphore de l'inconscient ?

Pour ce qui en est de la superstition des logiciens, je veux souligner encore, sans me laisser décourager, un petit fait que ces esprits superstitieux n'avouent qu'à contre-cœur.

C'est, à savoir, qu'une pensée ne vient que quand *elle* veut, et non pas lorsque c'est *moi* qui veux ; de sorte que c'est une *altération* des faits de prétendre que le sujet *moi* est la condition de l'attribut « je pense ». Quelque chose pense, mais croire que ce quelque chose est l'antique et fameux *moi*, c'est une pure supposition, une affirmation peut-être, mais ce n'est certainement pas une « certitude immédiate ».

En fin de compte, c'est déjà trop s'avancer que de dire « quelque chose pense », car voilà déjà l'*interprétation* d'un phénomène au lieu du phénomène lui-même. On conclut ici, selon les habitudes grammaticales : « Penser est une activité, il faut quelqu'un qui agisse, par conséquent... » Le vieil atomisme s'appuyait à peu près sur le même dispositif, pour joindre, à la force qui agit, cette parcelle de matière où réside la force, où celle-ci a son point de départ : l'atome. Les esprits plus rigoureux finirent par se tirer d'affaire sans ce « reste terrestre », et peut-être s'habituera-t-on un jour, même parmi les logiciens, à se passer complètement de ce petit « quelque chose » (à quoi s'est réduit finalement le vénérable *moi*).

***Par-delà le bien et le mal* (1885),**
**trad. Albert, Mercure de France, pp. 34-35**

## L'inconscient est un fantôme

**ALAIN**

L'inconscient est une méprise sur le Moi, c'est une idolâtrie du corps. On a peur de son inconscient ; là, se trouve logée la faute capitale. Un autre Moi me conduit qui me connaît et que je connais mal. L'hérédité est un fantôme du même genre. « Voilà mon père qui se réveille, voilà celui qui me conduit. Je suis par lui possédé ». Tel est le texte des affreux remords de l'enfance ; de l'enfance qui ne peut porter ce fardeau ; de l'enfance qui n'a pas foi en soi, mais au contraire terreur de soi. On s'amuse à faire le fou. Tel est ce jeu dangereux.

On voit que toute l'erreur ici consiste à gonfler un terme technique qui n'est qu'un genre de folie. La vertu de l'enfance est une simplicité qui fuit de telles pensées, qui se fie à l'ange gardien, à l'esprit du père ; le génie de l'enfance, c'est de se fier à l'esprit du père par une piété rétrospective. « Qu'aurait fait le père, qu'aurait-il dit ? » Telle est la prière de l'enfance.

Encore faut-il apprendre à ne pas trop croire à cette hérédité, qui est un type d'idée creuse ; c'est croire qu'une même vie va recommencer. Au contraire, vertu, c'est se dépouiller de cette vie prétendue, c'est partir de zéro. « Rien ne m'engage. » « Rien ne me force. » « Je pense, donc je suis. » Cette démarche est un recommencement. Je veux ce que je pense et rien de plus. La plus ancienne forme d'idolâtrie, nous la tenons ici ; c'est le culte de l'ancêtre, mais non purifié par l'amour. « Ce qu'il méritait d'être, moi je le serai. » Telle est la piété filiale.

**Texte proposé au Baccalauréat (Nice, C-D, 1975).**

## commentaire

**Leibniz** (1646-1716) ne fut pas le seul philosophe classique qui admît l'existence de perceptions non enregistrées par la conscience : Montaigne, Rousseau firent des observations du même ordre. Cela ne suffisait pas cependant pour ébranler la position centrale de la conscience : si les petites perceptions ne sont pas enregistrées par cette dernière, c'est simplement parce qu'elles sont ou **trop faibles** ou **trop monotones.** Mais elles proviennent uniquement du **monde extérieur.**

Ce **« hors conscience »** n'a en fait rien de commun avec ce que sera l'inconscient freudien : en noter l'existence, c'est admettre que des éléments dénués de signification (d'« utilité », dira Bergson), n'ont pas besoin d'accéder à la conscience claire. Cela revient à confirmer que la production du sens dépend de la seule conscience.

Avec la façon dont **Nietzsche** (1844-1900) entreprend la **critique du Moi,** on est au contraire au plus près de Freud — au point que celui-ci se refusait à lire le philosophe, par crainte d'être influencé. Sans doute est-ce d'un **point de vue métaphysique** que Nietzsche récuse l'**illusion du sujet,** à la fois par anticartésianisme et par antispiritualisme. Mais lorsqu'il affirme l'incapacité du « Moi » à contrôler la pensée, et le destitue pour laisser place à un **fonctionnement** en quelque sorte **impersonnel,** il anticipe sur le concept freudien de l'Inconscient : cette fois, c'est bien « à l'intérieur » que la conscience trouve ses **limites,** et non plus seulement par rapport aux événements externes.

C'est à l'inverse en réaffirmant la portée morale du *cogito* que **Alain** (1868-1951) juge le concept d'inconscient : **« idôlatrie du corps »** (la pulsion n'est-elle pas, selon Freud lui-même, d'origine biologique ?), elle enchaîne l'esprit à ce qui lui demeure le plus étranger. D'où, dans ce passage, la mise en parallèle avec l'**hérédité,** autre fantôme démobilisateur.

Alain refuse que le **passé** puisse **déterminer la conduite** en lieu et place d'une **volonté,** caractéristique classique de la conscience, capable de rompre tout lien avec ce qui fut et d'élaborer une existence nouvelle et responsable. Il y a ainsi **coïncidence entre volonté et pensée** : « je veux ce que je pense ».

Le **rationalisme** devient ici presque caricatural dans son effort pour méconnaître précisément les innombrables situations où nous ne pensons ni ce que nous voulons, ni ce que nous croyons vouloir...

## l'auteur

Fondateur de la **psychanalyse**, Sigmund Freud (1856-1939) suit d'abord des études de **médecine**, puis de neurologie et de psychiatrie. Il commence à exercer cette dernière discipline en 1883, et découvre les propriétés analgésiques de la cocaïne. En 1885, il effectue grâce à une bourse un voyage d'études à Paris, où il assiste au traitement de l'hystérie par l'hypnose tel que le pratique Charcot. En 1886, il ouvre un cabinet à Vienne, utilisant l'hypnose conjointement à la plus classique électrothérapie.

A partir de 1892, il pratique la méthode des **associations libres**, pour aider ses patients à énoncer sans contrainte quelque chose de ce qu'il repère comme leur **inconscient**, où s'est inscrit un **traumatisme pathogène**. Toute sa vie sera ultérieurement consacrée à l'exploration de l'inconscient et de ses rapports avec la conscience, chaque avancée théorique étant sanctionnée par de nombreuses publications, « garantie » par une **pratique thérapeutique** qu'il poursuit quasiment jusqu'à sa mort et qui l'oblige à préciser inlassablement ses conceptions. Ses premiers disciples apparaissent en 1903, et c'est en 1910 qu'est fondée la Société Internationale de Psychanalyse.

## l'intérêt philosophique du texte

La *Métapsychologie* constitue une tentative de **conceptualisation systématique** des enseignements que Freud a déduits de sa pratique. Le vocabulaire ici utilisé, la distinction entre trois instances (Inconscient, Préconscient, Conscience) renvoient à la « première topique » élaborée à partir de 1895 et présentée au chapitre VII de *L'Interprétation des rêves* (1900) : l'appareil psychique y est décrit en termes **« spatiaux »**, qui n'ont toutefois rien de commun avec la théorie des localisations cérébrales que Freud a critiquée dès 1891. Cette « spatialisation » dérive de la pratique analytique : c'est parce que l'investigation découvre dans sa progression des « couches » de représentations et de souvenirs, que l'on suppose l'existence d'un **ordre** entre les ensembles de représentations.

Le texte insiste tout particulièrement sur les caractères par lesquels l'*Ics* apparaît le plus opposé à la *Cs* ; absence de négation, processus primaire, indifférence à la temporalité et à la réalité permettent de le repérer comme non compatible avec les exigences de la pensée consciente normale.

**1** ☐ « Nous découvrons l'essence de la pulsion d'abord dans ses caractères principaux : origine dans des sources d'excitation à l'intérieur de l'organisme, manifestation comme force constante ; nous en déduisons un de ses autres caractères : impossibilité d'en venir à bout par des actions de fuite. » (p. 15)

**2** ☐ « L'inconscient, à la frontière du *Pcs*, est renvoyé par la censure, ses rejetons peuvent tourner cette censure, parvenir à un haut degré d'organisation, accroître leur investissement dans le *Pcs* jusqu'à une certaine intensité puis, lorsqu'ils ont dépassé celle-ci et veulent s'imposer à la conscience, ils sont reconnus comme rejetons de l'*Ics* et se voient refoulés de nouveau à une nouvelle frontière — la censure entre *Pcs* et *Cs*. » (p. 47)

**3** ☐ « L'essence du refoulement ne consiste qu'en ceci : mettre à l'écart et tenir à distance du conscient. » (p. 106)

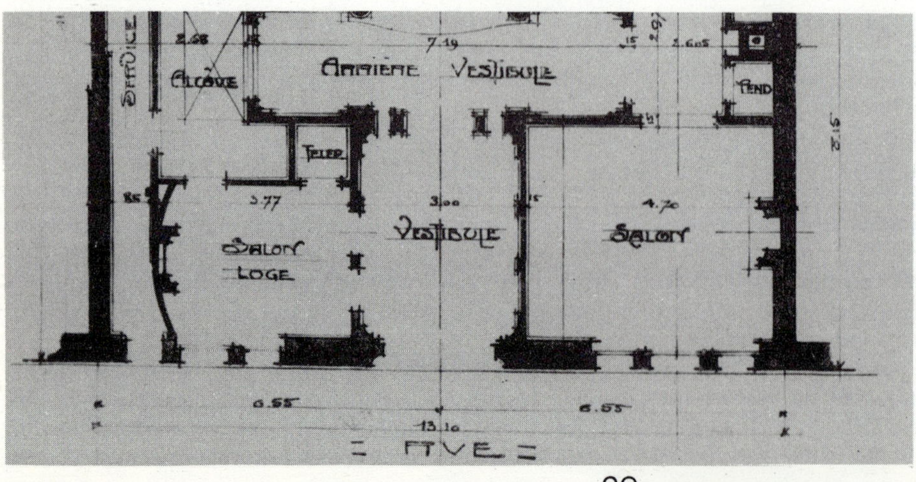


*« Nous assimilons donc le système de l'inconscient à une grande antichambre, dans laquelle les tendances psychiques se pressent, tels des êtres vivants. A cette antichambre est attenante une autre pièce, plus étroite, une sorte de salon, dans lequel séjourne la conscience. Mais à l'entrée de l'antichambre, dans le salon, veille un gardien qui inspecte chaque tendance psychique, lui impose la censure et l'empêche d'entrer au salon si elle lui déplaît. »*
(Freud, *Introduction à la psychanalyse*).

Freud caricaturé par Tim.

## *Les propriétés particulières du système Inconscient Ics*

**FREUD**

Le noyau de l'*Ics* est constitué par des représentants de la pulsion[1] qui veulent décharger leur investissement, donc par des motions de désir. Ces motions pulsionnelles sont coordonnées les unes aux autres, persistent les unes à côté des autres sans s'influencer réciproquement et ne se contredisent pas entre elles. Lorsque deux motions de désir dont les buts devraient nous paraître inconciliables sont activées simultanément, les deux motions ne se soustraient pas l'une de l'autre, ni ne se suppriment l'une l'autre, mais elles concourent à la formation d'un but intermédiaire, d'un compromis.

Il n'y a dans ce système ni négation, ni doute, ni degré dans la certitude. Tout cela n'est introduit que par le travail de la censure entre *Ics* et *Pcs*[2]. La négation est un substitut de refoulement[3] d'un niveau supérieur. Dans l'*Ics*, il n'y a que des contenus plus ou moins fortement investis.

Il y règne une beaucoup plus grande mobilité des intensités d'investissement. Par le processus de *déplacement* une représentation peut transmettre tout son quantum d'investissement à une autre, par celui de la *condensation*, s'approprier tout l'investissement de plusieurs autres. J'ai proposé de considérer ces deux processus comme signes caractéristiques de ce que nous appelons le *processus* psychique *primaire*. Dans le système *Pcs* règne le *processus secondaire* ; dans le cas où un tel processus primaire peut se dérouler sur des éléments du système *Pcs*, il apparaît « comique » et provoque le rire[4].

Les processus du système *Ics* sont *intemporels*, c'est-à-dire qu'ils ne sont pas ordonnés dans le temps, ne sont pas modifiés par l'écoulement du temps, n'ont absolument aucune relation avec le temps. La relation au temps elle aussi est liée au travail du système *Cs*.

Pas davantage les processus *Ics* n'ont égard à la *réalité*. Ils sont soumis au principe de plaisir ; leur destin ne dépend que de leur force et de leur conformité ou non-conformité aux exigences de la régulation plaisir-déplaisir. (...)

Il ne serait pourtant pas juste de se représenter que l'*Ics* reste en repos tandis que tout le travail psychique serait exécuté par le *Pcs*, que l'*Ics* serait quelque chose hors d'usage, un organe rudimentaire, un résidu du développement. Il serait faux également d'admettre que les rapports entre les deux systèmes se limitent à l'acte du refoulement, le *Pcs* jetant dans le gouffre de l'*Ics* tout ce qui lui paraît perturbant. L'*Ics* est au contraire vivant, capable d'évoluer et il entretient un grand nombre d'autres relations avec le *Pcs* parmi lesquelles aussi la coopération. En une formule condensée, on doit dire que l'*Ics* se prolonge dans ce qu'on nomme ses rejetons, il est accessible à l'action des événements de la vie, il exerce une influence permanente sur le *Pcs* et il est même de son côté soumis aux influences venant de la part du *Pcs*[5].

***Métapsychologie* (1915),**
**trad. Laplanche-Pontalis, Idées-Gallimard, pp. 96-101**

**4** □ « Les processus si intéressants de la condensation avec formation substitutive qui (...) forment la base de la technique de l'esprit des mots, nous ont rappelé la formation du rêve, dans le mécanisme duquel nous avons découvert les mêmes processus psychiques. Mais la formation du rêve nous est aussi rappelée par les techniques de l'esprit de la pensée : le déplacement, les fautes de raisonnement, le contresens, la représentation indirecte, la représentation par le contraire qui, solidairement ou isolément, trouvent leur place dans la technique de l'élaboration du rêve. » (*Le Mot d'esprit et ses rapports avec l'inconscient* (1905), Idées-Gallimard, pp. 129-130.)

**5** □ « La totalité des processus psychiques se présente comme le royaume du préconscient. Une très grande partie de ce préconscient tire son origine de l'inconscient, présente le caractère des rejetons de l'inconscient et est soumise à une censure, avant de pouvoir devenir consciente. Une autre partie du *Pcs* est susceptible de devenir consciente sans censure. Nous arrivons ici à un résultat en contradiction avec une hypothèse antérieure. En examinant le problème du refoulement, nous avons été contraints de situer, entre les systèmes *Ics* et *Pcs*, la censure qui décide du devenir-conscient. Maintenant nous sommes portés à placer une censure entre *Pcs* et *Cs*. Mais nous ferons bien de ne point percevoir dans cette complication une difficulté, en admettant au contraire qu'à tout passage d'un système dans le système immédiatement supérieur, donc à tout progrès vers un niveau plus élevé d'organisation psychique, correspond une nouvelle censure. » (p. 104)

Sauf précision, les citations sont extraites de la *Métapsychologie*, éd. cit.

Les abréviations *Ics*, *Pcs* et *Cs* désignent respectivement l'inconscient, le préconscient et la conscience.

# L'INCONSCIENT FREUDIEN, LA PHILOSOPHIE, LA SCIENCE

## Freud, la science et la philosophie

Le fondateur de la psychanalyse **se méfiait** de la **philosophie**, lui reprochant volontiers ses ambitions qu'il jugeait excessives. Aussi aurait-il « évité soigneusement de (s')approcher de la philosophie proprement dite » *(Ma vie et la psychanalyse).*

La psychanalyse, comme théorie ou savoir de l'inconscient, serait ainsi une **science**, et même une « science de la nature ». Témoigne notamment de ce souci de scientificité le rapport soigneusement entretenu par Freud tout au long de son travail, entre **l'élaboration théorique**, le **matériel** en quelque sorte **« expérimental »** que lui fournissait l'activité thérapeutique, et les **problèmes** qu'elle faisait surgir ; en témoigne également la reconstruction périodiquement imposée à la théorie : Freud remplacera ainsi sa première topique (inconscient, préconscient, conscient) par la seconde (ça, moi, surmoi)*, puis, à partir de 1920, opposera globalement les pulsions* de vie (Eros) aux pulsions de mort (Thanatos).

Aussi sa définition de la psychanalyse ne fait-elle aucune allusion à la moindre dimension philosophique : « Psychanalyse est le nom : 1) d'un **procédé d'investigation** de processus mentaux à peu près inaccessibles autrement, 2) d'une **méthode** fondée sur cette investigation pour le traitement de désordres névrotiques, 3) d'une série de **conceptions psychologiques** acquises par ce moyen et qui s'accroissent ensemble pour former progressivement une nouvelle **discipline scientifique**. » Si l'on doit comprendre que ces trois aspects sont très étroitement liés, on constate qu'ils convergent pour constituer un **système** dont le champ est nettement psychologique, et non philosophique.

On notera cependant

- que l'attitude freudienne ne peut faire l'économie d'une **théorie de la connaissance** (à laquelle correspond l'élaboration conceptuelle de la *Métapsychologie*) : à ce titre, elle peut être questionnée d'un point de vue épistémologique. La psychanalyse représente-t-elle, par la façon dont elle aborde l'inconscient, une véritable rupture épistémologique ?

- que Freud lui-même ne s'est pas privé de se référer quand l'occasion s'en présentait à des systèmes philosophiques : il cite ainsi volontiers Platon, Kant, Schopenhauer (pour l'anticipation des rapports entre Eros et Thanatos dans la métaphysique de l'amour et de la mort) et Nietzsche. Mais ces « emprunts » reconnaissent moins une **filiation** (en soulignant les intuitions qu'ont pu avoir les philosophes), qu'ils ne marquent au contraire les **différences** entre leurs conceptions et une approche spécifique, enfin « scientifique », de l'inconscient.

**FREUD**

*En vérité, il n'y a rien à quoi l'homme, par son organisation, soit moins apte qu'à la psychanalyse.*

***Lettre à L. Binswanger*, 1911**

## Les philosophes et Freud

On affirme fréquemment que Freud scandalisa en particulier en affirmant l'existence d'un **inconscient irréductible** au fonctionnement du psychisme conscient, et en soulignant l'importance capitale de la **sexualité** (la *libido**) dans les productions notamment oniriques que détermine cet inconscient. C'est oublier que ces deux notions avaient attiré l'attention bien avant Freud, et que nombreux étaient les auteurs qui commençaient à les prendre au sérieux : publié en 1869, l'ouvrage d'Eduard von Hartmann *Philosophie de l'inconscient* a par exemple rencontré un grand succès, et certains courants plus ou moins rigoureux de la psychiatrie (Myers, Janet) s'intéressaient de très près au « subliminal » et au « subconscient ». Parallèlement, Havelock Ellis, en faisant paraître une masse d'informations sur la *Psychopathologie sexuelle*, avait réussi à imposer le fait sexuel comme un objet méritant une étude scientifique poussée.

S'il a bien existé une **« révolution psychanalytique »** (qui demeure sans cesse à réactiver), c'est donc plutôt parce que Freud aborde inconscient et sexualité d'une façon nouvelle ; ses conséquences les plus notables quant à la conception de l'être humain ont pu être dissimulées indifféremment par le scandale de façade et la manière dont la psychanalyse a été « récupérée » et « anesthésiée » par des effets de mode. On connaît l'étonnement de Freud, accueilli aux États-Unis avec enthousiasme en 1909 : « Ils ne savent pas que nous leur apportons la peste. » Le public américain s'est depuis montré fort habile à banaliser cette peste (mais il ne fut pas le seul, loin de là).

L'inconscient et la psychanalyse sont en effet devenus des éléments constitutifs de la « culture » contemporaine la plus générale et la plus vague. Après avoir choqué, ils font aujourd'hui recette : articles et ouvrages de vulgarisation sont innombrables ; tout débat, quel qu'en soit le thème, condition féminine, art, littérature, politique, religion ou mode vestimentaire, se doit de laisser la parole à un psychanalyste. Comme si la psychanalyse, ayant son mot à dire sur tous les sujets, **fascinait** par une promesse de révéler enfin les **secrets** de notre intimité la plus profonde...

Or, le concept d'inconscient ne nous fournit **aucune révélation**, aucun savoir de ce genre : affirmer que le dynamisme des pulsions se trouve à l'origine de l'activité onirique ne permet nullement à l'individu d'interpréter ses propres rêves — puisqu'une censure lui interdit toujours d'accéder au contenu latent authentique. Aussi les diverses résistances que la psychanalyse rencontra dans les milieux philosophiques (elle rabaisse l'homme au rang d'un animal ignorant les raisons de sa conduite, elle ne constitue qu'une explication réductrice, un « pansexualisme », etc.), ne font-elles que dissimuler ce qui la constitue comme la contestation la plus radicale de la tradition philosophique : le **sujet psychique**, classiquement défini par sa capacité à s'autocontrôler et s'autodéterminer, est fondamentalement **divisé** par une différence insurmontable entre la conscience et l'inconscient : « le sujet est l'objet de processus qui le constituent — bref, qui sont sa « vérité » — mais dont il ne veut ni ne peut rien *savoir* » (P.L. Assoun). En d'autres termes, et pour reprendre ceux qu'un patient adressait à son analyste : « Je ne veux pas chercher mon inconscient, c'est lui qui me cherche » ; ou, comme l'écrivait Freud : « Le moi n'est pas maître sans sa propre maison. »

Lorsque Freud interprète son travail comme le troisième grand ébranlement dans l'image que l'homme se fait de lui-même (après Copernic et la fin du géocentrisme, Darwin et l'être humain conçu comme simple maillon d'une chaîne d'évolution), c'est bien sur cet **« impouvoir »**, constitutif de l'homme, qu'il insiste. Affirmer l'inconscient, c'est en effet admettre que le sujet ne **maîtrise** ni ses goûts, ni son comportement, ni ses pensées, ni son langage ; c'est **retirer toute cohérence** au « Je » ; c'est également sous-entendre que l'individu ne parviendra jamais à se connaître seul (puisque l'auto-analyse est impossible) et qu'il a donc toujours **besoin d'un autre**, d'une autre oreille (celle du psychanalyste) pour peu qu'il essaie de comprendre non seulement **ce qui** se passe en lui mais aussi **pourquoi** cela s'y passe.

## *Le déplacement du sens*

Ce **renvoi vers l'autre**, et vers **un autre collectif** puisque le refoulement témoigne d'**exigences sociales** incompatibles avec la manifestation claire du désir, a de lourdes conséquences pour la philosophie elle-même.

- C'est tout d'abord la **fin de l'opposition tranchée entre normal et pathologique** : Freud montre l'existence d'une **continuité** entre l'individu socialement admis comme normal et le névrosé ; s'il existe une *Psychopathologie de la vie quotidienne* (qui a pour symptômes les oublis, les actes manqués, les lapsus, les tics, etc.), c'est qu'entre le premier et le second la différence n'est que de niveau et non de nature.

- C'est ensuite la **redéfinition** nécessaire **du psychique** lui-même, comme n'étant plus ni intégralement conscient, ni simplement séparé du physique : la **pulsion** effectue précisément la **transition entre somatique et psychique** puisqu'elle prend source dans le corps pour aboutir à une représentation.

- C'est encore l'**introduction du sens** — et il faudrait dire du sens le plus important — **là où l'on n'en percevait** traditionnellement **pas** : dans le rêve, la rêverie, les incidents du quotidien. C'est la **production de ce sens** — et non plus la conscience — qui définit globalement le psychique.

- C'est aussi la relation établie entre le **passé** et le **présent**. Si, comme l'affirme Freud, « tout état auquel un être est parvenu tend à se réinstaurer une fois qu'il a été abandonné », l'histoire ou la biographie d'un individu n'est plus la simple chronologie de ce qui lui est arrivé et qu'il conserve à titre de passé : elle se constitue comme **sédimentation** dans laquelle chaque couche demeure active, **toujours au présent**. D'où l'importance attribuée aux différents stades de la sexualité infantile ; d'où également la critique de la psychanalyse par Ernst Bloch, qui lui reproche de **bloquer l'individu dans le passé** en ignorant que la dimension fondamentale de la temporalité humaine est au contraire l'**avenir**. Quoi qu'il en soit, rien ne disparaît, tout travaille, mais à l'insu du sujet qui ne perçoit que des conséquences et des retombées énigmatiques de ce travail[1].

- Encore faudrait-il signaler que dans ses applications « sociologiques » *(Malaise dans la civilisation)*, la pensée freudienne paraît s'opposer à l'optimisme de l'idéologie des Lumières : dans le conflit entre le **principe de plaisir*** et le **principe de réalité**, c'est ce dernier qui l'emporte, et l'insistance sur les pulsions de mort semble bien indiquer que l'être humain est condamné à ne pas être heureux.

1 ◻ Sur la question de la présence en nous du passé, voir le *Grand Texte* de Freud dans le Chapitre sur la *Mémoire*.

## *Une science de l'inconscient ?*

C'est en sélectionnant certains aspects de la pensée freudienne qu'on a pu trouver dans l'inconscient un élément capable de participer à la **désaliénation** de l'être humain (en essayant notamment de le faire fusionner avec des emprunts au **marxisme** : c'est, de Wilhelm Reich à Herbert Marcuse, l'axe selon lequel travaille le « freudo-marxisme »). Tel fut par exemple l'accueil que lui réservèrent les **surréalistes** à une époque où les milieux psychiatriques français lui restaient plutôt hostiles : sensibles à l'importance reconnue au désir et y trouvant une légitimation supplémentaire de leur tentative pour dépasser les cadres d'un rationalisme étroit.

On peut également admettre que « la psychanalyse porte en elle une menace à tous les États fascistes, totalitaires ou pseudo-démocratiques », en rappelant que « Freud ne s'est pas privé, dès 1921, de critiquer à la fois l'idéologie bolchevique et l'idéologie capitaliste » (René Major).

Toutefois, c'est André Breton qui, dans *Nadja*, réclame des psychanalystes « d'autres exploits que des exploits d'huissier ». Il est incontestable que la psychanalyse, parce qu'elle est aussi une pratique thérapeutique, est nécessairement appelée à **privilégier l'intégration des patients** dans leur milieu social au lieu de **mettre en cause** ce qui, dans ce dernier, peut les rendre « malades » : c'est là une critique que les partisans de l'« antipsychiatrie » adressent aujourd'hui encore à la psychanalyse. Jugerait-on celle-ci scandaleuse qu'il ne serait pas nécessaire de l'interdire ou de la contester : il suffit de l'introduire dans l'ordre établi, en donnant au psychanalyste une fonction sociale de réadaptation.

Il apparaît que de tels agissements ne sont guère possibles à l'égard d'une science « ordinaire », où l'on ne rencontre pas davantage de **« déviations »** par rapport à un enseignement originel comme en constituent les thèses d'un Jung ou d'un Adler par rapport à celles de Freud.

Le savoir sur l'inconscient ouvre directement sur une pratique. Cette **capacité d'action** paraît renvoyer la psychanalyse du côté des « sciences humaines » — c'est-à-dire de disciplines dont les **implications idéologiques** sont loin d'être négligeables. Aussi n'est-il pas surprenant que l'on entreprenne d'établir sa concordance avec le capitalisme et sa conception triangulaire de la famille (l'enfant et les deux parents — d'où le rôle archétypal attribué par Freud à la légende d'Œdipe) comme ont fait Gilles Deleuze et Félix Guattari dans leur *Anti-Œdipe*. Pas plus étrange que Karl Popper, d'un point de vue strictement **épistémologique**, ait pu montrer que la psychanalyse n'est pas une science authentique dans la mesure où, contrairement aux discours véritablement scientifiques, elle n'est pas réfutable.

Ainsi la philosophie en vient-elle à reprocher à Freud et à ses successeurs de n'avoir pas réussi à élaborer la science de l'inconscient annoncée. Ludwig Wittgenstein n'hésitait pas, dans cette optique, à souligner combien la séduction exercée par les idées freudiennes ressemble à celle d'une **mythologie**. Est-ce parce qu'elle touche simultanément à plusieurs domaines (psychologie, anthropologie, linguistique, biologie) ? Ne serait-ce pas plutôt parce que **le projet freudien** était lui-même l'**effet d'une idéologie** : à la fin du XIX^e^ siècle, **la science**, dans la foulée du positivisme, est reconnue comme la **valeur culturelle la plus haute**, supérieure à la littérature aussi bien qu'à la philosophie. Dans la mesure où cette dernière tente à notre époque d'apprécier les méfaits d'une telle hiérarchie, elle ne peut manquer de considérer l'inconscient freudien et sa description « scientifique » avec une certaine suspicion.

**BIBLIOGRAPHIE DE LA LEÇON**

***P.L. ASSOUN :***
*Freud, la philosophie et les philosophes*, P.U.F.

***O. MANNONI :***
*Freud*, Seuil, coll. « Écrivains de toujours ».

***J.P. MORDIER :***
*Les Débuts de la psychanalyse en France*, Maspero.

***M. ROBERT :***
*La Révolution psychanalytique*, Payot.

***L. WHYTE :***
*L'Inconscient avant Freud*, Payot.

**TABLE D'ORIENTATION**

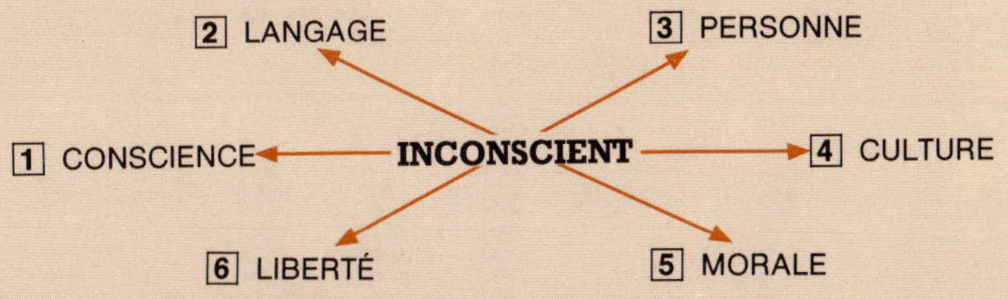


**SUJETS DE DISSERTATION**

1 La connaissance des lois de l'inconscient nous console-t-elle du désordre de notre conscience ? (Reims, A, 1982)

2 N'exprime-t-on que ce dont on a conscience ? (Polynésie française, B, 1977)

■ « L'inconscient parle en nous » — que faut-il penser de cette expression ? (Reims, B, 1982)

3 Est-il toujours illusoire de prendre ses rêves pour des réalités ? (Reims, C-D, 1975)

■ Est-il vrai de dire que « l'observation directe de soi est loin de suffire pour apprendre à se connaître » ? (Toulouse, C-D, 1980)

4 Les hommes sont-ils conscients des mythes qui ont forgé leur imagination, et qui nourrissent leur culture ? (Poitiers, A, 1979)

5 Admettre l'existence de l'inconscient, est-ce rendre vain tout effort de lucidité à l'égard de soi-même ? (Nancy-Metz, B, 1980)

6 L'idée de liberté est-elle compatible avec le concept d'inconscient ? (Poitiers, B, 1982)

**BIBLIOGRAPHIE GÉNÉRALE**

***FREUD*** (ouvrages les moins « techniques ») : *Introduction à la psychanalyse ; Psychopathologie de la vie quotidienne ; Cinq leçons sur la psychanalyse,* Payot ; *Le Rêve et son interprétation ; Trois essais sur la théorie de la sexualité ; Totem et tabou ; Un souvenir d'enfance de Léonard de Vinci,* Idées-Gallimard ; *Malaise dans la civilisation,* P.U.F.

***S. KOFMAN :*** *L'Enfance de l'art,* Payot.

***D. LAGACHE :*** *La Psychanalyse,* P.U.F., coll. Que sais-je ?

***P. RICŒUR :*** *De l'interprétation,* Seuil.

***E. ROUDINESCO :*** *La Bataille de cent ans, Histoire de la psychanalyse en France,* Ramsay.

Collectif, sous la direction de R. Jaccard : *Histoire de la psychanalyse,* Livre de Poche, Biblio-Essais, tome I, pp. 73-110 et 157-230.

Pour préciser le sens des termes techniques utilisés dans les théories freudiennes, on consultera avec profit le *Vocabulaire de la psychanalyse* de Laplanche et Pontalis (P.U.F.).

**GLOSSAIRE**

**Ça, Moi, Surmoi** (ces termes sont utilisés dans la seconde topique de Freud) : le *ça* y constitue l'aspect pulsionnel de la personnalité. Ses contenus, qui résultent des pulsions, sont inconscients, soit innés, soit acquis et refoulés. Le *moi* dépend à la fois des revendications du *ça* et des exigences du *surmoi* (constitué par intériorisation des interdits parentaux et sociaux), entre lesquelles il essaie de trouver un équilibre.

**Censure :** fonction qui interdit aux désirs inconscients l'accès à la conscience et au préconscient en l'absence de transformations destinées à les travestir.

**Complexe d'Œdipe :** il constitue, entre trois et cinq ans, un moment capital dans la maturation de la libido, et marque comme une seconde naissance (aux interdits sociaux) du sujet. C'est un ensemble de désirs amoureux et hostiles éprouvés par l'enfant à l'égard de ses parents : amour du parent de sexe opposé et haine du rival que figure le parent du même sexe. Son déclin marque l'entrée dans la période de latence. Dans la mesure où ce complexe et sa résolution structurent la personnalité future, on admet en psychanalyse qu'il constitue un fait éventuellement pathogène dont la présence se retrouve dans toutes les névroses.
Son universalité est contestée par certains anthropologues.

**Condensation :** un des deux grands modes de fonctionnement de l'inconscient, particulièrement important dans le travail d'élaboration du rêve : une représentation unique condense en elle plusieurs éléments inconscients et se trouve investie de la somme de leurs énergies.

**Déplacement :** c'est l'autre mode principal du fonctionnement de l'inconscient, lui aussi à l'œuvre dans le rêve : l'intensité d'une représentation peut s'en détacher pour se déplacer vers une autre représentation (ou plusieurs) par simple association.

**Libido :** voir le *Glossaire* du chapitre sur le *Désir.*

**Préconscient :** dans la première topique freudienne, désigne l'ensemble des éléments psychiques qui ne sont pas conscients en permanence (« inconscients » au sens descriptif mais non dynamique du terme), mais qui peuvent le redevenir puisqu'ils l'ont antérieurement été (souvenirs, connaissances, langage, etc.).

**Principe de plaisir, principe de réalité :** ce sont les deux principes régissant le fonctionnement mental. L'affirmation du premier souligne que l'activité psychique a pour but de procurer le plaisir en réduisant les quantités d'excitation subies. Le second modifie le jeu du premier en introduisant les exigences du monde extérieur (notamment social), ce qui peut différer la satisfaction ou lui imposer des voies détournées. (Voir l'*Extrait* de Freud au chapitre sur le *Bonheur*).

**Pulsion :** voir le *Glossaire* du chapitre sur le *Désir.*

**Refoulement :** opération d'un sujet repoussant dans l'inconscient des représentations (images, souvenirs) liées à une pulsion, lorsque la satisfaction de cette dernière entraînerait du déplaisir par rapport à d'autres exigences.

Raphaël,
*Psyché et Vénus*,
dessin.

# LE DÉSIR

## *Légendaire désir*

Cette œuvre de Raphaël nous montre la jeune et belle princesse Psyché (en grec, *psukhê* : âme) en proie aux persécutions tentatrices de la non moins belle Vénus, déesse mère de l'Amour. Dans *Les Métamorphoses* ou *L'Ane d'or*, Apulée, poète latin du IIe siècle, raconte une **légende** symbolisant le destin de nos désirs.

**Psyché** était si belle que l'Amour en personne la désirait. Par le conseil de l'oracle que ses parents avaient consulté avant de la marier, elle fut déposée sur le haut d'un précipice, d'où le Zéphyr, sur l'ordre de l'Amour, l'enleva puis la transporta dans un somptueux palais où elle entendait des voix harmonieuses. Des nymphes invisibles **réalisaient** ses moindres désirs.

**L'Amour**, son époux, s'approchait d'elle la nuit sur sa couche et se retirait à la pointe du jour pour éviter que Psyché ne l'aperçût, lui recommandant de ne point désirer savoir ni voir qui il était. Mais le bonheur mystérieux de Psyché excitait la convoitise de ses sœurs jalouses qui la poussèrent à en vouloir découvrir l'auteur.

Une nuit que l'Amour s'était assoupi près d'elle, Psyché se leva si adroitement qu'il ne se réveilla point, alluma une lampe à huile et découvrit... le beau **Cupidon** : jeune adolescent ailé, armé d'un arc et d'un carquois rempli de flèches ardentes prêtes à transpercer le cœur de la princesse et à lui faire perdre la tête. Mais à défaut d'en donner, l'Amour a des ailes. Une goutte d'huile malencontreusement tombée de la lampe réveilla Cupidon qui s'envola sur-le-champ, reprochant à Psyché son manque de confiance.

## *Tourments du désir, morale du désir*

D'où la **vengeance de Vénus**, courroucée contre Psyché de son audace et de son indécence sans bornes. La princesse, hantée par un remords coupable mais obsédée par le désir de retrouver Cupidon, est prête à **expier sa faute** et se soumet aux durs châtiments imposés par la déesse.

L'une des peines infligées à la princesse pour purger ses excès consiste à aller trouver la déesse Proserpine aux portes du Tartare (au plus profond des Enfers) pour y remplir une fiole d'un précieux cosmétique destiné à Vénus. Psyché, bien évidemment, se gardera de l'utiliser pour elle-même. Mais **écartelée** entre un chaste vœu de sagesse et son emportement lascif pour séduire à nouveau l'Amour, elle cède finalement à la tentation, au désir irrépressible d'utiliser l'onguent miraculeux qui, la faisant encore plus belle, la rendrait plus que jamais désirable aux yeux de l'Amour... Affres du désir : le cosmétique empoisonné la plonge dans un sommeil de mort.

Certes, l'Amour ramènera à la vie la princesse qui, restituant le précieux flacon à Vénus, obtiendra son pardon. Certes, Jupiter mariera l'Amour et Psyché. Mais cela n'enlève rien à la « morale de l'histoire » : la **dualité** des **« bons »** et des **« mauvais » désirs**. C'est là une constante tradition depuis l'antiquité gréco-romaine qui se donnait déjà deux représentations bien distinctes de ce que nous appelons le désir : *Eros* et *Imeros* ; d'une part, la figure du **désir doux** et **modéré**, chaste, pur et continent, fils de Jupiter et de Vénus, qui inspire le sage. D'autre part, la figure licencieuse de l'emportement violent, du **désir dissolu** qui possède l'insensé : la **concupiscence**, fille de la Nuit et de l'Erèbe, c'est-à-dire de la déraison et des vices qu'on expie aux Enfers.

Autre dualisme dans cette conception **morale** du désir : celui d'un **corps** habituellement enclin à tromper l'âme, à l'induire en erreur sur ce qui est nécessaire au bonheur, et qui conduit « machinalement » au **vice** ; et d'une **âme** habituellement vulnérable et perméable aux revendications irraisonnées du corps, tant qu'elle n'est pas éduquée à faire **triompher** la **vertu**. C'est ce que rappellent toutes les légendes, Cendrillon, Roméo et Juliette, Tristan et Iseult : le fondement rationnel et moral du désir est le plus souvent inversement proportionnel à la force par laquelle il s'exprime... Aussi faudrait-il soumettre nos désirs au jugement de la raison, au niveau même de leurs manifestations immédiates, c'est-à-dire juger la nature des **objets**, sur lesquels nos désirs se portent. C'est là tout le rôle de la morale : juger pour savoir ce que doivent viser nos désirs et quels effets doit produire leur ultime réalisation.

## *Désir et bonheur*

Si la réalisation des désirs semble être le moyen nécessaire du **bonheur**, la question de leur finalité ultime — désirer quoi ? et en vue de quoi ? — renvoie, en dernière instance, à une réflexion sur la maîtrise théorique et pratique du bonheur. Chaque désir porte en lui, quel qu'il soit, cette aspiration fondamentale mais vague : le souhait d'être heureux. Et pourtant, paradoxalement, comme le souligne plus que tout autre le désir amoureux de Psyché, la « mécanique » du désir ne conduit pas nécessairement à la félicité. Il faut au désir une aide extérieure qui lui apporte clairvoyance et discernement. D'où la définition nécessaire d'un **savoir** ou d'un « art de vivre » heureux qui maîtrise, règle et oriente convenablement nos désirs : mais, si du point de vue du désir lui-même rien n'est décidable (puisque le désir est incapable de s'autodiriger), de quel autre point de vue seront décrétées les **normes du désir** ?

## Le désir veut le plaisir

**ARISTOTE**

Le fait que tous les êtres, bêtes et hommes, poursuivent le plaisir est un signe que le plaisir est en quelque façon le Souverain Bien. (...) Mais, comme ce n'est ni la même nature, ni la même disposition qui est la meilleure pour tout le monde, ou qui du moins apparaît telle à chacun, tous les hommes ne poursuivent pas non plus le même plaisir, bien que tous poursuivent le plaisir. Peut-être aussi poursuivent-ils non pas le plaisir qu'ils s'imaginent ou qu'ils voudraient dire qu'ils recherchent, mais un plaisir le même pour tous, car tous les êtres ont naturellement en eux quelque chose de divin. Mais les plaisirs corporels ont accaparé l'héritage du nom de plaisir, parce que c'est vers eux que nous dirigeons le plus fréquemment notre course et qu'ils sont le partage de tout le monde ; et ainsi, du fait qu'ils sont les seuls qui nous soient familiers, nous croyons que ce sont les seuls qui existent. (...)

Or les biens du corps admettent l'excès, et c'est la poursuite de cet excès qui rend l'homme pervers, et non pas celle des plaisirs nécessaires : car si tous les hommes jouissent d'une façon quelconque des mets, des vins et des plaisirs sexuels, tous n'en jouissent pas dans la mesure qu'il faut.

***Éthique à Nicomaque,* VII, 14,**
**trad. J. Tricot, Vrin, pp. 373-375**

Le désir sous toutes ses formes : représentation classique d'un amour tirant ses flèches...

## Le désir ne veut rien

**SPINOZA**

L'essence de l'âme est constituée par des idées adéquates et des inadéquates ; par suite, elle s'efforce de persévérer dans son être en tant qu'elle a les unes et aussi en tant qu'elle a les autres ; et cela pour une durée indéfinie. Puisque, d'ailleurs, l'âme, par les idées des affections du corps, a nécessairement conscience d'elle-même, elle a conscience de son effort.

Cet effort, quand il se rapporte à l'âme seule, est appelé *volonté* ; mais, quand il se rapporte à la fois à l'âme et au corps, il est appelé *appétit* ; l'appétit n'est par là rien d'autre que l'essence même de l'homme, de la nature de laquelle suit nécessairement ce qui sert à sa conservation ; et l'homme est ainsi déterminé à le faire. De plus il n'y a nulle différence entre l'appétit et le désir, sinon que le désir se rapporte généralement aux hommes, en tant qu'ils ont conscience de leurs appétits, et peut, pour cette raison, se définir ainsi : *le désir est l'appétit avec conscience de lui-même*. Il est donc établi par tout ce qui précède que nous ne faisons effort vers aucune chose, que nous ne la voulons pas ou ne tendons pas vers elle par appétit ou par désir, parce que nous jugeons qu'elle est bonne ; c'est l'inverse : nous jugeons qu'une chose est bonne parce que nous faisons effort vers elle, que nous la voulons et tendons vers elle par appétit ou désir.

***Éthique* (1675),**
**III, 9, Démonstration et Scolie,**
**trad. R. Caillois, Idées-Gallimard, pp. 158-159**

## Le désir ne veut que des signes

**FREUD**

Le *but* d'une pulsion est toujours la satisfaction, qui ne peut être obtenue qu'en supprimant l'état d'excitation à la source de la pulsion. Mais, quoique ce but final reste invariable pour chaque pulsion, diverses voies peuvent mener au même but final, en sorte que différents buts, plus proches ou intermédiaires, peuvent s'offrir pour une pulsion ; ces buts se combinent ou s'échangent les uns avec les autres. (...)

L'*objet* de la pulsion est ce en quoi la pulsion peut atteindre son but. Il est ce qu'il y a de plus variable dans la pulsion, il ne lui est pas originairement lié : mais ce n'est qu'en raison de son aptitude particulière à rendre possible la satisfaction qu'il est adjoint. Ce n'est pas nécessairement un objet étranger, mais c'est tout aussi bien une partie du corps propre. Il peut être remplacé à volonté tout au long des destins que connaît la pulsion ; c'est à ce déplacement de la pulsion que revient le rôle le plus important.

Il peut arriver que le même objet serve simultanément à la satisfaction de plusieurs pulsions : c'est le cas de ce qu'Alfred Adler[1] appelle *l'entre-croisement des pulsions*. Lorsque la liaison de la pulsion à l'objet est particulièrement intime, nous la distinguons par le terme de *fixation*. Elle se réalise souvent dans les périodes du tout début du développement de la pulsion et met fin à la mobilité de celle-ci en résistant intensément à toute dissolution.

**« Pulsions et destin des pulsions », in *Métapsychologie* (1915), Idées-Gallimard, trad. Laplanche & Pontalis, pp. 18-19**

... et représentation moderne d'un désir plus terrestre.

**1** ◻ Alfred Adler (1870-1937), disciple viennois de Freud, dont il se sépare en 1911.

## commentaire

Le désir est toujours **principe moteur**, souligne **Aristote** (385-322 av. J.-C.). Par là, il refuse de séparer la vie animale et la vie rationnelle : le désir n'est pas l'image de notre bestialité, et de lui-même l'intellect ne saurait se mouvoir. La seule condition du bonheur est donc d'**accepter** le désir et de l'utiliser. L'homme vertueux n'est pas celui qui dompte ses désirs, mais celui qui possède des **désirs vertueux**. Pour cela, il faut accorder le désir et la raison, qui se proposent le même but, le Souverain Bien. Le « tempérant » désire ce qu'il **doit désirer**. Or le désir fondamental de l'homme est le **désir de vivre**, c'est-à-dire de vivre bien, lié au désir d'une sensation agréable : l'homme est réconcilié avec son propre désir.

Cette image du bonheur est compromise dans l'analyse de **Spinoza** (1632-1677). Celui-ci considère en effet qu'il n'y a rien à attendre de positif de l'**accomplissement** de nos désirs, lesquels ne sont que des **effets de conscience**. Il n'y a donc pas, à proprement parler, de faculté de désirer : mes désirs expriment ma **dépendance**, et le désir n'est plus moteur, comme chez Aristote, il est **mû**. Ainsi la conscience ne change-t-elle rien à la nature de l'appétit : ce n'est pas elle qui le dirige à volonté. Le désir est **naturel**, mais en tant que partie de la nature, il est strictement **déterminé**.

Le désir n'est pas compréhensible par le désirable, c'est-à-dire par l'objet du désir. **Freud** (1856-1939), comme Spinoza, conçoit le désir comme un **effet**, et non comme le produit de la conscience libre. On ne peut donc pas assigner au désir un objet qui lui serait spécifique. Si Freud emploie désormais le terme de **« pulsion* »** plutôt que celui de **« désir »**, c'est que le désir s'écarte du langage usuel : le désir inconscient n'est pas forcément repérable dans la réalité. Si le besoin **biologique** est une **tendance*** vers un objet réel, s'il ne se contente ni de mots ni de rêve, le désir, quant à lui, n'a pas d'objet propre, il se déploie dans un univers qui ignore la réalité, et peut se satisfaire dans le **rêve** comme dans le **langage**.

# *L'épicurisme, éducation du désir*

## l'auteur

Épicure est né en 341 av. J.-C. à Samos, au moment où les écoles de Platon et d'Aristote, l'Académie et le Lycée, dominent la vie intellectuelle de la Grèce. Il doit s'exiler de Samos en -323, et suit l'enseignement d'un disciple de Démocrite qui le familiarise avec l'atomisme. Il s'installe définitivement à Athènes en -306, au Jardin, et fonde sa propre école où se nouent des liens à la fois affectifs et philosophiques. Épicure meurt en -270.

Des nombreux textes qu'il rédigea, nous ne possédons que trois lettres *(à Hérodote sur la physique, à Pythoclès sur les météores* — dont l'authenticité est discutée, *à Ménécée sur la morale).* Sa philosophie comprend une canonique (théorie de la connaissance), une cosmologie et une physique (fondées sur l'atomisme) permettant l'élaboration d'une morale hédoniste.

L'**épicurisme** se répandit dans tout le bassin méditerranéen jusqu'au début de l'ère chrétienne, particulièrement à Rome où Lucrèce en donna une formulation magistrale[1]. Ultérieurement, la signification du terme s'inversa, pour désigner la quête de tous les plaisirs, alors que la vie des philosophes épicuriens était rigoureusement ascétique.

## l'intérêt philosophique du texte

# *L'essence du plaisir*

L'**épicurisme** a longtemps passé pour une doctrine scandaleuse : on caricature la pensée d'Épicure lorsqu'on l'associe au projet de rechercher le plaisir à tout prix. En réalité, la théorie épicurienne du désir définit la **condition de liberté** par rapport au **plaisir**. Épicure recherche un rapport au plaisir qui nous permette de l'éprouver sans en être dépendant. Ainsi, la véritable saisie du plaisir permet de définir une éthique des désirs.

Qu'est-ce que le plaisir ? Épicure apporte une réponse originale : le plaisir est d'abord le **remplissement d'un manque** (l'apaisement biologique du besoin, par exemple), et il est en tant que tel incapable d'apporter une véritable satisfaction. Le plaisir est **cessation de la douleur** : il est donc **négatif**.

Mais le plaisir est spirituel, pensé. De là vient la **revalorisation du désir** : il n'y a de véritable plaisir que pour qui sait désirer. Désirer, c'est désirer le plaisir, désir éminemment spirituel qu'Épicure prend soin de distinguer du plaisir immédiat (« il y a des cas où nous passons par-dessus beaucoup de plaisirs » si cela peut éviter « des peines qui les surpassent »).

La philosophie d'Épicure se caractérise alors par une véritable **éducation du désir**. A cet égard, la distinction proposée par Épicure entre les **désirs vains** et les **désirs naturels** est fondamentale : les premiers portent sur un plaisir mobile et fugitif, les seconds définissent l'essence du plaisir et sont libérateurs. Ainsi, savoir désirer, c'est prendre le plaisir en se réglant sur la nature. Sans distinguer des plaisirs « nobles » et des plaisirs « méprisables », l'épicurisme, véritable philosophie du désir, parvient à une libération de l'homme qui ne passe pas par la répression.

**1** ☐ Voir le *Grand Texte* du chapitre sur la *Mort.*

**2** ☐ « Parmi les désirs, il y en a qui sont nécessaires, d'autres qui sont naturels mais non nécessaires, d'autres enfin qui ne sont ni naturels ni nécessaires, mais des produits d'une vaine opinion. » (*Maxime fondamentale* XXIX).

**3** ☐ Les désirs nécessaires à la vie sont les désirs de manger et de boire, les désirs nécessaires à la tranquillité du corps, sont les désirs de bien-être (contre la chaleur ou le froid, par exemple) ; les désirs nécessaires pour le bonheur, sont le désir de connaissance ou de philosophie.

**4** ☐ Ataraxie : absence de trouble. C'est le plaisir stable de l'âme. L'aponie est l'absence de souffrance, plaisir stable du corps. L'ataraxie et l'aponie doivent toutes deux être recherchées par le sage.

## *La vérité du désir est spirituelle*

### ÉPICURE

Il faut se rendre compte que parmi nos désirs les uns sont naturels, les autres vains, et que, parmi les désirs naturels, les uns sont nécessaires et les autres naturels seulement[2]. Parmi les désirs nécessaires, les uns sont nécessaires pour le bonheur, les autres pour la tranquillité du corps, les autres pour la vie même[3].

Et en effet une théorie non erronée des désirs doit rapporter tout choix et toute aversion à la santé du corps et à l'ataraxie de l'âme[4], puisque c'est là la perfection même de la vie heureuse. Car nous faisons tout afin d'éviter la douleur physique et le trouble de l'âme. Lorsqu'une fois nous y avons réussi, toute l'agitation de l'âme tombe, l'être vivant n'ayant plus à s'acheminer vers quelque chose qui lui manque, ni à chercher autre chose pour parfaire le bien-être de l'âme et celui du corps. Nous n'avons en effet besoin du plaisir que quand, par suite de son absence, nous éprouvons de la douleur ; et quand nous n'éprouvons pas de douleur nous n'avons plus besoin du plaisir[5]. C'est pourquoi nous disons que le plaisir est le commencement et la fin de la vie heureuse.

En effet, d'une part, le plaisir est reconnu par nous comme le bien primitif et conforme à notre nature, et c'est de lui que nous partons pour déterminer ce qu'il faut choisir et ce qu'il faut éviter ; d'autre part, c'est toujours à lui que nous aboutissons, puisque ce sont nos affections qui nous servent de règle pour mesurer et apprécier tout bien quelconque si complexe qu'il soit. Mais, précisément parce que le plaisir est le bien primitif et conforme à notre nature, nous ne recherchons pas tout plaisir, et il y a des cas où nous passons par-dessus beaucoup de plaisirs, savoir lorsqu'ils doivent avoir pour suite des peines qui les surpassent ; et d'autre part, il y a des douleurs que nous estimons valoir mieux que des plaisirs, savoir lorsque après avoir longtemps supporté les douleurs, il doit résulter de là pour nous un plaisir qui les surpasse[6].

Tout plaisir, pris en lui-même et dans sa nature propre, est donc un bien, et cependant tout plaisir n'est pas à rechercher ; pareillement toute douleur est un mal, et pourtant toute douleur ne doit pas être évitée. En tout cas, chaque plaisir et chaque douleur doivent être appréciés par une comparaison des avantages et des inconvénients à attendre. Car le plaisir est toujours le bien, et la douleur le mal, seulement il y a des cas où nous traitons le bien comme un mal, et le mal, à son tour, comme un bien. C'est un grand bien à notre avis que de se suffire à soi-même[7], non qu'il faille toujours vivre de peu, mais afin que si l'abondance nous manque, nous sachions nous contenter du peu que nous aurons, bien persuadés que ceux-là jouissent le plus vivement de l'opulence qui ont le moins besoin d'elle, et que tout ce qui est naturel est aisé à se procurer, et ce qui ne répond pas à un désir naturel, malaisé à se procurer. (...)

Quand donc nous disons que le plaisir est le but de la vie, nous ne parlons pas des plaisirs de l'homme déréglé, ni de ceux qui consistent dans les jouissances matérielles, ainsi que l'écrivent des gens qui ignorent notre doctrine, ou qui la combattent et la prennent dans un mauvais sens. Le plaisir dont nous parlons est celui qui consiste, pour le corps, à ne pas souffrir et, pour l'âme, à être sans trouble[8].

**_Lettre à Ménécée,_ trad. O. Hamelin, Nathan, coll. « Les Intégrales de Philo », pp. 77-78**

**5** ◻ Le plaisir est défini ici comme cessation de la douleur. « La limite de la grandeur des plaisirs est l'élimination de tout ce qui provoque la douleur. Là en effet où se trouve le plaisir, et aussi longtemps qu'il s'y trouve, il y a absence de douleur ou de chagrin, ou les deux à la fois. » (*Maxime fondamentale* III).

**6** ◻ Le sage se doit donc de calculer les plaisirs et les douleurs, et cette mesure a pour nom la « métriopathie ».

**7** ◻ L'autosuffisance *(autarkéia)* ou inconditionnalité est une notion clé de la pensée grecque. Voir à ce sujet l'*Extrait* d'Aristote cité au chapitre sur le *Bonheur* : la notion de *perfection* est indissociable de *celle d'autosuffisance.*

**8** ◻ C'est là une définition de l'*ataraxie* (voir note 3).

# *FAUT-IL RÉPRIMER NOS DÉSIRS ?*

## A - Le médecin et le cuisinier

Poser une telle question ne revient pas à penser le désir sous une **perspective moralisatrice**, au contraire. Si le désir apparaît au premier abord comme une **tendance* vers une fin**, alors il faut s'interroger sur cette fin elle-même. L'objet du désir est-il vraiment objectivement désirable ? Le désirable, objet digne d'être désiré, est-ce réellement l'affaire du désir ?

Si j'entreprends de dégager ce qui, objectivement, est bon pour mon désir, cela ne peut être accompli que par ma **raison**. Une distinction s'impose dès lors que l'on s'interroge sur l'objet du désir entre ce qui est objectivement désirable, et donc rationnel, et ce qui relève de la simple satisfaction du désir. Le malheur de l'homme ne proviendrait-il pas de l'écart constant entre ces deux objets ?

L'exemple du *Gorgias* est convaincant : le médecin sait rationnellement ce qui est bon pour le désir, le cuisinier ne le sait pas mais flatte le désir sans pour autant apporter de satisfaction objective (*Gorgias*, 465c.). Entendons-nous : le cuisinier fournit bien l'objet visé par le désir, car, à côté de la satisfaction objective, existe le **plaisir**.

*Le désir ne sait donc pas ce qu'il veut.* Et, à supposer qu'il le sache, ce qu'il veut existe-t-il réellement ? Le médecin propose quelque chose de réel, tandis que le plaisir apporté par le cuisinier, une fois passé, renaît. La conclusion de Platon s'impose : le plaisir ne peut être **identifié** à l'objet du désir. Le plaisir doit simplement être envisagé comme un corrélat : il est **lié à l'objet du désir** mais n'est pas cet objet lui-même. On le voit, le désir n'est pas raisonnable, et si l'on demandait à l'individu de choisir entre le médecin et le cuisinier, il choisirait d'emblée le second. Quelle est donc la nature du désir ?

## B - La sauvagerie du désir

Le désir **s'oppose à la raison** ; c'est pourquoi il est **incompréhensible**. En ce sens, nos désirs sont inacceptables. Par eux, nous pouvons être attirés vers ce qui nous fait le plus horreur. Ainsi

> *notre partie bestiale et sauvage, s'étant remplie de nourriture et de boisson, se trémousse et en repoussant le sommeil, cherche à aller de l'avant et à assouvir son penchant propre. Tu sais fort bien qu'en une telle occurrence, il n'est point d'audace devant quoi elle recule, comme déliée, débarrassée de toute honte et de toute réflexion : ni en effet devant l'idée de vouloir s'unir à sa mère ou à n'importe qui, homme, divinité, bête ; de se souiller de n'importe quel meurtre ; de ne s'abstenir d'aucun aliment. En un mot, sur aucun point elle n'est à court de déraison ni d'indifférence à la honte.*
>
> (*La République*, Livre IX, 571b sqq.)

L'inacceptable, c'est l'existence en nous de désirs non nécessaires et déréglés. Ils ne produisent aucun effet utile et, en leur laissant libre cours, on aboutit à la **déraison**. L'analyse de Platon souligne en effet que l'existence de tels désirs n'est pas le privilège de quelques individus pervers : elle peut être au contraire reconnue en chacun de nous. Où est, plus précisément, la **bestialité** du désir ? Ce n'est pas tant le dérèglement quantitatif qui est dangereux, ici, que le dérèglement qui se produit entre le désir et son

Création d'une paire d'électron-positron dans l'hydrogène liquide.

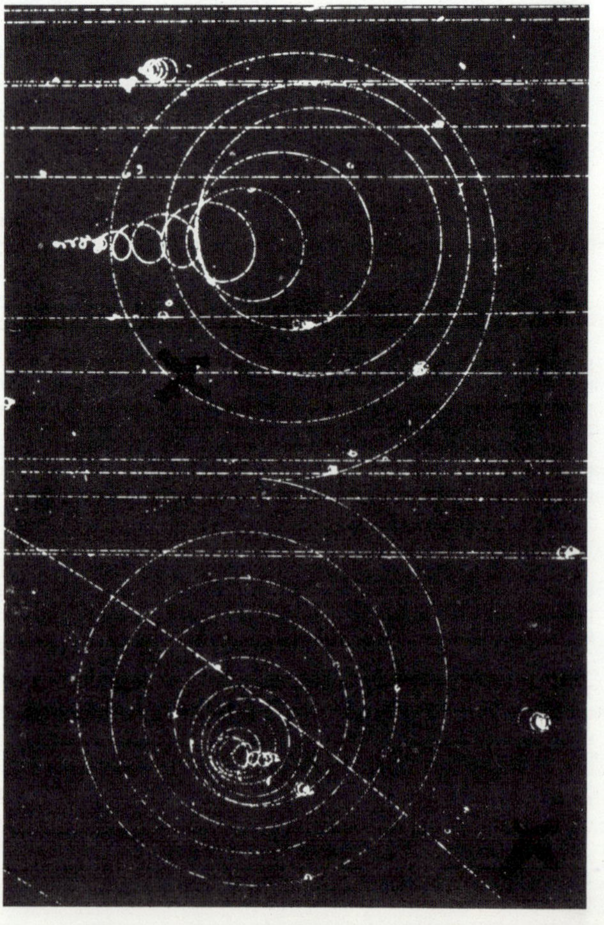

Variation sur le thème du Harem et de l'eunuque : *Les Muets*, par L. Bouchard.

objet : celui-ci apparaît en effet comme **interchangeable** (« n'importe qui », « n'importe quel meurtre », etc.). Parce qu'il peut relever d'une jouissance morbide par exemple (ainsi Léontios, au Livre IV de la *République*, ne peut s'empêcher d'écarquiller les yeux lorsqu'il aperçoit des cadavres), le désir est inconnu de nous. On ne peut y déceler la moindre nécessité naturelle. En fait, le désir est « contre nature » ; Freud le dira, le désir est un « enfer ».

Plutôt qu'une tendance positive vers un objet, le désir apparaît comme la **conscience d'une insatisfaction** profonde ; le désir, en effet, est incapable de se satisfaire. Le *Gorgias* emploie même l'image des « tonneaux des Danaïdes », tonneaux sans fond qu'on ne peut remplir : c'est dans la possibilité d'une répétition à l'infini, dans l'absence d'objet précis que se situe le caractère infernal du désir.

## *Que faire de mes désirs ?*

Deux positions peuvent être dégagées, toutes deux insatisfaisantes :

• **Se permettre tous ses désirs,** position qui peut être résumée par la phrase de Calliclès, interlocuteur et adversaire de Socrate dans le *Gorgias* : « Il faut avoir tous les désirs, pouvoir les satisfaire, y trouver du plaisir ; en cela consiste le bonheur. » Cette conduite de vie a pourtant ses limites, car elle implique pour le désir de nouveaux manques et de nouvelles insatisfactions. Ainsi, le désir reproduirait son insatisfaction à l'infini, et l'intempérance de Calliclès va à l'encontre de l'objet du désir lui-même.

*Est-ce heureux que d'avoir la gale,* lui rétorque Socrate, *d'éprouver le besoin de se gratter, de pouvoir se gratter copieusement et de passer sa vie à se gratter ?*

• **S'interdire tous ses désirs** — ce qu'une tradition théologique et plus spécifiquement chrétienne nommera *l'« ascétisme »*. Mais l'**ascétisme** ne convient pas mieux au désir. Comment concevoir un bonheur possible **sans désir** ? Ce serait, selon Calliclès, le bonheur des pierres et des morts.

Une **troisième attitude** s'avère possible : ni interdiction absolue, ni libération inconditionnelle, mais bien plutôt tentative pour régler et pour **réprimer certains** de nos désirs. Platon, qui admet une hiérarchie dans l'âme entre la raison et la « partie bestiale », considère que la sauvagerie du désir remet en cause l'intégrité de l'âme. La division de l'âme conduit cependant à une stratégie du **dressage**. La résistance au désir ne peut se faire directement par la raison, car celle-ci se révélerait inefficace : la raison, on l'a vu, est complètement étrangère au désir. Seule la **force** peut s'opposer à la force du désir, seul le **courage** contient en lui l'énergie nécessaire qui repoussera le désir aux limites de l'acceptable. Le mythe du *Phèdre* (253 c sqq.) révèle la tripartition de l'âme : le cocher, le bon cheval, le mauvais cheval. Dans le mythe de l'attelage ailé, le bon cheval a une fonction essentielle : prenant le parti de la raison, il déploie toute son énergie **contre le désir**.

Faire des **concessions** au désir, ce serait mettre la raison en péril. Ainsi se justifie toute problématique de la répression. Quoi qu'il en soit, le conflit existe avant même qu'on ne réprime le désir. Il convient donc d'établir une juste hiérarchie, si l'on veut avoir une chance d'atteindre la **tempérance**.

## *Le désir peut-il exister sans interdit ?*

A l'époque de la prétendue « libéralisation des mœurs », une **critique de la répression** des désirs semble aller de soi. Le problème philosophique du désir n'est pas résolu pour autant, loin de là. Il faudrait tout d'abord souligner l'intérêt de l'analyse platonicienne, pour ne prendre que cet exemple. Si le désir est tellement **inquiétant**, c'est qu'il est apparemment dépourvu de sens. Ce n'est qu'en reformulant le problème du sens, précisément, que la psychanalyse pourra apercevoir **une autre logique**, ou une autre pensée, celle qui n'appartient pas à la raison, mais au désir lui-même. Ensuite, il conviendrait de se demander si la problématique de la répression, trop rapidement dénommée « idéologie puritaine », n'est pas la condition d'existence du désir lui-même. Le **désir sans loi**, **sans interdit**, est-il seulement pensable ? « En l'absence du sentiment du péché, écrit Georges Bataille, c'est-à-dire du sentiment de l'interdit, de la nécessité de l'interdit qui fonde l'humain, et de l'égale nécessité de sa transgression, l'érotisme insaisissable est une construction malvenue. » (*Œuvres complètes*, t. VIII, Gallimard, p. 20.)

S'il y a en effet « répression » du désir, on peut tout aussi bien constater que celle-ci s'accompagne d'un discours élaboré sur le désir, que Michel Foucault[1] nomme « la mise en discours du sexe » dans nos sociétés. Ces deux constats sont-ils contradictoires ? Rien n'est moins sûr. S'il est vrai que le plaisir est toujours la cessation du désir, alors l'absence de loi ou d'interdit constituerait la mort du désir. Il ne s'agit plus ici de condamner moralement le désir, mais bien de conserver sa condition de réalisation essentielle :

> *Ascèse, pourquoi pas ? L'ascèse a toujours été la condition du désir, et non sa discipline ou son interdiction. Vous trouverez toujours une ascèse si vous pensez au désir.* (Gilles Deleuze, *Dialogues*, Flammarion, p. 121.)

Anonyme du XVI^e siècle, *Gabrielle d'Estrées et une de ses sœurs.*

**FOUCAULT**

*Peut-être aucun autre type de société n'a jamais accumulé, et dans une histoire relativement si courte, une telle quantité de discours sur le sexe. De lui, il se pourrait bien que nous parlions plus que de toute autre chose ; nous nous acharnons à cette tâche ; nous nous convainquons par un étrange scrupule que nous n'en disons jamais assez, que nous sommes trop timides et peureux, que nous cachons l'aveuglante évidence par inertie et par soumission, et que l'essentiel nous échappe toujours, qu'il faut encore partir à sa recherche. Sur le sexe, la plus intarissable, la plus impatiente des sociétés, il se pourrait que ce soit la nôtre.*

***La Volonté de savoir*, Gallimard, p. 46**

1 M. Foucault, *La Volonté de savoir*, Histoire de la sexualité, t. I, Gallimard.

**DELEUZE ET GUATTARI**

*Ça ne représente rien, mais ça produit, ça ne veut rien dire, mais ça fonctionne. C'est dans l'écroulement général de la question « qu'est-ce que ça veut dire ? » que le désir fait son entrée.*

***L'Anti-Œdipe*, Minuit, p. 130**


**BIBLIOGRAPHIE DE LA LEÇON**

***Georges BATAILLE :***
*Œuvres complètes*, t. VIII, Gallimard.

***Gilles DELEUZE et Félix GUATTARI :***
*L'Anti-Œdipe*, éd. de Minuit.

***Gilles DELEUZE :***
*Entretiens*, Flammarion.

***Michel FOUCAULT :***
*La Volonté de savoir*, Gallimard.

***PLATON :***
*République* ; *Gorgias* ; *Phèdre* ; Garnier-Flammarion.

## TABLE D'ORIENTATION

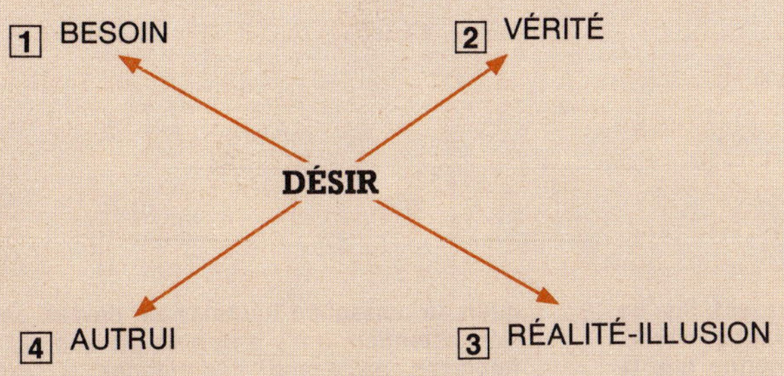


## SUJETS DE DISSERTATION

1 Est-il vrai de dire que l'homme n'a que des désirs quand l'animal n'a que des besoins ? (Aix-Marseille, C-D, 1984)

■ Peut-on distinguer de vrais et de faux besoins ? (Orléans-Tours, A, 1982)

■ Les hommes ne désirent-ils rien d'autre que ce dont ils ont besoin ? (Montpellier, B, 1982)

2 Peut-on dire que « les hommes aiment tellement la vérité qu'ils voudraient que ce qu'ils aiment soit vrai ? » (Bordeaux, B, 1984)

3 Le désir suppose-t-il la connaissance préalable de son objet ? (Rouen, A, 1982)

■ Pensez-vous qu'il vaille mieux changer ses désirs que l'ordre du monde ?

■ Le désir est-il seulement créateur d'illusion ?

4 Qu'est-ce qui peut nous pousser à aimer autrui ? (Besançon, B, 1984)

■ Pourquoi l'homme désire-t-il être reconnu par les autres ? (Clermont, A, 1984)

## GLOSSAIRE

**Ascétisme :** attitude qui consiste à nier ses désirs, à refuser de les réaliser, par la contrainte du corps et le rejet des satisfactions éphémères. Doctrine morale prônant l'austérité en vue de parvenir à la perfection la plus haute, par la mortification si nécessaire.

**Besoin :** exigence née de la nature, et indispensable à la vie : manger, dormir, se protéger... La vie en société, pour sa part, amène à la création de nouveaux besoins, non naturels.

**Hédonisme :** voir le Glossaire du chapitre sur le *Bonheur.*

**Instinct :** impulsion qu'un être vivant doit à sa nature, et qui le pousse à agir sans que la raison et l'entendement aient une influence sur le mobile.

**Libido :** terme employé par Freud pour désigner le dynamisme de la pulsion sexuelle au sein de la vie psychique. La libido doit être pensée de façon quantitative bien qu'elle ne soit pas mesurable.

**Pulsion :** terme psychanalytique. La pulsion se définit par sa source (une excitation corporelle), par son but (la suppression d'une tension) et par un objet (une satisfaction variable). Les pulsions sexuelles constituent pour Freud l'essentiel des pulsions.

**Tendance :** disposition à se comporter de telle ou telle façon ; il existe des tendances innées et des tendances nées de la vie sociale.

**Transgression :** violation d'un ordre, d'une loi, ou d'un interdit.

**Volonté :** faculté de se déterminer, et de choisir, après réflexion, d'agir d'une manière ou d'une autre. La volonté s'oppose aux tendances et aux pulsions ; elle peut, dans ce cas, être entendue comme une disposition morale. Voir le chapitre sur la *Volonté.*

## BIBLIOGRAPHIE GÉNÉRALE

***ARISTOTE :*** *Traité de l'âme* (IX à XII), éd. Les Belles Lettres ; *Éthique à Nicomaque* (I,13 ; III,2 ; VI ; VII,2), Garnier-Flammarion.

***AUGUSTIN :*** *Confessions,* Garnier-Flammarion.

***G. BATAILLE :*** *L'Érotisme,* 10-18.

***DESCARTES :*** *Traité des passions,* Gallimard, éd. de la Pléiade.

***ÉPICURE :*** *Lettres,* Nathan, coll. « Les Intégrales de Philo ».

***FREUD :*** *Métapsychologie,* « Pulsions et destin des pulsions », Idées-Gallimard ; *L'Interprétation des rêves,* P.U.F.

***HEGEL :*** *Phénoménologie de l'esprit* (I,4), Aubier ; *Esthétique* (Introduction, I,2), Champs-Flammarion.

***KANT :*** *Critique de la faculté de juger* (Introduction, III,1&5), Vrin ; « Conjectures sur les débuts de l'histoire humaine », in *Philosophie de l'Histoire,* Gonthier-Médiations.

***LEIBNIZ :*** *Nouveaux essais sur l'entendement humain,* Garnier-Flammarion.

***MALEBRANCHE :*** *De la recherche de la vérité* (IV et V), Aubier-Montaigne.

***NIETZSCHE :*** *Généalogie de la morale,* Nathan, coll. « Les Intégrales de Philo » ; *Le Gai savoir* (Livre 1 et 13), Idées-Gallimard ; *Par-delà le bien et le mal,* (4e, 5e et 6e parties), 10-18.

***PASCAL :*** *Discours sur les passions de l'amour,* Seuil, coll. l'Intégrale.

***PLATON :*** *Le Banquet ; le Philèbe,* Garnier-Flammarion.

***ROUSSEAU :*** *Discours sur l'origine de l'inégalité* (I), Garnier-Flammarion ; *Émile* (Livres 2, 4 et 5), Garnier-Flammarion.

**LA PASSION ET SON OBJET**

Platon dit en se jouant qu'amour est fils de richesse et de pauvreté, et dit une grande chose. Chacun voit des drames d'amour, et s'étonne que la plus médiocre Célimène puisse amener un homme noble à des actions de fou. Or c'est la richesse qui fait le pire mal ; richesse, j'entends noblesse, puissance sur soi, haute idée du héros et de l'amour. Si l'homme ne souffrait que de pauvreté et besoin d'une Célimène, le mal serait bientôt guéri. Mais le besoin n'est pas l'amour, et le désir non plus n'est pas l'amour. L'amour est une ambition qui méprise les petits moyens, et qui veut se faire reconnaître par une autre puissance. C'est pourquoi chacun veut que l'autre puissance soit hautaine et difficile, et toujours la grandit, et presque toujours l'estime trop, et souffre de la voir diminuée. Il y a ce genre de déception dans la jalousie. De là vient que l'on méprise toujours un peu en soi-même, et que l'on hait dans le rival, ces avantages extérieurs auxquels la puissance hautaine ne devrait pas seulement faire attention. Il n'y a rien de pis que si l'on découvre faiblesse, esclavage, dépendance, aveuglement, sottise, en celle que l'on voulait séduire. Car on la veut faible, mais pour soi seul, et librement faible. Tel est le jeu de l'amour entre le chevalier et sa dame...

Plus souvent il veut se consoler par la facile conquête de ce qu'il voit tellement au-dessous de lui ; mais il se trompe encore là, tantôt méprisant trop, tantôt estimant trop, et toujours humilié. C'est alors qu'il se tourne et retourne la nuit comme un malade, mâchant et goûtant la servitude. Ainsi, moins la femme vaut, et mieux le drame se noue. Je retrace la passion de l'homme ; celle de la femme s'explique vraisemblablement par les mêmes causes. C'est pourquoi il ne faut point s'étonner si une femme indigne est aimée jusqu'à la fureur ; ce n'est point l'exception, c'est la règle.

# LES PASSIONS

Alain, *Propos*,
Bibliothèque de la Pléiade,
Gallimard, pp. 440-441

*« L'amour est un tyran qui n'épargne personne »*
(Corneille, *Le Cid*)

De toutes les passions humaines, l'amour est sans doute celle qui a fait couler le plus d'encre... et de larmes. Poètes, écrivains, dramaturges, amoureux illustres ou anonymes, tous ont éprouvé le besoin impérieux de célébrer l'amour, l'amour-passion, l'amour-torrent qui nous arrache à nous-mêmes, et nous transforme.

Les philosophes eux-mêmes, et Platon le premier, dont la postérité a même retenu le qualificatif de « platonique » appliqué à l'amour, ont pris l'amour comme sujet de recherche et la **passion amoureuse** comme objet d'analyse. Car ce qui intéresse le plus la tradition philosophique, ce n'est pas l'amour-sentiment des psychologues : ce sont surtout les ravages que produit la passion amoureuse à l'intérieur de l'être.

Certes, l'histoire d'Héloïse et d'Abélard est intéressante parce qu'ils ont été les victimes d'une société **réprimant** leur indéfectible amour. Mais celle d'Othello et Desdémone, dans le drame de Shakespeare, l'est bien plus encore car il s'agit d'un drame passionnel qui se termine dans le sang : le héros, incapable de se contrôler, aveuglé par la jalousie, fou d'amour, ayant perdu toute espèce de faculté de raisonner et de juger, va jusqu'au crime.

Cet exemple est l'une des plus célèbres manifestations de la passion exacerbée. Qui dit amour-passion, dit en effet **jalousie**. Or, la jalousie empoisonne, « ravage » l'amour — même si peu osent l'avouer.

C'est que la passion n'a pas bonne réputation, loin s'en faut ! Elle modifie notre appréhension du monde, et substitue au comportement normal de l'individu conscient des états passionnels irrépressibles pendant lesquels il ne sait plus qui il est ni où il va : par elle, l'homme n'est plus **maître** de lui. Alain ne semble pas avoir une très haute idée de l'amour et de la passion, qui n'engendreraient que mesquineries et médiocrité. Pourtant, c'est la passion qui fait faire de « grandes choses », qui pousse l'homme à se dépasser lui-même, à se réaliser pleinement : faudrait-il alors édulcorer les passions, les débarrasser de leurs conséquences avilissantes au risque de les attiédir, pour les rendre acceptables et les valoriser ?

Y a-t-il moyen d'opérer une classification entre les « bonnes » et les « mauvaises » passions, comme on pourrait le faire avec les sentiments « hauts » et « bas » ?

Si l'amour rend aveugle, comme le dit la sagesse populaire, peut-être appartient-il à la philosophie de nous ouvrir les yeux.

*« Dans la grande chambre, pendant la dure chaleur, qui rend nu, ils n'avaient qu'à parler et à s'aimer. Peut-être parlèrent-ils trop. Peut-être s'aimèrent-ils trop. Peut-être ne pouvaient-ils jamais résister à une grande étendue de bonheur ».*
H. P. Roché, *Jules et Jim.*

Photo du film de F. Truffaut, *Jules et Jim.*

## Connaissance et passion

**SPINOZA**

**Proposition 3 :** Une affection qui est une passion, cesse d'être une passion, sitôt que nous en formons une idée claire et distincte.

**Démonstration :** Une affection qui est une passion est une idée confuse. Si donc nous formons de cette affection une idée claire et distincte, il n'y aura entre cette idée et l'affection elle-même, en tant qu'elle se rapporte à l'Ame seule, qu'une distinction de raison ; et ainsi, l'affection cessera d'être une passion.

**Corollaire :** Une affection est d'autant plus en notre pouvoir et l'Ame en pâtit d'autant moins que cette affection nous est plus connue. (...)

**Scolie :** Puisqu'il n'y a rien d'où ne suive quelque effet et que nous connaissons clairement et distinctement tout ce qui suit d'une idée qui est adéquate en nous, il suit de là que chacun a le pouvoir de se connaître lui-même et de connaître ses affections, sinon absolument, du moins en partie, clairement et distinctement et de faire en conséquence qu'il ait moins à en pâtir.

***Éthique* (1675), Livre V, proposition 3,**
**trad. Ch. Appuhn, Garnier-Flammarion, pp. 307-308**

## Rien de grand ne s'est fait sans passion

**HEGEL**

Rien ne s'est fait sans être soutenu par l'intérêt de ceux qui y ont collaboré ; et appelant l'intérêt une passion, en tant que l'individualité tout entière (...) se projette en un objet avec toutes les fibres intérieures de son vouloir, concentre dans cette fin tous ses besoins et toutes ses forces, nous devons dire d'une façon générale que *rien de grand* ne s'est accompli *dans le monde* sans passion. Ainsi deux éléments interviennent dans notre sujet : l'un est idée, l'autre les passions humaines ; l'un est la chaîne, l'autre la trame du grand tapis que constitue l'histoire universelle étendue devant nous. (...)

La passion est regardée comme une chose qui n'est pas bonne, qui est plus ou moins mauvaise ; l'homme ne doit pas avoir de passion. Passion n'est pas d'ailleurs le mot tout à fait exact pour que ce que je veux désigner ici, j'entends en effet, ici, d'une manière générale l'activité de l'homme dérivant d'intérêts particuliers, de fins spéciales ou si l'on veut, d'intentions égoïstes. (...) Ce contenu particulier est tellement un avec la volonté de l'homme qu'il en constitue toute la détermination et en est inséparable ; c'est par là qu'il est ce qu'il est. Car l'individu est celui qui est là présent, non point homme en général, celui-ci n'existant pas, mais homme déterminé.

La passion, c'est tout d'abord le côté subjectif, en ce sens formel de l'énergie, de la volonté et de l'activité, le contenu ou le but restant encore indéterminé ; il en va ainsi de la conviction personnelle, de la pensée personnelle, et de la conscience personnelle. Il s'agit toujours du contenu de ma conviction, du but de ma passion, de savoir si l'un ou l'autre est vrai en sa nature. Mais inversement, s'il l'est, il lui appartient d'entrer dans l'existence, de se réaliser.

***Leçons sur la philosophie de l'histoire* (1830),**
**trad. Gibelin, Vrin, pp. 31-32**

## Seule la passion peut vaincre la passion

**ROUSSEAU**

Comment réprimer la passion même la plus faible, quand elle est sans contrepoids ? Voilà l'inconvénient des caractères froids et tranquilles : tout va bien tant que leur froideur les garantit des tentations ; mais s'il en survient une qui les atteigne, ils sont aussitôt vaincus qu'attaqués ; et la raison, qui gouverne tandis qu'elle est seule, n'a jamais de force pour résister au moindre effort. Je n'ai été tenté qu'une fois, et j'ai succombé. Si l'ivresse de quelque autre passion m'eût fait vaciller encore, j'aurais fait autant de chutes que de faux pas.

Il n'y a que des âmes de feu qui sachent combattre et vaincre ; tous les grands efforts, toutes les actions sublimes sont leur ouvrage : la froide raison n'a jamais rien fait d'illustre, et l'on ne triomphe des passions qu'en les opposant l'une à l'autre. Quand celle de la vertu vient à s'élever, elle domine seule et tient tout en équilibre. Voilà comment se forme le vrai sage, qui n'est pas plus qu'un autre à l'abri des passions, mais qui seul sait les vaincre par elles-mêmes, comme un pilote fait route par les mauvais vents.

***La Nouvelle Héloïse* (1761)**
**Garnier-Flammarion**

## commentaire

L'approche spinoziste de la passion peut être dite **rationaliste*** : c'est notre raison, en effet, ou, plus précisément, l'idée adéquate qui offre la voie d'une libération. La passion humaine, selon **Spinoza** (1632-1677), doit être rattachée à la nécessité qui régit la nature : elle doit donc être comprise comme un mécanisme, comme un certain agencement de lois. L'homme n'est pas libre lorsqu'il exprime sa passion. Non pas tant parce qu'il s'agirait de ce qui rend l'être « passif », mais surtout parce que la liberté humaine n'existe pas, n'est qu'illusion.[1] Rattacher nos passions à la nécessité, c'est donc **comprendre** leur origine, être capable de les prévoir et de les **maîtriser**. Nos passions deviennent alors véritablement des **« actions »**, que nous cessons de subir parce que nous pouvons les comprendre.

Tout autre est le point de vue de **Rousseau** (1712-1778). Pourtant, comme chez Spinoza, la passion est jugée **dévastatrice** et destructrice : Saint-Preux, héros de *La Nouvelle Héloïse*, ne songe-t-il pas à plusieurs reprises à se donner la mort ? Ce qui distingue la pensée rousseauiste, c'est que, si la passion peut être néfaste, la raison n'est pas jugée bénéfique pour autant : « la froide raison n'a jamais rien fait d'illustre ». Dès lors, c'est la passion elle-même qui sera **remède** à d'autres passions. Ainsi, chez Julie, l'amour sensuel se dépasse lui-même et devient vertu. Car la vertu est une passion : la moralité chez Rousseau est toujours issue d'un sentiment, elle n'est pas l'affaire de la raison (et sur ce point, Kant se distinguera de Rousseau). L'amour-passion peut être surmonté par une nouvelle forme d'amour, qui ressemble au devoir. La passion est alors véritablement « sublimée », et, dans cette perspective, le plaisir et le devoir deviennent enfin compatibles : « Sentir et jouir sont pour moi la même chose », affirme Julie (VI, Lettre VIII).

Pour **Hegel** (1770-1831), la passion existe bel et bien, qui conduit les hommes et fait l'Histoire. La passion est même magnifiée puisque, par elle, l'intérêt individuel entre dans l'existence historique en poursuivant un but. Sans passions, les hommes n'auraient pas d'histoire. Toutefois, il faut souligner que la passion n'a guère d'intérêt en elle-même. Elle demeure un **moyen**, l'instrument de la raison, plus précisément. Et c'est bien la raison qui utilise ces indispensables et illusoires passions : par la passion, « les individus sont sacrifiés et abandonnés » tandis que la Raison historique s'accomplit. Ce qui demeurait incompréhensible dans la passion, ou **irrationnel** parce que relevant de l'homme ou du hasard, est désormais compris.

1 □ Voir le *Grand Texte* du chapitre sur la *Liberté*.

# *Le cartésianisme, philosophie de la vie*

## l'auteur

René Descartes naît en Touraine en 1596. Il entre au collège jésuite de La Flèche en 1606, où il est fortement influencé par la tradition scolastique et les mathématiques. Il abandonne une carrière juridique et entreprend une série de voyages, qui enrichissent son expérience, aux Pays-Bas, en Allemagne et au Danemark. En 1625, il s'installe à Paris, et rédige en 1628 les *Règles pour la direction de l'esprit* : Descartes y affirme l'unité des sciences, et indique les règles qui permettent de mener sa raison avec méthode. En 1637, paraît le *Discours de la méthode*, puis en 1641, les *Méditations métaphysiques.* La méthode cartésienne est désormais comprise dans un système métaphysique, qui aura d'énormes répercussions dans toute l'Europe intellectuelle. Descartes y affirme notamment la primauté du sujet dans la connaissance. *Les Passions de l'âme* paraissent en 1649, un an avant la mort de Descartes.

## l'intérêt philosophique du texte

# *La maîtrise des passions, condition du bonheur*

On peut dire qu'il y a chez Descartes une **théorie matérialiste** des passions. Celles-ci, en effet, dépendent exclusivement du corps qui relève lui-même des lois mécaniques de l'étendue et du mouvement. Les passions sont donc d'abord des **mouvements** du corps. Cette conception permet à Descartes de récuser l'illusion traditionnelle selon laquelle il y aurait en nous un combat entre la raison et la passion. Si lutte il y a, elle se déroule entre notre **âme** et notre **corps** ; elle provient de « cette union que chacun éprouve en soi-même sans philosopher » (*Lettre à Elizabeth*, mai 1643).

Paradoxalement, Descartes est amené à innocenter la passion :

> *En examinant les passions, je les ai trouvées presque toutes bonnes, et tellement utiles à cette vie que notre âme n'aurait sujet de vouloir demeurer jointe à son corps un seul moment si elle ne pouvait les ressentir.* (*Lettre à Chanut*, 1er nov. 1646).

La maîtrise des passions ne signifie donc pas la domination ou la répression de nos propres désirs, bien au contraire, puisque les passions ne sont pas foncièrement mauvaises. Descartes fait état d'une activité technique, une « industrie », qui ressemble fort à ce que l'on nomme aujourd'hui « conditionnement ». Notre corps peut être dressé : cette affirmation optimiste permet à l'homme de vivre tout en écartant les « passions tristes ». C'est dire que l'emprise de la volonté n'est pas ici teintée de « moralisme » ou d'austérité :

> *La philosophie que je cultive n'est pas si barbare ni si farouche qu'elle rejette l'usage des passions ; au contraire, c'est en lui seul que je mets toute la douceur et la félicité de cette vie.* (*Lettre à Silhon*, mars 1648).

**1** ◻ La glande pinéale (que nous nommons aujourd'hui *épiphyse*) est pour Descartes le lieu où l'on reçoit toutes les impressions venues de l'extérieur : c'est « la petite glande au milieu du cerveau », point limite entre le corps et l'âme.

**2** ◻ Les « esprits animaux » n'ont, en fait, rien de spirituel, et sont purement matériels. Il s'agit de particules de matière qui circulent dans les nerfs et agissent sur les muscles.

**3** ◻ C'est le thème que développe Descartes dans la plus grande partie de sa correspondance avec Elizabeth. Ainsi, la lettre de juin 1645 :
« ...On peut commencer à se remettre l'esprit, et le rendre tranquille ; ce qui se fait en s'étudiant à considérer tous les avantages qu'on peut tirer de la chose qu'on avait prise le jour précédent pour un grand malheur, et à détourner son attention des maux qu'on y avait imaginés. Car il n'y a point d'événements si funestes, ni si absolument mauvais au jugement du peuple qu'une personne d'esprit ne les puisse regarder de quelque biais qui fera qu'ils lui paraîtront favorables. » (in *Œuvres complètes*, éd. citée, vol. III, pp. 578-579.)

**4** ◻ « Ceci ne témoigne pas seulement que les bêtes ont moins de raison que les

## *Nous pouvons dresser nos passions*

### DESCARTES

*Art. 50. Qu'il n'y a point d'âme si faible qu'elle ne puisse, étant bien conduite, acquérir un pouvoir absolu sur ses passions.*

Encore que chaque mouvement de la glande[1] semble avoir été joint par la nature à chacune de nos pensées dès le commencement de notre vie, on les peut toutefois joindre à d'autres par habitude, ainsi que l'expérience fait voir aux paroles qui excitent des mouvements en la glande, lesquels, selon l'institution de la nature, ne représentent à l'âme que leur son lorsqu'elles sont proférées de la voix, ou la figure de leurs lettres lorsqu'elles sont écrites, et qui, néanmoins, par l'habitude qu'on a acquise en pensant à ce qu'elles signifient lorsqu'on a ouï leur son ou bien qu'on a vu leurs lettres, ont coutume de faire concevoir cette signification plutôt que la figure de leurs lettres ou bien le son de leurs syllabes.

Il est utile aussi de savoir qu'encore que les mouvements, tant de la glande que des esprits[2] et du cerveau, qui représentent à l'âme certains objets, soient naturellement joints avec ceux qui excitent en elle certaines passions, ils peuvent toutefois par habitude en être séparés et joints à d'autres fort différents, et même que cette habitude peut être acquise par une seule action et ne requiert point un long usage. Ainsi, lorsqu'on rencontre inopinément quelque chose de fort sale en une viande qu'on mange avec appétit, la surprise de cette rencontre peut tellement changer la disposition du cerveau qu'on ne pourra plus voir par après de telle viande qu'avec horreur, au lieu qu'on la mangeait auparavant avec plaisir.

Et on peut remarquer la même chose dans les bêtes ; car encore qu'elles n'aient point de raison, ni peut-être aucune pensée, tous les mouvements des esprits et de la glande qui excitent en nous les passions ne laissent pas d'être en elles et d'y servir à entretenir et fortifier, et non pas comme en nous, les passions, mais les mouvements des nerfs et des muscles qui ont coutume de les accompagner. Ainsi, lorsqu'un chien oit une perdrix, il est naturellement porté à courir vers elle ; et lorsqu'il oit* tirer un fusil, ce bruit l'incite naturellement à s'enfuir ; mais néanmoins on dresse ordinairement les chiens couchants en telle sorte que la vue d'une perdrix fait qu'ils s'arrêtent, et que le bruit qu'ils oient* après, lorsqu'on tire sur elle, fait qu'ils y accourent.

Or ces choses sont utiles à savoir pour donner le courage à un chacun d'étudier à regarder ses passions[3]. Car, puisqu'on peut, avec un peu d'industrie, changer les mouvements du cerveau dans les animaux dépourvus de raison[4], il est évident qu'on le peut encore mieux dans les hommes, et que ceux même qui ont les plus faibles âmes pourraient acquérir un empire très absolu sur toutes leurs passions si on employait assez d'industrie** à les dresser[5] et à les conduire.

***Les Passions de l'âme* (1649), in « Œuvres philosophiques », t. III, éd. F. Alquié, Classiques Garnier, pp. 994-996**

hommes, mais qu'elles n'en ont point du tout. Car on voit qu'il n'en faut que fort peu pour savoir parler. Et d'autant qu'on remarque de l'inégalité entre les animaux d'une même espèce, aussi bien qu'entre les hommes ; et que les uns sont plus aisés à dresser que les autres, il n'est pas croyable qu'un singe ou un perroquet, qui serait des plus parfaits de son espèce, n'égalât en cela un enfant des plus stupides, ou du moins un enfant qui aurait le cerveau troublé, si leur âme n'était d'une nature du tout différente de la nôtre. » (*Discours de la méthode*, 5e partie, Nathan, coll. « Les Intégrales de Philo », p. 70.)

**5** ◻ Ainsi le dressage s'avère nécessaire pour se débarrasser des passions tristes. A M. de Pollot, qui vient de perdre son frère, Descartes écrit :
« Et comme ce serait être barbare que de ne point s'affliger du tout, lorsqu'on en a sujet, aussi serait-ce trop lâche de s'abandonner entièrement au déplaisir et ce serait faire fort mal son compte que de ne tâcher pas de tout son pouvoir à se libérer d'une passion si incommode. » (*Œuvres complètes*, éd. cit., vol. II, pp. 309-310.)

* Du verbe « ouïr », entendre.
** Industrie : habileté technique.

## *EXISTE-T-IL DE BONNES PASSIONS ?*

Si la passion est, comme l'usage courant l'indique, **inclination** vers un objet poursuivi, si elle se caractérise par son énergie et sa vivacité, qui songerait à en faire le procès ? Au fond, la passion serait le moyen le plus efficace d'atteindre un but, louable ou non, et on ne saurait l'en blâmer. Au nom de quel critère pourrait-on condamner le passionné d'art, le passionné de voyages ou de littérature, voire le passionné de liberté ? Rien de plus naturel que l'éloge de la passion...

La tradition philosophique occidentale se caractérise pourtant par une méfiance à l'égard des passions. Comment interpréter cette attitude ? Provient-elle d'un certain « moralisme », illégitime, ou au contraire d'une analyse rigoureuse de la passion ?

### *« Les passions sont sans exception mauvaises » (Kant)*

L'opposition traditionnelle entre **action** et **passion** témoigne en premier lieu du sens péjoratif qui est dévolu à cette dernière. Elle correspond à l'opposition grammaticale entre la voix active et la voix passive du verbe. En ce sens, la passion se caractérise par sa **passivité** : la passion, c'est **ce que l'on subit** ; elle ne serait pas capable d'engendrer l'action.

Pourtant la passion agit et **motive** l'action. Kant note que « l'inclination que la raison du sujet ne peut pas maîtriser ou n'y parvient qu'avec peine est la passion » (*Anthropologie*, § 80).

En réalité, si la passion est jugée néfaste et dangereuse, c'est qu'elle comporte en elle-même une **part de raison**. Elle est, dit Kant, « toujours **associée** à la raison ». Les animaux ne connaissent pas la passion précisément parce qu'ils n'ont pas de raison. Seul l'homme connaît un état qui manifeste à la fois, et de façon paradoxale, la présence et les limites de la raison. La passion est un « vernis de raison », une **perversion** de la raison, car cette dernière est détournée de ses fins « raisonnables » : ainsi, dans la passion de la domination, pour reprendre un exemple de Kant, il faut qu'il y ait utilisation des hommes pour des fins personnelles. Et il n'existe pas de domination efficace et réussie qui ne soit réfléchie.

Un autre motif de cette condamnation globale des passions tient à l'indifférence de l'**objet** de la passion. La passion est toujours exclusive, même lorsque son objet est louable, c'est donc en elle-même qu'elle doit être condamnée : « Les passions, puisqu'elles peuvent se conjuguer avec la réflexion la plus calme, (...) et peuvent subsister en même temps que le raisonnement, portent, on le comprend aisément, le plus grand préjudice à la liberté... » (*Anthropologie*, § 80).

On le voit, la philosophie rationaliste* critique une passion qui **corrompt l'intelligence** parce qu'elle l'utilise. Il ne s'agit donc pas d'opposer naïvement la raison à la passion, ni de distinguer entre de « bonnes » et de « mauvaises » passions. La passion, à supposer qu'elle soit « noble », ne peut pas s'empêcher de prendre l'homme pour un **moyen** afin de réaliser son but. En cela, elle est **« moralement condamnable »** : « le désir le meilleur, même s'il s'adresse (dans sa matière) au domaine de la vertu, à la bienfaisance par exemple, devient (pour la forme), dès qu'il s'épanouit en passion, non seulement nuisible du point de vue pragmatique, mais moralement condamnable. » (id., § 81)

Même la passion de la liberté est donc mauvaise, en raison de sa forme. **Aucune classification selon le contenu** de la passion n'est donc possible.

En réalité, la passion dessert son objet. Si l'on critique la passion amoureuse, par exemple, ce n'est pas l'amour qui est visé, mais la forme passionnelle elle-même. On est donc loin d'une critique étroitement moralisatrice.

Un auteur contemporain, Ferdinand Alquié, explique que la passion amoureuse n'est pas l'amour : « La passion est inconscience, méconnaissance de son objet, aversion pour la valeur, obstacle enfin au véritable amour. » (*Le Désir d'éternité*, P.U.F.)

La passion croit être l'amour, mais en réalité, elle ne porte pas sur un objet particulier : la passion aime l'amour, mais n'aime pas une personne particulière. Ce que l'analyse de Proust ne contredirait pas : dans *A la recherche du temps perdu*, le narrateur explique : « Les maîtresses que j'ai le plus aimées n'ont coïncidé jamais avec mon amour pour elles (...) Elles avaient plutôt la propriété d'éveiller cet amour, de le porter à son paroxysme, qu'elles n'en étaient l'image... »

L'analyse pourrait être étendue à d'autres exemples. Ainsi la passion du jeu décrite par Dostoïevski révèle que le but du joueur n'est pas tant de gagner de l'argent, mais de « dominer toutes les extravagances du destin » (*Le Joueur*, XVII). Dans la passion, l'objet n'est qu'un moyen, il n'est pas le but en lui-même. C'est pour cela que la raison peut s'en méfier. Mais l'interrogation philosophique ne peut en rester là : ne convient-il pas de comprendre le projet, la finalité de toute passion, au-delà des buts particuliers et superficiels que l'on peut constater ? Il faut, en d'autres termes, se demander ce que veut la passion...

G. Courbet, *Le désespéré* (1843), autoportrait.

## *La passion magnifiée*

Si la passion ne se contente pas de la réalité, des simples objets matériels et particuliers, c'est qu'elle est en quête d'une autre réalité, que ni le langage courant (car la passion s'exprime avec difficulté), ni les sentiments ordinaires, ni les émotions quotidiennes ne pourraient atteindre. Précisément, la passion se caractérise comme un **refus** de l'ordinaire.

Toutes les critiques faites au nom de la raison, soulignant une disproportion entre l'intensité d'une passion et la médiocrité de son objet, perdent alors tout leur sens : qu'importe la passion, puisque son véritable but consiste à dépasser cet objet, à le transcender ? La **logique de la raison** n'a **pas de prise** sur la passion.

Ainsi la passion se caractérise-t-elle par son **refus du temps**. La passion pure **abolit** le temps : elle ne considère ni le passé, ni le présent, ni le futur. La passion est la **recherche de l'éternité***, « le désir qu'a le moi de ne pas disparaître » pour reprendre les mots de F. Alquié. La jalousie décrite par Proust relève elle aussi de l'intemporalité : « Puisque rien qu'en pensant à elle je la ressuscitais, ses trahisons ne pourraient jamais être celles d'une morte. »

L'amour-passion n'est donc pas un amour « plus intense » qu'un autre, mais un amour d'autre chose, un amour **en quête de l'absolu**. Tel est le thème privilégié des romantiques : l'amour est **élan** vers l'inconnu, vers le divin, vers l'infini. La solitude, la rêverie, la souffrance sont autant d'aspects d'une passion, dont il faut bien reconnaître que l'objet aimé n'est qu'un prétexte ou un symbole. L'**idéalisation** devient l'essentiel pour la passion. La passion naît de l'insatisfaction, de la déchirure. C'est dire qu'elle exprime la condition humaine sur terre, et son aspiration profonde à aller vers un au-delà. La vie ne vaut la peine d'être vécue que si la passion l'élargit sans cesse, tel est le sens que les romantiques confèrent à la passion. Gardons-nous d'y voir l'expression d'une passion particulière parmi d'autres : avec ses outrances, le romantisme a sans doute entrevu l'essence de la passion. Lorsque Fichte décrit l'amour comme *« désir de quelque chose d'inconnu »*, ne propose-t-il pas en fait la définition de la passion en général ?

## *Le mythe de la passion*

La raison, on le voit, n'a rien à dire sur la passion, car celle-ci est en son fond « déraisonnable ». La leçon du romantisme n'en est pas moins digne d'intérêt : toute passion est d'essence **mystique**. Dans la mesure où elle est portée vers l'inconnu, et se donne comme la voie d'accès vers l'absolu, la passion rejette nécessairement toute rationalité. Elle veut unifier l'homme avec un au-delà qui n'est accessible qu'intuitivement, et en ce sens, elle relève du **mythe***. L'amour fou, l'amour-passion, l'union totale relèvent de la croyance et doivent donc être traités en tant que tels par la raison.

Rejeter violemment la passion n'a guère de sens, puisque cela relève toujours d'une attitude passionnelle. Le moraliste qui prêcherait l'austérité, l'ascétisme, et qui poursuivrait la passion sous toutes ses formes, n'est-il pas à sa façon un fanatique ?

Dès lors, plutôt que d'essayer de recenser des « bonnes » ou des « mauvaises » passions, il convient de **dédramatiser** les passions. L'histoire a valorisé certaines passions plus que d'autres, à des époques déterminées : de ce fait, la question de la classification des passions n'a de sens qu'historique. Roland Barthes relève ainsi un bouleversement des hiérarchies : « Renversement historique : ce n'est plus le sexuel qui est indécent, c'est le *sentimental* — censuré au nom de ce qui n'est, au fond, qu'une *autre morale.* » (*Fragments d'un discours amoureux*, Seuil, p. 209.)

Et si l'on doit aborder le problème des passions dans un souci de dédramatisation, c'est peut-être vers Descartes qu'il faut revenir. La passion n'est pas mythifiée, elle n'est pas non plus condamnée en bloc. La passion n'est ni la source d'une vérité absolue, ni la manifestation de l'irrationnel en moi. Elle est donc en mesure d'assurer à l'homme un véritable bonheur : on est bien éloigné, ici, d'une problématique de la répression, ou de celle de la souffrance, chère aux romantiques : « Les passions sont toutes bonnes de leur nature, et nous n'avons rien à éviter que les mauvais usages et leurs excès. » (*Les Passions de l'âme*, 212.)

**Denis de ROUGEMONT**

*Et pour tout dire, j'ignore encore si cela a un sens : approuver ou rejeter la passion. Combien serait vaine l'attitude intellectuelle qui se définirait elle-même comme une condamnation de la passion : il suffit, pour l'apercevoir, d'observer que la passion, quelle qu'elle soit, ne peut ni ne veut "avoir raison". Contre elle, on a* toujours *raison, dès l'instant qu'on parle raison. Car l'homme de la passion est justement celui qui choisit d'être dans son tort, aux yeux du monde — et dans ce tort majeur, irrévocable, que signifie le choix de la mort contre la vie.*

***L'Amour et l'Occident,* 10-18, p. 322**

## *Une passion : la jalousie*

**Roland BARTHES**

*Comme jaloux, je souffre quatre fois : parce que je suis jaloux, parce que je me reproche de l'être, parce que je crains que ma jalousie ne blesse l'autre, parce que je me laisse assujettir à une banalité : je souffre d'être exclu, d'être agressif, d'être fou et d'être commun.*

***Fragments d'un discours amoureux,* Seuil, p. 173**

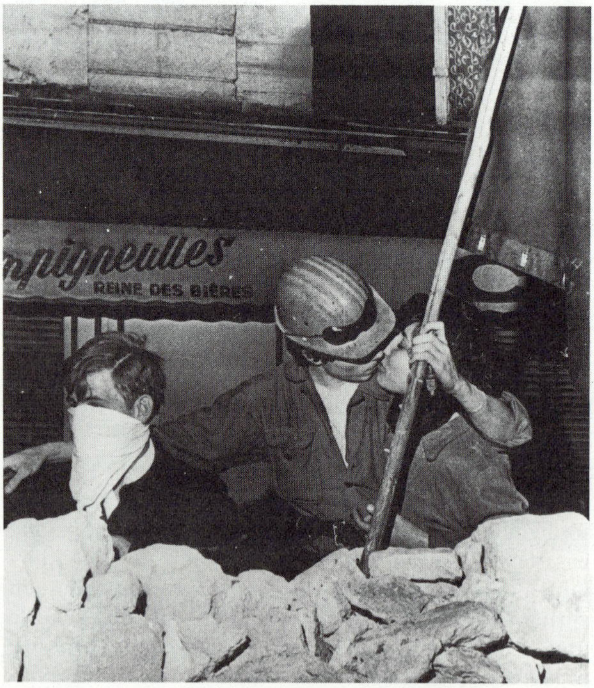


*« L'homme, dans l'état actuel de la Société, me paraît plus corrompu par sa raison que par ses passions. Ses passions (j'entends ici celles qui appartiennent à l'homme primitif) ont conservé, dans l'ordre social, le peu de nature qu'on y retrouve encore. »*
Chamfort, *Maximes et pensées.*

**BIBLIOGRAPHIE DE LA LEÇON**

***KANT :***
*Anthropologie du point de vue pragmatique,* Vrin.

***PROUST :***
*A la recherche du temps perdu,* éd. de la Pléiade, Gallimard.

## TABLE D'ORIENTATION

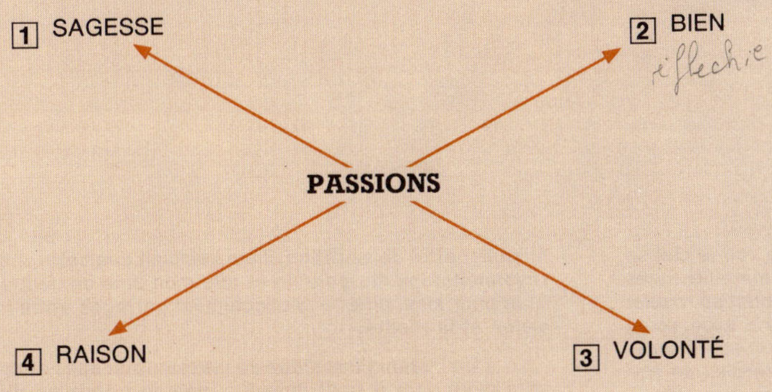


## SUJETS DE DISSERTATION

1 Les passions font vivre l'homme ; sa sagesse le fait seulement durer. (Nantes, B, 1984)

■ La sagesse est-elle l'absence de passions ? (toutes académies, F 11, 1984)

2 A quelles conditions une passion est-elle bonne ? (Poitiers, A, 1984)

3 Si la passion est involontaire, y a-t-il un sens à vouloir la maîtriser ? (Caen, A, 1984)

■ Faudrait-il vivre sans passion ? (Amiens, A, 1984)

■ Qu'est-ce qu'être amoureux ? (Nantes, A, 1984)

4 Est-il raisonnable d'aimer ? (Paris, C-D, 1983)

■ Passion et raison sont-elles nécessairement en conflit ? (Lille, B, 1983)

■ « La raison a beau crier, elle ne peut mettre le prix aux choses. » Que faut-il penser de cette affirmation ? (Toulouse, C-D, 1983)

## BIBLIOGRAPHIE GÉNÉRALE

***DESCARTES :*** *Traité des passions, Lettres à Elisabeth,* in « Œuvres choisies », vol. III, Garnier.

***SPINOZA :*** *Éthique,* III, IV, V, Gallimard, éd. de la Pléiade.

***MALEBRANCHE :*** *De la Recherche de la vérité,* IV, V, Vrin.

***HEGEL :*** *Introduction à la philosophie de l'histoire,* Vrin.

***ALAIN :*** *81 chapitres sur l'esprit et les passions ; Propos sur le bonheur,* Gallimard, éd. de la Pléiade.

***ALQUIÉ :*** *Le Désir d'éternité,* P.U.F.

***ROUGEMONT :*** *L'Amour et l'Occident,* 10-18.

On peut également consulter : ***STENDHAL,*** *De l'Amour* (Folio-Gallimard) ; ***DOSTOÏEVSKI,*** *Le Joueur* (Folio-Gallimard).

## GLOSSAIRE

**Action/activité** (du latin *activitas* : caractère de ce qui est actif) : on groupe sous le titre d'activité, par opposition à l'intelligence et à la sensibilité, l'ensemble des faits psychiques relevant des tendances, de l'instinct, de l'habitude et principalement de la volonté.

**Pathos** (mot grec ; en latin : *passio*) : ce que l'on éprouve ou subit.

**Sentiment :** désigne un *état affectif,* par opposition à la *connaissance.* De façon plus stricte, émotion ayant des causes morales ou spirituelles plutôt qu'immédiatement organiques (sentiment religieux, esthétique, amoureux, etc.).

**MON ÂME SE DÉDOUBLAIT POUR AINSI DIRE...**

Étendu sur un lit de camp, je crus voir le ciel se dévoiler et s'ouvrir en mille aspects de magnificences inouïes. Le destin de l'Ame délivrée semblait se révéler à moi comme pour me donner le regret d'avoir voulu reprendre pied de toutes les forces de mon esprit sur la terre que j'allais quitter... D'immenses cercles se traçaient dans l'infini, comme les orbes que forme l'eau troublée par la chute d'un corps : chaque région peuplée de figures radieuses, se colorait, se mouvait et se fondait tour à tour, et une divinité, toujours la même, rejetait en souriant les masques furtifs de ses diverses incarnations, et se réfugiait enfin, insaisissable, dans les mystiques splendeurs du ciel d'Asie.

Cette vision céleste, par un de ces phénomènes que tout le monde a pu éprouver dans certains rêves, ne me laissait pas étranger à ce qui se passait autour de moi. Couché sur un lit de camp, j'entendais que les soldats s'entretenaient d'un inconnu arrêté comme moi et dont la voix avait retenti dans la même salle. Par un singulier effet de vibration, il me semblait que cette voix résonnait dans ma poitrine et que mon âme se dédoublait pour ainsi dire, — distinctement partagée entre la vision et la réalité.

Un instant j'eus l'idée de me retourner avec effort vers celui dont il était question, puis je frémis en me rappelant une tradition bien connue en Allemagne, qui dit que chaque homme a un double, et que lorsqu'il le voit, la mort est proche. — Je fermai les yeux et j'entrai dans un état d'esprit confus où les figures fantasques ou réelles qui m'entouraient se brisaient en mille apparences fugitives. Un instant je vis près de moi deux de mes amis qui me réclamaient, les soldats me désignèrent ; puis la porte s'ouvrit, et quelqu'un de ma taille, dont je ne voyais pas la figure, sortit avec mes amis que je rappelais en vain. — Mais on se trompe ! m'écriais-je ; c'est moi qu'ils sont venus chercher et c'est un autre qui sort ! — Je fis tant de bruit, que l'on me mit au cachot.

# L'ILLUSION

Gérard de Nerval,
*Aurélia*, Garnier-Flammarion,
pp. 136-137

## *« Des visions insensées peut-être, ou vulgairement maladives »*

Nul n'est insensible au charme d'un **songe**. Se sentir enfin hors du monde et de ses clôtures apparentes ; rêver et commander aux apparences ; goûter et savourer une réalité toute différente : ce n'est pas seulement **imaginer**, mais vivre gratuitement et gracieusement à l'intérieur de ce charme. Il nous arrive même de ne pas savoir si nous voyons des choses réelles ou si nous sommes seulement troublés par nos propres fantaisies. Devant nos yeux, dans le rêve ou à l'occasion d'une rêverie, les fictions imagées défilent toutes délicieuses et se faufilent, toutes délectables. Elles ne sont aucunement de vains simulacres, mais prennent à nos yeux la place des choses.

## *Pourquoi des illusions ?*

Tout ce qui est **magique** nous enchante et répond à notre aspiration à rompre la monotonie du quotidien. L'évasion nous écarte de la pression du monde et de la puissance de nos impressions. Loin de la réalité, nous nous livrons au jeu de nos propres impulsions et nous ressentons une sorte d'exaltation qui augmente en nous la force de nous exprimer. En même temps, nous ressentons de manière plus aiguë, notre aptitude à parler de nous-mêmes et du monde intérieur qui est le nôtre ; monde magique, monde parallèle mais unique et singulier. Il exprime à travers le rêve notre besoin impérieux d'**échapper** à cette sombre existence et au regard d'autrui. C'est un vrai « transport » ou une sorte de « ravissement » qui nous délivre de l'épaisseur du réel... Tout se passe comme si nous savions que ce n'était pas vrai mais que nous avions besoin de ne pas le croire.

Nous errons et nous nous réjouissons de cette errance, nous errons et nous nous **complaisons** dans l'erreur. Et du coup, notre rêverie devient un véritable **amour de l'illusion**. « Ici a commencé pour moi ce que j'appellerai l'épanchement du songe dans la vie réelle. A dater de ce moment tout prenait parfois un aspect double et cela sans que le raisonnement manquât jamais de logique, sans que la mémoire perdît les plus légers détails de ce qui m'arrivait. Seulement, mes actions, insensées en apparence, étaient soumises à ce que l'on appelle illusion selon la raison humaine »...

Ainsi l'illusion ne serait pas un **faible degré de la réalité**, mais bien totalement **étrangère à la réalité**. Ni métamorphose, ni substitut du réel, l'illusion se confond alors avec une vision créatrice ou re-créatrice. Force est de penser, dans ce « rêve vécu comme une seconde vie », à l'appel du **désir**. Force est de reconnaître dans ce désir, l'écho le plus fidèle de l'illusion.

La seconde vie dont parle Gérard de Nerval n'est illusion ou leurre que si elle manifeste un **au-delà magique** à la réalisation de ses désirs. Alors l'illusion n'est pas seulement un scénario imaginaire mais la mise en scène de notre propre désir. L'**imaginaire** survient et nous donne l'illusion de posséder ce dont nous manquons, de vivre ce dont on nous prive et d'approuver ce que le monde réprouve. Enfin, nous éprouvons un monde à nous, un monde rempli de notre désir.

## *De l'art à la folie*

Comment dès lors peut-on nous inciter à **renoncer** à nos illusions, voire à les **dénoncer** ? Ne devons-nous pas plutôt nous abandonner à elles avec le désir de nous y accomplir en dépit de leur irréalité ?

Ne devons-nous pas nous réjouir sans scrupules de cette illusion qui nous révèle ce que nous avons au plus profond de nous-mêmes, imaginaire et créativité ? Pourquoi s'en débarrasser puisque, selon le poète, « nous sommes faits de la même étoffe que le songe et que notre petite vie, en somme, le parachève » ?

Pourtant, la valeur esthétique de l'illusion n'est peut-être qu'un beau mirage ou même un piège. Cette question angoissée résonne dans l'œuvre de Nerval, interné en 1841 et retrouvé mort un matin dans une rue, pendu à une grille. L'illusion est-elle une **évasion** de la réalité ou une fuite qui ne mène nulle autre part qu'à la **folie** ? Alors qu'elle semble, en effet, nous révéler à nous-mêmes, n'entretient-elle pas la **méconnaissance de soi** ? N'est-elle pas, à la fois, une tentation facile et une sorte de maladie de l'esprit ?

## La valeur des illusions

**NIETZSCHE**

Cet univers perspectiviste, ce monde fait pour les yeux, le toucher et l'ouïe, est très faux, comparé à ce qu'il serait pour un appareil sensitif plus délicat. Mais il cesse d'être intelligible, compréhensible, praticable et beau dès que nous affinons nos sens ; de même la beauté s'efface dès que nous réfléchissons aux événements de l'histoire ; la catégorie de fin est à soi seule une illusion. Bref, plus nous résumons superficiellement et grossièrement les choses, plus le monde nous paraît précieux, précis, beau, significatif. Plus on approfondit, plus s'efface notre appréciation de sa valeur, plus nous tendons à le croire vide de sens. C'est nous qui avons créé un monde pourvu d'une valeur ! Cela connu, nous reconnaissons aussi que le respect de la vérité est la conséquence d'une illusion, et qu'il faut estimer plus haut la force plastique, simplificatrice, constructive, inventive. « Tout est faux, tout est permis ! »

Il faut une certaine imprécision du regard, une certaine volonté de tout simplifier pour qu'apparaisse la beauté, la « valeur » des choses ; en soi, elles ne sont qu'un je ne sais quoi.

***La Volonté de puissance*, tome II,**
**Livre III, ch. 108,**
**trad. G. Bianquis, Gallimard, p. 45**

## Illusion et désir

**FREUD**

L'idée délirante est essentiellement en contradiction avec la réalité ; l'illusion n'est pas nécessairement fausse, c'est-à-dire irréalisable ou en contradiction avec la réalité. Une jeune fille de condition modeste peut, par exemple, se créer l'illusion qu'un prince va venir la chercher pour l'épouser. Or, ceci est possible. Quelques cas de ce genre se sont réellement présentés. Que le Messie vienne et fonde un âge d'or, voilà qui est beaucoup moins vraisemblable : suivant l'attitude personnelle de celui qui est appelé à juger de cette croyance, il la classera parmi les illusions ou parmi les équivalents d'une idée délirante. Des exemples d'illusions authentiques ne sont pas, d'ordinaire, faciles à découvrir ; mais l'illusion des alchimistes de pouvoir transmuter tous les métaux en or est peut-être l'une d'elles. Le désir d'avoir beaucoup d'or, autant d'or que possible, a été très atténué par notre intelligence actuelle des conditions de la richesse ; cependant, la chimie ne tient plus pour impossible une transmutation des métaux en or. Ainsi, nous appelons illusion une croyance quand, dans la motivation de celle-ci, la réalisation d'un désir est prévalente et nous ne tenons pas compte, ce faisant, des rapports de cette croyance à la réalité, tout comme l'illusion elle-même renonce à être confirmée par le réel.

***L'Avenir d'une illusion* (1927)**
**trad. M. Bonaparte, P.U.F., pp. 44-45**

## Les illusions des sens

**MERLEAU-PONTY**

Même la perception du mouvement qui d'abord paraît dépendre directement du point de repère que l'intelligence choisit n'est à son tour qu'un élément dans l'organisation globale du champ. Car s'il est vrai que mon train et le train voisin peuvent tour à tour m'apparaître en mouvement au moment où l'un d'eux démarre, il faut remarquer que l'illusion n'est pas arbitraire et que je ne puis la provoquer à volonté par le choix tout intellectuel et désintéressé d'un point de repère. Si je joue aux cartes dans mon compartiment, c'est le train voisin qui démarre. Si au contraire je cherche des yeux quelqu'un dans le train voisin, c'est alors le mien qui démarre. A chaque fois nous apparaît fixe celui des deux où nous avons élu domicile et qui est notre milieu du moment.

Le mouvement et le repos se distribuent pour nous dans notre entourage non pas selon les hypothèses qu'il plaît à notre intelligence de construire mais selon la manière dont nous nous fixons dans le monde et selon la situation que notre corps y assume. Tantôt je vois le clocher immobile dans le ciel et les nuages qui volent au-dessus de lui, — tantôt au contraire les nuages semblent immobiles et le clocher tombe à travers l'espace, mais ici encore le choix du point fixe n'est pas le fait de l'intelligence : l'objet que je regarde et où je jette l'ancre m'apparaît toujours fixe et je ne puis lui ôter cette signification qu'en regardant ailleurs. Je ne la lui donne donc pas non plus par la pensée.

La perception n'est pas une sorte de science commençante et un premier exercice de l'intelligence : il nous faut retrouver un commerce avec le monde et une présence au monde plus vieux que l'intelligence.

**« Le cinéma et la nouvelle psychologie » (1945),**
**in *Sens et non-sens*, Nagel, pp. 92-93**

## commentaire

Contrairement à la plupart des philosophes classiques qui opposaient l'illusion à la vérité, **Nietzsche** (1844-1900) opère une distinction entre illusions **au service de la vie** et illusions **contre la vie** (exigences de la connaissance ou de la morale). Ce qui l'intéresse, en fait, est moins la nature des illusions (en quoi consistent-elles ?) que leur fonction (en quoi nous sont-elles utiles, sinon nécessaires ?) et, surtout, leur **valeur** : si c'est seulement grâce à elles que le monde acquiert pour nous du sens, il ne saurait être question de nous en priver.

Pour **Freud** (1856-1939), l'illusion se distingue de l'idée délirante* en ceci qu'elle ne vient pas nécessairement contredire la réalité. Trouvant son origine et sa motivation, non dans l'appareil sensoriel, mais dans le **désir**, elle commence cependant par s'éloigner du réel pour s'affirmer comme une **croyance***. L'explication psychanalytique rejoint ici la sagesse populaire : avoir des illusions, c'est en quelque sorte « prendre ses désirs pour des réalités ». S'il est vrai que certains désirs peuvent être réalisés, la définition de l'illusion n'a pas à tenir compte de cette réalisation éventuelle : il faut retenir avant tout la façon dont le désir s'y révèle prévalent.

Avec **Merleau-Ponty** (1908-1961), on revient en apparence à une analyse plus classique, puisque l'on s'intéresse ici aux illusions **des sens**. Mais c'est pour montrer que celles-ci ne signifient pas des erreurs de notre intelligence, dont elles ne dépendent aucunement : l'illusion est fonction de notre **situation** dans le monde, c'est-à-dire du rapport entre notre appareil sensoriel et ce qui nous entoure ; à sa manière, l'illusion nous informe ainsi sur notre propre inscription corporelle dans le réel. Dès lors, elle ne peut être dissipée, ni par la tension de la volonté, ni par les corrections de l'intelligence elle-même.

# *Le philosophe contre les illusions*

## l'auteur

Platon (428-348 avant J.-C.) est le premier grand philosophe qui nous ait laissé à la fois une véritable doctrine philosophique et une œuvre écrite particulièrement riche.

Ce qui constitue le propre du platonisme, c'est la distinction faite entre deux domaines opposés d'appréhension du monde : le domaine **intelligible** et le domaine **sensible.**

Le domaine intelligible est constitué par des Formes ou Idées qui sont invisibles. Quant au domaine sensible, il n'est que l'**imitation du modèle** représenté par les Formes, en quelque sorte, sa copie.

La seule réalité réside dans les **Formes** (Idées) qui sont à la fois modèles et causes de tout devenir[1]. Elles apparaissent donc comme immuables (parce qu'en elles, le changement est exclu) et uniques (puisqu'en elles le divers est exclu). Le devenir et le changement sont attribués au domaine du sensible. Ainsi, les spectacles de la vue ou les expériences du toucher ont-ils moins de vérité, de beauté et de réalité que les formes intelligibles dont ils ne sont que les imitations imparfaites et déformées. Le dessein de cette philosophie, nous dit Victor Goldschmidt, est de « détourner l'enquête humaine de l'apparence vers la réalité, du changement vers la stabilité, de la multiplicité vers l'unité et ainsi passer du devenir à l'être ; et parallèlement, le savoir doit s'élever de l'opinion vers la science ».

## l'intérêt philosophique du texte

### *Vivre dans la pénombre*

L'**illusion** peut s'interpréter, dans le cadre du platonisme à partir de cette opposition entre le **modèle** et la **copie**, conçue comme une dévalorisation radicale du sensible au profit de l'intelligible. L'illusion n'est pas seulement une irréalité, mais une irréalité à la puissance seconde puisqu'elle imite et déforme le réel, en le reproduisant.

Domaine intelligible = L'ÊTRE = LE MODÈLE
Domaine sensible = LE PARAÎTRE = LA COPIE

« Mimésis » = LE PARAITRE DU PARAITRE = LA COPIE DE LA COPIE

L'illusion, ou « mimésis », est donc la copie d'une existence qui est déjà elle-même une copie, l'apparence de l'apparence. Son domaine englobe l'art, la poésie, la peinture et, de manière générale, toute activité simplement reproductrice.

Ainsi, la caverne est le lieu de l'illusion qui enchaîne les vivants et les maintient prisonniers de cet état morbide ou pathologique — état où l'illusion est doublement trompeuse et ignorante. Qui veut accéder à la connaissance et aux idées doit alors se détacher de l'asservissement de ces illusions.

**1** ☐ Sur la théorie des Idées, voir également le chapitre consacré à l'*Idée*.

**2** ☐ Ce texte reçoit souvent l'appellation impropre de « Mythe de la caverne ». Il s'agit, en fait, d'une *« allégorie »*, c'est-à-dire de la représentation figurée d'une idée abstraite au moyen d'un modèle concret. Un *mythe* est le récit fabuleux et souvent symbolique, d'événements situés par la tradition à l'origine du cours actuel des choses, ou dans un temps immémorial. Exemples de mythes platoniciens : le mythe d'Er le Pamphylien (*République*, Livre X), le mythe du jugement dernier (à la fin du *Gorgias*), le mythe des deux révolutions de l'univers (dans le *Politique*).

**3** ☐ Platon expose les données du problème : l'illusion est un état de fait, et l'interlocuteur de Socrate doit accepter cette série d'hypothèses. Mais il n'est pas ici question de la façon dont ces prisonniers sont parvenus dans la caverne, ni du pourquoi de cette prison. L'illusion est jusqu'alors plus décrite qu'expliquée.

## *L'allégorie de la caverne*[2]

**PLATON**

Représente-toi donc des hommes qui vivent dans une sorte de demeure souterraine en forme de caverne, possédant, tout au long de la caverne, une entrée qui s'ouvre largement du côté du jour ; à l'intérieur de cette demeure ils sont, depuis leur enfance, enchaînés par les jambes et par le cou, en sorte qu'ils restent à la même place, ne voient que ce qui est en avant d'eux, incapables d'autre part, en raison de la chaîne qui tient leur tête, de tourner celle-ci circulairement[3]. Quant à la lumière, elle leur vient d'un feu qui brûle en arrière d'eux, vers le haut et loin. Or, entre ce feu et les prisonniers, imagine la montée d'une route, en travers de laquelle il faut te représenter qu'on a élevé un petit mur qui la barre, pareil à la cloison que les montreurs de marionnettes placent devant les hommes qui manœuvrent celles-ci et au-dessus de laquelle ils présentent ces marionnettes aux regards du public.

— Je vois ! dit-il.

— Alors, le long de ce petit mur, vois des hommes qui portent, dépassant le mur, toutes sortes d'objets fabriqués, des statues, ou encore des animaux en pierre, en bois, façonnés en toute sorte de matière ; de ceux qui le longent en les portant, il y en a, vraisemblablement, qui parlent, il y en a qui se taisent.

— Tu fais là, dit-il, une étrange description et tes prisonniers sont étranges !

— C'est à nous qu'ils sont pareils ! répartis-je. Peux-tu croire en effet que des hommes dans leur situation, d'abord, aient eu d'eux-mêmes et les uns des autres aucune vision, hormis celle des ombres que le feu fait se projeter sur la paroi de la caverne qui leur fait face[4] ?

— Comment en effet l'auraient-ils eue, dit-il, si du moins ils ont été condamnés pour la vie à avoir la tête immobile ?

— Et à l'égard des objets portés le long du mur, leur cas n'est-il pas identique ?

— Évidemment ! (...)

— Et, si en outre il y avait dans la prison un écho provenant de la paroi qui leur fait face ? Quand parlerait un de ceux qui passent le long du petit mur, croiras-tu que ces paroles, ils pourront les juger émanant d'ailleurs que de l'ombre qui passe le long de la paroi ?

— Par Zeus, dit-il, ce n'est pas moi qui le croirai !

— Dès lors, repris-je, les hommes dont telle est la condition ne tiendraient, pour être le vrai, absolument rien d'autre que les ombres projetées par les objets fabriqués.

— C'est tout à fait forcé ! dit-il.

— Envisage donc, repris-je, ce que serait le fait, pour eux, d'être délivrés de leurs chaînes, d'être guéris de leur déraison, au cas où en vertu de leur nature ces choses leur arriveraient de la façon que voici. Quand l'un de ces hommes aura été délivré et forcé soudainement à se lever, à tourner le cou, à marcher, à regarder du côté de la lumière ; quand, en faisant tout cela, il souffrira ; quand, en raison de ses éblouissements, il sera impuissant à regarder lesdits objets, dont autrefois il voyait les ombres, quel serait, selon toi, son langage si on lui disait que, tandis qu'autrefois c'étaient des billevesées qu'il voyait, c'est maintenant, dans une bien plus grande proximité du réel et tourné vers de plus réelles réalités, qu'il aura dans le regard une plus grande rectitude ? et non moins naturellement, si, en lui désignant chacun des objets qui passent le long de la crête du mur, on le forçait de répondre aux questions qu'on lui poserait sur ce qu'est chacun d'eux ? Ne penses-tu pas qu'il serait embarrassé ? qu'il estimerait les choses qu'il voyait autrefois plus vraies que celles qu'on lui désigne maintenant ?

— Hé oui ! dit-il, beaucoup plus vraies !

— Mais, dis-moi, si on le forçait en outre à porter ses regards du côté de la lumière elle-même, ne penses-tu pas qu'il souffrirait des yeux, que, tournant le dos, il fuirait vers ces autres choses qu'il est capable de regarder, qu'il leur attribuerait une réalité plus certaine qu'à celles qu'on lui désigne ?

— Exact ! dit-il.

**_La République,_ Livre VII, 514a-515e**
**trad. L. Robin, éd. de la Pléiade, Gallimard,**
**tome I, pp. 1101-1103**

**4** ◻ Platon, écrit Gilles Deleuze veut « distinguer l'essence et l'apparence, l'intelligible et le sensible, l'Idée et l'Image, l'original et la copie, le modèle et le simulacre. Mais nous voyons déjà que ces expressions ne se valent pas. La distinction se déplace entre deux sortes d'images. Les *copies* sont possesseurs en second, prétendants bien-fondés, garantis par la ressemblance ; les *simulacres* sont comme les faux prétendants, construits sur une dissimilitude, impliquant une perversion, un détournement essentiel. C'est en ce sens que Platon divise en deux le domaine des images-idoles : d'une part, les *copies-icônes*, d'autre part, les *simulacres-phantasmes*. Nous pouvons alors définir l'ensemble de la motivation platonicienne : il s'agit de sélectionner les prétendants, en distinguant les bonnes et les mauvaises copies, ou plutôt les copies toujours bien fondées et les simulacres, toujours abîmés dans la dissemblance. Il s'agit d'assurer le triomphe des copies sur les simulacres, de refouler les simulacres, de les maintenir enchaînés tout au fond, de les empêcher de monter à la surface et de "s'insinuer" partout. » (Gilles Deleuze, « Platon et le simulacre », *Logique du sens*, Appendice 1, éd. de Minuit.)

# *LA PHILOSOPHIE CONTRE L'ILLUSION*

Si la philosophie se donne pour point de départ la recherche de la vérité et pour objectif la lucidité à l'égard de soi-même et du monde, elle s'oppose à l'illusion. A la différence de l'art, qui accepte et magnifie l'illusion, la philosophie la rejette et la combat. Mais elle ne se limite pas pour autant, comme le sens commun, à nous mettre en garde contre les pièges de l'illusion : elle s'interroge sur la **nature**, les **mécanismes**, les **origines** et la **fonction** de l'illusion.

Prenons trois exemples :

- Sur la scène, l'illusionniste nous donne l'impression de voir des choses impossibles.
- Si nous plongeons à moitié un bâton dans l'eau, nous avons l'illusion qu'il est brisé alors qu'il reste droit.
- Une jeune paysanne rêve qu'un prince va venir l'enlever et l'épouser : elle se « fait des illusions ».

Ces trois phénomènes d'illusion sont très différents : le premier appartient à la magie, le second est une « illusion d'optique » explicable par des lois naturelles et le dernier n'est qu'un manque de réalisme (encore que la chose soit possible...). Y a-t-il cependant une nature commune à ces trois exemples ?

## *Illusion et erreur*

Ce qui frappe, c'est qu'aucune de ces trois situations n'implique vraiment l'**erreur**. Dans les deux premiers cas, l'erreur serait de croire que l'illusionniste a changé réellement le vin en eau ou que le bâton est vraiment brisé. L'illusion est là avant même que nous émettions ces jugements : l'illusion s'installe au niveau de la **perception***, de la vision, de l'audition. Dans le cas de la jeune fille, il ne s'agit pas non plus à proprement parler d'une erreur ; si elle disait « mon amoureux arrivera au train de 8 h 30 », voilà qui serait vérifiable ; mais l'éventualité d'un prince purement imaginaire n'est pas un manque de vérité : c'est plutôt un **oubli de la réalité**.

L'illusion peut donc exister déjà à deux niveaux : celui de la perception et celui de la croyance. Le **contraire de l'erreur**, c'est la **vérité** ; le **contraire de l'illusion**, c'est la **réalité**.

Une erreur est le résultat d'un processus actif : si l'on fait une multiplication, l'opération est la même que le résultat soit juste ou faux. Dans le cas de l'illusion, il ne s'agit pas du résultat d'une recherche mais d'un fait accepté passivement, d'une sorte d'évidence préalable à la déduction ou à la démonstration. On retrouve cette primitivité dans l'hallucination et dans ses formes artificielles comme le cinéma ou le trompe-l'œil.

C'est pourquoi, si l'on peut **corriger ses erreurs**, il n'est pas toujours possible de **dissiper une illusion**. « Il n'est pas possible d'empêcher que la mer ne nous paraisse plus élevée au large que près du rivage, parce que dans le premier cas, nous la voyons au moyen de rayons plus élevés. » (Kant, *Critique de la raison pure*, « De l'apparence transcendantale ».) Contrairement à l'erreur, l'illusion apparaît comme « naturelle et inévitable ».

## *Les deux origines de l'illusion*

Bien plus que comme une erreur dont nous serions responsables, l'illusion est un **leurre**, une **tromperie** dont nous sommes les victimes : il semble impossible de lui échapper. Mais par quoi sommes-nous trompés ?

- Il peut s'agir d'un défaut de nos sens « abusés » : dans ce cas, il suffit de faire très attention pour repérer, dans le cas de l'illusionniste, les manipulations magiques. Mais s'il s'agit d'un problème structurel, alors, nous n'y pouvons rien.
- Ce peut être par notre propre **désir**. Il peut arriver de « prendre ses désirs pour la réalité ».

L'illusion peut donc avoir deux origines :

1. La limite de notre nature humaine sensible, qui n'est pas originellement maîtresse de vérité.
2. La capacité que nous avons de nous mentir à nous-même pour satisfaire nos aspirations. Ici, l'idée du mensonge prend un sens particulier : normalement le menteur connaît la vérité. Mais celui qui se ment à lui-même dans l'illusion n'a pas forcément le dessein de se tromper lui-même.

L'illusion désigne alors une troisième possibilité de **faux** qui n'est ni l'erreur (faux au sens épistémologique) ni le mensonge (au sens moral).

Dans le premier cas, l'illusion pose un **problème épistémologique** : comment parvenir à la vérité malgré l'écran interposé par l'illusion entre la réalité et nous ? Dans le second cas, un **problème pratique** : comment concilier nos désirs et la réalité sans verser, soit dans l'illusion, soit dans l'acceptation fataliste de ce qui advient ?

## *L'illusion comme problème épistémologique*

Tel est le problème posé par Platon dans le Livre VII de *la République* et par Descartes dans les *Méditations*. La difficulté tient à ce que l'illusion est primitive ; elle est comme l'élément naturel de l'homme. Elle est l'origine et la cause de toute erreur, la tromperie installée dès le départ qui compromet notre accès à la vérité. Faire une erreur ne compromet pas la sûreté de notre jugement ; **naître dans l'illusion**, comme les hommes de la Caverne, enchaînés

« dès l'enfance », si : cela nous interdit à jamais de bien juger.

Le problème reçoit une réponse en trois étapes :

- s'attaquer, au-delà de l'illusion à la **certitude** avec laquelle elle s'impose. L'illusion majeure c'est croire que l'on sait ;
- dégager une zone où la vérité n'est pas suspecte : la connaissance des Idées chez Platon ou l'évidence indubitable chez Descartes ;
- maîtriser l'illusion au moyen de la distinction entre **réalité** et **apparence**. La force de l'illusion est qu'elle se fait passer pour réalité. Mais la possession d'un critère de vérité permet de distinguer une vraie réalité d'une réalité sans valeur, qui existe mais ne fonde aucune connaissance : on voit ici comment le traitement épistémologique de l'illusion rabat l'illusion sur l'erreur et la réalité sur la vérité.

La distinction devient très efficace quand le domaine de l'apparence est désigné comme celui qui nous est connu par les sens. La connaissance sensible est disqualifiée du point de vue de la vérité : le problème de l'illusion devient celui de l'erreur des sens dont le philosophe n'est plus dupe. Au terme de la reconquête de la vérité, l'illusion n'est pas dissipée puisqu'on ne peut se passer des sens, mais sa menace est neutralisée : nous restons dans la Caverne, mais nous savons que ce qui est projeté sur le mur, ce sont des ombres : le domaine illusoire des sens se démasque lui-même. Seul le fou, dans son délire, pourrait encore confondre l'apparence avec le réel.

## *Illusion et désir*

Si l'illusion des sens peut être maîtrisée par le savoir, le délire est du domaine pathologique, c'est le propre d'une raison altérée et l'on n'y peut rien. Quant à la croyance — que l'on peut appeler **illusion interprétative** — on peut aussi, dans une certaine mesure, la détruire, soit par un démenti infligé par le réel (Lucien de Rubempré, le personnage balzacien des *Illusions perdues* croit à son talent d'écrivain, à son ascension mondaine, alors que la réalité lui réserve un autre sort : ses illusions sont plus brisées que perdues), soit par un nouveau regard sur le monde, acquis au fil de l'expérience et qui suppose qu'on a été « désillusionné » par le réel.

Dans les deux cas, la perte de l'illusion a quelque chose de douloureux et d'amer, de frustrant et même parfois, de violent. Pourquoi ? Parce que les illusions sont toujours belles, plus belles sans doute que le monde tel qu'il est. Le monde de nos illusions se présente tel que l'on voudrait qu'il soit.

Freud ouvre une perspective éclairante quand il situe le **désir** à l'**origine** de l'illusion. Freud décrit le conflit psychique comme une lutte entre le « principe de plaisir* » qui exige la satisfaction inconditionnelle de nos désirs et le « principe de réalité* » qui impose au désir ses limites. Le **mécanisme de l'illusion** consiste à substituer à la réalité décevante pour notre désir une réalité illusoire, certes, mais plus satisfaisante parce que comblant notre désir. C'est le triomphe du **principe de plaisir** sur celui de réalité.

Ainsi l'illusion remplit une double **fonction de défense** contre une réalité frustrante et de satisfaction de nos désirs, sur un mode gratifiant et facile quoique irréel : cela fait plus plaisir de rêver au prince charmant que de nourrir les cochons. L'illusion fonctionne donc comme une **compensation** ou une consolation. Elle trouve son modèle dans le **rêve**, satisfaction substitutive et quasi hallucinatoire de nos désirs inconscients.

*« Un des premiers paradoxes du trompe-l'œil... est qu'il n'existe pas — on pourrait presque dire par définition — de « mauvais » trompe-l'œil : un trompe-l'œil est ou n'est pas ; il est s'il fonctionne, c'est-à-dire s'il "trompe l'œil" ».*
G. Pérec, *L'œil ébloui.*

La théorie freudienne éclaire d'un jour nouveau les formes particulières de l'illusion : d'un côté le **délire** où l'illusion a définitivement supplanté le réel (le fou qui se prend pour Napoléon) ; de l'autre côté l'**art** où les mécanismes de l'illusion sont maîtrisés et sublimés.

## *Faut-il « perdre ses illusions » ?*

Si l'illusion nous console de la misère du monde, si sa fonction est de nous défendre, si elle est à l'origine de l'art, pourquoi la perdre ? On peut comprendre la position de Nietzsche pour qui, tout étant illusion, il faut s'abandonner à celles qui vont dans le sens de la vie. Mais la glorification de l'illusion est difficilement défendable :

1. **L'illusion n'est pas une solution** viable au conflit entre désir et réalité. Le refuge dans l'illusion n'a que deux issues, également désastreuses : soit le démenti brutal de la réalité, qui risque de se « venger » d'avoir été dédaignée, soit le délire.
2. **L'illusion pose un problème moral** : en substituant à la réalité une image qui nous fait plaisir, elle conduit à asservir le monde et autrui à la fantasmagorie de nos désirs. La réalité des autres n'est plus respectée mais recouverte par l'image que notre désir projette sur eux.
3. Sur un plan personnel, **l'illusion est une régression** : ce sont les enfants qui ont le droit de jouer et de rêver leur vie. Devenir adulte, c'est reconnaître progressivement les exigences de la réalité, même et surtout quand elle s'oppose à nos désirs.

Freud s'accorde avec le sens commun et avec l'exigence philosophique de lucidité pour faire de la perte des illusions une tâche nécessaire ; mais sa théorie souligne la difficulté d'un tel travail :

- Perdre ses illusions est un engagement personnel, puisque ce qui soutient nos illusions c'est notre désir d'y croire. Personne ne peut enrayer ce désir à notre place.
- Le refuge dans l'illusion correspond à une tendance très archaïque, enracinée dans la plus petite enfance, âge où l'homme est dominé par le principe de plaisir.
- L'illusion n'est pas un état exceptionnel : si l'on admet l'existence des désirs inconscients, chacun est susceptible de s'illusionner sur la nature de ses désirs et donc sur la nature de ses rapports à autrui. Nul ne peut se targuer d'être libéré de l'emprise de l'illusion.

## *Illusion et réalisme*

Les analyses précédentes nous engagent dans la voie d'un difficile **réalisme**. Le réalisme est aussi une attitude facile qui énonce des vérités en forme de verdicts : « la réalité est la réalité », « le pire est toujours sûr ». Cette position interdit de comprendre la condition de possibilité de l'illusion. A savoir que la réalité est susceptible d'être remplacée par l'illusion ; si cette substitution est possible, et nous avons bien vu qu'elle l'est, c'est que la réalité n'est pas si évidente.

Elle est, en particulier, transformable par l'histoire et le travail : elle a une part d'indétermination et d'ouverture sur l'avenir. A cet égard, l'illusion remplit deux fonctions positives :

— critique de la réalité existante à partir de la représentation d'une réalité différente (c'est l'**utopie***) ;

— ouverture de l'**espoir** qui peut être le point de départ de réelles transformations du monde. N'oublions pas que certaines illusions ou utopies ne restent des illusions qu'à cause du réalisme plat de ceux qui ne veulent pas y croire...

Le concept d'illusion prend ici la vraie valeur d'un problème, qui peut être formulé comme un cercle :

a. il ne faut pas abdiquer ses illusions et accepter la réalité comme un verdict, à la façon de ceux qui sont tellement au fait de la réalité qu'ils en sont esclaves ;
b. il faut donc tenter de donner une réalité à ses illusions ce qui est la meilleure façon de les défendre (l'art et parfois la politique sont deux manières différentes de comprendre cette formule) ;
c. pour y parvenir, il faut refuser les satisfactions délirantes ou substitutives et accepter le « principe de réalité ».

Sortir du cercle supposerait que l'on départage fermement l'illusion de la réalité. Or ce partage est possible sur le plan épistémologique mais imprécis sur le plan pratique, à cause de l'ambiguïté de la réalité. Ce qui revient à dire qu'il n'y a un problème de l'illusion que parce que la réalité est elle-même un problème.

### BIBLIOGRAPHIE DE LA LEÇON

**ALAIN :**
*Éléments de philosophie,* Gallimard, éd. de la Pléiade.

**DESCARTES :**
*Méditations métaphysiques,* Nathan, coll. « Les Intégrales de Philo ».

**BERGSON :**
*Les Deux sources de la morale et de la religion,* P.U.F.

**NIETZSCHE :**
*La Naissance de la tragédie,* Idées-Gallimard.

**PLATON :**
*La République,* Livre VII, Nathan, coll. « Les Intégrales de Philo ».

**SCHOPENHAUER :**
*Le Monde comme volonté et comme représentation,* P.U.F.

## TABLE D'ORIENTATION

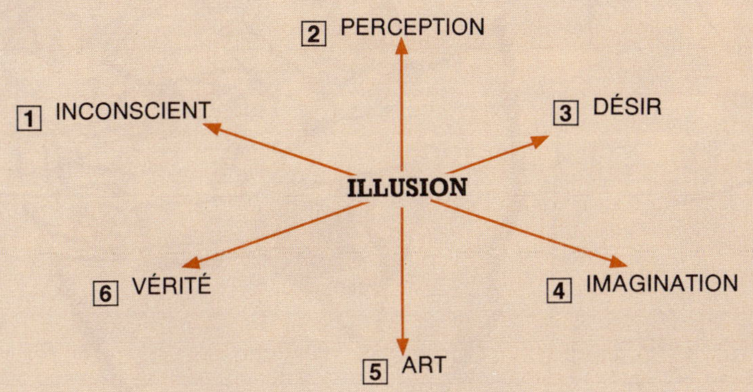


## SUJETS DE DISSERTATION

**1** Y a-t-il une fonction de l'illusion ? (Clermont, A, 1980)

■ L'homme a-t-il besoin de se faire des illusions ? (Clermont, A, 1980)

**2** Le réel se réduit-il à ce qu'on perçoit ? (Lille, A, 1981)

■ Quelles sont les raisons qui peuvent conduire le philosophe à douter du monde extérieur ? (Étr., A-B, 1981)

■ Faut-il opposer le rêve à la réalité ? (Étr., F-11, 1982)

**3** L'illusion sous ses diverses formes est-elle en l'homme le ressort du bonheur ? (Étr., A, 1981)

■ Les utopies sont-elles inutiles ? (Maroc, B, 1981)

■ Quels sont les obstacles à la prise de conscience de la réalité ? (Étr., F-G-H, 1984)

**4** La tâche de la philosophie est-elle de dénoncer les illusions dont les hommes vivent ? (Aix, A, 1983)

■ Toutes les illusions sont-elles dangereuses ? (Caen, A, 1982)

**5** L'art est-il le règne de l'apparence ? (Paris, C-D-E, 1984)

■ L'œuvre d'art nous éloigne-t-elle ou nous rapproche-t-elle du réel ? (Nancy, C-D, 1983)

**6** La connaissance de la vérité entraîne-t-elle nécessairement la disparition de l'illusion ?

■ L'illusion vous paraît-elle réductible à l'erreur ?

■ Est-ce sous l'effet d'une illusion qu'on se donne pour fin l'intérêt général ? (Amiens, A, 1981)

## BIBLIOGRAPHIE GÉNÉRALE

***FREUD :*** *L'Avenir d'une illusion,* P.U.F.

***KANT :*** *Critique de la raison pure,* « Dialectique transcendantale », P.U.F.

***MALEBRANCHE :*** *De la recherche de la vérité,* Livre I, Vrin.

***MARX-ENGELS :*** *L'Idéologie allemande,* 1re partie, éditions Sociales.

***NIETZSCHE :*** « Vie et Vérité », *Textes choisis,* P.U.F.

***SPINOZA :*** *L'Éthique,* Livre IV, Garnier-Flammarion.

## GLOSSAIRE

**Croyance :** voir le *Glossaire* du chapitre sur la *Religion.*

**Délire :** construction psychique pathologique contradictoire avec le monde réel, et soutenue malgré son invraisemblance par une conviction absolue.

**Idole :** traduction littérale du grec *eidolon* qui désigne, d'Homère à Platon, l'image, le fantôme, le reflet. Platon dévalorise l'idole en la définissant comme une copie par rapport à la réalité vraie des Idées. Mais il distingue en fait deux types d'idoles : l'icône *(eikon)*, copie ressemblant au modèle ; le simulacre *(phantasma)*, fausse copie altérant le modèle. Dans son *Novum Organum*, F. Bacon (1561-1626) distingue différentes sortes d'« idola » selon l'origine des illusions qui frappent les hommes.

**Imagination :** repésentation mentale : d'abord, d'un objet perçu par la seule vue puis (plus récemment) représenté en l'absence de toute perception. Voir le chapitre traitant de cette notion.

**Opinion** (du latin *opinio*) : jugement ou façon de voir que l'on adopte sans avoir la certitude d'être dans le vrai. Sous le nom de *doxa* (qui a donné « orthodoxe » : conforme à la *doxa*, « paradoxe » : qui va contre la *doxa*...), Platon a désigné l'opinion en tant qu'ennemie de toute philosophie : même lorsqu'elle est vraie, l'opinion ne l'est que par hasard, sans être fondée ni justifiée.

**Utopie** (étymologiquement : « d'aucun lieu », « de nulle part ») : initialement utilisé par Thomas More en 1516 *(L'Utopie* ou *Sur la meilleure constitution d'une république)*, le terme désigne tout projet de société « parfaite », mais irréalisable. La fiction utopique peut aussi bien représenter une critique de la politique contemporaine qu'un défi à la pensée politique raisonnable. Au-delà de cette acception strictement politique, le terme peut désigner toute construction imaginaire qui prétend améliorer un aspect du réel. On l'utilise alors parfois avec une connotation péjorative, pour souligner en quoi l'amélioration envisagée reste illusoire, parce que irréalisable.

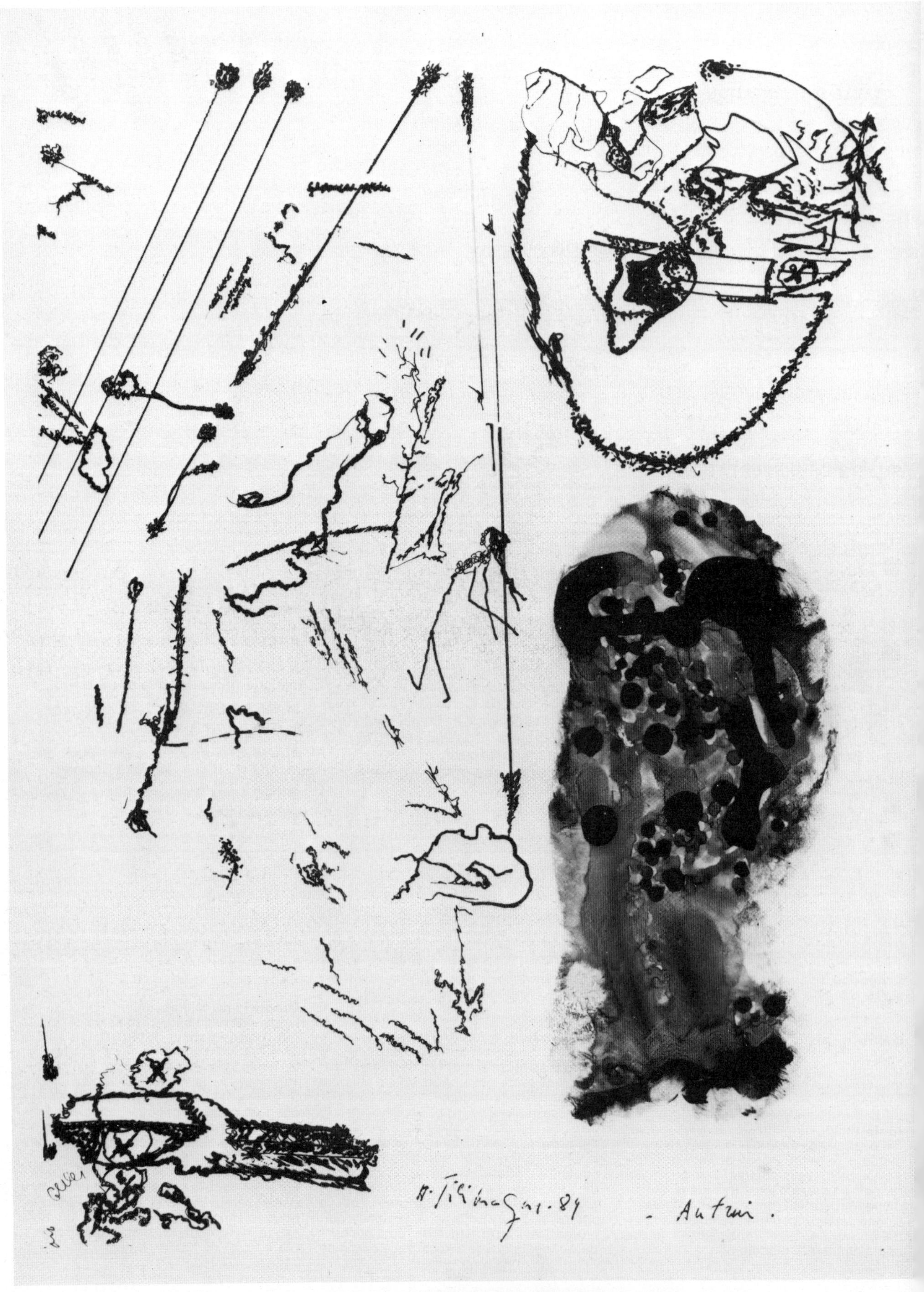
- Autrui.

# AUTRUI

## *De l'évidence à l'énigme*

S'il peut m'arriver de désirer passagèrement la **solitude absolue**, sous prétexte que les personnes qui m'entourent me paraissent aujourd'hui difficiles à supporter, je devine que cet isolement deviendrait vite pesant à son tour. La **présence des autres** m'est en fait indispensable. J'ai besoin de les voir et qu'ils me voient, de communiquer avec eux, de partager mes plaisirs et mes peines.

Sans doute ne me semble-t-il pas nécessaire, dans le cadre rassurant de la vie de tous les jours, de m'interroger scrupuleusement sur la nature de mes relations avec autrui, me contentant de les vivre, trouvant même confirmation de ma propre humanité dans le fait que, selon la formule consacrée, je ne suis pas **« seul au monde »** : **les autres sont là « pour moi »**, un peu à mon service, et leur présence est suffisamment positive pour que j'accepte, périodiquement et en échange, d'être aussi là « pour eux ».

Mais je peux connaître des expériences plus rares, au cours desquelles se révèle, chez l'autre lui-même, une **étrangeté** qui me déroute et vient mettre en question la possibilité même d'entretenir avec lui des relations « normales » : ce peut être l'interpellation d'un enfant dont les questions ne semblent appeler aucune réponse rationnelle (« Pourquoi la Garonne elle passe pas à Paris ? ») ; la découverte, chez les membres d'une société « primitive », de comportements dont je ne comprends pas les causes ; le face-à-face brutal avec un malade mental dont les gestes aussi bien que le discours témoignent de ce que je suis tenté de qualifier, peut-être trop hâtivement, d'« incohérence ». Dans de telles circonstances, l'**altérité***, au lieu de constituer l'horizon tranquille d'une intercommunication sans problème, s'affirme au contraire comme un espace de failles et de ruptures qui fait d'autrui une **énigme** : sans doute m'apparaît-il doté d'un corps qui ressemble au mien, mais comment **pénétrer son intimité** ? comment connaître sa pensée, ses réactions, son affectivité ?

Le dessin d'Hervé Télémaque pose à sa façon cette question, mais il la place en abîme. S'il est vrai qu'une œuvre artistique peut toujours m'inquiéter en ce qu'elle renvoie éventuellement à une subjectivité dont je suis condamné à ignorer les méandres, la situation empire dès que l'artiste choisit d'emprunter des matériaux à quelqu'un d'autre comme c'est le cas ici : en l'occurrence, à des enfants malades. La silhouette filiforme qui occupe le centre de l'image renvoie ainsi, à travers l'utilisation qu'en fait le peintre, à une intimité première dont elle constituait une transposition, une « expression », avant d'être remaniée par celle de Télémaque. Double filtrage ou déformation, que connaissent les autres éléments du dessin (flèches, tache-fantôme-visage, etc.), et qui signale un retranchement d'autrui derrière des barrières symboliques difficiles à percer.

Hervé Télémaque, *Autrui* (1984, dessin original).

## Le visage d'autrui : sens et éthique

**E. LEVINAS**

Je me demande si l'on peut parler d'un regard tourné vers le visage, car le regard est connaissance, perception. Je pense plutôt que l'accès au visage est d'emblée éthique. C'est lorsque vous voyez un nez, des yeux, un front, un menton, et que vous pouvez les décrire, que vous vous tournez vers autrui comme vers un objet. La meilleure manière de rencontrer autrui, c'est de ne pas même remarquer la couleur de ses yeux ! Quand on observe la couleur des yeux, on n'est pas en relation sociale avec autrui. La relation avec le visage peut certes être dominée par la perception, mais ce qui est spécifiquement visage, c'est ce qui ne s'y réduit pas. (...)

Le visage est signification, et signification sans contexte. Je veux dire qu'autrui, dans la rectitude de son visage, n'est pas un personnage dans un contexte. D'ordinaire, on est un « personnage » : on est professeur à la Sorbonne, vice-président du Conseil d'État, fils d'Untel, tout ce qui est dans le passeport, la manière de se vêtir, de se présenter. Et toute signification, au sens habituel du terme, est relative à un tel contexte : le sens de quelque chose tient dans sa relation à autre chose. Ici, au contraire, le visage est sens à lui seul. Toi, c'est toi. En ce sens, on peut dire que le visage n'est pas « vu ». Il est ce qui ne peut devenir un contenu, que votre pensée embrasserait ; il est l'incontenable, il vous mène au-delà. C'est en cela que la signification du visage le fait sortir de l'être en tant que corrélatif d'un savoir. Au contraire, la vision est recherche d'une adéquation ; elle est ce qui par excellence absorbe l'être. Mais la relation au visage est d'emblée éthique. Le visage est ce qu'on ne peut tuer, ou du moins ce dont le *sens* consiste à dire : « Tu ne tueras point ».

***Éthique et infini* (1982),**
**Fayard, Livre de poche-Biblio, pp. 79-81**

## L'appréhension d'autrui par son corps

**Edmund HUSSERL**

Je n'appréhende pas « l'autre » *tout simplement comme mon double*, je ne l'appréhende ni pourvu de ma sphère originale ou d'une sphère pareille à la mienne, ni pourvu de phénomènes spatiaux qui m'appartiennent en tant que liés à l'« ici » *(hic)* ; mais — à considérer la chose de plus près — avec des phénomènes tels que je pourrais en avoir si j'allais « là-bas » *(illic)* et si j'y étais. Ensuite, l'autre est appréhendé dans l'apprésentation comme un « moi » d'un monde primordial ou une monade. Pour cette monade, c'est *son corps* qui est constitué d'une manière originelle et est donné *dans le mode d'un « hic absolu »*, centre fonctionnel de son action. Par conséquent, le corps apparaissant dans *ma* sphère monadique dans le mode de l'*illic*, appréhendé comme l'organisme corporel d'un autre, comme l'organisme de l'*alter-ego*, l'est en même temps, comme le *même corps, dans le mode du « hic »*, dont « l'autre » a l'expérience dans *sa* sphère monadique. Et cela, d'une façon concrète, avec toutes les intentionnalités constitutives que ce mode implique.

***Méditations cartésiennes* (1929),**
**Cinquième méditation, Vrin, p. 99**

## La pitié, sentiment spontané

**J.-J. ROUSSEAU**

Il est donc bien certain que la pitié est un sentiment naturel qui, modérant dans chaque individu l'activité de l'amour de soi-même, concourt à la conservation mutuelle de toute l'espèce. C'est elle qui nous porte sans réflexion au secours de ceux que nous voyons souffrir ; c'est elle qui, dans l'état de nature, tient lieu de lois, de mœurs et de vertu, avec cet avantage que nul n'est tenté de désobéir à sa douce voix ; c'est elle qui détournera tout sauvage robuste d'enlever à un faible enfant ou à un vieillard infirme sa subsistance acquise avec peine, si lui-même espère pouvoir trouver la sienne ailleurs ; c'est elle qui, au lieu de cette maxime sublime de justice raisonnée : *Fais à autrui comme tu veux qu'on te fasse*, inspire à tous les hommes cette autre maxime de bonté naturelle, bien moins parfaite, mais plus utile peut-être que la précédente : *Fais ton bien avec le moindre mal d'autrui qu'il est possible.*

C'est, en un mot, dans ce sentiment naturel, plutôt que dans des arguments subtils, qu'il faut chercher la cause de la répugnance que tout homme éprouverait à mal faire, même indépendamment des maximes de l'éducation. Quoiqu'il puisse appartenir à Socrate et aux esprits de sa trempe d'acquérir de la vertu par raison, il y a longtemps que le genre humain ne serait plus, si sa conservation n'eût dépendu que des raisonnements de ceux qui le composent.

***Discours sur l'origine et les fondements de l'inégalité parmi les hommes* (1755),**
**Première partie, Éd. Sociales, p. 99**

## commentaire

On sait que lorsque **Rousseau** (1712-1778) développe sa fiction d'un état de nature* de l'homme, c'est pour déceler en ce dernier ses **tendances* les plus essentielles** — celles que la culture refoule ou pervertit ultérieurement. Dans un tel cadre théorique, la présence d'autrui ne fait pas problème puisque le **« sentiment naturel »** qu'est la **pitié** incline spontanément l'individu, non seulement à le respecter, mais aussi à lui porter secours. La pitié serait ainsi la **source d'une sociabilité heureuse**, tout entière orientée vers la satisfaction et la conservation de l'espèce, en même temps que le **fondement d'une morale** incapable d'erreur pourvu que le sujet sache rester sensible à ce que demande son « cœur » plutôt que sa raison. Dans ce contexte, le solipsisme* n'est pas envisageable : la pitié me révèle l'autre comme immédiatement semblable à moi-même.

Pour **Husserl** (1859-1938), l'« autre » n'est pas une simple duplication du moi, c'est-à-dire de ma conscience* et des rapports constitutifs qu'elle entretient avec le monde : précisément parce qu'il ne coïncide jamais avec moi (avec mon corps en premier lieu), parce qu'il est « là-bas » alors que je suis « ici », sa présence me garantit l'objectivité* du monde. En effet, pendant que je le perçois comme « là-bas », lui s'affirme dans son propre « ici », objet d'une expérience équivalente à celle que je fais du mien. Ainsi que l'écrit Merleau-Ponty, lorsque je perçois autrui, « il n'y a pas constitution d'un esprit pour un esprit, mais d'un homme pour un homme. Quand un autre comportement m'apparaît, c'est l'homme en bloc qui m'apparaît avec toutes les possibilités, quelles qu'elles soient, dont j'ai par-devers moi, dans mon être incarné, l'irrécusable attestation » (*Éloge de la philosophie*, Gallimard-Idées, p. 262).

Dans cette incarnation commune à autrui et à moi, **Emmanuel Levinas** (né en 1906) privilégie la relation immédiate au visage. Mais un visage non objectivé, non décrit : y transparaît la signification d'une règle éthique (« Tu ne tueras point ») dans le face-à-face débarrassé de toutes les conventions sociales. La relation à autrui ne peut alors s'analyser ni en termes psychologiques, ni en termes métaphysiques : elle pose d'emblée, comme essentielle à la présence interhumaine, l'exigence de la morale. Ce qui n'implique aucun angélisme utopique*, mais constitue bien plutôt un enracinement primordial de l'éthique dans le simple fait qu'il y a de l'autre, et que son altérité* radicale instaure la possibilité de l'humain.

# *Autrui, une présence obligée*

## l'auteur

Jean-Paul Sartre (1905-1980) est sans doute la figure la plus célèbre de la philosophie française du XX^e^ siècle. C'est qu'il diffusa sa pensée — notamment dans sa période existentialiste — non seulement dans des traités philosophiques (*L'Être et le néant*, ultérieurement la *Critique de la raison dialectique*) dont la lecture n'est pas forcément aisée, mais aussi, à destination d'un public plus vaste et non spécialisé, à travers ses romans (*La Nausée*, les trois volumes des *Chemins de la liberté*), son théâtre *(Les Mouches, Huis clos)* et son activité journalistique, tant dans sa revue *Les Temps modernes* depuis 1944, que dans la grande presse. C'est aussi qu'il accompagna en permanence sa réflexion d'interventions publiques et de prises de position politiques qui font de lui un **intellectuel dans la cité** — un peu à la façon d'un Voltaire deux siècles plus tôt.

L'existentialisme sartrien, au lendemain de la Seconde Guerre mondiale, donna d'ailleurs le rare exemple d'une philosophie rencontrant une large adhésion publique et suscitant même des modes (littéraires, vestimentaires...) relevant plus ou moins authentiquement de son aspect proprement philosophique. Son insistance sur les **aspects nauséeux de l'existence**, son affirmation d'une **absence de valeurs absolues** et, en conséquence, de la condamnation de l'homme à une liberté et une responsabilité totales, répondaient en effet à la sensibilité d'une jeunesse issue du conflit mondial.

## l'intérêt philosophique du texte

*L'Être et le néant*, ainsi que l'indique son sous-titre (« essai d'ontologie phénoménologique »), porte la marque des analyses de Husserl, qui se trouvent en quelque sorte dramatisées par Sartre. Ainsi **la présence d'autrui**, sa manifestation par le regard qu'il porte vers ou sur moi, est-elle synonyme d'une **aliénation du pour-soi**. On pense évidemment à la célèbre formule de *Huis clos* : « L'enfer, c'est les autres » — le regard est « infernal » en ceci qu'il me ravit à la fois le monde que je constituais et mon intimité. Me regardant, autrui s'affirme comme **hors de ma portée** et capable d'interpréter mon comportement, de lui **imposer un sens** qui peut ne pas être le mien : je tombe sous son pouvoir, ma liberté est mise en cause. Jugé de l'extérieur, objectivé ou néantisé, mon pour-soi subit une véritable agression — dont je ne saurais me consoler en pensant que je peux l'effectuer en retour à l'égard d'autrui : cette **fausse réciprocité** ne mène qu'à un **conflit insoluble**.

**1** □ « Sans doute, ce qui manifeste *le plus souvent* un regard, c'est la convergence vers moi de deux globes oculaires. Mais il se donnera tout aussi bien à l'occasion d'un froissement de branches, d'un bruit de pas suivi du silence, de l'entrebâillement d'un volet, d'un léger mouvement d'un rideau. » (pp. 303-304)

**2** □ « Mon objectivité ne saurait elle-même découler *pour moi* de l'objectivité du monde puisque, précisément, je suis celui par qui *il y a* un monde ; c'est-à-dire celui qui, par principe, ne saurait être l'objet pour soi-même. » (p. 303)

**3** □ « L'aliénation de moi qu'est *l'être-regardé* implique l'aliénation du monde que j'organise. Je suis vu comme assis sur cette chaise en tant que je ne la vois point, en tant qu'il est impossible que je la voie, en tant qu'elle m'échappe pour s'organiser, avec d'autres rapports et d'autres distances, au milieu d'autres objets qui, pareillement, ont pour moi une face secrète, en un complexe neuf. » (pp. 309-310)

J. Fautrier, *Les Otages* (1943).

Rita Hayworth et Orson Welles dans *La Dame de Shangaï*, d'Orson Welles.

## *Je m'éprouve par le regard d'autrui*

**J.-P. SARTRE**

Le *regard*[1] *d'autrui*, comme condition nécessaire de mon objectivité[2], est destruction de toute objectivité pour moi. Le regard d'autrui m'atteint à travers le monde et n'est pas seulement transformation de moi-même, mais métamorphose totale du *monde*. Je suis regardé dans un monde regardé. En particulier, le regard d'autrui — qui est regard-regardant et non regard-regardé — nie mes distances aux objets et déplie ses distances propres[3]. Ce regard d'autrui se donne immédiatement comme ce par quoi la distance vient au monde au sein d'une présence sans distance. Je recule, je suis démuni de ma présence sans distance à mon monde et je suis pourvu d'une distance à autrui : me voilà à quinze pas de la porte, à six mètres de la fenêtre. Mais autrui vient me chercher pour me constituer à une certaine distance de lui. Tant qu'autrui me constitue comme à six mètres de lui, il faut qu'il soit présent à moi sans distance. Ainsi, dans l'expérience même de ma distance aux choses et à autrui, j'éprouve la présence sans distance d'autrui à moi.

Chacun reconnaîtra, dans cette description abstraite, cette présence immédiate et brûlante du regard d'autrui qui l'a souvent rempli de honte. Autrement dit, en tant que je m'éprouve comme regardé, se réalise pour moi une présence transmondaine d'autrui : ce n'est pas en tant qu'il est « au milieu » de *mon* monde qu'autrui me regarde, mais c'est en tant qu'il vient vers le monde et vers moi de toute sa transcendance, c'est en tant qu'il n'est séparé de moi par aucune distance, par aucun objet du monde, ni réel, ni idéal, par aucun corps du monde mais par sa seule nature d'autrui. Ainsi, l'apparition du regard d'autrui n'est pas une apparition *dans le monde*[4] : ni dans le « mien » ni dans « celui d'autrui » ; et le rapport qui m'unit à autrui ne saurait être un rapport d'extériorité à l'intérieur du monde, mais, par le regard d'autrui, je fais l'épreuve concrète qu'il y a un au-delà du monde. Autrui m'est présent sans aucun intermédiaire comme une transcendance *qui n'est pas la mienne*[5]. Mais cette présence n'est pas réciproque : il s'en faut de toute l'épaisseur du monde pour que je sois, moi, présent à autrui[6].

Transcendance omniprésente et insaisissable, posée sur moi sans intermédiaire en tant que je suis mon être-non-révélé, et séparée de moi par l'infini de l'être, en tant que je suis plongé par ce regard au sein d'un monde complet avec ses distances et ses ustensiles : tel est le regard d'autrui, quand je l'éprouve d'abord comme regard.

***L'Être et le néant* (1943),**
**Gallimard, Coll. Tel, p. 316**

**4** ◻ « L'apparition d'autrui dans le monde correspond (...) à un glissement figé de tout l'univers, à une décentration du monde qui mine par en dessous la centralisation que j'opère en même temps. » (p. 301)

**5** ◻ « Dans l'épreuve du regard, en m'éprouvant comme objectivité non révélée, j'éprouve directement et avec mon être l'insaisissable subjectivité d'autrui. » (p. 317)

**6** ◻ « Être vu me constitue comme un être sans défense pour une liberté qui n'est pas ma liberté. C'est en ce sens que nous pouvons nous considérer comme des « esclaves », en tant que nous apparaissons à autrui. » (p. 326)

Les citations sont extraites de *L'Être et le néant*, Gallimard, collection « Tel ».

# *AUTRUI : EN MOI ET EN FACE DE MOI*

## *La coprésence originelle*

Parce que la conscience* individuelle, une fois constituée, s'illusionne volontiers en admettant qu'elle a toujours été telle qu'elle se perçoit chez l'adulte, on a aisément le sentiment qu'il est possible de partir d'un soi cohérent pour aller à la rencontre ou à la découverte d'autrui.

C'est pourtant cette **séparation supposée originelle entre le moi et l'autre**, qu'il faut commencer par mettre en question. Sans doute ne pouvait-elle qu'être affirmée par la psychologie classique, fondée sur une **introspection** au terme de laquelle le moi avait l'impression de posséder en effet une **réalité pleine** et sans fissure, qui ne faisait qu'instaurer une distance mieux marquée à l'égard d'autrui. Quant à la psychologie ultérieure, expérimentale ou « objective », elle confirme l'écart en faisant de l'autre un simple objet d'étude.

De son côté, un point de vue sociologique*, commençant par enfouir les différents individus dans une réalité sociale qui les excède tous également, ne peut qu'ignorer les relations de chaque individu avec chaque autre.

C'est donc d'un point de vue également hétérogène à ceux de la psychologie et de la sociologie — comme l'est par exemple celui de Max Scheler — que l'on peut remarquer qu'en fait, la distinction entre moi et l'autre n'est pas obligatoire, est pour le moins tardive, tant dans la vie de l'individu que dans l'histoire des cultures : « l'homme vit "tout d'abord" et principalement dans les autres, non en lui-même ; il vit plus dans la communauté que dans son propre individu », affirme ainsi Scheler (*Nature et formes de la sympathie*, Payot, p. 260). L'enfant ne vit initialement les choses que dans un univers où le « mien » et le « tien » ne sont pas encore distingués, et il semble bien en aller de même dans les sociétés « primitives ». Ce qui revient à considérer que **le problème de l'existence d'autrui** ne peut se poser qu'à partir du moment où l'existence se focalise sur la notion d'**individu conscient de sa séparation** à l'égard de ce qui n'est pas lui.

La **psychanalyse** confirme à sa manière cette **indistinction première**, lorsqu'elle établit que **l'autre est toujours déjà en moi**, et qu'il y demeure, s'il est vrai que, selon la formule de Lacan, l'inconscient est constitué par le discours de l'autre en moi. Il faut alors admettre qu'autrui ne fait problème que pour la pensée consciente, pendant qu'« en dessous » il m'habite et me hante, comme je le hante également.

Giacometti, *Portrait de Michel Leiris* (1961).

S'il fallait de surcroît un dernier argument pour nous persuader que l'être humain connaît confusément la nécessité d'autrui et de sa présence, il suffirait de rappeler que, sans la présence des autres, l'humain n'apparaît pas, ainsi que le montrent les cas d'isolement[1].

## *Autrui est toujours avec moi*

L'analyse, même hâtive et superficielle, des sentiments les plus ordinaires, montre d'ailleurs que, même lorsque l'individu se cristallise en sa conscience, autrui n'est pas pour si peu évacué. Toute la vie affective, qu'elle soit réelle, fantasmatique ou imaginaire, n'a d'existence que parce que sa présence est en permanence supposée, que ce soit sur le mode de l'amour, de la haine, du désir, de la lassitude ou du besoin. Mes gestes, mes rêveries, mes promenades n'ont de sens qu'en présupposant des corps, des visages, des chairs qui ne sont pas miens. En fait, l'existence la plus quotidienne n'en finit pas de nous mettre en contact avec l'altérité* : ce qui est autre que moi, ce peut être des édifices aussi bien que des fleurs, des animaux que des choses. Mais précisément, dans cette altérité générale, je privilégie sous le nom d'autrui les seuls êtres humains parce que je perçois — serait-ce même très confusément — qu'ils partagent avec moi une façon d'être que n'a pas le reste.

1 ▫ Voir au chapitre sur *Nature et culture* le cas des « enfants sauvages ».

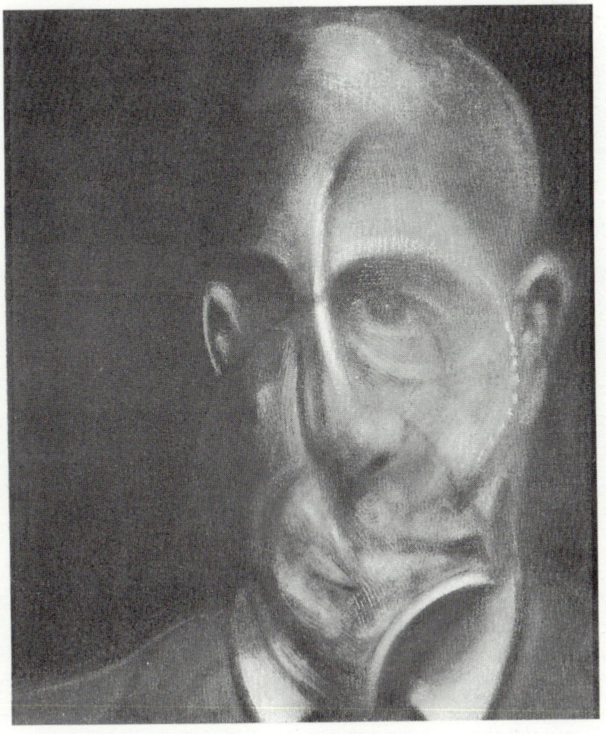

« *Toutes les séries de têtes de Bacon affirmeront leur identité avec la viande.* »
G. Deleuze, *F. Bacon, logique de la sensation.*

F. Bacon, *Portrait de Michel Leiris.*

## *La menace de l'anonymat*

Ne faut-il pas précisément penser qu'autrui est **co-présent** ou **omniprésent** au point de **me ravir toute intimité originale** ? A répéter qu'autrui m'accompagne en permanence, n'y a-t-il pas quelque risque de finir par y trouver un refuge, la possibilité d'une dépersonnalisation qui me déleste à la fois de toute initiative et de toute responsabilité ?

Heidegger a ainsi montré que le « on »* — parce qu'il constitue le milieu ambiant de la quotidienneté — ouvre à l'individu les voies de l'existence non authentique*. Le « on » est plus vague, plus diffus que le « nous ». Alors que ce dernier peut supposer une complicité fondée sur un accord éprouvé, le « on » n'implique, très en deçà d'une communauté véritable, qu'un anonymat vague où le sujet peut se perdre.

D'un point de vue différent, mais en fait convergent, nombreux sont les analystes de la société contemporaine qui insistent sur la pression impersonnelle qu'elle fait peser sur chaque sujet, l'entraînant à participer à des phénomènes de masse (consommation, spectacles, loisirs, etc.) où il côtoie, non pas de véritables autrui, mais bien plutôt de simples « autres » aussi anonymes que lui. Lorsqu'un sondage annonce, au lendemain d'une émission télévisée, qu'elle a été suivie par tant de millions de spectateurs, chacun d'entre eux peut y trouver confirmation de son choix par le nombre même dont il n'est qu'une infime partie, pendant qu'il ignore ce que furent ses co-spectateurs aussi bien que la nature exacte des satisfactions qu'ils ont ressenties.

C'est pourquoi il est sans doute préférable de n'utiliser le concept d'autrui que dans le cadre de relations restreintes, suivant le modèle du simple face-à-face.

## *Le conflit, la compassion*

Hegel a fortement établi, dans sa « Dialectique du maître et de l'esclave », combien le passage par l'autre est nécessaire à la constitution et au progrès de la conscience elle-même. Selon la formule de Sartre, « autrui est le médiateur indispensable entre moi et moi-même ». Mais cette médiation s'accomplit chez Hegel dans le cadre d'une relation d'inégalité : autrui ne me confirme qu'à travers la lutte des consciences.

On peut préférer à cette vision des relations inter-humaines celle que proposait Rousseau, lorsqu'il affirme que la pitié me pousse spontanément vers l'autre et m'entraîne à me dévouer pour son bien. Mais encore faut-il, pour adopter cette solution plus pacifique, et donc rassurante, s'obstiner à ignorer les réserves d'un La Rochefoucauld, qui ne voit dans cette pitié qu'un calcul hypocrite, puisqu'elle « est souvent un sentiment de nos propres maux dans les maux d'autrui ; c'est une habile prévoyance des malheurs où nous pouvons tomber ; nous donnons du secours aux autres pour les engager à nous en donner en de semblables occasions, et ces services que nous leur rendons sont, à proprement parler, des biens que nous nous faisons à nous-mêmes par avance » (*Réflexions, ou Sentences et maximes morales,* § 264). Ce qui revient à dire qu'au lieu de se préoccuper d'autrui, la pitié se préoccupe d'abord de moi. D'un point de vue différent, Nietzsche ne se privera pas davantage de la juger désastreuse, car « elle s'oppose aux passions toniques qui exaltent le sentiment de la vie, en intensifient l'énergie : son effet est déprimant. On perd de la force quand on compatit. La pitié augmente et multiplie la déperdition de force que la souffrance à elle seule impose déjà à la vie » (*L'Antéchrist,* § 7).

## *Le face-à-face*

Pour comprendre la véritable signification d'autrui, peut-être convient-il en fait de cerner sa présence avant même que s'établisse avec lui toute relation affective. Au lieu de se laisser saisir comme plus ou moins semblable à moi (ce qui le définit traditionnellement comme *alter ego* : c'est ce que Hegel nommait le « moment abstrait » de la Mêmeté), il apparaît alors comme radicalement différent, autre que moi — et c'est précisément cette altérité qui fait son sens et sa valeur, comme l'affirme Levinas. Qu'autrui ne soit pas moi, il n'y a pas à le déplorer (il n'y a donc pas à entreprendre de le rendre ressemblant à ce que je suis) ; il y a au contraire à s'en réjouir, puisque c'est par cette altérité qui m'apparaît sienne que je peux m'enrichir : « Ce qu'on présente comme l'échec de la communication dans l'amour constitue précisément la positivité de la relation ; cette absence de l'autre est précisément sa présence comme autre. »

Avant même qu'il participe avec moi à une communauté, à un parti, à une ambiance sentimentale, l'autre m'importe par ce qu'il m'apporte — ce qui suppose en l'être humain un désir radical d'hétérogénéité. S'il y a lieu de **respecter la personne humaine**, comme le veut la rumeur (en même temps que la philosophie), mais comme ne le montre guère la pratique, c'est parce qu'elle manifeste la diversité et la différence d'autrui. Ce n'est ainsi qu'en affirmant la dimension immédiatement **éthique** de la relation avec autrui que peuvent être dénoncées les attitudes qui bafouent ce dernier — qu'elles touchent l'individu (racisme) ou la collectivité (ethnocide).


**BIBLIOGRAPHIE DE LA LEÇON**

***HEGEL :***
*Propédeutique philosophique,* Médiations.

***HEIDEGGER :***
*Être et temps,* 1re section, chap. IV, Gallimard.

***E. LEVINAS :***
*Éthique et infini,* Livre de Poche.

***M. SCHELER :***
*Nature et formes de la sympathie,* Payot.

*« L'enfer c'est les autres »*
Sartre, *Huis-clos.*

## TABLE D'ORIENTATION

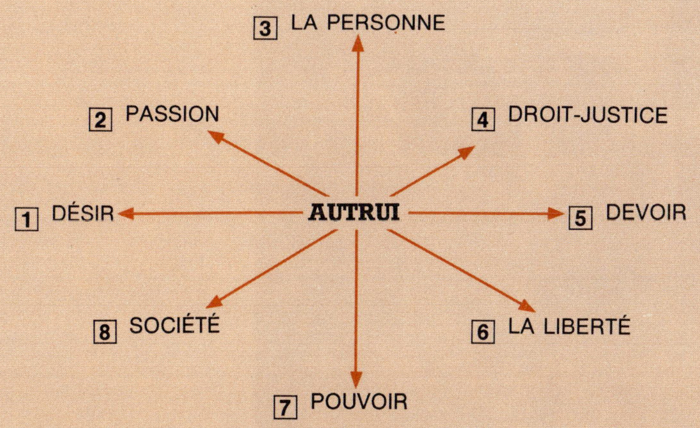


## SUJETS DE DISSERTATION

1 La sympathie nous permet-elle de connaître autrui ? (Limoges, A, 1983)

■ L'amour donne-t-il accès à la compréhension de l'autre, ou constitue-t-il un obstacle ? (Rennes, B, 1981)

■ La relation fondamentale avec autrui est-elle l'imitation, la sympathie ou le conflit ? (Rouen, B, 1981)

2 Sans rapports avec autrui, y aurait-il des passions ? (Nantes, C-D, 1983)

3 Pourquoi avons-nous tant de peine à accepter qu'autrui soit différent de nous ? (Groupe 1 bis, B, 1982)

■ Qu'est-ce que je sous-entends lorsque je parle d'autrui comme de « mon semblable » ? (Strasbourg, B, 1983)

4 Peut-on se porter garant d'autrui ? (Grenoble, A, 1977)

■ Respecter autrui, est-ce s'interdire de le juger ? (Nancy, C-D, 1981)

5 Qu'est-ce qui justifie le respect d'autrui ? (Reims, A, 1983)

6 En quoi autrui représente-t-il un danger ? (Antilles, C-D, 1982)

■ Puis-je savoir sans autrui que je suis libre ? (Montréal-New York, B, 1975)

7 Des relations sans domination ni pouvoir sont-elles possibles ? (Caen, A, 1981)

8 La communication avec autrui exclut-elle la solitude ? (Pondichéry, B, 1981)

■ La relation avec autrui se trouve-t-elle profondément modifiée par la nature de la société dans laquelle elle s'opère ? (Montréal-New York, B, 1975)

## BIBLIOGRAPHIE GÉNÉRALE

***G. BERGER :*** *La Présence d'autrui,* P.U.F.

***R. JAULIN :*** *La Paix blanche,* Seuil.

***L. LAVELLE :*** *L'Erreur de Narcisse,* Grasset.

***E. LEVINAS :*** *Totalité et infini,* Nijhoff.

***M. MERLEAU-PONTY :*** *Les Relations avec autrui chez l'enfant,* C.D.U. ; « La perception d'autrui et le dialogue », in *La Prose du monde*, Gallimard ; *Phénoménologie de la perception*, 2e partie, chap. IV, Gallimard.

***M. NÉDONCELLE :*** *La Réciprocité des consciences,* Aubier-Montaigne.

***J.-P. SARTRE :*** *L'Être et le néant,* IIIe partie, Gallimard ; *Réflexions sur la question juive,* Idées-Gallimard.

## GLOSSAIRE

**Altérité :** désigne le caractère fondamental de ce qui est autre : ce qui l'oppose au *même*, et donc, en un sens plus particulier, à moi. Classiquement conçu avec une connotation négative, le terme acquiert une positivité à partir de Hegel — puisque l'altérité est la condition même de la médiation, et donc nécessaire à la dialectique et au « travail du négatif ».

**Altruisme :** concept lancé par Auguste Comte, par opposition à l'égoïsme : c'est la tendance, soit spontanée, soit issue d'une réflexion, qui nous entraîne à nous soucier d'autrui. A sa façon, la pitié selon Rousseau en constitue une préfiguration.

**Amitié :** lien affectif unissant deux personnes dans une « réciprocité des consciences ». Aristote en fait une vertu et, après lui, tant les stoïciens que les épicuriens y ont trouvé une relation de premier plan unissant les sages.

**Autisme :** désigne, en psychopathologie, la coupure vécue par certains malades (notamment les schizophrènes) à l'égard d'autrui et de l'univers ambiant : la personnalité autistique est tout entière fermée et repliée sur elle-même. En psychologie génétique, l'autisme caractérise l'attitude normale de l'enfant avant la formation de certaines structures logiques (de réciprocité).

**Égoïsme :** voir le *Glossaire* du chapitre sur la *Personne.*

**Ethnocide :** terme récent, qui désigne précisément la destruction lente ou brutale de l'identité culturelle d'un groupe ethnique. L'ethnocide suppose la négation de l'autre ou, au moins, la méconnaissance des valeurs qui fondent son existence.

**Narcissisme :** la légende de Narcisse affirme que, fasciné par la beauté de son visage, il voulut en saisir le reflet dans l'eau et se noya. C'est donc un amour excessif que le sujet porte à sa propre image. Freud affirme l'existence d'un stade narcissique dans la sexualité infantile (le corps propre y est pris comme objet de satisfaction), son maintien chez l'adulte témoignant donc d'une régression.

**On :** voir le *Glossaire* du chapitre sur la *Personne.*

Piero della Francesca, *La Flagellation* (1455).

# L'ESPACE

## *L'espace comme représentation*

Réfléchissant sur l'utilisation de l'espace dans la peinture occidentale, Pierre Francastel, historien de l'art, retrouva les thèses du psychologue suisse Jean Piaget. Celui-ci avait en effet étudié **la construction de l'espace** chez l'enfant[1], et conclu que l'espace est moins une donnée objective ou une propriété des choses mêmes, que le résultat d'une élaboration intellectuelle : il n'y a pas d'espace en soi, concluait-il, l'espace n'est pas un attribut de la matière mais une dimension de la pensée.

Par une approche tout autre, P. Francastel aboutit à la même idée de l'espace comme construction, sociale cette fois et non plus individuelle. La peinture n'est pas une copie du réel, elle est un **mode de représentation** par lequel une société ou une culture données expriment leurs valeurs : « Le but de l'art figuratif n'est pas de doubler le réel appréhendé dans sa totalité, mais de fixer des valeurs (...) correspondant à la mémoire commune d'un certain groupe[2]. »

Les modes de perception* et de représentation de l'espace peuvent donc se modifier lorsque se transforment les connaissances théoriques et techniques d'une société, entraînant un déplacement des valeurs qui leur correspondent : « Si un espace plastique traduit les conduites générales et les conceptions mathématiques, physiques, géographiques d'une société, il est nécessaire qu'il change lorsque la société elle-même se transforme » (p. 193). Chaque représentation de l'espace est fondée sur des partis pris évidents et transparents pour la société considérée, impensables pour une autre.

## *La représentation de l'espace à la Renaissance*

P. Francastel a particulièrement réfléchi sur la Renaissance italienne. Le tableau de Piero della Francesca reproduit ci-contre illustre une représentation de l'espace plastique fondée sur l'étude des **lois de la perspective*** conçues par des artistes-théoriciens et mathématiciens, effet d'une véritable **spéculation sur l'espace**.

> *Qu'on se rende bien compte seulement,* insiste Francastel, *qu'il s'agit d'une construction intellectuelle et sociale, et non pas d'une découverte pour ainsi dire concrète et représentative d'une sorte de réalité substantielle. L'espace plastique de la Renaissance est non pas la meilleure transposition qui soit de l'« Espace », il n'est qu'une expression particulièrement heureuse de la figure du monde pour une époque et pour un groupe d'hommes donnés.* (p. 192)

L'espace prend donc l'apparence d'un cube imaginaire organisé autour de l'illusion d'un point commun vers lequel convergent toutes les lignes de fuite. Ce fut le sculpteur et architecte Brunelleschi (1377-1446) qui, le premier, construisit un appareil d'optique appliquée, afin d'étudier les rayons lumineux et les lignes de fuite. Dans la peinture comme dans l'astronomie, un **univers géométrique** allait peu à peu se substituer à l'univers graphique et symbolique du Moyen Age : « Ce n'est plus la qualité intrinsèque des objets ou leur utilité morale qui servira d'échelle, c'est leur position réciproque dans l'espace. On va explorer le monde des apparences. » (p. 145)

Pour mieux souligner l'arbitraire du système de représentation de l'espace que bâtit la Renaissance, on peut, avec P. Francastel, mettre en regard un mode de représentation totalement différent, celui conçu par Gauguin :

> *Désormais, on part non plus d'objets ou de personnages familiers, mais de rencontres. On ne cherche pas à ramener tous les espaces à la même échelle de valeur. On sort du cube aérien abstrait, déterminé par les lignes idéales de la géométrie euclidienne. On conçoit pour le monde la possibilité de revêtir des formes entièrement variées. Un jour, Gauguin voudra représenter l'espace mental des paysannes bretonnes qui écoutent le sermon du Recteur. Un autre jour, il voudra représenter l'espace sentimental et déchirant de la Canaque abandonnée.*

Avec Gauguin, donc, nous sommes bien éloignés de l'espace prétendu « neutre » et « transparent » de la Renaissance, et qui n'était en réalité qu'un parti pris parmi d'autres. Avec lui, « un nouveau système de recherche apparaît ».

> *L'espace cesse décidément d'être un attribut stable de la nature. Il est une qualité, exprimable autant par la couleur que par la ligne. Les trois dimensions traditionnelles ne sont plus qu'une hypothèse ; on peut représenter un espace à deux dimensions et parfaitement significatif (...) Décidément les artistes sont sortis du cube magique ; ils ont cessé de croire à la nécessité de calculer leurs effets en fonction d'un point de vue unique.* (P. Francastel, op. cit. pp. 237-38)

De la Renaissance à notre siècle, de Brunelleschi et P. della Francesca à Gauguin, l'histoire de l'art laisse voir comment chaque époque crée, non pas sa représentation propre de l'espace, mais **l'espace lui-même**. Espace à travers lequel les hommes vont **organiser leur perception du monde**, c'est-à-dire la vision d'un ordre physique et spirituel qui donnera les règles de leurs actions.

La notion d'espace condense ainsi en elle-même les deux modes fondamentaux de la présence de l'homme au monde : celui de la connaissance et de l'action, du théorique et du pratique. Questionner cette notion, c'est donc aussi poser le problème d'une synthèse possible de ces deux modes, c'est interroger l'homme en son double enracinement : celui de la matière et celui de l'esprit.

1 □ Cf. notamment *La Construction du réel chez l'enfant*, éd. Delachaux et Niestlé, 1937.

2 □ *Études de sociologie de l'art*, Gonthier-Médiations, pp. 103-104.

## L'espace n'est pas une substance

**LEIBNIZ**

Plusieurs de ceux qui admettent le vide considèrent l'espace comme une substance, et ne peuvent être réfutés par les arguments cartésiens. Afin de clore cette discussion, il faut d'autres principes. Ces philosophes concéderont que la quantité et le nombre ne subsistent pas au dehors des choses auxquelles ils sont attribués ; mais ils nieront que l'espace ou le lieu soit la quantité du corps, estimant plutôt que l'espace lui-même a une certaine quantité ou capacité, égale à celle qu'a le corps contenu dans cet espace. Descartes aurait dû montrer que l'espace ou le lieu intérieur ne se distingue pas de la substance du corps.

Ceux qui sont d'un avis contraire s'appuieront sur la conception ordinaire des mortels, à savoir qu'un corps succédant à un autre remplit le même lieu et le même espace que l'autre a abandonnés ; ce que l'on ne peut plus soutenir, si l'espace coïncide avec la substance même du corps. Car bien qu'il soit accidentel au corps d'avoir une certaine position ou d'être dans un lieu donné, on n'admettra cependant pas que le lieu même soit un accident du corps.

**« Remarques sur la partie générale des Principes de Descartes » (1692),**
**in *Opuscules philosophiques choisis,***
**Vrin, pp. 39-40**

## L'espace donné par les impressions sensibles

**HUME**

Admettez que, dans l'objet étendu, dans ce composé de points étendus d'où nous avons d'abord reçu l'idée d'étendue, les points soient de couleur pourpre ; il en résulterait que dans toute répétition de cette idée, non seulement nous placerions dans le même ordre les points les uns par rapport aux autres, mais encore nous leur attribuerions cette seule couleur précise à laquelle nous sommes habitués. Mais ensuite, quand nous avons l'expérience d'autres couleurs, violet, vert, rouge, blanc, noir, et de tous leurs composés divers et que nous trouvons une ressemblance dans la disposition des points colorés dont elles sont formées, nous négligeons les particularités de couleur, dans la mesure du possible, et découvrons une idée abstraite seulement d'après cette disposition des points, d'après leur mode d'apparition, par où ils s'accordent. (...)

Quand j'ouvre les yeux et que je les tourne vers les objets environnants, je perçois de nombreux corps visibles ; et quand de nouveau je ferme les yeux et considère la distance, qui est entre ces corps, j'acquiers l'idée d'étendue. Comme toute idée dérive d'une impression qui lui est exactement semblable, les impressions semblables à cette idée d'étendue doivent être soit des impressions dérivées de la vue, soit des impressions internes qui naissent de ces sensations. Nos impressions internes sont nos passions, nos émotions, nos désirs et nos aversions ; on n'affirmera pas, je pense, que l'une d'elles soit le modèle d'où dérive l'idée d'espace. Il ne nous reste donc que les sens pour nous apporter l'impression originale.

***Traité de la nature humaine* (1737),**
**Livre I, 2e partie, Section III**
**Aubier-Montaigne, p. 101**

## *Espace géométrique et espace sensible*

**Henri POINCARÉ**

Mais, dira-t-on, si l'idée de l'espace géométrique ne s'impose pas à notre esprit, si d'autre part aucune de nos sensations ne peut nous la fournir, comment a-t-elle pu prendre naissance ? *Aucune de nos sensations, isolée, n'aurait pu nous conduire à l'idée de l'espace, nous y sommes amenés seulement en étudiant les lois suivant lesquelles ces sensations se succèdent.*

Nous voyons d'abord que nos impressions sont sujettes au changement ; mais parmi les changements que nous constatons, nous sommes bientôt conduits à faire une distinction. Nous disons tantôt que les objets, causes de ces impressions, ont changé d'état, tantôt qu'ils ont changé de position, qu'ils se sont seulement déplacés. (...)

S'il y a eu seulement changement de position, nous pouvons restaurer l'ensemble primitif d'impressions en faisant des mouvements qui nous replacent vis-à-vis de l'objet mobile dans la même situation *relative*. Nous *corrigeons* ainsi la modification qui s'est produite et nous rétablissons l'état initial par une modification inverse. (...) La vue et le toucher ne nous auraient pu donner la notion d'espace sans le secours du « sens musculaire ». Non seulement cette notion ne pouvait dériver d'une sensation unique, mais *d'une suite de sensations*, mais encore un être *immobile* n'aurait pu jamais l'acquérir puisque, ne pouvant *corriger* par ses mouvements les effets des changements de position des objets extérieurs, il n'aurait eu aucune raison de les distinguer des changements d'état. Il n'aurait pu l'acquérir non plus si ses mouvements n'étaient pas volontaires ou s'ils n'étaient pas accompagnés de sensations quelconques.

***La Science et l'hypothèse*** **(1902),**
**2e partie, ch. IV, Flammarion, pp. 82-84**

## commentaire

Contre Descartes, **Leibniz** (1646-1716) refuse l'idée qui fait de l'espace et du temps des **réalités substantielles** indépendantes des corps qui les occupent et les remplissent : « L'espace n'est pas plus une substance* que le temps (...) C'est un rapport, un ordre, non seulement entre les existants, mais encore entre les possibles comme s'ils existaient. » L'espace ne se confond donc pas avec les corps, il n'est pas leur **lieu**, c'est-à-dire telle ou telle situation des corps, mais bien plutôt l'**ordre** de ces situations, ce qui fait que les corps sont situables.

Pour la philosophie empiriste de **Hume** (1711-1776), **critique de la représentation***[1], le problème du **statut de l'esprit** se confond avec celui de **l'espace**. L'esprit est limité parce que l'imagination ne peut dépasser un seuil minimum, l'unité, le point indivisible en deçà duquel plus rien n'est représentable. L'idée d'espace est donc celle de **points sensibles donnés dans un certain ordre** : il est ce qui apparaît dans cette disposition des objets visibles. Si le temps est une qualité donnée dans tout ensemble de perceptions, l'espace, lui, n'est livré que par les impressions sensibles de la vue et du toucher.

Dans *La Science et l'hypothèse*, **Poincaré** (1854-1912) cherche à montrer que les notions mathématiques ne dérivent pas de l'**expérience**, qui se rapporte toujours aux sensations, alors que la théorie est l'effet d'un esprit créateur de symboles. Il distingue ainsi l'**espace géométrique, purement théorique**, de l'**espace représentatif construit dans l'activité sensible ;** cet espace sensible ne peut pas être une pure donnée des sens, car, en ceux-ci, les sensations n'ont aucun caractère spatial propre. Poincaré rejoint ici Kant : l'espace est la **forme des phénomènes***, une structure qui leur donne une configuration spatiale, en organisant la distribution et la succession des sensations.

1. Voir l'*Extrait* de Hume dans le chapitre sur l'*Idée*.

# *Bergson, une philosophie de l'intuition*

## l'auteur

La **Durée**, la **Mémoire** et l'**Élan vital**, modes fondamentaux de la présence de l'être humain au monde, sont les concepts qui organisent toute la philosophie de Bergson (1859-1941). Celui-ci veut faire de la philosophie une discipline aussi précise que la science et cherche la méthode qui lui permettra d'atteindre la réalité de ces données essentielles de l'Être. Pour cela, il propose de se placer « au point de vue d'un esprit qui ignorerait les discussions entre les philosophes » et de faire appel aux **données immédiates de la conscience**. Puisque « nous nous exprimons nécessairement par les mots et que nous pensons le plus souvent dans l'espace » il conviendra de renoncer, au nom de l'immédiateté, à cette double réfraction du langage et de l'espace.

C'est **l'intuition** qui sera l'instrument de cette méthode par laquelle Bergson pensera aussi bien chacun de ces concepts en eux-mêmes que les relations qui les organisent dans un seul et même mouvement de l'être. L'intuition immédiate se produit quand « l'acte de la connaissance coïncide avec l'acte générateur de la réalité ». Que m'apparaît-il alors, sinon que « Je dure » ? C'est parce que Bergson part de la vie et non pas du *cogito* qu'il peut énoncer **l'immédiat de la durée**. La durée de ce « je dure » n'est pas le temps lu dans l'espace, en regardant notre montre ou une horloge par exemple : elle est le temps non mesurable des sentiments, l'attente soustraite à toute expérimentation possible.

En isolant la **durée pure** de l'espace et de la réalité matérielle, Bergson veut ainsi aller à la rencontre de la **réalité vécue**, laisser l'intuition de la durée s'exprimer à travers ses images nécessairement fluentes. Le concept est en effet trop rigide, trop statique pour répondre à cette entreprise qui se placera délibérément hors de ces idées générales (concepts) que proposent les philosophes, alimentant ainsi des controverses dogmatiques tout à fait stériles. C'est dans ce contexte qu'il faut aborder l'*Essai sur les données immédiates de la conscience* (1889).

## l'intérêt philosophique du texte

En privilégiant la durée, la philosophie de l'intuition était amenée à **dévaloriser** à sa façon **l'espace** : « Nous allons donc demander à la conscience de s'isoler du monde extérieur, et, par un vigoureux effort d'abstraction de redevenir elle-même. Nous lui poserons alors cette question : (...) La vraie durée a-t-elle le moindre rapport avec l'espace ? » (*Données immédiates...*, pp. 67-68)

La réponse de Bergson est alors double. Certes, « considérés en eux-mêmes, les états de conscience n'ont aucun rapport avec la quantité ; ils sont qualité pure » (*D.I.*, p. 102). Et pourtant, l'espace n'est pas unilatéralement dénigré : c'est que le **Moi intérieur** se doit de rejoindre un **Moi impersonnel** et social. « L'intuition d'un espace homogène est déjà un acheminement à la vie sociale (...) La tendance en vertu de laquelle nous nous figurons nettement cette extériorité des choses et cette homogénéité de leur milieu est la même qui nous porte à vivre en commun et à parler » (*D.I.*, pp. 102-103).

Certes, la **spatialisation** de notre vie intérieure est **illusion** ravageuse. Il n'empêche que l'espace lui-même n'est pas illusion : il est au contraire la condition même du langage, de ces mots fixateurs « aux contours bien arrêtés ». « Notre existence se déroule donc dans l'espace plutôt que dans le temps : nous vivons pour le monde extérieur plutôt que pour nous ; nous parlons plutôt que nous ne pensons ; nous "sommes agis" plutôt que nous n'agissons nous-mêmes. Agir librement, c'est reprendre possession de soi, c'est se replacer dans la pure durée. » (*D.I.*, p. 174).

**1** ☐ « L'espace n'est pas un concept discursif, ou, comme on dit, un concept pniversel de rapport de choses en général, mais une pure intuition. En effet, on ne peut d'abord se représenter qu'un espace unique, et, quand on parle de plusieurs espaces, on n'entend par là que les parties d'un seul et même espace. Ces parties ne sauraient, non plus, être antérieures à cet espace unique qui comprend tout, comme si elles en étaient les éléments (capables de le constituer par leur assemblage), mais elles ne peuvent, au contraire, être pensées qu'en lui. Il est essentiellement un ; le divers qui est *en lui* et, par conséquent, aussi le concept universel d'espace en général, repose en dernière analyse sur des limitations. » (Kant, *Critique de la raison pure*, Esthétique transcendantale, trad. Tremesaygues et Pacaud, P.U.F., p. 56)
Sur la conception kantienne de l'espace, voir la *Leçon*.

**2** ☐ La fin du XIX^e siècle a connu diverses tentatives psychologiques ou psychophysiologiques essayant de comprendre l'articulation des processus physiques et psychiques.
« Comme la force musculaire qui se déploie dans l'espace et se manifeste par des phénomènes mesurables nous fait l'effet d'avoir préexisté à ses manifestations, mais sous un moindre volume et à l'état comprimé, pour ainsi dire, nous n'hésitons pas à resserrer ce volume de plus en plus, et finalement nous croyons comprendre qu'un état purement psychique, n'occupant plus d'espace, ait néanmoins une grandeur. La science incline d'ailleurs à fortifier l'illusion du sens commun sur ce point. » (*D.I.*, p. 16)

## *Dévalorisation et affirmation de l'espace*

**BERGSON**

On aurait tort d'attribuer une trop grande importance à la question de la réalité absolue de l'espace : autant vaudrait peut-être se demander si l'espace est ou n'est pas dans l'espace. En somme, nos sens perçoivent les qualités des corps, et l'espace entre elles : la grosse difficulté paraît avoir été de démêler si l'étendue est un aspect de ces qualités physiques — une qualité de la qualité, — ou si ces qualités sont inétendues par essence, l'espace venant s'y ajouter, mais se suffisant à lui-même, et subsistant sans elles. Dans la première hypothèse, l'espace se réduirait à une abstraction, ou pour mieux dire à un extrait ; il exprimerait ce que certaines sensations, dites représentatives, ont de commun entre elles. Dans la seconde, ce serait une réalité aussi solide que ces sensations mêmes, quoique d'un autre ordre. On doit à Kant la formule précise de cette dernière conception : la théorie qu'il développe dans **l'Esthétique transcendantale**[1] consiste à doter l'espace d'une existence indépendante de son contenu, à déclarer isolable en droit ce que chacun de nous sépare en fait, et à ne pas voir dans l'étendue une abstraction comme les autres.

*L'activité de l'esprit*

Kant a détaché l'espace de son contenu ; **les empiristes**[2] cherchent cnmment ce contenu, isolé de l'espace par notre pensée, arriverait à y reprendre place. Il est vrai qu'ils paraissent avoir méconnu ensuite l'activité de h'intelligence, et qu'ils inclinent visiblement à engendrer la forme extensive de notre représentation par une espèce d'alliance des sensations entre elles : l'espace, sans être extrait des sensations, réselterait de leur coexistence. Mais comment expliquer une pareille genèse sans une intervention active de l'esprit ? (...) Des sensations inextensives resteront ce qu'elles sont, selsations inextensives, si rien ne s'y ajoute. Pour que l'espace naisse de leur coexistence, il faut un acte de l'esprit qui les embrasse toutes à la fois et les juxtapose ; cet acte *sui generis* ressemble assez à ce que Kant appelait une forme *a priori* de la sensibilité.

(...) Cet acte consiste essentiellement dans **l'intuition ou plutôt dans la conception**[3] d'un milieu vide homogène. Car il n'y a guère d'autre définition possible de l'espace : c'est ce qui nous permet de distinguer l'une de l'autre plusieurs sensations identiques et simultanées : c'est donc un principe de différenciation autre que celui de la différenciation qualitative, et, par suite, une réalité sans qualité.

*Réalité homogène, réalité hétérogène*

A vrai dire, **les différences qualitatives sont partout dans la nature**[4] ; (...) La conception d'un milieu vide homogène (...) paraît exiger une espèce de réaction contre cette hétérogénéité qui constitue le fond même de notre expérience. Il ne faudrait donc pas dire seulement que certains animaux ont un sens spécial de la direction, mais encore et surtout que nous avons la faculté spéciale de percevoir ou de concevoir un espace sans qualité. (...) Nous connaissons **deux réalités d'ordre différent**, l'une hétérogène, celle des qualités sensibles, l'autre homogène, qui est l'espace. Cette dernière, nettement conçue par l'intelligence humaine, nous met à même d'opérer des distinctions tranchées, de compter, d'abstraire, et **peut-être aussi de parler**.

*Essai sur les données immédiates de la conscience* (1889), ch. II, P.U.F., pp. 68-73

3 ◻ On notera le « remords » par lequel Bergson substitue « conception » à « intuition ». Ce dernier mot n'a pas ici le sens que lui donnait Kant. Chez Bergson, intuition « signifie d'abord conscience, mais conscience immédiate, vision qui se distingue à peine de l'objet vu, connaissance qui est contact, même coïncidence ». Si l'espace était une intuition, il serait immédiat et aurait les caractères de la durée. Or, l'espace est une donnée externe. Il n'est donc pas, comme le pensait Kant, intuition *a priori*. L'espace, chez Bergson, se situe du côté du concept : il est construction de l'intelligence abstraite, et non quelque chose de « déjà là ».

4 ◻ « Beaucoup de vertébrés et même quelques insectes arrivent à se diriger dans l'espace. (...) On a essayé d'expliquer ce sentiment de la direction par la vue ou l'odorat, et plus récemment par une perception des courants magnétiques, qui permettrait à l'animal de s'orienter comme une boussole. Cela revient à dire que l'espace n'est pas aussi homogène pour l'animal que pour nous, et que les déterminations de l'espace, ou directions, ne revêtent point pour lui une forme purement géométrique. Chacune d'elles lui apparaîtrait avec sa nuance, avec sa qualité propre. (...) Nous distinguons nous-mêmes notre droite de notre gauche par un sentiment naturel, et ces deux déterminations de notre propre étendue, nous présentent bien alors une différence de qualité ; c'est même pourquoi nous échouons à les définir. » (*D.I.*, p. 72)

*D.I. : Essai sur les données immédiates de la conscience*, éd. cit.

# *L'ESPACE, LE VIDE ET DIEU*

La notion d'espace, qui nous paraît aujourd'hui relever avant tout de la science, constitue pourtant un enjeu essentiel des débats métaphysiques touchant au vide et à Dieu.

Les deux premiers philosophes atomistes, Leucippe et Démocrite, voyaient dans la réalité matérielle du monde le résultat d'une combinaison d'atomes éternels, homogènes et inaltérables ; selon cette conception, tout changement constaté au sein de la nature[1] correspond à une modification de l'ajustement des atomes. Mais la notion d'espace n'est pas pour autant identifiée à celle de plénitude. Au contraire, le **vide** est l'élément indispensable d'une telle conception : sans vide, le **mouvement** serait impossible et impensable. Et le mouvement est essentiel à un univers qui n'est que combinaison perpétuellement modifiée d'atomes. C'est parce que rien ne résiste aux atomes (excepté d'autres atomes) que le mouvement est possible. L'espace n'est donc pensable que par référence au vide, c'est-à-dire à une **étendue sans corps**. Les corps, eux, sont un assemblage de plénitudes absolues, à savoir les atomes. Autrement dit, les atomistes admettent la réalité de deux étendues distinctes : l'une qui ne résiste pas (le vide-espace), l'autre qui résiste (le corps solide).

Mât d'orientation de l'aéroport d'Entebbe (1964).

*« Archimède, pour tirer le globe terrestre de sa place et le transporter en un autre lieu, ne demandait rien qu'un point qui fût fixe et assuré. »*
Descartes, *Méditation seconde.*

Aristote contestera avec virulence cette assimilation de l'espace au vide. Si tel est le cas, dit-il, aucun mouvement n'est alors possible. Plongés dans le milieu indifférencié qu'est le vide, les corps n'auraient aucune raison de se mouvoir dans un sens plutôt que dans un autre. De plus, ne rencontrant aucune résistance, ils s'y déplaceraient à une vitesse infinie — ce qui est manifestement absurde. En fait, l'observation empirique montre que l'espace n'est pas un non-être, une étendue sans corps, mais qu'**il est** : « Les choses qui sont, en effet, tout le monde admet qu'elles sont quelque part » (*Physique*, IV).

Dans sa conceptualisation de la notion d'espace, Aristote substitue l'existence du **lieu** à celle du vide. Le lieu n'est ni l'étendue qui constitue le corps (sinon il serait impossible de le distinguer de celui-ci), ni l'étendue occupée par le corps (sinon on ne pourrait dissocier du corps l'étendue qu'il occupe). Le lieu est donc une **limite** (un corps est **dans** son lieu) et un **contenant** (comme une épée dans son fourreau). L'espace est ainsi un ensemble différencié de lieux, c'est-à-dire que chacune de ses parties est différenciée par la chose qui y loge.

Fondée sur le finalisme d'Aristote, cette conception de l'espace avait pour elle l'énorme avantage de correspondre à l'expérience quotidienne que l'on peut avoir de l'espace : la fumée ne pointe-t-elle pas « naturellement » vers le haut, et les pierres ne tombent-elles pas « naturellement » vers le bas ? Développant une vision avant tout **qualitative** de l'espace, Aristote refusait donc dans un même mouvement la géométrisation de l'espace et de la nature, et la possibilité même de l'existence du vide : homogène par définition, et donc quantitatif, celui-ci n'avait pas sa place au sein d'un monde qualitatif.

On retrouve chez Descartes ce refus d'identification de l'espace au vide, qui conduit à l'expulsion de la notion même de vide, qui n'a pas droit de cité dans sa philosophie. Il est illusoire, soutient-il, de penser que le corps et l'espace diffèrent : ils sont la substance corporelle ; c'est seulement par le mode, c'est-à-dire par notre pensée, qu'espace et corps diffèrent. Certes, on peut par commodité considérer que le **lieu** désigne plutôt la **situation**, et l'**espace**, la **grandeur**. Mais ils sont en fait une seule et même chose. « L'espace ou le lieu intérieur, et le corps qui est compris en cet espace, ne sont différents que par notre pensée. Car, en effet, la même étendue en longueur, largeur et profondeur, qui constitue l'espace, constitue le corps » (*Principes*, II, § 10). Dès lors, puisque c'est la seule **étendue** qui constitue la nature du corps, **le vide est nié**. Il est évident, pour Descartes, que le néant ne peut avoir de propriétés, et *a fortiori* pas de dimensions. Dire que deux corps sont séparés par du vide est donc contradictoire, car deux corps séparés par du néant se toucheraient nécessairement. Il y a séparation des corps parce qu'il y a « quelque chose » entre eux : une « matière subtile » que nous ne percevons pas, aussi « matérielle » que la matière « grossière » des pierres et des arbres. La négation cartésienne du vide s'appuie donc bien sur le refus de considérer l'espace comme une entité distincte de la matière qui le remplirait. A proprement parler, les corps ne sont pas « dans » l'espace puisque celui-ci ne diffère pas d'eux-mêmes.

Dans la conception que se fait Newton de l'espace, l'extension cartésienne n'est plus qu'un espace « relatif » : ce qui se meut autour des corps, et que Descartes identifie avec eux, se déplace à travers un cadre immuable, c'est-à-dire indépendant des objets qui s'y trouvent : à travers un **espace « absolu »**. Il faut quelque chose d'éternellement fixe, qui « demeure toujours semblable et immobile », affirme Newton, pour pouvoir définir un mouvement (relatif). Seulement Newton ne disposait pas du matériel expérimental qui lui aurait permis de fonder scientifiquement l'existence de l'espace absolu. C'est pourquoi il lui faut recourir à un argument théologique : l'espace est l'omniprésence de Dieu dans la nature. Dieu perçoit l'univers à travers deux organes (l'espace et le temps), et règne sur le vide infini de l'espace absolu, dans lequel les corps se meuvent selon les lois mathématiques. Une virulente polémique allait s'engager. Cette conception de l'espace, qui rapprochait Dieu du vide au lieu de les disjoindre, ne pouvait manquer de choquer une tradition assimilant Dieu à la plénitude.

Si l'espace est vide, affirme **Leibniz,** il n'est alors qu'un « attribut sans sujet, une étendue d'aucun étendu », ce qui n'a pas de sens. Leibniz propose de définir l'espace comme une **apparence** (puisque chacune de ses parties est identique à n'importe quelle autre), et de le considérer comme un **ordre**. Puisque Dieu, et seulement lui, a le pouvoir de choisir entre tous les possibles qu'il a en son entendement, puisque l'origine du monde correspond à un choix divin, l'espace n'est pas une substance mais un rapport, un ordre « non seulement entre les existants, mais encore entre les possibles comme s'ils existaient ». L'espace serait dans les idées de Dieu s'il n'y avait point de créatures. Autrement dit, l'espace ne peut pas être un être réel absolu, sinon il serait Dieu, puisque éternel et infini. Il n'est qu'une **idée divine** et une **abstraction pour l'homme**, si nous nous contentons de le définir comme ensemble de lieux. Mais cette abstraction n'est-elle pas **confuse** dans la mesure où elle n'est qu'une apparence ?

## *L'espace comme intuition*

Enquêtant sur la réalité de l'espace, Kant s'oppose d'abord aux conceptions de Leibniz. D'une part, l'espace n'est pas un ordre quasi conceptuel car il est impossible de le rationaliser absolument. Dans l'espace les objets sont dissymétriques : je ne peux superposer ma main droite à ma main gauche. D'autre part, il ne s'agit pas d'une perception confuse sinon la géométrie serait et ferait « n'importe quoi ». Or, à la fin du XVIIIe siècle, la géométrie euclidienne semblait définitivement constituée, (tout comme la physique newtonienne). Pourquoi, demande Kant, n'en est-il pas ainsi de la métaphysique ? Puisque les mathématiques sont fondées sur les jugements synthétiques *a priori**, il faut donc dégager la **condition de possibilité** de tels jugements. Ils sont possibles parce que nous avons l'**intuition** de l'espace. Autrement dit, l'espace (comme le temps) n'est ni une sensation ni un concept. S'il n'y avait pas d'espace, il n'y aurait pas d'expérience possible. De plus, nous pouvons faire abstraction de tout ce qui se trouve dans l'espace, sauf de l'espace lui-même. On ne peut donc assimiler espace et sensation.

> *L'espace est une représentation nécessaire* a priori *qui sert de fondement à toutes les intuitions externes. Il est impossible de se représenter jamais qu'il n'y ait pas d'espace, quoique l'on puisse bien concevoir qu'il n'y ait pas d'objets en lui. Il est donc considéré comme la condition de possibilité des phénomènes, et non pas comme une détermination qui en dépende. Il est une représentation* a priori *servant nécessairement de fondement aux phénomènes extérieurs.* (*Critique de la raison pure*, trad. Tremesaygues et Pacaud, P.U.F., p. 56)

L'espace n'est pas un concept car, si nous avons le concept de chien parce que nous rassemblons les caractères communs de nos différentes expériences sur un certain nombre de chiens, ce n'est pas parce que nous avons vu des espaces particuliers que nous en tirons l'intuition de l'espace. Au contraire, nous construisons ces espaces particuliers à partir de l'espace infini. Nous allons de l'espace en général aux espaces particuliers.

> *L'espace n'est pas un concept discursif, ou, comme on dit, un concept universel de rapports des choses en général, mais une intuition pure. En effet, d'abord on ne peut se représenter qu'un seul espace, et, quand on*

*parle de plusieurs espaces, on n'entend par là que les parties d'un seul et même espace. Ces parties ne sauraient non plus être antérieures à cet espace unique qui comprend tout, comme si elles en étaient les éléments (et qu'elles puissent le constituer par leur assemblage) ; elles ne sont au contraire pensées qu'en lui. Il est essentiellement un. (op. cit.*, p. 56)

L'espace est une **forme** qui **précède** tout ce qui se trouve ou est donné en lui. Autrement dit, Kant opère une sorte de transposition d'une idée newtonienne sur le plan humain : de *sensorium* de Dieu, l'espace devient *sensorium* de l'homme. Aucun savoir ne serait possible sans cette intuition originaire qu'est l'espace.

## La découverte des espaces

Kant donnait une forme à cet espace conçu comme intuition *a priori* : c'était l'espace euclidien homogène, infini et à trois dimensions, tel qu'il est conçu dans le cadre rigide de la physique newtonienne. Or, le développement de la physique a montré que cet espace n'est pas le seul. Il existe un microcosme où évoluent les électrons, les neutrons, les protons et autres particules (espace subatomique) et le macrocosme des nébuleuses (espace astronomique) qui sont des **espaces élastiques**, variables et **recourbés** sur lesquels la géométrie euclidienne n'a donc plus de prise. Ainsi, en 1826, Lobatchevski construisit un modèle hyperbolique par lequel il démontra qu'on peut mener, par un point du plan, deux parallèles à une droite du plan, et non pas « une et seulement une » comme le soutenait le cinquième postulat d'Euclide. Quelques années plus tard, B. Riemann proposera, dans son étude *Sur les hypothèses qui servent de fondement à la géométrie* (1854), un modèle dans lequel, par un point du plan, on ne peut cette fois mener aucune parallèle à une droite du plan : l'« évidence » des principes euclidiens, revendiquée par Kant lorsqu'il affirmait qu'on ne peut se représenter qu'un seul espace, se trouve fondamentalement remise en cause par ces nouvelles géométries.

Comment alors considérer cet espace « newtonien » dans lequel nous évoluons quotidiennement par rapport à l'espace cosmique ? Ernst Bloch donne un élément de réponse : « Si l'on projette le globe terrestre à trois dimensions, selon le système de Mercator, sur une carte géographique à deux dimensions, on constate d'importantes déformations. A l'équateur, tout est encore bien à sa place, mais à mesure qu'on s'éloigne de l'équateur vers les pôles Sud ou Nord, le dessin s'élargit considérablement. Le nord du Canada, le cap Nord, la Sibérie du Nord se trouvent démesurément agrandis. Cette illusion en quelque sorte mentale et optique se rencontre aussi dans la projection des lignes de gravité dans l'espace, c'est-à-dire la révolution autour du soleil dans notre espace expérimental. Notre espace expérimental à trois dimensions est à l'espace cosmique à peu près ce que l'espace à deux dimensions de la carte géographique est à l'espace du globe à trois dimensions. » (*La Philosophie de la Renaissance,* Payot, p. 141) Une telle réflexion prolonge à sa façon la double analyse de Pierre Francastel (voir le *Pré-Texte*) : l'espace n'est décidément pas un « attribut stable » de la nature, et il n'existe pas de point de vue unique.

Enfin, l'anthropologie moderne a découvert un autre espace : celui qui permet de penser les relations sociales d'une culture. Ainsi Claude Lévi-Strauss a-t-il montré qu'« un grand nombre de sociétés indigènes ont choisi consciemment de projeter dans l'espace un schéma de leurs institutions ; ainsi, la distribution circulaire des campements sioux et des villages gé du Brésil central, ou encore le plan des villes, le tracé des routes et l'emplacement des temples et des autels dans l'ancien Pérou. L'étude de ces faits de distribution permet d'accéder à l'idée que les indigènes se font de leur structure sociale » (*Anthropologie structurale,* Plon, p. 352). L'espace devient lisible et ordonné ; il suscite un **ordre** des concepts. N'est-ce pas là, d'une certaine façon, une revanche de Leibniz sur Kant ?

**1** ◻ Il en va ainsi de la mort, qui n'est qu'une modification dans la disposition de certains atomes : voir à ce sujet le *Grand Texte* de Lucrèce, dans le chapitre sur la *Mort.*

### BIBLIOGRAPHIE DE LA LEÇON

***ALAIN :***
*Éléments de philosophie,* Livre Premier, chap. VI, Gallimard.

***ARISTOTE :***
*Physique* (Livre IV), Vrin.

***KANT :***
*Critique de la raison pure,* P.U.F.

***KOYRE :***
*Du monde clos à l'univers infini,* Gallimard (le lecteur trouve dans cet ouvrage les textes importants de Descartes, Newton, Clarke et Leibniz).

## TABLE D'ORIENTATION

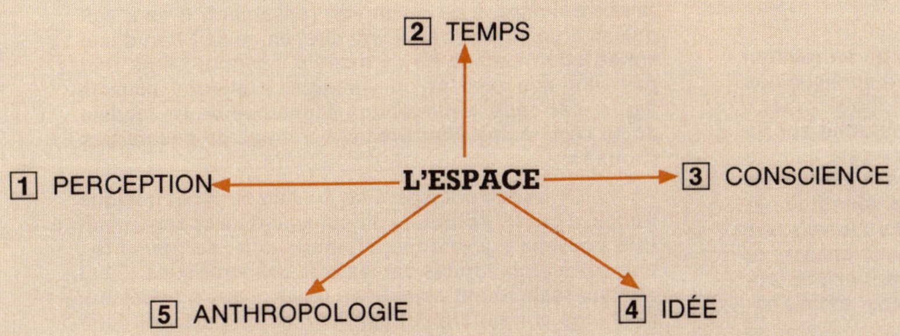


## SUJETS DE DISSERTATION

1 Le réel se réduit-il à ce que l'on perçoit ? (Lille, A, 1981)
■ Qu'y a-t-il de vrai dans la sensation ? (Maroc, A, 1982)

2 Le temps est-il pour l'homme ce qui le limite ? (Montpellier, B, 1983)
■ Faut-il dire que la conscience est dans le temps, ou que le temps est dans la conscience ? (Aix-Marseille, B, 1983)

3 Quelle relation la conscience entretient-elle avec ses objets ? (Rennes, A, 1980)
■ La conscience se soumet-elle à l'objet étudié ou le produit-elle ? (Caen, C-D, 1982)

4 Les sens sont-ils la source unique de notre connaissance ? (Amiens, C-D, 1983)

5 Ai-je un corps ou suis-je mon corps ? (Reims, B, 1983)

## BIBLIOGRAPHIE GÉNÉRALE

***CARNAP :*** *Les Fondements philosophiques de la physique,* 3e partie, Armand Colin.

***COURNOT :*** *Critique philosophique,* Textes choisis, textes 43, 69, 108, 109, 110, PUF, Les Grands Textes.

***ÉPICURE :*** in *Épicure et les épicuriens,* Textes choisis, voir index, P.U.F., SUP.

***PLATON :*** *Timée,* Garnier-Flammarion.

***RUSSELL :*** *L'Analyse de la matière,* 1re partie (ch. XIII) et 3e partie (ch. XXIX, XXXII et XXXVI), Payot.

***LES SCEPTIQUES :*** Textes choisis, 4e partie, III, P.U.F.

***SPINOZA :*** *Les Principes de la philosophie de Descartes,* II, déf. VII ; *Éthique,* II, XIII ; *Traité de la réforme de l'entendement,* § 87, Œuvres complètes, La Pléiade.

Pour une approche plus contemporaine de l'espace entendu sous ses aspects sociaux et politiques, on pourra se référer aux travaux d'***Henri LEFEBVRE :*** *Le Droit à la ville ; La Vie quotidienne dans le monde moderne,* éd. Anthropos. Voir également les travaux de ***Paul VIRILIO***, et l'ouvrage collectif *Sémiotique de l'espace*, Gonthier-Médiations.

## GLOSSAIRE

**Étendue :** portion ou partie limitée d'espace. Propriété de tout ce qui est situé dans l'espace et en occupe une partie. L'*étendue* est, pour Descartes, l'attribut essentiel des corps, d'où la notion de *substance étendue* pour définir la nature de la matière. Kant a souligné combien l'idée même d'étendue n'est compréhensible que relativement à un espace primitivement donné, objet d'intuition *a priori.*

**Perception :** voir le chapitre consacré à cette notion.

**Perspective :** manière de représenter sur un plan les objets tels qu'ils paraissent à partir d'un point donné. Ce sont les artistes de la Renaissance qui, aidés par leurs recherches mathématiques, ont mis au point ce mode de représentation.

**Psychologie de la forme (ou « Gestaltpsychologie ») :** conception élaborée en Allemagne vers la fin du XIXe siècle, insistant sur l'organisation de la perception à partir d'ensembles globaux ou « Formes », par opposition à l'*associationnisme* ou *atomisme mental* (Voir le *Pré-Texte* du chapitre sur la *Perception.*)

**Sensibilité :** fonction par laquelle le sujet éprouve des sensations. La *sensibilité* est, chez Kant, l'une des « deux sources de la connaissance humaine » (l'autre étant l'*entendement*).

**Structure :** tout ensemble d'éléments tel que chaque élément n'ait de sens que par les relations qu'il entretient avec les autres, la modification d'un seul élément entraînant une modification de l'ensemble de la structure.

**Substance :** voir le *Glossaire* du chapitre sur la *Perception.*

**COMMENT PERÇOIT-ON UNE FIGURE ?**

Tout objet sensible n'existe donc qu'en relation avec un certain "fond" ; cette expression s'applique non seulement aux choses visibles, mais à toute espèce d'objet ou de fait sensible ; un son se détache sur un fond constitué par d'autres sons ou bruits ou sur un fond de silence, comme un objet sur un fond lumineux ou obscur. Le fond, comme l'objet, peut être constitué par des excitations complexes et hétérogènes ; je vois une personne sur un fond constitué objectivement par le mur, les meubles, les tableaux, etc. Mais il existe toujours une différence subjective remarquable entre l'objet et le fond (...)

Pour la rendre plus saisissante, il n'est pas de meilleurs exemples que ceux où deux parties du champ, qui objectivement ne changent pas, peuvent être vues alternativement dans les rôles de figure et de fond.

Dans le modèle ci-dessous, on peut voir une croix formée par les secteurs contenant des diamètres ; elle se détache sur un fond constitué par les secteurs à cercles concentriques. On a l'impression d'un pseudo-relief de la figure qui semble faire saillie sur le fond ; cette impression s'affirme dès que la figure est appréhendée dans son unité naturelle. Une autre impression plus paradoxale encore est que le fond se continue, invisible, sous la figure ; on sent la continuité des arcs de cercles, bien qu'on n'en voie, littéralement, qu'une partie, tandis que les secteurs à diamètre paraissent limités à ce qu'on voit réellement. Il ne s'agit pas ici d'un savoir (car, à vrai dire, on ne sait rien d'une constitution cachée de ce modèle inconnu) ; il ne faut pas dire non plus qu'on « imagine » le fond sous la figure, car dans la perception spontanée de ce modèle on ne réalise pas effectivement d'image de ces parties cachées.

Or, si l'on considère ce modèle pendant quelque temps, il peut s'y produire brusquement un changement. Une nouvelle figure apparaît, inattendue, surprenante : une autre croix formée par les arcs concentriques. C'est elle qui maintenant semble en relief ; l'autre a disparu, le champ correspondant fait maintenant partie du fond et ce sont les diamètres qui donnent l'impression paradoxale de s'étendre uniformément sous la figure.

Certains diamètres servent de limites aux bras de la croix ; ils *appartiennent* à la figure, ils sont *ses* contours. Le fond, lui, n'a pas là de contours propres. Lors de l'inversion des rôles, ces mêmes lignes passent à la nouvelle figure ; ils sont les contours tantôt de l'une des croix, tantôt de l'autre. La figure a une forme ; le fond n'en a pas. On ne peut guère voir simultanément les deux croix ; dès qu'on voit l'une, l'autre disparaît.

(...) Figure et fond ont tous deux leur unité, mais il y a deux types d'unités ou de totalités : celle de la figure, qui possède forme, contour, organisation, et celle du fond, qui est une continuité amorphe, indéfinie, inorganique.

Paul Guillaume,
*La Psychologie de la forme,*
Flammarion, 1937, pp. 58-61

# LA PERCEPTION

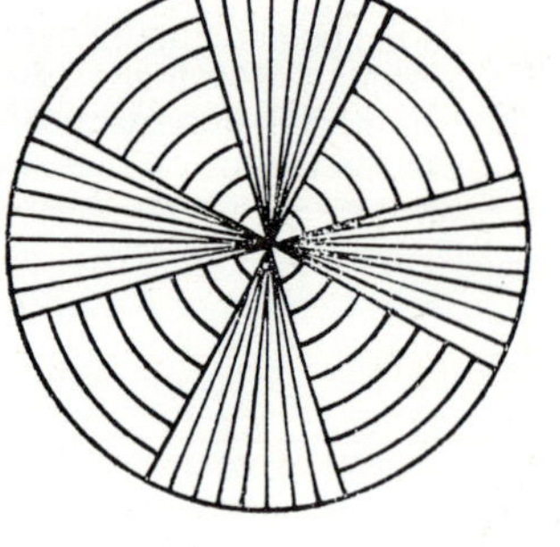

S'il est une activité qui semble aller de soi, qui ne nécessite aucun effort de la volonté ni tension de l'esprit, c'est bien la perception. En elle se donnerait l'objectivité du monde sensible et se fonderait la validité de nos jugements ; à tel point qu'elle est, dans notre vie quotidienne, l'axe selon lequel nous évaluons nos vérités d'expérience comme nos principes d'action.

Pourtant, les faits rapportés ci-dessus laissent penser que tout cela n'est pas aussi évident qu'il y paraît : comme si l'acte même de percevoir faisait apparaître, à partir d'un même donné sensible, des formes différentes et qui se transforment en évoluant, dans la profondeur du perçu, entre le fond et la surface de la figure.

## *Le caractère « global » de la perception*

La *Psychologie de la forme* supprime l'opposition classique entre sensation et perception, opposition qui permettait de dériver la perception de l'organisation, ou composition, des sensations élémentaires. La perception est elle-même une **sensation globale**, elle est la saisie immédiate de « structures » dans la réalité :

nous ne percevons pas d'abord les feuilles *puis* l'arbre, ou les notes *puis* la mélodie ; c'est l'**ensemble** de l'arbre ou de la mélodie qui sont perçus d'emblée, de la même manière que « le temps nécessaire pour lire un mot familier est bien inférieur à celui qu'exigerait la perception distincte du même nombre de lettres groupées d'une façon quelconque » (p. 11).

Dans la figure *a*, souligne Paul Guillaume, tout le monde verra sans doute deux contours sans signification, coupés par une droite. A moins d'être averti, personne n'y apercevra le chiffre 4, qui nous est pourtant très familier. C'est, affirme Paul Guillaume, que « chacune des parties essentielles de cette figure perd son individualité en vertu des lois figurales » (p. 73).

a
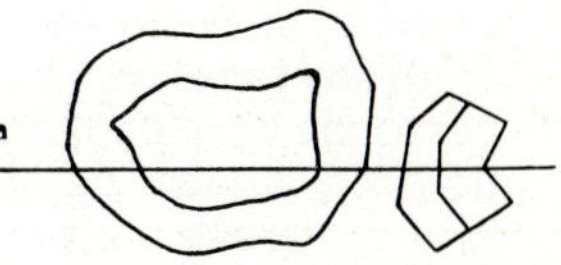

Peut-être soutiendra-t-on que nous n'avons pas l'habitude de voir le chiffre 4 dans un tel ensemble de lignes. Pourtant, ce même chiffre est bien visible dans la figure *b*, alors que nous n'avons jamais vu auparavant cette figure comportant le chiffre 4. Mais celui-ci reste « lisible » parce qu'il n'est plus absorbé par des structures à forte unité.

b
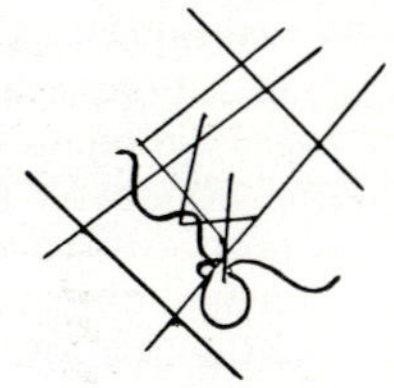

## *Le caractère « formel » de la perception*

La **forme** n'est donc pas un assemblage d'éléments divers donnés dans la sensation, mais une « fonction de plusieurs variables », c'est-à-dire une **totalité** dont l'existence et les propriétés déterminent celles de ses parties. « Il n'y a pas de matière sans forme », dit P. Guillaume, car les *formes* n'existent pas seulement dans le domaine de la pensée, et ne sont pas la simple projection de schémas psychiques sur le donné sensible. Il y a **isomorphisme** (communauté de formes) entre **formes psychiques** et **formes organiques** : « Comment pourrait-il en être autrement ? Il ne s'agit pas seulement de faits comparables, mais de faits connexes. La vie mentale apparaît au sein de la vie physiologique ; elle plonge par ses racines dans l'organisme. La perception et la pensée sont liées aux fonctions nerveuses. L'organisation qu'étudie le psychologue doit être rapprochée de celle qu'étudie le physiologue. Si notre conception est organisée, le processus nerveux qui y correspond doit l'être de la même façon. Et s'il n'y a pas d'éléments psychiques indépendants, il n'y a pas non plus de processus cérébraux élémentaires indépendants. » (op. cit., p. 24.)

## *Le problème philosophique de la perception*

Le principe d'*isomorphisme* vise donc à rendre compte des normes qui fondent l'unité de la vie mentale, non plus d'un point de vue méta-physique mais dans la perspective d'une explication véritablement *scientifique* : la thèse de l'isomorphisme indique que la théorie de la forme se refuse à établir une coupure entre l'esprit et le corps. (op. cit., p. 24-25.)

L'analyse psychologique de la perception engage donc des conséquences proprement philosophiques, quant à ce qui est peut-être le problème ultime de la connaissance : celui, pour parler en termes cartésiens, de la séparation et de l'union de l'âme et du corps, ou, en termes plus généraux, de l'esprit et de la matière.

P. Guillaume ouvrait son ouvrage par cet avertissement : « La théorie de la forme est à la fois une *philosophie* et une *psychologie.* » Nous pourrions dire que la perception suppose *à la fois* une philosophie et une psychologie : elle suppose *toute* la connaissance.

## La perception est une activité de l'esprit

**DESCARTES**

Prenons pour exemple ce morceau de cire qui vient d'être tiré de la ruche (...) Cependant que je parle, on l'approche du feu : ce qui y restait de saveur s'exhale, l'odeur s'évanouit, sa couleur se change, sa figure se perd, sa grandeur augmente, il devient liquide, il s'échauffe, à peine le peut-on toucher, et quoiqu'on le frappe, il ne rendra plus aucun son. La même cire demeure-t-elle après ce changement ? Il faut avouer qu'elle demeure ; et personne ne le peut nier. Qu'est-ce donc que l'on connaissait en ce morceau de cire avec tant de distinction ? Certes ce ne peut être rien de tout ce que j'y ai remarqué par l'entremise des sens (...) Éloignant toutes les choses qui n'appartiennent point à la cire, voyons ce qui reste. Certes il ne demeure rien que quelque chose d'étendu, de flexible et de muable (...) Je ne concevrais pas clairement et selon la vérité ce que c'est que la cire, si je ne pensais qu'elle est capable de recevoir plus de variétés selon l'extension, que je n'en ai jamais imaginé. Il faut donc que je tombe d'accord, que je ne saurais pas même concevoir par l'imagination ce que c'est que cette cire, et qu'il n'y a que mon entendement seul qui le conçoive ; je dis ce morceau de cire en particulier, car pour la cire en général, il est encore plus évident. Or quelle est cette cire, qui ne peut être conçue que par l'entendement ou l'esprit ? Certes c'est la même que je vois, que je touche, que j'imagine, et la même que je connaissais dès le commencement. Mais ce qui est à remarquer, sa perception, ou bien l'action par laquelle on l'aperçoit, n'est point une vision, ni un attouchement, ni une imagination, et ne l'a jamais été, quoiqu'il le semblât ainsi auparavant, mais seulement une inspection de l'esprit, laquelle peut être imparfaite et confuse, comme elle était auparavant, ou bien claire et distincte, comme elle est à présent.

***Méditations métaphysiques*** **(1641), 2e Méditation, Nathan, Coll. « Les Intégrales de Philo », pp. 51-52**

L'un des premiers télescopes.

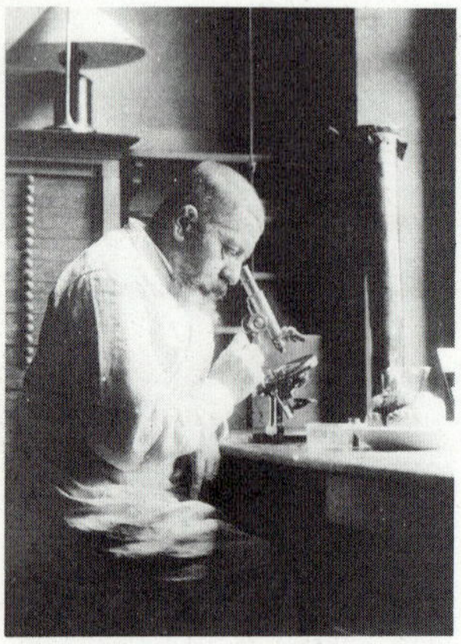

## Les choses n'existent que dans la perception

**BERKELEY**

Qu'une chose puisse être réellement perçue par mes sens, et qu'en même temps elle n'existe pas réellement, voilà pour moi une contradiction manifeste ; car je ne puis détacher ou abstraire, même par la pensée, l'existence d'une chose sensible de la perception qu'on en a. Le bois, les pierres, le feu, l'eau, la chair, le fer, et les choses semblables que je nomme et dont je parle, sont des choses que je connais. Et je ne les aurais pas connues si je ne les percevais pas par mes sens ; et les choses perçues par les sens sont perçues immédiatement ; et les choses perçues immédiatement sont des idées ; et les idées ne peuvent exister en dehors de l'intelligence : leur existence consiste donc dans la perception qu'on en a ; quand donc elles sont perçues actuellement, il n'y a pas moyen de douter de leur existence. Loin de nous tout ce scepticisme, tous ces doutes ridicules de la philosophie ! Quelle plaisanterie, qu'un philosophe mette en question l'existence des choses sensibles jusqu'à ce qu'elle lui ait été prouvée par la véracité de Dieu ; ou qu'il prétende que notre connaissance sur ce point n'atteint point à la certitude de l'intuition ou de la démonstration[1] ! Je pourrais aussi bien douter de ma propre existence, que de l'existence de ces choses que je vois et que je touche actuellement.

***Dialogues entre Hylas et Philonous*** **(1713), 3e dialogue, Alcan, pp. 131-133**

1 ◻ C'est Descartes que Berkeley attaque ici.

## La perception est une synthèse de la conscience

**HEGEL**

J'aperçois donc d'abord la chose, comme un *Un*, et je dois la retenir fermement dans cette détermination vraie ; si dans le mouvement de percevoir quelque chose de contradictoire à cette détermination se produit, alors il faudra y reconnaître ma réflexion. Maintenant diverses propriétés, qui paraissent être propriétés de la chose, se présentent aussi dans la perception ; mais la chose est un Un, et nous sommes conscients que cette diversité, par où la chose cesserait d'être un Un, tombe en nous. Cette chose est donc en fait seulement blanche devant *nos* yeux, sapide aussi sur *notre* langue, et aussi cubique pour *notre* toucher[1]. L'entière diversité de ces côtés de la chose ne vient pas de la chose, mais de nous ; c'est ainsi à nous que ces côtés s'offrent l'un en dehors de l'autre, à notre œil tout à fait différent de notre langue, etc. Nous sommes donc le *milieu universel*, dans lequel de tels moments se séparent l'un de l'autre, et sont pour soi. En considérant alors la déterminabilité d'être milieu universel comme provenant de notre réflexion, nous conservons l'égalité avec soi-même de la chose et sa vérité d'être un Un.

***Phénoménologie de l'esprit* (1807),**
**trad. J. Hyppolite, Aubier-Montaigne, p. 100**

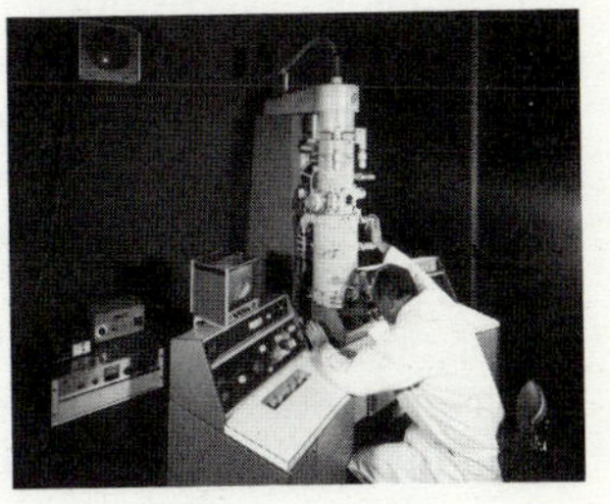

Un microscope électronique.

1 Hegel vient d'analyser les diverses qualités sensibles d'un sel.

## commentaire

**Descartes** (1596-1650) cherche à comprendre l'expérience humaine en général, sans rien présupposer qui la déterminerait du dehors : au cours de la Méditation première, le doute a en effet annulé toute réalité extérieure. La perception est ainsi considérée **de l'intérieur** même de ses opérations. **L'analyse du morceau de cire** est une **mise à l'épreuve**. La démarche de Descartes consiste à « tester » l'hypothèse selon laquelle la perception n'est pas un effet (extérieur) de la nature, mais bien plutôt un processus par lequel la conscience atteint l'essence immuable des choses par-delà leurs apparences sensibles et mouvantes. La perception n'est donc pas une action des corps, mais une activité de l'esprit, une **intellection**.

Dès ses premiers travaux, **Berkeley** (1685-1753) avait déjà énoncé le principe général de toute sa philosophie : **rien n'existe hors de l'esprit**, toute réalité est un « esprit qui perçoit ». Le 3ᵉ Dialogue développe longuement cette thèse **immatérialiste**. Est **sensible** tout ce que perçoivent les sens. La perception est donc absolument **immédiate**. Mais si **être c'est être perçu**, et si la perception est bien une opération de l'esprit, alors **rien n'existe en dehors de l'esprit** et indépendamment de lui. Contre le **scepticisme absolu** que doit ainsi avouer Hylas, après avoir reconnu l'impossibilité d'une existence indépendante de la matière, Berkeley défend par l'intermédiaire de Philonous la croyance du sens commun en l'existence des choses sensibles que seule l'Intelligence divine permet de comprendre. La démonstration de l'existence de Dieu répond ainsi, en la fondant, à la thèse qui définit la matière comme un ensemble d'idées (les idées sont les choses). On comprend donc en quoi, comme l'indique le texte de Berkeley, cette analyse peut s'opposer au mécanisme cartésien, pour lequel Dieu n'intervient pas dans l'existence matérielle des choses.

Dans la *Phénoménologie de l'esprit* de **Hegel** (1770-1831), la première forme de la conscience est la **certitude sensible**, confusion absolue de la conscience avec la chose sentie. Mais dans un second temps la conscience s'oppose à la chose en la niant comme telle : c'est le moment de la **perception**, qui est la **connaissance de la chose** dans ses **déterminations**. Percevoir la chose, c'est la saisir comme représentation composée de sensation et de pensée. Au stade supérieur, la pensée saisira les choses dans des concepts, puis découvrira les lois qui les régissent, la conscience deviendra **entendement**, première forme de la **conscience-de-soi**.

L'analyse hégélienne du « cristal de sel » n'est pas sans rappeler l'analyse cartésienne du morceau de cire. Dans les deux cas, nous croyons percevoir la chose (sel ou cire) par les sens uniquement, alors même que la perception suppose l'activité de l'entendement sans laquelle la conscience ne dépasserait pas la diversité des données sensibles.

# *La philosophie du comportement*

## l'auteur

Dès son premier ouvrage, *La Structure du comportement* (1942), Maurice Merleau-Ponty (1908-1961) inscrit dans la voie ouverte par la psychologie de la forme sa recherche sur le comportement pensé comme « structure ». Il définit ainsi son projet : « Notre but est de comprendre les rapports de la conscience et de la nature — organique, psychologique ou même sociale. » (*La Structure du comportement,* P.U.F., p. 1.) La psychologie de la forme permet à la philosophie d'échapper aux contradictions dans lesquelles s'était perdue la métaphysique classique : celles de l'**âme** et du **corps**, de la **conscience** et de la **nature**, de l'**Esprit** et de la **Matière**. L'idée de **forme**, interprétée comme **structure**, laisse en effet apercevoir les relations profondes qui unissent le sujet et l'objet, la **vision** et la **présence**, dit Merleau-Ponty. Il faut donc penser dans une même totalité (structure) le déterminisme **intentionnel** qui est la marque de sa condition spirituelle. La **forme** est ainsi une « synthèse de la nature et de l'idée », l'**enracinement** du sujet et de l'objet l'un dans l'autre, et c'est dans cet « entrelacs » du pensé et du vécu, dit l'auteur, que « l'esprit qui vient au monde » atteint le sens de sa *présence* au monde.

## l'intérêt philosophique du texte

# *La perception nous donne le monde*

Dans *La Structure du comportement,* Merleau-Ponty soulignait comment l'être humain s'inscrivait dans un **« monde intersubjectif »** où la conscience était à la fois **partie** du monde et **co-extensive** au monde. Avec la *Phénoménologie de la perception,* il s'agit, dit l'auteur, de réapprendre à voir le monde, de « revenir aux choses mêmes ». Or ce retour est le moment de la perception, lorsque se réalise l'insertion de la conscience dans le monde : en ce sens, percevoir n'est pas **se souvenir**, comme le prétendait la psychologie classique ; c'est le **jaillissement** d'un sens immanent aux choses et dans lequel s'oriente le vécu. Seule **l'analyse phénoménologique**, essai d'une description directe de notre expérience, retour aux choses mêmes et à ce monde avant la connaissance, nous permet de penser cette **apparition de l'être à la conscience**.

Une phénoménologie de la perception montrera que « chercher l'essence de la perception, c'est déclarer que la perception est non pas présumée vraie, mais définie pour nous comme **accès à la vérité** » (op. cit., p. XI). « Il ne faut donc pas se demander si nous percevons vraiment le monde », écrit Merleau-Ponty, « il faut dire au contraire : le monde est cela que nous percevons » (p. XI). La phénoménologie de la perception explicite ainsi notre « savoir primordial du réel » : la perception du monde est ce qui fonde notre idée de la vérité.

**1** □ « Tout l'univers de la science est construit sur le monde vécu et si nous voulons penser la science elle-même avec rigueur, en apprécier exactement le sens et la portée, il nous faut réveiller d'abord cette expérience du monde dont elle est l'expression seconde. La science n'a pas et n'aura jamais le même sens d'être que le monde perçu pour la simple raison qu'elle en est une détermination ou une explication. ...Revenir aux choses mêmes, c'est revenir à ce monde avant la connaissance. » (p. III.)

**2** □ « Le véritable *Cogito* ne définit pas l'existence du sujet par la pensée qu'il a d'exister, ne convertit pas la certitude du monde en la certitude de la pensée du monde, et enfin ne remplace pas le monde même par la signification monde. Il reconnaît au contraire ma pensée même comme un fait inaliénable et il élimine toute espèce d'idéalisme en me découvrant comme "être au monde". » (p. VIII.)

**3** □ « Toute perception extérieure est immédiatement synonyme d'une certaine perception de mon corps comme toute perception de mon corps s'explicite dans le langage de la perception extérieure. (...) Nous avons réappris à sentir notre corps, nous avons retrouvé sous le savoir objectif et distant du corps cet autre savoir que nous en avons parce qu'il est toujours avec

## *Le monde n'est pas déjà constitué*

**Maurice MERLEAU-PONTY**

La pensée objective ignore le sujet de la perception. C'est qu'elle se donne le monde tout fait, comme milieu de tout événement possible, et traite la perception comme l'un de ces événements[1].

### *L'erreur de l'empirisme*

Par exemple, le philosophe empiriste considère un sujet X en train de percevoir et cherche à décrire ce qui se passe : *il y a* des sensations qui sont des états ou des manières d'être du sujet et, à ce titre, de véritables choses mentales. Le sujet percevant est le lieu de ces choses et le philosophe décrit les sensations et leur substrat comme on décrit la faune d'un pays lointain — sans s'apercevoir qu'il perçoit lui-même , qu'il est sujet percevant et que la perception telle qu'il la vit dément tout ce qu'il dit de la perception en général.

Car, vue de l'intérieur, la perception ne doit rien à ce que nous savons par ailleurs sur le monde, sur les *stimuli* tels que les décrit la physique et sur les organes des sens tels que les décrit la biologie. Elle ne se donne pas d'abord comme un événement dans le monde auquel on puisse appliquer, par exemple, la catégorie de causalité, mais comme une re-création ou une re-constitution du monde à chaque moment. Si nous croyons à un passé du monde, au monde physique, aux « stimuli », à l'organisme tel que le représentent nos livres, c'est d'abord parce que nous avons un champ perceptif présent et actuel, une surface de contact avec le monde ou en enracinement perpétuel en lui, c'est parce qu'il vient sans cesse assaillir et investir la subjectivité comme les vagues entourent une épave sur la plage[2]. (...)

### *L'insuffisance de l'intellectualisme*

L'intellectualisme représente bien un progrès dans la prise de conscience : ce lieu hors du monde que le philosophe empiriste sous-entendait et où il se plaçait tacitement pour décrire l'événement de la perception, il reçoit maintenant un nom, il figure dans la description. C'est l'Ego transcendantal. Par là, toutes les thèses de l'empirisme se trouvent renversées, l'état de conscience devient la conscience d'un état, la passivité position d'une passivité, le monde devient le corrélatif d'une pensée du monde et n'existe plus que pour un constituant.

Et pourtant il reste vrai de dire que l'intellectualisme, lui aussi, se donne le monde tout fait. Car la constitution du monde telle qu'il la conçoit est une simple clause de style : à chaque terme de la description empiriste, on ajoute l'indice « conscience de... ». On subordonne tout le système de l'expérience — monde, corps propre, et moi empirique — à un penseur universel chargé de porter les relations des trois termes. Mais, comme il n'y est pas engagé, elles restent ce qu'elles étaient dans l'empirisme : des relations de causalité étalées sur le plan des événements cosmiques.

Or si le corps propre et le moi empirique ne sont que des éléments dans le système de l'expérience, objets parmi d'autres objets, (...) comment se fait-il que nous percevions[3] ? Nous ne le comprendrons que si le moi empirique et le corps ne sont pas d'emblée des objets, ne le deviennent jamais tout à fait, s'il y a un certain sens à dire que je vois le morceau de cire de mes yeux, et si corrélativement cette possibilité d'absence, cette dimension de fuite et de liberté que la réflexion ouvre au fond de nous et qu'on appelle le Je transcendantal ne sont pas données d'abord et ne sont jamais absolument acquises, si je ne peux jamais dire « Je » absolument et si tout acte de réflexion, toute prise de position volontaire s'établit sur le fond et sur la proposition d'une vie de conscience prépersonnelle[4].

***Phénoménologie de la perception*** **(1945), Gallimard, coll. Tel, pp. 240-241**

nous et que nous sommes corps. Il va falloir de la même manière réveiller l'expérience du monde tel qu'il nous apparaît en tant que nous sommes au monde par notre corps, en tant que nous percevons le monde avec notre corps. Mais en reprenant ainsi contact avec le corps et avec le monde, c'est aussi nous-même que nous allons retrouver, puisque, si l'on perçoit avec son corps, le corps est un moi naturel et comme le sujet de la perception. » (p. 239.)

**4** □ « Ce mouvement est absolument distinct du retour idéaliste à la conscience et l'exigence d'une description pure exclut aussi bien le procédé de l'analyse réflexive que celui de l'explication scientifique. Descartes et surtout Kant ont *délié* le sujet ou la conscience en faisant voir que je ne saurais saisir aucune chose comme existante si d'abord je ne m'éprouvais existant dans l'acte de la saisir, et ils ont fait paraître la conscience, l'absolue certitude de moi pour moi, comme la condition sans laquelle il n'y aurait rien du tout et l'acte de liaison comme le fondement du lié. (...) La perception n'est pas une science du monde, ce n'est pas même un acte, une prise de position délibérée, elle est le fond sur lequel tous les actes se détachent et elle est présupposée par eux. » (pp. III et V.)

Toutes les notes renvoient à la *Phénoménologie de la perception*, éd. citée.

# CONNAISSANCE ET PERCEPTION

## *La critique philosophique du sens commun*

### A - La séparation Esprit-Matière :

Le sens commun, ensemble confus de croyances et d'habitudes à partir desquelles nous interprétons notre expérience immédiate de la réalité physique, est foncièrement **réaliste*** : il part toujours du présupposé que nos perceptions nous représentent la *réalité* des objets matériels et pense ces objets extérieurs comme cause objective de nos perceptions.

La philosophie a toujours considéré le sens commun comme la cause des obstacles que la raison rencontre dans ses tentatives de connaître le monde selon un ordre de vérité absolu et universel, l'**opinion*** (la **doxa** des Grecs) représentant le produit le plus nocif de ces illusions engendrées par nos sens. Mais c'est surtout au XVIIe siècle que les philosophes feront de la critique de ce pseudo-réalisme le fondement de l'organisation rationnelle de la pensée. Descartes, Pascal, Leibniz ou Newton sont d'abord des **savants**, et quelles que soient les perspectives philosophiques et métaphysiques dans lesquelles ils réfléchiront, ils se confronteront tous, à un moment ou à un autre de leur réflexion, à la question de l'objectivité de la **science** qui prend pour objet la réalité extérieure du monde : la physique. Du point de vue de la méthode, il s'agit de penser la synthèse de l'expérience (observations, mesures, expérimentation,...) et des modèles mathématiques qui permettent d'énoncer les lois qui régissent le monde physique (modèles construits à partir de l'interprétation algébrique des théorèmes géométriques euclidiens, puis enrichis par les calculs infinitésimal, intégral, et les probabilités). La **méthode** a donc deux sources : le monde physique et l'esprit. La question de l'objectivité* devient alors celle des rapports possibles — contradictoires ou non — entre ces deux sources.

L'opposition entre la **science** et le **sens commun*** apparaît d'abord dans le divorce provoqué par l'analyse de la **perception**, comme mode immédiat des rapports de l'esprit et du monde matériel, et les conceptions scientifiques de la matière, forme objective et universelle sous laquelle le monde apparaît médiatement à la pensée. En effet, les philosophes affirmeront, contre le sens commun qui croit en une interaction entre matière et esprit, l'impossibilité de toute influence réciproque entre ces deux ordres qualitativement opposés (le matériel, fini et hétérogène, et le spirituel, infini et homogène — ou, encore, le *multiple* et l'*Un* de la philosophie grecque). De ce divorce entre Esprit et Matière, résulte l'indépendance causale des mondes physique et spirituel, chacun ayant sa propre législation et donc sa propre rationalité. Il fallait cette séparation pour que la physique, dont l'objet est précisément l'étude de la causalité spécifique du monde matériel, puisse se développer indépendamment de toute considération métaphysique et théologique.

Les formes philosophiques de cette indépendance seront diverses, et procéderont souvent d'*a priori* métaphysiques. Mais toutes, finalement, contre leur gré ou involontairement, travailleront au même objectif. **Berkeley** nie la matière en montrant que tout ce dont nous prenons conscience étant événement **mental**, nous ne pouvons admettre d'autres événements dans la nature que spirituels. **Leibniz** refuse toute valeur objective à la perception dans le monde de l'**harmonie préétablie**[1], monde peuplé d'une infinité de substances* indépendantes, causalement parlant, les unes des autres, mais se modifiant ensemble en vertu d'une harmonie mise dans l'univers par Dieu ; ces substances, les **monades**, étant toutes spirituelles, la matière apparaît alors comme l'effet d'une perception **confuse** de certaines d'entre elles. Quant à **Spinoza**, on sait qu'affirmant l'existence d'une unique substance, il sera amené à définir la pensée et l'étendue (mode essentiel de la matière) comme les seuls attributs connus de la Substance divine[2].

Mais c'est chez les cartésiens qu'apparurent le plus clairement les conséquences épistémologiques (touchant aux questions de méthode et de construction des concepts scientifiques) de l'affirmation d'une séparation irréductible entre Esprit et Matière. Le rationalisme cartésien posait la matière sur un plan qui lui était propre, et où elle pouvait être étudiée sans que l'on ait à se préoccuper de considérations touchant à la nature de l'esprit : Dieu, ou l'Esprit, étant défini comme un « grand horloger » (pour reprendre l'expression de Voltaire), on pouvait alors s'attacher exclusivement à l'étude du **mécanisme** de l'horlogerie (la nature physique). Dieu ayant mis en mouvement le mécanisme — c'est le thème du Dieu **chiquenaude** que les théologiens reprocheront à Descartes —, celui-ci fonctionne désormais, et éternellement, selon les seules vertus de ses rouages. Les lois physiques ont alors pour fonction de décrire ces rouages et leurs mouvements.

### B - L'objectivité de la perception :

Pour le sens commun, donc, la perception est censée nous révéler **directement** la réalité des objets du monde extérieur. Mais pour la science, la perception n'est rien d'autre que le produit de causes extérieures à partir desquelles nous **tirons** des connaissances sur ce qui est perçu : la perception nous livre moins un fait brut qu'un **fait interprété à**

**l'aide d'une théorie**. Au **réalisme**, qui suppose que la perception est la connaissance d'un objet physique acquise par les sens, le **causalisme** scientifique (la perception est l'effet de causes extérieures, et indépendantes de l'esprit) oppose l'idée d'une perception nous livrant moins une connaissance immédiate de l'objet physique que des **données** pour nos inférences, procédures intellectuelles consistant à remonter d'observations données aux lois générales qui les rendent possibles.

On voit alors en quoi l'objectivité de la connaissance, et, ici, de la connaissance physique plus particulièrement, dépend de l'objectivité de nos perceptions, comme le souligne B. Russell : « [La science] a deux aspects. En premier lieu, elle rejette la conception qui attribue à la perception le privilège de nous donner une connaissance directe des objets extérieurs. En second lieu, elle affirme que la perception a des causes extérieures dont on peut déduire quelque chose touchant ce qui a été perçu. (...) Au point de vue épistémologique, si les perceptions n'ont pas de cause extérieure, toute la physique s'écroule. » (*L'Analyse de la matière* (1927), Payot, p. 159.) Or l'objectivité de la perception dépend à la fois « de ce qu'elle est en elle-même *et* de l'expérience du sujet qui perçoit » (idem, p. 179), elle est donc le produit de deux facteurs : le sujet (esprit **et** corps) qui connaît et l'objet connu (proprement physique). Mais la

Brueghel, *La parabole des aveugles.*

connaissance suppose alors un espace qui constitue, simultanément les objets physiques et le sujet qui les perçoit, la perception assignant donc, dans cet espace, le double emplacement de l'objet physique et du sujet percevant.

photo prise avec un objectif « Fish-eye ».

## *La méthode de la physique théorique : théorie et expérience*

Les découvertes scientifiques d'Albert **Einstein**, formulées dans sa **théorie de la relativité (restreinte**, puis **générale**), ont provoqué une des plus grandes révolutions que les hommes aient connues dans le domaine de leur connaissance du monde physique. Révolution dont les conséquences ne furent pas seulement scientifiques et techniques, mais aussi épistémologiques et philosophiques.

Or, parti d'une position strictement **positiviste** qui consistait à n'admettre dans la recherche que des quantités directement **mesurables à l'observation** (par des **horloges** et des **règles à mesurer**, dit Einstein), et, donc, à fonder la valeur des concepts scientifiques sur des expériences ponctuelles analysables en termes de sensations pures, le grand physicien devait évoluer vers un **réalisme rationaliste** prônant l'idée d'un univers « réel » objectif, et existant **sous** les phénomènes perçus par les sens. La théorie de la **relativité générale** amènera ainsi progressivement Einstein au constat qu'une distance infinie sépare l'expérience et la raison, c'est-à-dire l'univers de la perception sensible et l'univers objectif descriptible uniquement dans des théories mathématiques de plus en plus abstraites et irréductibles à toute représentation concrète dans le monde de la perception sensible.

**1** ☐ Voir le *Grand Texte* de Leibniz, dans le chapitre sur le *Sens*.

**2** ☐ Voir le *Grand Texte* de Spinoza, dans le chapitre sur l'*Idée*.


**BIBLIOGRAPHIE DE LA LEÇON**

***Albert EINSTEIN :***
*Comment je vois le monde,* ch. V, « Études scientifiques », Flammarion.

***Bertrand RUSSELL :***
*L'Analyse de la matière,* Payot.

## TABLE D'ORIENTATION

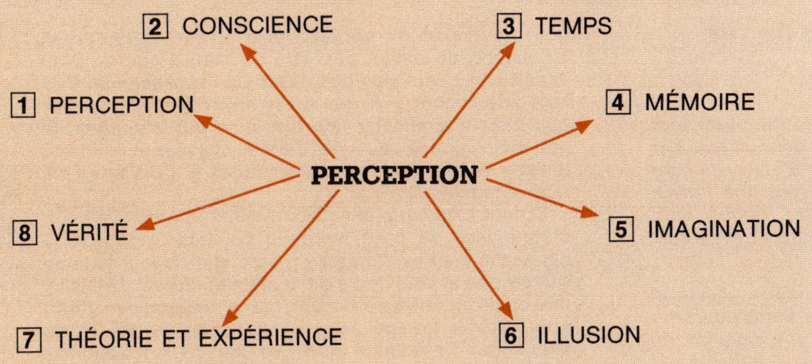


## SUJETS DE DISSERTATION

1 Le réel se réduit-il à ce que l'on perçoit ? (Lille, A, 1981)

■ Les sens sont-ils la source unique de notre connaissance ? (Amiens, C-D, 1983)

2 Quelle relation la conscience entretient-elle avec ses objets ? (Rennes, A, 1980)

3 Les instruments de mesure du temps nous font-ils connaître ce qu'est le temps ? (Nancy-Metz, A, 1983)

■ Peut-on penser l'écoulement du temps? (Aix-Marseille, A, 1984)

4 Le passé est-il encore réel ? (Grenoble, A, 1982)

5 Imaginer est-ce simplement nier la réalité ? (Clermont-Ferrand, A, 1983)

6 Quand nous percevons, comment savons-nous que nous ne rêvons pas ? (Aix-Marseille, A, 1984)

7 La perception est-elle déjà une science ? (Caen-Rouen, A, 1984)

■ Que pensez-vous de cette remarque de Paul Valéry : « Il fallait être Newton pour apercevoir que la lune tombe alors que tout le monde voit bien qu'elle ne tombe pas » ? (Grenoble, C-D, 1980)

■ La connaissance se soumet-elle à l'objet étudié ou bien le produit-elle ? (Caen, C-D, 1982)

■ Pour être un bon observateur faut-il être un bon théoricien ? (Nantes, A, 1984)

8 Qu'y a-t-il de vrai dans la sensation ? (Maroc, A, 1982)

## BIBLIOGRAPHIE GÉNÉRALE

***CONDILLAC :*** *Essai sur l'origine des connaissances humaines* (1746), 1re partie, Section 2o, éd. Galilée.

***DESCARTES :*** « Lettres » (à Meysonnier, 29.I.1640 ; au P. Gibieuf, 19.I.1642 ; à Elisabeth, 21.V.1643), in *Œuvres*, éd. de la Pléiade, Gallimard.

***HEGEL :*** *Propédeutique philosophique* (1808-1811), 2e Cours, 1re subdivision, 1er degré, éd. de Minuit.

***HEIDEGGER :*** *Qu'est-ce qu'une chose ?* (1935-1936) II, VII, e, Gallimard, coll. Tel.

***HUSSERL :*** *Logique formelle et logique transcendantale,* (1929) Appendice II, P.U.F.

***LEIBNIZ :*** *Nouveaux Essais sur l'entendement*, (1703) II et IX, Garnier-Flammarion ; *Monadologie,* (1714), Delagrave.

***SARTRE :*** *L'Être et le néant* (1943), Introduction, Gallimard, coll. Tel.

***SPINOZA :*** *Traité de la réforme de l'entendement* (§19, 37, 50 et suivants) ; *Éthique* (II, def. III, II, XIV, XVI et XVII) in *Œuvres complètes*, éd. la Pléiade, Gallimard.

## GLOSSAIRE

**Aperception :** acte par lequel la conscience saisit les objets qu'elle se représente. *Chez Kant*, l'aperception est l'acte de la concience de soi accompagnant tous les modes de connaissance du réel.

**Empirisme :** doctrine qui fait de l'expérience sensible la source de toutes nos connaissances, y compris les principes rationnels de la pensée.

**Entendement :** au sens large, faculté de comprendre par l'intelligence. *Chez Kant,* fonction de l'esprit qui organise les sensations en systèmes cohérents, à partir de catégories, c'est-à-dire de formes *a priori* correspondant aux principales fonctions logiques du jugement.

**Intellection :** fonction de l'*intellect*, qui est la faculté de raisonner, de former des concepts et idées abstraites.

**Intuition :** mode de connaissance direct et immédiat de la réalité, et qui présente les caractères de l'évidence.

**Perceptionnisme :** qualifie une théorie selon laquelle nous accédons à une conscience immédiate de la réalité extérieure sans intervention de la raison.

**Réalisme :** voir le *Glossaire* du chapitre sur la *Lumière*.

**Sensation :** élément psychique de l'acte de perception qui modifie les sens sous l'effet d'une excitation interne ou externe.

**Sensibilité :** voir le *Glossaire* du chapitre sur l'*Espace*.

**Substance :** réalité permanente d'une chose, qui constitue le support immuable des qualités successives que sont ses attributs ; la philosophie scolastique considère ainsi que la substance est un « je ne sais quoi » connaissable seulement par sa fonction de soutien des accidents. Pour Spinoza et Leibniz, la substance n'est pas *support interne*, mais au contraire *cause immanente* d'où découlent les attributs, modes et accidents de l'univers (Spinoza) ou de l'individu (Leibniz).

**UN UNIVERS DANS UNE TASSE DE THÉ**

Il y avait déjà bien des années que, de Combray, tout ce qui n'était pas le théâtre et le drame de mon coucher n'existait plus pour moi, quand un jour d'hiver, comme je rentrais à la maison, ma mère, voyant que j'avais froid, me proposa de me faire prendre, contre mon habitude, un peu de thé. Je refusai d'abord et, je ne sais pourquoi, me ravisai.

Elle envoya chercher un de ces gâteaux courts et dodus appelés Petites Madeleines qui semblent avoir été moulés dans la valve rainurée d'une coquille de Saint-Jacques. Et bientôt, machinalement, accablé par la morne journée et la perspective d'un triste lendemain, je portai à mes lèvres une cuillerée du thé où j'avais laissé s'amollir un morceau de madeleine. Mais à l'instant même où la gorgée mêlée des miettes du gâteau toucha mon palais, je tressaillis, attentif à ce qui se passait d'extraordinaire en moi.

Un plaisir délicieux m'avait envahi, isolé, sans la notion de sa cause. (...) J'avais cessé de me sentir médiocre, contingent, mortel. D'où avait pu me venir cette puissante joie ? Je sentais qu'elle était liée au goût du thé et du gâteau, mais qu'elle le dépassait infiniment, ne devait pas être de même nature. D'où venait-elle ? Que signifiait-elle ? Où l'appréhender ? Je bois une seconde gorgée où je ne trouve rien de plus que dans la première, une troisième qui m'apporte un peu moins que la seconde. Il est temps que je m'arrête, la vertu du breuvage semble diminuer. (...) Dix fois il me faut recommencer. (...)

Et tout d'un coup le souvenir m'est apparu. Ce goût, c'était celui du petit morceau de madeleine que le dimanche matin à Combray (parce que ce jour-là je ne sortais pas avant l'heure de la messe), quand j'allais lui dire bonjour dans sa chambre, ma tante Léonie m'offrait après l'avoir trempé dans son infusion de thé ou de tilleul. (...) Et comme dans ce jeu où les Japonais s'amusent à tremper dans un bol de porcelaine rempli d'eau, de petits morceaux de papier jusque-là indistincts qui, à peine y sont-ils plongés, s'étirent, se contournent, se colorent, se différencient, deviennent des fleurs, des maisons, des personnages consistants et reconnaissables, de même maintenant toutes les fleurs de notre jardin et celles du parc de M. Swann, et les nymphéas de la Vivonne, et les bonnes gens du village et leurs petits logis et l'église et tout Combray et ses environs, tout cela qui prend forme et solidité, est sorti, ville et jardins, de ma tasse de thé.

Marcel Proust,
*Du côté de chez Swann,*
premier volume de
*A la recherche du temps perdu,*
éd. de la Pléiade,
Gallimard, pp. 44 à 48

# LA MÉMOIRE

Comme le Chateaubriand des *Mémoires d'outre-tombe*, chez qui le « son magique » du gazouillement d'une grive faisait reparaître l'image du domaine paternel, le narrateur de la *Recherche du temps perdu* retrouve ici un souvenir d'enfance à l'occasion de la dégustation d'un morceau de madeleine trempé dans une cuillerée de thé. D'une saveur, d'un parfum, d'une sensation quelconque, peut jaillir brusquement, en effet, un instant qu'on croyait oublié à jamais.

## *Survivance sélective du passé en nous*

Le tressaillement qu'éprouve le narrateur lorsqu'il se sent frôlé par une vision tout à la fois éblouissante et indistincte vient de ce qu'en accomplissant le geste machinal de porter la cuillerée de thé à ses lèvres, il a pressenti et expérimenté que **le passé survit en lui** : nous croyons que le passé n'est plus, mais, en fait, il n'a pas cessé d'être. Où et comment se conserve-t-il donc, demandera-t-on alors ? Y a-t-il en nous des **traces physiologiques** emmagasinées à l'occasion de chaque perception et susceptibles de se réactiver tout au cours de notre existence ? Mais pourquoi, à ce compte, ne retiendrions-nous pas **tout** ? Est-ce à dire que l'**oubli** est une **fonction vitale**, qu'il présente un intérêt pour la conscience ?

## *D'où vient que l'on se souvienne ?*

On notera, en outre, que la **mémoire** dont il est ici question est **involontaire** — sans qu'elle soit pour autant réductible à la pure et simple mémoire médullaire qui rend possibles les **réflexes***. Tout concourt, d'ailleurs, à souligner le caractère **fortuit** de l'évocation du passé : un refus précède l'acceptation d'un thé inhabituel ; le froid de l'hiver fournit l'occasion d'un brusque réveil aux sens assoupis, etc. En un autre moment de la *Recherche du temps perdu,* c'est une voiture venant à vive allure qui contraint le narrateur à se ranger prestement. Il se remet d'aplomb et, comme il pose le pied sur un pavé un peu moins élevé qu'un autre, Venise lui revient soudain en mémoire, avec la sensation jusque-là oubliée de l'inégalité de deux dalles dans le baptistère de Saint-Marc : non point la Venise péniblement remémorée à l'aide de l'intellect, mais la brusque et involontaire présence d'un passé d'ordinaire évanescent.

Est-ce à dire que la mémoire procède essentiellement par **association** d'impressions analogues ? Qu'est-ce donc qui rappelle en nous les souvenirs ? Et quelle est cette « puissante joie » dont parle Marcel Proust ? S'agit-il simplement d'une joie reliée à l'évocation d'une enfance choyée, tandis que le souvenir d'un malheur serait comme un nouveau malheur ? Mais il n'est pas certain que la coloration affective du souvenir soit à ce point tributaire de l'objet du souvenir : « Qui consentirait à parler de ces choses, demande saint Augustin, si chaque fois que nous prononçons le mot de tristesse ou de crainte, chaque fois nous étions contraints de nous attrister ou de craindre ? » (*Les Confessions,* Livre X, XIV, 22.)

Ne faut-il donc pas plutôt rattacher cette joie à un arrachement provisoire à la **fuite du temps**, comme Proust l'analysera plus loin en s'interrogeant sur la contemplation des œuvres d'art ?

## *La mémoire : invention ou reconnaissance ?*

Primitivement involontaire, la réminiscence* proustienne nécessite cependant un vigoureux **effort d'attention**, à la différence de l'**imagination onirique*** dont les productions s'imposent comme malgré elle à notre conscience assoupie. « Dix fois il me faut recommencer », avoue le narrateur : la lâcheté qui nous détourne de toute tâche difficile lui conseille de laisser cela et de se concentrer à nouveau sur l'importante affaire de boire son thé. Mais il persiste à vouloir retrouver le « plaisir délicieux » qu'il a fugitivement éprouvé : « nous appréhendons une qualité sensible comme signe ; nous sentons un impératif qui nous force à en chercher le sens » (G. Deleuze, *Proust et les signes*, P.U.F., p. 67). Il faut ainsi un véritable **travail de l'esprit** pour que resurgisse le souvenir visuel lié à la saveur de la madeleine et au plaisir que cette saveur a induit : lorsque nous cherchons un souvenir qui nous échappe, écrit Bergson, « nous avons conscience d'un acte *sui generis* par lequel nous nous détachons du présent pour nous replacer d'abord dans le passé en général, puis dans une certaine région du passé : *travail de tâtonnement analogue à la mise au point d'un appareil photographique.* (...) Peu à peu, [notre souvenir] apparaît comme une nébulosité qui se condenserait ; de virtuel il passe à l'état actuel » (*Matière et mémoire*, ch. III).

Mais le sentiment qu'on a de retrouver **le** passé suffit-il donc à prouver que le souvenir s'est **conservé tel quel** dans la mémoire ? Celui-ci est-il fiable ou nécessairement mêlé d'**illusion** ? **Restitution** ou **reconstitution** du passé ?

## Les paradoxes du souvenir

**SAINT AUGUSTIN**

Mais quoi ? Quand la mémoire elle-même perd une chose, comme il arrive quand nous oublions et que nous cherchons à nous ressouvenir, où donc la cherchons-nous sinon dans la mémoire elle-même ? Et là, si par hasard une chose s'offre pour une autre, nous la rejetons, jusqu'à ce que se présente celle que nous cherchons ; et quand elle se présente, nous disons : « C'est ça. » Nous ne pourrions le dire à moins de la reconnaître, ni la reconnaître à moins de nous en souvenir. En tout cas, j'en conclus que nous avions oublié. Serait-ce qu'elle n'avait pas échappé tout entière, mais que, d'après la partie qu'on en retenait, on cherchait l'autre partie, parce que la mémoire sentait qu'elle ne déroulait plus ensemble ce qui était ensemble d'ordinaire, et parce que, cette espèce de mutilation de l'habitude la faisant boiter, elle réclamait qu'on lui rendît ce qui lui manquait ?

Ainsi d'une personne connue : si, en la voyant sous nos yeux ou en pensant à elle, nous venons à chercher son nom que nous avons oublié, tout autre nom qui peut se présenter ne s'applique point, parce qu'il n'est pas d'habitude avec elle dans notre pensée ; aussi est-il rejeté, jusqu'à ce que soit présent le nom où l'ensemble habituel de cette personne est marqué d'une façon intégrale satisfaisante. (...) En réalité, nous n'avons pas encore complètement oublié ce que nous nous souvenons au moins d'avoir oublié. Ainsi donc, même ce qui est perdu, nous ne pourrons le chercher, si nous l'avons tout à fait oublié.

***Les Confessions* (400),**
**livre X, XIX, 28, Desclée de Brouwer,**
**Tome 2, pp. 191-192**

La mémoire dépouillée : tablette babylonienne.

## Explication physiologique de la mémoire

**MALEBRANCHE**

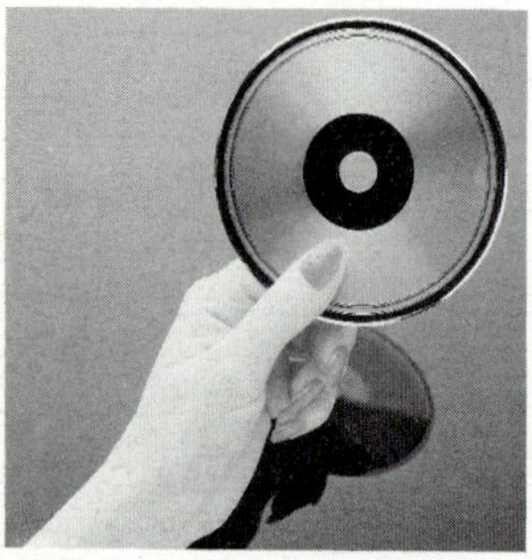

Les nouvelles techniques de mémorisation : un disque laser.

De même que les branches d'un arbre, qui sont demeurées ployées d'une certaine façon, conservent quelque facilité pour être ployées de nouveau de la même manière : ainsi les fibres du cerveau ayant une fois reçu certaines impressions par le cours des esprits animaux, et par l'action des objets, gardent assez longtemps quelque facilité pour recevoir ces mêmes dispositions. Or la mémoire ne consiste que dans cette facilité ; puisque l'on pense aux mêmes choses, lorsque le cerveau reçoit les mêmes impressions.

Comme les esprits animaux agissent tantôt plus, et tantôt moins fort sur la substance du cerveau, et que les objets sensibles font des impressions bien plus grandes que l'imagination toute seule, il est facile de là de reconnaître pourquoi on ne se souvient pas également de toutes les choses que l'on a aperçues. Pourquoi, par exemple, ce que l'on a aperçu plusieurs fois se présente d'ordinaire à l'âme plus nettement que ce que l'on n'a aperçu qu'une ou deux fois. Pourquoi on se souvient plus distinctement des choses qu'on a vues que de celles qu'on a seulement imaginées : et ainsi, pourquoi on saura mieux, par exemple, la distribution des veines dans le foie, après l'avoir vue une seule fois dans la dissection de cette partie qu'après l'avoir lue plusieurs fois dans un livre d'anatomie, et d'autres choses semblables.

***De la Recherche de la vérité* (1674-1712),**
**Livre II, 1re partie, ch. V, § III, Vrin,**
**in Œuvres complètes, pp. 224-225**

## La conscience commune chosifie spontanément la mémoire

**BERGSON**

Nous subissons à un tel degré l'obsession des images tirées de l'espace, que nous ne pouvons nous empêcher de demander *où* se conserve le souvenir. Nous concevons que des phénomènes physico-chimiques aient lieu *dans* le cerveau, que le cerveau soit *dans* le corps, le corps *dans* l'air qui le baigne, etc. ; mais le passé, une fois accompli, s'il se conserve, où est-il ? Le mettre, à l'état de modification moléculaire, dans la substance cérébrale, cela paraît simple et clair, parce que nous avons alors un réservoir actuellement donné, qu'il suffirait d'ouvrir pour faire couler les images latentes dans la conscience. Mais si le cerveau ne peut servir à un pareil usage, dans quel magasin logerons-nous les images accumulées ? On oublie que le rapport de contenant à contenu emprunte sa clarté et son universalité apparentes à la nécessité où nous sommes d'ouvrir toujours devant nous l'espace, de refermer toujours derrière nous la durée. (...)

Cette survivance *en soi* du passé s'impose donc sous une forme ou sous une autre, et la difficulté que nous éprouvons à la concevoir vient simplement de ce que nous attribuons à la série des souvenirs, dans le temps, cette nécessité de *contenir* et d'*être contenus* qui n'est vraie que de l'ensemble des corps instantanément aperçus dans l'espace. L'illusion fondamentale consiste à transporter à la durée même, en voie d'écoulement, la forme des coupes instantanées que nous y pratiquons.

***Matière et mémoire* (1897),**
**chap. III, P.U.F., pp. 165-166**

La mémoire ornée : manuscrit et enluminure du XV$^{e}$ siècle.

Vincent de Beauvais, *Le Miroir historial.*

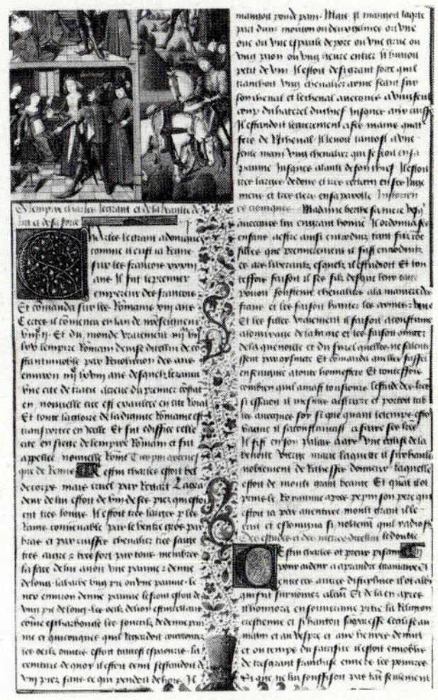

## commentaire

La recherche du souvenir suppose paradoxalement qu'on en ait conservé quelque mémoire, remarque **saint Augustin** (354-430) : on n'aurait **aucune notion** d'un souvenir qui serait perdu tout à fait. « La volonté de se souvenir ne pourrait exister si nous ne gardions dans le tréfonds de la mémoire la totalité ou quelque chose de ce dont nous voulons nous souvenir, écrit-il (...) ; puisque tout ce que nous voulons rappeler, nous nous sommes déjà rappelé qu'il est ou qu'il fut en notre mémoire. » (*De la Trinité,* livre XI, ch. VII, 12.) Mémoire ne signifie donc pas **découverte**, mais bien plutôt **reconnaissance**. Lorsqu'elle est en quête du souvenir, la mémoire est surprise du fait que « ce qui était ensemble d'ordinaire » est désormais désassemblé, dissocié ; la réminiscence vient brusquement corriger cette « mutilation de l'habitude » en restituant une **liaison**, une **association** que le temps et l'inattention avaient peu à peu relâchées.

**Malebranche** (1638-1715) affirme que le souvenir a pour base une **modification corporelle**. Les traces ou vestiges du passé sont susceptibles d'actualisation, à proportion de la force et de la fréquence avec lesquelles elles ont été **imprimées** en nous par les objets sensibles. Ainsi, « la largeur, la profondeur et la netteté des traits de quelque gravure dépend de la force dont le burin agit, et de l'obéissance que rend le cuivre » (*Recherche de la vérité*, éd. cit., p. 194). De la même façon, la profondeur et la netteté des traces mnésiques* dépend de la force des « esprits animaux* » (particules de sang supposées jouer le rôle de notre influx nerveux), et de la constitution plus ou moins flexible des « fibres de notre cerveau », c'est-à-dire de nos nerfs.

**Bergson** (1859-1941) s'efforce, à l'inverse, de faire valoir que le **rapport de contenu à contenant** n'éclaire en rien les rapports des souvenirs et du cerveau humain : parce qu'on a montré qu'une chose est **dans** une autre, on n'a nullement rendu compte de la **survivance** actuelle d'un passé qui n'est plus. C'est que nous transférons indûment des **images d'ordre spatial** dans l'ordre de la durée vraie et de la mémoire pure ; nous voulons concevoir la mémoire — et Bergson reprend à dessein des termes figurant déjà chez saint Augustin et copieusement véhiculés par la tradition ultérieure — comme un « réservoir », comme un « magasin » des souvenirs. Ce faisant, nous réduisons le phénomène général de la conservation intégrale du passé dans notre être le plus intime à la simple **disponibilité** de tel souvenir particulier et immédiatement **utile à l'action**.

# Souvenir et oubli

## l'auteur

« La division du psychique en un psychique conscient et un psychique inconscient constitue la prémisse fondamentale de la psychanalyse », écrit Freud (1856-1939) dans ses *Essais de psychanalyse.* En effet, pour le freudisme, la conscience n'est pas nécessairement transparente à elle-même[1].

A la fin du siècle dernier, le phénomène du rêve ainsi que celui de la suggestion post-hypnotique (autrement dit la possibilité pour un sujet d'exécuter un acte préalablement ordonné sous hypnose et d'en fournir un pseudo-motif), prouvaient avec évidence qu'il existe en nous une faculté qui désire, qui pense et **se souvient**, et qui n'est cependant pas **consciente**. Constituant la **psychanalyse**, Freud a systématisé ces intuitions éparses en montrant que les actes manqués (lapsus, oublis...), les rêves et les névroses constituent les manifestations les plus typiques de l'activité psychique inconsciente et, partant, les voies d'accès privilégiées à son observation clinique.

## l'intérêt philosophique du texte

« Les hystériques souffrent de réminiscences », écrit Freud. On pourrait dire tout aussi bien qu'ils souffrent de **ne pas se ressouvenir** de certaines scènes pathogènes ; Freud le dit lui-même quelques pages plus loin : c'est le « travail de réminiscence » primitivement accompli grâce à l'hypnose qui supprimait les symptômes d'Anna O. (cf. note 1). C'est que le symptôme névrotique joue à la fois un rôle de **« symbole commémoratif »** et un rôle d'**écran**, de masque : parce qu'il procède d'un refoulement à moitié manqué et à moitié réussi, le symptôme assume une fonction de **dissimulation** du désir refoulé et de **représentation** de ce désir.

L'hystérique apparaît donc, d'après ce texte, comme une personne qui n'en a **jamais fini de liquider son propre passé** : il ne se **libère** pas du passé, il y est encore **affectivement attaché**. **L'oubli** n'est donc pas nécessairement une **déficience de la mémoire** : c'est aussi une **force** sans laquelle il nous est impossible de **vivre au présent**. Digérer le passé, voilà un impératif essentiel à l'équilibre psychique. Nietzsche (1844-1900) soulignait déjà que l'incapacité à s'en défaire est source d'insatisfaction et de ressentiment : « Le cul-de-plomb, écrivait-il, voilà le véritable péché contre l'esprit. » (*Ecce homo)*

Ainsi, ce texte de Freud nous laisse entendre que **l'oubli** peut être **motivé**, qu'il peut avoir un **sens** dans l'économie psychique de l'individu. Faute de quoi le souvenir se maintient tel quel dans l'inconscient, les réminiscences obtenues grâce à la cure psychanalytique prouvant assez que la durée n'a pas altéré le souvenir.

**1** ◻ Voir le chapitre sur l'*Inconscient.*

**2** ◻ Ainsi les contractures, les troubles visuels, la toux nerveuse, l'anorexie et autres symptômes présentés par Anna O., « jeune femme dont les organes essentiels, le cœur, les reins, etc., sont tout à fait normaux », constituent-ils, au dire de Freud, des *symboles mnésiques* de la maladie et de la mort de son père. « Les symptômes, écrit Freud, étaient *déterminés* par les scènes dont ils formaient les résidus mnésiques » (*CLP*, pp. 8 et 12) ; et le *souvenir* de ces scènes sous hypnose annulait au moins temporairement les symptômes.

**3** ◻ Il faut noter qu'en psychanalyse, le *traumatisme* est par définition *subjectif* : la gravité *objective* de l'incendie invoqué ici pour les besoins de la comparaison ne doit pas induire en erreur.
Toute expérience vécue — aussi futile qu'elle puisse paraître pour l'observateur — est traumatique si elle « apporte, en l'espace de peu de temps, un si fort accroissement d'excitation à la vie psychique que sa liquidation ou son assimilation par les moyens normaux et habituels devient une tâche impossible ». (*IP*, pp. 256-257)

Groupe de communards posant pour la photo (1871). Après la chute de la Commune, la police utilisa ce cliché pour identifier et exécuter les révolutionnaires : c'est le premier usage qui ait été fait de la photographie comme instrument de délation.

## *Les mécanismes de l'oubli*

**S. FREUD**

*Les hystériques souffrent de réminiscences.* Leurs symptômes sont les résidus et les symboles de certains événements (traumatiques). Symboles commémoratifs, à vrai dire[2]. Une comparaison nous fera saisir ce qu'il faut entendre par là.

Les monuments dont nous ornons nos grandes villes sont des symboles commémoratifs du même genre. Ainsi, à Londres, vous trouverez, devant une des plus grandes gares de la ville, une colonne gothique richement décorée : *Charing Cross.* Au XIII^e siècle, un des vieux rois Plantagenêt qui faisait transporter à Westminster le corps de la reine Éléonore, éleva des croix gothiques à chacune des stations où le cercueil fut posé à terre. *Charing Cross* est le dernier des monuments qui devaient conserver le souvenir de cette marche funèbre. A une autre place de la ville, non loin du *London Bridge*, vous remarquerez une colonne moderne très haute que l'on appelle « The monument ». Elle doit rappeler le souvenir du grand incendie qui, en 1666, éclata tout près de là et détruisit une grande partie de la ville[3]. Ces monuments sont des « symboles commémoratifs » comme les symptômes hystériques. La comparaison est donc soutenable jusque-là.

Mais que diriez-vous d'un habitant de Londres qui, aujourd'hui encore, s'arrêterait mélancoliquement devant le monument du convoi funèbre de la reine Éléonore, au lieu de s'occuper de ses affaires avec la hâte qu'exigent les conditions modernes du travail, ou de se réjouir de la jeune et charmante reine qui captive aujourd'hui son propre cœur ? Ou d'un autre qui pleurerait devant « le monument » la destruction de la ville de ses pères, alors que cette ville est depuis longtemps renée de ses cendres et brille aujourd'hui d'un éclat plus vif encore que jadis ?

Les hystériques et autres névrosés se comportent comme les deux Londoniens de notre exemple invraisemblable. Non seulement ils se souviennent d'événements douloureux passés depuis longtemps, mais ils y sont encore affectivement attachés ; ils ne se libèrent pas du passé et négligent pour lui la réalité et le présent[4]. Cette fixation de la vie mentale aux traumatismes pathogènes est un des caractères les plus importants et, pratiquement, les plus significatifs de la névrose[5].

***Cinq leçons sur la psychanalyse* (1904)**
**trad. Y. Le Lay, 1re leçon, Payot, pp. 15-16**

**4** ☐ « On dirait que les malades n'en ont pas encore fini avec la situation traumatique, que celle-ci se dresse devant eux comme une tâche *actuelle*, urgente. » (*IP*, p. 256).

**5** ☐ « Un développement incomplet de la libido* comporte des fixations nombreuses et variées de la libido à des phases antérieures de l'organisation et à des objets antérieurs, phases et objets qui le plus souvent ne sont plus capables de procurer une satisfaction réelle. (...) La fixation de la libido constitue, après la privation, le plus puissant facteur étiologique des névroses. » (*IP*, p. 326).

**CLP :** « Cinq leçons sur la psychanalyse », Petite Bibliothèque Payot.
**IP :** « Introduction à la psychanalyse », Petite Bibliothèque Payot.

## LA MÉMOIRE, REPRODUCTION D'UN ÉTAT DE CONSCIENCE PASSÉ

La mémoire, lit-on dans le *Vocabulaire* de Lalande, est d'abord une « fonction psychique consistant dans la reproduction d'un état de conscience passé avec ce caractère qu'il est reconnu pour tel par le sujet ». Quitte à préciser plus tard cette première définition, nous pouvons d'emblée y découvrir les trois problèmes essentiels que pose l'étude de la mémoire :

1° En tant qu'elle **reproduit le passé**, la mémoire se révèle par là même apte à le **conserver** : où et comment le passé survit-il donc, demandera-t-on aussitôt ?

2° L'objet du souvenir, nous dit-on, est saisi comme passé : la mémoire connaît son objet comme révolu. Est-ce à dire que le **souvenir** n'est qu'une **perception dégradée** ?

3° Troisième et dernier problème, que ne pose pas explicitement la définition donnée ci-dessus : toute mémoire réactualise-t-elle nécessairement un **état de conscience** passé ? Ne peut-on parler d'une mémoire organique, voire même d'une **mémoire psychique** et pourtant **inconsciente** ? Corrélativement, la mémoire est-elle toujours volontaire ? Et son négatif, l'oubli, ne le serait-il donc jamais ?

### Mémoire et corps

Il est bien malaisé de concevoir la mémoire sans les sens et, partant, sans le corps. C'est pourtant ce à quoi s'essaye Cicéron, qui a des sympathies platoniciennes et qui refuse aux épicuriens que l'âme puisse être composée d'atomes : la mémoire, en particulier, ne saurait procéder « ni du cœur, ni du sang, ni du cerveau, ni des atomes », affirme-t-il dans ses *Tusculanes* (I, XXV, § 60). « Dirons-nous dès lors qu'il existe dans l'âme un *réservoir* où seraient versées comme dans une espèce de vase les choses que nous nous rappelons ? » — Explication absurde, répond Cicéron, qui eût sans nul doute trouvé dangereuses les métaphores utilisées par saint Augustin lorsqu'il parle de la mémoire comme d'un palais ou d'un réservoir aux immenses et ineffables replis. « Pensons-nous plutôt, poursuit-il, que l'âme se modèle comme la cire et que la mémoire est la trace des objets empreinte dans l'esprit ? Qu'est-ce que peuvent être des empreintes des mots, des empreintes d'objets même, et puis quelle étendue démesurée ne faudrait-il pas à la tablette de cire pour qu'elle reproduise tant d'images ! ». (*ibid.*, § 61)

**NIETZSCHE**

*« Il est possible de vivre presque sans se souvenir et de vivre heureux, comme le démontre l'animal, mais il est impossible de vivre sans oublier. (...) Sans arrêt, une feuille après l'autre se détache du rouleau du temps, tombe, voltige un moment, puis retombe sur les genoux de l'homme. L'homme dit alors : "Je me souviens", et il envie l'animal qui oublie aussitôt et qui voit vraiment mourir l'instant dès qu'il retombe dans la brume et la nuit et s'éteint à jamais. »*

***Considérations inactuelles*, (1873-76), II, 1.**

C'est cependant cette problématique de l'**empreinte**, de la trace mnésique, qu'adopteront les philosophes spiritualistes mais néanmoins mécanistes du XVIIe siècle, lorsqu'ils étudieront la mémoire. Les fibres du cerveau ayant reçu certaines **« impressions »** demeurent quelque temps dans la disposition d'y être soumises à nouveau, écrit Malebranche dans la *Recherche de la vérité*, tout comme les branches d'un arbre demeurent aptes à être ployées comme elles l'ont été antérieurement. Avant lui, tout en sauvegardant d'une explication physiologique la mémoire des **choses intellectuelles**, Descartes expliquait que la mémoire des **choses matérielles** « dépend des vestiges qui demeurent dans le cerveau, après que quelque image y a été imprimée (...) tout de même que les plis qui sont dans un morceau de papier ou dans un linge, font qu'il est plus propre à être plié derechef comme il a été auparavant, que s'il n'avait jamais été ainsi plié » (*Lettre au père Mesland*, 2 mai 1644).

Assurément, tous ces « plis » font déjà penser aux tentatives que déploiera la psychologie du XIXe siècle pour localiser telle ou telle fonction intellectuelle dans telle ou telle circonvolution cérébrale. « La mémoire, écrira Ribot, est une fonction générale du système nerveux ; elle a pour base la propriété qu'ont les éléments de conserver une modification reçue et de former des associations. » (*Les Maladies de la mémoire*, 1881.)

## *Mémoire, habitude, perception*

Les psychologues, écrit Bergson dans *Matière et mémoire* (1897), aiment à réduire le souvenir au **souvenir appris** (la leçon apprise « par cœur »), et à concevoir ainsi la mémoire sur le modèle de l'**habitude** : « comme les souvenirs *appris* sont les plus utiles, on les remarque davantage. » (op. cit., p. 88.)

Mais la véritable mémoire n'est pas acquisition de souvenirs par répétition mécanique d'un effort monotone : elle est enregistrement spontané de faits et d'images uniques en leur genre, elle est coextensive à la conscience.

On pourrait ainsi distinguer **deux mémoires** foncièrement différentes. « L'une, fixée dans l'organisme, n'est point autre chose que l'ensemble des mécanismes intelligemment montés qui assurent une réplique convenable aux diverses interpellations possibles. » (op. cit., pp. 167-168.) Habitude plutôt que mémoire, c'est celle dont Proust pourra écrire : « Il semble qu'il y ait une mémoire involontaire des membres, pâle et stérile imitation de l'autre. (...) Les jambes et les bras sont pleins de souvenirs engourdis. » (*Le Temps retrouvé*, éd. de la Pléiade, note p. 699.)

« L'autre est la mémoire vraie. Coextensive à la conscience, elle retient et aligne à la suite les uns des autres tous les états au fur et à mesure qu'ils se produisent, laissant chaque fait à sa place et par conséquent marquant sa date. » (*Matière et mémoire*, pp. 167-168.) C'est celle-là même qui procure un « plaisir délicieux » au narrateur de la *Recherche du temps perdu* lorsque le goût d'un petit morceau de madeleine évoque en lui le souvenir des dimanches à Combray.

De ces deux mémoires, la première **imagine** véritablement alors que l'autre ne fait que **répéter**. La première, sans arrière-pensée d'utilité ou d'application pratique emmagasine intégralement le passé : par elle seule est possible le **souvenir pur**. La seconde, **mémoire-habitude**, est une mémoire essentiellement sensori-motrice, qui n'est jamais, selon Bergson, que la « pointe mobile » insérée par la mémoire vraie dans le plan mouvant de l'expérience pratique. C'est elle qui nous fait croire à tort à la discontinuité de notre vie psychologique puisqu'elle ne retient du passé que les **instantanés** qui peuvent être **utiles à l'action**.

Le souvenir ne succède donc pas à la perception, affirme Bergson, il la **double** constamment. Et si le présent laisse en nous une trace, « c'est qu'il se dédouble à tout instant, dans son jaillissement même, en deux jets symétriques, dont l'un retombe vers le passé tandis que l'autre s'élance vers l'avenir » (*L'Énergie spirituelle*, p. 131). Ce dernier — la

Les gisants de la basilique de St-Denis constituent la galerie ou mémoire des rois de France (ici Philippe V, 1293-1322).

perception — est seul à intéresser la conscience pratique et utilitaire qui écarte le souvenir comme inutile. Mais, en faisant effort pour coïncider avec nous-même ou tout simplement en rêvant involontairement, nous pouvons retrouver notre vie passée qui est là, « conservée jusque dans ses moindres détails » (*ibid.*, pp. 101-102) : c'est que nous nous désintéressons alors de l'action présente et pressante.

## *Mémoire et inconscient*

On peut comprendre, d'après ce qui précède, que le souvenir ne soit pas nécessairement **actualisable à volonté** : il peut exister en nous certaines contraintes (pour Bergson, les impératifs dictés par l'action), qui font d'ordinaire obstacle au souvenir ; inversement, celui-ci ne peut faire irruption dans le présent qu'à la faveur de quelque **détente psychique**, en particulier dans le rêve. Tout du moins faut-il que quelque investigation soutenue nous arrache à la quotidienneté.

La psychanalyse freudienne dépasse cependant cette intuition puisqu'elle affirme que l'oubli est généralement **motivé** et qu'un souvenir véritablement inconscient ne saurait jamais être atteint par **simple introspection**. Là où Bergson affirme que le souvenir est opacifié du fait des nécessités de l'action, Freud soutient qu'il est **refoulé** afin de préserver l'équilibre psychique de l'individu.

L'observation des malades névrosés enseigne que tout ce qui a été oublié par eux avant qu'ils ne se le rappellent grâce au traitement psychanalytique est « pénible ou bien effrayant ou bien douloureux ou bien honteux » au regard des prétentions de leur personnalité (Freud, *Ma vie et la psychanalyse*, p. 37). L'idée s'imposait donc que cela avait précisément été oublié pour éviter un déplaisir, voire un conflit insurmontable à la conscience. Ainsi, c'est ce « refus de la mémoire d'évoquer des souvenirs associés à des sensations pénibles » (*Introduction à la psychanalyse*, éd. cit. p. 63), cette « fuite psychique devant tout ce qui est pénible » qui explique que, bien souvent, dans la vie normale, des oublis nous paraissent surprenants ou injustifiés. C'est, de même, pour réduire ou supprimer toute modification susceptible de mettre en danger notre intégrité psychologique que les événements de nos premières années d'enfance sont généralement frappés d'oublis (c'est le phénomène de l'**amnésie infantile**).

Dans les cas pathologiques tout spécialement, la psychanalyse rencontre donc au cours de ses investigations une **résistance**, un ensemble de forces qui s'opposent à la réintégration de l'oublié dans le conscient. Et, dans la vie normale, ce n'est guère qu'à l'occasion d'un relâchement de nos défenses, dans le **rêve** par exemple, que des désirs remontant le plus souvent à l'enfance, « refoulés, mais toujours actifs, et pour ainsi dire immortels » (*L'Interprétation des rêves*, pp. 470-471), font irruption dans la conscience, non sans avoir subi d'ailleurs une déformation préalable.

Ainsi l'oubli, comme l'écrivait déjà Nietzsche, ne constitue-t-il pas une simple *vis inertiae*, une force d'inertie, mais bien plutôt une « *faculté active*, une sorte de gardienne, de surveillante chargée de maintenir l'ordre psychique, la tranquillité, l'étiquette » (*La Généalogie de la morale*, Deuxième dissertation, §1).

Monument commémoratif de la première explosion atomique (USA, 16 juillet 1945).

**BIBLIOGRAPHIE DE LA LEÇON**

***Henri BERGSON :***
*Matière et mémoire*, P.U.F..

***CICÉRON :***
*Tusculanes*, éd. des Belles Lettres.

***Gilles DELEUZE :***
*Le Bergsonisme*, P.U.F., coll. SUP.

***Sigmund FREUD :***
*Introduction à la psychanalyse*, Petite Bibliothèque Payot ; *L'interprétation des rêves*, P.U.F. ; *Ma vie et la psychanalyse*, Idées-Gallimard.

## TABLE D'ORIENTATION

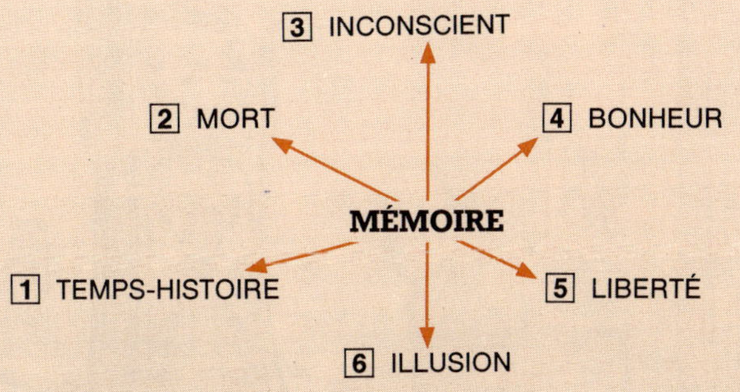


## SUJETS DE DISSERTATION

1 Un homme sans mémoire peut-il être libre ? (Antilles-Guyane, B, 1982)

■ L'humanité a-t-elle une mémoire ?

2 En quoi le culte des morts est-il signe d'humanité ? (Lille, A, 1983)

3 L'oubli est-il une déficience de la mémoire ? (Rouen, A, 1983)

■ L'oubli est-il une force ou une faiblesse ? (Bordeaux, B, 1983)

4 Est-ce ne pas savoir vivre que de se retourner sur le passé ? (Polynésie française, B, 1982)

5 Sommes-nous prisonniers de notre passé ? (Limoges, C-D-E, 1984)

■ L'expression : « se libérer du passé » a-t-elle un sens ? (Nancy, C-D, 1983)

6 Pouvons-nous avoir confiance en nos souvenirs ? (Limoges, A, 1981)

## BIBLIOGRAPHIE GÉNÉRALE

**BERGSON :** *La Pensée et le mouvant* (en particulier le chapitre sur « La Perception du changement »), P.U.F.

**J. DELAY :** *Les Maladies de la mémoire,* P.U.F.

**DESCARTES :** Lettres du 21-1-1640 à Meysonnier, du 1-4-1640 à Mersenne, du 2-5-1644 à Mesland ; *Traité des passions,* art. 42 à 44, éd. de la Pléiade, Gallimard.

**FREUD :** *Psychopathologie de la vie quotidienne,* Payot.

**G. GUSDORF :** *Mémoire et personne,* P.U.F.

**HALBWACHS :** *Les Cadres sociaux de la mémoire,* Alcan.

**HUME :** *Traité de la nature humaine,* livre I, section III, Aubier-Montaigne.

**LOCKE :** *Essai philosophique sur l'entendement humain,* livre II, chap. X, Vrin.

**NIETZSCHE :** *La Généalogie de la morale,* IIe dissertation, Idées-Gallimard.

**SAINT AUGUSTIN :** *Les Confessions,* livres X et XI, Garnier-Flammarion.

## GLOSSAIRE

**Esprits animaux :** chez les Cartésiens, particules très subtiles jouant un rôle analogue à celui de notre *influx nerveux.* Les *esprits* assurent la liaison entre le corps et le cerveau et, plus particulièrement, entre le corps et la *glande pinéale,* qui constituerait le « siège principal » de notre âme (voir le *Traité des passions,* art. 34). Il est à noter que ces *esprits* sont donc des *corps* : c'est le sens premier du mot latin *spiritus* ; souffle, vapeur, sens que l'on retrouve dans les mots « esprit-de-sel » ou « esprit-de-vin ».

**Mémoire affective :** mémoire qui consisterait dans la « reproduction actuelle d'un état affectif antérieur avec tous ses caractères (...) et dans la reviviscence de l'état affectif lui-même, comme tel, c'est-à-dire *ressenti* » (Th. Ribot, *Psychologie des sentiments*). La possibilité de souvenirs *purement affectifs* de ce genre a été très discutée.

**Mnésique :** relatif à la mémoire.

**Mnémotechnie :** procédés artificiels destinés à faciliter la rétention mnésique (« mais où est donc Ornicar », pour la liste des conjonctions de coordination).

**Réflexe :** « Toute activité ou variation d'activité d'un *effecteur* (muscle, glande, etc.) ou d'un groupe d'effecteurs pouvant être provoquée d'une façon régulière par la stimulation naturelle ou expérimentale d'un *récepteur* ou d'un groupe de récepteurs déterminés ou encore par celles des *fibres nerveuses afférentes* qui leur correspondent. » (H. Piéron, *Vocabulaire de la psychologie*). On oppose souvent le réflexe à l'*acte volontaire.*

**Réflexe conditionné :** réflexe provoqué par un « stimulus conditionnel » après que celui-ci a été fréquemment associé au stimulus inconditionnel : dans l'expérience de Pavlov (1904), l'association d'une sonnerie à la présentation de nourriture conduira au déclenchement d'un réflexe de salivation. Descartes avait déjà pressenti l'existence de tels réflexes qui signalent chez l'animal et chez l'homme la présence d'une sorte de *mémoire organique* : « Je juge que si on avait bien fouetté un chien cinq ou six fois au son du violon, sitôt qu'il ouïrait une autre fois cette musique, il commencerait à crier et à s'enfuir. » (*Lettre à Mersenne,* 18-III-1630).

**Réminiscence :** (on dit aussi : *anamnèse*) chez Platon, théorie selon laquelle tout notre pouvoir de connaître la vérité procède d'un état ancien dans lequel, vivant auprès des dieux, nous aurions contemplé les Idées. Selon cette conception, la connaissance est donc toujours *reconnaissance* de ce dont le souvenir avait été obscurci du fait de notre incarnation : « Toute âme d'homme a naturellement contemplé les essences (...) ; mais il n'est pas également facile à toutes les âmes de se ressouvenir des choses du ciel à la vue des choses de la terre. » (Platon, *Phèdre,* 249 c sqq.).

**Restes diurnes** (du latin *dies* : jour). Chez Freud, éléments survenus à l'état de veille et servant de « point d'accrochage » au désir inconscient qui s'exprime plus ou moins confusément dans le rêve.

**Souvenir-écran :** Freud appelle ainsi des souvenirs qui sont, selon lui, des formations de compromis, au même titre que les actes manqués, les rêves ou les symptômes. La netteté du souvenir-écran n'a d'égale que l'insignifiance de son contenu : c'est qu'il résulte, en général, d'un travestissement des souvenirs relatifs aux années oubliées de l'enfance.

# LE TEMPS

## *Quelques paradoxes...*

Il arrive que le temps tel que le marque « officiellement » l'horloge, n'avance pas au rythme que je peux désirer. Soit qu'il s'obstine à faire du surplace, si j'ai par exemple un rendez-vous avec une personne aimée. Soit au contraire qu'il semble me faire défaut, comme dans la légère panique qui peut me saisir avant un examen. Mais peut aussi bien naître en moi l'envie d'**en différer l'écoulement** (c'est le célèbre « O temps suspends ton vol ! » du poète) afin de mieux savourer un bonheur actuel. Mieux savourer c'est-à-dire, paradoxalement, le savourer pendant un plus long temps...

Ainsi, la façon dont je vis ma propre temporalité, où se nouent mes relations avec les autres et avec les choses, ne coïncide pas toujours avec le découpage social qui en est fait. Ma **conscience intime du temps** est telle que je fais beaucoup plus que seulement m'y inscrire : c'est bien plutôt elle qui me constitue, à travers mon passé, ma mémoire. Pour s'effectuer, ma pensée, même la plus banale ou la moins élaborée qui soit, a besoin du temps. Et c'est en raison de cette consubstantialité que je ne puis prendre du temps une vision directe : le temps n'est pas un objet au sens où je pourrais prétendre le dominer ou le circonscrire. C'est, à l'inverse, parce que je suis dans le temps que je me repère comme un sujet humain.

Cette immersion incontournable dès que surgit la concience, a pour conséquence que je n'ai de prise sur le temps que par des voies indirectes, par des médiations. Aussi faut-il que l'enfant apprenne, familialement ou scolairement, la façon dont son groupe appréhende et découpe le flux temporel : ordre des jours, des mois, lecture des heures. On sait bien qu'il n'existe pas de calendrier universel. Mais est universelle l'existence d'un calendrier, quel qu'il soit. Parce qu'il faut instaurer des repères et des régularités dans le flux temporel pour que se fasse la mémorisation des événements notables (généalogies, batailles, conquêtes), et pour que s'organise un **récit** qui donne au groupe sa consistance en même temps que sa justification.

Ainsi le passé pèse-t-il sur l'existence présente. Au point que, parfois, le passé « n'autorise » le présent qu'à être sa propre réitération : dans certaines sociétés traditionnelles, les normes des comportements sont définies par ce qu'ont fait les ancêtres réels ou mytiques considérés comme autant de modèles. Ce passé individuel ou collectif me permet partiellement de comprendre comment je suis devenu ce que je suis ; mais il n'explique pas complètement de quoi est composé mon présent, ni quel peut en être le sens. La présence d'un élève en terminale est bien sûr la conséquence de sa scolarité antérieure, mais elle doit son sens à ce qui ne viendra qu'ensuite : baccalauréat, éventuelles études supérieures. L'actuel est ainsi déterminé par le projet, par l'à-venir ; et à la chronologie que semble d'abord imposer le bon sens — le temps irait du passé vers l'avenir via le présent — il convient d'en substituer une autre, plus inattendue mais correspondant davantage à la façon dont l'existence humaine définit sa temporalité : le temps de l'homme transforme l'avenir en passé par l'actualisation.

Encore peut-on deviner que le présent risque d'être peu saisissable : en prononcer le nom, c'est déjà faire l'épreuve d'un passage (de la première à la deuxième syllabe) au terme duquel tout a basculé dans le passé. Parce que le présent n'est ainsi rien de mieux que le point de contact, mouvant par définition, entre passé et futur, il y aurait dans l'homme une radicale incapacité à y trouver un séjour. « Tout coule », disait le vieil Héraclite. Et l'homme s'écoule avec le tout. Jusqu'à la mort, négation ultime de la possibilité de trouver un site durable. Cette non-coïncidence entre la conscience humaine et ce à quoi elle aspire, nous pourrions la nommer sa plus fondamentale aliénation : c'est au temps que nous la devons.

Quino, *Pas mal et vous ?*

## L'idéalité transcendantale du temps

**KANT**

Le temps n'est autre chose que la forme du sens interne, c'est-à-dire de l'intuition de nous-mêmes et de notre état intérieur. En effet, le temps ne peut pas être une détermination des phénomènes extérieurs, il n'appartient ni à une figure, ni à une position, etc. ; au contraire, il détermine le rapport des représentations dans notre état interne. Et, précisément parce que cette intuition intérieure ne fournit aucune figure, nous cherchons à suppléer à ce défaut par des analogies et nous représentons la suite du temps par une ligne qui se prolonge à l'infini et dont les diverses parties constituent une série qui n'a qu'une dimension, et nous concluons des propriétés de cette ligne à toutes les propriétés du temps, avec cette seule exception que les parties de la première sont simultanées, tandis que celles du second sont toujours successives. Il ressort clairement de là que la représentation du temps lui-même est une intuition, puisque tous ses rapports peuvent être exprimés par une intuition extérieure.

Le temps est la condition formelle *a priori* de tous les phénomènes en général. L'espace, en tant que forme pure de l'intuition extérieure, est limité, comme condition *a priori*, simplement aux phénomènes externes. Au contraire, comme toutes les représentations, qu'elles puissent avoir ou non pour objets des choses extérieures, appartiennent, pourtant, en elles-mêmes, en qualité de déterminations de l'esprit, à l'état interne, et, comme cet état interne est toujours soumis à la condition formelle de l'intuition intérieure et que, par suite, il appartient au temps, le temps est une condition *a priori* de tous les phénomènes en général et, à la vérité, la condition immédiate des phénomènes intérieurs (de notre âme), et, par là même, la condition médiate des phénomènes extérieurs.

***Critique de la raison pure* (1781),**
**trad. Tremesaygues et Pacaud,**
**P.U.F., pp. 63-64**

## Le temps de la science et le flux du réel

**Henri BERGSON**

Quand la science positive parle du temps, c'est qu'elle se reporte au mouvement d'un certain mobile T sur sa trajectoire. Ce mouvement a été choisi par elle comme représentatif du temps, et il est uniforme par définition. Appelons $T_1$, $T_2$, $T_3$,... etc., des points qui divisent la trajectoire du mobile en parties égales depuis son origine $T_0$. On dira qu'il s'est écoulé 1, 2, 3,... unités de temps quand le mobile sera aux points $T_1$, $T_2$, $T_3$,... de la ligne qu'il parcourt. Alors, considérer l'état de l'univers au bout d'un certain temps *t*, c'est examiner où il en sera quand le mobile T sera au point $T_t$, de sa trajectoire. Mais du *flux* même du temps, à plus forte raison de son effet sur la conscience, il n'est pas question ici ; car ce qui entre en ligne de compte, ce sont des points $T_1$, $T_2$, $T_3$,... pris sur le flux, jamais le flux lui-même. On peut rétrécir autant qu'on voudra le temps considéré, c'est-à-dire décomposer à volonté l'intervalle entre deux divisions $T_n$ et $T_{n+1}$, c'est toujours à des points, et à des points seulement, qu'on aura affaire.

***L'Évolution créatrice* (1907),**
**P.U.F., pp. 336-337**

## Temps et éternité

**PLATON**

Quand le Père qui l'avait engendré comprit qu'il se mouvait et vivait, ce Monde, image née des Dieux éternels, il se réjouit, et, dans sa joie, il réfléchit aux moyens de le rendre plus semblable encore à son modèle. Et de même que ce modèle se trouve être un Vivant éternel, il s'efforça dans la mesure de son pouvoir, de rendre éternel ce tout lui-même également. Or, c'est la substance du Vivant-modèle qui se trouvait être éternelle, nous l'avons vu, et cette éternité, l'adapter entièrement à un Monde engendré, c'était impossible. C'est pourquoi son auteur s'est préoccupé de fabriquer une certaine imitation mobile de l'éternité, et, tout en organisant le Ciel, il a fait, de l'éternité immobile et une, cette image éternelle qui progresse suivant la loi des Nombres, cette chose que nous appelons le Temps. En effet, les jours et les nuits, les mois et les saisons n'existaient point avant la naissance du Ciel, mais leur naissance a été ménagée, en même temps que le Ciel a été construit. Car tout cela, ce sont des divisions du Temps ; le passé et le futur sont des espèces engendrées du Temps, et lorsque nous les appliquons hors de propos à la substance éternelle, c'est que nous en ignorons la nature. Car nous disons de cette substance qu'elle était, qu'elle est et qu'elle sera. Or, en vérité, l'expression *est* ne s'applique qu'à la substance éternelle. Au contraire, *était*, *sera*, sont des termes qu'il convient de réserver à ce qui naît et progresse dans le Temps. Car ce ne sont que des changements.

***Timée,* 37 c-38 a,**
**trad. A. Rivaud,**
**éd. Les Belles Lettres, pp. 150-151**

## commentaire

Dès le début de la réflexion philosophique, **Platon** (427-347 av. J.-C.) souligne fortement comment le temps est lié au changement et aux transformations de la matière. En prenant modèle sur l'**Éternité***, le Démiurge (artisan du Monde) ne peut insérer celle-ci dans le Monde, puisque ce dernier a été engendré et n'a donc pas toujours existé. Dès lors, le temps ne peut être qu'une **image mobile** de l'éternité, c'est-à-dire une copie dégradée qui, bien qu'elle « progresse suivant la loi des Nombres », confirme que la matière est vouée à la décadence et à la mort. D'où, pour les êtres temporels (charnels) le désir de connaître l'éternité malgré tout : c'est ce que Platon souligne dans sa théorie de l'immortalité de l'âme.

Quand à la **substance éternelle**, elle ne devrait être conjuguée qu'au présent : ce n'est que de notre point de vue, faussé, qu'elle nous semble participer du passé ou de l'avenir. Par elle-même, elle est une présence ontologiquement si forte qu'elle est incompatible avec toute idée de **changement**.

**Kant** (1724-1804) montrera dans sa « Première antinomie » que penser le monde comme ayant eu un **commencement** est aussi insoutenable que d'admettre qu'il n'en a pas eu. Ce qui le mène à affirmer que le temps n'est pas davantage que l'espace une réalité en soi, mais qu'il constitue un **cadre a priori de toute représentation**, et donc de toute saisie d'un phénomène, qu'il soit externe ou interne : « en lui seul est possible toute réalité des phénomènes. »

Si la science a bien pour ambition de prendre en charge ces derniers et d'en déceler les lois, elle est, à en croire **Bergson** (1859-1941), bien mal outillée pour comprendre la nature du temps, puisqu'elle l'appréhende seulement par des **médiations spatiales** : et elle laisse échapper son flux spécifique, c'est-à-dire ce que Bergson nommera la **durée***, précisément pour l'opposer au temps mathématisé et spatialisé.

Bergson affirme que « tout au long de l'histoire de la philosophie, temps et espace sont mis au même rang et traités comme choses de même espèce » *(La Pensée et le mouvant).* En fait, ce rapprochement ne s'est accompli qu'avec Kant ; Descartes par exemple, opposait bien la durée, présente « dans les choses elles-mêmes » et le temps, qu'il définit comme « une manière extérieure de penser à la durée en vue de la mesurer par la comparaison de certains mouvements » (*Principes de la philosophie,* I, 57).

# *Temps et éternité*

## l'auteur

Incontestablement le plus important des Pères de l'Église, saint Augustin (354-430) fut dans sa jeunesse un adepte du manichéisme qui admettait l'existence, face au Dieu du bien, d'un principe également divin mais mauvais. Converti au christianisme en 386, il sera nommé évêque d'Hippone dix ans plus tard et se consacrera en priorité à lutter contre les diverses hérésies (manichéisme, donatisme, pélagisme, arianisme) contestant à l'époque l'autorité de la religion chrétienne : c'est ce combat qui l'amène à préciser les dogmes.

Véritable fondateur de la **théologie**, dont il établit le vocabulaire, Augustin aura une influence considérable sur l'histoire ultérieure de la pensée religieuse, et tout particulièrement sur la formation du Jansénisme illustré par Pascal.

## l'intérêt philosophique du texte

« Les treize livres de mes *Confessions* louent le Dieu juste et bon de mes maux et de mes biens, ils élèvent vers Dieu l'intelligence et le cœur de l'homme » : tel est le « résumé » que saint Augustin propose de son ouvrage à la fin de sa vie. Les *Confessions* retracent en effet un parcours spirituel : partant des biens du monde auxquels elle fut sensible dans sa jeunesse, l'âme y accède progressivement au repos en Dieu, Bien absolu.

C'est dans un tel contexte que s'inscrit le livre XI, consacré à une interrogation sur la nature et les paradoxes du temps. Ce dernier, dans l'homme, doit être pensé par rapport à l'éternité divine : alors que son flux équivaut au passage d'un néant à un autre (du futur au passé), Dieu est au contraire « immuablement éternel ». La connaissance que peut avoir l'esprit humain des « tumultueuses vicissitudes » inscrites dans le temps, serait-elle même la plus complète et la plus admirable, ne sera jamais identifiable à celle que possède le Créateur « de toutes les choses futures et passées ».

Ainsi ce n'est que pour l'esprit humain, dans sa tension spécifique, que la temporalité s'inscrit sous les trois aspects du futur, du présent et du passé — lesquels se manifestent et se fondent dans trois « actes » complémentaires de l'esprit : l'attente, l'attention et le souvenir.

**1** ◻ « Ce n'est pas user de termes propres que de dire : "Il y a trois temps, le passé, le présent et l'avenir." Peut-être dirait-on plus justement : "Il y a trois temps : le présent du passé, le présent du présent, le présent du futur." Car ces trois sortes de temps existent dans notre esprit et je ne les vois pas ailleurs. » Livre XI, ch. XX.

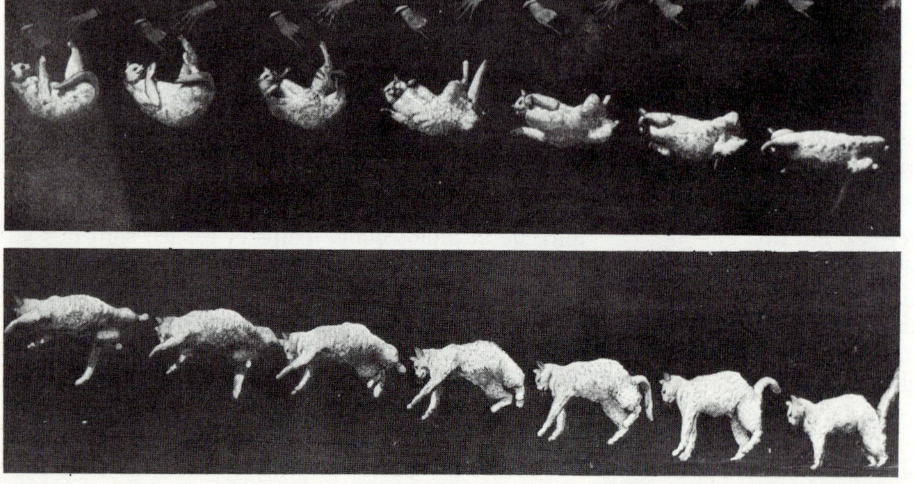

« Le saut du chat », chronophotographie de Marey.

J. del Sellaio,
*Le triomphe du temps.*

## *« Le temps est une distension de l'âme »*

**SAINT AUGUSTIN**

Mais comment l'avenir, qui n'est pas encore, peut-il s'amoindrir et s'épuiser ? Comment le passé, qui n'est plus, peut-il s'accroître, si ce n'est parce que dans l'esprit, auteur de ces transformations, il s'accomplit trois actes : l'esprit attend, il est attentif et il se souvient[1]. L'objet de son attente passe par son attention et se change en souvenir. Qui donc ose nier que le futur ne soit pas encore ? Cependant l'attente du futur est déjà dans l'esprit. Et qui conteste que le passé ne soit plus ? Pourtant le souvenir du passé est encore dans l'esprit. Y a-t-il enfin quelqu'un pour nier que le présent n'ait point d'étendue, puisqu'il n'est qu'un point évanescent ? Mais elle dure, l'attention par laquelle ce qui va être son objet, tend à ne l'être plus. Ainsi ce qui est long, ce n'est pas l'avenir : il n'existe pas. Un long avenir, c'est une longue attente de l'avenir. Ce qui est long, ce n'est pas le passé, qui n'existe pas davantage. Un long passé, c'est un long souvenir du passé[2].

Je veux chanter un air que je connais : avant de commencer, mon attente se porte sur l'air pris dans son ensemble. Lorsque j'ai commencé, tout ce que j'en laisse tomber dans le passé vient charger ma mémoire. L'activité de ma pensée se partage en mémoire par rapport à ce que j'ai dit et en attente par rapport à ce que je vais dire. Cependant c'est un acte présent d'attention qui fait passer ce qui était futur à l'état de temps écoulé. Plus se prolonge cette opération, plus l'attente est abrégée et plus la mémoire s'accroît, jusqu'au moment où l'attente est complètement épuisée, l'acte étant terminé et passé tout entier dans la mémoire[3]. Et ce qui a lieu pour l'air pris dans son ensemble a lieu pour chacune de ses parties, pour chacune de ses syllabes, et aussi pour un autre acte plus étendu dont cet air n'est peut-être qu'une petite partie. Il en est de même de la vie entière de l'homme, dont les actions humaines sont autant de parties, et enfin de la suite des générations humaines, dont chaque existence n'est qu'une partie.

***Les Confessions*** **(397-401),**
**Livre XI, chapitre XXVIII,**
**trad. J. Trabucco, Garnier-Flammarion, pp. 278-279**

**2** ◻ « Nous disons un temps long, un temps court, et nous ne le disons que du passé et de l'avenir. Par exemple, nous appelons un long passé les cent ans qui ont précédé le moment où nous parlons, un long avenir les cent ans qui le suivront ; un court passé, c'est pour nous, je pense, les dix jours d'avant, un court avenir, les dix jours après. Mais comment peut être long ou court ce qui n'est pas ? Le passé n'est plus et l'avenir n'est pas encore. C'est pourquoi ne disons plus : "le passé est long", mais disons du passé : "Il a été long", et de l'avenir : "Il sera long". » Livre XI, ch. XV.

**3** ◻ « Si on conçoit un point de temps, tel qu'il ne puisse être divisé en particules d'instants, si petites soient-elles, c'est cela seulement qu'on peut dire "présent", et ce point vole si rapidement du futur au passé qu'il n'a aucune étendue de durée. Car s'il était étendu, il se diviserait en passé et en futur, mais le présent n'a point d'étendue. » Livre XI, ch. XV.

Extraits des *Confessions* éd. cit.

## LE REFUS DU TEMPS

« Le refus du temps », affirme F. Alquié, constitue « la forme commune de toutes les passions humaines ». Mais il constate simultanément que « la conscience de l'éternel n'est conscience que d'une absence », dans la mesure où l'expérience la plus quotidienne nous enseigne continuellement que « tous les phénomènes se déroulent dans le temps ». La même expérience, toujours aussi banale, m'apprend complémentairement que le temps se caractérise fondamentalement par son **irréversibilité** : alors qu'il m'est toujours possible de refaire à l'envers un trajet dans l'espace, il est totalement hors de ma portée de remonter le cours du temps — quelle que soit l'imagination déployée par les divers inventeurs des fictives machines à « explorer » le temps. Cette irréversibilité s'accompagne d'ailleurs d'une impuissance symétrique à accélérer le déroulement temporel : malgré mon impatience ou ma curiosité, je ne saurai jamais exactement quel sera mon visage dans vingt ans, ni comment les hommes seront vêtus dans trois générations.

Je me heurte ainsi au temps et à la façon qu'il a de m'imposer son propre rythme dans les deux directions : incapable de modifier un passé même si je le regrette, je dois attendre que les événements adviennent pour en découvrir le véritable aspect. Ainsi acculé dans l'entre-deux d'une « réalité » présente qui n'en finit pas de se modifier elle-même, il peut me sembler que la **temporalité*** constitue l'**obstacle majeur** que rencontre ma liberté.

Aussi n'est-il pas surprenant que l'imagination humaine ait tenté de surmonter un tel obstacle, c'est-à-dire de le supprimer, en proposant diverses échappées au caractère implacable de la temporalité.

M. Duchamp, *Nu descendant l'escalier* (1912).

### Le temps cyclique

En raison de l'irréversibilité temporelle et de l'importance qu'a progressivement prise pour la conscience occidentale l'**histoire** pensée comme **cumulative**, le temps est le plus couramment admis comme **linéaire**, se déployant dans un seul sens. Déjà, Héraclite affirmait qu'« on ne se baigne jamais deux fois dans le même fleuve ». Mais Platon, qui ne peut définir l'histoire que comme décadence puisqu'elle s'effectue dans le monde de la matière en constante dégradation (« Tout ce qui naît est sujet à la corruption »), ne se prive pas d'affirmer une circularité du temps sous la forme de la « grande année ». De même les stoïciens pourront-ils admettre qu'après un **cycle** de plusieurs milliers d'années sanctionné par un effondrement du monde, le cours du temps recommence et restaure les événements. Ce que redira à sa façon Nietzsche dans sa pensée de « l'Éternel retour » : « L'éternel sablier de l'existence sera retourné toujours à nouveau et toi avec lui, poussière des poussières » *(Le Gai Savoir).*

Ces conceptions, minoritaires à l'intérieur de l'histoire de la philosophie, confirment ce qu'enseigne l'étude des mythes : « La plupart des mythes de la Fin du Monde des Indiens d'Amérique impliquent une théorie cyclique (comme chez les Aztèques) ou la croyance que la catastrophe sera suivie d'une création nouvelle, ou enfin la croyance en une régénération universelle n'entraînant aucun cataclysme, mais seulement l'anéantissement des pécheurs (...) Ces mythes expriment la même idée archaïque de la dégradation progressive du Cosmos nécessitant en dernier lieu sa destruction et sa recréation » (M. Eliade).

Tout se passe ainsi comme si la pensée, alors même qu'elle se persuade de la décadence du réel sous l'**action dissolvante de la durée**, ne pouvait en admettre la disparition finale. La pensée se trouve alors obligée, pour restaurer le réel, de concevoir une **double temporalité**, à la fois au-delà et dans le monde : celle-ci, circulaire, s'effectuant à l'intérieur d'une autre temporalité, inqualifiable et non orientée.

## *L'éternité*

Parce que la temporalité telle que l'homme la vit le mène nécessairement à la mort, elle apparaît fréquemment dotée d'une coloration tragique. D'où le désir, fortement enraciné dans l'humain, de croire qu'un aspect au moins de son être peut **échapper au temps** : dès Platon, l'**âme** est pensée comme **immortelle**, et le christianisme en réaffirmera vigoureusement cette qualité.

Cette **part d'éternité** que posséderait l'âme ne va toutefois pas sans difficulté, dans la mesure où il ne saurait être question pour la théologie chrétienne de l'assimiler totalement à l'éternité qui appartient à Dieu : un écart doit être maintenu entre la présence absolue de Dieu et la vie de l'âme qui, si elle échappe bien à la mort, ne peut être dite de la même façon éternelle puisque son incarnation a bien eu un début. Ainsi le christianisme peut-il affirmer que l'âme exerce sur le corps un véritable empire, et qu'elle ne périt pas avec lui. Mais il lui faut parallèlement poser qu'elle est créée par Dieu lors de son inscription dans le corps. C'est cette double façon d'être par rapport au temps que souligne par exemple Spinoza : « On peut donc dire que notre esprit dure et son existence peut être définie par un temps déterminé dans la seule mesure où il enveloppe l'existence actuelle du corps ; et dans cette seule mesure il a la puissance de déterminer temporellement l'existence des choses et de les concevoir dans la durée. » (*Éthique*, V.)

Ce qui se manifeste alors, relativement à la véritable éternité divine, c'est malgré tout la radicale **contingence** de l'**existence singulière** d'un individu : c'est bien à tel moment, dans telle société, et non à une autre époque de l'histoire, qu'il a conscience de lui-même, c'est-à-dire qu'il se saisit comme doté de mémoire et riche de possibilités pour l'avenir. La différence entre l'absolu divin et la finitude dans le temps demeure affirmée.

Cette finitude est-elle nécessairement synonyme de malheur et d'aliénation ?

« L'espace est l'imagerie du Temps »
Scuténaire, *Mes inscriptions.*

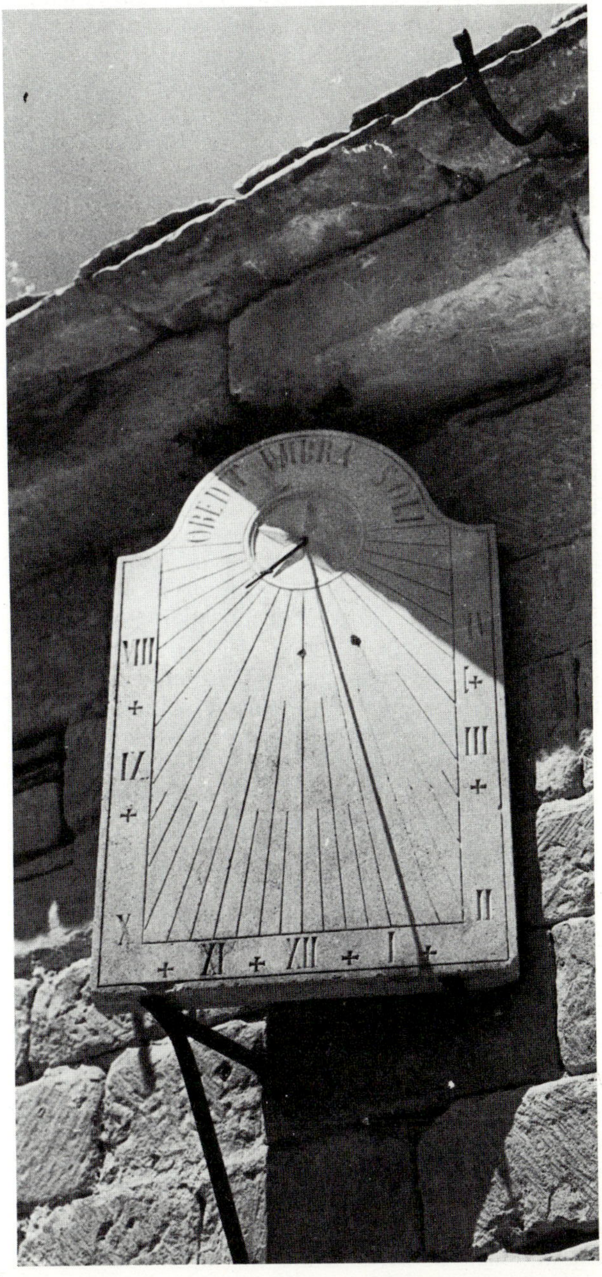

En fait, j'ai à ma disposition trois modes d'expérience dans le temps proprement humain :

- je peux m'appuyer sur une **mémoire** (individuelle ou collective) pour trouver ou confirmer mes racines : la culture dont je participe, l'histoire de mon groupe, les textes (religieux ou politiques) qui y sont reçus comme fondamentaux, confirment un mode d'être qui est devenu le mien, mais aussi par rapport auquel j'ai toujours la possibilité de réagir ;

- je puis éprouver, plus banalement, un temps de la **quotidienneté** qui se caractérise par son stérile **étalement** (ou même son « étale », comme on le dit d'une rivière entre la crue et la décrue) : temps des répétitions, des parcours et des gestes, des paroles convenues et des rituels insignifiants, temps plat du « métro boulot dodo » qui m'assomme, mais aussi temps mort du loisir lorsqu'il est « abrutissant » et n'a d'autre but ou intérêt que de « faire passer » le temps — c'est-à-dire de me faire oublier qu'il est précisément en train de passer et que je suis simultanément en train de le perdre ;

- je peux en troisième lieu vivre le **temps ouvert** d'un **projet*** qui, alors même que je suis dans le présent, m'en fait sortir par anticipation et m'incite à agir pour transformer ma situation, ou, plus ambitieusement, celle des autres.

Ce temps du projet n'échappe aucunement à la socialisation nécessaire de la durée : c'est toujours par rapport au découpage officiel des heures, des jours ou des semaines que j'envisage de réaliser un certain programme, tant demeure juste la remarque de Durkheim : « Un calendrier exprime le rythme de l'activité collective en même temps qu'il a pour fonction d'en assurer la régularité. » Mais c'est précisément parce que cette régularité pourrait devenir trop rigide ou contraignante que mon projet, en s'y articulant, la maintient aussi à distance. Le projet et son actualisation (c'est-à-dire sa transformation en réalité durable) sont ce qui me permet de m'inscrire par rapport à la collectivité, mais aussi de faire du temps qui me traverse une sorte de complice de ma propre existence, puisque c'est bien en inscrivant mes actes, mes comportements, mes désirs dans sa dimension fondatrice que je peux confirmer ma singularité.

Il est bien entendu illusoire d'en déduire que mon œuvre peut **vaincre** définitivement **le temps**. Tout au moins parvient-elle à sa façon à **le défier**. Lorsqu'A. Malraux déclare que « l'œuvre d'art de notre temps est dans un temps qui n'est pas soumis à l'ordre chronologique », sans doute évoque-t-il une œuvre trop rare pour être celle que vise le projet de n'importe quel individu. Il n'en reste pas moins que ce dernier a toujours la possibilité d'affirmer une certaine maîtrise sur le temps en l'organisant sous la forme d'un récit — que celui-ci soit historique ou fictif, romanesque. Raconter ce qui s'est passé hier ou l'an dernier, c'est sous-entendre que, par-delà le temps écoulé, quelque chose a été conservé, que je suis encore capable d'énoncer. Il est possible que, dans l'entreprise, l'imagination se substitue à la mémoire fidèle : qu'importe si je me montre habile à organiser une temporalité qui m'intéresse en même temps qu'elle attire l'attention de mon auditeur ? Le roman et le cinéma contemporains nous ont familiarisés avec des montages temporels multiples, du flash-back à l'anticipation, qui prouvent amplement que dans sa lutte contre le temps, la pensée humaine est loin d'être toujours perdante.


**BIBLIOGRAPHIE DE LA LEÇON**

***F. ALQUIÉ :***
*Le Désir d'éternité*, P.U.F.

***N. BERDIAEFF :***
*Cinq méditations sur l'existence* (4e méditation), Aubier.

***M. ÉLIADE :***
*Le Mythe de l'éternel retour*, Idées-Gallimard.

***P. RICŒUR :***
*Temps et récit*, Seuil.

## TABLE D'ORIENTATION

**TEMPS** →
- 1 HISTOIRE (personnelle, collective)
- 2 MORT
- 3 VÉRITÉ
- 4 ESPACE
- 5 CONSCIENCE
- 6 LIBERTÉ

## SUJETS DE DISSERTATION

1 Rappeler que l'homme vit dans le temps, est-ce seulement souligner qu'il est temporaire ? (Besançon, B, 1983)

■ L'expression « se libérer du passé » a-t-elle un sens ? (Nancy, C-D, 1983)

■ Comment le passé peut-il demeurer présent ? (Rennes, A, 1983)

■ Est-il légitime d'affirmer que le passé est nécessaire et le futur contingent ? (Groupe 1, A, 1983)

2 Le temps est-il essentiellement destructeur ? (Groupe 1 bis, C-D, 1982)

3 Toute vérité scientifique est-elle « un acquis pour toujours» ? (Caen, A, 1983)

4 Les instruments de mesure du temps nous font-ils connaître ce qu'il est ? (Nancy, A, 1983)

5 Faut-il dire que la conscience est dans le temps, ou que le temps est dans la conscience ? (Aix, B, 1983)

■ Le privilège de l'homme est-il de pouvoir dépasser le présent ?

6 Le temps n'est-il pour l'homme que ce qui le limite ? (Montpellier, B, 1983)

## BIBLIOGRAPHIE GÉNÉRALE

***E. AMADO LÉVY VALENSI :*** *Le Temps dans la vie psychologique,* Flammarion.

***G. BACHELARD :*** *La Dialectique de la durée, L'Intuition de l'instant,* Gonthier-Médiations.

***H. BERGSON :*** *La Pensée et le mouvant ; L'Évolution créatrice,* P.U.F.

***P. BURGELIN :*** *L'Homme et le temps,* Aubier.

***J. GRANIER :*** *La Mesure du temps,* P.U.F., Que sais-je ?

***J. POUILLON :*** *Temps et roman,* Gallimard.

***J. PUCELLE :*** *Le Temps,* P.U.F.

***J.-P. SARTRE :*** *L'Être et le néant,* 2e partie, chap. 2, Gallimard.

***(Collectif) :*** *Temporalité et aliénation,* Aubier.

***(Collectif) :*** *Le Temps et les philosophies,* Payot.

## GLOSSAIRE

**Durée :** la durée s'oppose chez Bergson au temps tel que l'appréhende la science : elle correspond intimement à la *mobilité* de tous les êtres et au caractère innovant de l'existence. En tant que telle, elle ne peut être éprouvée que par l'*intuition*, hors de tout recours à une intelligence trop abstraite.

**Entropie :** l'entropie mesure le désordre propre à un système en un instant donné. Avec le temps, tout système (le corps humain, le système solaire, le monde...) qui ne reçoit pas d'apport énergétique extérieur tend à se dégrader irréversiblement.

**Éternité :** voir le *Glossaire* du chapitre sur la *Mort*.

**Historicité :** voir le *Glossaire* du chapitre sur l'*Histoire*.

**Projet :** désigne dans la philosophie existentielle (Heidegger) la propriété de la réalité humaine d'être jetée-en-avant de sa propre situation. Le projet introduit, plus généralement, la considération de l'avenir dans la conscience.

**Temporalité :** caractère fondamental du *Dasein* (l'être-là comme réalité humaine) pour Heidegger : c'est ce qui constitue l'être humain comme être-pour-la-mort, à travers les trois *ek-stases* temporelles de l'avenir, du présent et du passé.

Quino, *La bande à Mafalda.*

# LA MORT

Hans Holbein, *Les ambassadeurs* (1533).

*« Holbein place au premier plan de son célèbre tableau* Les Ambassadeurs *(1533), représentant deux gentilshommes français devant une étagère garnie d'instruments d'optique et de musique, une forme blanchâtre, indéchiffrable, qui se révélera être un crâne lorsque le spectateur approche son œil du point de vue, situé près du bord inférieur du cadre. Cet ectoplasme représente la signature de l'artiste : Holbein = os creux = crâne. Jeu de mots, jeu d'illusion optique, profession de foi désabusée :* **vanitas vanitatum**. *»*

A. FLOCON ET R. TATON
*La Perspective,* P.U.F., coll. Que sais-je ?, p. 55

## *Ordre, luxe... et vanité ?*

La peinture occidentale abonde, aux périodes classiques, en représentations de crânes qui, placés parmi des signes de richesse ou des symboles du savoir, viennent rappeler cruellement que leur accumulation reste fatalement vaine, puisque toute existence est sanctionnée par la mort.

Mais ce tableau d'Holbein nous en dit davantage — et autrement : il en dit plus en en montrant moins. Remarquons tout d'abord le luxe évident des vêtements de l'un des ambassadeurs, tout autant que la diversité des objets présentés sur l'étagère : globe terrestre, instruments de calcul, livres, instrument de musique font signe vers ce que peuvent être les enrichissements de la vie, qu'ils soient de l'ordre du savoir ou de celui du plaisir. Quant à l'anamorphose, cette déformation contrôlée d'une figure, elle ne révèle en effet son sens qu'au spectateur adoptant la bonne position par rapport au tableau : tant qu'on n'y perçoit pas un crâne, elle s'affirme comme présence incongrue, gênante en ce qu'elle perturbe la composition, à la fois énigmatique et un peu en trop.

## *La présence muette de la mort*

A la description brutale du crâne, Holbein préfère dans cette œuvre la **suggestion** inquiétante, dérangeante. Comme pour mieux indiquer que la mort reste sous-entendue dans la scène figurée (comme dans toute autre scène), à la fois présente et absente, toujours connue et toujours niée, impossible à considérer, à prendre en compte durablement.

Cette forme blanchâtre, parce qu'elle est à première vue in-signifiante, vient perturber la sérénité de la composition. De proche en proche, elle corrode les signes de la richesse, du pouvoir, du plaisir ou de la connaissance. Comprenons que la mort est déjà à l'œuvre dans ce qui s'affiche comme le plus harmonieux.

## *La mort et ses complices*

Mais une autre lecture de ce tableau est également possible : il n'est pas dit que ces ambassadeurs annoncent une bonne nouvelle. Plus encore : même s'il s'agissait aujourd'hui d'une bonne nouvelle (offre de paix, cadeaux, usages et bonnes relations), il se peut que la mort soit malgré tout irréversiblement inscrite dans l'espace des deux ambassadeurs. Ils seraient en quelque sorte les envoyés de la mort, partout présente et bénéficiant de complicités étendues.

Le pouvoir dont ils sont les représentants serait-il d'abord celui de la mort, pouvoir de tuer, et de faire mourir ? Pouvoir, surtout, de jouer de cette possibilité omniprésente quoique tacite, d'inscrire la mort comme horizon permanent de nos activités humaines.

Ce tableau plus que quadricentenaire pose donc, derrière son apparence de beauté débonnaire, une question rien moins que radicale : ne serait-ce pas tout pouvoir, y compris le politique, qui serait complice de la mort ?

## On n'est privé que du présent

**MARC AURÈLE**

Dusses-tu vivre trois mille ans et autant de fois dix mille ans, souviens-toi que personne ne perd une autre vie que celle qu'il vit, et qu'il n'en vit pas d'autre que celle qu'il perd. Donc le plus long et le plus court reviennent au même. Car le présent est égal pour tous ; est donc égal aussi ce qui périt ; et la perte apparaît ainsi comme instantanée ; car on ne peut perdre ni le passé ni l'avenir ; comment en effet pourrait-on vous enlever ce que vous ne possédez pas ?

Il faut donc se souvenir de deux choses : l'une que toutes les choses sont éternellement semblables et recommençantes, et qu'il n'importe pas qu'on voie les mêmes choses pendant cent ou deux cents ans ou pendant un temps infini ; l'autre qu'on perd autant, que l'on soit très âgé ou que l'on meure de suite ; le présent est en effet la seule chose dont on peut être privé, puisque c'est la seule qu'on possède, et que l'on ne perd pas ce que l'on n'a pas.

***Pensées,* II, 14, trad. É. Bréhier,**
**in « Les Stoïciens », Gallimard,**
**Pléiade, p. 1 149**

## La perception primitive du cadavre

**SIGMUND FREUD**

Les philosophes prétendent que l'énigme intellectuelle que représentait pour l'homme primitif l'aspect de la mort s'est imposée à sa réflexion et doit être considérée comme le point de départ de toute spéculation. Il me semble que, sur ce point, les philosophes pensent trop... en philosophes et ne tiennent pas suffisamment compte de l'action de mobiles primitifs (...) Ce qui poussa l'homme primitif à réfléchir, ce ne fut ni l'énigme intellectuelle ni la mort en général, mais ce fut le conflit affectif qui, pour la première fois, s'éleva dans son âme à la vue d'une personne aimée et, cependant, étrangère et haïe.

C'est de ce conflit affectif qu'est née toute la psychologie. L'homme ne pouvait plus ne pas songer à la mort que la douleur causée par la disparition d'un être cher lui avait fait toucher du doigt ; mais, en même temps, il ne voulait pas en admettre la réalité, car il ne pouvait se représenter lui-même à la place du mort. Il se vit ainsi obligé d'adopter un compromis : tout en admettant qu'il puisse mourir à son tour, il se refusa à voir dans cette éventualité l'équivalent de sa disparition totale, alors qu'il trouvait tout naturel qu'il en fût ainsi de l'ennemi.

C'est devant le cadavre de la personne aimée qu'il imagina les esprits et, comme il se sentait coupable d'un sentiment de satisfaction qui venait se mêler à son deuil, ces premiers esprits ne tardèrent pas à se transformer en démons méchants dont il fallait se méfier. Les changements qui suivent la mort lui suggérèrent l'idée d'une décomposition de l'individu en un corps et en une (primitivement en plusieurs) âme. Le souvenir persistant du mort devint la base de la croyance à d'autres formes d'existence, lui suggéra l'idée d'une persistance de la vie après la mort apparente.

***Essais de psychanalyse* (1920), trad. Jankélévitch,**
**Payot, pp. 242-243**

Posada, *Viva la muerte.*

## *L'essence de la vie échappe à la mort*

**SCHOPENHAUER**

La vue de chaque animal enseigne que la mort n'est pas un obstacle à la manifestation de l'essence de la vie, la volonté. Quel insondable mystère réside en chaque animal ! Regardez le premier venu des animaux, regardez votre chien : comme il se montre plein d'ardeur et de confiance ! Il a fallu que bien des milliers de chiens meurent, avant qu'arrive pour celui-ci le moment d'exister. Mais la disparition de ces milliers de chiens n'a pas porté atteinte à l'Idée du chien ; celle-ci n'a pas été le moins du monde troublée par toutes ces morts. C'est pourquoi le chien se présente à nos yeux avec tant de vivacité et dans sa vigueur première, comme si ce jour était son premier jour et qu'aucun ne pouvait être le dernier, et que dans ses yeux brille le principe indestructible en lui, l'archée.

Qu'est-ce donc qui est mort au cours de ces millénaires ? — Pas le chien, il est là, devant nous, intact ; seulement son ombre, sa copie dans notre mode de connaissance lié au temps.

Comment peut-on donc croire que cela périt, qui est toujours là et remplit toute la durée ? — Certes la chose est empiriquement explicable : dans la mesure en effet où la mort a détruit les individus, la procréation en a produit de nouveaux. Mais cette explication empirique n'est une explication qu'en apparence, elle met une énigme à la place d'une autre. La compréhension métaphysique de la question ne s'obtient certes pas à si bon marché, mais elle est cependant la seule vraie et satisfaisante.

***Métaphysique de l'amour, métaphysique de la mort,***
**in *« Compléments au monde comme volonté et représentation »*, trad. M. Simon,**
**10-18, pp. 127-128**

## commentaire

Pour le stoïcien **Marc Aurèle** (121-180), la mort n'est pas à craindre, parce qu'elle est une opération de la nature et lui est **utile** ; mais de surcroît, il n'y a pas à opérer de distinction ou de hiérarchie entre les morts selon qu'elles viennent achever des existences plus ou moins longues, plus ou moins brillantes, plus ou moins remplies. C'est parce que la mort surgit toujours au présent qu'elle ne peut nous ravir que ce qui est **contemporain** : dans la mesure où le passé n'est plus et où l'avenir n'est pas encore (qui pourrait soutenir le contraire ?) ils échappent l'un comme l'autre à son pouvoir. Si seul importe de la sorte le moment même de la mort, toutes les disparitions se valent : Marc Aurèle infléchit la morale d'Epictète vers une résignation consentie. Son insistance sur le présent implique en effet qu'il ne faut s'attacher à rien puisque toutes les choses n'en finissent pas de basculer dans le néant.

Le stoïcien voyait dans une sereine méditation sur la fuite du temps le moyen pour l'homme d'abolir la crainte de la mort. Pour **Schopenhauer** (1788-1860), c'est au contraire en renonçant à insister sur ce qui le distingue de l'animalité que l'homme doit réaliser combien, à travers chaque individu et même au-delà de sa mort singulière, **l'espèce survit**. Schopenhauer s'affirme ici platonicien : pour lui, **l'idée* (l'archée) ne peut mourir**, que ce soit celle du chien ou de l'homme. Elle échappe en effet au temps, lequel conditionne en revanche la connaissance que nous pouvons prendre de ses manifestations successives ; mais au-delà de celles-ci, leur principe perdure. Celui qui comprend cela, réalisera que le vouloir-vivre qui irrigue notre espèce, comme les autres, est en réalité extra-temporel, et donc hors de portée de la mort.

Du point de vue de **Freud** (1856-1939), cette thèse pourrait bien n'être qu'une variante raffinée de l'attitude primitive de l'homme mis en présence du cadavre : c'est parce qu'il y aurait une incapacité radicale à se concevoir soi-même comme mort, que les **croyances** en une survie spirituelle commencèrent à s'affirmer. L'immortalité* de l'âme n'est en fait imaginée que pour **effacer la crainte** d'une mort perçue comme éventuellement contagieuse, et pour **gommer le plaisir** provoqué par la mort de l'ennemi : témoignage de la répugnance qu'éprouve l'esprit humain, dès son origine, à se concevoir comme condamné à une disparition intégrale.

# *Le sage et la mort*

## l'auteur

**Lucrèce** (98-55 avant J.-C.) donne dans son *De natura rerum* (*De la nature*, édité après sa mort) un exposé magistral de la physique et de la morale d'Épicure. Philosophie rigoureusement matérialiste, l'**épicurisme** antique doit être soigneusement distingué de ses interprétations tardives (de Horace à Montaigne ou Voltaire) qui en feront une attitude profitant de tous les plaisirs qui se présentent. Pour Épicure et Lucrèce, au contraire, le sage véritable, qui cherche l'absence de trouble **(ataraxie)**, est un homme capable de distinguer, parmi tous les plaisirs possibles, ceux qui ne risquent pas de se transformer en causes de douleur : il ne se livrera donc qu'à ceux qui apparaissent « naturels et nécessaires » — et qui définissent en fait une vie ascétique et solitaire. Cet « égoïsme philosophique » (Renouvier) est à situer dans un vaste projet où il s'agit en priorité de débarrasser l'homme de toute crainte à l'égard des dieux et de la mort.

## l'intérêt philosophique du texte

Pour l'épicurien Lucrèce, tout est composé de ces particules matérielles que, depuis Démocrite, on nomme **atomes** (c'est-à-dire insecables). Ces atomes, éternels et en nombre fini, constituent aussi bien l'âme de l'homme que tous les corps de la nature, l'existence humaine étant exclusivement due à l'union temporaire d'une âme et d'un corps.

Dans une telle conception, la mort se définit essentiellement comme un phénomène de **séparation**, de **dissolution** : de l'âme et du corps, puis des atomes qui les composaient l'un et l'autre (et qui, à nouveau disponibles, entreront dans d'autres combinaisons). Dès lors elle ne saurait nous inquiéter puisque, après son passage, il ne reste rien qui puisse souffrir à la place de l'ancien vivant. « N'être plus » doit donc être pris dans son sens absolu : chaque existence est limitée dans le temps et lorsqu'elle s'interrompt, il n'en survit rien.

Une telle **négation de l'immortalité de l'âme** est contraire à la tradition de la philosophie antique. On comprend donc le souci de Lucrèce d'en persuader son lecteur, tant elle pouvait paraître scandaleuse. Mais pour Lucrèce comme pour Épicure, croire en la survie de l'âme, c'est importer dans la vie même un motif d'inquiétude pathologique en se condamnant à une incessante préoccupation de son destin posthume. Ainsi la croyance imaginaire gâche-t-elle l'existence, alors que sa négation nous permet de considérer seulement ce que nous sommes réellement.

**1** □ « Notre corps est (...) l'enveloppe de l'âme qui, de son côté, en est la gardienne et la protectrice. Tous deux tiennent aux mêmes racines, et l'on ne peut les séparer sans les détruire. De même qu'il est impossible d'ôter à l'encens son odeur sans détruire sa nature, l'on ne peut non plus arracher l'âme et l'esprit du corps sans la dissolution des deux substances » (livre III).

**2** □ « Le temps n'est pas (...) un être subsistant par lui-même : c'est par l'existence continuée des corps que l'esprit s'accoutume à distinguer le passé du présent et de l'avenir. Personne ne conçoit la durée isolée et indépendante du mouvement ou du repos de la matière » (livre I).

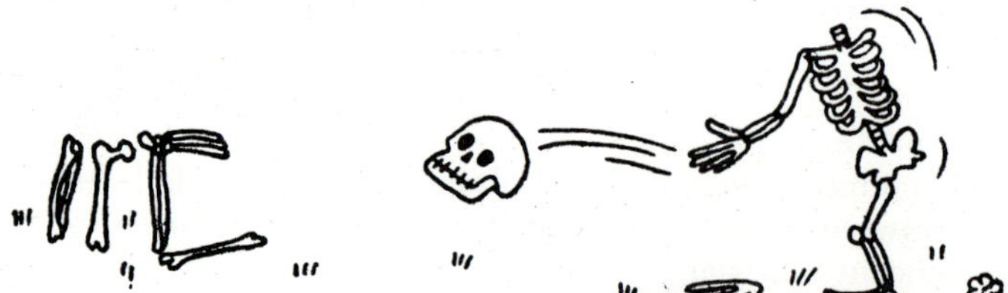

Dessin de Maurice Henry, in O. Wilde, *Le Fantôme de Canterville*, éd. Les 4 jeudis.

Caspar David Friedrich,
*Cimetière sous la lune*, Sépia.

## *L'illusoire souffrance de la mort*

**LUCRÈCE**

Même si, affranchis du corps, l'esprit et l'âme conservaient le sentiment, en quoi cela nous intéresse-t-il, nous dont une union intime de l'âme et du corps réalise l'existence[1] et constitue l'être ? Et quand bien même le temps, après notre mort, rassemblerait toute notre matière* et la réorganiserait dans son ordre actuel en nous donnant une seconde fois la lumière de la vie, là encore il n'y aurait rien qui nous pût toucher, du moment que rupture se serait faite dans la chaîne de notre mémoire. Que nous importe aujourd'hui ce que nous fûmes autrefois ? que nous importe ce que le temps fera de notre substance ? En effet, tournons nos regards vers l'immensité du temps[2] écoulé, songeons à la variété infinie des mouvements de la matière : nous concevrons aisément que nos éléments de formation actuelle se sont trouvés plus d'une fois déjà rangés dans le même ordre ; mais notre mémoire est incapable de ressaisir ces existences détruites, car dans l'intervalle la vie a été interrompue et tous les mouvements de la matière se sont égarés sans cohésion bien loin de nos sens.

Il faut bien qu'un homme, pour que le malheur et la souffrance puissent l'atteindre, vive lui-même à l'époque où il doit faire leur rencontre. Voilà que la mort fait disparaître cet homme et retire l'existence à cette victime présumée d'un concert de maux. Eh bien, n'est-ce pas là de quoi conclure qu'il n'y a rien de redoutable dans la mort ? Aucun malheur ne peut atteindre celui qui n'est plus ; il ne diffère en rien de ce qu'il serait s'il n'était jamais né, puisque sa vie mortelle lui a été ravie par une mort immortelle.

Lors donc qu'un homme se lamente sur lui-même à la pensée de son sort mortel qui fera pourrir son corps abandonné, ou le livrera aux flammes, ou le donnera en pâture aux bêtes sauvages, tu peux dire que sa voix sonne faux, qu'une crainte secrète tourmente son cœur, bien qu'il affecte de ne pas croire qu'aucun sentiment puisse résister en lui à la mort. Cet homme, à mon avis, ne tient pas ses promesses et cache ses principes ; ce n'est pas de tout son être qu'il s'arrache à la vie ; à son insu peut-être il suppose que quelque chose de lui doit survivre[3]. Tout vivant en effet qui se représente son corps déchiré après la mort par les oiseaux de proie et les bêtes sauvages se prend en pitié ; car il ne parvient pas à se distinguer de cet objet, le cadavre, et croyant que ce corps étendu, c'est lui-même, il lui prête encore, debout à ses côtés, la sensibilité de la vie. Alors il s'indigne d'avoir été créé mortel, il ne voit pas que dans la mort véritable il n'y aura plus d'autre lui-même demeuré vivant pour pleurer sa fin et, resté debout, gémir de voir sa dépouille devenue la proie des bêtes et des flammes.

**3** ☐ « L'esprit et l'âme naissent et meurent avec le corps (...) Si l'onde s'échappe de toutes parts d'un vase mis en pièces, si les nuages et la fumée se dissipent dans les airs, crois que l'âme, séparée des membres, s'évapore de même après sa retraite, que sa substance périt encore plus promptement, que ses principes se dissolvent en beaucoup moins de temps (...) Nous la voyons naître avec le corps, croître et vieillir avec lui (...) L'esprit, étant tourmenté par les soucis, la tristesse et l'effroi, comme le corps par la douleur et la maladie, doit comme lui participer à la mort » (livre III).

Extraits du poème *De la Nature*, éd. citée.

***De la Nature,* livre III**
**trad. Clouard, Garnier-Flammarion, pp. 108-109**

# *PENSER LA MORT : UN DÉFI*

Depuis Montaigne, on va volontiers repétant que « philosopher, c'est apprendre à mourir »... Mais la question philosophique que pose la mort ne concerne pas tant un éventuel apprentissage qui pourrait la concerner, que la constitution d'une pensée qui la considère de front : comment penser la mort ? C'est-à-dire, avant même de prétendre lui trouver une signification, comment parvenir à la circonscrire, à la définir ?

## *Signification anthropologique de la mort*

Il n'y a de **conscience de la mort** que chez l'homme, affirme l'anthropologie* contemporaine (Georges Bataille, par exemple). L'animal ignore qu'il devra mourir. Au point que cette conscience du devoir-mourir appartient au repérage fondamental de l'humanité, au même titre que le travail ou l'instauration d'interdits.

Transcrire cela philosophiquement, c'est dire avec Nietzsche ou Heidegger que l'homme, « être des lointains », est un être-pour-la-mort, que la signification de l'existence humaine s'élabore en fonction et à partir de cet horizon ultime. C'est dire, de plus, qu'il n'y a de mort véritable que pour l'homme, seul capable d'en quêter le sens.

C'est encore **l'anthropologie** qui confirme que, dans toutes les sociétés humaines, si élémentaires soient-elles, le cadavre est l'objet d'une attention particulière. Par-delà la diversité des traitements qu'on lui fait subir (il peut être exposé, enfoui, brûlé, enterré, etc.), il apparaît qu'on ne saurait l'abandonner dans son état immédiat. Parce qu'il signifierait par sa seule présence que quelque chose du monde humain vient de s'effondrer, et que l'ordre culturel auquel est attachée la société, même sans se l'énoncer en toute lucidité, exige d'être protégé de telles atteintes. Ainsi, c'est l'idée confuse d'une **contagion de la mort**, dans un sens plus mystique qu'hygiéniste, qui justifierait l'attention et les soins portés au cadavre, en même temps que l'interdiction également présente dans tous les groupes humains, de donner la mort « pour rien ».

Pour notre mentalité, la mort est rationalisée : l'usure biologique, l'accident, la maladie l'expliquent. Mais il n'en va pas de même pour les mentalités « primitives » : la mort y dépend toujours d'une volonté hostile, qu'elle soit celle d'un homme, d'un esprit ou de la nature elle-même. Et c'est parce que cette volonté peut se réactiver à tout moment qu'il convient d'isoler le cadavre du monde quotidien.

Dessin de Topor, in A. Ruellan, *Manuel du Savoir-Mourir.*

## *La mort est toujours celle de l'autre*

Le cadavre, pourtant, n'est jamais le mien. C'est toujours **de l'extérieur** que je le perçois. C'est toujours de l'extérieur que je parle de la mort, puisque je ne puis, par définition, en avoir l'expérience. « Parler de la mort », remarque V. Jankélévitch, « c'est parler d'autre chose », parce que « tout ce qui la concerne fait exploser les catégories de discours auxquelles nous sommes habitués : le lieu, la date, le temps, la manière, etc. »

On peut en effet dire où a eu lieu un décès, mais non où est le mort : dans la tombe ? là n'est pas, pour un partisan de l'immortalité de l'âme, l'essentiel, et en quelques années, il n'y reste rien. Où est *le* mort ? Où est *la* mort ? Les épicuriens voyaient un argument rassurant dans le fait que, lorsque la mort intervient, tout s'interrompt pour supprimer la possibilité même de la souffrance ou de la pensée. Mais pour nous, cette sereine constatation devient la source de la difficulté radicale que nous éprouvons lorsqu'il s'agit de penser la mort : penser non plus ses conditions ou ses circonstances, médicales par exemple, mais bien penser le fait même de la mort.

De plus, nous n'avons jamais affaire qu'à **une mort particulière** — celle d'un individu singulier — et cela nous interdit de nous placer face à son éventualité la plus générale. Dès lors, il n'est pas surprenant que la mentalité quotidienne l'efface, et que la pensée se réfugie dans l'anonymat rassurant : parce que je n'en ferai jamais l'expérience, la mort reste abstraite — et d'autant plus que son imminence est différée par chaque jour de mon existence. « On dit : la mort viendra, c'est certain, mais pour le moment pas encore. C'est avec ce "mais..." que le "on"* dispute à la mort son caractère de certitude. "Pas encore pour le moment", ce n'est nullement une simple proposition négative, c'est une interprétation que le "on" donne de lui-même ; et par-là, il s'accroche à ce qui, pour commencer, reste encore un accès et un souci possible pour la réalité humaine » (Heidegger). De ce report, écoutons l'écho théâtral : « Je mourrai, oui, je mourrai. Dans quarante ans, dans cinquante ans, dans trois cents ans. Plus tard. Quand je voudrai, quand j'aurai le temps, que je le déciderai. En attendant, occupons-nous des affaires du royaume » (Ionesco, *Le Roi se meurt*). Telle est, à peine caricaturée, l'illusion et la méconnaissance de la mort que suscite notre soif de « vivre encore ».

Car en moi, tant que je vis, tout me détourne, m'attire loin de la mort — loin, plus exactement de la mienne : mes sentiments, mes activités, mes pulsions ; et, s'il est vrai qu'il y a dans l'être humain un « désir d'éternité* » (Alquié), c'est aussi parce que, ainsi que le montre Freud, « personne ne croit à sa propre mort, ou, ce qui revient au même, dans son inconscient chacun est persuadé de sa propre immortalité ».

Crânes en sucre vendus le jour de la fête des morts, au Mexique.

## *La mort niée*

Rien d'étonnant, donc, à ce que les organisations sociales aient mis au point un certain nombre de stratégies et de pratiques destinées à **masquer la mort** et sa réalité.

On peut, par exemple, la feindre au cours même de la vie pour mieux l'apprivoiser en quelque sorte, en affirmant contre elle l'avancée de l'existence socialisée. C'est ce qui a lieu dans certaines sociétés primitives, où l'initiation a fréquemment un tel sens : mimer la mort à une période ancienne de la biographie (enfance, adolescence), pour mieux ouvrir la possibilité d'une période ultérieure (maturité).

On peut aussi bien faire de la mort un prétexte à spectacle, à réjouissances collectives : pensons à l'art populaire et à la Fête des morts mexicaine. L'individu sait le plus tôt possible que la mort l'attend, mais qu'elle n'est au fond pas à craindre, parce qu'elle constitue la doublure permanente du quotidien.

On peut encore nier l'importance de la mort en la considérant, comme l'ont fait Platon, les chrétiens et certaines sagesses orientales, comme une simple transition vers une vie meilleure, strictement spirituelle et éternelle ; ou encore affirmer qu'elle ne saurait toucher l'espèce elle-même, et que le noyau de ce qui constitue la présence humaine dans le monde lui échappe (une variante de cette dernière thèse consistant, par exemple, à considérer que la création artistique est précisément un moyen pour l'individu d'échapper à la mort).

Parmi les effets de telles occultations, comment ne pas penser à l'extinction progressive, dans les sociétés contemporaines, des **rites funéraires** qui ont encore une grande importance dans d'autres sociétés. Dans certaines sociétés traditionnelles, il arrive par exemple que de « grandes funérailles », dont les festivités peuvent durer huit ou dix jours, succèdent au bout d'un an aux « petites funérailles ». Au début du siècle encore, il était de règle de porter le deuil ; et l'on signifiait à ses relations la fin de cette période en envoyant des « lettres du bout de l'an ».

Hans Baldung Grien, *La mort et la jeune fille* (1517), Tempera sur bois.

Désormais, tout cela a disparu. « Porter le deuil devient quelque chose de honteux. La famille ressent comme un échec la disparition de l'un des siens et ne tient pas à exhiber sa douleur. La mort est désormais obscène » (L.-V. Thomas). Obscénité qui n'est pas seulement physique (les cimetières sont des espaces à part), mais qui a bien un sens métaphysique : tout est fait socialement pour que, contrairement à ce que Nietzsche signalait dans la tragédie grecque, la vie* et la mort soient nettement distinguées, ne communiquent plus : chacune se déploie dans un champ désormais sans mélange.

## Mort et pouvoir

Sans doute la mort reste-t-elle toujours scandaleuse, ne serait-ce que pour des raisons affectives. Il est en conséquence interdit de la donner : « Tu ne tueras point... » Mais cet **interdit**, originel si l'on en croit Bataille, et consubstantiel à l'humanité elle-même, n'en finit pas d'être bafoué au nom de la raison d'État, au nom d'un pouvoir qui monopolise l'exercice d'une violence n'ayant plus rien à voir avec le sacré auquel elle donnait primitivement accès.

Donner la mort fut dans certaines religions le privilège du prêtre sacrificateur (cf. les sacrifices aztèques), parallèlement au chef. Aujourd'hui, ce dernier en garde le monopole — mais dans des proportions inaccoutumées. L'existence de l'armement atomique ouvre la possibilité d'une mort non plus ponctuelle, mais bien générique : la terreur n'est plus suscitée par un sacré par ailleurs fascinant, elle devient moyen laïc de diriger les peuples, de les contraindre à l'obéissance et à la soumission. Ce que Michel Serres nomme « thanatocratie », cette façon de gouverner par la mort, c'est-à-dire en jouant de sa menace, tend à se généraliser. Les phénomènes de masse qui caractérisent le monde moderne envahissent ainsi ce que la pensée classique concevait comme l'événement privé par excellence, moment d'une mise à nu face au jugement divin, pour n'en faire qu'un élément éventuellement statistique...

### BIBLIOGRAPHIE DE LA LEÇON

**G. BATAILLE :**
*L'Érotisme*, chap. II, IV et IX, 10-18.

**M. HEIDEGGER :**
*Qu'est-ce que la métaphysique ?*, Gallimard, pp. 115 sq.

**R. JAULIN :**
*La Mort Sara*, 10-18.

**L.-V. THOMAS :**
*Mort et pouvoir*, Payot.

**TABLE D'ORIENTATION**

MORT

[2] ANTHROPOLOGIE
[3] AUTRUI
[1] L'EXISTENCE
[4] L'ART
[5] RELIGION ET POUVOIR

## SUJETS DE DISSERTATION

[1] La pensée de la mort importe-t-elle à la vie ? (Montpellier, A, juin 1982)

■ « C'est en mortels que vous possédez tout, c'est en immortels que vous désirez tout » (Sénèque).

■ Faut-il vivre comme si nous ne devions jamais mourir ? (Rennes, A, 1981)

[2] En quoi le culte des morts est-il signe d'humanité ? (Lille, A, juin 1983)

[3] « C'est toujours l'autre qui meurt. » Qu'en pensez-vous ?

■ Que faut-il penser de cette affirmation : « Nous savons que nous sommes mortels, mais nous ne le croyons pas » ? (Amiens, A, juin 1982)

[4] « Créer, c'est conjurer la mort. » Qu'en pensez-vous ? (Nice-Ajaccio, A, 1983)

[5] Mourir pour une cause plaide-t-il en faveur de cette cause ? (Rouen, A, septembre 1983)

■ Faire disparaître des morts et créer des vivants, en quoi est-ce un pouvoir ?

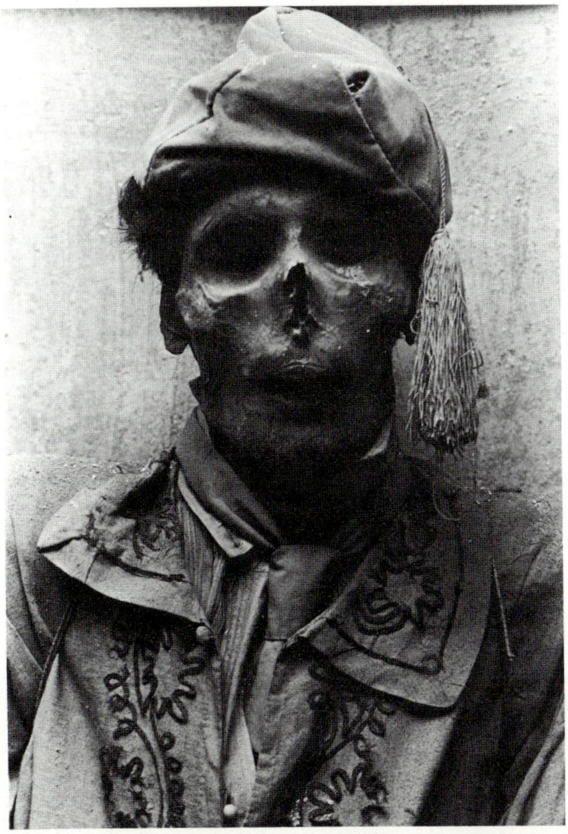

Est-il bon, est-il méchant ? L'une des momies du cimetière des capucins, Palerme.

## BIBLIOGRAPHIE GÉNÉRALE

**ARIÈS Ph. :** *L'homme devant la mort,* Seuil.

**BERDIAEFF N. :** *Le Sens de la mort,* Aubier.

**ÉPICURE :** *Lettre à Ménécée* in *Lettres,* Nathan, coll. « Les Intégrales de Philo ».

**JANKÉLÉVITCH V. :** *La Mort,* Flammarion.

**MORIN E. :** *L'Homme et la mort dans l'Histoire,* Seuil.

**PLATON :** *Phédon,* Garnier-Flammarion.

**SCHOPENHAUER :** *Métaphysique de l'amour, métaphysique de la mort,* 10-18.

## GLOSSAIRE

**Éternité :** durée indéfinie, d'un temps qui peut être linéaire ou cyclique (voir l'Éternel retour). En un sens plus rigoureux, on peut assimiler l'*éternité* à l'intemporalité, à ce qui est soustrait au devenir. Le désir humain d'éternité est renforcé par l'absence d'expérience humaine directe de l'éternité.

**Immortalité :** caractère de ce qui n'est pas soumis à la mort. L'immortalité est une hypothèse métaphysique bien plus qu'une réalité physique. Elle est pensée en liaison avec la *réincarnation* d'une même âme en plusieurs corps successifs. La *métempsychose* est la croyance en une réincarnation des esprits.

**Matière :** la conservation de la quantité de matière est l'un des principes essentiels de la physique. Si « rien ne se crée, tout se transforme », rien ne *disparaît* jamais non plus, d'un point de vue physique : autant dire que la mort est une réalité d'un ordre absolument différent de la matière, et que son sens profond commence là où s'arrête son approche biologique.

**Thanatologie :** étude scientifique de la mort, sous ses différents aspects biologiques et sociologiques.

**Vie :** ensemble des manifestations de croissance, d'assimilation et de reproduction des organismes végétaux et animaux telles que les étudie la biologie. La biologie contemporaine considère que les organismes vivants sont des systèmes qui ajoutent à la matière inerte de l'*information* plus que de l'énergie ou de la matière.

**CE QUE VEUT DIRE EXISTER**

Donc j'étais tout à l'heure au jardin public. La racine du marronnier s'enfonçait dans la terre, juste au-dessous de mon banc. Je ne me rappelais plus que c'était une racine. Les mots s'étaient évanouis et, avec eux, la signification des choses, leurs modes d'emploi, les faibles repères que les hommes ont tracés à leur surface. J'étais assis, un peu voûté, la tête basse, seul en face de cette masse noire et noueuse, entièrement brute et qui me faisait peur. Et puis j'ai eu cette illumination. Ça m'a coupé le souffle. Jamais, avant ces derniers jours, je n'avais pressenti ce que voulait dire « exister ».

J'étais comme les autres, comme ceux qui se promènent au bord de la mer dans leurs habits de printemps. Je disais comme eux « la mer est verte ; ce point blanc, là-haut, c'est une mouette », mais je ne sentais pas que ça existait, que la mouette était une « mouette existante » ; à l'ordinaire l'existence se cache. Elle est là, autour de nous, en nous, on ne peut pas dire deux mots sans parler d'elle et, finalement, on ne la touche pas.

Quand je croyais y penser, il faut croire que je ne pensais rien, j'avais la tête vide, ou tout juste un mot dans la tête, le mot « être ». Ou alors, je pensais... comment dire ? Je pensais l'appartenance, je me disais que la mer appartenait à la classe des objets verts ou que le vert faisait partie des qualités de la mer. Même quand je regardais les choses, j'étais à cent lieues de songer qu'elles existaient : elles m'apparaissaient comme un décor. Je les prenais dans mes mains, elles me servaient d'outils, je prévoyais leurs résistances. Mais tout ça se passait à la surface. Si l'on m'avait demandé ce que c'était que l'existence, j'aurais répondu de bonne foi que ça n'était rien, tout juste une forme vide qui venait s'ajouter aux choses du dehors, sans rien changer à leur nature. Et puis voilà : tout d'un coup, c'était là, c'était clair comme le jour : l'existence s'était soudain dévoilée.

Elle avait perdu son allure inoffensive de catégorie abstraite : c'était la pâte même des choses, cette racine était pétrie dans de l'existence. Ou plutôt la racine, les grilles du jardin, le banc, le gazon rare de la pelouse, tout ça s'était évanoui ; la diversité des choses, leur individualité n'étaient qu'une apparence, un vernis. Ce vernis avait fondu, il restait des masses monstrueuses et molles, en désordre, nues, d'une effrayante et obscène nudité.

Jean-Paul Sartre. *La Nausée*
Folio-Gallimard, pp. 178-179

# EXISTENCE

## *De l'aspiration à l'absurde*

Le livre de Jean-Paul Sartre, *La Nausée* (1938) est le journal d'un homme qui n'existe pas. Pourtant, Antoine Roquentin, le rédacteur de ce journal intime, « vit ». Ou plutôt, « il se survit », et les instants « s'empilent au petit bonheur » en lui, sans qu'il y prête attention : il parle avec les mots de tout le monde, mais n'adhère pas à ses mots ; il pense aussi, mais sans remplir ses pensées. Par rapport à ses gestes et à ceux des autres, il reste toujours en position d'observateur. En somme, la vie quotidienne, ordinaire, cette vie qui va de soi, il la ressent comme un **manque**. Dans cette vie, il ne se sent pas exister.

C'est le premier paradoxe de l'existence : tout ce qui est, choses, bêtes et gens, **existe**. Pourtant, quand nous parlons d'exister, nous exprimons souvent une revendication ou une aspiration : exister, c'est vivre plus pleinement, être plus complètement soi-même. Mais qu'est-ce qui nous empêche d'exister ? La vie ordinaire justement : mes paroles, mes pensées, mes gestes, tant d'autres les ont déjà prononcés, pensés, accomplis — ou pourraient le faire à ma place —, que le mot « d'existence » semble trop beau pour les nommer. Ainsi, l'existence, c'est d'abord ceci : l'aspiration vers quelque chose qui n'est pas là et qui donnerait à **ma vie** un **sens plus personnel.**

## *Retourner à la « racine » informelle des choses*

Si l'existence a été recouverte par la vie quotidienne, on peut pourtant la retrouver à la faveur d'expériences privilégiées qui nous la feront quasiment toucher du doigt : c'est ce que vit Roquentin, dans le jardin public, cet endroit si paisible. Un jardin public n'est pas un lieu comme les autres : ensemble d'arbres, de fleurs et d'herbe, ce n'est pourtant pas la nature. Les gens n'y travaillent pas non plus, et leurs gestes sont délestés de leur habituelle vocation utilitaire.

Roquentin décrit sa rencontre avec l'existence comme une **illumination**, le mot signifiant aussi aveuglement : une lumière surgit, si forte et si neuve qu'elle nous empêche de voir ce que nous voyons d'ordinaire. Pour atteindre l'existence, il faut être en situation de ne plus voir ce qui habituellement la cache. Il faut **percer la surface des choses** pour retrouver leur racine enfouie.

Nous perdons alors tous nos repères, et la « réalité » est désormais privée de ses cautions usuelles. La racine du marronnier, les grilles du jardin, le gazon, toutes ces choses échappent à Roquentin : il cesse de les maîtriser. Il est désormais incapable de les toucher, de les traiter en ustensiles ou simplement de les nommer. C'est que, ce que l'on peut dominer, ce sont des choses et, parfois, des hommes. Mais **l'existence n'est pas une chose**. Elle est **la racine des choses**, ce qui fait que les choses sont. C'est pourquoi les mots, les concepts, les modes d'emploi et même les structures de la perception, tous ces instruments qui nous permettent de construire et de maîtriser l'univers des choses, ne sont d'aucun secours face à l'existence. Il faut régresser en deçà d'eux pour les approcher.

L'existence s'éprouve comme un **vertige**, qu'on ne peut décrire qu'imparfaitement et après coup puisque, pour cette description, nous aurons besoin de retrouver mots et idées abolis par la révélation, nécessairement inadéquats. L'existence surgit et submerge en faisant éclater les formes grâce auxquelles nous nous repérions dans le monde ; elle déborde de partout, comme la matière indifférenciée à laquelle on a ôté la forme. Vertige, ce n'est pas là une sensation agréable, et la révélation de l'existence plonge en effet Roquentin dans le malaise. L'existence, parce qu'elle est innommable, impensable, informelle, semble transporter l'homme, désarmé, hors du monde où il sait vivre.

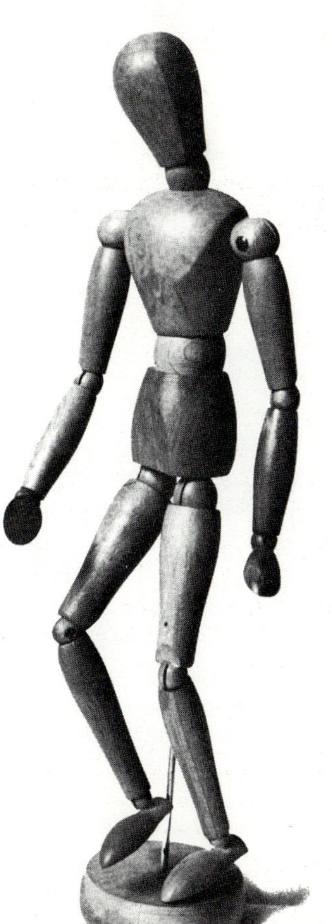

## *Peut-on donner un sens à l'existence ?*

Le mot « existence » désigne une **aspiration** ressentie lorsque la vie nous paraît truquée et dépourvue de **sens authentique**. Mais la révélation de l'existence en tant que telle crée en nous un malaise parce qu'elle nous prive des moyens que nous avons de donner un sens aux choses, et nous plonge dans l'univers du non-sens et de l'informe. Il est remarquable à cet égard que les **expériences existentielles privilégiées** soient des situations où notre vie se dérègle, sort des rails de l'habitude et se trouve intégralement **remise en cause** : l'**angoisse**, la **faute**, l'**échec**, la **révolte**... En somme, nous n'échappons à l'inauthenticité que pour tomber dans l'absurde qui, littéralement, nous coupe la parole.

L'existence ne serait-elle qu'une aspiration vide et à jamais insatisfaite ? Un mirage philosophique, sans contenu clair et dont on ne peut donner que des définitions négatives (im-pensable, ir-réductible, in-formulable) ? Ou bien est-il au contraire possible, sur la base d'une révélation qui abolit toutes les significations, de redonner un sens à l'existence et de construire un discours philosophique à partir de cette **découverte de l'absurde** qui semble récuser la possibilité même de tout discours ?

## La question d'être

**Emmanuel LÉVINAS**

La dualité de l'existence et de l'existant est certes paradoxale — puisque ce qui existe ne peut rien conquérir s'il n'existe pas déjà. Mais la vérité de cette "dualité", l'accomplissement de cette conquête sont attestés par certains moments de l'existence humaine où l'adhérence de l'existence à l'existant apparaît comme un clivage. (...)

L'étonnement ne se produit pas par rapport à un ordre quelconque plus naturel que la nature, mais uniquement devant l'intelligible lui-même. Son étrangeté pourrions-nous dire, tient à son fait même ; au fait qu'il y a de l'existence. *La question d'être* est l'expérience même de l'être dans son étrangeté. Elle est donc une manière de l'assumer. C'est pourquoi la question de l'être : qu'est-ce que l'être ? n'a jamais comporté de réponse. L'être est sans réponse. La direction dans laquelle cette réponse devrait être cherchée est absolument impossible à envisager. La question est la manifestation même de la relation avec l'être. L'être est essentiellement étranger et nous heurte. Nous subissons son étreinte étouffante comme la nuit, mais il ne répond pas. Il est le mal d'être.

***De l'existence à l'existant* (1947), Vrin, pp. 27-28**

## « L'être-là »

**Martin HEIDEGGER**

L'étant*, dont nous avons à faire l'analyse est celui que nous sommes nous-mêmes. L'être de cet étant est d'*être-mien*. C'est dans son être que cet étant se rapporte lui-même à son être. Comme étant de cet être, il lui est imposé d'avoir à être. C'est de l'*être* lui-même que pour cet étant, il y va. Ces caractères de l'être-là conduisent à deux remarques.

1. L'« essence » de cet étant réside dans son avoir-à-être. Sa quiddité *(essentia)* doit, pour autant qu'on en puisse même parler, être comprise par son être *(existentia)*. (...) Nous éviterons toute confusion en employant toujours, au lieu d'*existentia*, l'expression interprétative d'*être-subsistant*, tandis que nous réserverons *existence* pour désigner la détermination d'être qui ne convient qu'à l'être-là.

*L'« essence » de l'être-là réside dans son existence.* Les caractères qui peuvent être dégagés en cet étant ne sont donc aucunement des « propriétés » subsistantes relevant de l'être-subsistant et qui appartiendraient à un étant subsistant de telle ou telle apparence : ce sont pour l'être-là des modes possibles d'être, et cela seulement. Tout ce qui a trait à ce que cet étant est, est d'abord, d'être. C'est pourquoi le terme d'être-là par lequel nous le désignons n'indique pas une quiddité, comme c'est le cas pour la table, la maison, ou l'arbre, mais son être.

2. L'être *dont*, pour cet étant, il y va dans son être, est toujours mien. C'est pourquoi l'être-là n'est pas à comprendre ontologiquement* comme un cas ou un exemplaire d'un genre de l'étant, qui serait l'étant subsistant. A ce dernier étant, son être est « indifférent » ; plus exactement cet étant « est » en telle sorte que son être ne peut lui être ni indifférent ni non indifférent. Le caractère d'*être-mien* propre à l'étant qui a le type de l'être-là comporte que tout discours relatif à lui implique, toujours et nécessairement, le pronom *personnel* : « je suis », « tu es ».

***L'Être et le temps* (1927), trad. R. Boehm et A. de Waelhens, Gallimard, pp. 62-63**

*« Quand je pense que ça va disparaître, ça, un jour !... »*
Sempé, *Quelques philosophes.*

## *La nécessité du mot*

**Jean BEAUFRET**

Le mot existence implique une très ancienne contrepartie que dit un autre mot : le mot essence*. En réalité, c'est même plutôt le mot essence qui est premier. *Essentia,* c'est la transposition directe sur le plan nominal du verbe, *esse* : être. Les Latins, quand il leur arrivait de philosopher, c'est-à-dire de méditer sur ce qui est, parlaient, nous le savons par Sénèque, d'essence plutôt que d'existence. En latin, le mot *existentia* est un vocable très tardif. Non pas sans doute le verbe *existere* ! Mais il ne signifie pas du tout exister. *Existere* c'est d'abord sortir : sortir d'un domaine, d'une maison, d'une cachette — c'est, ensuite et par extension, se montrer. (...)

Le mot *essentia*, qui, à l'origine, disait l'être lui-même, s'est de plus en plus spécialisé dans la tâche de dire *ce que* sont les choses, par opposition au fait *qu*'elles sont. Ce qu'est une chose, c'est la manière dont on peut en donner une définition qui la distingue spécifiquement des autres choses en l'identifiant à elle-même.

Mais, quelque parfaite que soit la définition, elle paraît généralement laisser en suspens l'existence de ce qu'elle définit. Elle nous laisse, comme on dit, au niveau du possible. Reste à passer du possible à l'être. C'est dans ce contexte que va se faire jour la nécessité d'un autre mot dont la fonction sera de dire ce que le mot essence dit de moins en moins, et cet autre mot sera de plus en plus celui qui, à l'origine, voulait plutôt dire sortir, provenir de, se montrer, se manifester, c'est-à-dire le mot *existence*.

***Introduction aux philosophies de l'existence* (1963),**
**Gonthier-Médiations, pp. 79-80**

## commentaire

Ces trois tentatives pour cerner ou discerner **le simple fait d'être** n'ont d'autre « intention » que de montrer que l'existence ne va pas de soi.

Jean **Beaufret** (1907-1982) expose le mouvement d'approche du mot « existence » à travers l'histoire de sa formation, sa genèse dans les mémoires et son éclosion dans le concept : ce n'est pas tant la dérive philologique qui intéresse ici, que la constatation d'un besoin, celui d'exprimer le **fait d'être**. Alors même que l'**essentia** pensait tout dire de l'être, l'existence a percé, et le mot s'est institué, soutenu par le besoin de penser ce fait brut.

**Heidegger** (1889-1976) manifeste son effort de délimitation de la réalité humaine en vue d'édifier « une image » de l'homme sur des bases nouvelles. Pour cela, il distingue soigneusement l'être-là de ce qui n'est qu'être-subsistant : l'« essence » de l'être-là, c'est son existence, comprise comme une **détermination** dépassant de simples qualités possibles. Le mot même d'existence est donc réservé à l'être-là, c'est-à-dire au sujet humain par opposition à tout ce qui ne fait que subsister, l'arbre ou l'encrier. Ainsi, l'**existant** ne se confond pas avec les simples étants-subsistant : il a une infinité de modes d'être possibles. Mieux, il est à lui-même ses propres possibilités.

Emmanuel **Lévinas** (né en 1905) insiste sur l'**étonnement** primordial qui surgit au sein de l'être. En deçà de la dualité existant-existence (celle-ci étant à conquérir à partir de celui-là), il y a l'être, réalité ouverte et questionnante qui ne saurait se refermer calmement. « La lumière illumine et est naturellement comprise, elle est le fait même de la compréhension. Mais à l'intérieur de cette corrélation naturelle entre nous et le monde, par une espèce de dédoublement, s'affirme une question : l'étonnement devant cette illumination... » (op. cit.).

# *La philosophie ne doit pas oublier l'existence*

## l'auteur

Søren Kierkegaard, 1813-1855, philosophe danois né à Copenhague, est souvent présenté comme le père de l'**existentialisme***. Sa pensée est une violente contestation de la tradition philosophique issue du **système hégélien** auquel il reproche de s'édifier dans l'oubli de la réalité concrète de l'existence.

Contre l'idée de la réalité comme totalité unifiée et close, contre la **dialectique** hégélienne qui prétend résoudre les contradictions d'une réalité pourtant intrinsèquement **contradictoire**, Kierkegaard est à la recherche d'une pensée qui ne remplace pas la vie par des idées. Cette pensée, il la trouve aussi bien dans la figure de **Socrate**, individu ironique qui s'abstient de proposer des doctrines rassurantes et abstraites, que dans le **christianisme**, dont l'exigence première est de vivre en accord avec sa pensée. Après avoir personnellement mis à l'épreuve la vie de l'esthète (qui, ayant laminé la réalité par son ironie, la transforme en objet de jouissance), puis celle de l'homme éthique (qui se plie à la réalité en prenant ses responsabilités d'époux et de citoyen), Kierkegaard choisit finalement la position de l'**homme religieux** : à ses yeux, le christianisme (dont il donne une interprétation originale), conserve sans l'affaiblir le paradoxe de l'existence humaine, à la fois finie et ouverte sur l'infini ; seul le christianisme décrit adéquatement les vécus existentiels (désespoir, angoisse, culpabilité, foi...) sans pour autant les réduire.

## l'intérêt philosophique du texte

Kierkegaard dénonce ici sous le nom d'« **abstraction** » un certain style de philosophie explicitement identifiée dans son œuvre au système de Hegel. Ce qui caractérise le penseur abstrait, c'est qu'il s'exprime *sub specie aeterni :* il ne s'exprime pas de son point de vue singulier d'être humain fini, mais prétend occuper une position absolue où tous les points de vue se rejoignent — en somme, le point de vue de Dieu. Cette prétention est aux yeux de Kierkegaard le comble de la mystification : le penseur abstrait oublie qu'il est réellement un existant singulier, dont la singularité ne peut être dépassée dans un discours universel. C'est d'ailleurs pourquoi il est si comique : c'est la voix de l'Esprit qui est censée se faire entendre lorsqu'il parle, et c'est pourtant celle d'un être humain, avec ses particularités, et parfois ses mesquineries, qui énonce les thèses...

Kierkegaard ne reproche pas au penseur abstrait de s'élever jusqu'à des propositions générales : tout philosophe vise la généralité puisqu'il s'adresse en droit à tous les hommes. D'ailleurs, toute idée est générale, c'est-à-dire communicable et partageable. Ce qu'il reproche au penseur abstrait, c'est d'escamoter la vraie difficulté qui consiste à faire passer dans une forme philosophique « idéale » les problématiques concrètes rencontrées par un individu existant : les seules vérités qui comptent sont celles qui se rapportent à l'existence, et celle-ci ne peut se réduire à un simple maillon de la chaîne systématique.

**1** ☐ Il faut signaler que la philosophie de Hegel, ici visée, contient une très vigoureuse critique de l'abstraction : la nécessité de parvenir au concret en est même un des leitmotive. La lecture que Kierkegaard fait de Hegel ne doit pas être prise comme vérité incontestable, mais bien plutôt comme l'ouverture d'un débat philosophique. On trouvera dans la *Préface* à la *Phénoménologie de l'esprit* les éléments de ce que pourrait être une réponse de Hegel à Kierkegaard.

**2** ☐ Ce terme rappelle Pascal parlant de la « **misère** de l'homme sans Dieu », mixte de grandeur et de petitesse (voir la *Leçon* du chapitre sur la *Religion*). La filiation Pascal-Kierkegaard est indéniable, et ce texte fait penser aux critiques lapidaires de Descartes par Pascal (*Pensées*, fragment 84 de l'éd. Lafuma).

Anthony Perkins dans le film *Le Procès*, d'Orson Welles, d'après Kafka.

## *L'existence ou la ruine de l'abstraction*

**KIERKEGAARD**

La langue de l'abstraction[1] ne mentionne à vrai dire jamais ce qui constitue la difficulté de l'existence et de l'existant et elle en donne encore moins l'explication. Justement parce qu'elle est *sub specie aeterni**, la pensée abstraite ne tient pas compte du concret, de la temporalité, du devenir propre à l'existence et de la misère[2] que connaît l'existant du fait qu'il est une synthèse d'éternel et de temporel[3], plongée dans l'existence. Si l'on admet maintenant que la pensée abstraite est ce qu'il y a de plus élevé, il en résulte que la science et les penseurs délaissent fièrement l'existence et qu'ils nous laissent à nous autres hommes le pire à digérer. Et même, il en résulte encore autre chose pour le penseur abstrait lui-même : comme il est pourtant lui aussi un existant, il doit être en quelque façon un distrait.

S'informer abstraitement de la réalité (à supposer qu'on en ait le droit, puisque le particulier, le contingent sont partie intégrante du réel et le contraire de l'abstraction), et donner une réponse abstraite, est beaucoup moins difficile que de demander ce que signifie que telle chose précise est une réalité, et que de répondre à cette question. Car l'abstraction ne tient pas compte de cette chose précise, mais la difficulté consiste précisément à la rattacher à l'idéalité de la pensée en voulant la penser. L'abstraction ne peut pas même s'occuper d'une pareille contradiction que justement elle empêche.

L'insuffisance de l'abstraction éclate justement dans toutes les questions qui concernent l'existence ; elle commence par écarter la difficulté en l'omettant, puis elle se vante de tout expliquer. Elle explique l'immortalité en général et tout va à merveille, car l'immortalité devient identique à l'éternité, celle qui est essentiellement le milieu de la pensée. Mais quant à savoir si un existant particulier est immortel, ce qui est bien la difficulté, l'abstraction n'en a cure. Elle est désintéressée, mais la difficulté de l'existence est ce qui intéresse l'existant, infiniment intéressé à exister. La pensée abstraite m'aide ainsi, touchant mon immortalité, en me tuant comme individu ayant une existence particulière pour me rendre alors immortel ; elle me secourt à peu près à la façon du médecin de Holberg dont la drogue tua le malade, mais chassa aussi la fièvre. Quand donc on regarde un penseur abstrait qui ne veut pas clairement reconnaître et avouer le rapport de sa pensée abstraite avec sa propre existence, il a beau être un esprit remarquable, il n'en produit pas moins une impression comique : il est en train de cesser d'être homme. Tandis qu'un homme réel, synthèse d'infini et de fini, trouve justement sa réalité dans la sauvegarde de cette synthèse et est infiniment intéressé à exister, un pareil penseur abstrait a une double nature : il est un être imaginaire vivant dans l'être pur de l'abstraction, et parfois une triste figure de professeur dont le moi abstrait se défait comme on dépose sa canne.

***Post-Scriptum aux « Miettes philosophiques »* (1846),**
**Vol. II, ch. 3, § 1, trad. P.H. Tisseau, éd. de l'Orante, p. 1**

**3** ◻ « Le moi est la synthèse consciente d'infini et de fini qui se rapporte à elle-même et dont le but est de devenir elle-même, ce qui ne peut se faire qu'en se rapportant à Dieu. Mais devenir soi-même, c'est devenir concret, ce qu'on ne devient pas dans le fini ou l'infini, puisque le concret à devenir est une synthèse. L'évolution consiste donc à s'éloigner indéfiniment de soi-même dans une "infinitisation" du moi, et à revenir indéfiniment à soi-même dans la finitisation. » (*Traité du désespoir,* Livre 3, Ch. 1. On notera le style très « hégélien » du texte...)

***** *Sub specie aeterni :* mot à mot, « sous l'espèce de l'éternel », sous la catégorie de l'éternité. Se dit de tout raisonnement ou de toute réalité qui prétend se tenir au-dessus du monde intemporel et changeant.

# *L'EXISTENCE, UN PROBLÈME PHILOSOPHIQUE ?*

Le mot « existence » est sans doute celui qui a été le plus employé par les philosophes français de 1945 à 1960. Pourtant, que l'existence soit un problème philosophique, voilà qui ne va pas de soi : de l'existence, il est bien difficile d'énoncer autre chose que des tautologies[1]. La philosophie soutient des thèses sur la **façon d'exister**. Mais comment soutenir une thèse sur l'existence elle-même sans déboucher sur ce simple constat, des choses existent, d'autres pas ?

De fait, le refus de faire de l'existence un problème philosophique ou un objet de discours correspond à la position de la philosophie classique, pour laquelle il n'y a pas à s'exprimer sur l'existence : c'est ce que reflète l'opposition traditionnelle de l'essence et de l'existence.

## *Essence et existence*

L'essence d'une chose, c'est **ce que** cette chose est nécessairement, si elle **est** : on dit aussi que l'essence exprime la « quiddité » de la chose. L'existence, en revanche, c'est le fait même que cette chose existe (voir dans les *Extraits* le texte de J. Beaufret). L'essence a donc trait au **nécessaire** : l'essence d'une chose contient tout ce que ma pensée peut affirmer comme nécessaire à cette chose. Ainsi, si je pense à un cercle, je pense qu'il est nécessairement rond, sans quoi il n'est pas cercle.

En revanche, la pensée ne peut affirmer la **nécessité de l'existence d'une chose** : ce n'est pas parce que je pense à une chose et à ses propriétés que cette chose existe. Je peux par exemple concevoir la notion de « licorne », rien dans cette notion imaginée n'aura trait à son existence. En d'autres termes, l'existence ne peut être déduite de la pensée. Pour ma pensée, l'essence d'une chose est nécessaire ; mais l'existence même de cette chose est seulement **possible**.

Kant a parfaitement souligné ce point dans sa critique de la preuve ontologique de l'existence de Dieu[2], préfigurée par saint Anselme au XIe siècle et développée dans sa forme définitive par Descartes. Selon cet argument, Dieu est le seul être dont l'essence implique nécesairement l'existence, son essence est celle d'un être parfait qui, de ce fait, possède nécessairement toutes les perfections. Or l'existence est une perfection. Donc Dieu **existe nécessairement**.

## *Existence et concept*

Kant montre que cette preuve est viciée, parce qu'elle considère l'existence comme un prédicat nécessaire du concept de Dieu, au même titre que l'omnipotence ou l'omniscience. Or l'existence ne peut être le **prédicat d'un concept**. Prenons le concept de « cent thalers », explique Kant en choisissant à dessein le cas très concret de la monnaie alors en usage. Savoir que ces cent thalers sont en or ou en argent, voilà qui ajoute à ce concept. Par contre, que ces cent tahlers existent ou n'existent pas, cela n'ajoute rien à l'idée de « cent thalers », qui reste la même. L'existence n'est donc pas un prédicat qui permet de déterminer un concept, elle ne fait pas partie des propriétés qui appartiennent à l'essence d'une chose : elle est **hétérogène à l'ordre des concepts**. Comme l'écrit Karl Jaspers (1883-1969), « l'existence n'est pas un concept mais un *index* qui désigne un au-delà par rapport à toute objectivité ».

De ce raisonnement, l'on peut tirer trois conséquences :

1° L'existence n'est pas un concept, mais une **« position »**, c'est-à-dire le simple fait d'être là. Dire que quelque chose existe, ce n'est pas enrichir l'idée de cette chose, c'est mettre en relation cette idée avec quelque chose qui n'est pas une idée : l'existence.

2° L'existence ne peut donc être l'objet que d'un **constat**, d'une **expérience**. Elle **s'éprouve**, elle **ne se prouve pas**. C'est pourquoi l'objet de la philosophie, ce sont les essences, et non l'existence : celle-ci se constate, mais on ne peut lui faire correspondre aucune idée ni aucun discours.

3° Si l'existence n'est pas un concept, elle n'a, semble-t-il, aucune signification théorique. Mais elle marque la **limite de la pensée**, puisqu'on ne peut démontrer l'existence de quelque chose à l'aide de la seule pensée.

## *Kierkegaard : l'existence, point de départ et but de la pensée*

Pour que l'existence devienne un enjeu philosophique, il faut donc qu'elle prenne un autre sens que celui de « réalité constatable ». Il faut que l'expérience de l'existence soit dotée d'un sens nouveau, ou mieux : d'un **sens**, tout simplement.

Historiquement, l'affirmation du sens de l'existence a été formulée par Kierkegaard en réaction contre le système de Hegel, pour qui « tout ce qui est réel est rationnel, tout ce qui est rationnel est réel ». Cette formule lapidaire et souvent mal comprise souligne essentiellement deux points : l'apparente irrationalité du réel n'est justement qu'une apparence, tout est explicable et rationalisable. Et, d'autre part, la vraie réalité n'est pas la réalité empirique, mais la réalité douée de sens, c'est-à-dire telle que le système l'explique et la présente. Le système de Hegel « oublie » donc, volontairement bien entendu, la limite fixée par Kant (Hegel a d'ailleurs écrit une réhabilitation de la preuve ontologique) : il ne se soumet pas à l'épreuve de la réalité, il décide de ce qui est réel.

Kierkegaard combat la conséquence de cette attitude, à savoir l'idée que le sens et la valeur de l'existence soient absolument déterminés par le système, et que la philosophie puisse, à la limite, se passer de l'existence. « Partout il est acquis et posé que rien ne dépasse la pensée. La science se détourne toujours plus des impressions premières de l'existence ; il n'y a rien à éprouver, rien à ressentir, tout est prêt et la spéculation n'a désormais plus qu'à cataloguer, ordonner, classer méthodiquement les divers degrés de la pensée ; on n'aime pas, on n'agit pas, on ne croit pas, mais on sait ce qu'est l'amour, ce qu'est la foi, et toute la question est de savoir quelle place leur assigner dans le Système » (*Post-Scriptum*, éd. cit. p. 44).

Quand la philosophie prétend prendre le pas sur l'existence, il faut réaffirmer que l'existence est le point de départ et le but de la pensée. La première exigence des philosophies de l'existence est de tenir compte des **vécus existentiels***. Le penseur ne doit pas oublier son existence d'homme au moment où il prend la plume. Reste à savoir ce que récolte celui qui, dédaigneux des systèmes, cherche à saisir l'existence dans toute sa nudité.

## *L'expérience de l'existence. Révélation et angoisse*

Revenons au récit que fait Roquentin de sa découverte de l'existence, et examinons les voiles qu'il lui a fallu soulever pour toucher l'existence nue :

- Le langage : les mots sont des catégories abstraites, des généralités, des « noms communs » ; la syntaxe découpe le monde selon une grille formelle, en sujets, verbes, objets... Parler implique de ne plus respecter la singularité de l'existence qui est une **réalité infralinguistique**.
- Les concepts : eux aussi sont abstraits et généraux, ils substituent au surgissement de l'existence le monde ordonné des substances, des qualités, des relations.
- L'utilité pratique : le rapport utilitaire au monde ne se soucie pas de l'existence, il se contente de définir les choses par leur usage. La vérité de l'existence est donc **recouverte** par les significations pratiques.

C'est pourquoi la découverte de l'existence prend la forme d'une « illumination », d'une révélation comme dans le mouvement nommé « dévoilement » par Heidegger : quelque chose surgit, qui éclaire la vanité du langage, de la pensée et de la technique.

Mais cette révélation loin d'être un enrichissement, nous ramène plutôt à un « en deçà » de la signification : Roquentin touche l'existence, mais il ne sait qu'en dire, penser ou faire. Toutes les significations antérieures ont été évacuées du monde, et l'expérience de l'existence est nécessairement angoissante.

Il est significatif que toutes les philosophies de l'existence (Kierkegaard, Heidegger, Jaspers, Sartre) accordent une place primordiale au concept d'**angoisse**. Abstraction faite du voile trompeur et familier qui recouvre le monde, il ne reste qu'une masse informe et « obscène ». L'angoisse, qui nous révèle notre liberté, est aussi une approche du **néant** qui perce au sein du monde. Ce qui caractérise l'existence, c'est son vide, son absence de sens : le premier travail du philosophe existentiel, c'est donc de se confronter au non-sens et de chercher sa signification.

## *L'existence est absurde*

Dire que l'existence est un non-sens, ce n'est pas seulement dire qu'elle est **indéfinissable**, c'est aussi reconnaître qu'elle est **injustifiable**. Comme le disait Alain, « aucune raison ne peut donner l'existence, aucune existence ne peut donner ses raisons ». Elle est donc **contingente** : on ne peut lui donner de nécessité car une chose n'est nécessaire que si elle peut « donner ses raisons ».

Mais en même temps, cette contingence n'implique pas que l'existence nous laisse le choix à son égard : elle est là, au contraire, d'une manière irrévocable, à la façon d'une **contrainte**.

« On ne pouvait même pas se demander d'où ça sortait, tout ça, ni comment il se faisait qu'il existât un monde plutôt que rien. Ça n'avait pas de sens, le monde partout présent, devant, derrière. Il n'y avait rien eu *avant* lui. Rien. Il n'y avait pas eu de moment où il aurait pu ne pas exister. C'est bien ça qui m'irritait : bien sûr, il n'y avait *aucune raison* pour qu'elle existât, cette larve coulante. Mais *il n'était pas possible* qu'elle n'existât pas » (*La Nausée*, p. 189).

L'existence est donc en quelque façon nécessaire. Et ce **mélange de contingence et de nécessité**, c'est l'**absurdité de l'existence**. La philosophie existentialiste trouve son point de départ dans cette absurdité : la première certitude est que l'homme est jeté dans un monde dont il ne peut ni nier ni comprendre la nécessité. C'est la **« déréliction* »** (Heidegger).

## *Existence et liberté : seul l'homme existe vraiment*

A l'inverse d'un **existentialisme chrétien**, qui voit dans la foi une réponse possible à l'absurdité de l'existence, l'**existentialisme** athée de Sartre tente de répondre en faisant de cette absurdité même la **condition** de la liberté humaine.

Certains (ceux que Sartre appelle parfois des **« salauds »**) font comme si le sens des mots, des idées et des usages allait de soi. Ils vivent dans un monde reposant dont toutes les significations leur ont été données comme autant de phénomènes naturels. Sartre dénonce cette attitude sous le nom de **« facticité »** : prendre le sens pour un fait alors que le seul fait premier, c'est l'absurdité, l'absence de sens. L'existence factice n'est pas **libre** : elle se conforme à un ordre établi, suit le cours des choses sans le contester ni le choisir, et croit à une essence préétablie du monde.

Au contraire, celui qui reconnaît l'absurdité de l'existence comprend qu'elle n'est conforme à aucune essence et que son sens ne sera que celui qu'on lui aura choisi, librement, par nos actes. C'est justement parce que l'existence est absurde qu'elle nous laisse le **choix** et la **responsabilité**. Et donc la liberté. C'est pourquoi l'on peut dire que **seul l'homme existe**.

## *Un impératif moral*

Si les choses sont définies par une essence, en revanche l'homme n'est pas une chose : il n'obéit ni à une nature ni à un modèle de l'homme. Une chose ne peut jamais être autre chose que ce qu'elle est (« en-soi », dans le vocabulaire de Sartre). Mais que chacun de nous puisse à chaque instant être autre chose que ce qu'il est, que nous voyions s'ouvrir sans cesse des possibilités et des choix, c'est là une évidence familière que seule la **mauvaise foi** peut cacher.

L'alcoolique ou le joueur ne sont pas tels par essence : ils peuvent *choisir* de s'arrêter de boire ou de jouer. La célèbre formule de Sartre selon laquelle *« l'existence précède l'essence »* signifie que l'homme n'est pas condamné à ce qu'il est. Il *ek-siste* : il est toujours susceptible de sortir de soi pour devenir autre-que-soi. C'est pourquoi l'existence est orientée vers l'avenir : elle n'est jamais figée dans une essence, ni entièrement déterminée par le passé.

C'est pourquoi le verbe *« exister »* prend souvent la forme d'un **impératif moral** : exister, c'est refuser de se dissimuler l'absurdité de l'existence comme le font ceux qui se coulent dans des rôles préparés où leur subjectivité est annihilée par les personnages qu'ils endossent comme des costumes ; exister, c'est **surmonter l'absurdité de l'existence**, et **assumer la liberté** qu'elle implique.

Exister, c'est être authentique.

**1** ◻ Tautologie : du grec *tautos*, le même, et *logos*, raison, discours. Raisonnement exprimant la même chose en des termes différents. Pour l'usage de ce terme en logique formelle, voir le *Glossaire* du chapitre sur le *Jugement*.
**2** ◻ Voir la « Dialectique transcendantale » de la *Critique de la raison pure*. Pour un exposé détaillé de la preuve ontologique, voir le *Proslogion* de saint Anselme, et la 5e des *Méditations métaphysiques* de Descartes.

### BIBLIOGRAPHIE DE LA LEÇON

***Nicolas BERDIAEFF :***
*Cinq méditations sur l'existence* (1934), Aubier.

***Søren KIERKEGAARD :***
*L'Existence,* Choix de textes, P.U.F.

***Jean-Paul SARTRE :***
*La Nausée* (1931-37), Folio-Gallimard ; *L'Être et le néant,* 1re et 2e parties (1943), Gallimard.

## TABLE D'ORIENTATION

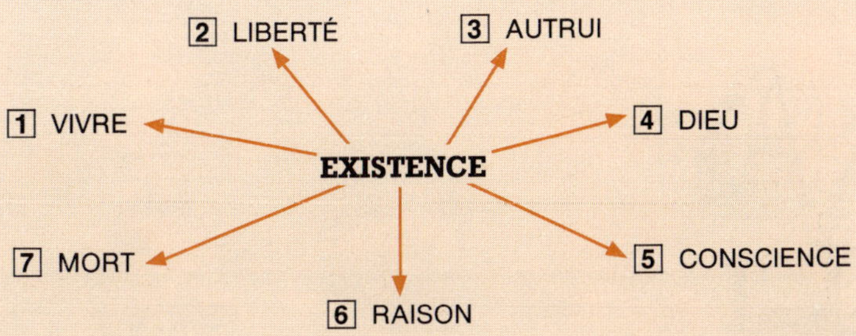


## SUJETS DE DISSERTATION

1 En quel sens peut-on dire de l'homme qu'il est un être inachevé ?

■ Exister est-ce simplement vivre ? (Limoges, C-D, 1982)

2 Quelles significations donnez-vous à l'expression « faire machinalement » ? (Dijon, B, 1983)

■ Sommes-nous responsables de notre existence ?

■ Suis-je responsable de ce que je suis ? (Paris, B, 1984)

3 Le verbe connaître a-t-il le même sens quand il s'applique à des choses ou à des personnes ? (Aix, B, 1981)

■ Seule la subjectivité est une existence véritable mais elle est, par essence, incommunicable. Je suis tout seul et comme muré en moi-même — moins solitaire qu'isolé — mon jardin secret est une prison. (Dakar, C-D, 1981)

■ Pense-t-on jamais seul ? (Paris, A, 1981)

4 La foi dispense-t-elle de savoir ? (Versailles, C-D, 1982)

5 Rappeler que l'homme vit dans le temps, est-ce seulement souligner qu'il est temporaire ? (Besançon, B, 1983)

■ Qui parle quand je dis « je » ? (Rennes, B, 1983)

6 L'existence passionnée est-elle toujours une existence aliénée ? (Limoges, B, 1982)

7 La conscience de devoir mourir peut-elle susciter chez l'homme d'autres sentiments que la peur ? (Dijon, A, 1982)

■ « Tout homme qui ne voudrait que vivre, vivrait heureux. » Que signifie et que vaut cette affirmation ? (Amiens, A, 1984)

## BIBLIOGRAPHIE GÉNÉRALE

***ARISTOTE :*** *Métaphysique*, Livre I, Vrin.

***CAMUS :*** *Le Mythe de Sysiphe*, Idées-Gallimard.

***DESCARTES :*** *Méditations métaphysiques* (Méditation seconde), Nathan, Coll. « Les Intégrales de Philo ».

***DUFRENNE et RICŒUR :*** *Karl Jaspers et la philosophie de l'existence*, Idées-Gallimard.

***FROMENT-MEURICE :*** *Sartre et l'existentialisme*, Nathan, coll. « Thèmes et systèmes ».

***GILSON :*** *L'Être et l'essence*, Vrin.

***KANT :*** *Critique de la raison pure*, Dialectique transcendantale, P.U.F.

***KIERKEGAARD :*** *Traité du désespoir*, éd. de l'Orante.

***LACROIX :*** *Marxisme, existentialisme et personnalisme*, P.U.F.

***PASCAL :*** *Pensées* (éd. Lafuma), Seuil, Coll. « L'Intégrale ».

***SARTRE :*** *L'Existentialisme est un humanisme*, Nagel ; *Les Mouches*, *Huis-Clos*, Folio-Gallimard.

*On peut lire également :*
***Émile CIORAN :*** *La Tentation d'exister*, Gallimard.

## GLOSSAIRE

**Authenticité :** dans le vocabulaire existentialiste, spécialement chez Heidegger et chez Sartre, se dit des sentiments ou des conduites qui ne sont pas les simples échos de l'opinion commune, du « on », d'une quotidienneté qui tend à rendre le moi factice, impersonnel, *inauthentique*.

**Dasein :** « L'être-là » : l'être de l'existant humain en tant qu'existence singulière concrète. « Le propre du Dasein, c'est de ne jamais former un tout achevé. » (Sartre)

**Déréliction :** état d'abandon et de solitude de l'être humain « jeté dans le monde ».

**Dévoilement :** chez Heidegger, caractère de la vérité non-voilée, dé-couverte. C'est la manifestation de l'étant qui cesse d'être cachée par les préoccupations de l'existence quotidienne.

**Ek-stase :** situation de l'homme placé « en dehors » de lui-même. Terme utilisé par Heidegger et Sartre. « L'en-soi est ce qu'il est, sans aucune dispersion ek-statique de son être » (Sartre).

**Essence :** ensemble des propriétés qui caractérisent un être, qui en font sa nature. S'oppose à « accident », c'est-à-dire aux modifications qui affectent l'être selon les événements contingents, et à l'« existence », qui souligne le fait d'être.

**Être, étant :** désigne le fait d'être, d'exister, le sujet existant. Les existentialistes font une distinction entre le fait d'être simplement et le fait d'exister, propre à ce qui comporte une valeur et une dignité particulières.

**Existentiel (existential) :** qui concerne l'être dans son ensemble, en tant que tel, et non seulement l'existence singulière d'un être humain en particulier. « La problématique existentiale tend à mettre en évidence la structure ontologique de l'être du Dasein » (Heidegger).

**Existentialisme :** courant philosophique inauguré par Kierkegaard. Pour les existentialistes, qu'ils soient chrétiens (Kierkegaard, Jaspers, Marcel) ou athées (Heidegger, Sartre), l'existence précède l'essence : « l'homme n'est rien d'autre que ce qu'il se fait » (Sartre).

**Ontologique :** qui se rapporte au savoir ou au discours (en grec *Logos*) sur l'être (*to on*). Heidegger distingue le niveau ontologique qui touche à l'être et le niveau ontique, qui touche à l'étant.

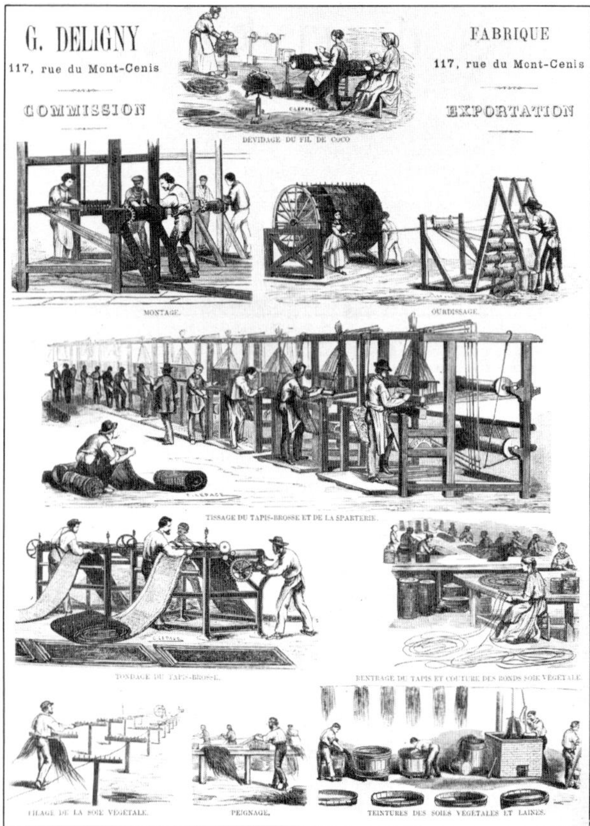


Fabrique de textiles en 1872, à Paris.

Figuier colossal dans la baie Anna-Maria à Nonka-Hiva - Océanie.

Cannibales, gravure, Paris 1558.

# NATURE-CULTURE

## *La nature transformée*

Lorsque nous pensons à la Nature, quelles images peuvent nous venir à l'esprit ? Celles d'un pré, d'un chemin de campagne, d'une forêt... Mais il ne faut guère de temps pour s'apercevoir que cette **nature** n'est pas **vierge** ; le travail humain y a laissé des traces, l'a **élaborée** en **transformant le paysage** : le chemin n'est pas « naturel », les pylônes d'une ligne à haute tension barrent le ciel au-dessus d'un pré... Poussons donc plus avant l'évocation : voici les flancs d'une montagne, une forêt tropicale, une falaise à pic sur l'océan. Cette fois, la nature paraît bien inviolée : parallèlement à sa présence immédiate, nous y sommes sensibles à l'**absence de l'homme**, et pouvons avoir le sentiment de découvrir en de tels lieux des **espaces privilégiés**, parce que **intacts**.

C'est que le **labeur humain** n'en finit pas, historiquement, de modifier le **milieu naturel** : usines, centrales thermonucléaires, puits de pétrole, pipe-lines sous-marins révèlent l'ampleur de l'exploitation — et les cris d'alarme des écologistes ont au moins l'avantage de souligner la façon dont l'espèce humaine transforme radicalement une faune, une flore, un relief, des équilibres initiaux qui risquent d'être bientôt évoqués avec nostalgie.

## *« Nature humaine » ou culture occidentale ?*

Tel est du moins le rapport à la nature que déploie la culture occidentale. Mais une telle approche n'est pas (ou pas encore) universelle, et d'autres cultures, celles que nous nommons « primitives », entretiennent avec leur environnement des relations beaucoup plus **respectueuses**. Leur ignorance de notre science et de nos techniques les a fait pendant des siècles considérer comme « sauvages » ou « barbares* » : humanités pas tout à fait accomplies, stagnant à mi-chemin entre l'humanité véritable et l'animalité antérieure. On sait combien le « sauvage » a pu être ambivalent pour l'imaginaire européen : il peut être « bon », concentrant sur sa personne fantasmatique le rêve d'une vie paisible et simple devenue de plus en plus improbable, sinon impossible, pour l'Occidental ; mais il peut aussi bien être « mauvais » — cruel et sanguinaire, pratiquant par exemple une anthropophagie rituelle qui paraît bien « inhumaine ».

A de rares exceptions près, qui ont pour nom Montaigne, Victor Schoelcher..., l'ethnocentrisme occidental fut en général incapable de concevoir et de reconnaître **d'autres formes d'humanité** que celle qu'avait développée l'Occident lui-même. C'est que des cultures, et donc des hommes « autres », paraissaient incompatibles avec l'affirmation de la rationalité, du christianisme comme religion universelle, et avec le dogme* de la création de l'homme par Dieu. En affirmant par de tels postulats* l'**existence d'une « nature humaine »**, on aboutit nécessairement à exclure de l'humanité tous ceux qui paraissent non conformes à la définition retenue : le racisme prend là sa source, et les théories nazies n'en constituent qu'un aboutissement extrême. On pense aujourd'hui que cette **« nature »** que s'attribuait l'Occidental, loin d'être initialement donnée, était en réalité le **résultat d'une histoire** : est-il si difficile de comprendre qu'à des histoires différentes correspondent des versions différentes de l'humain ? Le sauvage le plus authentique ou le plus dangereux ne serait-il pas celui qui s'octroie le **droit de qualifier l'autre de barbare** ?

## *La discipline délivre l'homme de ses penchants animaux*

**KANT**

La discipline transforme l'animalité en humanité. Par son instinct un animal est déjà tout ce qu'il peut être ; une raison étrangère a déjà pris soin de tout pour lui. Mais l'homme doit user de sa propre raison. Il n'a point d'instinct et doit fixer lui-même le plan de sa conduite. Or, puisqu'il n'est pas immédiatement capable de le faire, mais au contraire vient au monde pour ainsi dire à l'état brut, il faut que d'autres le fassent pour lui. (...)

La discipline empêche que l'homme soit détourné de sa destination, celle de l'humanité, par ses penchants animaux. Elle doit par exemple lui imposer des bornes, de telle sorte qu'il ne se précipite pas dans les dangers sauvagement et sans réflexion. La discipline est ainsi simplement négative ; c'est l'acte par lequel on dépouille l'homme de son animalité ; en revanche l'instruction est la partie positive de l'éducation.

L'état sauvage est l'indépendance envers les lois. La discipline soumet l'homme aux lois de l'humanité et commence à lui faire sentir la contrainte des lois. Mais cela doit avoir lieu de bonne heure. C'est ainsi par exemple que l'on envoie tout d'abord les enfants à l'école non dans l'intention qu'ils y apprennent quelque chose, mais afin qu'ils s'habituent à demeurer tranquillement assis et à observer ponctuellement ce qu'on leur ordonne, en sorte que par la suite ils puissent ne pas mettre réellement et sur-le-champ leurs idées à exécution.

**Texte proposé au baccalauréat**
**(Série B, 1978, Cambodge, Japon et Laos)**

## *Tout est fabriqué et tout est naturel chez l'homme*

**MERLEAU-PONTY**

L'usage qu'un homme fera de son corps est transcendant à l'égard de ce corps comme être simplement biologique. Il n'est pas plus naturel ou pas moins conventionnel de crier dans la colère ou d'embrasser dans l'amour que d'appeler table une table. Les sentiments et les conduites passionnelles sont inventés comme les mots. Même ceux qui, comme la paternité, paraissent inscrits dans le corps humain, sont en réalité des institutions.

Il est impossible de superposer chez l'homme une première couche de comportements que l'on appellerait « naturels » et un monde culturel ou spirituel fabriqué. Tout est fabriqué et tout est naturel chez l'homme, comme on voudra dire, en ce sens qu'il n'est pas un mot, pas une conduite qui ne doive quelque chose à l'être simplement biologique, et qui en même temps ne se dérobe à la simplicité de la vie animale, ne détourne de leur sens les conduites vitales, par une sorte *d'échappement* et par un génie de l'équivoque qui pourraient servir à définir l'homme.

**Texte proposé au baccalauréat**
**(Série A, 1981, Bordeaux)**

## *L'homme constitue sa double existence*

**HEGEL**

Les choses de la nature n'existent qu'immédiatement et d'une seule façon, tandis que l'homme, parce qu'il est esprit, a une double existence ; il existe d'une part au même titre que les choses de la nature, mais d'autre part, il existe aussi pour soi. Il se contemple, se représente à lui-même, se pense et n'est esprit que par cette activité qui constitue un être pour soi.

Cette conscience de soi, l'homme l'acquiert de deux manières : primo, théoriquement, parce qu'il doit se pencher sur lui-même pour prendre conscience de tous les mouvements, replis et penchants du cœur humain ; et d'une façon générale se contempler, se représenter ce que la pensée peut lui assigner comme essence ; enfin se reconnaître exclusivement aussi bien dans ce qu'il tire de son propre fond que dans les données qu'il reçoit de l'extérieur. Deuxièmement, l'homme se constitue pour soi par son activité pratique, parce qu'il est poussé à se trouver lui-même dans ce qui lui est donné immédiatement, dans ce qui s'offre à lui extérieurement. Il y parvient en changeant les choses extérieures, qu'il marque du sceau de son intériorité et dans lesquelles il ne retrouve que ses propres déterminations. L'homme agit ainsi, de par sa liberté de sujet, pour ôter au monde extérieur son caractère farouchement étranger et pour ne jouir des choses que parce qu'il y retrouve une forme extérieure de sa propre réalité.

**Texte proposé au baccalauréat**
**(Série A, 1980, Bordeaux)**

## commentaire

En insistant sur l'importance de la **discipline** dans la formation de l'enfant humain, **Kant** (1724-1804) souligne la dépendance de ce dernier à l'égard de son entourage social. Mais cette discipline a l'avantage de **faire disparaître les « penchants animaux »** au moment même où la **raison individuelle** n'est **pas encore constituée**, et ne peut donc en annuler les effets. Cet accès à l'humanité signifie la découverte des **lois** qui la composent : l'anarchie animale primitive, l'absence de réflexion doivent être éliminées avant même l'intervention d'une éducation positive ; s'il s'agit d'habituer l'enfant à **différer ses réactions spontanées**, c'est parce que l'homme se caractérise par la réflexion rationnelle : à l'automatisme des actes, il substitue la **décision** mûrie et nourrie de savoir.

**Hegel** (1770-1831) pour sa part, tout en marquant à son tour la différence irréductible entre le donné naturel et l'homme, souligne chez ce dernier l'importance de la **conscience de soi** comme **capacité d'auto-représentation**. Mais il juxtapose à ce premier caractère l'**activité pratique**, c'est-à-dire le travail qui, constituant une humanisation du monde extérieur, permet à l'être humain d'y retrouver ses propres déterminations. Cette **humanisation de la nature** n'a rien d'anecdotique ou d'accessoire : elle permet au contraire la transformation d'un monde d'abord étranger en un milieu où l'homme se perçoit comme encore « chez lui » en même temps qu'il y constate son efficacité.

C'est par rapport aux possibilités initiales du **corps** que **Merleau-Ponty** (1908-1961) repère d'abord la preuve de l'**invention culturelle**. Le corps devient ensemble d'attitudes signifiantes, et la vie affective elle-même se modifie, culturellement et historiquement. Si le corps suggère dès le départ des **comportements** en les proposant comme **possibles** (la paternité — à plus forte raison la maternité), ceux-ci, dans leur existence sociale, se trouvent transformés en **institutions**. Ainsi le **fond biologique** est-il **dépassé** ou **« transcendé » par son usage social** : l'existence animale n'est qu'un **premier palier** dont la reprise culturelle ultérieure efface jusqu'au souvenir.

# *Le concept de fait social*

## l'auteur

Marcel Mauss (1873-1950) fut un important sociologue et ethnologue français, auquel on doit notamment le concept de **« fait social total »**, qui rend compte des multiples aspects de la réalité sociale en considérant un même phénomène selon la diversité possible de ses significations (religieuse, juridique, économique, etc.).

Son texte sur les techniques du corps attire en particulier l'attention sur l'extrême diversité des postures et des utilisations des membres que l'on peut observer dans les cultures ; il en propose une classification, mais il a surtout l'avantage de mettre en lumière les **transformations culturelles** intervenant sur le **donné biologique** le plus proche.

## l'intérêt philosophique du texte

Pour étudier le sens des techniques du corps, il pourrait sembler utile de faire appel à trois disciplines : la **biologie**, la **psychologie** et la **sociologie**[1]. Or, pour Mauss, la seconde ne joue qu'un rôle accessoire dans la mesure où les techniques en question ne font que très rarement l'objet de véritables décisions : elles sont d'abord dues à l'**imprégnation culturelle** de l'individu, et relèvent donc en priorité d'une approche biologico-sociologique.

En fait, la domestication ou le **dressage du corps humain** apparaît comme un moment capital dans l'histoire de l'humanité : il s'agit d'obtenir du corps une plus grande **efficacité** (en fonction des buts à atteindre), mais aussi d'en assurer une **maîtrise** (notamment en ce qui concerne ses réactions émotives) qui marque une distance définitive par rapport aux réactions immédiates de l'animal.

C'est ainsi la demande sociale qui, définissant ce qu'il est convenable ou non de faire, les attitudes pudiques ou outrageantes, aussi bien que les postures de politesse ou d'agressivité, fait apparaître la **conscience** comme **centre de volonté** et d'**autocontrôle** — ce dernier étant d'abord celui des membres, du visage, des mimiques : l'instauration des codes d'usage du corps refoule la spontanéité et le caractère irréfléchi du réflexe dans l'« inconscience ».

**1** ◻ Voir à ce sujet le chapitre sur la *Constitution d'une science de l'homme : la Sociologie.*

**2** ◻ « Le corps est le premier et le plus naturel instrument de l'homme. Ou plus exactement, sans parler d'instrument, le premier et le plus naturel objet technique, et en même temps moyen technique, de l'homme, c'est son corps (...) Avant l'ensemble des techniques à instruments, il y a les techniques du corps. » (p. 372)

**3** ◻ Un comtiste, c'est-à-dire quelqu'un soutenant les thèses positivistes d'Auguste Comte (1798-1857), fondateur de la sociologie. Pour Comte, il y a continuité entre la vie purement biologique et la vie sociale propre aux hommes. (Voir le *Grand Texte* de Comte au chapitre sur la *Constitution d'une science de l'homme : la Sociologie.*)

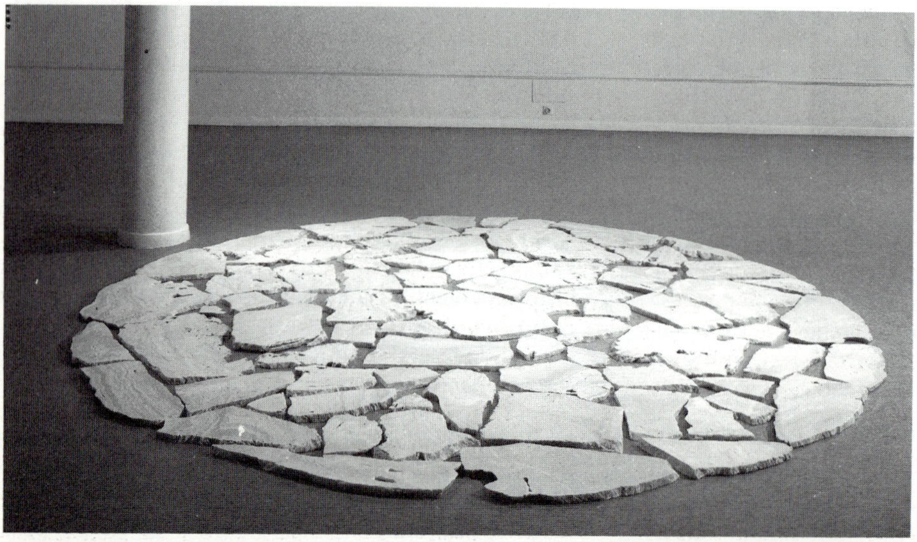

Michel Long, *Cercle de Pierre* (1980).

## *L'apprentissage des techniques du corps*

**MAUSS**

Dans toute société, tout le monde sait et doit savoir et apprendre ce qu'il doit dans toutes conditions (...) D'autre part puisque ce sont des mouvements du corps[2], tout suppose un énorme appareil biologique, physiologique. Quelle est l'épaisseur de la roue d'engrenage psychologique ? Je dis exprès roue d'engrenage. Un comtiste[3] dirait qu'il n'y a pas d'intervalle entre le social et le biologique. Ce que je peux vous dire, c'est que je vois ici les faits psychologiques comme engrenages et que je ne les vois pas comme causes, sauf dans les moments de création ou de réforme. Les cas d'invention, de positions de principes sont rares. Les cas d'adaptation sont une chose psychologique individuelle. Mais généralement ils sont commandés par l'éducation, et au moins par les circonstances de la vie en commun, du contact. (...)

Ici l'ethnologue rencontre les grosses questions des possibilités psychiques de telle et telle race et de telle et telle biologie de tel et tel peuple... Je crois qu'ici encore, quoi qu'il semble, nous sommes en présence de phénomènes biologico-sociologiques. Je crois que l'éducation fondamentale de toutes ces techniques[4] consiste à faire adapter le corps à son usage. Par exemple, les grandes épreuves de stoïcisme, etc., qui constituent l'initiation dans la plus grande partie de l'humanité, ont pour but d'apprendre le sang-froid, la résistance, le sérieux, la présence d'esprit, la dignité, etc. (...)

Je crois que toute cette notion de l'éducation des races qui se sélectionnent en vue d'un rendement[5] déterminé est un des moments fondamentaux de l'histoire elle-même : éducation de la vue, éducation de la marche — monter, descendre, courir. C'est en particulier dans l'éducation du sang-froid qu'elle consiste. Et celui-ci est avant tout un mécanisme de retardement, d'inhibition de mouvements désordonnés ; ce retardement permet une réponse ensuite coordonnée de mouvements coordonnés partant alors dans la direction du but choisi. Cette résistance à l'émoi envahissant est quelque chose de fondamental dans la vie sociale et mentale. Elle sépare entre elles, elle classe même les sociétés dites primitives : suivant que les réactions y sont plus ou moins brutales, irréfléchies, inconscientes, ou au contraire isolées, précises, commandées par une conscience claire.

C'est grâce à la société qu'il y a une intervention de la conscience. Ce n'est pas grâce à l'inconscience qu'il y a une intervention de la société. C'est grâce à la société qu'il y a sûreté des mouvements prêts, domination du conscient sur l'inconscient et l'émotion.

**« Les techniques du corps » (1934),**
**in *Sociologie et anthropologie*, P.U.F., pp. 385-387**

**4** ☐ « J'appelle technique un *acte traditionnel efficace* (...) Il faut qu'il soit *traditionnel et efficace.* Il n'y a pas de technique et pas de transmission, s'il n'y a pas de tradition. C'est en quoi l'homme se distingue avant tout des animaux : par la transmission de ses techniques et très probablement par leur transmission orale. » (p. 371)

**5** ☐ « Les techniques du corps peuvent se classer par rapport à leur rendement, par rapport aux résultats du dressage. Le dressage, comme le montage d'une machine, est la recherche, l'acquisition d'un rendement. Ici c'est un rendement humain. Ces techniques sont donc les normes humaines du dressage humain. Ces procédés que nous appliquons aux animaux, les hommes se les sont volontairement appliqués à eux-mêmes et à leurs enfants. Ceux-ci sont probablement les premiers êtres qui aient été ainsi dressés, avant tous les animaux. » (p. 374)

(Les citations sont tirées de l'ouvrage cité.)

# *NATURE ET NATURE HUMAINE*

## *L'éloignement de la nature*

Il est tentant d'opposer simplement la **nature**, comme ce qui est **extérieur à l'humanité** et peut être l'**objet d'une connaissance objective**, à la **culture** définie comme l'ensemble des **comportements** par lesquels l'espèce humaine se distingue des autres espèces animales.

On constate cependant que le rapport entre l'humanité et l'extériorité naturelle est lui-même pris dans une histoire culturelle : le regard que porte l'homme contemporain sur un champ ou une forêt n'est pas celui de l'homme de l'Antiquité. Parce que notre culture se caractérise, entre autres éléments, par le développement des techno-sciences, la terre, les bois, l'eau, s'offrent à nous comme des **éléments à contrôler** et **à exploiter** : ils signifient la présence de matières premières à extraire, d'énergie à utiliser.

Pour Aristote au contraire, la nature se définit comme « un principe et une cause de mouvement et de repos pour la chose en laquelle elle réside immédiatement, par essence et non par accident ». Si une telle définition nous paraît difficile à comprendre, c'est que nous avons oublié le rapport qui existe dans la langue grecque entre le terme *phusis* (ce que nous traduisons par « nature ») et le verbe *phuein* (qui désigne les phénomènes de **croissance**, de **génération**, de manifestation). Pour la pensée grecque, la présence d'une nature face à l'homme est source d'étonnement, ou même d'émerveillement, plutôt qu'immédiatement liée à des préoccupations techniques et pratiques. Là où nous cherchons la certitude d'une définition, le Grec laisse advenir l'étant dans sa capacité à se manifester pour ce qu'il est — rocher, arbre ou fleuve — dans sa présence « à découvert » puisque, selon l'étymologie que lui trouve Heidegger, l'*alêthéia*, la « vérité » est initialement le dé-voilement par lequel s'offre l'étant.

On peut sans doute trouver l'origine de la culture contemporaine dans le projet cartésien d'une **mathématisation de la nature** qui nous en rende « maîtres et possesseurs ». La mathématisation implique en effet l'existence d'un **regard technique**, utilitariste : le dévoilement qu'était initialement la vérité se transforme alors en **certitude**. *« N'est vrai, selon Descartes, que ce qui est certain. Or, font deux celui qui, par exemple, est certain d'avoir la mer devant lui, parce que ses sensations visuelles, olfactives, auditives et tactiles ne peuvent s'expliquer qu'à partir de là, et celui à qui la découverte devant lui de la mer arrache le cri que, parvenus au faîte d'une hauteur, les soldats de Xénophon poussèrent, paraît-il, d'une voix unanime : "Thalassa", la mer ! »* (J. Beaufret, *Entretiens*, p. 79.) Et Beaufret de demander alors : *« Qui est davantage devant la mer ? Le cartésien quand il en est sûr et certain, ou le soldat de Xénophon à qui elle se découvre ? »*

## *La négation de la nature*

Cet **oubli** de ce que put être, aux débuts de la culture occidentale, le face-à-face initial avec la nature telle qu'elle s'offre au **regard comblé**, l'émergence d'un **regard intéressé** et soucieux de mesure, tout cela n'est sans doute, pour notre conscience, que l'achèvement du grand **mouvement de refus de la nature** qui définit l'apparition de l'humanité. Les anthropologues* (et plus particulièrement Georges Bataille) affirment que l'homme se constitue comme tel lorsqu'il commence à **opposer des interdits**, et notamment la prohibition de l'inceste, à ce qu'il devine en lui d'**animalité originelle**. Il semble bien que, une fois ce processus de refus instauré, cette négation du donné ne peut qu'augmenter jusqu'à son point extrême. La culture humaine serait ainsi l'ensemble des institutions ayant pour but d'**empêcher le retour**, dans l'homme lui-même, **de l'animalité niée**, ou, du moins, de la tenir définitivement à distance.

Il semble n'exister aucune société acceptant de laisser dans son état initial le **corps** même de l'être humain, c'est-à-dire ce qui, de l'homme, apparaît d'abord comme le plus « naturel » puisque **strictement physique** : coiffures, cosmétiques, vêtements (même élémentaires), tatouages, modification de la forme des dents, des pieds, des membres, définition des postures convenables et inconvenantes, de l'allure de la marche, de la position dans le sommeil... le corps n'en finit pas d'être modifié dans son aspect et ses utilisations. Le donné purement biologique disparaît derrière les **marques d'acculturation*** les plus diverses.

Mais on constate également que le fonctionnement du corps est modifié par l'environnement culturel : la **sexualité** elle-même connaît des variantes dans son développement individuel, selon la façon dont elle est socialement conçue ; les **habitudes de nourriture** propres à un groupe définissent ce qui y paraît mangeable ou appétissant, alors qu'un groupe voisin jugera les mêmes aliments impropres à la consommation, etc. L'accumulation de telles différences, dont l'anthropologie culturelle fournit un panorama tout à fait impressionnant, oblige à penser qu'une semblable **diversité culturelle** n'est possible que parce qu'elle s'établit sur un « matériau », l'être humain, d'une **malléabilité** peu commune. Comparée à n'importe quelle espèce animale, l'espèce humaine fait en effet preuve de **facultés d'adaptation** et de **diversification** de ses comportements qui n'ont rien de commun avec la simple évolution des espèces biologiques.

Pirogue de la mission Deboyne sur le lac Tchad.

L'expression philosophique la plus claire de cette plasticité humaine est sans doute celle que l'on rencontre dans l'**existentialisme*** : affirmer avec Sartre que, chez l'homme, « l'existence précède l'essence », c'est en effet souligner l'absence de toute définition *a priori* de l'être humain, ou, si l'on préfère, de toute nature humaine. On considère alors, lorsque l'on cherche à repérer ce qui détermine le comportement, que l'inné devient introuvable : seul l'**acquis** façonnerait l'humanité, et selon des paliers successifs.

L'individu hérite de la société dans laquelle il se développe une « personnalité de base », un ensemble des valeurs fondamentales admises par le groupe, sur fond de laquelle la famille, puis les différents milieux sociaux traversés (enseignement des traditions, école, milieu professionnel, etc.) accumuleraient des influences dont le produit aboutirait à la définition d'une personnalité.

Dans la même optique, on peut souligner l'absence de tout **instinct** dans l'être humain : les psychanalystes n'évoquent-ils pas volontiers la **pulsion* sexuelle** pour désigner, en lieu et place d'un ensemble de réactions automatiques et préformées, ce qui n'advient qu'à travers une **histoire** fertile en **incidents** et blocages éventuels ?

Affirmer que l'homme n'a pas de nature, c'est en effet **substituer l'héritage à l'hérédité**, l'**histoire** à un **donné biologique** transmissible. On sait que nombreuses sont aujourd'hui les recherches en sciences humaines que l'on peut solliciter pour appuyer cette affirmation : sociologie des familles (où l'on constate par exemple que les profils psychologiques des conjoints finissent par se ressembler davantage que ceux des générations successives), études des jumeaux (la ressemblance diminue considérablement dès que l'on passe du physique au psychologique, et deux jumeaux élevés dans des milieux différents acquièrent des personnalités différentes), anthropologie culturelle, etc. Toutes confirment cette **indétermination initiale** de l'être humain, qui arrive à l'existence sans nature préformée.

## *Potentialités humaines*

Faut-il dès lors affirmer que cette absence de nature humaine est absolue ? Ce serait sans doute excessif. Tout d'abord parce que le corps, quels que puissent être le nombre et la variété des traitements et transformations auxquels il se prête, impose malgré tout des contraintes et des limites infranchissables. Mais on doit de surcroît ajouter à ce fond biologique la présence, dès la naissance, de six **potentialités**, dont l'ensemble constitue, sinon une définition de l'homme à proprement parler, du moins le repérage de ce qui le singularise par rapport aux autres espèces vivantes.

Trois de ces potentialités sont d'ordre intellectuel (on les induit notamment des travaux comparatifs de Köhler sur l'intelligence humaine et l'intelligence animale) : il s'agit de la **liberté dans le temps et dans l'espace** (l'action de l'homme n'est pas uniquement liée au présent, ni à la présence des objets), de la **pensée de la pure chose**, indépendamment de toute utilisation précise, liée une fois pour toutes à chaque objet, et d'une **capacité combinatoire** portant sur les forces physiques à mettre en œuvre pour atteindre un but.

Les trois autres sont d'ordre affectif (on les induit des recherches anthropologiques) : **exigence de règles, exigence de réciprocité, pratique du don et de l'échange**.

Sans doute certaines espèces animales se montrent-elles capables de comportements assez proches de telles caractéristiques ; mais il semble bien que demeure entre leurs performances et ces possibilités humaines une différence infranchissable : l'animal les accomplit « naturellement », c'est-à-dire en fonction d'une programmation physiologique qui lui interdit d'y introduire des variantes, alors que l'être humain n'actualise ses potentialités, et de façons très diverses, que s'il se développe dans un entourage social, ainsi que le prouve l'étude des cas d'isolement (« enfants sauvages ») : élevés dans un environnement animal, des **êtres potentiellement humains** ne manifestent finalement aucune des caractéristiques énumérées ci-dessus, leurs potentialités initiales s'étant atrophiées jusqu'à devenir totalement inopérantes.

Un modèle philosophique de cet écart entre l'animal « naturel » et l'homme « culturel » pourrait être trouvé dans la distinction opérée par Bergson entre l'**instinct** et l'**intelligence** : le premier est en prise directe sur les situations, mais incapable d'invention ; la seconde met au point des solutions inédites, mais n'en finit pas de rompre le contact avec le concret pour produire un univers de plus en plus artificiel et conventionnel.

L'ironie veut que ces maisons rêvées, dignes des *robinsonades* dénoncées par Marx, aient été construites dans la ville de Robinson.

## *La différence culturelle*

La **différence des cultures humaines** proviendrait ainsi du fait que les groupes ont dû inventer des **solutions adaptées** aux problèmes particuliers que leur posait leur environnement : chaque culture s'établit progressivement comme un ensemble de pratiques constitutives d'un héritage qui façonne les individus et se substitue à la nature animale définitivement abandonnée. Sans doute une telle compréhension de l'histoire humaine ne vient-elle pas à bout du problème posé par le **passage de la nature à la culture** — un problème que, selon Lévi-Strauss, Rousseau fut le premier à poser en termes clairs, et qu'il ne put résoudre qu'en proposant le modèle d'une histoire plus vraisemblable que vérifiable.

Mais cette conception a au moins l'avantage de nous amener à penser **l'indétermination première de l'homme** comme la **raison de son évolution polymorphe**. Elle nous force à admettre que, chaque culture composant un système autonome qui finit par privilégier certains aspects de l'existence et certaines valeurs plutôt que d'autres, il n'existe en conséquence **aucun point de vue « neutre » ou « absolu »** qui permettrait d'établir une hiérarchie entre les cultures humaines.

**BIBLIOGRAPHIE DE LA LEÇON**

***J. BEAUFRET :***
*Entretiens*, P.U.F.

***G. LAPASSADE :***
*L'Entrée dans la vie*, 10-18.

***L. MALSON :***
*Les Enfants sauvages*, 10-18.

## TABLE D'ORIENTATION

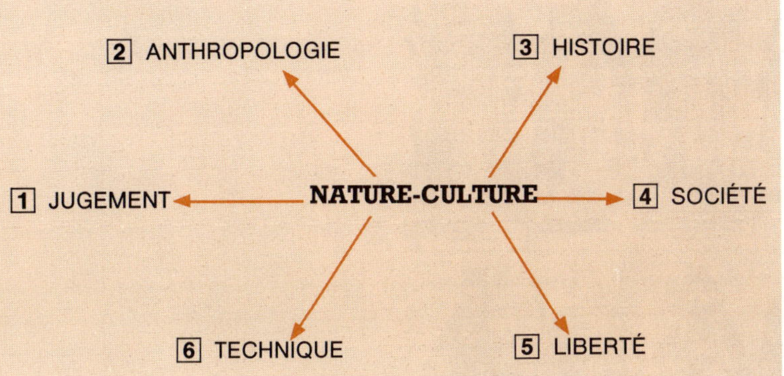


## SUJETS DE DISSERTATION

1 L'acte de se nourrir relève-t-il de la nature ou de la culture ? (Strasbourg, A, 1983)

■ Peut-on juger la culture à laquelle on appartient ? (Toulouse, B, 1981)

2 Pourquoi faut-il se méfier de la notion de nature en général et de celle de nature humaine en particulier ? (Bordeaux, A, 1983)

■ Pourquoi dit-on de l'homme qu'il est un être inachevé ? (Beyrouth, A, 1978)

3 Qu'implique pour vous cette pensée d'un biologiste : « On peut fixer mathématiquement le moment où a débuté l'évolution de la culture : c'est lorsqu'une idée formulée par un être qui meurt ne meurt pas avec lui. » ? (Nice, A, 1978)

4 Peut-on dire d'une civilisation qu'elle est supérieure à une autre ? (Amérique du Sud, A, 1981)

■ Faut-il dire que la société dénature l'homme ou qu'elle l'humanise ? (Nantes, A, 1983)

4-5 Quel sens donnez-vous à cette expression : « L'homme n'est vraiment homme que parmi les hommes » ? (Montréal-New York, C-D, 1978)

5 Est-on possesseur de son corps ? (Reims, A, 1977)

6 Le projet de devenir « maîtres et possesseurs de la nature » a-t-il encore un sens de nos jours ? (Besançon, B, 1981)

■ La nature : qu'est-elle pour le savant, pour le technicien, pour l'artiste ? (Aix-Marseille, A, 1983)

## BIBLIOGRAPHIE GÉNÉRALE

***R. BENEDICT :*** *Échantillons de civilisation,* Gallimard.

***F. JACOB :*** *Le Jeu des possibles,* Livre de poche.

***A. JACQUARD :*** *Éloge de la différence,* Seuil.

***C. LÉVI-STRAUSS :*** *Race et histoire,* Médiations.

***C. ROSSET :*** *L'Antinature,* P.U.F.

***J.-J. ROUSSEAU :*** *Discours sur l'origine et les fondements de l'inégalité parmi les hommes,* 10-18 ou Livre de poche

***(Collectif) :*** *Pour une anthropologie fondamentale,* Seuil, coll. Points.

## GLOSSAIRE

**Acculturation :** c'est, au sens neutre, l'apprentissage progressif, par un individu, des valeurs fondamentales de la culture dont il fait partie. Le même terme peut désigner le déséquilibre vécu par un individu ou un groupe qui se trouve contraint d'adopter une culture étrangère.

**Anthropologie :** voir le *Glossaire* du chapitre sur les *Échanges.*

**Barbare :** le terme grec désigne à l'origine celui qui balbutie, qui est incapable de parler. Les Grecs désignaient par là ceux qui, ne parlant pas leur langue, n'avaient donc pas la raison *(logos),* et faisaient figure d'Étrangers, d'Autres. Par extension, le terme de *« barbare »* a toujours été attribué par la civilisation occidentale aux peuples radicalement différents, qu'elle concevait comme quasiment dénués de culture.

**Civilisation :** au sens classique, et par opposition à la *barbarie* ou à la *sauvagerie,* c'est l'ensemble des comportements et des valeurs reconnus par une société.
Dans un sens plus récent, le mot peut s'appliquer aux sociétés extra-occidentales (« civilisation indienne », « civilisation japonaise », etc.) : on lui substitue alors souvent le terme « culture », moins entaché de mémoire ethnocentrique.

**État de nature :** voir le *Glossaire* du chapitre sur le *Droit.*

**Ethnocentrisme :** cette attitude de l'individu qui refuse les formes culturelles éloignées de celles dont il participe, si elle est psychologiquement justifiée (la culture qui m'a formé paraît nécessairement la meilleure...), devient dangereuse lorsqu'elle aboutit à nier le droit à toute différence culturelle ; on a pu dire que le *génocide* et l'*ethnocide* (extermination d'un peuple et de sa culture) constituent le prolongement extrême de l'*ethnocentrisme.*

# L'HISTOIRE

*Galerie des rois et reines de France,* (XIX^e^ siècle), image d'Épinal.

## *L'imagerie historique*

Jusqu'au début du XX^e^ siècle, l'imagerie populaire, aussi bien à l'étranger qu'en France, a diffusé un **savoir élémentaire** : images pieuses, planches « encyclopédiques », chansons illustrées, costumes militaires, pantins ou décors de théâtre de marionnettes ont ainsi été répandus à des centaines de milliers d'exemplaires. Parmi cette énorme production se rencontraient des séries d'**images histori-**

**ques**, que l'on peut grossièrement classer en deux catégories : d'une part les « galeries » de **personnages illustres** (à commencer par les souverains), de l'autre des **scènes mémorables** : batailles célèbres, conquêtes, hauts faits des guerres coloniales, etc. Ces images participaient au maintien des **réputations glorieuses**, peu à peu transformées en **légendes héroïques** (Napoléon Ier, dans une moindre mesure Napoléon III). Il est notable qu'elles aient trouvé dans la Première Guerre mondiale l'occasion d'une relance : l'**actualité** proche prend alors le relais des événements passés dans une atmosphère de patriotisme exacerbé, révélant clairement que l'un des effets de l'imagerie populaire consistait depuis des décennies, par-delà l'information « historique » qu'elle fournissait, à **renforcer la conscience nationale**.

Il vaut d'ailleurs la peine d'examiner de plus près le « savoir » que proposent ces feuilles. Ce fragment de la « Galerie des rois et reines de France » couvre ici la période allant de Lothaire à Louis X, chacun étant comme il convient nanti de son épouse. On apprend ainsi que Lothaire fut le « 34e roi de France, monté sur le trône en 954, mort en 986 », chaque souverain se trouvant caractérisé par son numéro d'ordre et les dates de son accession au pouvoir et de sa mort. Le seul « savoir » fourni concerne donc une liste, que l'on peut apprendre par cœur : on saura par exemple que Philippe Ier fut le 39e roi de France, Louis IX le 44e ou que la femme de Robert le Pieux (37e roi) était la reine Constance... La **chronologie** mise en place a de quoi **rassurer** : elle est compacte, sans défaut et suggère une **continuité sans faille**. Ainsi la mémorisation de la liste complète (donc la collection de plusieurs images) produit-elle la durée étale d'une France traversant les siècles grâce aux figures symboliques de ses rois, qui la personnalisent intégralement (ils sont présentés sans décor ni contemporains — et l'utilisateur avait sans doute du mal à les imaginer). Mais ces figures sont des **indices**, non des portraits : couronne et sceptre y indexent le pouvoir, qui semble invariable. Entre 954 et 1316 il pourrait sembler, à qui ferait à une telle image une confiance aveugle, que bien peu de choses ont changé : la stricte chronologie n'esquisse pas même une histoire événementielle ; elle se ramène à une suite de noms que distingue seul le numéro d'ordre.

## *Les enjeux de l'histoire*

L'histoire telle que nous en attendons aujourd'hui le récit est plus ambitieuse que cette galerie peu pittoresque : il lui faut **conter** ce qui s'est passé, mais surtout en donner des **explications**. Nous en exigeons un **savoir authentique**, puisqu'elle se présente elle-même comme une science.

Savoir que le présent dépend en grande partie des événements antérieurs est une chose, chercher inlassablement à préciser la connaissance de ces derniers en est une autre : **qu'attendons-nous** en fait du récit historique ? De l'**information** ? Des **explications** ? La **confirmation** de notre existence ? La **justification** de nos choix actuels ? Il n'appartient sans doute pas à l'historien de poser de telles questions ; c'est bien plutôt la tâche du philosophe, qui ne tarde pas à s'apercevoir que, par-delà l'éclaircissement des enjeux du récit, la vraie question concerne non pas son utilisation éventuellement dangereuse ou perverse, mais bien la **signification de la dimension historique** pour l'être humain en général : devons-nous en attendre la révélation des **valeurs** sur lesquelles régler notre existence ? Faut-il au contraire admettre que les valeurs sont par définition transcendantes à l'ordre des faits et que seule la conscience a le pouvoir de les inventer, même — ou surtout — en dédaignant ce qui a déjà eu lieu ?

## La nécessité de penser l'histoire

**KANT**

Une tentative philosophique pour traiter l'histoire universelle en fonction du plan de la nature, qui vise à une unification politique totale dans l'espèce humaine, doit être envisagée comme possible et même comme avantageuse pour ce dessein de la nature. C'est un projet à vrai dire étrange, et en apparence extravagant, que de vouloir composer une *histoire* d'après l'idée de la marche que le monde devrait suivre, s'il était adapté à des buts raisonnables certains ; il semble qu'avec une telle intention, on ne puisse aboutir qu'à un roman.

Cependant, si on peut admettre que la nature même, dans le jeu de la liberté humaine, n'agit pas sans plan ni sans dessein final, cette idée pourrait bien devenir utile ; et, bien que nous ayons une vue trop courte pour pénétrer dans le mécanisme secret de son organisation, cette idée pourrait nous servir de fil conducteur pour nous représenter ce qui ne serait sans cela qu'un *agrégat* des actions humaines comme formant, du moins en gros, un *système.*

**« Idée d'une histoire universelle au point de vue cosmopolitique » (1784), in *La Philosophie de l'histoire,* trad. S. Piobetta, Gonthier-Médiations, p. 43**

## Logique de l'histoire ou théologie de l'histoire ?

**MERLEAU-PONTY**

La notion d'une « logique de l'histoire » renferme deux idées : d'abord l'idée que les événements, de quelque ordre qu'ils soient, en particulier les événements économiques, ont une signification humaine, que sous tous ses aspects l'histoire est une et compose un seul drame — et ensuite l'idée que les phases de ce drame ne se succèdent pas sans ordre, qu'elles vont vers un achèvement et une conclusion.

La contingence de l'histoire signifie que même si les divers ordres d'événements forment un seul texte intelligible, ils ne sont cependant pas rigoureusement liés, qu'il y a du jeu dans le système, que par exemple le développement économique peut être en avance sur le développement idéologique, que la maturité idéologique peut survenir lorsque les conditions objectives ne sont pas encore ou ne sont plus favorables à la révolution — et d'autre part que la dialectique de l'histoire peut s'enliser ou dévier vers des aventures sans résoudre les problèmes qu'elle a mis au jour. Si nous quittons résolument l'idée théologique d'un fond rationnel de l'histoire, la logique de l'histoire n'est plus qu'une possibilité parmi d'autres.

**« Autour du marxisme » (1945), in *Sens et non-sens,* Nagel, pp. 212-213**

## *L'histoire entre hasard et science*

**COURNOT**

Ce qui fait la distinction essentielle de l'histoire et de la science, ce n'est pas que l'une embrasse la succession des événements dans le temps, tandis que l'autre s'occuperait de la systématisation des phénomènes, sans tenir compte du temps dans lequel ils s'accomplissent. La description d'un phénomène dont toutes les phases se succèdent et s'enchaînent nécessairement selon des lois que font connaître le raisonnement ou l'expérience, est du domaine de la science et non de l'histoire (...).

S'il n'y a pas d'histoire proprement dite, là où tous les événements dérivent nécessairement et régulièrement les uns des autres, en vertu des lois constantes par lesquelles le système est régi, et sans concours accidentel d'influences étrangères au système que la théorie embrasse, il n'y a pas non plus d'histoire, dans le vrai sens du mot, pour une suite d'événements qui seraient sans aucune liaison entre eux. Ainsi les registres d'une loterie publique pourraient offrir une succession de coups singuliers, quelquefois piquants pour la curiosité, mais ne constitueraient pas une histoire : car les coups se succèdent sans s'enchaîner, sans que les premiers exercent aucune influence sur ceux qui les suivent, à peu près comme dans ces annales où les prêtres de l'Antiquité avaient soin de consigner les monstruosités et les prodiges à mesure qu'ils venaient à leur connaissance. Tous ces événements merveilleux, sans liaison les uns avec les autres, ne peuvent former une histoire, dans le vrai sens du mot, quoiqu'ils se succèdent suivant un certain ordre chronologique.

**« Essai sur les fondements de la connaissance et sur les caractères de la critique philosophique » (1851),**
**in *Critique philosophique*, P.U.F., p. 180**

## commentaire

Y a-t-il une **téléologie*** dans l'histoire ? Peut-on, doit-on en tenir compte pour composer un récit historique ? La réponse est pour **Kant** (1724-1804) positive, et sa justification métaphysique — par l'orientation finale de la **liberté humaine** qui ne peut mener qu'à un **accroissement progressif de la rationalité** — permet à la fois d'échapper à l'interprétation fantaisiste du « roman », et à la présentation dispersée et sans ordre des actions humaines. Si l'on admet en effet que l'histoire a un sens, quel qu'il soit, on introduit une mise en perspective des événements grâce à laquelle ils acquièrent l'apparence, « en gros », d'un système donnant à chacun d'entre eux une signification sur laquelle on fonde leur interprétation.

Sans faire allusion à une semblable finalité, **Cournot** (1801-1877), affirme la nécessité des **liaisons causales** entre les événements historiques. Sans doute le déterminisme* n'est-il pas aussi strict en histoire que dans les sciences de la nature. Mais si l'on ne parvenait à en déceler aucun, le récit historique resterait incapable de se constituer. La chronologie événementielle ne suffit pas pour définir l'objet historique : il faut de surcroît découvrir et énoncer les **liaisons**, les **enchaînements** qui permettent de comprendre comment un événement a pu en déterminer un autre.

C'est en discutant certaines affirmations du marxisme (devenu dans la première moitié du XXe siècle la « philosophie de l'histoire » dominante) que **Merleau-Ponty** (1908-1961) analyse ce que peut être une « logique » ou un « sens » de l'histoire pour leur opposer la notion de **contingence***. La « logique », c'est non seulement la **liaison** des événements entre eux, c'est, en plus, l'**orientation**, la **téléologie**. A l'inverse, introduire la possibilité de la contingence, c'est admettre que les déterminations historiques n'ont rien d'automatique, qu'il peut se glisser du **« jeu »** entre infra et superstructure, que tout n'est pas joué d'avance, c'est-à-dire que l'avenir reste **imprévisible**. La « logique » implique l'existence d'un fond rationnel, comme l'estimait Marx et avant lui Hegel. Il s'agit d'une idée proprement **théologique** pour Merleau-Ponty : nous sommes alors dans le domaine d'une **croyance*** et non plus dans celui d'un discours « scientifique ».

## l'auteur

Hegel (1770-1831) est généralement reconnu comme le premier penseur à avoir conçu l'histoire comme **dimension fondamentale de l'existence du Monde**. C'est que pour lui, et contrairement à ce que pensaient les philosophes antérieurs (car de l'histoire, Platon parle déjà), l'histoire n'est pas seulement une **qualité parmi d'autres** de l'existence, elle en produit l'essence même, le fondement radical, dans la mesure où « être » n'est rien d'autre qu'« avoir été ».

Un tel postulat philosophique détermine une **modification de la philosophie** elle-même, qui ne peut entreprendre d'analyse approfondie qu'à partir d'un **examen historique** de ce qu'elle entend comprendre : la réalité se trouve uniquement dans et par le **Devenir**, qui résulte lui-même d'un « travail du négatif ». Cela suppose (proposition scandaleuse pour la philosophie antérieure) que le Néant a autant d'importance que l'Être, ou, plus exactement, que l'un et l'autre sont inefficaces tant qu'on ne les comprend pas comme dépassant leur apparente contradiction dans la « synthèse » — toujours partielle — qu'en propose chaque moment du Devenir. A partir de cette nouvelle **logique dialectique**, l'Histoire du Monde, qu'on la saisisse globalement ou dans chacun de ses aspects (le droit, la religion, l'art, la philosophie elle-même) apparaît orientée : elle manifeste ou réalise progressivement la Raison, l'Esprit absolu.

## l'intérêt philosophique du texte

Ce que Hegel nomme « histoire philosophique » est précisément la **saisie du sens de l'histoire**, c'est-à-dire de la façon dont l'Esprit, à travers ses médiations successives, atteint sa vérité en prenant conscience de lui-même. Il lui est donc nécessaire de prendre appui sur les différentes histoires « générales » (des peuples), mais pour les **dépasser** et ne les considérer que comme un ensemble de manifestations toujours partielles, incomplètes et abstraites du principe le plus général qui traverse la totalité des événements : l'**Esprit du Monde**.

A partir du moment où l'on pose la manifestation de ce dernier comme but de l'Histoire, tous les événements, dans leur « bousculade informe », trouvent un sens relativement à l'horizon final de la totalité. C'est donc la découverte de la fin du processus qui éclaire rétrospectivement chacun de ses moments et en permet l'appréciation. Les matériaux « anecdotiques » sur lesquels travaille l'historien doivent être réinterprétés du point de vue de l'Universel par le **philosophe**, parce que seul ce dernier connaît la **marche rationnelle du Monde**, et sait que le concret authentique n'est pas celui des différents « événements », mais, bien au-delà, celui de l'**Esprit** qui **dirige les événements** et se laisse entrevoir à travers eux.

**1** ◻ Hegel distingue trois manières d'écrire l'histoire : l'**histoire originale**, l'**histoire réfléchie** et l'**histoire philosophique**.
L'**histoire originale** « fait passer dans le royaume de la représentation spirituelle ce qui était événement extérieur et fait brut ». Sa matière essentielle est « ce qui est vivant dans la propre expérience de l'historien et dans les intérêts actuels des hommes, ce qui est vivant et actuel dans leur milieu ».
L'**histoire réfléchie** ou **réfléchissante** est la « forme d'histoire qui transcende l'actualité dans laquelle vit l'historien et qui traite le passé le plus reculé comme actuel en esprit ». « Chaque histoire réfléchissante peut être remplacée par une autre. Les matériaux étant accessibles à tout écrivain, chacun peut aisément se considérer apte à les ordonner et à les élaborer en y faisant valoir son esprit comme l'esprit des diverses époques. » De cette histoire réfléchissante fait partie l'histoire spéciale (de l'art, du droit, de la religion) qui, « bien qu'elle procède abstraitement (...) précisément parce qu'elle se place à un point de vue général, constitue une transition vers l'histoire philosophique ».
Le point de vue de l'**histoire philosophique** « n'est pas abstraitement général, mais concret et éminemment actuel parce qu'il est l'Esprit qui demeure éternellement auprès de lui-même » ; son but est donc d'« apprendre à connaître l'Esprit dans son rôle de guide ». (pp. 24 à 39)

**2** ◻ « La seule idée qu'apporte la philosophie est la simple idée de la *Raison* — l'idée que la Raison gouverne le monde et que, par conséquent, l'histoire universelle s'est aussi déroulée rationnellement. » (p. 47)

Sculpture de M. Gérard.



## *L'histoire philosophique*

**HEGEL**

Le point de vue de l'histoire philosophique n'est pas tiré abstraitement de la multitude des autres points de vue généraux et ne peut être compris si l'on fait abstraction des autres. Son principe spirituel est la totalité de tous les points de vue[1]. Elle considère le principe spirituel concret des peuples et son histoire ; elle ne s'occupe pas des situations particulières, mais de la pensée universelle qui opère à travers le tout et le constitue. Cet Universel n'appartient pas au monde des apparences contingentes ; la masse des particularités doit ici être saisie comme une unité. L'objet de l'histoire [philosophique] est l'objet le plus concret, celui qui contient en soi la totalité des divers aspects de l'existence : l'Individu dont elle parle est l'Esprit du Monde. C'est cet objet concret, dans sa figure concrète et dans son évolution nécessaire, que la philosophie se donne comme objet lorsqu'elle traite de l'histoire.

Pour la philosophie le fait premier n'est pas le destin, l'énergie, les passions des peuples et, conjointement, la bousculade informe des événements. Le fait premier pour la philosophie est l'Esprit même des événements, l'Esprit qui les a produits, car c'est lui qui est l'Hermès, le conducteur des peuples[2]. L'Universel que vise l'histoire philosophique ne doit pas être compris comme un aspect très important [de la vie historique] à côté duquel on pourrait trouver d'autres déterminations. Cet Universel est l'infiniment concret qui contient tout et qui est partout présent parce que l'Esprit est éternellement auprès de soi[3] — l'infiniment concret pour lequel le passé n'existe pas, mais qui demeure toujours le même dans sa force et sa puissance.

C'est avec l'intellect en général qu'on doit d'abord considérer l'histoire : causes et effets doivent être compris. Pour comprendre l'essentiel, dans l'histoire universelle, on doit d'abord éliminer l'inessentiel, et c'est l'entendement qui met en évidence ce qui est important et significatif. Selon les buts qu'il poursuit dans sa considération de l'histoire, l'entendement distingue l'essentiel et l'inessentiel. Or ces buts peuvent être les plus variés. Dans l'énoncé d'un but, plusieurs considérations entrent en ligne de compte : à côté du but principal il existe des buts secondaires. Mais si nous voulons mettre en parallèle les faits historiques et les buts de l'Esprit, nous devons renoncer à tout — même à ce qui est en soi intéressant — et nous en tenir à l'essentiel[4]. Le contenu qui s'offre alors à la raison ne se laisse pas ramener au même dénominateur que ce qui a été obtenu jusqu'ici. Il s'agit de buts qui intéressent essentiellement l'esprit et le sentiment et leur récit nous a déjà plongé dans la tristesse, l'admiration ou la joie.

***La Raison dans l'histoire,***
**trad. K. Papaioannou, 10-18, pp. 51-53**

**3** □ « L'histoire universelle est la manifestation du processus divin absolu de l'Esprit dans ses plus hautes figures : la marche graduelle par laquelle il parvient à sa vérité et prend conscience de soi. Les peuples historiques, les caractères déterminés de leur éthique collective, de leur constitution, de leur art, de leur religion, de leur science, constituent les configurations de cette marche graduelle. » (p. 97)

**4** □ « La question est de savoir si, sous le tumulte qui règne à la surface, ne s'accomplit pas une œuvre silencieuse et secrète dans laquelle sera conservée toute la force des phénomènes. Ce qui nous gêne, c'est la grande variété, le contraste de ce contenu. Nous voyons des choses opposées être vénérées comme sacrées et prétendre représenter l'intérêt de l'époque et des peuples. Ainsi naît le besoin de trouver dans l'Idée la justification d'un tel déclin. Cette considération nous conduit à la troisième catégorie, à la recherche d'une fin en soi et pour soi ultime. C'est la catégorie de la *Raison* elle-même, elle existe dans la conscience comme foi en la toute-puissance de la Raison sur le monde. La preuve sera fournie par l'étude de l'histoire elle-même. Car celle-ci n'est que l'image et l'acte de la raison. » (pp. 55-56)

Les citations sont extraites de *La Raison dans l'histoire*, éd. cit.

# *SUR LA PHILOSOPHIE DE L'HISTOIRE*

## *L'historicité*

Parce que l'être humain sait qu'il vit dans le temps, il nous semble évident que l'**histoire** constitue une **dimension essentielle de l'existence, individuelle** aussi bien que **collective** : de la conscience de la **temporalité** à l'**historicité***, la transition paraît nécessaire. Il n'en est rien : l'existence historique n'est réfléchie que dans **certaines sociétés**, celles où les modèles fournis par les **mythes*** ayant perdu leur valeur, le présent ne doit pas nécessairement y être la **répétition** la plus fidèle possible de ce qui a eu lieu. Car il n'y a d'histoire (vécue, racontable) que si du **nouveau** se manifeste dans le cadre général d'une addition possible d'événements dissemblables.

On a pris en conséquence l'habitude d'opposer une **histoire cumulative** ou « chaude » à une autre, **stationnaire** ou « froide » : la première se rencontre dans les sociétés où la notion de **progrès** a du sens, la seconde concerne celles au contraire soumises à l'obligation de répéter des comportements admis une fois pour toutes comme **exemplaires**. Cela ne signifie pas que ces « sociétés froides » ignorent toute évolution ; mais leurs modifications, tant qu'elles restent déterminées par des facteurs internes, y apparaissent comme dénuées de sens et d'importance. On notera de surcroît (et ce phénomène s'amplifie au XXe siècle) que l'accès de telles sociétés à une conscience historique résulte généralement de contacts avec des sociétés de type européen, entraînant une modification de la temporalité : de cyclique ou répétitive, elle devient **linéaire** et, de proche en proche, c'est toute la mentalité d'une société qui est modifiée par l'introduction en son sein d'une dimension historique.

## *La linéarité historique*

La considération de l'histoire nécessite en effet une conception particulière du temps qui, au lieu de ressasser le Même, doit laisser advenir **l'Autre**, du moins pendant une certaine durée. Lorsque Platon envisage, dans les derniers livres de *La République*, la décadence de la cité idéale, cette altération s'inscrit bien dans une temporalité historique puisqu'elle s'affirme de génération en génération, chacune accentuant le mouvement de chute et se différenciant, par là même, de la précédente. Mais après cet affaissement progressif doit s'accomplir un sursaut : la « Grande Année » marque la périodicité des moments fastes et néfastes. Ainsi Platon parvient-il à articuler une pensée de l'histoire (pour lui synonyme de décadence) à celle d'une **temporalité cyclique**, chaque cycle définissant une historicité limitée.

*« J'ai vu l'Empereur — cette âme du monde — sortir de la ville pour aller en reconnaissance ; c'est effectivement une sensation merveilleuse de voir un pareil individu qui, concentré ici sur un point, assis sur un cheval, s'étend sur le monde et le domine. »* Hegel, *Lettre à Niethammer*, 13 oct. 1806.

Une telle pensée du **retour de l'Identique** malgré ou par-delà les vicissitudes de l'histoire offre une cohérence tant que le Monde est lui-même conçu comme **éternel**, **cosmos** n'obéissant qu'à ses propres lois autonomes et comme tel destiné à subsister indéfiniment semblable à lui-même. Par rapport à une telle conception (qui reste commune à tous les philosophes grecs), l'affirmation chrétienne de la création du monde par Dieu introduit une rupture considérable, en affirmant une **origine** à la temporalité. De plus, le **Dieu créateur**, pensé comme absolument bon, donne à sa création et aux créatures une certaine **orientation** : **l'histoire du monde** pourrait, à la limite, n'être rien d'autre que la **réalisation progressive** de ses plans et **de ses intentions**.

## *Fondement théologique de la philosophie de l'histoire*

Les philosophies classiques de l'histoire, de saint Augustin à Hegel en passant par Bossuet, ont en commun la reconnaissance dans l'histoire du cheminement plus ou moins clairement perceptible de Dieu. Il est d'une part indéniable que la conception chrétienne de l'**être humain** a pour résultat de lancer ce dernier dans une exploration progressive de la nature (où il peut trouver les preuves de la grandeur divine), et donc dans sa propre transformation par le travail.

L'être humain tel que le définit le christianisme est bien un **agent historique**, puisque le monde lui est confié pour qu'il le connaisse et l'utilise à son profit. Mais d'autre part, dans la mesure où l'être particulier ne peut que réaliser une essence originellement définie par Dieu, il lui demeure intellectuellement impossible de se concevoir lui-même comme résultant de transformations produites par sa propre pratique. Tant que reste admise l'idée d'une **définition** *a priori* de l'être humain, qu'elle soit d'origine grecque ou judéo-chrétienne, la conscience de l'historicité comme possibilité d'autoproduction de l'homme reste limitée.

## *L'autoproduction humaine dans l'histoire*

Tout autre est la conception qui commence à s'affirmer au XVIIIe siècle aussi bien chez Rousseau que dans la philosophie des « Lumières ». Il est symptomatique que, dans le *Discours sur l'origine et les fondements de l'inégalité*, Rousseau répète la thèse de la création de l'homme par Dieu tout en l'affaiblissant dans ses conséquences : Rousseau entend en effet montrer conjointement la façon dont **l'homme s'est lui-même transformé** en traversant les différentes périodes de son histoire ; Dieu reste bien dans un tel contexte le donateur de la perfectibilité, mais cette dernière n'entre en jeu qu'après des modifications de l'environnement (séismes, râz de marée, etc.). On peut ainsi trouver chez Rousseau le moment où la philosophie de l'histoire commence à se dégager d'un modèle théologique pour esquisser une **pensée matérialiste**.

Si Rousseau se sépare de la philosophie des Lumières parce qu'il n'adhère pas à son idéologie du progrès régulier, il partage au moins avec elle l'idée que l'être humain est devenu capable, pour peu qu'il soit éduqué correctement (c'est-à-dire à la fois moralement et politiquement) d'accéder à un bonheur ultérieur. Or les Lumières, à en croire la définition qu'en avance Kant dans son opuscule de 1763, c'est précisément « la sortie de l'homme de sa Minorité, dont il est lui-même responsable » : « aie le courage de te servir de ton propre entendement. Voilà la devise des lumières. » Et à la question : « Vivons-nous actuellement dans un siècle *éclairé* ? », Kant n'hésite pas à répondre : « Non, mais bien dans un siècle en *marche vers les lumières.* » Cela revient à insister sur la notion de **progrès** aussi bien que sur l'idée d'une **histoire** qui, sachant le but qu'elle doit atteindre, peut désormais y accéder plus rapidement.

## *Du côté du matérialisme historique*

Il n'est guère surprenant que le **XIX[e] siècle** ait pu ensuite être salué comme le **siècle de l'histoire** : il n'est par là que l'héritier de l'esprit des Lumières, dont il tire les conséquences ultimes.

Doit-on en conclure que Marx échappe pour sa part à toute référence théologique ? Autrement dit : suffit-il de « faire descendre la dialectique de Hegel du ciel sur la terre », selon le projet de Marx, pour se dégager du modèle biblique ?

On sait que Marx découvre dans l'histoire humaine un certain nombre de principes, dont le principal reste la **lutte des classes**[1]. Examinant l'évolution de cette dernière de la société antique à la société bourgeoise, il y décèle une **libération progressive** de l'humanité. Il en déduit que cette libération ne peut que se poursuivre en s'amplifiant, ce qui l'amène à **prévoir la révolution prolétarienne** et, ultérieurement, l'**avènement final d'une société sans classes**. Ainsi y aurait-il dans l'histoire un sens général et un déterminisme strict, dont on trouve un aspect complémentaire dans les relations qui unissent l'infrastructure économique et les superstructures idéologiques. Ce « matérialisme historique », affirmé comme « scientifique », échapperait à l'idéologie, en particulier religieuse : la connaissance du passé permettrait de savoir, sans *a priori* mais à la suite d'études précises, vers quoi tend nécessairement l'humanité.

## *L'épreuve de la réalité*

Indépendamment de toute argumentation ou critique philosophique, il faut reconnaître que, au XXe siècle, l'histoire concrète, dans les événements tragiques qui la constituent, vient contester l'ambition d'une telle philosophie de l'histoire : après avoir été admis, selon une formule célèbre, comme « la philosophie indépassable de notre temps », le marxisme apparaît aujourd'hui à certains comme un « grand récit » (Lyotard). Son caractère **totalisateur** (c'est-à-dire la volonté d'intégrer en son sein la totalité

1 ◻ Voir le *Grand Texte* du chapitre sur la *Société*.

Colisée romain implanté dans un village tunisien.

*« Même une histoire qui se dit universelle n'est encore qu'une juxtaposition de quelques histoires locales, au sein desquelles (et entre lesquelles) les trous sont bien plus nombreux que les pleins (...) Pour autant que l'histoire aspire à la signification, elle se condamne à choisir des régions, des époques, des groupes d'hommes et des individus dans ces groupes, et à les faire ressortir, comme des figures discontinues, sur un continu tout juste bon à servir de toile de fond. »*
Lévi-Strauss, *La Pensée sauvage.*

du réel), est démenti par la complexité de la temporalité historique elle-même, telle que l'analysent les historiens contemporains.

Selon Michel Foucault, ce n'est plus en effet la continuité qui fournit l'armature fondamentale de l'histoire. C'est au contraire la **discontinuité** : « On pourrait dire, sur un mode schématique, que l'histoire et, d'une façon générale, les descriptions historiques ont cessé d'être la reconstitution des enchaînements au-delà des successions apparentes ; elles pratiquent désormais la mise en jeu systématique du discontinu » (*Cahiers pour l'analyse*, n° 9, été 1968).

Il n'est plus dès lors suffisant d'admettre que peuvent se produire, dans le cadre d'une histoire humaine globalement orientée, des **retards** ou des **anticipations** (notamment de l'idéologie sur l'infrastructure) : c'est la conception même d'une histoire globale obéissant à un projet unique qui paraît s'effondrer.

Aussi la philosophie contemporaine paraît-elle renoncer à élaborer un **modèle d'intelligibilité** capable de prendre en charge la totalité de l'histoire. Que ce renoncement s'accompagne volontiers de références nietzschéennes est logique : Nietzsche n'est-il pas le penseur le plus apte à suggérer que, indépendamment des Lumières et de leur succession hégélo-marxiste, l'histoire nous concerne davantage par ce qu'elle nous réserve que par ce qu'elle nous a déjà infligé dans le passé ?

Marx, comme Hegel, en croyant pouvoir cerner à l'avance l'avenir de l'humanité, ne se condamnait-il pas à être démenti par la réalité ultérieure ? Sans doute faut-il en revenir à penser l'histoire, dans son déroulement même, comme l'**avènement d'une singularité** toujours nouvelle : « Si nous cherchons à enfermer l'histoire dans des lois générales (relations de causalité, lois morphologiques, nécessités dialectiques), nous ne la saisissons jamais en elle-même. Car en ce qu'elle a de particulier, elle est un phénomène proprement unique », affirme par exemple Jaspers (« Le sens de l'histoire », 1953). Ou encore : « Pour être historique, il faut que le phénomène particulier soit unique, irremplaçable, non réitéré. » Hegel admettait pour sa part cette unicité de l'événement, d'où il déduisait d'ailleurs l'impossibilité de « tirer un enseignement moral » de la connaissance du passé. Mais c'était pour repérer en quelque sorte à travers l'événement lui-même le mouvement de l'Esprit trouvant à s'y manifester. La pensée contemporaine paraît à la fois plus modeste et plus sensible à la multiplicité des significations que trame la succession des événements eux-mêmes, dans leur surgissement imprévisible. Comme si elle avait pris le parti de méditer cet avertissement de Nietzsche (*Dithyrambes à Dionysos*, 1888, Gallimard, p. 211) :

Votre amour trompeur
pour le passé :
amour de fossoyeur —
C'est faire tort à la vie :
c'est lui voler son avenir.

## BIBLIOGRAPHIE DE LA LEÇON

***HEGEL :***
*La Raison dans l'histoire*, 10-18.

***KANT :***
*La Philosophie de l'histoire*, Gonthier-Médiations.

***LÉVI-STRAUSS :***
*Race et histoire*, Gonthier-Médiations.

***MARX :***
*L'Idéologie allemande*, 1re partie, éd. Sociales.

***ROUSSEAU :***
*Discours sur l'origine et les fondements de l'inégalité*, 10-18.

## TABLE D'ORIENTATION

HISTOIRE → 1 TEMPS ; 2 MÉMOIRE ; 3 SOCIÉTÉ, ÉTAT ; 4 SENS ; 5 LIBERTÉ ; 6 VÉRITÉ

## SUJETS DE DISSERTATION

1 Que pensez-vous de ce propos d'un philosophe contemporain : « L'histoire est un dialogue du présent et du passé dans lequel le présent prend et garde l'initiative » ? (Nancy, A, 1977)

2 L'histoire est-elle notre mémoire collective ? (Paris, Créteil, Versailles, B, 1984)
- Est-il vrai que l'ignorance de notre histoire nous condamne à la revivre ? (Clermont-Ferrand, B, 1984)

3 En quoi la connaissance de l'histoire est-elle indispensable au citoyen ? (Paris, B, 1981)
- Les hommes ont-ils besoin de grands hommes pour faire leur histoire ? (Madagascar, C-D, 1977)

4 Peut-on à la fois vivre un événement historique et l'expliquer ? (Antilles, C-D, 1977)
- L'historien peut-il faire l'économie d'une philosophie de l'histoire ? (Nantes, B, 1981)
- L'histoire produit-elle son sens ou bien ce sens lui est-il communiqué ? (Bordeaux, C-D-E, 1984)
- Notre existence a-t-elle un sens si l'histoire n'en a pas ? (Amérique du Sud, C-D, 1980)

5 Peut-on dire qu'un événement historique est à la fois nécessaire et imprévisible ? (Groupe I, C-D, 1980)
- Peut-on dire que l'histoire est l'instrument de notre liberté ? (Cambodge, A, 1977)
- Peut-on dire que l'humanité se cherche à travers son histoire ? (Pondichéry, B, 1983)

6 L'histoire joue-t-elle pour nous le rôle d'une mythologie ? (Besançon, A, 1977)
- L'histoire : une histoire ou des histoires ? (Lille, A, 1984)

## BIBLIOGRAPHIE GÉNÉRALE

***R. ARON :*** *Introduction à la philosophie de l'histoire,* Tel-Gallimard ; *Dimensions de la conscience historique,* 10-18.

***M. BLOCH :*** *Apologie pour l'histoire,* Colin.

***M. HORKHEIMER :*** *Les Débuts de la philosophie bourgeoise de l'histoire,* Payot.

***A. KOJÈVE :*** *Introduction à la lecture de Hegel,* Gallimard.

***H. LEFEBVRE :*** *La Fin de l'histoire,* éd. de Minuit.

***E. LE ROY LADURIE :*** *Le Territoire de l'historien,* Tel-Gallimard.

***H.I. MARROU :*** *De la connaissance historique,* Seuil.

***P. RICŒUR :*** *Histoire et vérité,* Seuil.

## GLOSSAIRE

**Chronique :** désigne le simple relevé de faits passés, dans l'ordre de leur déroulement. Le récit authentiquement historique s'en distingue par sa volonté de mettre en relief les relations de causalité entre les faits rapportés.

**Historicité :** ce terme souligne le privilège propre à l'homme d'avoir conscience de vivre dans l'histoire (Hegel : « la nature n'a pas d'histoire »). Selon Heidegger, elle se fonde « dans l'être-pour-la-mort authentique, c'est-à-dire dans la finitude de la temporalité ».

**Mythe :** récit présentant sous forme personnalisée des agents impersonnels (forces naturelles, animaux, planètes...) pour expliquer en particulier l'origine des choses et leur état présent. Le *mythe* peut également s'élaborer à partir de faits réels, qu'il transpose dans un univers fabuleux : son contenu historique est alors voilé pour devenir compatible avec la mythologie déjà en place.
Dans la philosophie, le mythe peut intervenir pour exposer sous forme poétique une idée ou un principe peu démontrable rationnellement (Mythe de la caverne, mythe du bon sauvage...).

Arc de triomphe de Saintes

*« C'est la folie des conquérants de vouloir donner à tous les peuples leurs lois et leurs coutumes : cela n'est bon à rien (...) Mais Rome n'imposant aucune lois générales, les peuples n'avaient point entre eux de liaisons dangereuses : ils ne faisaient un corps que par une obéissance commune ; et, sans être compatriotes, ils étaient tous Romains ».*
Montesquieu, *Considérations sur les causes de la grandeur des Romains et de leur décadence.*

**L'ACTIVITÉ BIEN RÉGLÉE DE LA RUCHE**

Tout ami attentif des abeilles s'apercevra vite qu'elles doivent avoir un moyen de communiquer entre elles. Il remarquera, par exemple, qu'un pot de miel peut rester en plein air des jours entiers sans attirer leur attention. Mais si une seule d'entre elles le découvre, au bout de très peu de temps, des douzaines puis des centaines de ses compagnes de ruche arrivent sur place pour participer au butin. Il faut donc qu'elle en ait parlé à la maison ! Comment ? Impossible de s'en rendre compte dans une ruche ordinaire. Mais on construit des ruches d'observation dans lesquelles il est aisé de suivre, à travers une fenêtre vitrée, les allées et venues des abeilles. (...)

Plaçons au voisinage d'une de ces ruches d'observation une petite coupe de verre pleine de miel et attendons qu'une des abeilles la trouve. Marquons alors celle qui a fait la découverte d'une petite tache de couleur et observons-la après son retour à la ruche. Elle remonte les rayons, puis s'immobilise un instant, livre son butin sucré à ses congénères et (...) se livre à une véritable ronde, décrivant à petits pas rapides des cercles vers la droite, puis vers la gauche, alternativement. Elle répète sa danse à différents endroits des rayons puis se précipite sur le trou de vol pour retourner vers le butin. Ce manège a mis les abeilles voisines dans un état de grande excitation.

Elles emboîtent le pas à la danseuse, maintenant leurs antennes en contact avec son abdomen ; puis elles se dirigent vers le trou de vol et abandonnent la ruche. Peu après les premières d'entre elles apparaissent près de la coupe de miel. (...)

Il ressort de cette expérience que les danseuses de la ruche annoncent non seulement la *présence* du butin, mais également l'*espèce* de fleurs dans laquelle il faut le chercher. Elles n'ont pas, pour cela, à prononcer le moindre mot. Lorsqu'elles recueillent l'eau sucrée des fleurs, le parfum de celles-ci reste imprégné à leurs poils et les compagnes de ruche qui, sur les rayons, les escortent dans leur danse, maintenant leurs antennes au contact de leur abdomen, remarquent ce parfum et savent quelles fleurs elles doivent chercher pour parvenir à la même source. (...) Mais [la danseuse] leur fournit également d'autres informations (...) grâce à sa manière de danser. (...) Si le butin se trouve dans le voisinage immédiat de la ruche, on observe la ronde décrite précédemment (...) Si le butin est à 100 ou plus de 100 mètres de la ruche, la ronde fait place à une danse frétillante. L'abeille décrit un demi-cercle puis revient en ligne droite, repart en demi-cercle du côté opposé pour revenir de nouveau en ligne droite à son point de départ et ainsi de suite. Pendant son trajet rectiligne, elle frétille rapidement de la pointe de l'abdomen (fig. 1). Cette danse a un rythme particulier qui varie suivant la *distance* à laquelle se trouve le butin. Plus le chemin à parcourir est long, moins elle comporte de tours en une minute — conformément à une règle si bien établie que, montre en main, on peut dire exactement de quelle distance la pourvoyeuse rapporte son butin. Les compagnes de ruche comprennent le message, car elles s'en vont faire leurs recherches à la distance indiquée. (...)

Ainsi, l'activité de la ruche se trouve réglée, pour le plus grand bien de la colonie, grâce à un langage par signes qui ne saurait être ni plus clair ni plus efficace.

Karl von Frisch,
*L'Homme et le monde vivant,*
Albin Michel, p. 241

# LE LANGAGE

## *Peut-on parler d'un « langage » animal ?*

Merveilleux signaux des abeilles ! La remarquable précision du **code** qu'on nous décrit ici, le **vocabulaire** de von Frisch (les insectes « en ont parlé à la maison », ils « comprennent le message », etc.), le ravissement que nous prenons à apprendre que la nature a logé de si grandes perfections dans de si petits êtres : tout semble nous convier à admettre (après Montaigne et bien d'autres) que « les bêtes parlent ainsi que nous » (*Essais,* II, 12). Mais défions-nous de l'étonnement. Platon peut bien y voir l'origine de toute interrogation philosophique : au cœur même de l'**admiration** (en latin, *admirari* signifie s'étonner) gît déjà l'**anthropomorphisme**, la propension à tout assimiler indûment à des phénomènes humains.

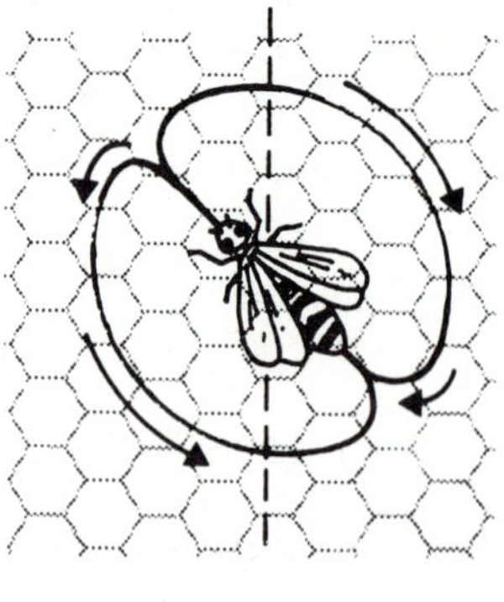

Fig. 1 - Danse en 8.

Ainsi von Frisch a-t-il patiemment découvert que les danses frétillantes auxquelles se livrent les abeilles dans le plan vertical de la ruche fournissent quatre informations à leurs congénères. La danseuse indique en effet l'**existence** d'un butin ; la **nature** de ce butin, car le parfum de l'essence butinée imprègne les poils de son abdomen ; la **distance** de ce butin : la vitesse avec laquelle l'abeille décrit sa danse en 8 est en effet inversement proportionnelle à cette distance ; et enfin la **direction** de ce butin par rapport à la ruche (indication fournie selon un mécanisme complexe que n'explique pas cet extrait).

Le code des abeilles semble donc présenter au premier examen les principales caractéristiques d'un **langage** véritable : un **système** de **signes* représentatifs** permet à un insecte « locuteur » (du latin, *loquor* : parler) de **communiquer** certaines **informations** à d'autres insectes ; ceux-ci enregistrent le message et leur comportement s'en trouve aussitôt modifié.

## *Toute communication n'est pas langage*

A trop étendre la notion de langage, on aurait tôt fait cependant de rendre irrepérable ce en quoi réside la **spécificité** du parler humain. L'usage commun tend à définir le langage comme un « moyen quelconque d'exprimer des idées » *(Larousse du XX^e^ siècle)* ; et Montaigne, invoquant les **gestes** significatifs ou les **regards** des amoureux, écrivait : « il n'est mouvement qui ne parle » (*Essais*, II, 12). « Sur cette pente, note le linguiste Georges Mounin, la peinture, la sculpture, la musique deviennent aussi des langages ; le cinéma également ; (...) une exhibition de catch, (...) le code de la route, la signalisation maritime, le chant des oiseaux, les cris des singes et des cerfs, la danse des abeilles, les frottements d'antennes des fourmis. A la limite (...) *tout* devient signe, et *tout* est langage. » (*Clefs pour la linguistique*, Seghers, p. 30.)

Platon, Rousseau, et tous les philosophes du langage n'en ont pas moins disserté sur un objet qu'ils ont tenu pour singulier, le **langage articulé humain** : ils n'ont pas traité cet objet comme *un* système de communication parmi tant d'autres. Il conviendra donc de se demander s'il existe des propriétés qui distinguent toutes les langues humaines et elles seules des autres systèmes de communication que sont le « langage » gestuel, le code des abeilles, le code de la route, etc.

Une étude plus approfondie ferait aisément ressortir que le code inné des abeilles, pour merveilleux qu'il soit, n'est pourtant un « langage » que **par homonymie**. C'est, en effet, un « langage » **limité** aux besoins immédiats de l'espèce (hisse-t-on une coupelle d'eau sucrée au sommet d'un pylône qu'aussitôt les abeilles deviennent incapables d'indiquer à leurs congénères la direction inhabituelle de cette provende qui les surplombe) ; un « langage » **sans histoire**, immuable et héréditaire (au lieu que le langage humain nécessite un apprentissage et connaît des évolutions) ; un « langage » **sans dialogue** (les animaux répondent à un message par une conduite plutôt que par un autre message : en voyant une abeille danser, je peux prédire montre en main à quelle distance de la ruche vont se rendre aussitôt ses « interlocutrices »). Pour le dire en un mot, ce n'est pas un langage...

Reste alors à comprendre en quoi le langage est spécifiquement humain, et à considérer le « langage animal » comme un terme de comparaison problématique plutôt que comme l'exemple d'un langage parfait.

La « photographie de la parole », ou la mise en évidence des phonèmes. Gravure d'après une chronophotographie de Marey (1830-1904), décomposition de la phrase « Je vous aime ».

## Le langage, moyen de la pensée

**LEIBNIZ**

PHILALÈTHE. Dieu, ayant fait l'homme pour être une créature sociable, lui a non seulement inspiré le désir et l'a mis dans la nécessité de vivre avec ceux de son espèce, mais lui a donné aussi la faculté de parler, qui devait être le grand instrument et le lien commun de cette société. C'est de cela que viennent les *mots*, qui servent à représenter, et même à expliquer les *idées*. (...) C'est pour mieux cultiver cette société que l'homme a naturellement ses *organes* façonnés en sorte qu'ils sont propres à former des sons articulés, que nous appelons des *mots*.

THÉOPHILE. Pour ce qui est des *organes*, les singes les ont en apparence aussi propres que nous à former la parole, cependant il ne s'y trouve point le moindre acheminement. Ainsi il faut qu'il leur manque quelque chose d'invisible. Il faut considérer aussi qu'on pourrait parler, c'est-à-dire se faire entendre par les sons de la bouche sans former des sons articulés, si on se servait des *tons* de musique pour cet effet ; (...)

Je crois qu'en effet sans le désir de nous faire entendre nous n'aurions jamais formé de langage ; mais étant formé, il sert encore à l'homme à raisonner à part soi, tant par le moyen que les mots lui donnent de se souvenir des pensées abstraites que par l'utilité qu'on trouve en raisonnant à se servir de caractères et de pensées sourdes ; car il faudrait trop de temps s'il fallait tout expliquer et toujours substituer les définitions à la place des termes.

***Nouveaux Essais sur l'entendement humain* (1703),**
**Livre III, ch. I, §1 et 2, Garnier-Flammarion, pp. 235-236**

## Le langage, l'homme et la bête

**CONDILLAC**

C'est donc une suite de l'organisation que les animaux ne soient pas sujets aux mêmes besoins, qu'ils ne se trouvent pas dans les mêmes circonstances, lors même qu'ils sont dans les mêmes lieux, qu'ils n'acquièrent pas les mêmes idées, qu'ils n'aient pas le même langage d'action, et qu'ils se communiquent plus ou moins leurs sentiments, à proportion qu'ils diffèrent plus ou moins à tous ces égards. Il n'est pas étonnant que l'homme, qui est aussi supérieur par l'organisation que par la nature de l'esprit qui l'anime, ait seul le don de la parole ; mais parce que les bêtes n'ont pas cet avantage, faut-il croire que ce sont des automates, ou des êtres sensibles, privés de toute espèce d'intelligence ? Non sans doute. Nous devons seulement conclure que, puisqu'elles n'ont qu'un langage fort imparfait, elles sont à peu près bornées aux connaissances que chaque individu peut acquérir par lui-même. Elles vivent ensemble, mais elles pensent presque toujours à part. Comme elles ne peuvent se communiquer qu'un très petit nombre d'idées, elles se copient peu ; se copiant peu, elles contribuent faiblement à leur perfection réciproque ; et, par conséquent, si elles font toujours les mêmes choses et de la même manière, c'est, comme je l'ai fait voir, parce qu'elles obéissent chacune aux mêmes besoins.

Mais si les bêtes pensent, si elles se font connaître quelques-uns de leurs sentiments, enfin, s'il y en a qui entendent quelque peu notre langage, en quoi donc diffèrent-elles de l'homme ? N'est-ce que du plus au moins ? Je réponds que, dans l'impuissance où nous sommes de connaître la nature des êtres, nous ne pouvons juger d'eux que par leurs opérations.

***Traité des animaux* (1755),**
**2e partie, ch. IV, Fayard**

C. Dotremont, *Bord à bord* (« logogramme »).

*« Écrire c'est créer à la fois le texte et les formes. J'écris, donc je crée le texte et les formes... Mon but n'est ni la beauté ni la laideur, mon but est l'unité d'inspiration verbale-graphique ».*
(C. Dotremont).

## L'illusion ontologique du langage

**Louis ROUGIER**

La facilité de substantiver les adjectifs et les verbes fait courir le risque d'hypostasier[1] des abstractions, c'est-à-dire de traiter : des notions de classes comme si elles existaient en soi en dehors des individus dont elles expriment la collectivité ; des notions de qualité comme si elles existaient en soi en dehors des individus pris comme sujets auxquels elles s'attribuent ; des notions de relations comme si elles subsistaient en dehors des termes qu'elles mettent en rapport.

Par exemple, les adjectifs *beau*, *bon* peuvent qualifier des individus, des œuvres d'art, des pensées, des sentiments, des actions, des institutions. Mais, si l'on transforme ces adjectifs en substantifs, comme le permet la langue grecque en les faisant précéder de l'article défini, *to kalon*, *to agathon*, *to dikaion*, *to ison*, on est incité à parler du Beau, du Bien, du Juste, de l'Égalité en soi, comme s'il s'agissait de réalités distinctes des choses belles, bonnes, justes, égales entre elles, et susceptibles de figurer comme sujets dans des formes propositionnelles de ce genre : « Le Beau et le Bien existent en soi ; le Beau et le Bien sont convertibles. »

C'est l'illusion ontologique en laquelle la langue grecque a induit Platon avec sa théorie des Idées. Il est évidemment absurde de parler de « l'égalité en soi » comme il le fait dans le *Phédon*, car l'égalité est une relation qui ne peut exister en dehors des termes qu'elle met en rapport.

***La Métaphysique et le langage* (1960),**
**Flammarion, p. 51**

1 ◻ Hypostasier : transformer en substance, en abstraction ou entité illusoire.

## commentaire

L'analyse du « langage » animal a pour fonction chez **Leibniz** (1646-1716) de poser le problème de **l'origine** du langage humain. Depuis le *Cratyle*, dialogue de Platon consacré à ce thème, il y a deux façons de répondre à cette question : ou bien l'on attribue au langage une origine **conventionnelle**, artificielle et arbitraire, ou bien l'on penche pour la thèse d'une origine **naturelle**.

Alors que Descartes soutiendra la thèse **conventionnaliste** (voir la *Leçon*), Leibniz défend ici la thèse naturaliste : il y a une **liaison naturelle**, à l'origine des mots, entre les mouvements des organes de la parole, les sons et les choses exprimées. C'est dans l'action que les termes et leurs liaisons logiques trouvent leur origine naturelle. Leibniz ne conclut pas pour autant à un déterminisme strict : le langage naît et se développe « par des raisons tantôt naturelles, où le hasard a quelque part, tantôt morales, où il entre du choix. » (*Nouveaux Essais*..., p. 239). Là où Descartes ne voyait que liaisons réflexes, mécaniques, Leibniz aperçoit un « instinct naturel » qui explique la correspondance entre caractères verbaux et caractères des choses.

Le *Traité des animaux* de **Condillac** (1714-1780) est explicitement dirigé contre les analyses cartésiennes et contre les conclusions que Buffon a tirées de ses observations des animaux (à savoir qu'ils ne peuvent penser même lorsqu'ils possèdent les organes nécessaires à la parole). Condillac décrit la formation des langues à partir d'un ensemble de signes primitifs qui ont une origine purement **naturelle,** et montre que le développement des langues aboutit au signe linguistique qui, lui, est absolument **arbitraire**. Par opposition à ce développement humain de la langue, les animaux en restent au stade individuel et parcellaire, sans jamais atteindre à cette communication ni à ce **perfectionnement** propres à la culture.

Représentant de l'**empirisme logique***, Louis **Rougier** (né en 1889) considère que la philosophie a pour fonction d'**éclaircir** les problèmes plus que de les résoudre, et qu'elle doit pour cela préciser les règles d'emploi des mots. Ce n'est donc pas tant Platon qui est ici visé, que toute pensée aveuglément fondée sur le langage — ainsi celle d'Aristote, dont les **catégories** sont également modelées par la structure du grec. Le langage n'est donc pas un simple **instrument** sans effet, et toute philosophie se doit de réfléchir en permanence sur son rapport au langage.

# *La naissance du sens*

## l'auteur

La philosophie de Maurice Merleau-Ponty (1908-1961) est centrée, dès les premiers travaux, sur l'analyse de **l'expérience** proprement **humaine du monde** : *Structure du comportement* (1942), *Phénoménologie de la perception* (1945). Merleau-Ponty a repris au philosophe allemand Edmund Husserl (1859-1945) le principe phénoménologique du « retour aux choses », selon lequel il importe plus de **décrire** que d'expliquer la réalité telle que l'homme l'atteint à travers ses différentes expériences existentielles. Pour être élucidée, l'expérience vécue suppose qu'on n'envisage la conscience ni dans la perspective d'une réduction mécaniste au fait biologique ou psychologique, ni sous l'angle idéaliste d'une conscience pure pré-existant au monde de l'expérience concrète.

**Le sens** est ce qui provient du **projet** par lequel le sujet fait émerger un monde de significations au sein du monde de la perception originaire. C'est sur fond de cette émergence qu'il faut penser le problème du **langage** : « Toute la philosophie consiste à restituer une puissance de signifier, une naissance du sens (...) par l'expérience qui éclaire notamment le problème du langage. Et, en un sens, comme dit Valéry, le langage est tout, puisqu'il n'est la voix de personne, qu'il est la voix des choses, des ondes et des bois. Et ce qu'il faut comprendre, c'est que, de l'une à l'autre de ces vues, il n'y a pas renversement dialectique, nous n'avons pas à les rassembler dans une synthèse ; elles sont deux aspects de la réversibilité qui est vérité ultime. » (*Le Visible et l'invisible*, Gallimard, p. 203.)

## l'intérêt philosophique du texte

### *Coexistence du langage et de la pensée*

Dans sa *Phénoménologie de la perception*, Merleau-Ponty constatait déjà que la parole comme acte même de la signification, suppose, pour être produite, que le sens et le mot soient donnés en même temps : la pensée est inséparable de son expression, elle ne préexiste pas à un langage qui en serait la simple traduction. Il n'y a donc **pas d'intériorité de la pensée**, celle-ci existe toujours **dans le monde** et **dans les mots** : « Le sens est pris dans la parole, et la parole est l'existence extérieure du sens » (*Phénoménologie de la perception*, Gallimard, p. 212).

Dans *Signes*, Merleau-Ponty reprend au poète Francis Ponge l'expression d'« épaisseur sémantique » pour décrire cet **acte de la parole** par lequel l'être humain se situe dans le **monde charnel de l'intercommunication**. La pensée n'absorbe donc pas le langage : l'acte de parole **est** la pensée, la signification fait exister la pensée. Si notre pensée « traîne dans le langage », c'est que le langage n'a rien d'autre qui lui préexiste que lui-même : il est sa propre trace, « toute expression m'apparaissant toujours comme une trace, nulle idée ne m'étant donnée qu'en transparence, et tout effort pour fermer notre main sur la pensée qui habite la parole ne laissant entre nos doigts qu'un peu de matériel verbal » (*Signes*, Gallimard, p. 111).

L'homme, ainsi, reste toujours cet enfant (*in-fans* : celui qui ne parle pas) qui vient au monde dans le mouvement d'un langage déployant infiniment ses secrets : « Exprimer pour le sujet parlant, c'est prendre conscience ; il n'exprime pas seulement pour les autres, il exprime pour savoir lui-même ce qu'il vise » (*Signes*, p. 113).

**1** ☐ « Ce que nous avons appris dans Saussure, c'est que les signes un à un ne signifient rien, que chacun d'eux exprime moins un sens qu'il ne marque un écart de sens entre lui-même et les autres. Comme on peut en dire autant de ceux-ci, la langue est faite de différences sans termes, ou plus exactement les termes en elle ne sont engendrés que par les différences qui apparaissent entre eux. » (p. 49.)

**2** ☐ « Mais si le signe n'est qu'un certain écart entre les signes, la signification un même écart entre les significations, la pensée et la parole se recouvrent comme deux reliefs. Comme pures différences, elles sont indiscernables. Il s'agit, dans l'expression, de réorganiser les choses dites, de les affecter d'un nouvel indice de courbure, de les plier à un certain relief du sens. » (p. 26.)

**3** ☐ « On brise le langage quand on en fait un moyen ou un code pour la pensée, et l'on s'interdit de comprendre à quelle profondeur les mots vont en nous, qu'il y ait un besoin, une passion de parler, une nécessité de se parler dès qu'on pense, que les mots aient pouvoir de susciter des pensées — d'implanter des dimensions de pensée désormais inaliénables —, qu'ils mettent

## *Le « pouvoir spirituel » du langage*

**Maurice MERLEAU-PONTY**

### *Ce que l'on croit du langage*

En ce qui concerne le langage, si c'est le rapport latéral du signe au signe qui rend chacun d'eux signifiant, le sens n'apparaît donc qu'à l'intersection et comme dans l'intervalle des mots[1]. Ceci nous interdit de concevoir comme on le fait d'habitude la distinction et l'union du langage et de son sens. On croit le sens transcendant par principe aux signes comme la pensée le serait à des indices sonores ou visuels, — et on le croit immanent aux signes en ceci que, chacun d'eux, ayant une fois pour toutes *son* sens, ne saurait entre lui et nous glisser aucune opacité, ni même nous donner à penser : les signes n'auraient qu'un rôle de monition, ils avertiraient l'auditeur d'avoir à considérer telle de *ses* pensées.

A la vérité, ce n'est pas ainsi que le sens habite la chaîne verbale et pas ainsi qu'il s'en distingue. Si le signe ne veut dire quelque chose qu'en tant qu'il se profile sur les autres signes, son sens est tout engagé dans le langage, la parole joue toujours sur fond de parole, elle n'est jamais qu'un pli dans l'immense tissu du parler[2]. Nous n'avons pas, pour la comprendre, à consulter quelque lexique intérieur qui nous donnât, en regard des mots ou des formes, de pures pensées qu'ils recouvriraient : il suffit que nous nous prêtions à sa vie, à son mouvement de différenciation et d'articulation, à sa gesticulation éloquente.

### *L'opacité du langage*

Il y a donc une opacité du langage : nulle part il ne cesse pour laisser place à du sens pur, il n'est jamais limité que par du langage encore et le sens ne paraît en lui que serti dans les mots. Comme la charade, il ne se comprend que par l'interaction des signes, dont chacun pris à part est équivoque ou banal, et dont la réunion seule fait sens. En celui qui parle non moins qu'en celui qui écoute, il est bien autre chose qu'une technique de chiffrement ou de déchiffrement pour des significations toutes faites : il faut d'abord qu'il les fasse exister à titre d'entités repérables en les installant à l'entrecroisement des gestes linguistiques comme ce qu'ils montrent d'un commun accord.

Nos analyses de la pensée font comme si, avant d'avoir trouvé ses mots, elle était déjà une sorte de texte idéal que nos phrases chercheraient à *traduire*[3]. Mais l'auteur lui-même n'a aucun texte qu'il puisse confronter avec son écrit, aucun langage avant le langage. Si la parole le satisfait, c'est par un équilibre dont elle définit elle-même les conditions, par une perfection sans modèle. Beaucoup plus qu'un moyen, le langage est quelque chose comme un être et c'est pourquoi il peut si bien nous rendre présent quelqu'un : la parole d'un ami au téléphone nous le donne lui-même, comme s'il était tout dans cette manière d'interpeller et de prendre congé, de commencer et de finir ses phrases, de cheminer à travers les choses non dites. Le sens est le mouvement total de la parole et c'est pourquoi notre pensée traîne dans le langage[4]. C'est pourquoi aussi elle le traverse comme le geste dépasse ses points de passage.

### *Le langage est dévoilement*

Au moment même où le langage emplit notre esprit jusqu'aux bords, sans laisser la plus petite place à une pensée qui ne soit prise dans sa vibration, et dans la mesure justement où nous nous abandonnons à lui, il passe au-delà des « signes » vers leur sens. Et, de ce sens, rien ne nous sépare plus : le langage ne *présuppose* pas sa table de correspondance, il dévoile lui-même ses secrets, il les enseigne à tout enfant qui vient au monde, il est tout entier monstration. Son opacité, son obstinée référence à lui-même, ses retours et ses replis sur lui-même sont justement ce qui fait de lui un pouvoir spirituel : car il devient à son tour quelque chose comme un univers, capable de loger en lui les choses mêmes, — après les avoir changées en leur sens[5].

***Signes*, I, « Le langage indirect et les voix du silence », Gallimard, p. 53**

sur nos lèvres des réponses dont nous ne nous savions pas capables, qu'ils nous apprennent, dit Sartre, notre propre pensée. » (p. 24.)

**4** ◻ « Il n'est pas davantage de pensée qui soit complètement pensée et qui ne demande à des mots le moyen d'être présente à elle-même. Pensée et parole s'escomptent l'une l'autre. Elles se substituent continuellement l'une à l'autre. Elles sont relais, stimulus l'une pour l'autre. Toute pensée vient des paroles et y retourne, toute parole est née dans les pensées et finit en elles. Il y a entre les hommes et en chacun une incroyable végétation de paroles dont les "pensées" sont les nervures. » (p. 25.)

**5** ◻ « Or le langage est "entrelacé" avec notre horizon de monde et d'humanité. Il est porté par notre relation au monde et aux autres, et aussi il la porte et la fait, c'est par lui que notre horizon est ouvert et sans fin, c'est parce que pour nous "toute chose a son nom" qu'elle a pour nous être et mode d'être. » (*Résumés de cours,* Collège de France (1952-1960), Gallimard, p. 164.)

Sauf précision contraire, les citations sont extraites de *Signes,* éd. cit.

# L'ANALYSE CARTÉSIENNE DU LANGAGE : L'HOMME, L'ANIMAL, LA MACHINE

**Noam CHOMSKY**

*Descartes lui-même n'accorda que peu d'attention au problème du langage, et les quelques réflexions qu'il y consacra sont sujettes à diverses interprétations. Chacune de ces objections a un certain poids. Néanmoins, il me semble qu'il existait à l'époque dont je parle ici (les XVII^e^ et XVIII^e^ siècles), un développement cohérent et fructueux de tout un corps d'idées et de conclusions ayant trait à la nature du langage ; ce développement est associé à une certaine théorie de l'esprit, et peut être considéré comme un fruit de la révolution cartésienne.*

***La Linguistique cartésienne,***
**Seuil, p. 18**

L'ouvrage cité ci-dessus représenta un tournant capital dans l'histoire de la linguistique contemporaine. Chomsky, partant de l'analyse cartésienne et de son principe d'une suprématie du **pouvoir créateur de l'esprit**, devait formuler une conception nouvelle du problème des rapports de la pensée et du langage : le langage crée-t-il notre mode de perception de la réalité en lui imposant ses modèles, ou n'est-il au contraire que le produit du pouvoir créateur de l'esprit façonné par des siècles de culture ? Chomsky répondra en montrant que la pensée est déterminée par les catégories du langage, mais que ses propres modèles ont été élaborés au cours de l'évolution phylogénétique[1] et sociogénétique de l'humanité.

L'esprit dispose d'une véritable liberté créatrice et peut, par le langage, produire à partir de quelques structures universelles autant d'énoncés qu'il y a de situations différentes ; mais ces structures, en retour, existeraient dans l'esprit humain à l'état de « germes innés », et s'y développeraient progressivement dans l'apprentissage du langage.

Le langage humain est ainsi dégagé aussi bien du déterminisme des stimulations extérieures, que de celui des états physiologiques internes. Il sert d'**instrument** à la pensée, il est essentiellement un **organe d'expression de la raison**, **milieu** du développement de la réflexion, et donc de la conscience.

## *Le problème philosophique : la nature spirituelle de l'homme*

Les analyses cartésiennes du langage sont exposées pour l'essentiel dans la 5^e^ partie du *Discours de la méthode*, et dans quelques lettres dont celle du 23 novembre 1646 au marquis de Newcastle. Ces réflexions plutôt rares et en apparence accessoires sont pourtant à leur façon indispensables dans la mesure où elles interviennent dans un débat fondé sur la distinction de l'âme et du corps : *Méditation Deuxième*, « De la nature de l'esprit humain et qu'il est plus aisé à connaître que le corps » ; *Méditation Sixième*, « De l'existence des choses corporelles, et de la réelle distinction de l'âme et du corps de l'homme ».

Qu'est-ce qui nous assure que les **animaux** ne pensent pas à leur façon sans que nous en percevions l'expression ni le langage correspondants ? Question d'importance : si les animaux pensent, la différence qualitative de l'homme et de l'animal disparaît, et avec elle la distinction de l'âme et du corps. Autant dire que **le langage** intervient à titre de **critère fondamental** pour le cartésianisme : il importe donc à Descartes de montrer que le langage est l'apanage de l'homme, malgré la possible fiction d'un automate parlant et malgré l'apparence des « langages » animaux.

On sait que Descartes avait pour visée de produire un fondement objectif et universel de la connaissance. Or, la séparation de l'âme et du corps, du spirituel et du matériel, entraînait le rejet de l'expérience sensible hors de la sphère de la connaissance objective, celle-ci ne tirant son origine que de la pensée. L'« innéisme » cartésien consistait donc à chercher le fondement de la « connaissance des essences » dans des vérités premières ou **innées** dont nous possédons les **germes** dès notre naissance, ou que nous sommes du moins capables de former sans recourir à l'expérience sensible.

## *Le langage : l'homme et l'automate*

Descartes considère le langage comme le premier et le plus puissant des indices permettant de distinguer avec certitude l'homme (défini par sa nature spirituelle) de l'animal, tout entier rejeté du côté du corporel et du sensible. Or, il est intéressant de souligner que l'animal, et surtout lorsqu'il semble pouvoir parler (pie, perroquet, singe), est analysé selon le modèle mécaniste de l'**automate** : pour Descartes, tous les aspects du comportement animal se ramènent à des **mouvements automatiques**. Un automate qui imiterait à la perfection un animal quelconque ne pourrait pas en être distingué. En revanche, toute « machine mouvante » imitant un être humain, même à la perfection, serait aisément identifiable comme telle.

> **Il n'y a aucune de nos actions extérieures,** *qui puisse assurer ceux qui les examinent, que notre corps n'est pas seulement une machine qui se remue de soi-même, mais qu'il y a aussi en lui une âme qui a des pensées,* **excepté les parolés**, *ou autres signes faits à propos des sujets qui se présentent, sans se rapporter à aucune passion.*
>
> ***(Lettre au marquis de Newcastle.)***

En inscrivant ainsi le corps dans la séquence automate-animal, Descartes cherche, en fait, à dégager la spécificité absolue de la pensée, la raison. Celle-ci, contenant toute la spiritualité de l'homme, recouvre le champ entier de l'âme — et c'est d'ailleurs pour cette raison que le *Traité des passions* rejettera les causes des émotions du côté du sensible et du corporel. Le modèle de l'automate permet donc à la fois d'expliquer la totalité du comportement animal, et de montrer que l'homme a des capacités qui lui sont propres, mais dont l'explication déborde les limites de l'analyse mécaniste, même si certaines fonctions de l'être humain acceptent une telle explication. Le langage apparaît, ici, comme le **discriminant fondamental** de l'**homme** et de l'**animal**.

## *La fonction combinatoire du langage*

Ce discriminant étant repéré, encore faut-il clairement définir la **fonction** du langage. Et Descartes émet ici une supposition qui rappelle singulièrement les recherches actuelles sur les langages artificiels : « on peut bien concevoir qu'une machine soit tellement faite qu'elle profère des paroles », c'est-à-dire qu'elle soit capable de verbaliser certaines de ses actions (« qu'elle profère des paroles à propos des actions corporelles qui causeront quelques changements en ses organes ») et même d'exprimer des émotions (« qu'elle crie qu'on lui fait mal »).

Qu'est-ce qui distinguera alors le langage humain de tout autre ? C'est, répond Descartes, la capacité spécifiquement **créatrice** du langage de l'être humain ; la possibilité de former, à partir de la combinaison d'un nombre réduit de signes, de nouveaux énoncés qui permettront d'exprimer la représentation de situations nouvelles — et Chomsky développera d'ailleurs cette conception avec sa « grammaire générative ». Expression **libre** de la pensée qui permet de répondre correctement à tout contexte inédit, le langage est donc défini par ses **infinies possibilités de création** : il n'est contraint ni par l'association fixe des paroles et des stimulations externes, ni par le jeu des dispositions physiologiques internes. Bref, le langage humain échappe à une simple détermination d'ordre instinctif.

Cette universalité du langage, témoin de cet « instrument universel » qu'est la Raison, délimite le champ de l'humanité en le fermant par le bas : « Le bon sens est la chose du monde la mieux partagée » affirmait Descartes en ouvrant son *Discours de la méthode*. Autrement dit, tout homme, parce qu'il est homme, et indépendamment de ses caractéristiques personnelles, possède pleinement la capacité humaine de la raison.

Descartes reprend donc ici la métaphore du degré le plus bas de l'activité rationnelle en soulignant que même « les hommes les plus hébétés » peuvent « arranger diversement les signes pour répondre au sens de tout ce qui se dira en [leur] présence ». La différence entre l'homme et l'animal-automate tient donc à cette capacité de « déclarer aux autres notre pensée », **capacité indépendante** du degré d'intelligence propre à tel ou tel homme. La supériorité de l'homme n'est donc pas dans le fait de posséder un langage, mais dans la possibilité d'en user de multiples façons, dans la **dimension combinatoire et ouverte** du langage humain.

## *Le langage et la raison*

Si le langage est le premier des critères qui permet ainsi de distinguer l'homme de l'animal, le second est donné dans l'élucidation de ce que l'on pourrait appeler la **motivation** du langage : « ... on découvrirait qu'elles [ces machines que sont les bêtes] n'agiraient pas par connaissance, mais seulement par la disposition de leurs organes. » Descartes oppose, de ce point de vue, l'universalité instrumentale de la raison et le fait que « les organes », naturels et mécaniques, « ont besoin de quelque particulière disposition pour chaque action particulière » : si la raison nous permet donc d'agir « dans toutes les dispositions de la vie », la machine, elle, reste toujours **spécialisée**, l'éventail de ses opérations est réduit aux possibilités limitées de son fonctionnement automatique.

Les nouveaux contes de la mère l'Oye : Konrad Lorenz, l'un des fondateurs de l'éthologie, étude du comportement animal.

La différence de l'homme et de l'animal n'est pas physiologique ou anatomique, autrement dit matérielle ; Descartes compare les performances de la pie ou du perroquet à celles du **sourd-muet**[2], en montrant que si les animaux, tout en ayant les organes de la parole, « ne peuvent parler ainsi que nous, c'est-à-dire en témoignant qu'ils pensent ce qu'ils disent », les sourd-muets, qui en sont privés de par leur infirmité, « ont coutume d'inventer eux-mêmes quelques signes par lesquels ils se font entendre ». Invention qui témoigne ainsi de l'aspect libre et créateur du langage humain qui ne dépend d'aucune contrainte physiologique, d'aucune « disposition des organes ».

L'**illimitation de la parole** manifeste le pouvoir infini de la pensée, la puissance de la Raison : « ceci ne témoigne pas seulement que les bêtes ont moins de raison que les hommes, mais qu'elles n'en ont point du tout ». L'homme le plus stupide ou l'enfant, exemples là encore d'un fonctionnement minimal de la raison, sont donc supérieurs au perroquet ou au singe en cela qu'ils peuvent toujours user de leur faculté de « composer des signes ». Le langage animal, lui, n'est que l'effet du jeu des *passions* :

> *Il ne s'est toutefois jamais trouvé aucune bête si parfaite, qu'elle ait usé de quelque signe, pour faire entendre à d'autres animaux quelque chose qui n'eût point de rapport à ses passions ; et il n'y a point d'homme imparfait, qu'il n'en use ; en sorte que ceux qui sont sourds et muets, inventent des signes particuliers, par lesquels ils expriment leurs pensées. Ce qui me semble un très fort argument, pour prouver que ce qui fait que les bêtes ne parlent point comme nous, est qu'elles n'ont aucune pensée, et non point que les organes leur manquent. Et on ne peut dire qu'elles parlent entre elles, mais que nous ne les entendons pas ; car, comme les chiens et quelques autres animaux nous expriment leurs passions, ils nous exprimeraient aussi bien leurs pensées, s'ils en avaient.*
>
> ***(Lettre à Newcastle)***

Descartes peut donc affirmer que l'âme des bêtes n'est pas de même nature que celle de l'homme, laquelle est une âme « d'une nature entièrement indépendante du corps », donc immortelle.

## *La dimension métaphysique du langage*

Dans la perfection instinctive de leurs fonctions organiques, « les mouches, les fourmis », dit Descartes, n'ont rien à redouter « rien à craindre ni espérer après cette vie ». **Automates,** elles le sont au même titre que « l'horloge qui n'est composée que de roues et de ressorts et qui peut compter les heures et mesurer le temps plus justement que nous avec toute notre prudence ».

Le langage entraîne ainsi avec lui ces occurrences proprement métaphysiques que sont la **conscience du temps**, la **dialectique de l'angoisse et de l'espoir** suscité par cette conscience : il est le **paradoxe** d'une condition marquée par la mort et aspirant à l'éternité.

Si le langage est bien l'un des moyens de rendre l'homme « maître et possesseur de la nature », selon l'impératif et le vœu cartésien, il est aussi une ouverture sur de nouveaux besoins, sur le monde nouveau que crée « l'impérialisme métaphysique » de l'homme.

1. La *phylogenèse* correspond au développement d'une espèce, par opposition à l'*ontogenèse*, qui concerne le développement et les transformations de l'individu.

2. L'exemple du sourd-muet s'inscrit dans une véritable histoire philosophique de l'analyse des infirmités des sens, mise au service de la réflexion sur les origines et le fondement de la connaissance. Développée tout au long des XVII^e^ et XVIII^e^ siècles, cette histoire comporte quelques jalons essentiels : Locke, *Essai sur l'entendement humain* (1690) ; Berkeley, *Nouvelle théorie de la vision* (1709) ; Voltaire, *Éléments de la philosophie de Newton* (1738) ; Condillac, *Essai sur l'origine des connaissances humaines* (1746) ; Buffon, *Histoire naturelle de l'homme*, 2^e^ partie (1749) ; Diderot, *Lettre sur les aveugles* (1749).

### BIBLIOGRAPHIE DE LA LEÇON

***Noam CHOMSKY :***
*La Linguistique cartésienne* 1966, Seuil.

***DESCARTES*** est cité dans l'édition de la Pléiade, Gallimard, 1953.

***Martin HEIDEGGER :***
« Lettre sur l'humanisme », (1946) trad. in *Questions III*, Gallimard, 1966.

***Jean HYPPOLITE :***
« Information et Communication » (1967) in *Figures de la pensée philosophique,* tome II, P.U.F., 1971.

***Roman JAKOBSON :***
*Essais de linguistique générale,* 1^re^ partie, Éditions de Minuit.

## TABLE D'ORIENTATION

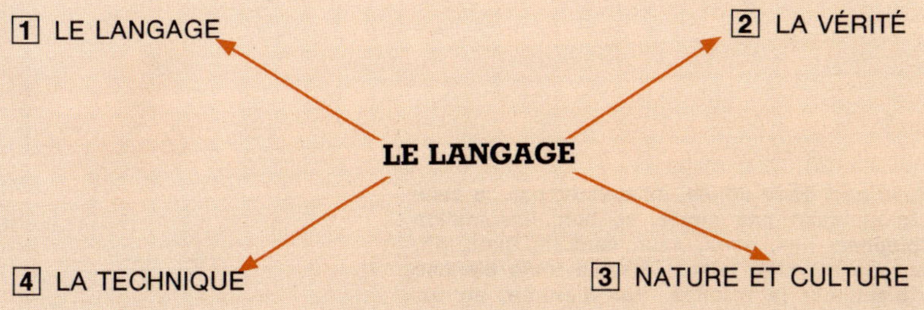


## SUJETS DE DISSERTATION

1 Les mots disent-ils les choses ? (Nice-Ajaccio, A, 1984).

■ Héritages de mots, héritages d'idées. (Poitiers, B, 1983)

■ « Qui n'a pas réfléchi sur le langage n'a pas vraiment commencé à philosopher ». Justifier cette affirmation. (Besançon, B, 1983)

2 Peut-on connaître la vérité par des signes ? (Paris-Créteil-Versailles, A, 1983)

3 Est-il naturel à l'homme de parler ? (Rouen, B, 1982)

■ Qu'est-ce qui distingue ce qui est naturel de ce qui est artificiel ? (Lille, B, 1983)

■ En quoi le langage est-il spécifiquement humain ? (Rouen, B, 1983)

4 Faut-il redouter les machines ? (Strasbourg, C-D, 1983)

## BIBLIOGRAPHIE GÉNÉRALE

***ARISTOTE :*** *Poétique*, Seuil.

***CONDILLAC :*** *Essai sur l'origine des connaissances* (1746), 2$^e$ partie, section 1°, Galilée.

***ÉPICURE :*** « Lettre à Hérodote », in Épicure, *Doctrines et sentences*, Hermann.

***HOBBES :*** *De la nature humaine* (1650), Ch. V, Vrin.

***LOCKE :*** *Essai sur l'entendement humain* (1690), Livre IV, Ch. XXI.

***LUCRÈCE :*** *De la nature*, Livre V, Garnier-Flammarion.

***MONTAIGNE :*** *Essais*, II, 12, « Apologie de Raymond Sebond ».

***PLATON :*** *Cratyle*, Garnier-Flammarion.

***ROUSSEAU :*** *Essai sur l'origine des langues* (éd. 1781), Hatier.

***SARTRE :*** *L'Être et le néant*, 3$^e$ partie, ch. III, I, Gallimard, 1943.

## GLOSSAIRE

**Discours :** ensemble de jugements et d'assertions plus ou moins explicites, reliés entre eux avec une cohérence variable. En ce sens, le discours n'est plus un texte pensé ou exprimé par une personne donnée en un lieu et à un moment précis : on peut parler aussi bien du *discours* d'une classe sociale que de celui d'une époque.

**Double articulation :** à la suite du linguiste A. Martinet, on s'accorde à voir la spécificité du langage humain dans la double articulation de la chaîne parlée, constituée à la fois de *monèmes* et de *phonèmes* (respectivement unités minimales de signification et de son). Cette double articulation permet une variété et une richesse infinie d'énoncés à partir d'un nombre réduit de phonèmes combinés une première fois pour constituer des monèmes, lesquels sont à leur tour articulés pour former la chaîne linguistique.

**Langue/parole :** opposition linguistique proposée par F. de Saussure, distinguant « l'acte individuel de volonté et d'intelligence » *(parole)* de la *langue*, « le langage moins la parole », autrement dit « l'ensemble des habitudes linguistiques transmises par la société », qui permettent à un sujet de comprendre et de se faire comprendre ; la parole est la mise en scène individuelle du langage.

**Monème/phonème :** le *monème* est l'unité minimale de signification (distincte du mot : « sur/vol/eras » comporte trois monèmes. En revanche, « a priori » n'en comporte qu'un seul). Le *phonème*, unité inférieure au *monème*, a une forme sonore mais pas de signification (« monde » comporte trois phonèmes, m/on/d).

**Philosophie analytique :** courant de pensée prédominant dans le monde anglo-saxon, pour lequel les traditionnels « problèmes philosophiques » sont souvent de faux problèmes. Par une analyse logique attachant une importance extrême au langage, la *philosophie analytique* entend élucider ces questions mal posées.

**Signe :** voir le *Glossaire* du chapitre sur le *Sens*.

**Sémantique :** partie de la linguistique qui s'occupe de la signification des mots. On parle souvent de « champ sémantique » en examinant les différents domaines dans lesquels un mot a sens ou, inversement, l'ensemble des mots qui relèvent d'un même registre.

**Sémiologie :** science des signes, à l'origine (et encore de nos jours) dans le domaine médical (étude des symptômes et signes cliniques des différentes maladies). Elle est devenue l'étude des signes de façon la plus générale possible, c'est-à-dire dépassant le simple domaine de la linguistique pour étudier les signes que constituent la nourriture, les modes, la littérature, la publicité, la vie urbaine, etc.

**Signifié/signifiant :** en linguistique, le *signifiant* désigne la forme phonique ou « image acoustique » du signe linguistique. Le *signifié*, en revanche, désigne l'autre versant du signe, ce que l'on nomme traditionnellement le concept. La relation du *signifié* au *signifiant* est arbitraire dans chaque langue.

**IMAGINATION MORTE**

**Nulle part trace de vie, dites-vous, pah, la belle affaire, imagination pas morte, si, bon, imagination morte imaginez. Iles, eaux, azur, verdure, fixez, pff, muscade, une éternité, taisez. Jusqu'à toute blanche dans la blancheur la rotonde. Pas d'entrée, entrez, mesurez. Diamètre 80 centimètres, même distance du sol au sommet de la voûte. Deux diamètres à angle droit AB CD partagent en demi-cercles ACB BDA le sol blanc. Par terre deux corps blancs, chacun dans son demi-cercle. Blancs aussi la voûte et le mur rond hauteur 40 centimètres sur lequel elle s'appuie. Sortez, une rotonde sans ornement, toute blanche dans la blancheur, rentrez, frappez, du plein partout, ça sonne comme dans l'imagination l'os sonne. A la lumière qui rend si blanc nulle source apparente, tout brille d'un éclat blanc égal, sol, mur, voûte, corps, point d'ombre. Forte chaleur, surfaces chaudes au toucher, sans être brûlantes, corps en sueur. Ressortez, reculez, elle disparaît, survolez, elle disparaît, toute blanche dans la blancheur, descendez, rentrez. Vide, silence, chaleur, blancheur, attendez, la lumière baisse, tout s'assombrit de concert, sol, mur, voûte, corps, 20 secondes environ, tous les gris, la lumière s'éteint, tout disparaît...**

Samuel Beckett,
« Imagination morte imaginez », in *Têtes-mortes*,
Minuit, pp. 51-52

# L'IMAGINATION

## *L'imagination tue la page blanche*

Une voix s'adresse au lecteur, la même qui, à la fin de *L'Innommable* (1953), affirmait :

> *Je ne peux pas continuer, il faut continuer, je vais donc continuer, il faut dire des mots, tant qu'il y en a ... ça va être le silence, là où je suis, je ne sais pas, je ne le saurai jamais, dans le silence on ne sait pas, il faut continuer, je vais continuer.*

La voix va donc continuer, avec une sorte de douce obstination. Et pourtant, en ce début de texte, cela commence mal : par le constat d'un **« néant »**, « nulle part trace de vie ». Un néant qui désignerait la fameuse page blanche contre laquelle doit se constituer toute écriture ; qui serait aussi comme l'aboutissement du désert qui assiégeait les protagonistes de *Fin de partie* (1954-56). Mais de cette absence généralisée, la voix rend tout de suite responsable un autre — le lecteur ? — pour ordonner vaillamment : « imagination morte imaginez ». Avec l'**imagination**, il serait donc **impossible d'en finir** ?

# *Les stéréotypes de l'image*

La voix **suggère** les éléments stéréotypés d'un paysage avant de les annuler. A peine esquissée, l'image est gommée, sur ordre ; il faut (re)faire le vide pour mettre en place, dans la blancheur ainsi conquise, une « rotonde ».

Vient alors la série des **précisions**, dont chacune ajoute à ce que le lecteur est en train d'imaginer une précision supplémentaire : d'un énoncé au suivant, l'image se construit, évolue par retouches successives. La moindre suggestion prend dans le texte valeur de décision irrémédiable : on définit un lieu, deux corps, des dimensions, une ambiance. Cette voix, un peu exténuée, à bout de souffle si l'on se fie à la brièveté de ses affirmations et au fait que son discours est composé surtout de propositions nominales, trouve assez de force pour jouer avec notre imaginaire.

Là où il n'y avait rien, ma lecture admet maintenant l'**existence d'un « décor »**, de **quasi-personnages**. Mais la voix, qui me guide, ne se prive pas de faire que « la lumière baisse » et que tout s'efface.

Bien entendu, cette rotonde, ces corps n'ont **aucune existence** en dehors de ce texte et du pouvoir que je lui concède sur la production de mes **images mentales**. Mais n'est-ce pas précisément ce jeu avec l'imaginaire que j'attendais de ce texte, comme de n'importe quel autre ? Une fiction, dit-on, pour en souligner l'inexistence, la tromperie. Mais pendant quelques instants cette fiction m'a déporté hors de mon cadre normal, elle m'a fait oublier le « réel » : **victoire de l'imaginaire**, qui ne demanderait donc qu'à s'imposer aux dépens de ce que j'admets d'ordinaire comme méritant exclusivement mon attention.

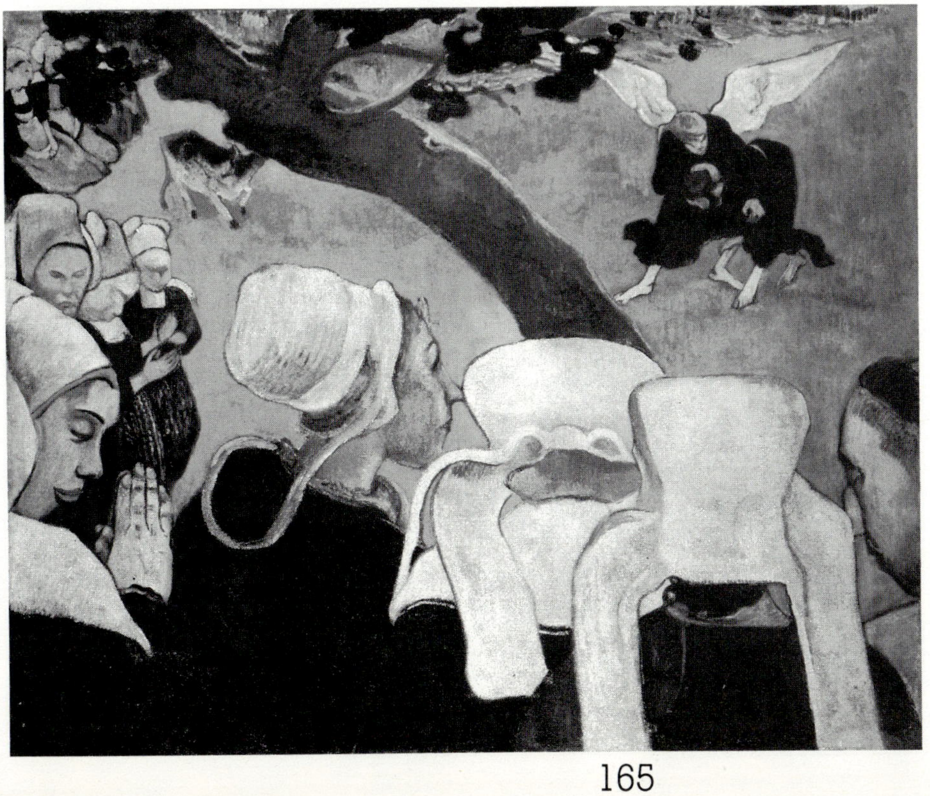

Gauguin,
*La vision après le sermon.*

## Du bon usage de l'imagination

**DESCARTES**

Il faut noter que l'entendement ne peut jamais être trompé par une expérience, s'il se borne à avoir l'intuition nette de ce qui se présente à lui tel qu'il l'a, soit en lui-même, soit dans l'imagination, et si de plus il ne juge pas que l'imagination représente fidèlement les objets des sens, ni que les sens prennent les vraies figures des choses, ni enfin que la réalité extérieure est toujours telle qu'elle apparaît ; en tout cela, en effet, nous sommes sujets à l'erreur : c'est ainsi que, lorsqu'on nous a raconté une fable, nous croyons que la chose a eu lieu ; que celui qui est malade d'une jaunisse juge que tout est jaune, parce qu'il a les yeux colorés en jaune ; et enfin que, lorsque l'imagination est atteinte, comme il arrive aux mélancoliques[1], nous croyons que les rêves désordonnés qu'elle fait représentent la réalité vraie. Mais cela ne trompera pas l'entendement du sage, car, tout en jugeant que l'image reçue de l'imagination y a été vraiment gravée, il n'affirmera cependant jamais que cette image est venue, tout entière et sans altération, de la réalité extérieure aux sens et des sens à l'imagination, à moins de l'avoir su d'abord par quelque autre moyen.

***Règles pour la direction de l'esprit* (1628), XII, Gallimard, éd. de la Pléiade, pp. 84-85**

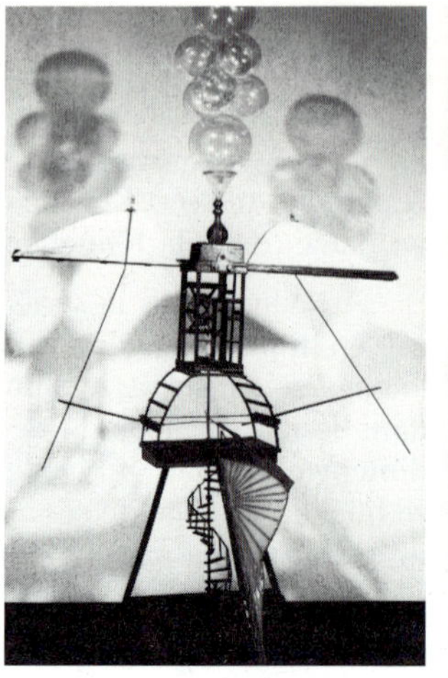

Carelmann, *Machine volante pour aller dans la lune.*

**1** □ Le terme, au XVIIe siècle, désignait à peu près les malades dépressifs.

Les voyages dans l'espace à travers les âges...

Cyrano de Bergerac, *L'histoire comique des États et Empires de la terre.*

## L'imagination est rare

**DELACROIX**

*Imagination.* Elle est la première qualité de l'artiste. Elle n'est pas moins nécessaire à l'amateur. Je ne conçois pas l'homme dénué d'imagination et qui achète des tableaux : c'est qu'il a de la vanité en proportion de ce qui lui manque sous le rapport que j'ai dit. Or, quoique cela paraisse étrange, le plus grand nombre des hommes en est dépourvu. Non seulement ils n'ont pas cette imagination ardente ou pénétrante qui leur peint avec vivacité les objets, qui les introduit dans leurs causes mêmes, mais ils n'ont pas davantage la compréhension nette des ouvrages où cette imagination domine.

Que les partisans de l'axiome des sensualistes, que *nil est in intellectu quod non fuerit prius in sensu*, prétendent en conséquence de ce principe que l'imagination n'est qu'une espèce de souvenir, il faudra bien qu'ils accordent cependant que tous les hommes ont la sensation et la mémoire, et que très peu ont l'imagination, qu'on prétend se composer de ces deux éléments. L'imagination chez l'artiste ne se représente pas seulement tels ou tels objets, elle les combine pour la fin qu'il veut obtenir ; elle fait des tableaux, des images qu'elle compose à son gré. Où est donc l'expérience acquise qui peut donner cette faculté de composition ?

***Journal*, 25 janvier 1857, Plon, p. 628**

## L'image n'est pas une réalité trompeuse

**SARTRE**

Il existe un *fait* « image » et ce fait est une structure irréductible de la conscience. Quand j'évoque l'image de mon ami Pierre, je ne porte pas un jugement faux sur l'état de mon corps : mais mon ami Pierre *m'apparaît* ; il ne m'apparaît certes pas comme *objet*, comme actuellement présent, comme *« là »*. Mais il m'apparaît *en image*.

Sans doute pour formuler le jugement « j'ai une image de Pierre », il convient que je passe à la réflexion, c'est-à-dire que je dirige mon attention non plus sur l'objet de l'image, mais sur l'image elle-même, comme réalité psychique. Mais ce passage à la réflexion n'altère nullement la qualité positionnelle de l'image. Ce n'est pas un réveil, un redressement ; je ne *découvre* pas soudain que j'ai formé une image. Bien au contraire, au moment où je porte l'affirmation « j'ai une image de Pierre », je me rends compte que *j'ai toujours su que c'était une image.* Seulement je le savais d'une autre façon : en un mot ce savoir ne faisait qu'un avec l'acte par lequel je constituais Pierre en image.

***L'Imagination*** **(1936), P.U.F., pp. 137-138**

La navette spatiale de la NASA.

Buck Rogers.

## commentaire

Pour **Descartes** (1596-1650), le produit de l'imagination est à classer parmi les causes de l'**erreur banale**, à égalité avec la simple crédulité ou les illusions déterminées par la perception faussée. Il appartient en conséquence au « sage », c'est-à-dire à celui qui entreprend de faire un usage légitime de son entendement*, de savoir distinguer la réalité du **processus imaginant** de tout renvoi à **son prétendu référent** : de celui-ci à celle-là, des altérations peuvent intervenir, qui éloignent l'image de la réalité où elle peut trouver son origine. Pour bien user de l'imagination, tout entière du côté d'apparences éventuellement trompeuses, il convient donc d'en **vérifier les objets** par d'autres voies.

A l'opposé de cette attitude rationaliste, le peintre Eugène **Delacroix** (1798-1863) trouve dans l'imagination le ressort double de la **création** et de la **compréhension artistiques**. Parce qu'elle effectue des combinaisons nouvelles entre les éléments perçus ou connus, l'imagination ne peut se réduire à la seule mémoire : elle est en elle-même **inventive** ou créatrice. Dans cette optique, l'imagination peut outrepasser le simple acquis, elle diffère donc de la simple reproduction mécanique, au sens où déjà Diderot pouvait affirmer que le poète « a reçu de la nature... l'imagination sans laquelle le discours se réduit à l'habitude mécanique d'appliquer des sons combinés » *(Discours sur la poésie dramatique).*

Lorsque **Sartre** (1905-1980), tout imprégné de phénoménologie husserlienne, s'intéresse à l'image mentale, c'est pour souligner qu'elle correspond à une **intentionnalité**[1] **spécifique** : elle est bien posée, mais comme **absence**, et son objet ne m'est donné que comme non-présent. Aussi n'existe-t-il **pas de décalage** entre la production de l'image et la conscience que je prends de cette non-coïncidence avec la réalité actuelle : c'est d'un même mouvement que la conscience me donne l'image d'un ami et sa situation extérieure au perçu. L'image, qui dénonce ainsi d'elle-même son propre statut d'illusion, ne posséderait donc pas de quoi me tromper.

1. Sur cette notion, voir le chapitre sur la *Conscience*.

# *Le dynamisme de l'imagination*

## l'auteur

Dans l'histoire de la philosophie contemporaine, Gaston Bachelard (1884-1962) occupe une place singulière puisque ses travaux ont porté aussi bien sur l'**histoire des sciences** et l'**épistémologie*** (*La Formation de l'esprit scientifique, La Philosophie du non*, etc.) que sur l'**analyse de l'imagination poétique** (*La Poétique de l'espace, La Terre et les rêveries du repos, L'Air et les songes*, etc.). Cette « tension dialectique qui subsiste entre les deux versants de l'œuvre, celui de la création scientifique et celui de l'imagination poétique de l'Être » (J. Hyppolite) semble impliquer que, de part et d'autre, c'est bien le même esprit qui est à l'œuvre, diversifiant ses méthodes et son langage selon le domaine où il s'exerce : pendant que la rationalité scientifique s'élabore progressivement, la parole poétique opère d'innombrables variations autour de thèmes qui peuvent être anciens ou archaïques — ainsi des quatre éléments traditionnels : l'eau, la terre, l'air et le feu — mais dont l'exploration paraît ne devoir être jamais achevée.

## l'intérêt philosophique du texte

Le caractère inépuisable des thèmes est précisément à mettre en relation avec la définition de l'imagination que propose Bachelard : en rupture avec l'approche psychologique traditionnelle, il lui semble que l'**imagination** est d'abord la **capacité de changer les images**.

Au lieu de s'intéresser à ses résultats — nécessairement figés et statiques — il s'agit donc de la saisir dans son **dynamisme** propre, dans la **mouvance** qui fonde sa productivité : l'imagination produit, non pas des images, mais des réseaux, des transitions, des transformations permettant de passer d'une représentation à une autre. Ainsi se constitue et se repère l'espace de l'imaginaire, distinct à la fois du perçu et de l'imaginé (entendons dans ce participe qu'il est bien **passé**) : cet imaginaire sous-tend toutes les images en les excédant de par sa propre fécondité. En-deçà des images, isolables et susceptibles d'être aussi bien critiquées que mémorisées, l'imaginaire indique la permanence d'une **tendance opposée à la mémorisation** : tendance foncièrement **novatrice** puisqu'elle va toujours au-delà de l'acquis, ne serait-ce qu'en le transformant partiellement.

En situant l'imagination du côté d'une innovation permanente, Bachelard entendait rendre compte à la fois de l'**imagination poétique** et de **sa lecture** : si le texte paraît évocateur ou troublant, c'est qu'il suscite dans l'esprit du lecteur un foisonnement d'autres images, qui se greffent sur celles qu'il énonce.

**1** ☐ « En général, le mot *image* est lourd de confusion dans les ouvrages de psychologie : on voit des images, on reproduit des images, on garde des images dans la mémoire. L'image est tout, sauf un produit direct de l'imagination. » (*La Poétique de l'espace*, P.U.F., p. 16)

**2** ☐ « A la *fonction du réel*, construite par le passé, telle qu'elle est dégagée par la psychologie classique, il faut joindre une *fonction de l'irréel* tout aussi positive. » *(ibid.)* F

**3** ☐ « Percevoir et imaginer sont aussi

Giotto, *Le songe de Joachim.*

## *La mobilité de l'imaginaire*

**BACHELARD**

Comme beaucoup de problèmes psychologiques, les recherches sur l'imagination sont troublées par la fausse lumière de l'étymologie. On veut toujours que l'imagination soit la faculté de *former* des images. Or elle est plutôt la faculté de *déformer* les images fournies par la perception, elle est surtout la faculté de nous libérer des images premières, de *changer* les images[1]. S'il n'y a pas changement d'images, union inattendue des images, il n'y a pas imagination, il n'y a pas d'*action imaginante*. Si une image *présente* ne fait pas penser à une image *absente*, si une image occasionnelle ne détermine pas une prodigalité d'images aberrantes, une explosion d'images, il n'y a pas imagination. Il y a perception, mémoire familière, habitude des couleurs et des formes. Le vocable fondamental qui correspond à l'imagination, ce n'est pas *image*, c'est *imaginaire*. Grâce à l'*imaginaire*, l'imagination est essentiellement *ouverte*, *évasive*[2]. Elle est dans le psychisme humain l'expérience même de l'*ouverture*, l'expérience même de la *nouveauté*. (...)

Une image qui quitte son principe *imaginaire* et qui se fixe dans une forme définitive prend peu à peu les caractères de la perception présente[3]. Bientôt, au lieu de nous faire rêver et parler, elle nous fait agir. Autant dire qu'une image stable et achevée *coupe les ailes* à l'imagination. Elle nous fait déchoir de cette imagination rêveuse qui ne s'emprisonne dans aucune image et qu'on pourrait appeler pour cela une *imagination sans images*... Sans doute, en sa vie prodigieuse, l'imaginaire dépose des images, mais il se présente toujours comme un au-delà des images, il est toujours un peu plus que ses images.

Ainsi le caractère sacrifié par une psychologie de l'imagination qui ne s'occupe que de la *constitution des images* est un caractère essentiel, évident, connu de tous : c'est la *mobilité des images*. Il y a opposition — dans le règne de l'imagination comme dans tant d'autres domaines — entre la constitution et la mobilité. Et comme la description des formes est plus facile que la description des mouvements, on s'explique que la psychologie s'occupe d'abord de la première tâche. C'est pourtant la seconde qui est la plus importante. L'imagination, pour une psychologie complète, est, avant tout, un type de mobilité spirituelle, le type de la mobilité spirituelle la plus grande[4], la plus vive, la plus vivante. Il faut donc ajouter systématiquement à l'étude d'une image particulière l'étude de sa mobilité, de sa fécondité, de sa vie.

***L'Air et les songes* (1943), Corti, pp. 7-8**

antithétiques que présence et absence. Imaginer c'est s'absenter, c'est s'élancer vers une vie nouvelle. » (*L'Air et les songes*, p. 10)

**4** ☐ « [Les images littéraires] jouent un rôle dans notre vie. Elles nous vitalisent. Par elles, la parole, le verbe, la littérature sont promus au rang de l'imagination créatrice. La pensée en s'exprimant dans une image nouvelle s'enrichit en enrichissant la langue. L'être devient parole. La parole apparaît au sommet psychique de l'être. La parole se révèle le devenir immédiat du psychisme humain. » (idem, p. 9)

## UNE TRADITION DÉVALORISANTE

A en croire une certaine tradition philosophique, de l'imagination, on devrait commencer par se demander, en parodiant le célèbre titre de Diderot : Est-elle bonne, est-elle mauvaise ?

De Platon à Sartre en passant par les cartésiens ou les sensualistes (Locke, Condillac), un jugement classique consiste en effet à ne trouver dans ses productions que des **re-productions** : il s'agit alors de l'apprécier par rapport aux sensations et perceptions que nous avons par ailleurs du quotidien ; dans une telle perspective, celle-ci ne peut apparaître que comme une **sensation* amoindrie** ou appauvrie. On insiste sur le fait que ce qu'elle nous présente est en fait absent, mais aussi sur les déformations qu'elle entraîne relativement à la vérité. Dès lors, il convient pour le moins de se défier de ses charmes.

Ainsi Platon mettait-il en garde contre l'enthousiasme imaginatif du poète ; et Spinoza soulignera volontiers que l'imagination nous informe bien davantage sur l'« état présent » de notre corps que sur « la nature du corps extérieur ». Encore cette information est-elle apportée « non pas distinctement bien sûr, mais confusément » — d'où la relation entre imagination et erreur, et la **résistance** que peut opposer la production imaginaire à la connaissance du vrai.

Dans la même posture d'accusateurs, on rencontre aussi bien Montaigne (pour qui l'imagination est la « folle du logis ») que Pascal (pour qui elle est « maîtresse d'erreur et de fausseté ») ou Malebranche. Celui-ci fait dépendre l'imagination simultanément de l'âme et du corps, c'est-à-dire des esprits animaux, et distingue l'imagination « active » de l'âme de l'imagination « passive » du corps, cette dernière pouvant nous amener, dans certaines conditions pathogènes, à croire que nous percevons réellement ce que nous ne faisons que fortement imaginer.

### L'imagination est fondamentalement active

Dans de telles approches, l'imagination est de surcroît considérée comme nécessairement **inférieure à la mémoire**. On leur opposera facilement une thèse plus « moderne » — qui s'impose depuis le romantisme (Dans son *Salon de 1859*, Baudelaire définit l'imagination comme la « reine des facultés ») : à partir du moment où l'on admet que son rôle est de nous fournir en images sans relation directe avec les images que nous offre la perception de la réalité quotidienne, l'imagination apparaît fondamentalement **créatrice**. Son rapport à la mémoire n'est plus d'infériorité, mais bien de dépassement : sans doute a-t-elle besoin de s'appuyer sur certains souvenirs ou sur un vague savoir acquis, mais c'est pour organiser ceux-ci de façon neuve, les utiliser à d'autres fins que la seule conservation du vécu ou du connu.

Cette **réestimation de l'imagination** résulte d'un concours entre postulats artistiques et recherches psychologiques. Après que les romantiques (allemands en particulier) eurent insisté sur la façon dont l'imaginaire nous propose inlassablement, tant en littérature qu'en peinture, des versions inédites du monde, les intentions contradictoires des différents courants « réalistes » ont prouvé sans le vouloir que l'imagination était décidément une force avec laquelle il fallait compter, puisqu'elle affirmait son pouvoir même lorsqu'il s'agissait en principe de s'en tenir à la copie du réel, suscitant déformations et métaphores, multipliant déviations et infidélités à l'égard de ce « réel ». On notera d'ailleurs que la photographie elle-même, pourtant fréquemment célébrée pour ses capacités de reproduction, entreprit de copier, lorsqu'elle prétendit devenir « artistique », non pas directement le réel, mais bien des modèles picturaux — se mettant ainsi sans attendre au service d'interprétations et de significations où l'imaginaire circulait en fraude et profitait du respect porté aux codes déjà admis comme artistiques...

Parallèlement, les observations psychologiques sur l'enfant — notamment dans ses activités ludiques — et l'élaboration du concept de fantasme dans la théorie psychanalytique, enseignent que l'imagination remplit un rôle d'équilibration ou d'euphémisation (selon les termes qu'utilise G. Durand) : elle **répond au désir**, qu'elle met en scène de façon claire (dans le jeu enfantin) ou voilée (dans le fantasme* inconscient). Elle apparaît ainsi définitivement capable de s'articuler au réel, non plus seulement en en proposant une version affaiblie, mais bien au contraire, dans la plupart des cas, en l'accompagnant d'un **« envers »** qui apporte au sujet des satisfactions spécifiques.

Bien entendu, on peut toujours objecter que ces dernières sont précisément de l'ordre du seul imaginaire, et qu'elles demeurent sans prise ni effet sur le réel ou la connaissance que nous pouvons en prendre. Toutefois, l'analyse des relations entre l'imagination et la pratique humaine suggère que les choses ne sont pas aussi simples.

### La projection imaginaire

Qu'est-ce en effet qu'un **projet***, sinon la **projection imaginaire d'un but à atteindre** ? S'il est vrai que l'intelligence humaine se caractérise par sa capacité à élaborer des projets anticipant sur la situation présente, on admettra que l'imagination constitue une dimension fondamentale de l'existence

Goya, *Les caprices : le sommeil de la raison engendre des monstres.*

humaine, puisqu'elle doit accompagner toute entreprise en quête de nouveauté, qu'il s'agisse de la connaissance, de la production artistique ou de la politique. Comme le remarque le philosophe américain Charles S. Pierce, redécouvert ces dernières années, « lorsqu'un homme désire ardemment connaître la vérité, son premier effort sera d'imaginer ce que la vérité peut être ». C'est pour ajouter immédiatement que l'esprit humain « ne peut pas poursuivre longtemps sa quête sans découvrir que l'imagination débridée est sûre de le faire dérailler » ; mais « il n'en demeure pas moins qu'il n'y a, en fin de compte, que l'imagination qui puisse jamais lui fournir un soupçon de vérité ».

Énoncer une **hypothèse* scientifique**, cette « explication anticipée » (C. Bernard), exige bien entendu l'épreuve de la vérification, mais celle-ci est bien fondée dans une activité imaginante en l'absence de laquelle la curiosité, le besoin d'en savoir toujours un peu plus risqueraient de ne jamais avoir d'effets.

Le rôle de l'imagination dans l'**invention artistique** a suffisamment été mis en valeur par toute l'esthétique postromantique pour qu'il ait ultérieurement paru nécessaire d'insister sur d'autres aspects (la technique, le travail, la recherche formelle rigoureuse) qui interviennent également dans l'élaboration de l'œuvre d'art. Sans donc verser dans l'excès qui consisterait à admettre massivement que cette dernière ne serait rien de plus que la mise en œuvre de l'imaginaire, on peut néanmoins affirmer que celui-ci irrigue bien la « tradition de la nouveauté » que constitue l'histoire de l'art moderne. L'œuvre réalisée offre à notre estimation ou contemplation le résultat d'un **travail de l'imaginaire** — et peut-être a-t-elle pour conséquence, de surcroît, une **relance de l'imagination** : celle de l'amateur, mais aussi celle d'autres artistes, puisque, proposant un résultat figé, elle suscite le désir d'aller plus loin, de trouver d'autres formes et d'autres solutions artistiques. Comme s'il fallait admettre que l'imagination ne puisse jamais être définitivement satisfaite...

## *Utopie et inefficacité de l'imagination ?*

On devine quel reproche peut alors lui être adressé : c'est que précisément elle en demande trop, risquant de mener l'individu jusqu'à une inadéquation complète par rapport aux exigences de la réalité : le mythomane souffrirait ainsi d'un excès d'imagination, le paranoïaque se « fait des idées » en imaginant qu'on le persécute... Parce qu'elle nous ferait toujours, si l'on peut dire, « les yeux plus gros que le ventre », l'imagination **égarerait** dans **l'univers de la rêverie inefficace**, du rêve éveillé sans conséquences, de l'utopie idéaliste. A qui se laisse entraîner par ses pouvoirs s'opposerait l'homme qui sait garder les pieds sur terre, le politicien « réaliste ».

Il faut cependant noter que le **« réalisme »** de ce dernier s'énonce dans un programme qui suppose bien que ce qu'il revendique n'est pas actuellement réalisé — autrement dit : qui **relève de l'imaginaire**. Rien d'étonnant, dès lors, à ce que celui-ci entende parfois prendre exclusivement les rênes : ses exigences, bien qu'utopiques, ont au moins l'avantage de montrer qu'une autre organisation de la réalité sociale reste toujours concevable. « Sous les pavés », pouvait-on lire en mai-juin 1968 sur les murs de quelques édifices parisiens, « la plage ». Façon de signaler l'existence d'un envers poétique au quotidien, brèche mentale ouverte dans le « réel ». Réclamer la venue de « l'imagination au pouvoir », c'est tirer la conséquence maximale d'une telle ouverture : s'affirme là le resurgissement d'un désir habituellement refoulé par l'ordre sociopolitique. Or ce désir n'est pas strictement individuel ; selon Ernst Bloch l'un des avantages du « rêve éveillé » (déprécié par une mentalité prétendument rationnelle sous le nom de « rêverie ») sur le rêve nocturne consiste en ce que « l'ego du rêveur éveillé peut s'intéresser aux autres. Ce Moi qui n'est plus introverti ou voit simplement plus loin que son environnement immédiat, veut améliorer ouvertement les conditions de vie humaines » (*Le Principe espérance*, p. 116).

On peut reconnaître dans une telle volonté l'indice d'une durable **adolescence de l'esprit**, s'il est vrai, comme l'a souligné Piaget, que l'« adolescent s'attribue en toute modestie un rôle essentiel dans le salut de l'humanité et organise son plan de vie en fonction d'une telle idée » (« Le développement mental de l'enfant », in *Six études de psychologie*, coll. Médiations, p. 83) — et l'on sait que l'intégration ultérieure de l'adolescent à l'univers adulte s'effectue lorsque, de « réformateur », il devient « réalisateur ». Reste à savoir ce qui, du projet initial, trouvera sa réalisation...

Car telle est peut-être malgré tout la **faiblesse** de l'imagination — l'aspect par lequel elle se trouve la plus **démunie**, et donc la plus soumise à la tentation de renoncer à ses propres exigences : il lui faut **trouver des médiations** pour s'inscrire dans la réalité en la transformant.

Si l'imagination permet globalement de nier le réel, d'en pointer les insuffisances ou de lui échapper, toute la question reste de savoir si elle proposera une avancée transformatrice avec obstination, ou si elle trouvera plus paisiblement à **se satisfaire** dans le refuge de stéréotypes volontiers offerts par une organisation sociale qu'elle pourrait ou aurait pu contester.

En face de l'art et de la pensée les plus offensifs, parce qu'ils ouvrent des voies **inédites**, le roman-photo, la presse du cœur ou les archétypes que suggère la publicité remplissent également une fonction euphorisante — mais à leur façon : au lieu de proposer un « vivable » autre et désirable tel qu'on le rencontre dans l'art officiel, mais aussi dans l'art brut ou les activités des « jardiniers paysagistes » transformant leur espace vital au gré de leur fantaisie, ces pseudo-imaginaires ne font que répéter des clichés usés, de surcroît présentés au consommateur comme **hors de sa portée** et donc sans lien avec ce qui lui apparaît possible.

Imaginons donc ce que pourrait être le **pouvoir totalitaire** le plus achevé : c'est celui où **l'imagination** se trouverait, non pas interdite, mais bien **désamorcée**, parce que déjà gavée par des images programmées.


### BIBLIOGRAPHIE DE LA LEÇON

***Ernst BLOCH :***
*Le Principe espérance*, tome I, pp. 111 à 211, Gallimard.

***René BOIREL :***
*L'Invention*, P.U.F.

***Françoise CAVÉ :***
*L'Espoir et la consolation* (L'idéologie de la famille dans la presse du cœur), Payot.

**TABLE D'ORIENTATION**

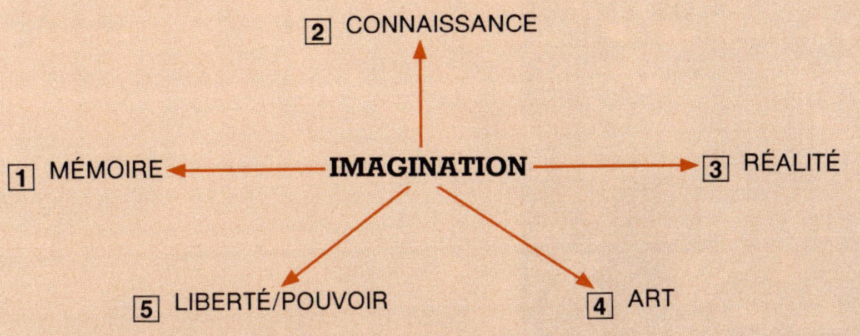


## SUJETS DE DISSERTATION

1 L'imagination n'est-elle qu'une mémoire qui ne se contrôle plus ? (Nice, A, 1978)

2 Dans quelle mesure est-il nécessaire d'imaginer pour connaître ? (Nantes, A, 1979)

■ L'imagination joue-t-elle un rôle dans la connaissance scientifique ? (Maroc, C-D, 1978)

3 Peut-on parler d'une réalité de l'imaginaire ? (Groupe I, A, 1977)

■ Imaginer, est-ce seulement nier la réalité ? (Clermont-Ferrand, A, 1983)

4 La civilisation de l'image nous ouvre-t-elle sur le réel ou bien nous renferme-t-elle dans l'imaginaire ? (Rouen, A, 1975)

■ Y a-t-il une cohérence de l'imaginaire ? (Dijon, A, 1979)

5 Une utopie est-elle nécessairement dénuée de toute valeur ? (Antilles, B, 1977)

■ Les mondes imaginaires sont-ils des refuges ? (Groupe I, A, 1980)

## BIBLIOGRAPHIE GÉNÉRALE

***G. BACHELARD :*** *La Poétique de la rêverie*, P.U.F. ; *La Flamme d'une chandelle*, P.U.F.

***G. DURAND :*** *Les Structures anthropologiques de l'imaginaire*, Bordas ; *L'Imagination symbolique*, P.U.F.

***J.-P. SARTRE :*** *L'Imaginaire*, Idées-Gallimard ; *L'Imagination*, P.U.F.

***Les imaginaires*** (collectif), « Cause commune », 1976-1, 10-18.

*Chère imagination,*
*ce que j'aime surtout en toi,*
*c'est que tu ne pardonnes pas.*

**A. Breton,**
***Manifeste du surréalisme,***
**1924**

## GLOSSAIRE

**Fantaisie :** terme qui appartient au vocabulaire philosophique depuis Aristote jusqu'au XVII$^{e}$ siècle, à peu près synonyme d'*imagination*. Dans le langage contemporain, le terme a perdu de sa vigueur et désigne le caractère d'une invention où l'imagination reste assez timide et de l'ordre du « plaisant ».

**Fantasme :** en psychanalyse, c'est un « scénario » imaginaire où le sujet se représente lui-même pour énoncer un désir refoulé. Le fantasme peut dès lors intervenir aussi bien dans le rêve à proprement parler que dans la rêverie ou rêve éveillé.

**Invention :** c'est, au sens premier, la découverte d'une chose dissimulée. Plus couramment : processus complexe, où interviennent des facteurs sociologiques aussi bien que psychologiques ou techniques, par lequel s'effectue une synthèse inédite d'éléments en vue d'une fin. On parle alors, indifféremment, d'invention artistique, technique, scientifique, etc.

**Jeu :** activité où se dépense d'abord (chez le jeune enfant ou le jeune animal) de l'énergie physique. Le jeu évolue ultérieurement chez l'enfant (jeux d'imitation, d'imagination, réglés, collectifs...) pour apparaître en général chez l'adulte comme le contraire du travail. L'activité ludique a pu être considérée, notamment par Huizynga (*Homo ludens*, 1939), comme le fondement des manifestations culturelles.

**Rêverie :** état de détente intellectuelle où la pensée s'effectue sans contrainte logique stricte, éventuellement par associations libres. La rêverie serait ainsi propice à l'invention poétique. Freud, assimilant rêverie et rêve diurne ou éveillé, y décèle l'accomplissement d'un désir refoulé : l'imagination qui s'y déploie aurait ainsi une fonction de compensation et d'équilibration.

**Utopie :** voir le Glossaire du chapitre *L'Illusion*.

# LE JUGEMENT

*Le Jugement dernier*
(XIII^e siècle).

Bourges,
Cathédrale Saint-Étienne,
portail central de la façade occidentale.

*« A Bourges, l'iconographie du* Jugement *correspond, dans ses grandes lignes, à celle de Notre-Dame de Paris. Au sommet, le Christ-Juge. A ses côtés, des anges tenant les instruments de la Passion. Dans les angles, les intercesseurs (saint Jean et la Vierge). Au registre du milieu figure la Séparation des élus et des damnés avec le Pèsement des âmes au centre. C'est seulement dans le registre inférieur que l'on voit les ressuscités, dans un agencement très libre (...). A côté du Juge, quatre anges portent les instruments de la Passion. Au-dessus de la tête du Christ, deux anges plus petits tiennent le soleil et la lune. Le paradis a la forme d'un édicule dans lequel trône Abraham avec les âmes. A grands gestes, saint Pierre invite les élus à entrer. A la tête de ceux-ci, tout à côté de Pierre, un franciscain. Le chaudron de l'enfer se trouve dans la gueule du Léviathan. Parmi les damnés, on reconnaît la Luxure, la poitrine rongée par un crapaud, et la Calomnie dont la langue est mordue. »*

Willibald Sauerländer
*La Sculpture gothique en France (1140-1270),*
Flammarion, p. 182

« Hadès est un grand juge auquel les mortels doivent rendre leurs comptes sous la terre : il voit tout et inscrit tout dans sa mémoire » : ainsi parle le chœur, dans la pièce d'Eschyle (525-456 av. J.-C.) intitulée *Les Euménides.* Les Grecs, après les Égyptiens et les Indiens, ont cru en la réalité de la « psychostasie », d'un pèsement des âmes intervenant aux Enfers et décidant de notre condition dans l'au-delà. Un papyrus funéraire égyptien nous montre l'âme mise en balance avec une plume symbolisant la Vérité-Justice : au-devant d'Osiris et d'Anubis, le dieu Thot note scrupuleusement le résultat de l'opération. Quant aux chrétiens, ils ont imaginé, essentiellement à dater du « second Moyen Age », et sur la foi notamment de l'*Évangile* selon saint Matthieu, que les âmes des justes et celles des damnés sont séparées par le Christ-Juge après que l'archange Michel les a soumises à la pesée.

## *Le jugement comme relation*

Ainsi le jugement apparaît-il d'abord comme **pèsement**, comme **pondération** et, plus généralement, comme **mise en relation** de deux termes distincts : **sujet** et **prédicat*** dans le jugement au sens logique ; **bonnes** et **mauvaises actions** accomplies durant la vie terrestre dans le cas du suprême bilan (en italien *bilancia*) que nous décrivent les religions.

## *Le jugement comme sélection*

Juger, c'est dresser un bilan ; c'est aussi prendre une **décision**. La séparation des bons et des méchants, paisiblement inscrite dans un espace rectangulaire aux portails des édifices médiévaux, devient tourbillonnement autour de la figure du Christ-Juge sur le mur peint par Michel-Ange dans la chapelle Sixtine (1541). Mais quelle que soit l'atmosphère de l'œuvre, le Jugement est, dans tous les cas, représenté comme une **séparation**, comme un clivage, un tri, en un mot comme une **sélection**. En ce sens aussi, jugement logique et jugement eschatologique (c'est-à-dire qui concerne le sort ultime de l'homme) peuvent être rapprochés : tous deux supposent quelque délibération préalable et, partant, quelque **liberté** de la part de **celui qui juge** ; tous deux aboutissent à un **choix*** : je prends un certain parti relativement à la réalité dont je juge, tout comme le souverain Juge se résout à **élire** tel mortel plutôt que tel autre.

## *Le jugement comme sanction*

Outre le fait qu'il constitue toujours, en quelque manière, une décision dérivant d'une volonté, le jugement apparaît enfin comme une **sanction**, laquelle prévoit éventuellement un châtiment. Nombre de termes appartenant en apparence exclusivement au vocabulaire de la logique confirmeraient par leur étymologie cette nuance violente et inquisitoriale que contient la notion de jugement : ainsi la **« catégorie »** sous laquelle nous rassemblons le divers de ce qui se présente est-elle philologiquement parente du verbe grec *catagoreuo*, qui signifie d'abord accuser, condamner. **Indiquer** quelque chose, c'est, bien sûr, désigner du doigt, mais c'est aussi **mettre à l'index**. C'est que celui qui juge soumet un peu à la question l'objet sur lequel il se prononce ; et il tient cet objet à sa discrétion lorsque, après une enquête parfois longue, il peut formuler un jugement relativement à cet objet.

Les détenteurs du pouvoir judiciaire, le Juge céleste et le sujet du jugement logique ont donc ceci de commun qu'ils prononcent tous trois une **sentence**. Juger, c'est porter une appréciation sur la valeur d'un être ou d'une proposition : c'est donc tout à la fois **évaluer**, **statuer**, et finalement **trancher**.

## Évidence sensible et jugement

**SEXTUS EMPIRICUS**

Donc, de même que ce n'est pas le son qui est dans le vase d'airain frappé qu'on entend (...) mais celui qui pénètre dans notre sens, et de même que personne ne dit que le son faible qu'on entend de loin est entendu faussement puisqu'en s'approchant on le perçoit d'une manière plus forte, de même je ne dirai pas que la vue nous trompe quand, à une grande distance, elle voit la tour petite et ronde tandis que, de près, elle est plus grande et carrée. Il est plutôt vrai de dire que lorsque l'objet sensible paraît à la vue petit et d'une pareille forme (...) ; et quand il paraît de nouveau grand et d'aspect différent, il est aussi grand et d'aspect différent puisqu'il n'est pas le même sous les deux rapports.

(...) Le propre de la sensibilité est de percevoir seulement ce qui l'affecte, la couleur par exemple, mais non pas de décider que l'objet est autre ici et autre là. C'est pourquoi toutes les images sont vraies (les opinions, par contre, ne sont pas toutes vraies), mais présentent une certaine différence. Les unes sont vraies, les autres fausses, puisque ce sont nos jugements sur les images ; or, nous jugeons telles choses correctement, telles autres incorrectement, soit parce que nous ajoutons quelque chose aux images, soit parce que nous en ôtons quelque chose et, généralement, parce que nous parlons faussement au sujet de la sensation privée de raison.

***Hypotyposes pyrrhoniennes*[1],**
**cité dans : « Épicure. Doctrines et maximes »,**
**trad. M. Solovine, Hermann, pp. 148-149**

1 ◻ L'*hypotypose* est une figure de style qui consiste en une description vive et imagée. *Pyrrhon* (365-275 av. J.-C.) est le premier des grands sceptiques grecs.

## La perception est-elle déjà mêlée de jugement ?

**LOCKE**

Les idées qui viennent par voie de sensation, sont souvent altérées par le jugement dans l'esprit des personnes faites[1], sans qu'elles s'en aperçoivent. (...)

Supposez un aveugle de naissance, qui soit présentement homme fait, auquel on ait appris à distinguer par l'attouchement un cube et un globe, du même métal, et à peu près de la même grosseur, en sorte que lorsqu'il touche l'un et l'autre, il puisse dire quel est le cube, et quel est le globe. Supposez que le cube et le globe étant posés sur une table, cet aveugle vienne à jouir de la vue. On demande si en les voyant sans les toucher, il pourrait les discerner, et dire quel est le globe et quel est le cube. Le pénétrant et judicieux auteur de cette question répond en même temps que non : car, ajoute-t-il, bien que cet aveugle ait appris par expérience de quelle manière le globe et le cube affectent son attouchement, il ne sait pourtant pas encore que ce qui affecte son attouchement de telle ou de telle manière, doive frapper ses yeux de telle ou de telle manière, ni que l'angle avancé d'un cube qui presse sa main d'une manière inégale, doive paraître à ses yeux tel qu'il paraît dans le cube. (...)

Cet aveugle ne serait point capable, à la première vue, de dire avec certitude, quel serait le globe et quel serait le cube, s'il se contentait de les regarder, quoiqu'en les touchant il pût les nommer et les distinguer sûrement par la différence de leurs figures qu'il apercevrait par l'attouchement.

***Essai sur l'entendement humain* (1690),**
**Livre II, ch. 9, § 8, Vrin, pp. 99-100**

1 ◻ *Personnes faites*, personnes adultes, par opposition aux enfants qui sont, pour Locke, impressionnés par les objets dès la période embryonnaire.

## Jugements analytiques et synthétiques

**KANT**

Dans tous les jugements où est pensé le rapport d'un sujet à un prédicat (...), ce rapport est possible de deux manières. Ou le prédicat B appartient au sujet A comme quelque chose qui est contenu implicitement dans ce concept A, ou B est entièrement en dehors du concept A, quoiqu'il soit, à la vérité, en connexion avec lui. Dans le premier cas, je nomme le jugement *analytique*, dans l'autre *synthétique*. Ainsi les jugements (les affirmatifs) sont analytiques quand la liaison du prédicat au sujet y est pensée par identité ; mais on doit appeler jugements synthétiques ceux en qui cette liaison est pensée sans identité.

On pourrait aussi nommer les premiers *explicatifs*, les autres *extensifs*, car les premiers n'ajoutent rien au concept du sujet par le moyen du prédicat, mais ne font que le décomposer par l'analyse en ses concepts partiels qui ont été déjà (bien que confusément) pensés en lui ; tandis qu'au contraire les autres ajoutent au concept du sujet un prédicat qui n'avait pas été pensé en lui et qu'on n'aurait pu en tirer par aucun démembrement.

Par exemple, lorsque je dis que tous les corps sont étendus, j'énonce un jugement analytique, car je n'ai pas besoin de sortir du concept que je lie au mot corps, pour trouver l'étendue unie à lui, mais je n'ai qu'à décomposer ce concept, c'est-à-dire qu'à prendre conscience du divers que je pense en lui, pour y trouver ce prédicat ; ce jugement est donc analytique. Au contraire, lorsque je dis que tous les corps sont pesants, ici le prédicat est tout à fait différent de ce que je pense dans le simple concept d'un corps en général. L'adjonction de ce prédicat donne, par conséquent, un jugement synthétique.

***Critique de la raison pure* (1781),**
**Introduction, § IV, trad. Tremesaygues**
**et Pacaud, P.U.F., p. 37**

## commentaire

La doctrine d'**Épicure** (IIIe s. av. J.-C.) nous est surtout connue par Lucrèce (Ier s. av. J.-C.) et le sceptique **Sextus Empiricus** (IIe siècle). Épicure opposait l'**évidence* des images** sensibles à l'**opinion***, c'est-à-dire au **jugement** que nous portons sur ces images. Toutes les images sont vraies, et il n'y a pas lieu de rectifier l'une d'entre elles par telle autre : la tour **est** ronde vue de loin, **elle** est carrée quand je la vois de près. « La contradiction qu'il y a à affirmer de l'objet qu'il est petit et grand, carré et rond, etc., est évitée non en déclarant une image "fausse" et les sens "trompeurs", mais en dédoublant l'objet. » (Marcel Conche, *Épicure, Lettres et maximes*).

Selon **Locke** (1632-1704), le jugement combine dès le niveau élémentaire de la **perception*** les idées de diverses qualités sensibles. Ainsi sommes-nous accoutumés par l'usage à substituer immédiatement à un cercle plat et diversement ombragé le globe uniformément coloré que nous savons être la cause d'une telle image : ce faisant, nous joignons à la vision un **jugement** que nous confondons avec elle. Pour étayer son dire, Locke évoque une question célèbre au XVIIIe siècle : un aveugle qui n'aurait jusque-là discerné la différence des corps que d'après le toucher parviendrait-il, après avoir recouvré la vue, à discerner ces mêmes objets par la seule perception oculaire ? Nullement, répond Locke, et ceci prouve à quel degré la **perception** est déjà **mêlée de jugement**.

La connaissance métaphysique ne devant renfermer, selon **Kant** (1724-1804), que des **jugements *a priori***, il convient d'établir d'entrée de jeu une classification claire des jugements. Les uns sont simplement **explicatifs** et reposent exclusivement sur le principe de contradiction* (A est A) : ce sont les **jugements analytiques*** ; le prédicat (c'est-à-dire l'attribut logique) y est déjà pensé dans le concept du sujet ; ainsi dans l'exemple : « tous les corps sont étendus ». Les autres sont des **jugements synthétiques*** ou **extensifs** ; ainsi la proposition « tous les corps sont pesants » contient-elle dans le prédicat quelque chose qui n'est pas véritablement pensé dans le concept général de corps ; elle accroît donc ma connaissance.

# *Du bon usage de l'esprit*

## l'auteur

« Ce n'est pas assez d'avoir l'esprit bon, mais le principal est de l'appliquer bien », écrit Descartes (1596-1650), dans la première partie de son *Discours de la méthode.* Et, de fait, le génie universel de Descartes, qui fut philosophe, mais aussi mathématicien, physicien, chimiste, physiologiste, embryologiste, théoricien de la musique, etc., n'a pas tant laissé le souvenir d'une recherche encyclopédique que celui d'un immense effort visant à édifier une **déontologie du jugement**.

La méthode exposée dans le *Discours* et dans les trois essais qui le suivent doit servir à « bien conduire sa raison et chercher la vérité dans les sciences » : c'est d'ailleurs ce qu'annonce le titre complet de l'ouvrage. Ainsi, qu'il traite de « philosophie naturelle » (de physique) ou de « philosophie première » (de métaphysique, comme c'est le cas dans les *Méditations*), Descartes s'attache constamment à circonscrire les **conditions du jugement vrai**, à déterminer une **méthode** qui puisse nous garder de l'erreur.

## l'intérêt philosophique du texte

La troisième *Méditation* n'a-t-elle pas **trop** prouvé ? Elle a, en effet, établi que Dieu existe véritablement et qu'il ne peut être trompeur : « en toute fraude et tromperie, il se rencontre quelque sorte d'imperfection », laquelle ne peut être un attribut divin. (*Méd. IV*, p. 69). Or, revenant à lui, sujet humain, Descartes constate que « l'expérience me fait connaître que je suis néanmoins sujet à une infinité d'erreurs » *(id.)*. D'où naissent alors mes erreurs ?

Pour répondre à cette question, Descartes commence par **définir le jugement** comme **application d'une volonté* à une idée d'entendement***. Ai-je l'idée d'un cheval ailé ? il n'y a là aucune erreur ni aucune vérité : c'est seulement lorsque le jugement aura fait intervenir par surcroît un acte volontaire, c'est-à-dire l'**affirmation** ou la **négation** de l'**existence** de ce cheval ailé en dehors de mon esprit, que pourront naître la vérité ou l'erreur.

On va, de la sorte, pouvoir dédouaner Dieu de l'erreur, tout en comprenant la possibilité de celle-ci. Dieu m'a donné, en effet, **deux facultés irréprochables** en elles-mêmes : la **volonté** (ou liberté) qui est infinie ou n'est pas ; et l'**entendement** qui ne peut être que fini chez des créatures finies. C'est dans le **mauvais usage** de ces deux facultés que gît la source de l'erreur : en appliquant ma volonté à des choses que je n'entends point, je juge et j'agis mal, « je me trompe et (...) je pèche ». « Prévention » et « précipitation », disait déjà le *Discours de la méthode*, sont les principales raisons de l'erreur.

Dans la recherche de la vérité, il sera donc prudent de s'en tenir à la **règle d'évidence** induite dans la troisième *Méditation* à partir de l'expérience du Cogito : « toutes les choses que nous concevons fort clairement et fort distinctement sont toutes vraies » (*Méd. II*, p. 55). Pour ce qui est de ne point tomber dans l'erreur, « nous ne laissons pas d'éprouver en nous une liberté qui est telle que, toutes les fois qu'il nous plaît, nous pouvons nous abstenir de recevoir en notre croyance les choses que nous ne connaissons pas bien, et ainsi nous empêcher d'être jamais trompés » (*Principes de la philosophie*, I, § 6).

On remarquera enfin que la notion d'**indifférence*** (qui intervient à trois reprises dans ce texte) y signale l'état d'une **volonté indéterminée** faute d'une clarté suffisante de l'idée d'entendement. La **liberté** de celui qui juge est, en effet, selon l'auteur des *Méditations*, **proportionnelle à la connaissance** qu'il a de ce dont il juge.

**1** □ « Car l'intellection est proprement la passion de l'âme et l'acte de la volonté son action. »
(*Lettre à Regius*, mai 1641.)

**2** □ « Il n'y a que la volonté seule ou la seule liberté du franc arbitre que j'expérimente en moi être si grande que je ne conçois point l'idée d'aucune autre plus ample et plus étendue. » (*Méd. IV*, p. 71)

**3** □ « Dans la seconde *[Méditation]*, l'esprit, qui usant de sa propre liberté suppose que toutes les choses ne sont point de l'existence desquelles il a le moindre doute, reconnaît qu'il est absolument impossible que cependant il n'existe pas lui-même. » (*Abrégé* figurant en tête de l'ouvrage, p. 39.)

**4** □ L'*indifférence* serait la situation dans laquelle se trouverait un individu n'ayant aucun *motif* de choisir tel parti plutôt que tel autre.
Dans les *Méditations*, Descartes considère que mieux je connais, plus je suis libre : et l'indifférence n'est ainsi que « le plus bas degré de la liberté » (*Méd. IV*, p. 58). Ultérieurement il considérera toutefois qu'*indifférence* peut être pris dans un sens positif ; comme « faculté positive de se déterminer

N. Poussin,
*Jugement de Salomon.*

## *Les conditions du jugement vrai*

### DESCARTES

De tout ceci je reconnais que ni la puissance de vouloir, laquelle j'ai reçue de Dieu, n'est point d'elle-même la cause de mes erreurs, car elle est très ample et très parfaite en son espèce ; ni aussi la puissance d'entendre ou de concevoir[1] : car ne concevant rien que par le moyen de cette puissance que Dieu m'a donnée pour concevoir, sans doute que tout ce que je conçois, je le conçois comme il faut, et il n'est pas possible qu'en cela je me trompe. D'où est-ce donc que naissent mes erreurs ? C'est à savoir de cela seul que, la volonté étant beaucoup plus ample et plus étendue que l'entendement[2], je ne la contiens pas dans les mêmes limites, mais que je l'étends aussi aux choses que je n'entends pas ; auxquelles étant de soi indifférente, elle s'égare fort aisément, et choisit le mal pour le bien, ou le faux pour le vrai. Ce qui fait que je me trompe et que je pèche.

Par exemple, examinant ces jours passés si quelque chose existait dans le monde, et connaissant que, de cela seul que j'examinais cette question, il suivait très évidemment que j'existais moi-même[3], je ne pouvais pas m'empêcher de juger qu'une chose que je concevais si clairement était vraie, non que je m'y trouvasse forcé par aucune cause extérieure, mais seulement parce que, d'une grande clarté qui était en mon entendement, a suivi une grande inclination en ma volonté ; et je me suis porté à croire avec d'autant plus de liberté, que je me suis trouvé avec moins d'indifférence[4]. Au contraire, à présent je ne connais pas seulement que j'existe, en tant que je suis quelque chose qui pense, mais il se présente aussi à mon esprit une certaine idée de la nature corporelle : ce qui fait que je doute si cette nature qui pense, qui est en moi, ou plutôt par laquelle je suis ce que je suis, est différente de cette nature corporelle, ou bien si toutes deux ne sont qu'une même chose. Et je suppose ici que je ne connais encore aucune raison, qui me persuade plutôt l'un que l'autre : d'où il suit que je suis entièrement indifférent à le nier, ou à l'assurer, ou bien même à m'abstenir d'en donner aucun jugement[5]. (...)

Or si je m'abstiens de donner mon jugement sur une chose, lorsque je ne la conçois pas avec assez de clarté et de distinction, il est évident que j'en use fort bien, et que je ne suis point trompé ; mais si je me détermine à la nier, ou assurer, alors je ne me sers plus comme je dois de mon libre arbitre ; et si j'assure ce qui n'est pas vrai, il est évident que je me trompe ; même aussi, encore que je juge selon la vérité, cela n'arrive que par hasard, et je ne laisse pas de faillir[6], et d'user mal de mon libre arbitre; car la lumière naturelle nous enseigne que la connaissance de l'entendement doit toujours précéder la détermination de la volonté.

***Méditations métaphysiques* (1641), Méditation quatrième, éd. Nathan, coll. « Les intégrales de Philo », pp. 72-73**

pour l'un ou l'autre de deux contraires », l'indifférence peut, en effet, consister non seulement à poursuivre un bien clairement connu ou à admettre une vérité évidente, mais aussi — à l'inverse — à s'en détourner ; et cette dernière solution ne prouve pas moins que la première la *liberté de la volonté.* (*Lettre au père Mesland,* 9 février 1645.)

**5** ◻ Ce n'est que dans la *Méditation sixième,* sur la fin de son cheminement, que Descartes s'efforce de prouver que la perception sensible, quoique « fort obscure et confuse en plusieurs choses », porte néanmoins sur « quelque substance différente de moi » (c'est-à-dire l'*étendue* ou matière). Il prétend ne se prononcer jusque-là ni sur la question de la réalité ou de l'irréalité des corps extérieurs ni sur celle de la nature (immatérielle ou corporelle) de l'âme.

**6** ◻ L'*opinion vraie,* c'est-à-dire le jugement *vrai par hasard* est donc assimilée ici à l'erreur : le mathématicien Descartes ne saurait admettre que le vrai puisse jamais être dissocié de la *méthode* qu'on a suivie pour l'atteindre.

**Méd. :** *Méditations métaphysiques,* éd. cit.

# JUGEMENT ET OPINION

« Le commun langage, écrivait Alain (1868-1951), désigne du beau nom de *jugement* à la fois la sentence irrévocable et la plus haute fonction de l'esprit » (*Minerve*, 188). On pourrait même préciser qu'au premier de ces deux sens, le sens **juridique**, s'en ajoutent deux autres plutôt qu'un seul : un sens **psychologique**, comme dans l'expression « avoir du jugement », et un sens **logique**, le jugement consistant alors à poser l'existence d'une **relation** déterminée entre deux ou plusieurs termes. La distinction de ces deux dernières acceptions du mot *« jugement »* se trouve, par exemple, dans un passage des *Nouveaux essais sur l'entendement humain* de Leibniz : Philalète, l'un des protagonistes du dialogue, déclare que « l'homme se trouverait indéterminé dans la plupart des actions de sa vie » s'il ne devait se contenter bien souvent d'un *« crépuscule de probabilité »*. « Et la faculté de s'en servir est le *jugement.* (...) Il a lieu lorsqu'on *présume* quelque chose, c'est-à-dire quand on la *prend* pour vraie *avant* la preuve. » A quoi Théophile (qui représente le point de vue de Leibniz) répond que « d'autres appellent *juger* l'action qu'on fait toutes les fois qu'on prononce après quelque connaissance de cause » et qu'on peut distinguer jugement et opinion par ceci que le premier ne saurait « être si incertain » que la seconde (*Nouveaux essais,* Livre IV, chap. XIV).

Pâris, héros mythologique grec, eut à trancher entre Héra, Athéna et Aphrodite qui se disputaient la pomme d'or destinée par les dieux à la plus belle. Sur ce plateau d'accouchée (Florence, XV$^e$ siècle), on voit représenté le moment de la discorde et celui du jugement.

## Le jugement, acte de liberté ?

On comprend mieux, d'après ce qui précède, que le jugement apparaisse comme le carrefour de la perception d'une relation et d'un acte décisoire de la volonté. Juger c'est **constater**, mais c'est aussi **prendre parti**. « Au fond de tout jugement, écrivait Lagneau (1851-1894) se trouve cette assertion : il est vrai que... ». Sinon, juger se ramène à apercevoir et l'entendement serait une « faculté passive et fatale ». « On ne juge pas *comme on veut,* mais on ne juge *que si* on veut », écrivait pour sa part Alain. Une preuve connue, fût-elle une preuve des sciences exactes, reste parfois « comme un corps mort devant moi... Je la sais bonne, mais elle ne me le prouve point (...) ; plus je me laisse aller, moins elle me prend » (*Eléments de philosophie,* ch. I). Les prêcheurs de toute foi ont bien compris ces choses : « aussi disent-ils bien que la bonne volonté doit aider les preuves et que Dieu ne se montre qu'à ceux qui l'en prient. » *(ibid.)* Il y a dans tout jugement comme un **décret de la volonté**.

Notons que cette conception **intellectualiste** ou, pour mieux dire, **volontariste** du jugement, héritée pour l'essentiel de Descartes, ne saurait recevoir l'aval du matérialisme mécaniste du XVIII$^e$ siècle (d'Holbach, Helvetius, La Mettrie, etc.), ni, plus généralement, d'aucun **sensualisme** : ainsi le médecin La Mettrie (1709-1751) déclarait-il que lorsque l'âme, sous l'effet des traces que font dans le cerveau les esprits animaux*, aperçoit clairement et distinctement un objet, « elle est *forcée* par l'évidence même des sensations, de *consentir* aux vérités qui la frappent si vivement et c'est à cet *acquiescement passif,* ajoutait-il, que nous avons donné le nom de *jugement* » (*Traité de l'âme,* chap. XIII, § 6, éd. Sociales, pp. 110-111).

Quoi qu'il en soit, que le jugement soit acquiescement forcé ou acte volontaire, nous expérimentons chaque jour qu'il court le risque d'être entaché, comme dit Descartes, de « prévention » ou de « précipitation » : il n'est alors que **préjugé**. Pour éviter la tyrannie des préjugés (que Kant, dans sa *Logique,* fait dériver de trois sources principales, qui sont l'**imitation**, l'**habitude** et l'**inclination**), toute philosophie se doit de rechercher les **critères de la vérité des jugements**.

## *Quel doit être le critère du jugement vrai ?*

Tiendra-t-on, avec Épicure, la **sensation*** pour le critérium absolu de la vérité des jugements ? Et dirons-nous que « le faux jugement et l'erreur résident toujours dans ce qui est ajouté par l'opinion » à l'image que nous recevons des objets (*Lettre à Hérodote*, § 50) ? Que le seul jugement légitime réside dans un fidèle rapport de ce qui est senti ? Mais on a vu à quelles difficultés conduit un sensualisme intégral : la tour est **à la fois** ronde vue de loin, et carrée vue de près (voir ci-dessus le texte de Sextus Empiricus sur Épicure).

Faut-il, avec Descartes, se défier au contraire de la confusion des idées sensibles, et considérer qu'on ne doit accorder sa créance qu'à des propositions **indubitables**, la proposition « Je pense, donc je suis » constituant alors un **modèle d'évidence** dans lequel ne se rencontre « rien qu'une *claire et distincte* perception de ce que je connais » *(Méditation III)* ? — Mais, outre le fait que Descartes doit admettre que le doute prétendument **radical** ne peut jamais porter que sur les **préjugés** (réalité du monde extérieur, de mon corps, etc.) et non sur les notions simples qui sont en notre esprit (pensée, certitude, existence,...), on est en droit de lui demander avec Gassendi (1592-1655) si la **certitude subjective** qui accompagne en moi tel de mes jugements suffit à prouver la vérité de celui-ci. N'eut-il pas mieux valu chercher, demande Gassendi, un critère qui nous permît de **choisir** entre nos certitudes subjectives ?

Faute d'un critère fiable, répondraient les Sceptiques, le sage doit **suspendre son jugement** : non pas le réserver, comme Descartes, pour mieux dogmatiser par après, mais **renoncer** à tout jugement. Car « ni la sensation seule, ni le jugement seul, ni la sensation et le jugement pris ensemble ne sont des instruments aptes à juger » (Sextus Empiricus, *Hypotyposes pyrrhoniennes*, II, 48).

T. Gaddei, *L'Incrédulité de Saint Thomas* : saint Thomas voulut « juger sur pièce » avant de reconnaître qu'il était bien en présence du Christ ressuscité.

## *KANT*
## *Penser, c'est juger*

Somme toute, « les actions de la vie ne souffrant souvent aucun délai », comme l'écrit Descartes dans la IIIe partie de son *Discours de la méthode*, c'est surtout la **pratique** qui nous incite à user de jugements dont nous oublions trop souvent qu'ils ne sont que des conjectures probables. Au moins, en matière de recherche de la vérité, a-t-on tout loisir d'examiner les conditions du jugement vrai : une suspension du jugement est **sceptique**, écrit Kant, si elle est opérée « en vue de ne jamais juger », mais elle est **critique** quand elle est provisoire et ne vise qu'à déterminer les « raisons suffisantes de tenir quelque chose pour vrai » (*Logique*, éd. Vrin, p. 83).

Or, le **problème critique** par excellence tient précisément dans cette question : **comment des jugements synthétiques a priori sont-ils possibles** ? Les jugements **analytiques*** sont ceux dont traite la logique formelle, et l'on a percé tout leur mystère quand on a déclaré qu'ils reposent tous, en dernière analyse, sur le principe de contradiction.

Toutes les civilisations ou presque ont conçu un « Jugement dernier » (qui pouvait éventuellement revenir périodiquement lorsqu'il y avait croyance en une réincarnation des âmes). Ici, la pesée des âmes représentée par un papyrus égyptien.

Quant aux jugements **synthétiques***, on peut aisément expliquer la liaison (la synthèse) qu'ils assurent entre diverses représentations s'il s'agit de **jugements de perception** : dans de tels jugements, par exemple : « lorsque le soleil donne sur la pierre, elle s'échauffe », il ne se trouve rien de plus que l'association de plusieurs concepts empiriques. Mais il existe une mathématique (euclidienne) et une physique (newtonienne) qui présentent *a priori* (c'est-à-dire indépendamment de l'expérience) des propositions tout à la fois synthétiques et apodictiques* : **axiomes** et **théorèmes** en mathématiques, **principes** (tel que celui qui affirme que **tout a une cause**) en physique. La possibilité de semblables jugements synthétiques a priori serait inexistante, affirme Kant, si notre connaissance devait se régler sur les objets tels qu'ils sont en eux-mêmes. La vérité est plutôt que notre sensibilité ne peut intuitionner les objets que dans le temps et dans l'espace et que notre entendement ne peut les penser qu'au moyen d'un nombre fini de **catégories**.

Or, le « fil conducteur » de la déduction des catégories de l'entendement consiste en la découverte de ce que penser, c'est toujours soumettre d'une façon ou d'une autre le multiple des représentations particulières à l'unité, — autrement dit que **penser, c'est juger**. Ainsi, en recensant tous les types de **jugements** (et Kant, s'inspirant ici de classifications scolastiques, en dénombre 12 : universels, particuliers,..., affirmatifs, négatifs,..., hypothétiques, etc.), on pourra établir la liste systématique des 12 **catégories** ou **concepts primitifs** en vertu desquelles seules l'entendement peut comprendre quelque chose dans le divers de l'intuition sensible, c'est-à-dire **penser un objet** (aux types de jugements cités plus haut correspondront l'unité, la pluralité,..., la réalité, la négation..., la cause, etc.). Pour prendre un exemple trivial, lorsque je dis : « le soleil échauffe la pierre », mon jugement unit désormais le concept (ou catégorie) de cause à la perception d'une relation constante entre lumière solaire et chaleur. Jamais l'expérience toute seule n'aurait suffi à m'enseigner la nécessité ni l'universalité d'une telle relation.

La certitude de notre science repose donc, selon Kant, sur ce qu'elle n'énonce jamais que des **propositions** relatives à notre **manière de connaître les objets** : sur ce qu'ils sont **en soi**, nous ne pouvons rien assurer. Du point de vue kantien, tout jugement qui dépasse le domaine de l'**expérience possible**, par exemple l'application de la catégorie de causalité au monde pris dans sa totalité, sera donc tenu pour illégitime, car dénué d'objet.

### BIBLIOGRAPHIE DE LA LEÇON

***Joseph COMBÈS :***
*L'Idée critique chez Kant,* P.U.F., Coll. SUP.

***Alexis PHILONENKO :***
*L'Œuvre de Kant,* tome premier, ch. III et IV, Vrin.

***LES SCEPTIQUES GRECS :***
choix de textes, P.U.F., Coll. « Les grands textes ».

### TABLE D'ORIENTATION

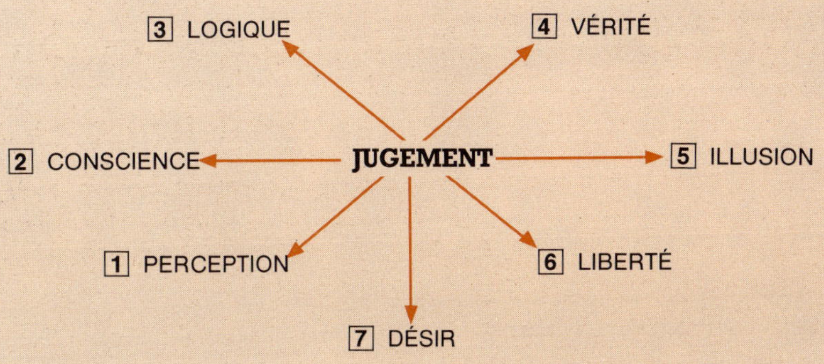


### SUJETS DE DISSERTATION

1 L'expression « Voir les choses telles qu'elles sont » a-t-elle un sens ? (Strasbourg, A, 1980)

2 « A chacun sa vérité. » Qu'en pensez-vous ? (Orléans-Tours, C-D-E, 1984)

3 En quels sens un jugement peut-il être dit nécessaire ? (Nancy-Metz, A, 1980)

4 Peut-on penser sans préjugé ? (Lyon, C-D, 1983)
■ Certitude, mauvaise marque de vérité. (Limoges, C-D, 1983)
■ Qu'est-ce qu'avoir tort ? (Strasbourg, A, 1981)

5 Y a-t-il des préjugés indéracinables ? (Orléans-Tours, C-D, 1981)

6 En quoi l'erreur nécessite-t-elle le jugement pour être commise ? (Pondichéry, A, 1980)
■ Le doute est-il une manifestation de la liberté de l'esprit ? (Antilles et Guyane, B, 1980)

7 Si nos croyances ne reposent sur rien de certain, d'où vient alors que nous persévérons dans nos croyances ? (Polynésie française, B, 1983)

### BIBLIOGRAPHIE GÉNÉRALE

***ALAIN :*** *Éléments de philosophie,* Gallimard.

***ARISTOTE :*** *La Métaphysique,* livre Γ, Vrin.

***ARNAULD et NICOLE :*** *La Logique ou l'Art de penser,* Flammarion, coll. « Champs ».

***BERGSON :*** *La Pensée et le mouvant,* P.U.F.

***CONDILLAC :*** *Traité des sensations* in « Œuvres philosophiques », P.U.F.

***DESCARTES :*** *Méditations métaphysiques,* Nathan, coll. « Les Intégrales de Philo ».

***HELVÉTIUS :*** *De l'esprit* (Discours premier, ch. I), Marabout.

***KANT :*** *Critique de la raison pure,* P.U.F. ; *Prolégomènes... ; Critique de la faculté de juger* (Introduction), Vrin.

***LAGNEAU :*** *Célèbres leçons et fragments* (Cours sur le jugement), P.U.F.

***MALEBRANCHE :*** *De la recherche de la vérité* (Livre I, ch. XX et Livre III, ch. IV), Vrin.

***PLATON :*** *Cratyle ; Théétète,* Garnier-Flammarion.

### GLOSSAIRE

**Analytique/Synthétique** (chez Kant) : dans le jugement *synthétique,* le prédicat ne se borne pas à expliciter ce qui est pensé plus ou moins confusément dans le concept du sujet (Voir ci-dessus le commentaire du texte de Kant).

**Apodictique :** synonyme de *nécessaire.*

**Bon sens** (chez Descartes) : « La puissance de bien juger et de distinguer le vrai d'avec le faux, qui est proprement ce qu'on nomme *le bon sens ou la raison*, est naturellement égale en tous les hommes » (*Discours de la méthode,* 1re partie).
Le bon sens, c'est donc la raison en tant qu'une méthode rigoureuse suffit à préserver celle-ci de l'erreur : en ce sens, il est « la chose du monde la mieux partagée » *(ibid.).*

**Épochè :** chez les Sceptiques grecs, suspension du jugement. « L'*épochè*, c'est la suspension du jugement : nous ne nions rien, nous n'établissons rien » (Sextus Empiricus, *Hypotyposes pyrrhoniennes*, I, 159). Dans la phénoménologie de Husserl (1859-1938), le terme désigne la *réduction phénoménologique* ou « mise entre parenthèses » du problème cartésien de la réalité du monde extérieur : le jugement est sur ce point volontairement suspendu (voir le chapitre sur la *Conscience*).

**Jugement de valeur :** jugement incluant une appréciation implicite sur le fait qu'il énonce ; par exemple « cette personne est agréable ». S'oppose au *jugement de réalité*, qui se borne à énoncer un fait : « il y a cinq personnes dans la salle ».

**Nécessaire :** se dit d'une proposition (par exemple le principe d'identité « A est A » est une proposition *nécessaire*), ou d'une relation logique (en mathématiques, un théorème est conséquence *nécessaire* des axiomes) dont la *négation est impossible.*

**Objectivité : 1.** Caractère de ce qui existe indépendamment de la conscience.
**2.** Caractère de ce qui est établi sans aucun jugement de valeur.

**Paralogisme :** raisonnement faux, non valide. A la différence du *sophisme*, le *paralogisme* suppose la bonne foi de celui qui raisonne mal ; dans le sophisme, il y a intention de tromper.

**Prédicat :** Ce qui est affirmé ou nié du sujet. On appelle jugements *prédicatifs* (ou *attributifs*) les propositions du type *S est P* (« Socrate est mortel », ou « Socrate est un homme »), dans lesquelles le prédicat logique se confond généralement avec l'*attribut* grammatical.

**Principe :** en logique, proposition qui est au fondement d'une déduction. « Les *principes* généraux entrent dans nos pensées, dont ils font l'âme et la liaison. Ils y sont nécessaires, comme les muscles et les tendons le sont pour marcher, quoiqu'on n'y pense point » (Leibniz, *Nouveaux essais sur l'entendement humain*, I, 1, § 20).

**Tautologie :** expression qui reste *valide*, quelle que soit la valeur de vérité (vrai ou faux) des propositions qui la composent. Par exemple en logique $p \rightarrow q \longleftrightarrow$ non $q \rightarrow$ non $p$. La logique formelle consiste à rechercher les *tautologies* ou *lois logiques*.

Magritte, *Les idées claires* (1955), 50 × 60, huile sur toile.

**LEIBNIZ**

Philalèthe : *N'est-il pas vrai que l'idée est l'objet de la pensée ?*
Théophile : *Je l'avoue, pourvu que vous ajoutiez que c'est un objet immédiat interne, et que cet objet est une expression de la nature ou des qualités des choses. Si l'idée était la* forme *de la pensée, elle naîtrait et cesserait avec les pensées actuelles qui y répondent ; mais en étant l'objet, elle pourra être antérieure et postérieure aux pensées.*

***Nouveaux essais sur l'entendement humain*** **(1703), Livre II, chap. I, § I.**

# L'IDÉE

## *L'énigme de l'idée*

Cette toile de Magritte intitulée *Les idées claires* illustre sans doute ce que la notion même d'idée comporte d'**énigmatique** et de mystérieux. Est-ce le nuage blanc ou le rocher en lévitation au-dessus du rivage qui symbolise pour le peintre surréaliste *« l'idée »* apparaissant dans notre esprit, présente tantôt comme un nuage léger, vite dissipé et remplacé par un autre, tantôt comme une masse pesante qui pourrait, à la limite, nous écraser de son poids ?

A méditer devant un tel symbole, on pourrait se laisser aller au délire de l'imagination et rendre plus confuse encore la notion que nous avons des idées claires ou obscures.

Savons-nous seulement ce que c'est qu'une idée ? Est-ce la **traduction en images** du foisonnement de notre pensée ? Est-ce le **terme le plus juste** qu'on puisse employer pour désigner nos opinions, nos jugements (on parle bien d'idées politiques, religieuses, sociales, scientifiques ; il y a même des gens qui « ont des idées sur tout ») ? Est-ce encore, l'expression de nos projets, de nos inspirations ?

Il est bien difficile de donner une définition universelle de l'idée dont l'usage a largement éparpillé le sens. Depuis Platon, la tradition philosophique n'a cessé de s'interroger, non pas tant sur une **définition** d'ailleurs, que sur une **origine**, une **cause**, une **nature** de l'idée qui, une fois déterminée, permettrait d'en élucider le sens et la portée.

Notre expérience sensible, notre pratique quotidienne est sillonnée d'idées : nous passons de l'une à l'autre, nous les associons entre elles. Certaines nous enchantent, d'autres nous « dépriment » ; d'autres encore s'enfoncent en nous jusqu'à devenir des obsessions ; certaines sont qualifiées de « générales » parce qu'elles restent vagues et abstraites et ne semblent brasser que du vent ; d'autres enfin ne peuvent s'exprimer par des mots, et nous butons sur la difficulté qu'il y a à les communiquer.

C'est que l'idée de l'idée reste particulièrement abstraite : la rencontre de Pierre, Paul ou Jacques nous procure des impressions, des sensations qui se transforment en idées sur Pierre, Paul ou Jacques ; mais jamais on ne rencontre « l'idée de l'Homme » ; bien plus, chacune des images qui, dans notre esprit, représente un homme particulier ne risque-t-elle pas de fausser, en l'occultant davantage, l'idée vraie, l'idée juste de « l'homme en soi » ?

En fait, même si les idées naissent et s'évanouissent, se succèdent en fonction des rencontres extérieures, il faudrait, pour dégager l'essence de l'idée, se débarrasser à la fois des **impressions** et des **sensations** que nous procurent ces rencontres, et des **images** qu'elles suscitent. Ainsi, l'idée en son sens métaphysique se trouverait-elle renvoyée au seul domaine de l'intelligible, déjà indiqué par Platon, celui de l'entendement et de la raison.

« Nos plus claires idées sont filles d'un travail obscur », disait Paul Valéry. C'est cette « obscure clarté » que le poète ou le peintre ont mise en lumière pour exprimer ce qu'ils entendaient par « Concept » ou « Idée ». On doit bien comprendre que les idées abstraites et générales sont la base même de toute réflexion : aucun jugement, aucun raisonnement ne peut se constituer sans les mots, ces « forteresses de la pensée » comme le disait Hamilton, autrement dit, sans « les idées ».

## Vers la réminiscence

**PLATON**

— Lorsque quelqu'un, en voyant une chose, pense que cette chose-là, comme celle que je vois présentement, tend à être égale à une certaine autre, mais qu'il s'en manque de beaucoup, qu'elle ne peut l'égaler, et reste fort au-dessous, il faut nécessairement que celui qui a cette pensée ait connu auparavant cette autre chose, à laquelle il dit que celle-là ressemble, quoique imparfaitement. (...) Cela ne nous arrive-t-il pas aussi à nous-mêmes, quand nous comparons les choses égales avec l'égalité en soi ?
— Assurément.
— Il faut donc de toute nécessité que nous ayons vu cette égalité avant ce temps où, en voyant pour la première fois des choses égales, nous avons pensé qu'elles tendent toutes à être égales comme l'égalité même, et qu'elles ne peuvent y parvenir. (...) Or, si nous l'avons prise avant notre naissance, et si nous sommes nés la possédant, nous connaissons donc, avant que de naître, et aussi en naissant, non seulement l'égal, le plus grand, le plus petit, mais aussi toutes les autres choses de cette nature ; car ce que nous disons ici n'est pas plus sur l'Égalité que sur le Beau en soi, sur le Bien, sur le Juste, sur le Saint. (...) De manière qu'il faut nécessairement à mon avis de deux choses l'une : ou que nous naissions tous avec ces connaissances et que nous les conservions toute notre vie ; ou que ceux qui, comme nous disons, apprennent, ne fassent que se ressouvenir ensuite, et la science ne serait qu'une réminiscence.

***Phédon*, 74d-76a,**
**trad. Lemaire, Hatier, pp. 55-57**

Michel-Ange, *Prisonnier dit l'Atlante*, ébauche de marbre sculpté.
*« L'idée lui vient à mesure qu'il fait... La belle statue se montre belle au sculpteur à mesure qu'il la fait ».*
Alain.

## L'origine des idées

**HUME**

Par le terme *impression*, j'entends désigner l'ensemble de nos perceptions les plus vives : audition, vue, tact, amour, haine, désir ou volonté. Et nous distinguons les impressions des *idées*, qui sont les perceptions moins vives dont nous avons conscience lorsque nous réfléchissons à l'une des sensations ou à l'un des mouvements mentionnés ci-dessus. (...)

Toutes nos idées, c'est-à-dire nos perceptions les plus faibles, sont les copies de nos impressions, c'est-à-dire de nos perceptions les plus vives. (...) Toutes les idées, particulièrement les idées abstraites, sont par nature faibles et obscures : l'esprit n'a que peu de prise sur elles ; on est exposé à les confondre avec d'autres idées voisines. (...) Au contraire, toutes les impressions, c'est-à-dire toutes les sensations externes ou internes, sont fortes et vives : les limites qui les séparent sont plus exactement tracées, et il n'est point facile de tomber dans l'erreur ou de se méprendre à leur sujet. Ainsi donc, quand nous avons quelque soupçon qu'on emploie un terme philosophique sans y attacher aucun sens ou aucune idée (et la chose n'est que trop fréquente), demandons-nous seulement *de quelle impression cette prétendue idée tire son origine.*

***Enquête sur l'entendement humain* (1748),**
**II^e^ section, trad. G. Tanesse et M. David,**
**Nathan, coll. « Les Intégrales de Philo », pp. 38-41**

## L'idée innée

**DESCARTES**

Pour ce qui concerne les idées, si on les considère seulement en elles-mêmes, et qu'on ne les rapporte point à quelque autre chose, elles ne peuvent, à proprement parler, être fausses ; car soit que j'imagine une chèvre ou une chimère, il n'est pas moins vrai que j'imagine l'une ou l'autre. (...) Ainsi il ne reste plus que les seuls jugements dans lesquels je dois prendre garde soigneusement de ne me point tromper. Or la principale erreur et la plus ordinaire qui s'y puisse rencontrer consiste en ce que je juge que les idées qui sont en moi sont semblables ou conformes à des choses qui sont hors de moi (...).

Or, entre ces idées, les unes me semblent être nées avec moi, les autres être étrangères et venir de dehors, et les autres être faites et inventées par moi-même. Car que j'aie la faculté de concevoir ce que c'est qu'on nomme en général une chose, ou une vérité, ou une pensée, il me semble que je ne tiens point cela d'ailleurs que de ma nature propre ; mais si j'ouïs maintenant quelque bruit, si je vois le soleil, si je sens de la chaleur, jusqu'à cette heure j'ai jugé que ces sentiments procédaient de quelques choses qui existent hors de moi ; et enfin il me semble que les sirènes, les hippogriffes et toutes les autres semblables chimères sont des fictions et inventions de mon esprit. Mais aussi peut-être me puis-je persuader que toutes ces idées sont du genre de celles que j'appelle étrangères, et qui viennent de dehors, ou bien qu'elles sont toutes nées avec moi, ou bien qu'elles ont toutes été faites par moi ; car je n'ai point encore clairement découvert leur véritable origine.

***Méditations métaphysiques*** **(1641),**
**Méditation troisième, Nathan,**
**coll. « Les Intégrales de Philo », pp. 56-60**

## commentaire

Pour **Platon** (427-347 av. J.-C.), l'idée n'est pas conçue par les hommes à partir de leur expérience sensible. Il cherche à démontrer que l'idée n'a pas pu arriver toute faite et comme pré-construite à l'extérieur même de notre esprit. L'idée de la table n'est pas née de la perception de ce guéridon Louis XV que nous voyons devant nous, ici et maintenant. Seule compte l'essence de la table-en-soi, cette Idée vers laquelle nous cheminons, **modèle** et archétype* de toutes les tables possibles. Pour qu'une telle idée puisse se faire jour en l'homme, il faut, pour Platon, avoir eu une notion préalable de la table-en-soi au cours d'une pré-existence. Ce sera la **« réminiscence »** de cette idée abstraite et générale qui nous restera dans la vie terrestre, après avoir connu dans un monde antérieur cette « chose-en-soi » qui, seule, existe vraiment.

David **Hume** (1711-1776) analyse la question d'une manière radicalement différente. Pour lui, les idées proviennent directement de la **réalité sensible**. C'est l'**impression** qui est l'idée-mère de toutes les autres, le point de départ de l'idée dont toutes les autres seront les images ou les copies. L'impression, dit Hume, « pénètre violemment » en nous : ce sont les sensations, les émotions, les passions qui impriment leur trace et provoquent notre jugement. Le seul fondement possible de l'idée — ou du jugement — c'est le **monde sensible**, la réalité, dont la perception peut nous conduire à l'idée vraie.

L'**erreur** est pour **Descartes** (1596-1650), un aspect essentiel des questions posées par l'idée : « si je considérais seulement les idées comme de certains modes ou façons de ma pensée, sans les vouloir rapporter à quelque autre chose d'extérieur, à peine me pourraient-elles donner occasion de faillir. » Quant à ces objets dont on tire des idées, ils ont nécessairement au moins autant de perfection que les idées qui en dérivent : ainsi, la présence en moi de l'**idée de Dieu** témoigne de la réalité de cette infinie perfection dont je ne saurais par moi-même forger la représentation.

# Comprendre l'homme

## l'auteur

Spinoza, philosophe hollandais d'origine juive portugaise (1632-1677), n'est ni un professeur, ni un politicien, ni un religieux : c'est un penseur que l'on pourrait aujourd'hui qualifier de « contestataire » en ce sens qu'il choisit la voie difficile d'une totale **indépendance d'esprit** et se met, par ses critiques violentes des idéologies dominantes, en marge de sa propre communauté et des milieux intellectuels bien-pensants. Sa philosophie qui a le cartésianisme pour point de départ, lui vaudra une vie matérielle difficile et relativement isolée.

Spinoza écrit en latin tout d'abord, les *Principia Philosophiae Cartesianae* (1663) puis le *Tractatus Théologico-politicus* (paru anonymement en 1670). Le reste de son œuvre ne sera publiée qu'après sa mort. Rationaliste par excellence, Spinoza expose son système de pensée dans *L'Éthique* (1677). Il s'agit entre autres de démontrer pourquoi et comment, sans contradiction possible, les hommes sont, à l'intérieur des nécessités de la nature, déterminés à produire eux-mêmes leurs conditions d'existence d'hommes. Sans se donner l'illusion d'échapper à l'emprise des lois de la nature, l'homme peut devenir autre chose qu'une simple puissance de « pâtir » par quoi il ne serait que l'effet de causes qu'il ignore ou perçoit confusément.

## l'intérêt philosophique du texte

Dans ce passage, Spinoza polémique contre la conception cartésienne de l'idée comme « **image muette** sur un tableau ». Pour Descartes, l'entendement forme une **représentation que la volonté affirme ou nie**, dans un mouvement de souveraine liberté : **l'origine de l'erreur** réside dans le fait que la volonté étant infinie et l'entendement* fini, elle continue de juger (affirmer ou nier) alors que l'entendement ne lui fournit plus d'idées claires. Pour Spinoza, il n'y qu'**une seule étape à considérer** : l'idée est dans le même mouvement **forgée, posée comme vraie**[1] **ou fausse** et immédiatement connue comme telle. Celle-ci **ne renvoie qu'à elle-même** : nous savons, quand nous avons une idée vraie, que nous avons une idée vraie. Ainsi Spinoza peut dire que par **entendement** et **volonté**, il entend **une seule et même chose**, la faculté de **forger des idées**, car la faculté de juger n'est pas différente de la faculté de comprendre.

La **substance*** qui comporte une infinité d'attributs, n'est cependant connue de nous que selon deux d'entre eux : l'**étendue** et la **pensée**. Celles-ci constituent deux **séries causales indépendantes** exprimant chacune la totalité de la substance selon le même ordre. (L'ordre et l'enchaînement des idées est le même que l'ordre et l'enchaînement des choses.) Si ces deux séries causales se correspondent, elles ne s'interpénètrent pas et une idée n'a pour cause qu'une idée, une réalité physique qu'une autre réalité physique. C'est pourquoi par adéquation* et inadéquation, il ne faut pas entendre la plus ou moins grande adaptation de l'idée à son objet, mais sa plus ou moins grande **perfection** (ou complétude). Car si l'idée adéquate est une idée vraie, l'**idée fausse** est une **idée mutilée et confuse**, c'est-à-dire incomplète et imprécise : l'**erreur** n'a, chez Spinoza, **aucune positivité**.

**1** ◻ « J'entends par idée un concept que l'âme forme pour ce qu'elle est une chose pensante.
« Je dis concept de préférence à perception parce que le mot de perception semble indiquer que l'âme est passive à l'égard d'un objet tandis que le concept semble indiquer une action de l'âme. » (L.II, déf. III et explication.)

**2** ◻ « Nous appellerons image des choses les affections du corps humain dont les idées représentent les corps extérieurs comme nous étant présents (...). Et quand l'esprit contemple les corps sous ce rapport, nous dirons qu'il imagine. » (L.II, scolie de la prop. XVII.)

**3** ◻ « Un Romain, de la pensée du mot *pomum* passera aussitôt à la pensée d'un fruit qui n'a aucune ressemblance avec ce son articulé, n'y ayant rien de commun entre ces choses sinon que le corps de ce Romain a été souvent affecté par les deux, c'est-à-dire que le même homme a souvent entendu *pomum* tandis qu'il voyait le fruit... » (L.II, scolie de la prop. XVIII.)

**4** ◻ « L'idée de l'affection qu'éprouve le corps humain, quand il est affecté d'une manière quelconque par les corps extérieurs, doit envelopper la nature du corps humain et en même temps celle du corps extérieur. » (L.II, prop. XVI.)

« J'entends par sentiments *(affectus)*, les affections *(affectiones)* du corps par les-

## *La production des idées*

**B. SPINOZA**

*Proposition* 49. Il n'y a dans l'âme aucune autre volition, c'est-à-dire aucune autre affirmation ou négation, que celle qu'enveloppe l'idée en tant qu'idée.

*Scolie.* (...) J'avertis le lecteur de distinguer soigneusement entre une idée[1] ou un concept de l'âme et les images[2] des choses, telles que les forme notre imagination. Il est nécessaire en outre de faire distinction entre les idées et les mots[3] par lesquels nous exprimons les réalités. Car les images, les mots et les idées, voilà trois choses que plusieurs confondent totalement, ou qu'ils ne distinguent pas avec assez de soin ou du moins assez de précaution, et c'est pour cela qu'ils ont complètement ignoré cette théorie de la volonté, si nécessaire à connaître pourtant, soit pour la vérité de la spéculation, soit pour la sagesse de la pratique. Lorsqu'en effet on pense que les idées consistent en images formées dans notre âme par la rencontre des objets corporels[4], toutes les idées de ces choses dont il est impossible de se représenter une image ne paraissent plus de véritables idées, mais de pures fictions, ouvrage de notre libre volonté. On ne considère les idées que comme des figures muettes tracées sur un tableau, et la préoccupation produite par ce préjugé empêche de voir que toute idée, en tant qu'idée, enveloppe l'affirmation ou la négation[5]. De plus ceux qui confondent les mots avec l'idée, ou avec l'affirmation que l'idée enveloppe, croient qu'ils peuvent opposer leur volonté à leur pensée, quand ils n'opposent à leur pensée que des affirmations ou des négations purement verbales. (...)

J'accorde volontiers que la volonté s'étend plus loin que l'entendement, si par entendement l'on veut parler seulement des idées claires et distinctes ; mais je nie que notre volonté soit plus étendue que nos perceptions ou notre faculté de concevoir, et je ne vois point du tout pourquoi l'on dirait de la faculté de vouloir qu'elle est infinie plutôt qu'on ne le dit de la faculté de sentir ; de même en effet que nous pouvons, avec la même faculté de vouloir, affirmer une infinité de choses (l'une après l'autre, bien entendu, car nous ne pouvons en affirmer à la fois un nombre infini), ainsi, avec la même faculté de sentir, nous pouvons sentir ou percevoir une infinité de corps (bien entendu, toujours, l'un après l'autre). Que si l'on soutient qu'il y a une infinité de choses que nous ne pouvons percevoir, je dirai à mon tour que nous ne pouvons atteindre ces mêmes choses par aucune pensée, et conséquemment par aucun acte de volonté[6].

(...) Je nie que nous ayons le libre pouvoir de suspendre notre jugement. Quand nous disons en effet qu'une personne suspend son jugement, nous ne disons rien autre chose sinon qu'elle voit qu'elle ne perçoit pas d'une façon adéquate l'objet de son intuition. La suspension du jugement, c'est donc réellement une perception, et non une libre volonté (...)

Ainsi donc j'accorde que personne ne se trompe en tant qu'il perçoit, c'est-à-dire que les représentations de l'âme, considérées en elles-mêmes, n'enveloppent aucune erreur[7], mais je nie qu'il soit possible de percevoir sans affirmer. Percevoir un cheval ailé, qu'est-ce autre chose en effet qu'affirmer de ce cheval qu'il a des ailes ? Car enfin si l'âme ne percevait rien en dehors de ce cheval ailé, elle le verrait comme présent, sans avoir aucune raison de douter de son existence, ni aucune puissance de refuser son assentiment ; et les choses ne peuvent se passer autrement, à moins que cette représentation d'un cheval ailé ne soit associée à une idée qui exprime qu'un tel cheval n'existe pas ; en d'autres termes, à moins que l'âme ne comprenne que l'idée qu'elle se forme d'un cheval ailé est une idée inadéquate ; et alors elle devra nécessairement nier l'existence de ce cheval ailé, ou la mettre en doute.

***L'Éthique* (1675), II, Prop. 49 et Scholie, trad. Saisset, P.U.F., Collection SUP, pp. 73-77**

quelles la puissance d'agir de ce corps est accrue ou diminuée, favorisée ou empêchée, et en même temps les idées de ces affections. » (L.III, déf. III.)

**5** « Ce n'est pas nous qui affirmons ou nions jamais quelque chose d'une chose, mais c'est elle-même qui en nous affirme ou nie quelque chose d'elle-même. » (*Court Traité*, 2e partie, Ch. XVI, § 5.)

**6** « La volonté et l'entendement sont une seule et même chose. » (L.II, corollaire de la prop. XLIX.)

**7** « La fausseté consiste dans une privation de connaissance qu'enveloppent les idées inadéquates, c'est-à-dire mutilées et confuses. » (L.II, prop. XXXV.)
« De même, quand nous regardons le soleil, nous imaginons qu'il est distant de nous d'environ deux cents pieds, et l'erreur ici ne consiste pas dans l'action d'imaginer cela prise en elle-même, mais en ce que, tandis que nous l'imaginons, nous ignorons la vraie distance du soleil et la cause de cette imagination que nous avons. Plus tard, en effet, tout en sachant que le soleil est distant de plus de 620 fois le diamètre terrestre, nous ne laisserons pas d'imaginer néanmoins qu'il est près de nous ; car nous n'imaginons pas le soleil aussi proche parce que nous ignorons sa vraie distance, mais parce qu'une affection de notre corps enveloppe l'essence du soleil en tant que corps lui-même affecté par cet astre. » (L.II, scolie de la prop. XXV.)

## *De l'idée à l'avoir*

Kierkegaard déplorait que « la plupart des hommes pensent, parlent, écrivent, comme ils dorment, mangent et boivent, sans que se pose la question du rapport avec l'idée ». (*Journal*, 1834-1839). Et de fait, définir l'idée comme « ce que l'on **a** dans l'esprit », comme on le fait spontanément, c'est dégager un certain type de rapport entre l'idée et l'esprit, de l'ordre de l'**avoir**. Mais c'est aussi tenir ce rapport pour « allant de soi », et passer sur cet **avoir** qui pose précisément un problème.

Heidegger rappelait que ce verbe signifie « pouvoir dire quelque chose ». La question de l'idée est donc d'emblée soudée à celle de sa possibilité chez l'homme et de son articulation avec le mot et la chose.

De l'idée à la chose.

## *L'ascension vers l'idée*

Platon fit les premiers pas du parcours philosophique vers l'Idée. Selon sa doctrine, l'**Idée** est ce qui fonde les réalités, lesquelles sont extraites par raisonnement de la sensation. A ce titre, le mot s'écrit avec une majuscule : l'Idée platonicienne n'a rien de commun avec le simple matériau mental que nous appelons aujourd'hui « idée ». L'Idée est un modèle, un archétype* unique auquel se réfère la multiplicité de la réalité qui nous entoure. Immuable, elle est ce que l'âme a contemplé dans le monde intelligible avant de s'unir au corps. L'Idée n'est donc pas pour Platon une fiction reconstruite après coup, à partir de notre expérience sensible : l'Idée de table n'est pas conçue à partir de l'expérience de la multiplicité et de la variété des tables particulières. Elle est au contraire l'intelligible nécessaire, sans lequel il serait impossible de penser quelque table que ce soit.

Pour Platon, l'homme naît (« échoit » dans le monde sensible, qui est dévalorisé par rapport au monde intelligible) avec la possibilité de **reconnaître les Formes** qu'il a **vues** auparavant. La structure linguistique grecque sous-tend d'ailleurs cette conception platonicienne[1] : *ideîn* signifie « voir », et *idéa*, son principal dérivé nominal, peut se traduire par « apparence », « forme ». Autrement dit, il n'y a rien à connaître, mais tout à **reconnaître** ; l'homme **se souvient** de l'*idéa* déjà vue, il en a la réminiscence*. C'est le fait d'**avoir vu** qui permet d'énoncer l'Idée. Le parcours philosophique est alors une sorte d'inversion du **parcours de l'âme** en tant qu'il s'agit de **remonter** de la caverne[2] vers le domaine des essences, de l'ombre vers l'intelligible, de la copie vers le modèle, du sensible mouvant vers l'Idée immuable.

L'affirmation d'un tel monde intelligible des Idées ouvrit incontestablement la voie à la **conception chrétienne**. Pour saint Augustin, l'idée est le **modèle des choses**, l'**archétype** de chaque **espèce** ou de chaque **individu** créés par Dieu. Les idées, constituant ainsi les formes immuables des créatures, sont donc **dans la pensée divine** (et dans le texte augustinien, *ideae, formae, species, rationes* ou *regulae* sont synonymes). Saint Augustin reprend ainsi la distinction platonicienne entre **copie** et **modèle** : les idées sont les modèles dont dérivent les pâles copies approximatives qui constituent notre monde sensible. De plus, il affirme à son tour que l'âme « voit » les idées : l'âme étant de tous les éléments de la création celui qui se rapproche le plus de Dieu, ses opérations sont donc immédiatement soumises aux idées divines. C'est cette proximité qui permet à l'âme de voir les modèles intangibles. Mais c'est à ce stade que s'opère la rupture avec la conception platonicienne de la réminiscence. Pour saint Augustin, l'âme n'a pas vu antérieurement l'idée des choses : elle les voit à l'intérieur de l'illumination divine toujours présente en elle-même. L'idée n'est plus ce souvenir déposé dans le **passé**, mais provient de la relation que l'âme entretient dans le **présent** avec son créateur.

## *La chute de l'idée*

Le fait de « pouvoir dire » une idée ne fut pas toujours attribué à la réminiscence ou à l'illumination, c'est-à-dire à la combinaison du **modèle** et de la **vision**. A travers l'histoire de la philosophie, le **nominalisme** (courant selon lequel c'est le **nom**, le mot, qui a une réalité, et non le concept qui « existerait avant le mot ») s'est opposé à une telle valorisation de l'idée. Le texte de Hume cité plus haut, en distinguant l'**impression** de l'**idée**, fait désormais chuter cette dernière au rang de « copie ». Alors que les impressions sont les perceptions vives et nettes que nous éprouvons à chaque instant, les idées n'expriment que des **copies d'impressions** plus ou moins vagues, pensées, souvenirs, imaginations. Tout se passe comme si le parcours platonicien s'achevait avant même de commencer puisque, les idées étant les copies fades, « les images estompées de sensations dans la pensée et le raisonnement », il n'est plus nécessaire de s'y attarder ; seules comptent selon Hume les perceptions fondamentales et irréductibles qui constituent les impressions.

Pour Condillac (1715-1780), son contemporain, il n'y a **pas d'idées générales sans mots** : « Qu'est-ce au fond que la réalité qu'une idée générale et abstraite a dans notre esprit ? Ce n'est qu'un nom, ou si elle est autre chose, elle cesse nécessairement d'être une idée générale et abstraite » (*Logique*, II, 5). La question de l'origine de l'idée s'articule donc sur une réflexion sur le langage conçu comme un décalque fidèle de nos sensations. En ce sens, les idées générales sont des « dénominations » propres à l'homme. Elles ne sont pas hors de nous, mais constituent le classement de nos expériences et de nos observations. Autrement dit, les idées résultent de sensations transformées.

Il est intéressant de souligner cette **valeur négative** conférée à l'idée (**« l'idée n'est que »...**) : désormais, la retrouver, ce n'est plus accéder au domaine illuminé des essences, mais pénétrer dans l'opacité d'anciennes impressions (Hume) ; c'est s'approcher d'un mot dont le sens est fonction de son rapport direct à l'expérience sensible. Ainsi, les **nominalistes** modernes soutiennent qu'on ne peut, par exemple, penser **l'idée générale** d'« humanité » : ce n'est qu'un **mot creux** puisqu'il n'existe que des individus, seuls objets d'une représentation concrète particulière (ou intuitive). Quand je pense « humanité », je **n'ai que** l'idée d'**exemples particuliers** d'hommes et non celle de l'universel. Le philosophe et logicien Carnap (1891-1970), particulièrement attentif aux illusions issues du langage, s'interrogeait en 1950 sur la validité de l'idée générale d'existence. A ses yeux, une question de type ontologique comme « les nombres existent-ils ? » n'a pas de sens. En revanche, la question mathématique « Existe-t-il un nombre tel que... ? » est sensée, parce qu'elle délaisse l'idée générale purement nominale, et vise une représentation particulière.

## *L'effacement de l'idée*

La conception freudienne n'est pas, comme on le soutient parfois, un prolongement du nominalisme. Plutôt que de réduire l'idée à n'être qu'un mot, Freud va jusqu'à **gommer l'idée**. Dans *Psychopathologie de la vie quotidienne* (1901), il décèle dans l'acte

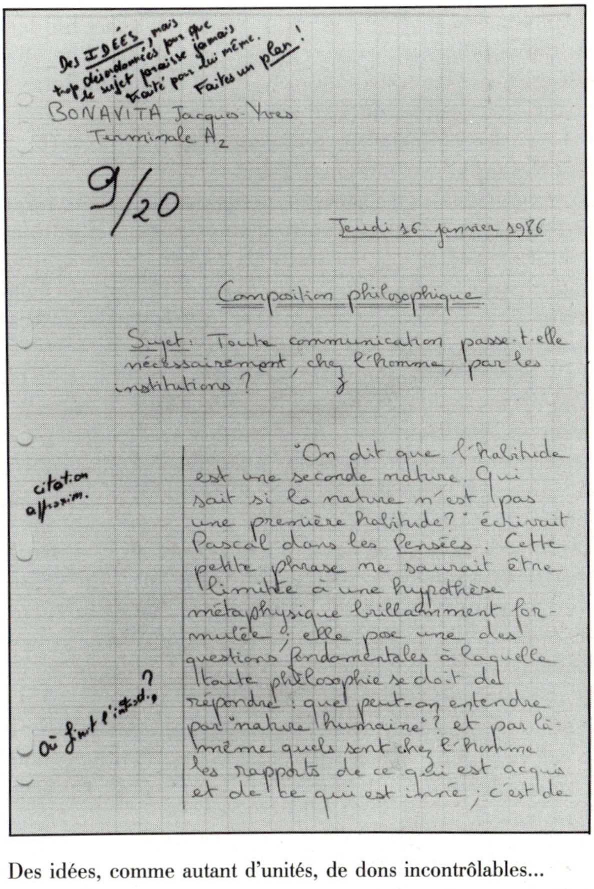
Des IDÉES, mais trop désordonnées pour que le sujet paraisse jamais traité pour lui même. Faites un plan !

BONAVITA Jacques-Yves
Terminale A2

9/20

Jeudi 16 janvier 1986

Composition philosophique

Sujet : Toute communication passe-t-elle nécessairement, chez l'homme, par les institutions ?

citation approxim.

"On dit que l'habitude est une seconde nature. Qui sait si la nature n'est pas une première habitude ?" écrivait Pascal dans les Pensées. Cette petite phrase ne saurait être limitée à une hypothèse métaphysique brillamment formulée ; elle pose une des questions fondamentales à laquelle toute philosophie se doit de répondre : que peut-on entendre par "nature humaine" ? et par là même quels sont chez l'homme les rapports de ce qui est acquis et de ce qui est inné ; c'est de

Où finit l'intro ?

Des idées, comme autant d'unités, de dons incontrôlables...

manqué une sorte de victoire de l'inconscient sur la conscience. Le mot « prononcé par erreur », le lapsus, ne correspond pas à une **disjonction** entre l'idée et la chose qu'il convenait d'évoquer : il exprime un **contenu refoulé**. L'idée devient, au mieux, un simple symptôme dans la grille d'interprétation psychanalytique. Au pire, elle n'a plus de place dans cet univers où tout mot et tout acte renvoient à une « autre scène » sur laquelle se jouent les conflits intérieurs : sans valeur par elle-même, une idée consciente vaut, « fonctionne », par référence à un arrière-fond, au sein d'un réseau dont l'économie psychique générale compte plus que le détail de chaque idée particulière.

Trait caractéristique de la pensée contemporaine, cet **effacement de l'Idée** est à replacer dans l'« ère du soupçon »[3] qui est la nôtre, et où les structures inconscientes sont privilégiées par rapport aux simples données conscientes.

## *La leçon kantienne*

Pourtant, il n'est pas sûr que la notion même d'idée ait « perdu la bataille », pour reprendre la métaphore kantienne comparant l'histoire de la philosophie à un « champ de bataille » *(kampfplatz)*. Soucieux de mettre de l'ordre et d'établir les limites de la connaissance pour éviter les débordements illégitimes de la spéculation, Kant fut amené à **distinguer le concept de l'idée**.

Le concept est une **construction intellectuelle** s'appliquant à une sensation pour aboutir à une connaissance. Ainsi, lorsque je dis « le soleil échauffe la pierre », j'éprouve tout d'abord des sensations tactiles ou visuelles (le soleil, la pierre chaude), que mon esprit unifie ensuite au moyen d'un concept (ici, celui de causalité). **Connaître, c'est unifier des sensations sous un concept ;** c'est là le rôle de l'esprit, qui constitue donc lui-même la connaissance. Les objets de la métaphysique, Dieu, l'âme, le monde, n'ont au contraire aucune application sensible. Personne ne peut, par exemple, appliquer à l'expérience le concept d'âme : il s'agit alors de ce que Kant nomme une **« idée de la raison »**. L'idée est un concept sans intuition, dans la mesure où elle **échappe à tout contrôle expérimental**. Elle est le pouvoir de **penser les objets**, et non de les connaître. En distinguant le concept de l'idée, Kant sépare donc connaître et penser. Je peux connaître les phénomènes, je peux penser les noumènes* (Dieu, l'âme, le monde, etc.).

Si penser ne conduit pas à la connaissance, il n'est pas pour autant question de se contenter de contempler l'idée. Il faut, pour Kant, faire pénétrer l'intelligible dans le sensible. Ainsi, la morale nous oblige-t-elle à postuler ce que nous ne pouvons connaître, comme l'idée de liberté par exemple. Lorsque je demande à quelqu'un de me répondre « sans mentir », je suppose (et pense) donc qu'il a la liberté de mentir. Cette liberté, démontrée par la raison, mais non prouvée par expérience empirique, doit agir vers un respect des personnes et l'intérêt pratique de la raison. **« Avoir » l'idée** de la liberté, ce n'est pas la contempler, c'est **pouvoir l'effectuer**. Il appartient à l'homme de **choisir**, et c'est dans ce choix qu'il **a effectivement une idée**.

A Soissons, cet édifice inachevé indique ce qu'il aurait pu être.

1 ◻ Pour une explication linguistique de l'« idéalisme* » platonicien, voir le texte de Louis Rougier cité en *Extrait* du chapitre sur le *Langage*. D'après cet auteur, c'est la tendance de la langue grecque à substantiver verbes et adjectifs qui aurait induit « l'illusion ontologique de la théorie des Idées ».

2 ◻ Voir au chapitre sur l'*Illusion* l'« Allégorie de la caverne » développée par Platon dans la République.

3 ◻ Sur les philosophes qui ouvrirent « l'ère du soupçon », voir, au chapitre sur le *Sens*, l'*Extrait* de Paul Ricœur.

### BIBLIOGRAPHIE DE LA LEÇON

***CONDILLAC :***
*La Logique ou les premiers développements de l'art de penser* in *Textes choisis*, P.U.F.

***HUME :***
*Enquête sur l'entendement humain,* Nathan, coll. « Les Intégrales de Philo ».

***KANT :***
*Critique de la raison pure,* P.U.F.

***PLATON :***
*La République,* Garnier-Flammarion.

***SAINT AUGUSTIN :***
*Les Confessions,* Garnier-Flammarion.

## TABLE D'ORIENTATION

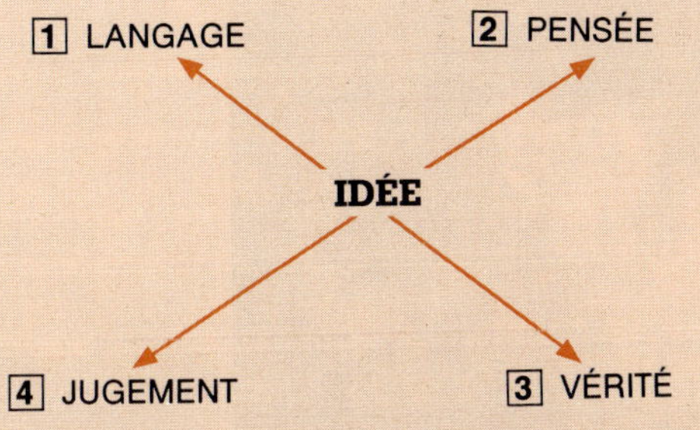


## BIBLIOGRAPHIE GÉNÉRALE

***ARISTOTE :*** *Métaphysique,* Livres A, B, Vrin.

***BERKELEY :*** *Trois dialogues entre Hylas et Philonous,* Aubier.

***CONDILLAC :*** *Essai sur l'origine des connaissances humaines ; Traité des sensations,* P.U.F.

***DESCARTES :*** *Méditations métaphysiques,* III, IV et Réponses aux objections, Nathan, coll. « Les Intégrales de Philo ».

***J.-T. DESANTI :*** *La Philosophie silencieuse,* Chap. V, VI et appendice I, 10-18.

***HEGEL :*** *La Raison dans l'Histoire,* Idées-Gallimard.

***HUME :*** *Enquête sur l'entendement humain,* Nathan, coll. « Les Intégrales de Philo ».

***W. JAMES :*** *Introduction à la philosophie,* Ed. Rivière.

***LEIBNIZ :*** *Nouveaux essais sur l'entendement humain,* Livre II, « Des idées », Garnier-Flammarion.

***MARX, ENGELS :*** *L'Idéologie allemande,* 1re partie, Nathan, coll. « Les Intégrales de Philo ».

***SPINOZA :*** *Éthique,* livres II, III, IV ; *Traité de la réforme de l'entendement ; Court Traité,* 2e partie, Chap. XV et XVI ; *Pensées métaphysiques,* Chap. I et II, Garnier-Flammarion.

## SUJETS DE DISSERTATION

1 Héritage de mots, héritage d'idées. (Poitiers, B, 1983)

■ Peut-on rendre compte des choses avec des mots ? (Aix-Marseille, A, 1984)

■ En quel sens le langage constitue-t-il le réel ? (Nantes, C-D, 1981)

2 Descartes écrit : « Il n'y a rien qui ne soit entièrement en notre pouvoir que nos pensées. » Pascal affirme : « Hasard donne les pensées et Hasard les ôte : point d'art pour (les) conserver ni pour (les) acquérir. » Quel est le rapport de l'homme avec ses pensées ? (Amiens, A, 1981)

■ Qu'est-ce que penser ? (Toulouse, C-D, 1983)

3 D'où viennent les idées justes ? (Grenoble, A, 1981)

■ Le réel se réduit-il à ce qu'on perçoit ? (Lille, A, 1981)

4 Peut-on dire d'une idée qu'elle est belle ? (Étranger, B, 1981)

■ Que signifie et que vaut l'expression «juger en connaissance de cause» ? (Aix-Marseille, A, 1982)

## GLOSSAIRE

**Abstraction :** résultat des opérations de l'entendement qui transforment les objets concrets de la pensée en idées générales ou en définitions conceptuelles. Indique que ce qui a été *abstrait* a été tiré du *concret* à la singularité riche et complexe, pour constituer l'idée plus générale qui s'applique à un grand nombre de réalités particulières.

**Adéquation :** adaptation rigoureuse au réel, au vrai. Une idée adéquate est une idée dont la représentation est fidèle à la réalité. Pour Spinoza, il y a identité parfaite entre idée adéquate et idée vraie, et la démonstration en est inutile puisque le vrai n'a pas d'autres critères que sa propre lumière.

**Affection :** ensemble des sensations, des émotions et des sentiments provoqués par une cause extérieure, et qui entraîne des modifications de la pensée ou du comportement. Pour Spinoza, les perturbations de l'âme *(affectus)* provoquent les affections *(affectiones)* du corps.

**Archétype** (du grec *arkhê,* commencement et *typos,* modèle) : l'archétype est le modèle idéal des choses. Les Idées platoniciennes sont des archétypes parce qu'elles sont les modèles des étants qui en participent, et qui n'en sont que des copies.

**Concept :** souvent synonyme d'idée, le concept est la notion abstraite qui résulte d'une généralisation de la pensée. Conceptualiser, c'est transformer les données sensibles en idées générales et abstraites par un travail de réflexion.

**Entendement :** Voir le *Glossaire* du chapitre sur la *Perception.*

**Idéalisme :** cette notion philosophique n'a rien à voir avec un quelconque optimisme vague. Elle désigne, à travers de grandes variations historiques, une conception qui attribue une existence fondamentale aux Idées (Platon) ou à l'Idée (Hegel). Pour les marxistes, l'*idéalisme* est une conception erronée qui attribue aux idées un rôle moteur ; par opposition, le *matérialisme* considère les idées comme le produit de la pratique humaine.

**Idéologie :** créé par Destutt de Tracy (1754-1836) pour remplacer le mot trop vague de « psychologie », ce terme désigne à l'origine l'étude de la *genèse des idées.* Après Marx, il désigne les idées, valeurs, productions artistiques, religieuses, etc., produites par une classe sociale.

**Jugement :** opération de l'esprit qui permet, par la réflexion, d'énoncer une proposition que l'on tient pour vraie. Le pouvoir du jugement est ce qui permet, par une délibération, d'opter ou de décider de sa conduite en fonction de ce que l'on croit vrai ou bon. Le jugement est ce qui met en relations les idées.

**Représentations :** contenus concrets de la pensée ou des idées, sous la forme d'images, de mots, d'associations.

1

# FORMATION D'UN CONCEPT SCIENTIFIQUE :
## LA LUMIÈRE

### *La « machine à remonter le temps »*

La lumière se propage à une vitesse d'environ 300 000 kilomètres à la seconde. Vitesse démesurée à notre échelle, mais qui reste d'une lenteur désespérante pour peu qu'on la compare aux dimensions probables de notre univers : une quinzaine de milliards d'années-lumière (rappelons qu'une année-lumière représente la distance parcourue par la lumière en une année, soit 30 000 milliards de kilomètres).

Prenons l'exemple de la **nébuleuse d'Orion** (fig. 1) : quasiment visible à l'œil nu, l'image que nous en avons aujourd'hui la représente telle qu'elle était à la fin de l'Empire romain. La **galaxie d'Andromède** (fig. 2), très semblable à la nôtre, est située à 25 millions d'années-lumière : nous la voyons telle qu'elle était à l'époque où les premiers hommes apparurent sur la Terre, il y a de cela 2 millions d'années environ. Si nous regardons encore plus loin, à l'extrême limite de ce que nous montrent les télescopes, nous trouvons les **quasars**, galaxies spéciales dont le noyau, qui émet une fantastique quantité d'énergie, se comporte comme une étoile — d'où leur nom de **quasar** pour « quasi-star ». La lumière qui nous arrive de certains d'entre eux a voyagé pendant 12 milliards d'années, soit 80 % de l'âge de l'univers : les quasars nous « montrent » l'enfance du monde.

On l'aura compris, « **en regardant loin, nous regardons tôt** »... Sans appareillage ni invention, la lumière réalise ainsi d'elle-même l'un des plus vieux rêves de l'humanité : elle est la plus parfaite des « machines à remonter le temps » !

## « Pourquoi la nuit est-elle noire ? »

Cette question, qui peut sembler enfantine, recouvre en fait un grave problème d'astrophysique. Au début du XVIIe siècle les hommes découvraient l'immensité de l'univers, Kepler demandait déjà pourquoi, si l'on admet que les étoiles sont des soleils, la somme de leur lumière ne dépasse pas celle du Soleil. Logiquement, elles devraient, semble-t-il, produire une clarté permanente, quelles que soient les allées et venues de notre astre solaire.

La réponse n'est pas simple ; la nuit est noire parce que **l'univers est en expansion**. En effet, si les étoiles émettent bien de la lumière, celle-ci se répand dans l'univers comme le ferait l'eau dans une baignoire dont le volume augmenterait sans cesse. La lumière se perd ainsi dans l'obscurité d'un espace de plus en plus vaste. Quelle que soit sa source, soleil ou lampe de poche, la plupart des photons qui la constituent, voyageront pendant des milliards d'années pour se perdre dans un univers toujours plus vide et froid.

## La lumière, mesure universelle

L'énergie lumineuse nous permet ainsi de calculer l'âge de l'univers et d'en mesurer les dimensions. Elle nous renseigne sur son avenir. Bref, **la lumière** n'est plus seulement une énigme ou une source d'étonnement : elle est désormais une extraordinaire **source de connaissances sur notre univers**.

« Que la lumière soit, et la lumière fut. » C'est par cette injonction, dit la Bible, que Dieu créa l'univers, puis les hommes. Il n'est donc pas étonnant que, avant même de comprendre la source d'informations que représentait la lumière, les philosophes et scientifiques se soient, à travers l'histoire de la culture occidentale, penchés sur cette notion, sur cette réalité dont il était si difficile et capital de comprendre la nature.

2

*« Instant de folle ébriété quand l'œil vient loger au cœur de la source qu'un même flux mêle en son torrent la lumière et les eaux ».*
C. Juliet, *Convergence.*

## Le modèle mécaniste de la lumière

**DESCARTES**

Mais peut-être vous étonnerez-vous, en faisant ces expériences, de trouver que les rayons de la lumière s'inclinent plus dans l'air que dans l'eau, sur les superficies où se fait leur réfraction, et encore plus dans l'eau que dans le verre, tout au contraire d'une balle qui s'incline davantage dans l'eau que dans l'air, et ne peut aucunement passer dans le verre. Car, par exemple, si c'est une balle qui, étant poussée dans l'air d'A vers B, rencontre au point B la superficie de l'eau CBE, elle se détournera de B vers V ; et si c'est un rayon, il ira, tout au contraire, de B vers I. Ce que vous cesserez toutefois de trouver étrange, si vous vous souvenez de la nature que j'ai attribuée à la lumière, quand j'ai dit qu'elle n'était autre chose qu'un certain mouvement ou une action reçue en une matière très subtile, qui remplit les pores des autres corps[1], et que vous considériez que (...) l'action de cette matière subtile peut beaucoup plus être empêchée par les parties de l'air, qui, étant comme molles et mal jointes, ne lui font pas beaucoup de résistance, que par celles de l'eau, qui lui en font davantage ; et encore plus par celles de l'eau, que par celles du verre, ou du cristal. En sorte que, d'autant que les petites parties d'un corps transparent sont plus dures et plus fermes, d'autant laissent-elles passer la lumière plus aisément : car cette lumière n'en doit pas chasser aucunes hors de leurs places, ainsi qu'une balle en doit chasser de celles de l'eau, pour trouver passage parmi elles.

***Dioptrique,* Discours second (1637),**
**Gallimard, éd. de la Pléiade, p. 196**

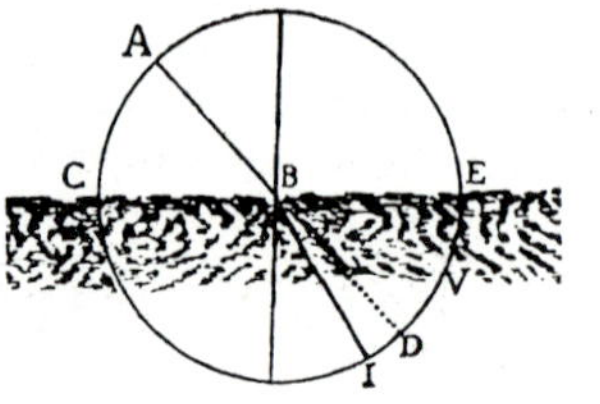


**1** ◻ « Et pour tirer une comparaison de ceci, je désire que vous pensiez que la lumière n'est autre chose, dans les corps qu'on nomme lumineux, qu'un certain mouvement, ou une action fort prompte et fort vive, qui passe vers nos yeux, par l'entremise de l'air et des autres corps transparents, en même façon que le mouvement ou la résistance des corps que rencontre (un) aveugle passe vers sa main, par l'entremise de son bâton. » (p. 182)

## La lumière, onde ou photons

**A. EINSTEIN**

Il y a des phénomènes qui peuvent être expliqués par la théorie des quanta, mais non par la théorie ondulatoire. L'effet photo-électrique en fournit un exemple, mais on connaît d'autres faits de ce genre. Il y a, d'autre part, des phénomènes qui peuvent être expliqués par la théorie ondulatoire, mais non par celle des quanta. L'infléchissement de la lumière autour d'obstacles en est un exemple typique. Il y a, enfin, des phénomènes, tel que celui de la propagation rectiligne de la lumière, qui peuvent être également bien expliqués par l'une et l'autre théories.

Mais la lumière, qu'est-elle réellement ? Est-elle une onde ou une pluie de photons ? (...) Il ne paraît pas probable qu'on puisse faire une description cohérente des phénomènes de la lumière en employant uniquement l'un des deux langages possibles. Parfois nous sommes obligés de nous servir de l'une de ces théories, parfois de l'autre, et nous pouvons, par moment, employer les deux à la fois. Nous nous trouvons en face d'une difficulté d'un genre nouveau. Nous avons deux images contradictoires de la réalité ; aucune, prise séparément, n'explique pleinement les phénomènes de la lumière mais ensemble elles arrivent à le faire.

***L'Évolution des idées en physique* (1938),**
**Flammarion, pp. 188-189**

## La dualité de la matière

**H. REICHENBACH**

Le physicien, cela est vrai, ne dit pas que la matière n'est pas faite d'atomes (...) Mais il a trouvé aussi que toutes ces particules, dans certaines conditions, se comportent comme des ondes ; et lorsqu'on lui demande si elles sont réellement des particules matérielles, il répond que c'est là une embarrassante question. Cela signifie que la réponse demande plus de philosophie que n'en requiert le physicien dans sa recherche technique. Cela signifie que la réponse ne peut pas être donnée dans le cadre des conceptions qui ont pris forme dans la vie de tous les jours, ou au sein de la physique classique. Cela signifie que nous sommes parvenus au point où le concept traditionnel d'un objet physique existant dans une réalité en soi non perturbée s'est avéré inadéquat. (...)

Le problème logique impliqué dans la question est celui des objets inobservés. Les choses sont-elles toujours présentes, et sont-elles les mêmes choses, lorsque nous ne les observons pas ? (...) Les choses sont-elles plus que des perceptions ? Berkeley répondait que non ; pourtant elles existent lorsque nous ne les percevons pas, parce que Dieu les perçoit. Kant répondait que oui, mais seulement parce qu'il existe au-delà d'elles des choses en-soi, dénommées *noumènes*, radicalement inconnaissables pour nous. Sommes-nous réduits à accepter de telles réponses, libres seulement de choisir entre la théologie et la croyance irrationnelle ?

**« La Signification philosophique du dualisme onde-corpuscules », in *L. de Broglie physicien et penseur*, trad. O. Costa de Beauregard, Albin-Michel, p. 122**

## commentaire

Les travaux menés par **Descartes** (1596-1650) sur l'optique se fondent sur la conception cosmologique d'un monde dont tous les phénomènes naturels doivent s'expliquer **mécaniquement** en termes de mouvement et d'étendue. La totalité des phénomènes lumineux relève ainsi d'un même modèle : celui du **tourbillon** où l'agitation des parties de la matière se communique par **pression** transmise à l'intérieur d'un milieu physique, l'« air subtil ». La **lumière** est donc un **phénomène mécanique** de propagation **instantanée**. Mais Descartes rencontrait déjà le paradoxe d'une dualité physique de la lumière, décrite soit comme **substance matérielle** (la balle), soit comme **propagation ondulatoire** (le bâton de l'aveugle).

Dans un article publié en 1905, **Einstein** (1879-1955) fut amené à reprendre les termes de cette question. A la suite des travaux de Max Planck, la matière était conçue comme constituée de **particules** (de « grains d'énergie », les **quanta**) ; mais le **rayonnement**, tel que l'avait analysé Maxwell, apparaissait comme un mouvement homogène et **continu** excluant toute atomicité. Il semblait alors impossible d'étudier la **matière** et le **rayonnement** dans une même théorie. L'hypothèse faisant de la lumière une **onde** électromagnétique ne convenait pas dans tous les cas ; Einstein proposa de considérer la lumière comme constituée de **particules** qui se **propagent** (les « photons »). Cette découverte n'entraînait pas la réfutation de la théorie ondulatoire : elle permettait l'explication de l'**interaction lumière-matière**, comme dans l'effet photo-électrique, émission d'électrons arrachés à la matière par la lumière. L'analyse complète de la lumière nécessitait donc l'existence de **deux théories** physiques contradictoires.

Ce sont les conséquences conceptuelles de ce **dualisme** que le physicien et philosophe allemand **H. Reichenbach** (1891-1953) dégage ici, montrant comment la **physique atomique** a entraîné une véritable **révolution philosophique**. D'un niveau de description à un autre, du microscopique au macroscopique, les cadres de la connaissance ne sont plus les mêmes. Il n'y a pas, comme le pensait Kant, un « en-soi » caché derrière toute chose accessible à l'expérience. Les lois de la Raison sont conditionnées par les lois physiques du monde qui nous environne.

# *L'analyse des conditions de la connaissance scientifique*

## l'auteur

Gaston Bachelard (1884-1962) s'est attaché à dégager ce qui fait la singularité de la **connaissance scientifique** par rapport à la connaissance en général, pour montrer que c'est d'abord dans son **mouvement** même qu'elle trouve ce qui la constitue. La science progresse en surmontant les **obstacles** que produisent nos **perceptions immédiates**, nos **opinions** et **traditions** culturelles, mais aussi les **théories** tenues pour définitivement acquises. En ce sens, dit l'auteur, la science n'a pas de commencement absolu, il n'y a pas d'« enfance de la science » : à chacune de ses étapes, elle doit refaire ses fondations.

Mouvement, donc, la pensée scientifique l'est aussi dans son progrès vers une vérité que Bachelard pense en termes de **rectification** et **approximation**, opérations réalisées dans une synthèse toujours mobile et variable de la raison et de l'expérience, du rationalisme et du réalisme. « Double mouvement, dit l'auteur, par lequel la science simplifie le réel et complique la raison » (*Le Nouvel Esprit scientifique*, p. 14).

## l'intérêt philosophique du texte

### *La réalité scientifique est une « réalisation » et non pas une intuition*

Il faut, à propos des objets physiques, parler de **réalisation** plutôt que de réalité : on retrouve ici une des thèses essentielles de l'épistémologie* bachelardienne. Si l'on entend par épistémologie l'analyse de la création, du développement et des liens qui existent entre les concepts scientifiques, on concevra alors que Bachelard voit dans le **réalisme*** naïf (et les théories philosophiques qui lui sont liées) l'obstacle majeur de la pensée scientifique. Contrairement à cette conception selon laquelle la pensée accède directement à une réalité extérieure, distincte des actes par lesquels nous la connaissons, Bachelard souligne que la réalité physique n'est pas un donné, un en-soi, qui serait à découvrir comme tel ; l'étude des phénomènes microphysiques, comme par exemple celle des phénomènes lumineux, montre que le réel visé n'est atteint que par une **construction expérimentale** : il y a donc une véritable **production de la réalité physique**, **l'objet** de la microphysique est **réalisé** par construction **mathématique**.

L'exemple du dualisme onde-corpuscule est, en ce sens, très **pédagogique** comme le dit Bachelard ; le fait qu'il existe deux interprétations possibles des phénomènes lumineux, chacune étant corroborée par des expériences décisives, ruine de façon irrémédiable tout point de vue réaliste. Comment penser une même réalité ayant deux structures physiques contradictoires ? La lumière est **onde et corpuscule**. On ne peut comprendre ce **paradoxe** qu'en acceptant l'idée que leur « association est d'ordre mathématique ». Les mathématiques donnent la réalité d'un monde physique qui n'est plus accessible à l'intuition, comme le présupposait le réalisme, mais qui oblige aussi le rationalisme* à **réviser ses fondements** : à la diversité des modèles de la réalité physique doit correspondre une **pluralité** des **modèles rationnels**.

**1** ◻ Bachelard joue ici ironiquement sur l'expression de « sex-appeal », pour souligner que les phénomènes microphysiques n'ont pas de **réalité**, d'« attrait réalistique », au sens où l'entend le réalisme naïf.

**2** ◻ « On répète à satiété dans les livres de vulgarisation que l'onde et le corpuscule sont des notions complémentaires. Le lecteur de tels livres a alors bien vite fait d'accepter cette dialectique sans prendre soin de mesurer dans ses détails — c'est-à-dire dans ses fonctions — cette complémentarité. Il ne mesure pas ce qu'il y a de boiteux dans le dualisme du corpuscule et de l'onde, dualisme qui retentit philosophiquement, en une opposition de l'un et du multiple, du discontinu et du continu, du réel et du probable. Autant d'oppositions qui ne doivent pas s'analyser comme simples jeux de signes, comme simple trafic logique de *contraires.* » *L'Activité rationaliste...*, p. 190.

**3** ◻ Allusion polémique à Kant : celui-ci posait que la connaissance a pour condition l'application aux phénomènes des concepts purs de l'entendement. Mais entre ces **concepts** purement **intelligibles**, et les **intuitions empiriques**, il doit y avoir, pour que

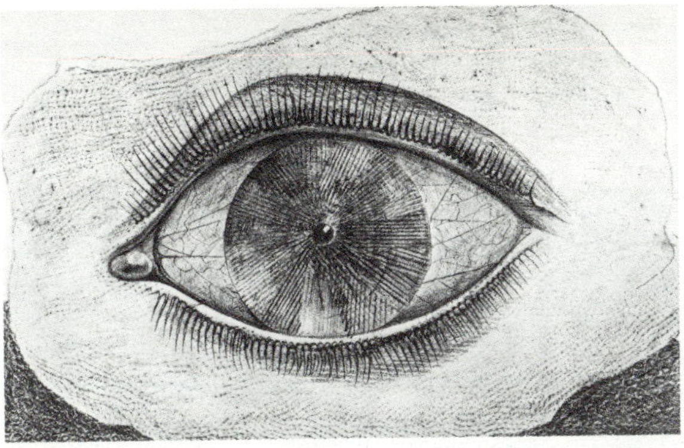

M. Ernst, *La roue de la lumière* (1925-1926).

## *Enjeux et conséquences du dualisme onde/corpuscule*

**Gaston BACHELARD**

D'une manière générale, que ce soit pour le photon, pour l'électron ou pour l'atome, il faut se convaincre qu'on doit parler plutôt de réalisation que de réalité. (...) La réalisation expérimentale dépend au premier chef de nos modes d'appréhension intellectuelle. C'est à la théorie à faire les premiers pas. Les phénomènes de la microphysique manquent de *realistic appeal*[1].

Quand on s'est appris à équilibrer les deux intuitions du corpuscule et de l'onde[2], quand on a commencé à résister au réalisme naïf qui voudrait former partout des choses aux caractères permanents, quand on a compris la puissance de l'expérience réalisante, on est préparé à poser dans des termes moins aigus le problème du rapport dialectique des deux grands aspects phénoménologiques. En effet, pourquoi chercherait-on une sorte de liaison causale entre le corpuscule et l'onde s'il s'agit uniquement de deux images, de deux points de vue pris sur un phénomène complexe ? En fait, les thèses qui représentaient l'onde pilote dirigeant le corpuscule n'ont apporté que des métaphores pour traduire la simple association du corpuscule et de l'onde. Tout ce qu'on peut dire, c'est que cette association n'est ni causale, ni substantive. Le corpuscule et l'onde ne sont pas des choses liées par des mécanismes*. Leur association est d'ordre mathématique ; on doit les comprendre comme des moments différents de la mathématisation de l'expérience.

### *L'onde, expression mathématique non réaliste*

Le conflit est d'ailleurs atténué quand on interprète, avec les théories récentes, les ondes comme des probabilités de présence pour les corpuscules. L'onde se présente alors nettement comme une expression mathématique s'étendant normalement à des *espaces de configuration* dont le nombre de dimensions dépasse le nombre trois, caractéristique de l'espace intuitif. On comprend alors qu'il soit pour ainsi dire naturel de repasser de ces espaces algébriques à l'espace ordinaire qui ne doit plus être pris, dans la nouvelle pensée, que comme un moyen d'illustration, un lieu propice pour nos images, sans pouvoir jamais être le canevas adéquat des relations complètes. Ainsi, à l'égard de ce problème philosophique posé par les espaces de configuration, il y a lieu, croyons-nous, de tenter une transmutation des valeurs réalistes.

On accuse toujours ces espaces de n'être que des ensembles factices. Ils offrent pourtant à la pensée mathématique le maximum de généralité, d'homogénéité, de symétrie. Du point de vue de la pensée synthétique, ils sont en quelque sorte plus réels que l'espace ordinaire. On peut les considérer comme de véritables formes *a priori* de la schématisation[3]. Dès l'instant où l'on veut donner un schéma d'un ensemble multiple c'est à des espaces de configuration qu'il faut s'adresser. Ce sont les espaces quasi naturels pour les études de la probabilité. Comme on le sait, toute étude sur des relations impliquant la probabilité réclame une vue sur des éléments très nombreux. Cette vue implique un espace riche en dimensions. C'est dans de tels espaces qu'il faut chercher à comprendre le sens de l'onde réglant la probabilité de présence des corpuscules. On retournera ensuite au cas de l'espace ordinaire rempli d'une matière lourde et lente où les jeux du hasard sont assez monotones pour apparaître sous l'aspect de lois constantes. De toute manière, ce n'est pas cette trop pauvre expérience du probable prise dans la macrophysique qui peut servir de guide ; cette expérience dont l'expression est trop réaliste doit être révisée pour recevoir son sens probabilitaire. (...) Concluons : l'onde est un tableau de jeux, le corpuscule est une chance[4].

***Le Nouvel Esprit scientifique* (1934), ch. IV, P.U.F., pp. 98-101**

cette application soit possible, un **troisième terme** qui soit à la fois intelligible et sensible : les **schèmes**, fournis par l'imagination. Bachelard entend donc ici que les représentations mathématiques de l'onde et du corpuscule sont ce qui rend possible la représentation, pour l'entendement, de la réalité paradoxale des entités microphysiques.

**4** ◻ « Si l'on se refuse à remarquer le caractère éminemment philosophique des nouvelles doctrines scientifiques, c'est parce que peu à peu la philosophie moderne a négligé l'examen de la pensée scientifique. Les philosophes qui gardent quelque attention à la science placent eux-mêmes la philosophie *après* la science ; ils ne voient pas qu'une activité philosophique accompagne l'activité scientifique, aujourd'hui comme au temps de Leibniz. Avec la mécanique ondulatoire et la mécanique quantique, nous abordons directement le *mouvement du multiple.* Toutes les philosophies du mouvement doivent donc être reconsidérées sur de nouvelles bases. Les conséquences philosophiques d'un tel élargissement sont incalculables. » *op. cit.* p. 194.

L'*Activité rationaliste de la physique contemporaine*, P.U.F., 1951.

# FORMATION DU CONCEPT DE LUMIÈRE

G. De La Tour, *Saint Joseph charpentier.*

*« Le clair-obscur du psychisme, c'est la rêverie, une rêverie calme, calmante, qui est fidèle à son centre, éclairée en son centre, non pas resserrée sur son contenu, mais débordante toujours un peu, imprégnant de sa lumière sa pénombre ».*
G. Bachelard, *La flamme d'une chandelle.*

## *Introduction : la méthode galiléenne*

En 1609, Galilée réalise les premières applications scientifiques de la lunette astronomique qu'il a lui-même conçue. Les instruments d'optique deviennent ainsi des appareils scientifiques à part entière, et vont permettre des progrès décisifs dans les techniques d'observation et de mesure, ouvrant le champ à l'observation et l'évaluation quantitative des phénomènes physiques. Mais l'apport de Galilée est sans doute plus décisif encore sur le plan de la méthode scientifique elle-même. Le savant italien établit en effet la physique sur des bases nouvelles : la méthode **hypothético-déductive** dans laquelle on substitue la **géométrisation**, c'est-à-dire l'expression mathématique des phénomènes naturels, à leur **interprétation** métaphysique et théologique. La simple **observation** est remplacée par le recours à l'**expérience**, qui rend possible la vérification des mesures. Galilée donnait donc à la science moderne son principe actif, la **méthode* expérimentale** : au critère de l'évidence intuitive succèdent les principes du **raisonnement déductif*** vérifiés par la confrontation à l'expérience. **Unification** des lois physiques, **expérimentation*** et **mathématisation** sont les bases de l'analyse scientifique de l'univers qui peut être désormais décrit en termes de **mécanisme**.

## *1. La théorie « corpusculaire » : Newton*

Au début du XVIIe siècle, Newton va construire une théorie de la lumière intégrant pratiquement toutes les données optiques expérimentales connues de son temps. Au début de son *Traité d'optique* (dont la première édition date de 1704), il définit sa méthode en disant qu'il s'agit moins d'**expliquer** la nature de la lumière par des **hypothèses** que de la **prouver** par le **raisonnement** et par **expériences**. Au contraire de Huyghens, comme on le verra, il ne part donc pas d'une hypothèse mais essaie de **déduire**, à partir d'un éventail d'expériences le plus large possible, l'hypothèse la plus satisfaisante. Il étudie ainsi les phénomènes de réflexion et réfraction des rayons lumineux, aussi bien que la composition des couleurs, le prisme, l'arc-en-ciel, la lumière émise par les vibrations de corps chauffés et le phénomène de la vue causée par la vibration du nerf optique frappé par la lumière.

Si cette étude des vibrations lumineuses l'amène à introduire l'idée d'une périodicité de certains phénomènes d'optique, son explication de la réfraction sera par contre fermement basée sur l'hypothèse corpusculaire : Newton conçoit la lumière comme un flux de **particules** animées d'une vibration dont la fréquence détermine la couleur. Rayons formés de corpuscules en mouvement, la lumière relève donc des lois de la mécanique, et, *a fortiori*, de l'attraction universelle établie par Newton.

## *2. La théorie « ondulatoire » : Huyghens*

Le physicien hollandais avait eu Descartes comme professeur de mathématiques. Il en reçut la conception de l'univers que celui-ci avait développée à la suite de Galilée dans *Le Monde ou traité de la lumière*, ouvrage qu'il renonça à publier pour ne pas s'attirer à son tour les foudres de l'Église. On a vu (cf. l'*Extrait* ci-dessus) comment Descartes proposait une théorie de la lumière dont le modèle « tourbillonnaire », fondé sur l'idée mécanique d'une propagation du mouvement par pression, laissait la porte ouverte à une **analyse ondulatoire**. Reprenant cette analyse cartésienne, Huyghens s'attacha à en démontrer la **validité** dans son *Traité de la lumière* publié en 1690. A l'instar de Newton, il s'affirme donc partisan de la **mécanique**, mais en affirmant dès le départ sa **préférence** pour le système des ondes.

En effet, une **contradiction expérimentale** venait notablement affaiblir la théorie corpusculaire et le modèle des particules : celles-ci devaient logiquement rebondir les unes contre les autres. Or, l'expérience prouvait que les rayons de lumière pouvaient se croiser sans subir de déviations ou d'affaiblissement. La théorie corpusculaire était donc incapable de rendre compte de la propagation rectiligne, phénomène au contraire parfaitement explicable, si l'on considérait la lumière comme une sorte d'**onde élémentaire**. De plus, cette conception recevait confirmation d'un autre phénomène de propagation : celui des sons. Mais la théorie ondulatoire devait à son tour recevoir contradiction d'une expérience cruciale qu'elle était, à son tour, incapable d'expliquer : le phénomène de la variation d'intensité des rayons lumineux traversant des cristaux.

## 3. *La confirmation du modèle ondulatoire*

La théorie de Newton, renforcée par le prestige et la renommée immense du savant anglais, se présentait donc comme capable d'expliquer plus de phénomènes que la théorie ondulatoire, sans comporter pour autant plus de contradictions ; elle devint donc le modèle en vigueur jusqu'au début du XIX<sup>e</sup> siècle.

Mais à partir de 1799, reprenant la théorie de Huyghens concernant la propagation des ondes, l'Anglais Young trouva dans ce qu'il allait appeler les **phénomènes d'interférence** des preuves expérimentales indiscutables de la nature ondulatoire de la lumière. Le processus selon lequel la rencontre de deux lumières produit des zones d'ombre contredisait en effet le modèle corpusculaire. La théorie ondulatoire, elle, en faisait une description théorique complète. Avec les travaux du Français Fresnel, l'interprétation de Young et le modèle ondulatoire furent appliqués à toutes les expériences connues à l'époque. La puissance théorique de l'hypothèse de Huyghens reçut une nouvelle et éclatante confirmation dans les travaux d'Oersted qui, en 1819, découvrit les liens entre électricité et magnétisme (l'aiguille magnétique

Dessin illustrant la *Dioptrique* de Descartes.

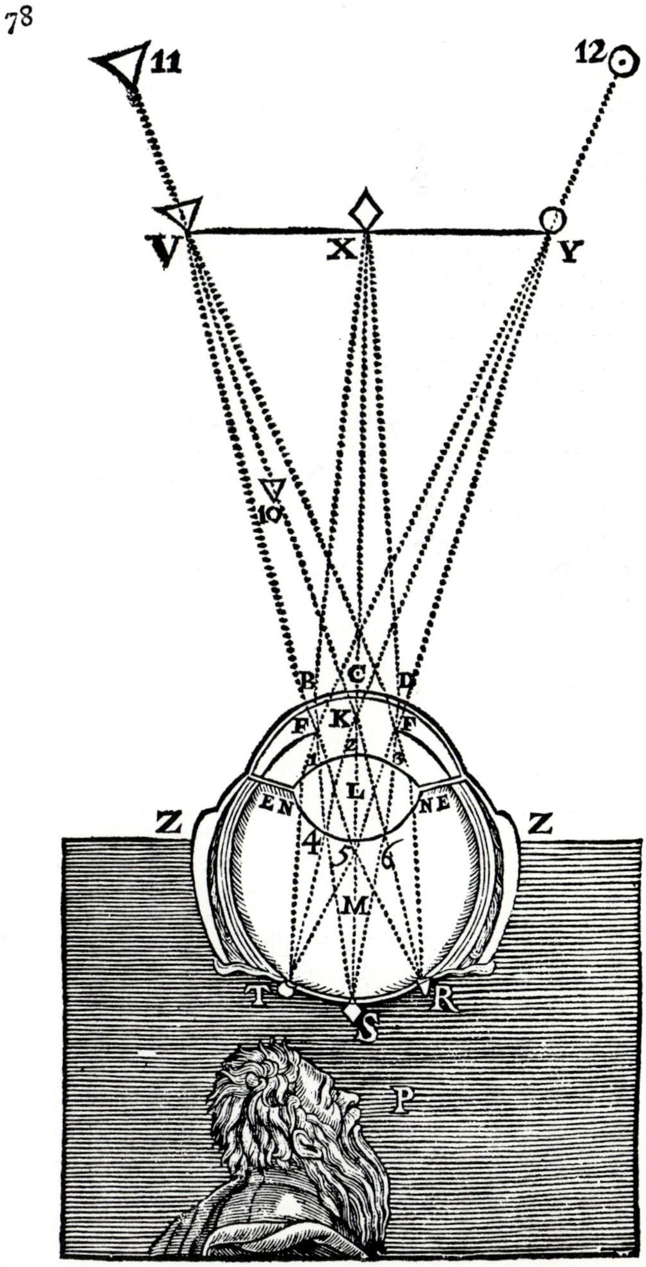

d'une boussole est déviée par un courant électrique passant dans un fil). En démontrant expérimentalement **et** mathématiquement cette relation, Ampère donna naissance à un nouveau domaine unitaire en physique, l'électromagnétisme.

Mais c'est l'Anglais Faraday qui, au milieu du XIXe siècle, fut à l'origine d'une véritable révolution scientifique. Ampère avait interprété le lien entre électricité et magnétisme selon un modèle newtonien, en mesurant les actions à distance qui se produisent dans le matériel visible de l'expérience (les aimants). Faraday, considérant le matériel comme secondaire, interpréta le phénomène comme se produisant dans **l'espace environnant**. Il introduisait ainsi dans l'analyse une notion fondamentale, celle de **champ**. Trop révolutionnaire, cette notion fut d'abord rejetée parce qu'elle ne recevait pas d'interprétation mathématique satisfaisante. Dans les années 1860, le grand physicien écossais Maxwell construisit pourtant les équations du champ électromagnétique et émit la prédiction de l'existence d'ondes propres à ce champ. En 1888, Hertz, en produisant électromagnétiquement des ondes radio, qu'il devait par ailleurs détecter, montra qu'elles se comportaient comme l'avait prédit Maxwell.

La puissance heuristique* de la théorie ondulatoire semblait ainsi définitivement consacrée : elle ouvrait, sur le plan technique, le vaste champ d'application que l'on sait, mais permettait aussi d'opérer ce qui est une des fonctions essentielles de la science : la **simplification des théories**, par l'**unification** expérimentale *et* mathématique de nombreux phénomènes physiques fondamentaux.

## *Conclusion : la formation des concepts scientifiques*

Le règne du seul modèle ondulatoire ne dura pourtant que peu de temps. Au début de notre siècle, les découvertes de Max Planck et surtout les travaux d'Einstein mirent la physique dans une situation paradoxale : celle d'une science confrontée à une réalité acceptant des descriptions physiques absolument contradictoires. L'interprétation dualiste (voir plus haut) replaça alors les hypothèses de Newton et de Huyghens sur le même pied d'égalité.

Quel que soit l'aspect anecdotique et apparemment anarchique de ce mouvement historique, il reste que, de Newton à Maxwell, le mouvement de la science s'est fait selon le programme méthodologique de Galilée. Étudiant « la véritable attitude de la pensée scientifique moderne dans la formation des concepts », Bachelard analyse la dialectique de l'expérience et de la raison en montrant que « la richesse d'un concept scientifique se mesure à sa puissance de déformation » (*La Formation de l'esprit scientifique*, pp. 60-61).

La science, en effet, ne procède pas par approfondissement de la compréhension d'un concept (augmentation du nombre de ses caractéristiques) ; pas non plus par élargissement à des phénomènes toujours plus nombreux. La science procède selon une voie médiane qui consiste à **déformer** le concept primitif afin d'y englober de nouvelles **preuves** expérimentales. Le sens du concept est ainsi enrichi de ses propres **conditions d'application**. Dans l'union de l'expérience et de la raison, la première constitue alors la série des applications successives du concept à une réalité qui ne réunit pas d'abord les conditions de ces applications. Bachelard en conclut que « la science **réalise** ses objets sans jamais les trouver tout faits » (idem). Un concept ne devient donc scientifique que dans la mesure où il devient une technique, où il se double d'une « technique de réalisation » : c'est ce caractère **« phénoménotechnique »** des concepts scientifiques qui représente, pour Bachelard, le propre du « nouveau rationalisme ».

**Karl POPPER**

*L'histoire des idées est boiteuse si elle ne comprend pas celle du développement de la pensée scientifique, qui seule peut encourager l'esprit critique et la méfiance envers les idées toutes faites.*

***La Société ouverte et ses ennemis* (1962), Seuil, tome 2, p. 210**


**BIBLIOGRAPHIE DE LA LEÇON**

***A. EINSTEIN et L. INFELD :***
*L'Évolution des idées en physique,* Flammarion.

***B. HOFFMANN :***
*Albert Einstein, créateur et rebelle,* Seuil.

***B. HOFFMANN et M. PATY :***
*L'Étrange histoire des quanta,* Seuil.

***B. MAITTE :***
*La Lumière,* Seuil.

***J. ROSMORDUC :***
« L'Idée d'une structure de la lumière dans l'histoire de la physique », *Cahiers d'histoire et de philosophie des sciences,* 1977, n° 2 (Centre de documentation, Sciences humaines).

### TABLE D'ORIENTATION

2 PERCEPTION

3 THÉORIE ET EXPÉRIENCE

**FORMATION D'UN CONCEPT SCIENTIFIQUE**

1 CONNAISSANCE

4 LOGIQUE ET MATHÉMATIQUE

### SUJETS DE DISSERTATION

1 La connaissance se soumet-elle à l'objet étudié ou le produit-elle ? (Caen, C-D, 1982)

■ Peut-on dire que la science fait surgir de nouveaux problèmes philosophiques ? (Orléans-Tours, A, 1982)

2 La perception est-elle déjà une science ? (Caen-Rouen, A, 1984)

■ Que pensez-vous de cette remarque de Paul Valéry : « Il fallait être Newton pour apercevoir que la lune tombe alors que tout le monde voit bien qu'elle ne tombe pas » ? (Grenoble, C-D, 1980)

3 A quoi reconnaît-on qu'une théorie est scientifique ? (Rennes, C-D-E, 1984)

■ Quel enseignement peut-on recevoir de l'expérience ? (Toulouse, C-D-E, 1984)

■ Qu'est-ce que prouver ? (Nantes, C-D, 1983)

4 La vérité mathématique est-elle le modèle de toute vérité ? (Groupe 1, C-D, 1981)

■ Les mathématiques sont-elles un instrument, un langage ou un modèle pour les autres sciences ? (Amiens, C-D, 1983)

### BIBLIOGRAPHIE GÉNÉRALE

***BERKELEY :*** *Essai d'une théorie nouvelle de la vision,* Aubier.

***N. BOHR :*** *Physique atomique et connaissance humaine* (ch. I et IV), Gonthier.

***L. DE BROGLIE :*** *Matière et lumière* (ch. V), Albin Michel.

***DESCARTES :*** « Dioptrique, Météores », in *Œuvres,* Gallimard, La Pléiade.

***DIDEROT :*** « Principes philosophiques de la nature et du mouvement », in *Œuvres philosophiques*, Garnier.

***FONTENELLE :*** *Entretien sur la pluralité des mondes* (Cinquième soir), Marabout Université.

***W. HEISENBERG :*** *Physique et philosophie* (ch. II, V et IX), Albin Michel.

***KANT :*** « Histoire générale de la nature et théorie du ciel », in *Œuvres philosophiques*, Gallimard, La Pléiade, Tome I.

***LUCRÈCE :*** *De Rerum Natura* (ch. II et VI), Garnier-Flammarion.

***PLATON :*** *Le Timée,* (27c-69a), Garnier-Flammarion.

### GLOSSAIRE

**Déduction :** raisonnement consistant à tirer, de propositions données, d'autres propositions qui en sont les conséquences logiquement nécessaires. La *méthode hypothético-déductive*, propre aux sciences abstraites (logique, mathématiques), est une méthode dans laquelle le raisonnement part de propositions posées comme hypothèses, pour en déduire les connaissances qui en découlent nécessairement.

**Empirisme :** voir le *Glossaire* du chapitre sur la *Perception.*

**Épistémologie :** analyse de la formation, du développement et de la structure des sciences, visant à dégager leur valeur objective.

**Expérimentation :** mise en œuvre d'un ensemble organisé d'expériences qui produisent de façon artificielle des phénomènes donnés, afin de contrôler des hypothèses portant sur l'interprétation de ces phénomènes.

**Heuristique :** voir le *Glossaire* du chapitre sur la *Connaissance du vivant.*

**Hypothèse :** voir le *Glossaire* du chapitre sur *Théorie et expérience.*

**Induction :** type de raisonnement dans lequel on passe de la connaissance des faits à la connaissance et formulation des lois qui les organisent.

**Mécanisme :** théorie scientifique ramenant tous les phénomènes physiques au mouvement. Chez Descartes, le mécanisme relève d'une conception dualiste selon laquelle tout ce qui n'est pas âme (ou pensée) est compris en termes d'étendue (matière) et de mouvement. (Voir la définition de l'*animal-machine*, dans le glossaire concernant la *Technique.*)

**Méthode :** voir le *Glossaire* du chapitre sur la *Vérité.*

**Preuve :** processus par lequel on démontre la vérité d'une proposition aussi bien que la réalité d'un fait.

**Rationalisme :** voir le *Glossaire* du chapitre sur l'*Irrationnel.*

**Système :** ensemble d'hypothèses et d'idées scientifiques ou philosophiques formant une totalité dont les éléments sont définis par leur contenu propre comme par les liens qu'ils entretiennent entre eux.

**LE VÉCU ET L'EXPÉRIMENTATION**

**La sagesse est intransmissible. Expérience est un mot trompeur. Il signifie tantôt un essai organisé artificiellement pour vérifier une hypothèse — c'est-à-dire expérimentation — tantôt le savoir accumulé au fil des ans — c'est-à-dire sagesse. Les Allemands ont deux mots pour cela : *Experiment* et *Erfahrung*.**

**Or, si les résultats d'une expérimentation peuvent facilement se communiquer, rien ne permet de faire profiter un autre de la vision et de la pratique des choses et des gens, acquises en toute vie. Cette vision, cette pratique formulées en des termes toujours insuffisants, feront hausser les épaules des jeunes qui ne sauraient qu'en faire, alors même qu'ils le voudraient. Si les gens d'expérience *(Erfahrung)* cèdent si souvent à l'envie de donner des conseils, c'est que, trompés par l'homonymie, ils croient détenir les résultats d'un certain nombre d'expériences *(Experiment)*. En vérité, ils confondent deux niveaux de connaissance, l'un profond, obscur, tout mêlé au cœur, aux nerfs, au sexe, l'autre, abstrait, cérébral, léger, portatif.**

Michel Tournier,
*Le Vent paraclet*,
Gallimard

# THÉORIE ET EXPÉRIENCE

## *Ambiguïtés de l'expérience*

Le mot « vécu », l'invocation de l'indispensable « vécu » sont aujourd'hui à la mode. La référence ordinaire au vécu se veut référence immédiate à la **vie quotidienne**, concrète, à la diversité et à la multiplication des **expériences**. Il s'agit de vivre des expériences ou comme on dit de « faire son expérience » des choses. Et lorsqu'on a acquis une certaine expérience, on entend bien se moquer des théories trop « abstraites », c'est-à-dire étrangères et inapplicables au « concret » du « vécu ». En un mot comme en cent, cet appel incessant au vécu entend donner des gages de **certitude*** : « Crois-en mon expérience », « fais-en l'expérience », « il faut le vivre pour savoir ce que c'est »..., telles sont quelques-unes des expressions communément employées pour inciter les autres à s'en remettre à nos avis.

Ainsi naît l'homme d'expérience, qui ne l'est devenu qu'en fonction de la richesse de ce qu'il a vécu et qui, par suite, cède à l'envie d'offrir ses conseils, de faire profiter autrui de l'acquis des expériences accumulées au fil des ans : c'est l'irremplaçable vécu des Anciens, devenus sages au bénéfice de leur âge. Leur expérience est exemplaire parce qu'ils détiennent les résultats d'un grand nombre d'expériences.

## *Le paradoxe de l'expérience*

Il y a pourtant dans cette notion de **« connaissance par l'expérience »** un curieux paradoxe : lorsque le sage fait part de son expérience, cela devient contradictoirement, une expérience toute « théorique ». Et ces beaux discours ne sont plus rien, confrontés à l'expérience personnelle. On se moque bien de ce que dit l'expérience d'autrui tant qu'on n'en fait pas soi-même l'expérience. De même, il ne sert à rien de vivre cent fois la même histoire si ce n'est pour en tirer quelque leçon. Là encore, il y a paradoxe. Le « vécu » n'est pas la vie, parce qu'il n'est plus la vie. Vivre ce n'est pas encore avoir vécu. Le « vécu » n'existe donc pas : il nous dit ce qui a été dans le passé. Mais **avoir de l'expérience**, ce n'est déjà plus la **vivre**. D'où l'aspect « théorique » et abstrait de tout vécu.

Voilà qui réconcilie contre toute attente l'expérience et la théorie, et nous oblige à répondre à ces questions : l'expérience « pure » et sans théorie existe-t-elle ? S'il s'avère que l'expérience est toujours « impure », théorique et abstraite dès qu'on y fait référence, en quoi cette invocation serait-elle légitime et fiable ?

Y faire référence reviendrait semble-t-il à l'entacher d'une « spéculation abstraite », par définition inexpérimentable ? Inversement, que vaut, dès lors, la notion d'une pure théorie si elle est toujours le vécu (théorique) de l'expérience ? Dans ces conditions, il faut résoudre un dilemme : quand commence l'expérience et quand s'arrête-t-elle ? Quand débute la théorie et quand s'achève-t-elle ?

Lequel, de l'expérience ou de la théorie, est au commencement de la connaissance ?

**Gaston BACHELARD**

*La vie quotidienne se déroule dans un autohypnotisme, elle est* vécue *suivant les* lois de la vie, *dans l'enchaînement temporel de la vie, avec cette viscosité qui caractérise la vie sans pensée, la vie sans* effort de pensée.

***Le Rationalisme appliqué.***

## Le rejet de l'expérience vague

**SPINOZA**

Il y a une perception acquise par expérience vague, c'est-à-dire par une expérience qui n'est pas déterminée par l'entendement ; (...) Je sais par expérience vague que je mourrai ; si je l'affirme, en effet, c'est que j'ai vu d'autres êtres semblables à moi rencontrer la mort, bien que tous n'aient pas vécu le même espace de temps que moi et ne soient pas morts de la même maladie. (...) Et ainsi ai-je appris tout ce qui ou presque se fait pour l'usage de la vie. (...)

Soient donnés trois nombres ; on en cherche un quatrième qui soit au troisième comme le second est au premier. Des marchands diront ici maintes fois qu'ils savent ce qu'il faut faire pour trouver ce quatrième nombre parce qu'ils n'ont pas encore oublié le procédé que sans démonstration ils ont appris de leurs maîtres. D'autres de l'expérience des cas simples tirent un principe universel : il arrive que le quatrième nombre soit connu comme dans la proportion 2, 4, 3, 6 et l'expérience montre qu'en divisant par le premier le produit du second et du troisième, on a comme quotient le nombre 6 ; en obtenant par cette opération le même nombre qu'ils savaient déjà être le quatrième proportionnel demandé, ils en concluent que cette opération permet toujours de .trouver un quatrième porportionnel (...) Outre que cette connaissance est fort incertaine, et n'est jamais définitive, on ne percevra jamais par expérience vague autre chose que des accidents dans les choses de la nature, et de ces derniers nous n'avons d'idée claire que si les essences nous sont d'abord connues. Il faut donc (...) rejeter l'expérience vague.

***Traité de la réforme de l'entendement*** **(1661),**
**§12, 15, 16, 23, trad. Appuhn,**
**Garnier-Flammarion, pp. 186-189**

## La pierre de touche de la causalité

**David HUME**

Tous les raisonnements sur les faits paraissent se fonder sur la relation de la *cause à l'effet.* (...) J'oserai affirmer, comme une proposition générale qui n'admet pas d'exception, que la connaissance de cette relation ne s'obtient, en aucun cas, par des raisonnements *a priori* ; mais qu'elle naît entièrement de l'expérience quand nous trouvons que des objets particuliers sont en conjonction constante l'un avec l'autre. (...) Pour nous convaincre que toutes les lois de la nature et toutes les opérations des corps sans exception se connaissent seulement par l'expérience, les réflexions suivantes peuvent sans doute suffire. (...) L'esprit ne peut sans doute jamais trouver l'effet dans la cause supposée par la recherche et l'examen les plus précis. Car l'effet est totalement différent de la cause et, par suite, on ne peut jamais l'y découvrir. (...) Une pierre ou un morceau de métal élevés en l'air et laissés sans support tombent immédiatement ; mais, à considérer la question *a priori*, découvrons-nous rien dans cette situation qui puisse engendrer l'idée d'une chute, plutôt que d'une élévation ou de tout autre mouvement, dans la pierre ou le morceau de métal ?

***Enquête sur l'entendement humain*** **(1748),**
**section IV, 1re partie, trad. A. Leroy, Aubier-Montaigne, p. 72**

## *Théorie et pratique expérimentale*

**Claude BERNARD**

*L'observateur* (...) constate purement et simplement le phénomène qu'il a sous les yeux (...). L'observateur doit être le photographe des phénomènes, son observation doit représenter exactement la nature. Il faut observer sans idée préconçue ; l'esprit de l'observateur doit être passif, c'est-à-dire se taire ; il écoute la nature et écrit sous sa dictée. Mais une fois le fait constaté et le phénomène bien observé, l'idée arrive, le raisonnement intervient et l'expérimentateur apparaît pour interpréter le phénomène. *L'expérimentateur* (...) est celui qui, en vertu d'une interprétation plus ou moins probable, mais anticipée, des phénomènes observés, institue l'expérience de manière que, dans l'ordre logique de ses prévisions, elle fournisse un résultat qui serve de contrôle à l'hypothèse ou à l'idée préconçue. (...) Le savant complet est celui qui embrasse à la fois la théorie et la pratique expérimentale. 1) Il constate un fait ; 2) à propos de ce fait une idée naît dans son esprit ; 3) en vue de cette idée, il raisonne, institue une expérience, en imagine et en réalise les conditions matérielles. (...) Il suffira de retenir en principe que l'idée *a priori* ou mieux l'hypothèse est le stimulus de l'expérience.

***Introduction à l'étude de la médecine expérimentale* (1865),**
**Garnier-Flammarion, pp. 51-55**

## commentaire

Le point de vue de **Spinoza** (1632-1677) est représentatif de la négation méprisante de l'expérience affichée par tout le courant rationaliste. Pour Spinoza, c'est le **principe*** défini et démontré correctement par la théorie de la proportion mathématique qui seul peut dire si l'expérience ordinaire ne nous trompe pas ; c'est de ce seul principe que peut se déduire un théorème universellement applicable, l'expérience n'étant au mieux qu'une **description**, un auxiliaire de la théorie : « les sens ne peuvent fournir à l'homme qui cherche la vérité que des phénomènes de la Nature qui le déterminent à rechercher leurs causes » (*Principes de la philosophie de Descartes,* II, 6). L'expérience n'est qu'un **prétexte**, elle suggère la recherche mathématique : « le plus qu'on puisse attendre d'elle est qu'elle dirige l'esprit de telle façon qu'il s'applique à certaines essences seulement » (*Lettre* X). Mais « l'expérience ne nous enseigne pas l'essence des choses ».

Un siècle plus tard, le philosophe empiriste* écossais David **Hume** (1711-1776) prend le contre-pied de cette perspective, doutant de la capacité qu'aurait la théorie à tirer d'elle-même et par le seul raisonnement quelque connaissance digne de ce nom. Au contraire, non seulement toute connaissance commencerait **avec l'expérience**, mais elle en **dériverait** tout entière : l'effet en lui-même, tel que nous pouvons l'observer, n'entretient aucun rapport avec sa cause, et ne peut donc en être déduit. Nous n'expérimentons que des **effets** qui, par eux-mêmes, ne s'expliquent pas. En revanche, Hume soutient à partir de là que la connaissance ne saurait porter sur des essences qui enveloppent l'existence : rien n'est donc connu *a priori*, c'est-à-dire indépendamment de et antérieurement à **la connaissance par l'expérience.**

La notion **d'hypothèse***, telle que la définit **Claude Bernard** (1813-1878), peut sembler mettre un terme au débat sans fin entre rationalistes et empiristes. L'**hypothèse** serait la **médiation** par laquelle l'observation empirique et l'expérimentation de la théorie pourraient se rejoindre. La connaissance partirait de l'**observation pure** d'un fait qui suggérerait une **hypothèse**, cette dernière devant être **vérifiée par l'expérience**. Ce schéma ternaire est devenu célèbre : observation → théorie → expérience. Il résume ce que l'on nomme classiquement la **théorie expérimentale**[1].

**1** Voir à ce sujet le *Grand Texte* de Claude Bernard, dans le chapitre sur la *Connaissance du vivant.*

## *Kant, analyser notre pouvoir de connaissance*

### l'auteur

Emmanuel Kant (1724-1804) pose en principe que le développement du savoir scientifique depuis Copernic, Galilée et Newton rend possible une explication de la connaissance. De même que Copernic s'est efforcé de dégager en quoi la position relativiste du sujet détermine sa façon de percevoir le mouvement des planètes en astronomie, de même la tâche principale de la philosophie est, selon Kant, d'**analyser le pouvoir de connaissance** de l'homme, et plus précisément les **conditions de l'expérience** — c'est-à-dire de la perception des objets — et de la **formation des jugements** — donc de la théorie.

A l'évidence, la théorie héliocentriste de Copernic (la Terre tourne et sur elle-même et autour du Soleil) ne repose pas sur une expérience immédiate de la rotation des astres dans le ciel ; le dogme* géocentriste pouvait donc auparavant présenter comme une évidence empirique l'idée que la Terre est le centre fixe du monde. Comprendre cette approche scientifique nouvelle du rapport entre l'expérience et la théorie, c'est tirer les conséquences qui se dégagent aussi du processus de mathématisation de la science physique. Prendre en compte l'existence de la physique mathématique à cette époque, revient à considérer la **liaison de la théorie à l'expérience** non seulement comme une **question de droit**, mais aussi comme une **question de fait**.

### l'intérêt philosophique du texte

## *Le rationalisme : un abus de pouvoir de la raison*

Kant retient du rationalisme* dogmatique* de Descartes la rigueur de l'**idéal de connaissance** *a priori* qu'il préconise ; pourtant, il y voit quelques **limites**. Ainsi par exemple : « *tous* les corps sont *(toujours)* étendus » ... ce jugement se contente d'analyser le concept de corps par rapport à une propriété déjà contenue dans son concept. En tant que jugement *a priori*, il est vrai et rigoureux. Mais en tant qu'analyse, il n'est pas un jugement de connaissance : il n'apprend rien de plus et n'est **source d'aucun progrès**. L'à-propos du rationalisme consiste seulement à rappeler qu'en un tel jugement les termes *tous* et *toujours* (universalité dans l'espace et le temps) ne sont jamais « donnés » par l'expérience. De même, la nécessité du jugement (« aucun corps ne peut pas ne pas être étendu » et « tous les corps ne sont jamais autrement qu'étendus ») fait-elle nettement apparaître sa nature *a priori* : dans l'expérience, les données sont **contingentes*** (elles peuvent être autrement qu'elles ne sont ici et maintenant) et **adventices** (elles peuvent ne pas nous apparaître).

Pour Kant, le dogmatisme est allé trop loin. C'est pourquoi, en rapportant la connaissance à des *« choses en soi* »*, la raison pure prétend concevoir une autre réalité impossible à percevoir, au-delà de la réalité empirique : les **essences**, le monde des **idées**. Il faut que « la raison pure abandonne tout à l'entendement, lequel s'applique immédiatement aux objets de l'intuition » (*Critique de la raison pure*, p. 269).

**1** ☐ « L'expérience elle-même est un mode de connaissance qui exige le concours de l'entendement dont il me faut présupposer la règle en moi-même avant que les objets me soient donnés, par conséquent *a priori*, et cette règle s'exprime en des concepts *a priori* sur lesquels tous les objets de l'expérience doivent nécessairement s'accorder » (*C.R.P.*, Préface, 2e édition).
« Aucune connaissance *a priori* ne nous est possible que celle, uniquement, d'objets d'une expérience possible » (*C.R.P.*, Analytique, § 27).
« Nous appelons *sensibilité* la réceptivité de notre esprit, le pouvoir qu'il a de recevoir des représentations en tant qu'il est affecté d'une manière quelconque » ; [Nous appelons] « *entendement* le pouvoir de produire nous-mêmes des représentations ». « Aucune de ces deux propriétés n'est préférable à l'autre. Sans la sensibilité, nul objet ne nous serait donné et sans l'entendement nul ne serait pensé. Des pensées sans contenu sont vides, des intuitions sans concept sont aveugles » (*C.R.P.*, Logique transcendantale).
« L'entendement ne peut rien intuitionner ni les sens rien penser. De leur union seule peut sortir la connaissance », *(idem)*.

**2** ☐ « Comme ce n'est qu'au moyen de ces

Galilée et ses expériences de la chute des graves.

## *La part de l'expérience*

**KANT**

Si toute notre connaissance débute AVEC l'expérience, cela ne prouve pas qu'elle dérive toute DE l'expérience, car il se pourrait bien que même notre connaissance par expérience fût un composé[1] de ce que nous recevons[2] des impressions sensibles et de ce que notre propre pouvoir de connaître (simplement excité par des impressions sensibles) produit de lui-même : addition[3] que nous ne distinguons pas de la matière première jusqu'à ce que notre attention y ait été portée par un long exercice qui nous ait appris à l'en séparer. (...)

Par connaissance *a priori* nous entendrons désormais non point celles qui ne dérivent pas de telle ou telle expérience, mais bien celles qui sont *absolument* indépendantes de toute expérience. A ces connaissances *a priori* sont opposées les connaissances empiriques ou celles qui ne sont possibles qu'*a posteriori*, c'est-à-dire par expérience. Mais parmi les connaissances *a priori* celles-là sont appelées *pures* auxquelles n'est mêlé absolument rien d'empirique. Par exemple, cette proposition : Tout changement a une cause, est bien *a priori*, mais n'est point pure cependant, puisque le changement est un concept qu'on ne peut tirer que de l'expérience.

Il nous faut maintenant un critérium qui permette de distinguer sûrement une connaissance pure de la connaissance empirique. L'expérience nous apprend bien que quelque chose est de telle ou telle manière, mais non point que cela ne peut être autrement. Si donc, PREMIÈREMENT, on trouve une proposition dont la pensée implique la *nécessité* on a un jugement *a priori* ; si cette proposition n'est, en outre, dérivée d'aucune autre qui vaut elle-même, à son tour, à titre de proposition nécessaire, elle est absolument *a priori*. SECONDEMENT, l'expérience ne donne jamais à ses jugements une véritable et stricte *universalité*, mais seulement une *universalité* supposée et relative (par induction), qui n'a pas d'autre sens que celui-ci : nos observations, pour nombreuses qu'elles aient été jusqu'ici, n'ont jamais trouvé d'exception à telle ou telle règle[4].

Par conséquent, un jugement pensé avec une stricte universalité, c'est-à-dire de telle sorte qu'aucune exception n'est admise comme possible, ne dérive point de l'expérience, mais est valable absolument *a priori*. L'universalité empirique n'est donc qu'une élévation arbitraire de la valeur ; on fait d'une règle valable dans la plupart des cas, une loi qui s'applique à tous, comme par exemple dans la proposition : Tous les corps sont pesants. Quand au contraire un jugement possède essentiellement une stricte universalité, on connaît à cela qu'il provient d'une source particulière de la connaissance, d'un pouvoir de connaissance *a priori*[1-3]. (...)

***Critique de la raison pure* (1781),**
**Introduction à la 2e éd. (1787),**
**trad. Tremesaygues et Pacaud, P.U.F., pp. 31-33**

formes pures de la sensibilité qu'un objet peut nous apparaître, c'est-à-dire être un objet de l'intuition empirique, l'espace et le temps sont des intuitions pures qui contiennent *a priori* la condition de la possibilité des objets comme phénomènes » (*C.R.P.*, Analytique, §13).

**3** ◻ « C'est donc nous-mêmes qui introduisons l'ordre et la régularité dans les phénomènes que nous appelons Nature, et nous ne pourrions les y trouver s'ils n'y avaient été mis originairement par nous ou la nature de notre esprit » (*C.R.P.*, Déduction transcendantale).
« L'entendement est lui-même la source des lois de la nature (...) : une telle assertion est cependant tout à fait exacte et conforme à l'objet, c'est-à-dire à l'expérience » *(idem)*.

**4** ◻ « Que la nature doive se régler sur notre principe subjectif (...) et même qu'elle doive en dépendre par rapport à sa conformité aux lois, c'est ce qui paraît aussi absurde qu'étrange » (*C.R.P.*, Analytique, Déduction transcentale).

*C.R.P.* : *Critique de la raison pure*, trad. Tremesaygues et Pacaud, P.U.F.

## L'EXPÉRIENCE SCIENTIFIQUE... N'EST PAS UNE OBSERVATION MAIS UNE INVENTION

La mise en évidence kantienne des conditions de l'expérience doit permettre de mieux comprendre le rôle de l'**hypothèse théorique** dans la démarche scientifique, et le sens de l'**expérimentation** comme vérification de l'hypothèse.

L'expérimentation présuppose d'abord une véritable **rupture** avec **l'expérience « vécue »** commune. En effet, l'expérience vécue est illusoire et aveugle. Elle ignore la valeur relative et variable des « formes *a priori* de la sensibilité* » ; les conditions formelles de l'expérience, en se soumettant le réel perçu, déterminent et façonnent nos représentations. Aucune réalité n'est donc immédiatement et concrètement vécue. La réalité est toujours perçue par des symboles, des signes. Le concret est toujours un concret « abstrait ». Même dans l'expérience, en apparence la plus intime et la plus directe, il faut faire ce détour, cette médiation par le symbole ou le signe. L'expérience devient alors inanalysable et absolue. Kant lui-même a pu croire que les formes *a priori* de la sensibilité étaient de tels absolus, et que toute expérience ne pouvait se faire qu'à travers des cadres d'organisation du réel tels qu'ils peuvent être définis par la géométrie d'Euclide (c'est-à-dire dans un espace à trois dimensions et un temps absolument indépendant de l'espace en mouvement)[1]. Mais nous savons aujourd'hui avec les expériences microphysiques ou celles qui ont lieu dans l'espace interplanétaire par exemple, que le champ de nos connaissances scientifiques a largement dépassé cette affirmation.

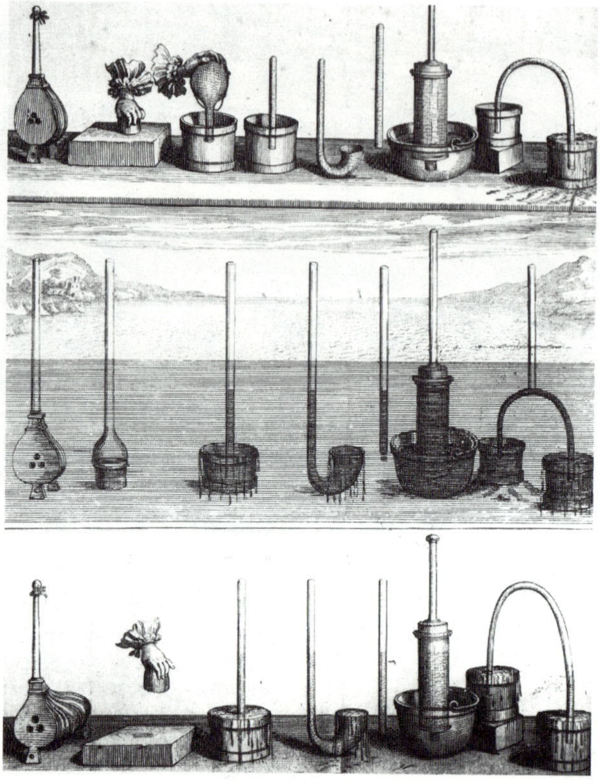

Figures du *Traité de la Pesanteur de l'Air* (1663), de Pascal.

### Reconstruire le réel pour pouvoir le connaître

L'expérimentation se présente dès lors comme une **expérience analysée** que le savant fait varier et se multiplier. Il déjoue et « fait jouer » cette transfiguration théorique du réel. L'hypothèse* scientifique ne part donc pas des faits observés, mais des **conditions formelles de l'observation**. Constituer une hypothèse, c'est expliquer, déterminer avec précision et modifier ces conditions formelles. L'hypothèse suggère une **expérience idéale** (ou imaginaire) à **confirmer** dans une réalisation. Ainsi, la physique contemporaine, s'attachant à l'expérience des microphénomènes (molécules, atomes, particules) a dû produire des cadres formels très différents de la perception ordinaire : le microscope n'est pas un prolongement de l'œil, disait Bachelard, mais un prolongement de la pensée inventive des moyens de percevoir, au-delà des limites de l'expérience ordinaire, un « sur-objet » : celui-ci n'est expérimentable que dans un temps discontinu (hypothèse « instantanéiste »), un espace hétérogène (hypothèse des « quanta ») auquel le temps lui-même est relatif (hypothèse « relativiste »).

Certaines expériences idéales d'Einstein peuvent pleinement se concevoir dans une géométrie non euclidienne où la droite n'existe pas (géométrie de Reimann). L'exemple est frappant. Mais il n'est rien de plus que ce que Copernic avait déjà judicieusement compris : même l'expérience du macrophénomène astronomique exige cette **réélaboration**, cette théorisation des espaces de perception. La révolution copernicienne, avant de devenir une théorie, est ce travail de modification des données observables, de reconstitution d'une autre expérience pouvant s'intégrer de manière cohérente dans un programme d'expérimentation du réel scientifique reconstruit.

**1** Voir la *Leçon* du chapitre sur l'*Espace*.

C'est le sens de la boutade de Paul Valéry selon laquelle « Il fallait être Newton pour apercevoir que la lune tombe alors que tout le monde voit bien qu'elle ne tombe pas »...

## *Les deux rôles de l'hypothèse*

L'hypothèse scientifique est donc, en premier lieu, un **rapport critique** aux conditions de l'observation. Elle suggère et prépare même les conditions d'une autre expérience à partir de quoi seulement elle sera **hypothèse théorique** ou **théorie hypothétique** — ce qui veut dire qu'elle n'est pas catégorique mais qu'elle n'est pas non plus incertaine pour autant.

L'hypothèse, en second lieu, est aussi un **montage théorique et technique** qui intègre l'observation re-saisie dans une expérience ; celle-ci doit être vérifiée par des observations différentes de celles qui ont préalablement servi à saisir la réalité. L'hypothèse est **transformatrice des données de départ** en données de base pour la théorie. Il s'agit d'une transformation théorique **et** technique, parce que la transformation technique présuppose des théories techniques, une « technologie » du phénomène qui n'est pas autre chose qu'un ensemble de « théories matérialisées » (Bachelard), dans des appareillages, des instruments, des préparations de phénomènes.

Cette matérialisation n'est d'ailleurs pas toujours contemporaine de l'expérience théorique. Ainsi, à l'époque de Galilée, l'hypothèse du vide expérimental pour l'analyse de la chute des corps fut théoriquement réalisée avant de l'être techniquement. De même, le principe d'inertie présuppose-t-il l'hypothèse abstraite d'un univers sans frottement.

## *La « vérification théorique de l'expérience »*

Parce que l'hypothèse n'est pas la théorie achevée, le recours à l'expérience ne consiste pas à vérifier expérimentalement la théorie mais, selon l'expression de Koyré, à **vérifier théoriquement l'expérience**. La transformation théorique des « données imaginaires » consiste d'abord à substituer des éléments conceptuels, des signes, des calculs, des schémas, au réel perçu ordinairement. Il s'agit d'une interprétation théorique des données. Vérifier cet apport n'aboutit donc jamais à comparer et découvrir une conformité avec les données antérieures à l'interprétation.

Et puisque la pensée scientifique est une **pensée inventive**, elle ne peut pas non plus retrouver, en deçà de cette invention, ce qu'il lui faut réaliser. Donc, l'expérimentation porte, non pas sur tel ou tel fait concret, mais sur un fait concret devenu autre chose que lui-même lorsqu'il est mis en hypothèse, lorsqu'on l'insère dans un dispositif théorique et technique où il devient représentatif de sa propre espèce. Il est alors représentant de tous les faits concrets « identiques à lui », ce qui « permet de les connaître à travers sa seule connaissance puisqu'elle est ainsi produite comme valable universellement », comme l'écrit Dominique Lecourt.

Toutes les traditions ont tendance à condenser (réduire ?) le travail et le génie du scientifique en des instants miraculeux par lesquels se ferait la synthèse de la théorie et de l'expérience...
Gravure japonaise représentant Newton observant la chute d'une pomme (on remarquera l'anthropomorphisme qui confère à Newton une physionomie légèrement orientale).

L'hypothèse peut alors **multiplier le réel**, c'est-à-dire penser d'autres représentants d'une classe donnée de phénomènes, non observés préalablement.

Les progrès de la connaissance sont assurés par cette extension du réel concret au réel connu, du réel connu à l'expérimentable. Ce qu'il convient alors de vérifier, c'est la légitimité de la transformation imposée aux données primitives ; il s'agit de prouver qu'elle est théoriquement et techniquement « faisable ».

## *Un exemple en astronomie*

C'est ainsi qu'on doit comprendre l'exemple de la **découverte de la planète Neptune** par U. Le Verrier, en 1846. Celui-ci, d'après les lois planétaires de Kepler se donne un schéma de la position théorique des planètes (transformation en concret de pensée) et calcule les déviations qui doivent résulter de leur attraction réciproque (« invention », transformation du concret de pensée). Ces nouvelles données de base font apparaître un écart avec les données primitives : la position théorique d'Uranus diffère de celle qui résulte du calcul de Le Verrier. Parallèlement, ce même écart est techniquement observable en fonction de la perturbation de l'orbite d'Uranus. Il faut donc vérifier cette transformation : l'**hypothèse** de Le Verrier, dans un deuxième temps, consiste à **imaginer l'existence** d'une autre planète qui perturberait l'orbite d'Uranus et donc ajouterait de nouvelles données de base de manière cohérente.

**Vérifier** théoriquement cette hypothèse, celle de Neptune, consiste alors, en calculant la déviation exacte d'Uranus par rapport à son orbite théorique déterminée sur le schéma planétaire d'observation, à prouver par là même, la position et la masse d'une planète inconnue.

L'expérience des perturbations orbitales d'Uranus est théoriquement « faisable », elle est donc vérifiée. Dans cet exemple, l'hypothèse a été en même temps, techniquement vérifiée par J.G. Galle qui a pu observer au télescope la planète Neptune avec une précision de un degré de moins par rapport à la prédiction théorique. L'hypothèse d'un schéma planétaire différent, comme observation rectifiée, modifiée, s'est ainsi trouvée confirmée et la théorie nouvelle est née.

Deux cent trente-trois ans auparavant, **Galilée** avait « vu » Neptune sans pouvoir scientifiquement la découvrir. Il observait Jupiter au moment où la position orbitale de Neptune était angulairement proche de Jupiter. Il entrevit alors Neptune, et conféra à cet astre qu'il ne recherchait pas, et qui n'avait pas sa place dans le système planétaire, le statut rassurant d'étoile. Était-ce une étoile ? Galilée ne s'est pas posé la question. En 1612, c'était là une **hypothèse avortée**. Elle ne fut jamais intégrée dans un montage théorique qui la vérifiât. Aucune confrontation théorique et technique des aspects supposés (était-ce une étoile ?) et des aspects effectifs (pourquoi une étoile ici plutôt que rien ? Pourquoi cette position et pas une autre ?) n'eut lieu.

C'est que Neptune n'était pas encore un **concret de pensée**, cet objet scientifique à réaliser, cet objectif expérimentable, cette réponse possible à des objections.

La modification apportée par Galilée sur son croquis astronomique n'a pas été conçue comme un ajout théorique qu'il eut été nécessaire de justifier, de réaliser. L'**expérience fortuite** n'a pas cherché à se modifier, en transformant les conditions primitives de l'**observation**.

Série de radiotélescopes permettant la réception des ondes émises par les astres.

### BIBLIOGRAPHIE DE LA LEÇON

**BACHELARD :**
*Le Rationalisme appliqué*, P.U.F. ; *L'Expérience de l'espace dans la physique contemporaine*, P.U.F.

**EINSTEIN :**
*Comment je vois le monde*, Flammarion.

**FEYMANN :**
*La Nature de la physique*

**KOYRE :**
*Études galiléennes*, Vrin.

**PLANCK :**
*L'Image du monde dans la physique contemporaine*, Gonthier.

**Collectif :**
*L'Espace et le temps aujourd'hui ; La Matière aujourd'hui*, collection Points, Seuil.

## TABLE D'ORIENTATION

2 VÉRITÉ — 3 SCIENCE ET CONNAISSANCE

1 **THÉORIE ET EXPÉRIENCE**

4 TECHNIQUE

## SUJETS DE DISSERTATION

1 Pour être un bon observateur, faut-il être un bon théoricien ? (Nantes, B, 1984)

■ En quel sens peut-on dire qu'on « expérimente avec sa raison » ? (Clermont, C-D-E, 1984)

■ Ne doit-on tenir pour vraie une proposition que si elle contrôlable par une expérience ? (Toulouse, A, 1983)

2 Qu'est-ce que prouver ? (Nantes, C-D, 1983)

■ Une vérité scientifique est-elle indépendante du temps ? (Toulouse, C-D, 1983)

■ En quoi la réflexion sur les sciences nous instruit-elle sur l'esprit humain ? (Lille, C-D-E, 1984)

3 Connaître, est-ce le privilège de la science ? (Limoges, B, 1984)

■ La connaissance se soumet-elle à l'objet étudié ou le produit-elle ? (Caen, C-D, 1982)

■ A quoi reconnaît-on qu'une théorie est scientifique ? (Rennes, C-D-E, 1984)

4 L'activité technique vous paraît-elle être la caractéristique essentielle de l'homme ? (Etr. F-G-H, 1984)

## BIBLIOGRAPHIE GÉNÉRALE

***BACON :*** *Novum Organum,* Livre 1.

***C. BERNARD :*** *Introduction à l'étude de la médecine expérimentale,* I, Garnier-Flammarion.

***HUME :*** *Enquête sur l'entendement humain,* Aubier.

***KANT :*** *Critique de la raison pure* (Préface à la 2e édition ; Introduction à l'Esthétique transcendantale ; Analytique transcendantale ; Logique transcendantale), P.U.F.

***PASCAL :*** *Récit de la grande expérience de l'équilibre des liqueurs,* Seuil, coll. « L'Intégrale ».

***PLATON :*** *Théétète,* Garnier-Flammarion.

***H. POINCARÉ :*** *La Science et l'hypothèse,* Flammarion.

***SPINOZA :*** *Éthique,* II, 43, scolie 2 ; *Traité de la réforme de l'entendement,* §10 à 26 ; *Lettres,* VI, X et XII, Garnier-Flammarion.

## GLOSSAIRE

**Criticisme :** désigne la philosophie de Kant en ce qu'elle cherche à légitimer un juste usage de la raison sans lui accorder trop de pouvoir (dogmatisme), ni trop peu (empirisme).

**Dogmatisme :** selon Kant, attitude philosophique qui consiste à penser que la raison peut construire *a priori* des systèmes valables sans critique préalable.

**Empirisme :** voir le Glossaire du chapitre sur la *Perception.*

**Hypothèse** (du grec *upothesis, upo* : dessous, *thesis* : action de poser). Proposition inventée, construite, tirée ou non de l'expérience, qui cherche à rendre compte d'un phénomène ou d'un ensemble de phénomènes. L'hypothèse n'est que supposée juste, jusqu'à sa vérification expérimentale.

**Noumène** ou **chose en soi** : chez Kant, le *noumène* est l'aspect par lequel la *chose en soi* échappe à notre aperception sensible dont les possibilités ne vont pas au-delà du *phénomène,* seul connaissable. Les *noumènes* échappent donc à la connaissance, en particulier lorsqu'il y va des concepts fondamentaux de la métaphysique (Dieu, la Liberté, l'Ame).

**Phénomène :** désigne en général tout ce qui **apparaît** aussi bien aux sens qu'à la conscience. Par opposition au *noumène,* Kant désigne par là l'aspect de la *chose en soi* qui, correspondant à notre appréhension sensible, est susceptible d'être connu ; tout « objet d'expérience possible » peut devenir un phénomène.

**Scepticisme :** voir le Glossaire du chapitre *la Vérité.*

**Schème :** dans la philosophie kantienne, le schème est ce qui permet, dans la connaissance, de lier deux réalités hétérogènes : l'intuition empirique (ce qui vient de la sensibilité) et les catégories de l'entendement (ce qui vient de l'esprit). Le schème est, en quelque sorte, une « image abstraite » qui peut exprimer par l'imagination une catégorie de l'entendement (par exemple, la succession constante dans le temps est le schème de la catégorie de causalité).

« Eurêka », ou comment le dessinateur Christophe confère à son savant Cosinus le « trait de génie » qu'une tradition presque mythologique attribue à Archimède dans sa baignoire...

**DES OPÉRATIONS DÉROUTANTES**

— « Savez-vous faire une Addition ? s'enquit la Reine Blanche. Combien font un et un et un et un et un et un et un et un et un et un ? »

— « Je me le demande, dit Alice : je n'ai pas eu le temps d'en faire le compte. »

— « Elle ne sait pas faire une Addition, trancha la Reine Rouge sans se soucier de la raison donnée par la fillette. Savez-vous faire une Soustraction ? De huit, retirez neuf. Que reste-t-il ? »

— « Neuf de huit, cela ne se peut, voyez-vous bien, répondit Alice sans hésiter ; mais... »

— « Elle ne sait pas faire une Soustraction, déclara la Reine Blanche. Savez-vous faire une Division ? Divisez un pain par un couteau... qu'obtenez-vous ? »

— « Je suppose... » commençait de dire Alice, mais la Reine Rouge répondit pour elle : « Des tartines de beurre, bien entendu. Essayez de faire une autre Soustraction : Prenez un chien ; ôtez-lui un os. Que reste-t-il ? »

Alice réfléchit : « L'os ne restera pas, bien sûr, si nous l'ôtons... le chien ne restera pas ; il viendra essayer de me mordre... et je suis certaine que, *moi*, je ne resterai pas là, à attendre qu'il le fasse. »

— « Vous pensez donc qu'il ne restera rien ? » demanda la Reine Rouge.

— « Oui, je crois que c'est là la bonne réponse. »

— « Vous vous trompez, comme d'habitude, dit la Reine Rouge ; il restera la patience du chien. »

— « Mais je ne vois pas comment... »

— « Eh bien, écoutez un peu ! s'écria la Reine Rouge. Le chien perdra patience, n'est-il pas vrai ? »

— « C'est, en effet, possible », répondit prudemment Alice.

— « Alors si le chien s'en va, s'exclama la Reine, la patience qu'il aura perdue restera. »

Avec tout le sérieux dont elle était capable, Alice fit observer : « Ils pourront aussi bien s'en aller chacun de son côté. » Mais elle ne put s'empêcher de penser : « Quelles effroyables bêtises nous sommes en train de dire là ! »

— « Elle est incapable de faire la *moindre* opération ! » s'exclamèrent simultanément et avec beaucoup d'emphase les deux Reines.

# LOGIQUE ET MATHÉMATIQUE

Lewis Carroll, *De l'autre côté du miroir* in « Tout Alice », trad. Henri Parisot, Garnier-Flammarion, pp. 317-318

## *Mathématiques et fariboles*

Faire des opérations aussi simples qu'addition, soustraction ou division, voilà qui ne devrait pas poser de difficultés, même en cet « autre côté du miroir » où est passée Alice, la célèbre héroïne de Lewis Carroll. Il suffit pour cela d'avoir appris les règles de l'arithmétique : « les leçons vous enseignent à faire des opérations et d'autres fariboles de ce genre », affirme Alice, forte de la certitude que ces règles restent valides* quel que soit le côté du miroir.

Mais précisément, dans cet autre monde, les certitudes mathématiques d'Alice vont se trouver ébranlées par les « fariboles » des deux reines facétieuses : Comment **diviser un pain par un couteau**, ou **soustraire un os d'un chien** ? En guise de réponse, Alice ne peut que souligner la nature illogique de telles opérations. Mais les reines se moquent toujours plus d'elle, reprenant la lettre même de ses réponses pour l'enfoncer encore. Comme si le langage était doté d'une logique autonome : de la relation pain-couteau, on pourrait inférer une tartine de beurre ; à partir de l'expression « perdre patience », on déduirait le reste aberrant de la soustraction d'un os à un chien...

**Logique** à la fois **absurde**, **indiscutable**, et lourde de menace. Une menace renforcée par cet avertissement de la reine à Alice : « Lorsqu'une fois on a dit quelque chose, c'est définitif, et il faut en subir les conséquences » (p. 320). Une logique effrayante, donc, que ne viendrait jamais recouvrir la logique familière et rassurante des mathématiques.

**Lewis Carroll** n'est pas de ceux pour qui mathématiques et sérieux vont de pair : logicien lui-même, professeur de mathématiques, il est aussi auteur d'un *Traité de logique* destiné aux enfants, d'un ouvrage mathématique plein d'humour *(Euclide et ses rivaux)*, et bien sûr, des Aventures d'Alice. Pourquoi cette double activité de logicien et de créateur d'œuvres imaginaires, pourquoi ce goût de l'humour et du **« nonsense »** ?

Le monde d'Alice est baigné de **langage**, comme le nôtre d'air vital. Mais ce langage, débarrassé de nos habituelles contraintes logiques, est toujours prêt à s'ouvrir sous les mots, à bifurquer : on n'est jamais à l'abri d'un jeu de mots, sorte de présence fantastique tout à coup révélée. L'humour, l'étonnement enfantin et la logique de ces deux reines sont une façon de souligner le caractère périlleux de cette logique que nous croyons universelle parce qu'elle nous est quotidienne. Ces « effroyables bêtises » n'en sont donc pas puisque, non contentes de ravir enfants et adultes, elles ont aussi une **fonction démonstrative**.

Dessin de Lewis Carroll pour *Les Aventures d'Alice.*

## *Le langage mathématique*

Fort de sa « démonstration littéraire », le logicien Lewis Carroll appelle de ses vœux un **langage logiquement construit**, dans lequel seraient définies des **lois** permettant le bon usage des mots. Et puisque ceux-ci peuvent avoir de multiples sens, et se prêter ainsi à bien des équivoques, il convient de les définir non plus par rapport à leur contenu (comme le faisait encore Pascal dans sa Préface à un *Traité du vide*), mais en fonction de leur **forme** ou de leur **fonction dans le langage**. L'antidote proposée à la « logique folle » qui est celle de l'autre côté du miroir, rejoint d'ailleurs la **logique formelle** dont les bases étaient posées durant ces mêmes années en Angleterre.

Définissant le raisonnement algébrique comme un ensemble d'**opérations** portant sur des signes, George Boole s'attacha d'abord à classer ces signes selon leur fonction. Puis il rechercha les fonctions équivalentes dans les formes du langage ordinaire : **le langage**, ainsi **formalisé** et « algébrisé » dans ses fonctions, pouvait désormais **se soumettre au calcul**.

C'était revenir au vieux projet philosophique d'un discours produisant la vérité par ses propres formes d'organisation, par sa nécessité logique : le *Logos* platonicien. Mais cette mathématisation progressive de la logique devait pourtant entraîner une séparation de la logique et de la philosophie ; ou plus exactement, une séparation d'avec la métaphysique : depuis Aristote, celle-ci s'était attachée à l'étude de l'existence réelle, à la recherche des causes de l'Être. Toute recherche d'ordre logique passait donc par des interrogations ou des présupposés reprenant ceux d'Aristote, le véritable fondateur de la logique.

C'est ce qui explique cette résolution de G. Boole dans son *Analyse mathématique de la Logique* : « Nous ne devons plus associer la logique à la métaphysique, mais aux mathématiques. » Reste à savoir si la philosophie, expulsée de la logique pour faire place aux mathématiques, ne sera pas néanmoins nécessaire et appelée à la rescousse là où on l'attendait le moins...

## La science des géomètres

**PLATON**

— La deuxième section des choses intelligibles [comprend] celles que la raison elle-même saisit par la puissance dialectique, tenant ses hypothèses non pour des principes, mais pour de simples hypothèses, qui sont comme des degrés et des points d'appui pour s'élever jusqu'au principe de tout, qui n'admet plus d'hypothèse. Ce principe atteint, elle descend, en s'attachant à toutes les conséquences qui en dépendent, jusqu'à la conclusion dernière, sans faire aucun usage d'aucune donnée sensible, mais en passant d'une idée à une idée, pour aboutir à une idée.

— Je comprends (...). La connaissance de l'être et de l'intelligible qu'on acquiert par la science de la dialectique est plus claire que celle qu'on acquiert par ce qu'on appelle les sciences, lesquelles ont des hypothèses pour principes. Sans doute ceux qui étudient les objets des sciences (...), parce qu'ils les examinent sans remonter au principe, mais en partant d'hypothèses, (...) ne te paraissent pas avoir l'intelligence de ces objets, bien que ceux-ci soient intelligibles avec un principe. Et il me paraît que tu appelles connaissance discursive, et non intelligence, la science des géomètres et autres savants du même genre, parce que la connaissance discursive est quelque chose d'intermédiaire entre l'opinion et l'intelligence.

***La République*, VI, 511a, trad. Chambry,**
**Belles Lettres, pp. 141-142**

## La réduction des mathématiques à la logique

**Bertrand RUSSELL**

Nous pouvons déduire un ensemble de propositions, telles que celles des mathématiques ou de la physique théorique, d'un certain appareil de suppositions initiales relatives à des termes non définis initiaux. Toute réduction du nombre des termes non définis et des prémisses non prouvées constitue un progrès puisqu'elle diminue le champ des erreurs possibles et permet d'avoir moins d'otages en garantie de la vérité de tout le système. C'est pourquoi je fus heureux de découvrir que les mathématiques étaient réductibles à la logique. Kronecker disait que Dieu a créé les nombres naturels et les mathématiciens le reste (...). Mais les nombres naturels eux-mêmes, selon cette manière de voir, restaient une suite infinie de mystérieuses entités. Il était encourageant de s'apercevoir que nous pouvions les renvoyer tous parmi les vieilles lunes, et limiter la Création divine à des concepts purement logiques tels que *ou, ne pas, tout* et *quelque*. Il est vrai qu'une fois cette analyse effectuée, les résidus posaient des problèmes philosophiques (...). Il avait auparavant été nécessaire de donner une certaine réalité platonicienne à tous les nombres naturels. Il n'était désormais pas nécessaire de leur *dénier* cette réalité, mais seulement de s'abstenir de l'*affirmer*, c'est-à-dire que nous pouvions soutenir que les mathématiques pures étaient vraies en nous appuyant sur moins de suppositions que ce n'était le cas auparavant.

***Histoire de mes idées philosophiques* (1959),**
**trad. G. Auclair, Gallimard, pp. 274-275**

## L'intuition, principe de la science

**ARISTOTE**

C'est nécessairement l'induction[1] qui nous fait connaître les principes, car c'est de cette façon que la sensation elle-même produit en nous l'universel. Quant aux *habitus*[2] de l'entendement par lesquels nous saisissons la vérité, puisque les uns sont toujours vrais et que les autres sont susceptibles d'erreur, comme l'opinion, par exemple, et le raisonnement, la science et l'intuition étant au contraire toujours vraies ; que, d'autre part, à l'exception de l'intuition, aucun genre de connaissance n'est plus exact que la science, tandis que les principes sont plus connaissables que les démonstrations, et que toute science s'accompagne de raisonnement : il en résulte que des principes il n'y aura pas science. Et puisque, à l'exception de l'intuition, aucun genre de connaissance ne peut être plus vrai que la science, c'est une intuition qui appréhendera les principes. (...) Si donc nous ne possédons en dehors de la science aucun autre genre de connaissance vraie, il reste que c'est l'intuition qui sera principe de la science. Et l'intuition est principe du principe lui-même, et la science tout entière se comporte à l'égard de l'ensemble des choses comme l'intuition à l'égard du principe.

***Seconds Analytiques,*** **II, 19, 100 b 5-15,**
**trad. J. Tricot, Vrin, pp. 246-247**

1 ◻ Mode de raisonnement par lequel on passe des *faits* (le particulier) aux *lois* (l'universel).

2 ◻ Faculté, au sens de capacité de l'entendement, par laquelle celui-ci est apte à saisir la vérité. Aristote montrera que ces habitus ne sont pas innés en nous, mais proviennent de la perception sensible.

## commentaires

En comparant les méthodes dialectique et géométrique, **Platon** (427-347 av. J.-C.) veut démontrer la **primauté de la philosophie sur les sciences** et leur modèle, les mathématiques. La réflexion sur l'intelligible mathématique n'est, de ce point de vue, qu'une préparation, **une étape vers la saisie de l'intelligible pur** par la méthode dialectique. La mathématique est hypothétique et démonstrative : elle repose sur des **hypothèses** admises comme axiomes, et qui n'ont pas à être justifiées. Le seul critère en mathématiques est donc celui de la **cohérence interne** de la démonstration. Parce que les principes mathématiques restent toujours arbitraires, impossibles à légitimer, la philosophie conserve une primauté sur les mathématiques : elle seule permet de remonter à un **principe anhypothétique** et de saisir les Idées.

Savoir, c'est posséder le vrai, c'est-à-dire « ce qui est » ; la vérité, pour **Aristote** (385-322 av. J.-C.), se confond absolument avec l'Être. Mais comment atteindre cet Être ? La **logique** énonce les **règles de la science démonstrative**, et le **syllogisme** est la forme universelle de tout raisonnement ; il permet de déduire des vérités nouvelles à partir de vérités déjà connues. Mais la démonstration suppose elle-même des connaissances premières, ou **principes**, qui ne sont pas toujours démontrables : le pair et l'impair, par exemple, ou la droite, la courbe, le carré... Ce sont les **définitions** qui permettent de connaître l'Être et l'essence des choses. Formules affirmatives de portée universelle, elles nous donnent les vérités indéfinissables qui sont à l'origine du savoir, et ne sont donc pas établies par le raisonnement : nous les atteignons par la « vision directe de l'esprit », qui aperçoit en lui-même ce qu'Aristote nomme les **intelligibles**. Cette **intuition**, acte de la sensibilité, est ce qui permettra l'induction des principes premiers à partir des vérités données par la démonstration.

Pour **Russell** (1872-1970), les mathématiques sont entièrement réductibles aux notions et opérations logiques : tout élément mathématique est analysable à partir d'un langage logique préalable. Dans la mesure où toutes les sciences tendent à se conformer au modèle mathématique, elles sont appelées à entrer dans le cadre de la **logique formelle**. Cette intégration générale du savoir réalise ainsi le programme originel de la philosophie : l'unification de la vérité. Dans ses *Principia Mathematica* (1913), Russell procède à l'**axiomatisation** de la logique définie comme un système purement déductif. Il définit tous les termes premiers qui composent les propositions du système, ainsi que les premières propositions dont seront déduites toutes les autres, faisant ainsi de la logique le « langage » parfait dans lequel seront exprimables tous les énoncés mathématiques.

# *De la logique à la philosophie*

## l'auteur

En 1911, L. Wittgenstein (1889-1951) abandonna ses études d'ingénieur pour se consacrer à l'étude de la logique et à la réflexion sur le fondement des mathématiques. C'est la lecture des *Principles of Mathematics* de B. Russell (1903), et la découverte à cette occasion des travaux du logicien allemand G. Frege, qui devaient le pousser sur la voie de la recherche philosophique. Le *Tractatus logico-philosophicus* fut rédigé au cours de la captivité de Wittgenstein, fait prisonnier sur le front autrichien en 1918. Mais ce livre ne parut qu'en 1922, à Londres, après intervention de B. Russell. A partir de 1933, l'auteur opérera un changement radical par rapport aux thèses logiques et philosophiques développées dans son *Tractatus.* Mais ces thèses n'en marqueront pas moins, de façon décisive, la réflexion logique, donnant naissance à l'un des plus grands courants de pensée philosophique du XX^e^ siècle : le positivisme logique.

## l'intérêt philosophique du texte

# *L'activité logico-philosophique*

Le *Tractatus* s'ouvre sur l'étude des structures logiques des propositions et, plus précisément, des rapports nécessaires entre les mots et les choses dans le langage, afin de définir les **conditions de possibilité d'un langage logiquement parfait**. Il s'agit moins, pour Wittgenstein, de réaliser un tel langage que d'évaluer par rapport à lui les procédures de signification des langages existants. Il montrera ainsi que les questions et solutions qui composent habituellement le langage philosophique résultent d'un mauvais usage des règles de la logique de notre langage courant.

La philosophie vise donc la **clarification logique de la pensée** : il lui importe moins de fournir des propositions que d'éclaircir celles que l'on emploie dans le raisonnement, afin de délimiter rigoureusement le domaine de validité de la pensée intelligible. La philosophie n'est pas une science, mais une **activité d'élucidation** logico-linguistique. Or, les propositions logiques et mathématiques que Frege et Russell réduisaient à la seule logique sont analysées par Wittgenstein comme des tautologies, des propositions qui restent vraies en vertu de leur seule forme, quelle que soit la valeur de vérité des éléments qui les composent.

Le langage logico-mathématique est ainsi conçu comme un ensemble de **propositions purement formelles** qui ne nous apprennent rien sur la réalité, celle-ci relevant du domaine strict des sciences de la nature. De cette théorie, il ressort une conception *mystique* de la pensée logique, fondée sur l'idée d'une limite indépassable de tout système logique. C'est la thèse extrême du *Tractatus* telle qu'elle est formulée ici : la logique est à la fois la condition de la pensée et ce qui assigne ses limites au pensable. Limites à partir de quoi l'homme doit se taire, là où tout langage convie au silence.

**1** ◻ « Nous nous faisons des tableaux des faits. » (*T.*, 2.1)
« Le tableau représente le fait dans l'espace logique, l'existence et la non-existence des états de choses. » (*T.*, 2.11)
« Ce que chaque tableau, de quelque forme que ce soit, doit avoir de commun avec la réalité, pour absolument pouvoir la représenter — justement ou faussement — c'est la forme logique, c'est-à-dire la forme de la réalité. » (*T.*, 2.18)

**2** ◻ « Pourquoi la philosophie est-elle aussi compliquée ? Elle devrait pourtant être tout à fait simple. — La philosophie défait dans notre pensée les nœuds que nous y avons introduits de façon insensée ; mais c'est pour cela qu'il faut accomplir des mouvements aussi compliqués que le sont ces nœuds. Donc quoique le *résultat* de la philosophie soit simple, la méthode par laquelle elle y accède ne peut pas l'être.
« La complexité de la philosophie n'est pas celle de sa matière, mais celle des nodosités de notre entendement. » (*Remarques*, § 2)

**3** ◻ « Contempler le monde *sub specie aeterni*, c'est le contempler en tant que totalité — mais totalité limitée.
« Le sentiment du monde en tant que totalité limitée constitue l'élément mystique. » (*T.*, 6.45)
« Ce qui est mystique, ce n'est pas *comment* est le monde, mais le *fait* qu'il est. » (*T.*, 6.44)

## *Une pensée des limites*

**Ludwig WITTGENSTEIN**

**4.1** — La proposition représente l'existence et la non-existence des états de choses[1].

**4.11** — La totalité des propositions vraies constitue la totalité des sciences de la nature.

**4.111** — La philosophie n'est aucune des sciences de la nature. (Le mot « philosophie » doit signifier quelque chose qui est au-dessus ou au-dessous, mais non pas à côté des sciences de la nature.)

**4.112** — Le but de la philosophie est la clarification logique de la pensée.
La philosophie n'est pas une doctrine mais une activité.
Une œuvre philosophique consiste essentiellement en élucidations.
Le résultat de la philosophie n'est pas un nombre de « propositions philosophiques », mais le fait que des propositions s'éclaircissent.
La philosophie a pour but de rendre claires et de délimiter rigoureusement les pensées qui autrement, pour ainsi dire, sont troubles et floues[2].

**4.113** — La philosophie limite le domaine discutable des sciences de la nature.

**4.114** — Elle doit délimiter le concevable, et, de la sorte, l'inconcevable. Elle doit limiter de l'intérieur l'inconcevable par le concevable.

**4.115** — Elle signifiera l'indicible, en représentant clairement le dicible.

**4.116** — Tout ce qui peut être en somme pensé, peut être clairement pensé. Tout ce qui se laisse exprimer, se laisse clairement exprimer. (...)

**6.5** — Une réponse qui ne peut être exprimée suppose une question qui elle non plus ne peut être exprimée. *L'énigme* n'existe pas. Si une question se peut absolument poser, elle *peut* aussi trouver sa réponse.

**6.51** — Le scepticisme *n'est pas* réfutable, mais est évidemment dépourvu de sens s'il s'avise de douter là où il ne peut être posé de question. Car le doute ne peut exister que là où il y a une question ; une question que là où il y a une réponse, et celle-ci que là où quelque chose *peut* être *dit*. (...)

**6.521** — La solution du problème de la vie se remarque à la disparition de ce problème. (N'est-ce pas là la raison pour laquelle des hommes pour qui le sens de la vie est devenu clair au terme d'un doute prolongé n'ont pu dire ensuite en quoi consistait ce sens ?)

**6.522** — Il y a assurément de l'inexprimable. Celui-ci se *montre*, il est l'élément mystique[3].

**6.53** — La juste méthode de philosophie serait en somme la suivante : ne rien dire sinon ce qui se peut dire, donc les propositions des sciences de la nature — donc quelque chose qui n'a rien à voir avec la philosophie — et puis à chaque fois qu'un autre voudrait dire quelque chose de métaphysique, lui démontrer qu'il n'a pas donné de signification à certains signes dans ses propositions. Cette méthode ne serait pas satisfaisante pour l'autre — il n'aurait pas le sentiment que nous lui enseignons de la philosophie — mais *elle* serait la seule rigoureusement juste[4].

**6.54** — Mes propositions sont élucidantes à partir de ce fait que celui qui me comprend les reconnaît à la fin pour des non-sens, si, passant par elles, — sur elles — par-dessus elles, il est monté pour en sortir. Il faut qu'il surmonte ces propositions ; alors il acquiert une juste vision du monde.

**7** — Ce dont on ne peut parler, il faut le taire[5].

***Tractatus logico-philosophicus* (1922),**
**trad. P. Klossowski, Idées-Gallimard, pp. 82-83, 175-177**

**4** ◻ « Comme tout ce qui est métaphysique, l'harmonie entre pensée et réalité est à découvrir dans la grammaire du langage. » (*Fiches*, § 55)

**5** ◻ « La logique remplit le monde : les limites du monde sont aussi ses propres limites. Par conséquent nous ne saurions dire en logique : il y a telle et telle chose dans le monde, non pas telle chose.
« Cela semblerait en effet présupposer que nous excluions certaines possibilités, ce qui ne saurait être le cas, puisqu'alors la logique devrait transgresser les limites du monde ; c'est-à-dire si elle pouvait aussi considérer ces limites de l'autre côté.
« Ce que nous ne pouvons penser, nous ne saurions le penser ; donc nous ne pouvons *dire* ce que nous ne saurions penser. » (*T.*, 5.61)

**T. :** *Tractatus logico-philosophicus*, voir ci-contre.

**Remarques :** *Remarques philosophiques* (1930, publié en 1964), Gallimard 1964.

**Fiches :** *Fiches*, notes préparatoires au *Tractacus*, Gallimard 1967.

# LE LANGAGE MATHÉMATIQUE : LA MÉTHODE AXIOMATIQUE

## *LE MODÈLE GÉOMÉTRIQUE : la méthode déductive*

Dans ses *Nouveaux essais sur l'entendement humain* (1703), Leibniz déclare :

> *Les Grecs ont raisonné avec toute la justesse possible dans les mathématiques, et ils ont laissé au genre humain des modèles de l'art de démontrer. (IV, II, 13)*

Pourtant dans le livre VI de la *République* (voir l'*Extrait* ci-dessus), Platon souligne les limites de cet art de la démonstration en alléguant que la « science des géomètres », si elle se meut bien au-dessus du sensible, objet du discours d'opinion, n'en reste pas moins en-dessous de l'intelligible que seul peut atteindre le raisonnement dialectique. Aux yeux du philosophe, il est clair qu'un raisonnement tenant ses simples hypothèses pour principes de la démonstration est incapable de saisir l'Être dans sa pleine réalité, fondamentalement anhypothétique. Que vaut alors la vérité ici produite, si ce n'est celle de ces figures dont usent les géomètres et qui, images de la réalité, n'en restituent que le reflet ? En d'autres termes : que prouve la géométrie ?

C'est le mathématicien grec Euclide (IIIe siècle av. J.-C.) qui, par ses célèbres *Éléments*, fit sortir la géométrie du domaine des simples **recettes empiriques** pour la constituer comme **science rationnelle**. Les *Éléments* procèdent **par voie démonstrative**, et la preuve n'y est jamais cherchée dans l'expérience concrète. Même si chaque affirmation est donnée comme empiriquement vraie, elle relève des **lois de la seule logique** : stricte déduction de chaque théorème à partir de propositions dont il est la conséquence, définition de chacun des termes, démonstration de chaque proposition à partir d'un nombre restreint de propositions particulières posées comme principes et qui, sans être démontrées elles-mêmes, sont intuitivement évidentes.

Chaval, *Blériot s'entraînant à traverser la manche.*

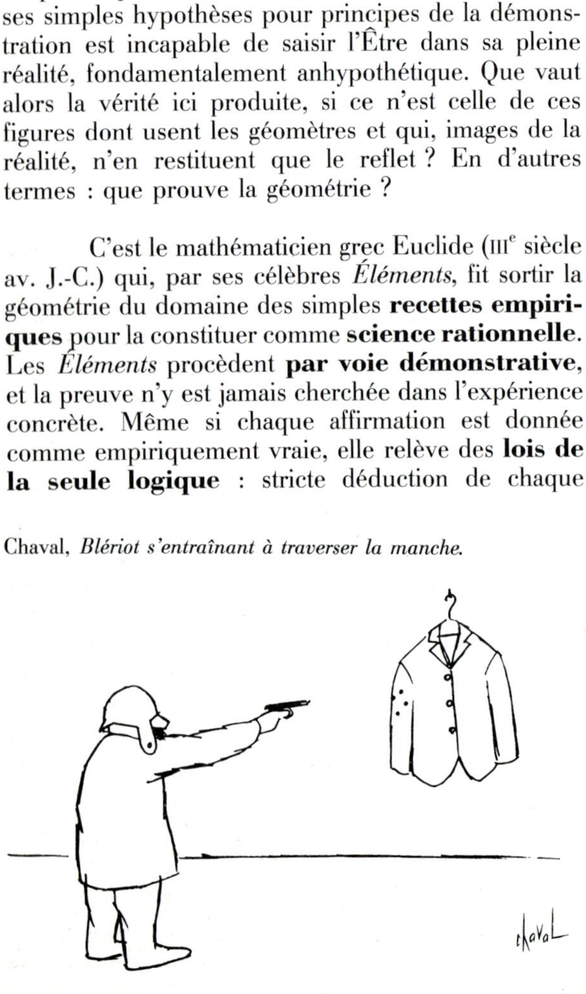

Si la géométrie euclidienne fut tenue pendant longtemps pour le modèle indépassable de cet « art de démontrer » que saluait Leibniz, il apparut pourtant très tôt que sa rigueur logique souffrait de **défauts** provoqués par ce **recours à l'intuition sensible**. Une de ces « défaillances logiques » devait d'ailleurs avoir des conséquences capitales dans l'histoire des mathématiques. Dans la démonstration de sa 29e proposition, Euclide demande qu'on lui accorde une proposition que justifie seulement son **évidence intuitive** : « par un point hors d'une droite, ne passe qu'une seule parallèle à cette droite ». Le recours à un postulat n'a, en lui-même, rien de critiquable : Euclide ouvrait précisément ses *Éléments* par des postulats, axiomes et définitions. En revanche, **l'appel à un postulat au cours de l'enchaînement déductif**, et non plus comme point de départ démonstratif, constitue une **défaillance**. Le fameux postulat des parallèles révélait donc une faute dans l'enchaînement logique, et appelait un **examen des procédures logiques de la démonstration** plus que de son **contenu** proprement mathématique. C'est de la réflexion sur ce postulat au statut discutable, que naquit un chapitre décisif de l'histoire des sciences : celui des **géométries** dites précisément **« non-euclidiennes »**.

## *LE MODÈLE LOGIQUE : la méthode axiomatique*

Soutenu par ce souci de rigueur logique, la réflexion sur la méthode des géomètres reprend en un sens la critique de Platon. Elle met en lumière la nature contradictoire d'une science relevant de l'intelligible *et* du sensible, appliquée à la réalité physique mais procédant par voie purement rationnelle (« connaissance discursive » chez Platon) ; bref, une science qui suppose à la fois la cohérence logique et l'évidence intuitive, en composant vérités formelles et vérités matérielles. D'où la nécessité de dissocier **les deux composantes de la preuve géométrique**, la **référence au fait** et la **rigueur logique**, de telle façon que **la vérité** de la proposition géométrique ne relève plus que **de sa seule intégration dans le système** des propositions.

Penser en terme de **cohérence logique** la vérité des propositions qui composent un raisonnement mathématique implique que leur validité n'est

J. de Barbari, *Frère Pacioli expliquant un théorème à un jeune homme.*

plus **fondée en elles-mêmes** (ce qui suppose toujours de référer la proposition au fait qu'elle exprime), mais dans le système des relations logiques que chaque proposition entretient avec les autres. La méthode hypothético-démonstrative dont parlait Platon, est alors transformée en **méthode hypothético-déductive** :

> *Un* ***système axiomatique*** *est donc la forme achevée que prend aujourd'hui une théorie déductive. (...) Système où soient totalement explicités les termes non définis et les propositions non démontrées, ces dernières étant posées comme de simples hypothèses à partir desquelles toutes les propositions du système peuvent se construire selon des règles logiques expressément fixées.* (R. Blanché, *L'Axiomatique*, P.U.F., coll. « SUP Initiation philosophique », p. 11)

M. Pasch, qui, en 1882, tenta la première présentation axiomatique de la géométrie, définissait ainsi son programme méthodologique :

> *Pour que la géométrie devienne vraiment une science déductive, il faut que la manière dont on tire les conséquences soit partout indépendante du* sens *des concepts géométriques, comme elle doit l'être des figures ; seuls sont à prendre en considération les* rapports *posés par les propositions (qui font office de définition) entre les concepts géométriques.* (Cité par R. Blanché, o.c. p. 30)

La méthode axiomatique, en reconstruisant la démonstration mathématique selon le **modèle d'un langage formel** dont la vérité repose sur sa stricte cohérence logique interne, exclut ainsi tout recours à l'intuition sensible, et donc à toute forme d'expérience. Mais comment la raison peut-elle alors saisir les propriétés de la réalité physique ? Einstein ouvre son essai intitulé *La Géométrie et l'expérience* sur cette remarque :

> *Le progrès réalisé par l'axiomatique consiste en une claire et nette séparation de l'intuitif et du logique : d'après l'axiomatique, seuls les faits logiques et formels forment l'objet de la science mathématique, mais non l'élément intuitif qui peut s'y rattacher.*
>
> (« Réflexions sur l'électrodynamique, l'éther, la géométrie et la relativité », Gonthier-Villars, p. 75.)

## La vérité logico-mathématique

De cette séparation radicale entre raison et expérience, Ludwig Wittgenstein, conclura que les propositions logiques sont de pures formes, des « tautologies » selon le langage du *Tractatus*, c'est-à-dire des énoncés qui ne disent rien de la réalité, et restent donc valables quel que soit le contenu qu'on leur attribue :

> *Les propositions logiques décrivent l'échafaudage du monde ou plutôt, elles le représentent. Elles ne « traitent » de rien. Elles présupposent que les noms aient une signification, les propositions élémentaires un sens : et c'est là leur connexion avec le monde.* (*Tractatus* 6.124)

De ce point de vue, le rapport de la logique à la réalité se résout dans ce que Wittgenstein pense comme **limites d'un système logique**, désignant par là ce qui échappe à la logique, n'est énonçable dans aucune proposition, mais ne peut que **se montrer**, se refléter dans le langage :

> *Il y a assurément de l'inexprimable. Celui-ci se* montre, *il est l'élément mystique.* (6.522)

> *Le sentiment du monde en tant que totalité limitée constitue l'élément mystique.* (6.45)

En ce sens, la logique est dite « transcendantale », au sens kantien : « J'appelle transcendentale, toute connaissance qui ne porte point en général sur les objets, mais sur notre manière de les connaître, en tant que cela est possible a priori » (*Critique de la raison pure*). Elle nous donne les conditions de possibilité de toute expérience de la pensée, mais pour y assigner, dans le même temps, les limites du pensable. Limites sur lesquelles tout langage achoppe, et dont il ne peut rien dire, parce qu'elles représentent ses propres conditions de possibilité :

> *La proposition peut représenter la réalité totale, mais elle ne peut représenter ce qu'il faut qu'elle ait en commun avec la réalité pour pouvoir la représenter — la forme logique.*

> *Pour pouvoir représenter la forme logique, il faudrait que nous puissions nous situer avec la proposition en dehors de la logique, c'est-à-dire en dehors du monde.* (4.12)

Est-ce en cet *au-dehors du monde*, qu'Alice a rencontré les deux reines qui mirent tant à mal sa *logique* en lui proposant des calculs impensables ? On peut alors comprendre qu'elle ait dû se taire si, comme le dit Wittgenstein : « Une réponse qui ne peut être exprimée, suppose une question qui ne peut être exprimée. *L'énigme* n'existe pas. Si une question se peut absolument poser, elle *peut* aussi trouver sa réponse. » (6.5)

Comme dans les compositions cubistes, dans ce tableau Malévitch géométrise le monde.
K. Malévitch, *Matin à la campagne après la pluie* (1911).


### BIBLIOGRAPHIE DE LA LEÇON

***Robert BLANCHÉ :***
*L'Axiomatique,* P.U.F.
*La Logique et son histoire,* Colin.

***André DARBON :***
*La Philosophie des mathématiques,* leçons 15 et 16, P.U.F.

***Albert EINSTEIN :***
« Sur la méthode de la physique théorique » in *Comment je vois le monde,* Flammarion.

***Pierre JACOB :***
*L'Empirisme logique,* ch. I et II, Ed. de Minuit.

***Arnold REYMOND :***
*Les problèmes de la logique et la critique contemporaine,* ch. VII et VIII, Vrin.

***Bertrand RUSSELL :***
*Introduction à la philosophie mathématique,* ch. XVIII, Payot.
*Science et Vérité,* Flammarion.
Introduction au *Tractatus...* de L. Wittgenstein, Gallimard.

## TABLE D'ORIENTATION

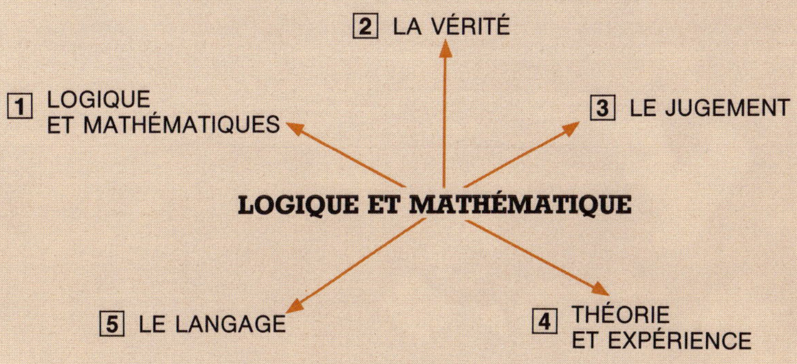


## SUJETS DE DISSERTATION

[1] Y a-t-il une logique de l'insensé ? (Groupe I bis, A, 1982)

■ L'existence de la logique dément-elle la liberté de l'esprit ? (Aix-Marseille, C-D-E, 1984)

■ On a dit souvent que la perfection n'était pas de ce monde. Mais on a dit aussi que les mathématiques nous amenaient à des notions parfaites. Faut-il croire alors que les mathématiques ne sont pas de ce monde ? (Rouen, C-D, 1982)

■ La mathématique est-elle réductible à la logique ? (Paris, B, 1984)

[2] La vérité mathématique est-elle le modèle de toute vérité ? (Groupe I, C-D, 1981)

■ Qu'est-ce qu'une vérité mathématique ? (Nice, C-D, 1983)

[3] Une pensée cohérente est-elle une pensée vraie ? (Poitiers, C-D-E, 1984)

■ A quelles conditions l'affirmation « je sais » est-elle légitime ? (Aix-Marseille, C-D, 1982)

[4] Tout ce qui est systématique est-il rationnel ? (Rouen, C-D, 1983)

■ Ne doit-on tenir pour vraie une proposition que si elle est contrôlable par l'expérience ? (Toulouse, A, 1983)

[5] Les mathématiques sont-elles un instrument, un langage ou un modèle pour les autres sciences ? (Amiens, C-D, 1983)

## BIBLIOGRAPHIE GÉNÉRALE

***ARISTOTE :*** *Métaphysique,* A6, A9, B2, E1, M ; Vrin.
*Seconds Analytiques,* livre I (ch. 1 à 12), livre II (ch. 19), Vrin.

***DESCARTES :*** *Règles pour la direction de l'esprit,* Vrin.

***EPICTÈTE :*** *Entretiens,* livre I (§ 7, 8, 9), livre II (§19 et 25), in *Les Stoïciens,* La Pléiade, 1962.

***HEGEL :*** *Propédeutique philosophique,* 3e Cours, 2e Subdivision, 1e partie (1 et 2) et 2e partie (1), Ed. de Minuit.

***HEIDEGGER :*** *Qu'est-ce qu'une chose ?,* B, 1, 5, Gallimard.

***HUSSERL :*** *Logique formelle et logique transcendantale,* Considérations préliminaires, P.U.F.

***KANT :*** Préface à la 2e édition de la *Critique de la raison pure,* Nathan, Coll. « Les Intégrales de Philo ».

***LEIBNIZ :*** *Nouveaux essais sur l'entendement,* livre I (ch. I à VIII, XIII à XXI), Garnier-Flammarion.

***PASCAL :*** *Opuscules philosophiques,* Hachette.

***PLATON :*** *La République,* livres VI et VII, Garnier-Flammarion.

***SPINOZA :*** *Traité de la réforme de l'entendement, Principes de la philosophie de Descartes,* La Pléiade.

## GLOSSAIRE

**Axiome :** proposition indémontrable parce qu'évidente et admise comme *point de départ* d'un raisonnement. En mathématiques, *l'axiome* appartient aux propositions premières, avec les *postulats* et les *définitions.* Désormais, le terme englobe toute proposition évidente ou non posée sans démonstration au début d'un *système hypothético-déductif.*

**Déduction, Induction :** voir le *Glossaire* du chapitre sur la *Lumière.*

**Inférence :** opération logique par laquelle on affirme la vérité ou la fausseté d'une proposition en raison de sa liaison avec d'autres propositions dont la valeur de vérité est déjà connue.

**Logicisme :** position attribuant une place prépondérante à la logique. Il y a par exemple *logicisme* lorsque l'on tente de reconstruire les mathématiques par la seule logique formelle : c'est Leibniz ramenant tout au principe d'identité. On parle également de *logicisme* lorsque l'on entend préserver la logique de toute intervention psychologisante (cf. Husserl).

**Postulat :** à la différence de l'*axiome,* le *postulat* est admis sans avoir rien d'évident : il est l'arbitraire nécessaire à la construction d'un système.

**Proposition :** énoncé verbal susceptible d'être qualifié de vrai ou de faux.

**Symbole :** signe désignant autre chose que lui-même en vertu d'une analogie naturelle ou d'une décision conventionnelle.

**Vérité formelle** ou **matérielle :** un énoncé démontrable et doté de cohérence logique indépendamment de toute analyse de contenu sera crédité d'une *vérité formelle.* On parlera en revanche de *vérité matérielle* pour évoquer la correspondance entre les termes d'un énoncé et les phénomènes expérimentaux dont l'énoncé rend compte. La première est du domaine de la logique et des mathématiques, la seconde a cours dans les sciences expérimentales, sociales, dans la vie courante (exemple : c'est vrai, cela a eu lieu).

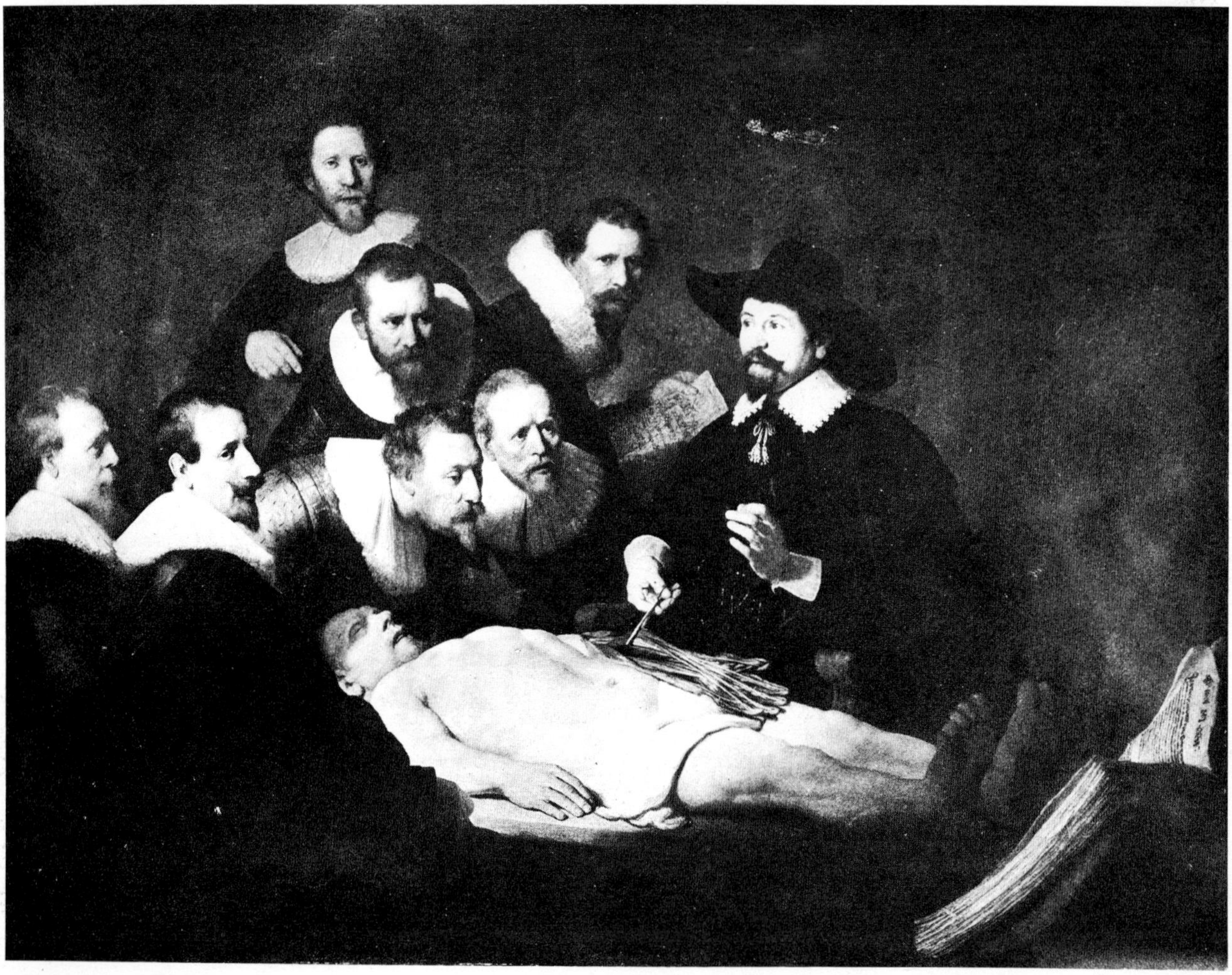

Rembrandt, *La leçon d'anatomie.*

**François JACOB**

*« D'abord simplement dépouillés de leur peau, ces corps d'hommes et de femmes exhibent le réseau des vaisseaux superficiels. Puis (...) les couches de muscles sont retirées une à une. Sectionné à son attache supérieure, chaque muscle est rabattu, laissant émerger ce qu'il cachait. Le corps perd ainsi progressivement son opacité. A travers chaque incision se dévoile quelque forme nouvelle ; au fond de chaque trouée, quelque symétrie de ligne et de surface. En quelques figures, le caché affleure à la surface et peu à peu c'est tout l'espace du corps qui vient s'offrir au regard. (...)*

*Si l'homme occidental est parvenu à se constituer pour lui-même en objet de science, c'est à travers son propre cadavre. Pour connaître son corps, il faut d'abord le détruire. »*

***Le jeu des possibles*** **(1971), Fayard.**

# LA CONNAISSANCE DU VIVANT

*L'univers n'était pas gros de la vie, ni la biosphère de l'homme. Notre numéro est sorti au jeu de Monte-Carlo. Quoi d'étonnant à ce que, tel celui qui vient de gagner un milliard, nous éprouvions l'étrangeté de notre condition ?*

Jacques Monod,
*Le Hasard et la nécessité*, Seuil, p. 161.

Tous les enfants s'émerveillent de « ce qui bouge », de ce qui vit. Ils en sont tellement absorbés qu'ils croient par suite voir une âme en chaque chose vraie : dans la pierre, dans le livre, dans la table... Il ne fait pas de doute pour eux que la fleur ou l'arbre **vivent**, en dépit de leur relative immobilité.

Face à la vie, nous restons comme des enfants même si, paradoxalement, plus nous avançons en âge, plus nous nous éloignons d'elle en nous rapprochant de la mort. Nous savons que la vie continue sans nous et que nos enfants continueront à s'extasier devant elle comme devant un miracle. Les capacités du vivant semblent infinies et nous-mêmes, nous y participons dans notre faible mesure par notre énergie vitale ; ainsi nous fabriquons la vie en ayant des enfants, nous protégeons la vie à la fois par notre organisation sociale et par notre amour de la nature.

L'absence de vie nous insupporte et nous angoisse : le robot fascine, mais inquiète, parce qu'il nous montre un univers fabriqué et déshumanisé. La culture humaine a réussi à dompter la nature et à l'imiter. Mais pour la vie, nous n'avons pas de « brevet de fabrication ». On rêve de faire des espèces nouvelles, de fabriquer un « supervivant » : mais est-ce seulement possible ?

La connaissance du vivant a fait, au XX^e^ siècle, d'immenses progrès. Les rêves de d'Alembert conçus par Diderot sont en passe de devenir des réalités : nous connaissons déjà les « bébés-éprouvettes », les expériences de « clonage » (fabrication de cellules nouvelles et parfaitement identiques à la cellule-mère), les tentatives de recréer le vivant en laboratoire, la création d'hybrides, etc.

La science moderne est en passe de déchiffrer les hiéroglyphes de la vie. Bientôt nous n'apprendrons plus seulement à vivre mais nous apprendrons la vie, comme on apprend à faire de la couture ou à sculpter des statues. Nous voyons déjà les prémisses de cette pratique dans les « biotechnologies », qui constituent peut-être l'amorce d'un dernier **détournement de la nature**, aboutissement ultime de la connaissance et de la maîtrise qu'a l'homme sur le monde et sur la vie.

## L'âme, principe de vie

**ARISTOTE**

L'âme disparue, il n'y a plus d'animal et aucune des parties ne demeure la même, sinon seulement par la configuration extérieure, comme ceux qui, dans la légende, ont été changés en pierres ; s'il en est ainsi, il appartiendra au naturaliste de parler de l'âme et d'en avoir la science, et sinon de toute l'âme, du moins de ce qui fait l'animal ce qu'il est ; le naturaliste doit connaître ce qu'est l'âme, ou cette partie spéciale de l'âme, et tout ce qui accompagne son essence, d'autant plus que la nature se dit en deux sens : la matière et la substance. C'est cette dernière qui joue le rôle de moteur et de fin. C'est cela qu'est l'âme de l'animal, ou tout entière, ou une partie d'elle-même. Ainsi, il faut, dans l'étude de la nature, insister davantage sur l'âme que sur la matière, dans la mesure précisément selon laquelle c'est par l'âme que la matière est nature, et non l'inverse ; en effet, le bois n'est lit et trépied, que parce qu'il est cela en puissance.

***Des parties des animaux,*** **I, 1,**
**Trad. J.M. Le Blond, Aubier, pp. 93-95**

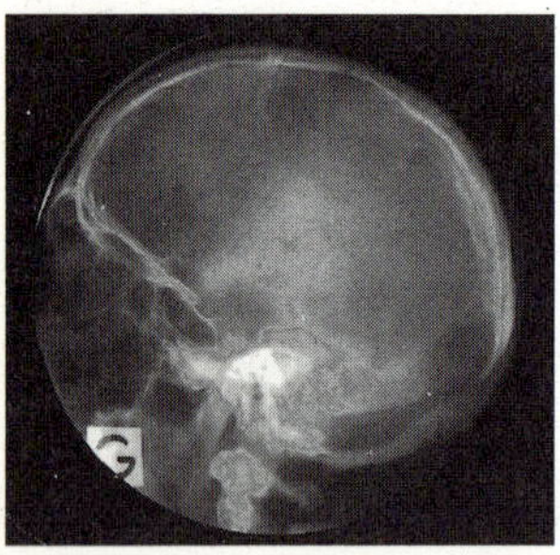


L'approche scientifique contemporaine : radiographie d'un crâne (à gauche) et cerveau observé par résonnance magnétique (RMN, à droite).

## Le « modèle » de la machine

**DESCARTES**

A cause que nous ne doutons point qu'il n'y ait des corps inanimés qui se peuvent mouvoir en autant ou plus de diverses façons que les nôtres, et qui ont autant ou plus de chaleur (ce que l'expérience fait voir en la flamme, qui seule a beaucoup plus de chaleur et de mouvement qu'aucun de nos membres), nous devons croire que toute la chaleur et tous les mouvements qui sont en nous, en tant qu'ils ne dépendent point de la pensée, n'appartiennent qu'au corps.

Au moyen de quoi nous éviterons une erreur très considérable en laquelle plusieurs sont tombés, en sorte que j'estime qu'elle est la première cause qui a empêché qu'on n'ait pu bien expliquer jusques ici les passions et les autres choses qui appartiennent à l'âme. Elle consiste en ce que, voyant que tous les corps morts sont privés de chaleur et ensuite de mouvement, on s'est imaginé que c'était l'absence de l'âme qui faisait cesser ces mouvements et cette chaleur. Et ainsi on a cru sans raison que notre chaleur naturelle et tous les mouvements de nos corps dépendent de l'âme, au lieu qu'on devait penser au contraire que l'âme ne s'absente, lorsqu'on meurt, qu'à cause que cette chaleur cesse, et que les organes qui servent à mouvoir le corps se corrompent.

Afin donc que nous évitions cette erreur, considérons que la mort n'arrive jamais par la faute de l'âme, mais seulement parce que quelqu'une des principales parties du corps se corrompt ; et jugeons que le corps d'un homme vivant diffère autant de celui d'un homme mort que fait une montre, ou autre automate (c'est-à-dire autre machine qui se meut de soi-même), lorsqu'elle est montée et qu'elle a en soi le principe corporel des mouvements pour lesquels elle est instituée, avec tout ce qui est requis pour son action, et la même montre, ou autre machine, lorsqu'elle est rompue et que le principe de son mouvement cesse d'agir.

***Traité des passions de l'âme*** **(1649), art. 4, 5, 6,**
**in « Œuvres », Pléiade, Gallimard, pp. 696-697**

## L'auto-organisation du vivant

**KANT**

Dans une montre, une partie est l'instrument qui fait se mouvoir les autres ; mais un rouage n'est pas la cause efficiente qui engendre les autres ; une partie, il est vrai, existe pour l'autre, mais non par cette autre. La cause efficiente de ces parties et de leur forme n'est pas dans la nature (de cette matière), mais au-dehors, dans un être qui peut agir en vertu d'idées d'un tout possible par sa causalité. C'est pourquoi dans une montre un rouage n'en produit pas un autre et encore moins une montre d'autres montres, en utilisant (organisant) pour cela une autre matière ; elle ne remplace pas d'elle-même les parties dont elle est privée et ne corrige pas les défauts de la première formation à l'aide des autres parties ; si elle est déréglée, elle ne se répare pas non plus d'elle-même ; toutes choses qu'on peut attendre de la nature organisée. — Un être organisé n'est pas seulement une machine ; car celle-ci ne détient qu'une force *motrice*, mais il possède une énergie *formatrice* qu'il communique même aux matières qui ne la possèdent pas (il les organise), énergie formatrice qui se propage et qu'on ne peut expliquer uniquement par la puissance motrice (le mécanisme).

On dit trop peu de la nature et de son pouvoir pour des productions organisées, quand on l'appelle un *analogue de l'art* ; on imagine alors l'artiste (un être raisonnable) en dehors d'elle. Elle s'organise au contraire elle-même dans chaque espèce de ses produits organisés ; dans l'ensemble il est vrai, d'après un même modèle, mais avec les modifications convenables exigées pour la conservation de soi-même suivant les circonstances.

***Critique de la faculté de juger* (1790),**
**II, § 65, trad. Gibelin, Vrin, p. 181**

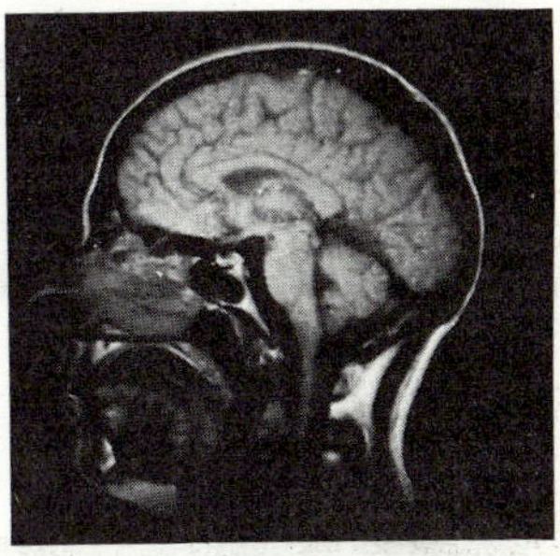

## commentaire

Pour **Aristote** (385-322 av. J.-C.), **âme** et **vie** sont synonymes ; aussi, étudier l'être vivant c'est étudier l'âme. Le grand principe explicatif du **vitalisme** d'Aristote consiste dans le primat de la fonction sur l'organe. La fonction crée l'**organe** : « l'homme a des mains parce qu'il est intelligent. » De même, le corps est vivant parce qu'il possède une âme sans laquelle il n'aurait la vie qu'« en puissance », de manière potentielle, virtuelle. La vie (l'âme) est le projet du corps, sa cause finale.

**Descartes** (1596-1650) critique radicalement l'explication aristotélicienne. L'âme et le corps ne sont pas des **substances** de même nature. L'âme n'appartient qu'à l'homme et ne concerne que sa faculté de penser. Son âme pensante mise à part, l'homme en tant que corps fonctionne comme une **machine**. Le corps mort est un automate en panne, un mécanisme incomplet. Aussi les principes du corps vivant ne sont pas à chercher au-delà des lois de la physique (qui dit âme dit métaphysique) mais dans des **mécanismes** de pression, de traction, de gonflement. Il n'est pas besoin de référer la construction de la machine corporelle à une **intention**, à un projet de construction.

**Kant** (1724-1804) va montrer l'insuffisance de l'explication mécaniste qui se contente d'analyser l'organisation interne du « corps-machine ». L'étude spécifique du vivant doit non seulement le saisir comme être organisé mais aussi, de manière inséparable, comme **être s'organisant** lui-même. Il assigne donc à l'explication mécaniste ses limites en rappelant les aspects spécifiques de la « machine vivante » (reproduction, croissance, autorégulation, autorégénération) et invite l'entendement à produire des règles nouvelles qui puissent constituer le vivant comme **objet scientifique** d'une expérience possible. Ainsi Kant écarte-t-il la **tentation vitaliste** d'appliquer nos idées dans un monde de choses en soi inexpérimentables (l'âme) et la **tentation théologique** (Dieu créateur de la machine vivante) dont peut s'assortir illusoirement l'explication mécaniste.

# *L'esprit scientifique à l'œuvre*

## l'auteur

Après des essais littéraires peu concluants, Claude Bernard (1813-1878) entreprend des études de médecine, et devient le préparateur du grand physiologiste F. Magendie. Docteur en médecine en 1843, puis docteur ès sciences dix ans plus tard, Bernard succède à son maître en 1855 (chaire de médecine expérimentale). Ses travaux principaux porteront sur la fonction du pancréas, sur la fonction glycogénique du foie, et sur la fonction vasomotrice du système nerveux autonome. Ils susciteront l'intérêt de Napoléon III qui lui obtiendra un laboratoire au Muséum national d'histoire naturelle.

Claude Bernard a longtemps travaillé sur les *Principes de médecine expérimentale*, les reprenant sans cesse pour les laisser finalement inachevés.

## l'intérêt philosophique du texte

## *Du pourquoi au comment*

La méthode expérimentale de Claude Bernard résulte d'une prise de conscience des **limites de l'esprit humain** : « La nature de notre esprit nous porte à chercher l'essence ou le *pourquoi* des choses. En cela nous visons plus loin que le but qu'il nous est donné d'atteindre ; car l'expérience nous apprend bientôt que nous ne pouvons pas aller au-delà du *comment*, c'est-à-dire au-delà de la cause prochaine ou des conditions d'existence des phénomènes. » (*Introduction à l'étude de la médecine expérimentale* [1865], Garnier-Flammarion, p. 123.) Chercher à élucider le « comment » c'est s'intéresser à la fonction biologique. Par exemple, on ne découvre pas la fonction glycogénique en se demandant : à quoi sert le foie ? — le « pourquoi » du foie —, mais en dosant le glucose du sang. La méthode expérimentale consiste ainsi à **suivre les étapes d'une fonction** pour **découvrir l'organe** qui en est responsable. Claude Bernard rompt avec une tendance alors en vigueur dans le domaine médical, l'anatomisme, qui soutenait qu'une fonction pouvait être déduite de la seule observation anatomique ; et il refuse tout autant les spéculations rationnelles *a priori* qui négligent l'observation. « L'enseignement de Claude Bernard, note G. Canguilhem, c'est que la méthode n'est pas susceptible d'être formulée séparément des recherches dont elle est issue. » (*Études d'histoire et de philosophie des sciences,* Vrin, p. 147.)

Grâce à cette considération exclusive des organismes, la médecine expérimentale approche la maladie en termes de **fonction physiologique** déréglée, et non comme une entité distincte. Elle s'oppose alors à l'hippocratisme (du nom du médecin grec Hippocrate) qui est une médecine d'observation, donc passive, descriptive, et davantage intéressée par les **définitions** que par la guérison, par les **classifications** que par le traitement. Quand Hippocrate donnait un remède, c'était toujours pour « favoriser les tendances de la nature » et « faire parcourir à la maladie ses périodes ». Pour Claude Bernard, au contraire, la méthode expérimentale doit permettre à l'homme de soumettre la nature.

**1** ◻ Les éléments histologiques sont les tissus dont sont formés les êtres vivants.

**2** ◻ Les expressions « cause prochaine », « cause déterminante » et « déterminisme » sont équivalentes chez Claude Bernard. Elles renvoient à la cause unique d'un phénomène, à sa « condition d'existence ». « La condition d'un phénomène une fois connue et remplie, le phénomène doit se reproduire toujours et nécessairement, à la volonté de l'expérimentateur » (p. 109). En tant qu'il conditionne l'apparition d'un phénomène, le déterminisme « doit être un des axiomes du médecin expérimentateur » (p. 111).

**3** ◻ « Nous ne connaissons les phénomènes de la nature que par leur relation avec les causes qui les produisent. Or, la *loi* des phénomènes n'est rien autre chose que cette relation établie numériquement, de manière à faire prévoir le rapport de la cause à l'effet dans tous les cas donnés » (p. 128).
Déterminer une loi c'est définir le rapport numérique de l'effet à sa cause, « et c'est là le but auquel s'arrête la science » (p. 108).

*Le fils de Frankenstein.*

*« Le mot et le concept de reproduction n'apparaissent que vers la fin du XVIIIe siècle pour signifier la formation des corps vivants. Auparavant les êtres ne se reproduisent pas. Ils sont engendrés. La génération est toujours le résultat d'une création qui, à une étape ou une autre, exige l'intervention directe des formes divines. »* François Jacob, *La logique du vivant.*

## *Vers la maîtrise du vivant*

**Claude BERNARD**

On concevra que dans les sciences les plus simples, le but que se propose la méthode expérimentale soit plus parfaitement atteint que dans les sciences plus complexes. C'est en astronomie ou en mécanique que les lois générales sont le mieux connues. Mais cela n'empêche pas qu'on puisse, en physique et en chimie, avec des lois moins générales, régir et prévoir un grand nombre de phénomènes.

C'est sans contredit en biologie que les phénomènes sont le plus complexes et que leurs conditions ou causes prochaines sont le plus difficiles à déterminer ; mais cela n'empêche pas que ces conditions soient toutes matérielles, soit qu'elles tiennent à l'organisme, soit qu'elles tiennent à certaines conditions extérieures. Seulement il y a une complexité immense dans toutes ces conditions, ainsi que nous le verrons plus loin. Ce n'est que par une analyse encore entourée des plus grandes difficultés qu'on peut arriver à comprendre qu'il y a des éléments histologiques[1] sur les propriétés desquels on pourra établir les lois futures de la biologie. Ces éléments vivent dans un milieu spécial à l'être vivant (sang). Or, nous pouvons espérer modifier ce milieu par l'alimentation et par les fonctions des premières voies et, par suite, les manifestations biologiques des éléments. C'est sur ce principe et cette possibilité que se trouve fondée, comme nous le verrons plus tard, toute la médecine expérimentale.

Le médecin savant doit donc avoir en vue le même but que tous les autres savants. Il doit rechercher les causes prochaines[2] des conditions d'existence des phénomènes vitaux et avoir pour objet d'arriver à déterminer les lois[3] de ces phénomènes afin de les prévoir et de les diriger, soit en les soustrayant aux causes perturbatrices, soit en les plaçant dans des conditions réparatrices, quand ils ont été troublés ou altérés.

Le médecin peut aussi bien se rendre maître de la nature vivante que le physicien et le chimiste se rendent maîtres de la nature morte. La vie n'est pas un empêchement à cette connaissance et à cette possibilité d'influence, car ce n'est pas elle qu'il s'agit de connaître ; il s'agit seulement de déterminer quelles sont ces conditions matérielles de manifestation, soit à l'état physiologique, soit à l'état pathologique. Or, quelle que soit la nature de la force vitale[4], on peut dire qu'elle ne diffère pas des forces brutes[4], en ce sens qu'elle est enchaînée comme elles, dans ses manifestations, à des conditions matérielles fatales ou déterminées par des lois. Il n'y a pas de doute à conserver à cet égard. Ne pouvons-nous pas déjà arrêter, détruire, suspendre ou modifier les phénomènes de la vie à l'aide de divers agents ? Seulement il nous manque de connaître des lois de ces phénomènes, ce qui nous empêche de prévoir avec certitude toutes les modifications que les phénomènes peuvent éprouver à l'état physiologique et pathologique. C'est donc le même but que poursuit la médecine expérimentale aussi bien que la physique et la chimie : c'est de prévoir les phénomènes, afin de s'y soustraire ou de les diriger par la connaissance de leurs lois.

***Principes de médecine expérimentale* (1858-1877), P.U.F., pp. 124-125**

**4** ☐ Incapable de dégager l'essence des phénomènes, la méthode expérimentale se sert du mot « force » pour la commodité du langage : « il n'y a pas plus de force vitale que de force minérale, ou, si l'on veut, l'une existe tout autant que l'autre » (p. 107). En effet, « la force vitale est une cause première analogue à toutes les autres, en ce sens qu'elle nous est parfaitement inconnue » (*ibid.*, p. 109).
Néanmoins, « il faut admettre comme un axiome expérimental que *chez les êtres vivants aussi bien que dans les corps bruts les conditions d'existence de tout phénomène sont déterminées d'une manière absolue* (...) Que l'on admette ou non que cette force diffère essentiellement de celles qui président aux manifestations des phénomènes des corps bruts, peu importe, il faut néanmoins qu'il y ait déterminisme dans les phénomènes vitaux qu'elle régit ; car sans cela ce serait une force aveugle et sans loi, ce qui est impossible » (p. 109).

Les numéros de page renvoient à l'*Introduction à l'étude de la médecine expérimentale*, Garnier-Flammarion.

# *CONNAISSANCE « ET » VIVANT*

« Il y a peu de gens qui ne le prendraient pour un affront si on leur demandait ce qu'ils entendent en parlant de la vie », constatait Locke dans ses *Essais.* Tout se passe en effet comme si l'expression « connaissance du vivant » soudait deux notions et rendait évidente la rejonction du concept et de la vie. La réflexion aristotélicienne sur la vie, la première à être méthodique, commence effectivement par identifier le concept du vivant avec le vivant lui-même. Seulement la question se pose toujours de savoir comment le concept peut nous procurer l'accès à la vie. « On serait fort embarrassé, remarquait Bergson, pour citer une découverte biologique due au raisonnement pur. » (*L'Évolution créatrice,* P.U.F., p. VII.)

Quelques étapes du parcours philosophique nous montreront comment connaissance et vivant peuvent être identifiés, dissociés,... ou synthétisés.

Les fantasmagories du vivant ...

## *L'identification du concept et de la vie*

La question aristotélicienne porte sur le **principe de la vie.** Pour Aristote, il est insuffisant de dire que le vivant possède une âme car on n'explique pas **comment** celle-ci anime les organes. Il faut rappeler un trait spécifique de la pensée grecque pour bien saisir la réflexion d'Aristote sur le vivant. Les Grecs concevaient la nature entière comme un être unique et postulaient la **continuité de la vie et de la matière.** Si les éléments sont communs aux corps vivants et aux corps inanimés, il n'y a donc pas différence de nature ni de structure entre minéraux, végétaux et animaux. Aristote insiste à son tour sur l'identité de substance entre l'animé et l'inanimé et fait résulter les quatre particules élémentaires (feu, air, eau, terre) des combinaisons possibles du chaud et du sec, du chaud et de l'humide, du froid et de l'humide, du froid et du sec. La terre, l'air et l'eau constituent le milieu du vivant, tandis que la juste proportion entre chaud et froid, sec et humide représente la condition de la vie. Milieu et condition favorable à la vie n'expliquent pas pour autant ce qu'elle est. D'une part, Aristote constate que la vie est avant tout caractérisée par l'**équilibre** entre le chaud et l'humide — le froid et le sec annonçant la vieillesse et la mort. D'autre part, un organisme vivant est un organisme en **mouvement.** La vie est mouvement, ou plus exactement **changement.** En grec, *kinésis* signifie changement, c'est-à-dire à la fois translation (changement de lieu) et altération (transformation du corps : la pousse des cheveux est un « mouvement »). Le **souffle vital** est le **moteur interne** qui transmet le mouvement. Mais il faut un « premier moteur » qui puisse causer le changement sans le subir : le souffle vital reste donc un instrument qui puise son énergie dans l'**âme.** L'âme est pour le corps ce que la vue est pour l'œil, c'est-à-dire l'aptitude à remplir une fonction. Le corps est doté d'organes que l'âme meut en acte ; elle est « la forme d'un corps naturel ayant la vie en puissance », dit Aristote dans son *Traité de l'âme.* Cette « aptitude » possède des facultés diverses : facultés de nutrition et de reproduction (que se partagent les végétaux et les animaux), sensibilité et faculté de déplacement (animaux), et raison. Seul l'homme possède tous les niveaux de cette âme complexe. La vie est donc nutrition, reproduction, sensation, mouvement **et** pensée.

Aristote ne dit rien sur l'origine de l'âme mais, en introduisant la notion de forme, il **refuse la conception mathématique du vivant.** Le vivant — son concept — n'est rien d'autre que lui-même puisque ce qui caractérise un organisme en vie c'est l'absence de distance. Le vivant n'est jamais à distance de lui-même. Et l'expression « partie de l'organisme » est illusoire dès lors que, comme le fait remarquer Georges Canguilhem, « le tout est partout présent à la pseudo-partie (...) ; c'est le tout qui est à tout moment présent à chaque partie » (*Études d'histoire et de philosophie des sciences,* Vrin, p. 363).

Hegel reprendra à sa façon la finalité* immanente d'Aristote, soutenant que le vivant n'est rien d'autre que le **processus de son rassemblement** avec lui-même, par le jeu de l'autoconservation, de la structuration de l'individu, et de la conservation de l'espèce. Et cette thèse influencera tout un courant de la science biologique, qui identifie la connaissance du vivant avec le fait de vivre le concept de vivant. Dans ses *Remarques sur le problème épistémologique de la biologie,* Kurt Goldstein écrit :

de « démontrer » — **le caractère dynamique de la vie**. La vie est une chaîne, un influx, une dynamique, c'est-à-dire une « mécanique » se produisant au sein des vivants.

*A supposer même l'impossible : qu'un jour nous parvenions à reconstituer toutes les conditions physico-chimiques nécessaires et que nous voyions les actions et réactions suscitées s'organiser sous forme de vivant, la vie nous échapperait encore. Car de deux choses l'une, ou nous déterminerions cette « biose » selon nos desseins, et elle ne serait alors*

*La biologie a affaire à des individus qui existent et tendent à exister, c'est-à-dire à réaliser leur capacité du mieux possible dans un environnement donné. Les performances de l'organisme en vie sont seulement compréhensibles d'après leur rapport à cette tendance fondamentale, c'est-à-dire seulement comme expression du processus d'autoréalisation de l'organisme (...) Nous sommes capables d'atteindre ce but grâce à une activité créatrice, à une démarche qui est essentiellement apparentée à l'activité par laquelle l'organisme compose avec le monde ambiant de façon à pouvoir se réaliser lui-même, c'est-à-dire exister.*
(in « Congrès international de philosophie des sciences », I, Épistémologie, Hermann, p. 142)

## La dissociation du concept et de la vie

*Faire de la biologie n'est pas synonyme de vivre,* écrit R. Ruyer en réponse à K. Goldstein. *Pour percevoir une mélodie, comme pour la chanter, il est vrai qu'il faut en un sens la vivre soi-même, mais n'exagérons rien. Entendre chanter et entrer dans un chœur, restent bien deux opérations distinctes.*
(*Néo-finalisme*, 1952, p. 217.)

**Descartes**, en voulant bannir de la science toute considération des **causes finales**, est certainement à l'origine de ce processus de **dissociation**. Il établit ce que Whitehead appelle une bifurcation dans la réalité. La vie est tout entière du côté de l'étendue ; l'âme est tout entière de son propre côté. La vie appartient au domaine du mécanisme et peut donc être connue selon les lois physiques.

Actuellement les biologistes ont tendance à articuler leurs conclusions sur le truisme suivant : **la vie n'existe pas, il n'existe que des vivants**. Le professeur Bruno Ribes résumait en ces termes les enseignements d'un colloque réunissant biologistes et médecins : on ne peut concevoir abstraitement la vie. Il est seulement possible de **« montrer »** — et non

... la connaissance du vivant

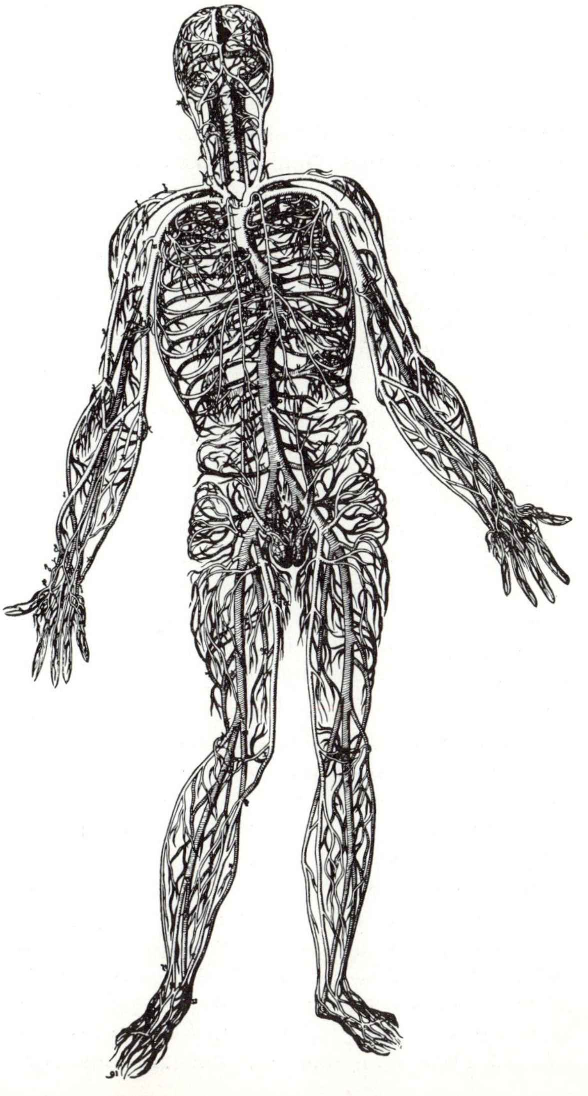

*qu'extrapolation de notre vie, une manière de reproduction, ou cette « biose » entamerait une histoire propre et nous-mêmes n'en pourrions qu'observer le phénomène. On ne peut ultimement comprendre la vie, car cela impliquerait tout ensemble que nous vivions et que nous soyons extérieurs à la vie d'une part, et d'autre part que la vie soit figée ou localisable dans le temps et l'espace.* Il n'est de connaissance de la vie que sur le mode de la reconnaissance.
(*Biologie et éthique*, Unesco, 1978, pp. 33-34)

Jean Piaget, un des maîtres de la psychologie expérimentale, distingue lui aussi très nettement la vie de la connaissance. Le propre de la connaissance est d'atteindre le vrai, tandis que le propre de la vie est de se vivre. « Mais si l'on ne sait pas exactement en quoi consiste la vie, remarque-t-il, on sait encore moins ce que signifie la "vérité" cognitive. » (*Biologie et connaissance*, Gallimard, p. 499.)

## *La synthèse bergsonienne*

La philosophie de **Bergson** est fondamentalement **philosphie de la vie**. Elle affirme la difficulté, mais non pas l'impossibilité d'accéder à sa connaissance.

La vie nous est difficilement accessible parce que nous sommes *« homo faber »* : l'homme **fabrique** de l'artificiel, alors que la vie est un processus d'**organisation**, un « élan ». L'« élan vital » est l'expression permettant de rendre compte d'une évolution divergente :

> *... nous avons affaire ici à un obus qui a tout de suite éclaté en fragments, lesquels étant eux-mêmes des espèces d'obus, ont éclaté à leur tour en fragments destinés à éclater encore, et ainsi de suite pendant fort longtemps. Nous ne percevons que ce qui est le plus près de nous, les mouvements éparpillés des éclats pulvérisés. C'est en partant d'eux que nous devons remonter, de degré en degré, jusqu'au mouvement originel.*
> (*L'Évolution créatrice*, P.U.F., p. 99)

La vie est une **tendance**, un **élan sans cesse entravé** (qu'est-ce qu'une espèce sinon un arrêt de la vie ?). Elle crée. L'intelligence humaine est une émanation, un moyen de la vie pour agir. Bergson rejette absolument le caractère contemplatif que Platon attribuait à l'intelligence : celle-ci « a autre chose à faire... : agir et se savoir agir » (*ibid.*, p. 192). Mais comment cette parcelle de ce qui a jailli pourrait-elle alors embrasser la vie ? « Déposée en cours de route par le mouvement évolutif, comment s'appliquerait-elle le long du mouvement évolutif lui-même ? » (*ibid.*, p. IV). La difficulté tournerait à l'impossibilité de toute compréhension de la vie si l'homme était seul. Mais il est au milieu de ces « éclats pulvérisés », entouré de toutes les formes prises par la vie. C'est parce que l'élan vital laisse en chacune de ses manifestations une empreinte de ce qu'elle actualise ailleurs que l'homme peut parvenir à la connaissance de la vie. Ainsi l'intelligence est-elle frangée d'instinct, comme l'instinct est auréolé d'une frange d'intelligence. Instinct et intelligence « ne s'accompagnent que parce qu'ils se complètent, et ils ne se complètent que parce qu'ils sont différents, ce qu'il y a d'instinctif dans l'instinct étant de sens opposé à ce qu'il y a d'intelligent dans l'intelligence » (*ibid.*, p. 137). C'est par une **synthèse** de ces différentes tendances — et non par un pur retour à l'instinct, ce qui serait absurde ! — que la conscience devient coextensive à la vie, se retourne vers sa source, et parvient à l'entrevoir. La vie se retrouve par synthèse :

> *Il y a des choses que l'intelligence seule est capable de chercher, mais que, par elle-même, elle ne trouvera jamais. Ces choses, l'instinct seul les trouverait ; mais il ne les cherchera jamais.*
> (*ibid.*, p. 152)


**BIBLIOGRAPHIE DE LA LEÇON**

***H. BERGSON :***
*L'Évolution créatrice,* P.U.F.

***G. CANGUILHEM :***
*La Connaissance de la vie ; Études d'histoire et de philosophie des sciences,* Vrin.

***F. DAGOGNET :***
*Philosophie biologique,* P.U.F.

***HEGEL :***
*Encyclopédie des sciences philosophiques en abrégé,* Gallimard.

***P. LOUIS :***
*La Découverte de la vie. Aristote,* Hermann.

## TABLE D'ORIENTATION

**CONNAISSANCE DU VIVANT**

1 LOGIQUE ET MATHÉMATIQUE

2 THÉORIE ET EXPÉRIENCE

3 TECHNIQUE

4 HISTOIRE

## SUJETS DE DISSERTATION

**1**

- Les mathématiques sont-elles un instrument, un langage ou un modèle pour les autres sciences ? (Amiens, C-D, 1983)
- Quelle place la réflexion sur le vivant peut-elle accorder au hasard ? (Nancy, C-D, 1982)

**2**

- La vie est-elle un objet scientifique ? (Nantes, B, 1981)
- L'expérience joue-t-elle le même rôle dans les sciences et dans la conduite de la vie ? (Lille, B, 1983)
- Le biologiste peut-il prétendre connaître la vie en étudiant les êtres vivants ? (Limoges, B, 1981)

**3**

- Un être vivant peut-il être assimilé à une machine ? (Grenoble, C-D, 1981)
- La connaissance se soumet-elle à l'objet étudié ou le produit-elle ? (Caen, C-D, 1982)

**4**

- Quelle est l'importance de l'histoire pour la connaissance de l'homme ? (Nice, C-D-E, 1984)
- Existe-t-il des limites à la connaissance scientifique d'un être vivant ? (Antilles-Guyane, C-D, 1983)
- En quoi la réflexion sur les sciences nous instruit-elle sur l'esprit humain ? (Lille, C-D-E, 1984)

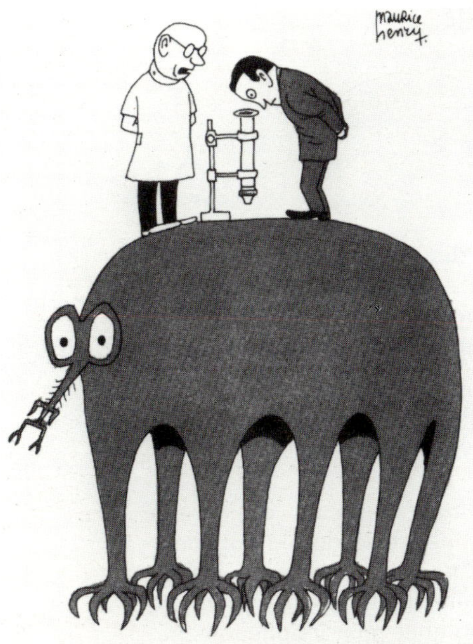


— C'est le microbe de la grippe. Mais rassurez-vous, il est considérablement agrandi...

## BIBLIOGRAPHIE GÉNÉRALE

**ARISTOTE :** *Histoire des animaux,* Vrin ; *Des parties des animaux,* Livre I, Aubier ; *De la génération et de la corruption,* Vrin ; *De l'âme,* Vrin.

**C. BERNARD :** *Introduction à l'étude de la médecine expérimentale,* Garnier-Flammarion.

**DARWIN :** *L'Origine des espèces,* Maspero.

**DESCARTES :** *Discours de la méthode* (Ve partie), Nathan, coll. « Les intégrales de Philo ».

**KANT :** *Critique de la faculté de juger,* 2e partie, 1re section, Vrin.

**A. LWOFF :** *L'Ordre biologique,* Laffont.

**J. MONOD :** *Le Hasard et la nécessité,* Seuil.

**J.D. WATSON :** *La Double Hélice,* Laffont.

**E. WOLFF :** *Les Chemins de la vie,* Hermann.

## GLOSSAIRE

**Biologie** (du grec *bios,* vie, et *logos,* science) : terme mis en usage par Lamarck (1774-1829), désignant aujourd'hui l'ensemble des sciences de la vie.

**Finalité interne :** distincte de la *finalité externe* ou extrinsèque, la *finalité interne* (ou intrinsèque, immanente) réside dans l'articulation des parties au tout et du tout aux parties à l'intérieur d'un système.

**Heuristique** (adj., du grec *heuriskein,* trouver) : qualifie ce qui permet la découverte et la formation de théories nouvelles dans la démarche scientifique.

**Mécanisme :** Voir le *Glossaire* du chapitre sur la *Formation d'un concept scientifique (la lumière).*

**Milieu :** « En biologie, le mot *milieu* désigne en général l'ensemble total des circonstances, extérieures, d'un genre quelconque, nécessaires à l'extérieur de chaque organisme déterminé » (A. Comte, *Philosophie première* [1830-1842] ).

**Vitalisme :** historiquement, le vitalisme est une doctrine liée à une école médicale qui expliquerait la vie à partir d'un « principe vital » distinct à la fois de la matière et de l'âme.
Dans un sens plus large, le vitalisme désigne toute doctrine philosophique ou scientifique pour laquelle il existe une spécificité des phénomènes vitaux.

**LES FAUSSES ÉVIDENCES**

• Pendant leur service militaire, les ruraux ont, d'ordinaire, meilleur moral que les citadins. (Après tout, ils sont habitués à une vie plus dure.)

• Les soldats originaires du sud des États-Unis supportent mieux le climat chaud des îles du Pacifique que les soldats du Nord. (Bien sûr, les habitants du Sud sont plus habitués à la chaleur.)

• Les simples soldats de race blanche sont davantage portés à devenir sous-officiers que les soldats de race noire. (Le manque d'ambition des Noirs est presque proverbial.) (...)

• Les soldats américains étaient plus impatients d'être rapatriés pendant que l'on combattait qu'après la reddition allemande. (On ne peut pas blâmer les gens de ne pas avoir envie de se faire tuer.)

Voilà quelques échantillons de corrélations du type le plus simple qui constituent les « briques » avec lesquelles se constitue la sociologie empirique. Mais pourquoi, si elles sont si évidentes, dépenser tant d'argent et d'énergie à établir de telles découvertes ? Ne serait-il pas plus sage de les considérer comme données et de passer tout de suite à un type d'analyse plus élaboré ?

Cela pourrait se faire, n'était un détail intéressant à propos de cette liste. *Chacune de ces propositions énonce exactement le contraire des résultats réels.* L'enquête établissait en réalité que (...) les habitants du Sud ne s'adaptaient pas plus facilement au climat tropical que les habitants du Nord, que les Noirs étaient plus avides de promotion que les Blancs, etc... ?

Si nous avions mentionné au début les résultats réels de l'enquête, le lecteur les aurait également qualifiés d'« évidents ». Ce qui est évident, c'est que quelque chose ne va pas dans tout ce raisonnement sur l'« évidence ». En réalité, il faudrait le retourner : puisque toute espèce de réaction humaine est concevable, il est d'une grande importance de savoir quelles réactions se produisent, en fait, le plus fréquemment et dans quelles conditions. Alors seulement la science sociale pourra aller plus loin.

P. Lazarsfeld, *The american Soldier*, cité dans Bourdieu, Passeron et Chamboredon, *Le Métier de sociologue*, Mouton-Bordas, tome 1, pp. 141-142

# LA SOCIOLOGIE

## CONSTITUTION D'UNE SCIENCE DE L'HOMME

### *A quoi sert la sociologie ?*

A quoi sert la sociologie sinon à énoncer des **évidences**, voire des truismes ? Ne savons-nous pas tous, par exemple, que le milieu social a un rapport avec la réussite scolaire ? Que les ouvriers votent plus « à gauche » que les patrons ? Que les femmes ont moins d'ambition sociale que les hommes ?

Et pourtant, la sociologie, si elle veut se constituer comme une science à part entière, doit se débarrasser de ce genre d'évidences. Bachelard qualifiait l'évidence première d'obstacle épistémologique* et la remarque vaut pour la sociologie.

Soupçonnée d'inutilité, la sociologie connaît pourtant un succès considérable auprès d'un très vaste public : nul bulletin télévisé, nul article de journal, nulle émission de radio qui ne propose désormais un sondage, une enquête. Certes, il s'agit là d'une vulgarisation de la sociologie, que certains nomment la « sociographie ». Il y a pourtant là le signe d'un intérêt soutenu de la part du public pour les phénomènes sociaux. Un journaliste contemporain ne pourrait pas concevoir, aujourd'hui, d'expliquer un phénomène, quel qu'il soit, sans le rapporter à un contexte social. Voilà un « réflexe » sociologique manifeste : ne pas juger, au nom de la morale, des intérêts personnels, des prises de position politiques ; **situer** pour comprendre. S'agit-il d'un **souci d'objectivité**, ou plutôt d'un **« sociologisme »** incontrôlé, c'est-à-dire d'une fausse explication qui, sous prétexte de prendre en compte des **déterminations sociales**, en vient à nier d'autres dimensions d'un même phénomène, psychologique, politique, religieux, etc... ?

L'existence même de la sociologie ne manque pas de soulever nombre de questions. Et tout d'abord quel est son objet, sur lequel les sociologues eux-mêmes ont du mal à s'entendre ? La sociologie est-elle plus qu'un nom plaqué sur une série de domaines et d'objets hétéroclites — de la religion à la psychologie collective, de l'écriture au choix du conjoint ? Et quelles sont ses visées : décrire, expliquer, justifier, rendre une action possible et pertinente ? L'interaction de l'observateur avec l'objet observé ne fausse-t-elle pas, au départ, toute prétention à l'objectivité ? Y a-t-il quoi que ce soit de fiable dans des méthodes prises entre l'**empirisme*** camouflé d'appareillages mathématiques et une **spéculation** coupée de toute réalité ?

Il est clair que la sociologie répond en tout cas à un besoin, qu'elle contribue peut-être même à créer et à alimenter. Reste alors à examiner les fondements de cette discipline récente à l'expansion si rapide, et à s'interroger sur l'unité que recouvre une étonnante multiplicité d'approches.

*« Probablement y a-t-il des lois sociales, mais ne cherchons pas à les formuler trop rapidement, contentons-nous de découvrir des régularités. »*
H. Mendras.

## Sociologie du suicide

**DURKHEIM**

Laissant de côté l'individu, nous avons cherché dans la nature des sociétés elles-mêmes les causes de l'aptitude que chacune d'elles a pour le suicide. (...) Cette fois, nous nous sommes enfin trouvés en présence de lois véritables, qui nous ont permis d'essayer une classification méthodique des types de suicides. Les causes sociologiques que nous avons ainsi déterminées nous ont même expliqué ces concordances diverses que l'on a souvent attribuées à l'influence de causes matérielles, et où l'on a voulu voir une preuve de cette influence.

Si la femme se tue beaucoup moins que l'homme, c'est qu'elle est beaucoup moins engagée que lui dans la vie collective ; elle en sent donc moins fortement l'action, bonne ou mauvaise. Il en est de même du vieillard et de l'enfant, quoique pour d'autres raisons. Enfin, si le suicide croît de janvier à juin pour décroître ensuite, c'est que l'activité sociale passe par les mêmes variations saisonnières. Il est donc naturel que les différents effets qu'elle produit soient soumis au même rythme et par suite, soient plus marqués pendant la première de ces deux périodes : or le suicide est l'un d'eux.

De tous ces faits, il résulte que le taux social des suicides ne s'explique que sociologiquement. C'est la constitution morale de la société qui fixe à chaque instant le contingent des morts volontaires.

***Le Suicide* (1897), P.U.F., p. 337**

## Sociologie de l'école

**Ch. BAUDELOT et R. ESTABLET**

Nous avons, par une série d'approximations, mis en évidence un *fait* brut et brutal : la division des effectifs scolarisés en deux grandes masses correspondant à deux types de scolarisation (75 %-25 %). Ce fait est un fait. Il faut l'expliquer. Nous allons l'expliquer en établissant un autre *fait*, dissimulé sous le premier, un fait qui dément l'illusion idéologique de l'unité de l'école et sa conséquence : l'illusion que tous les élèves seraient scolarisés dans *une seule et même école*, abandonnée en route par les 75 %, et suivie jusqu'au bout par les 25 % en fonction de leurs « aptitudes » ou des ressources de leurs familles.

Nous allons montrer que, loin d'être « inégalement » scolarisées dans *une seule et même école*, ces deux grandes masses sont en fait réparties dans *deux filières scolaires totalement séparées*. Nous allons établir que ces deux filières sont : étanches ; hétérogènes par leurs contenus idéologiques et les formes d'inculcation dans lesquels ces contenus se réalisent ; opposées par ce qu'on appelle leur « finalité ». En clair, elles conduisent à des postes tendanciellement antagonistes de la division sociale du travail ; hétérogènes par leur recrutement ; elles s'adressent à des classes sociales antagonistes.

Ces deux filières, nous les appellerons désormais *réseaux de scolarisation*.

***L'École capitaliste en France,***
**Maspéro, p. 41**

## *Sociologie du goût*

**P. BOURDIEU**

La sociologie est là sur le terrain par excellence de la dénégation du social.

Il ne lui suffit pas de combattre les évidences premières ; de rapporter le goût, ce principe incréé de toute « création », aux conditions sociales dont il est le produit, en sachant bien que les mêmes qui s'acharnent à refouler l'évidence de la relation entre le goût et l'éducation, entre la culture au sens d'état de ce qui est cultivé et la culture comme action de cultiver, s'étonneront qu'on puisse dépenser autant de peine à prouver scientifiquement cette évidence. Il lui faut encore interroger cette relation qui n'est auto-explicative qu'en apparence ; et chercher la raison du paradoxe qui veut que la relation avec le capital scolaire[1] reste tout aussi forte dans les domaines que l'école n'enseigne pas.

Cela sans jamais pouvoir s'en remettre complètement à l'arbitrage positiviste[2] de ce qu'on appelle les faits : derrière les relations statistiques entre le capital scolaire ou l'origine sociale et tel ou tel savoir ou telle ou telle manière de le mettre en œuvre, se cachent des relations entre des groupes entretenant des rapports différents, voire antagonistes avec la culture, selon les conditions dans lesquelles ils ont acquis leur capital culturel et les marchés sur lesquels ils peuvent en tirer le meilleur profit.

***La Distinction*** **(1979), éditions de Minuit, pp. 10-11**

**1** ▢ La notion de *capital scolaire* élaborée par Bourdieu (tout comme celle de *capital culturel*), désigne l'ensemble des acquis, connaissances, goûts, désirs, habitudes, qui seront mis à profit par l'individu pour se bâtir une trajectoire sociale optimale.

**2** ▢ Le *positivisme* auquel il est fait ici allusion est moins l'école philosophique de Comte (voir le *Grand Texte*), que l'attitude spontanée qui consiste à voir dans les faits des réalités ultimes et naturelles. « Derrière les faits », il y a tout à la fois une activité de découpage de la réalité constituée en faits, et un réseau de détermination de ces mêmes faits.

## commentaire

Malgré les apparences, les différences entre ces trois approches sociologiques ne portent pas tant sur leurs objets (le suicide, l'école, le goût), mais sur leurs méthodes.

**Durkheim** (1858-1917) applique ici les principes méthodologiques selon lui inhérents à toute sociologie : le suicide, qui ne peut en apparence s'expliquer qu'individuellement, ne peut en fait recevoir d'autre **explication** que **sociale**. Pour cela, Durkheim utilise les ressources des mathématiques et de la **statistique**, et établit des taux de variation selon les pays envisagés. Ce qui importe, dans cette perspective, c'est d'expliquer le fait social par un autre fait social : le suicide ne tient pas à des facteurs psychologiques, encore moins à des facteurs climatiques, comme on a pu le prétendre. Le suicide n'a que des **causes sociales**. Dans chaque cas, le sociologue doit vérifier le degré d'intégration de l'individu à la collectivité.

Le texte de **Baudelot et Establet** relève d'une explication de type marxiste. La société n'est pas conçue ici comme un ensemble cohérent, voire « naturel », comme un tout sans faille, mais comme un **système de contradictions** aiguës : la notion de « classe » est ignorée de Durkheim, et pourtant la **lutte de classes** traverse toutes les institutions sociales, à commencer par l'école. Derrière le masque d'une école unique et égalitaire se cacheraient deux recrutements distincts, constituant « l'appareil idéologique de l'État capitaliste », qui ne vise qu'à reproduire les rapports de production.

Pierre **Bourdieu** (né en 1930), quant à lui, propose l'analyse de ce qui se donne pour l'inanalysable par excellence, le goût. Celui-ci apparaît souvent comme simple **préférence** personnelle, comme **libre choix** des individus ; mais derrière cette distinction simpliste entre « le bon goût » et le « mauvais goût » se profilent des « choix objectivement systématiques ». Le goût est, selon Bourdieu, inséparable des classes sociales et des styles de vie. Bourdieu entend ainsi opérer la synthèse de Durkheim et de Marx. Les conséquences philosophiques en sont importantes, puisque le beau a longtemps été soustrait à ses racines sociales : « Le beau, disait Kant, plait universellement sans concept. » La sociologie bouleverse ici les interrogations philosophiques traditionnelles.

# *Un projet scientifique*

## l'auteur

La carrière intellectuelle d'Auguste Comte (1798-1857) peut être divisée en deux grandes périodes : le **positivisme** fut d'abord une **philosophie des sciences**, Comte voulant faire figure de « nouvel Aristote » ; puis, après 1845, ce fut aussi une **religion**, religion de l'Humanité, dont Comte règle le culte dans les moindres détails, sacrements, calendrier consacrant chaque jour à un ou plusieurs saints laïques, etc.

C'est la « combinaison rationnelle de (...) deux idées-mères » (*D.E.P.*, § 77) qui constitue, au dire de Comte lui-même, la clé de voûte de la doctrine :

**1.** la **loi des trois états** enseigne que « toutes nos spéculations quelconques sont inévitablement assujetties, soit chez l'individu, soit chez l'espèce, à passer successivement par trois états théoriques différents : état **théologique** ou fictif, état **métaphysique** ou abstrait, état **positif** ou scientifique » ;

**2.** la **hiérarchie des sciences** ou **loi encyclopédique** prétend décrire à la fois la « dépendance dogmatique » et la « succession historique » des six disciplines fondamentales classées dans l'ordre suivant : mathématiques, astronomie, physique, chimie, biologie et, le mot est forgé par Comte lui-même, **sociologie** (ou **« physique sociale »**). Cette dernière apparaît ainsi comme « le seul but essentiel de toute la philosophie positive » (*D.E.P.*, § 73) ; mais elle constitue du même coup le dernier refuge des abstractions théologiques et métaphysiques, le terrain ultime où s'affrontent la science et les illusions : la sociologie constitue donc un enjeu essentiel, et Comte dénonce avec virulence les « spéculations sociales » qui en tiennent trop souvent lieu.

## l'intérêt philosophique du texte

« Aucun *ordre* réel, écrit Auguste Comte, ne peut plus s'établir s'il n'est pleinement compatible avec le *progrès* » (*C.P.P.*, 46ᵉ leçon) : l'« interrègne mental » ouvert par la Révolution française présente donc au moins l'intérêt de **frayer la voie à l'étude positive de la question sociale**. Pour ce faire, il est nécessaire selon lui de dissiper sans retour « la vaine prétention de gouverner à notre gré » les phénomènes sociaux (*C.P.P.*, 48ᵉ leçon) : car c'est la **science** — et non l'utopie — qui seule peut nous permettre de les **prévoir** et, partant, d'en **modifier** le cours dans une assez large mesure. Cette science, Comte en **définit négativement trois conditions** :

**1.** sans recourir à l'imagination ni aux passions, elle recherchera « l'exacte *coordination des faits observés* » (*C.P.P.*, 48ᵉ leçon) ;

**2.** elle tournera le dos aux *« absolutismes intellectuels »* des deux écoles extrêmes ;

**3.** enfin, elle ne perdra pas de vue que les **phénomènes sociaux** sont **assujettis**, « de la même manière que tous les autres, **à d'invariables lois naturelles** » *(ibid.)*.

En dehors du nom même de « sociologie », qui est une création de Comte, celui-ci a mérité d'apparaître comme le père de cette discipline pour en avoir dessiné le programme et les conditions, pour avoir souligné la **spécificité** et l'**objectivité du fait social**. Lorsque Durkheim écrivait, en 1895, que « les faits sociaux doivent être traités comme des choses », il ne faisait que développer les bases posées un demi-siècle plus tôt par Auguste Comte.

**1** □ L'état positif constitue selon Comte « l'état vraiment normal de la raison humaine », le « vrai régime mental » d'une humanité parvenue à « maturité ». (*D.E.P.*, § 37, 78 et 77)

**2** □ Dans toute science, l'état initial est *théologique* : on tend alors à « transporter partout le type humain » (*S.P.P.*, III, 30) en rapportant tous les phénomènes observés à des êtres surnaturels ; l'état final est *positif* ou scientifique : on n'y réclame plus des *causes* (celles-ci fussent-elles exclusivement naturelles) mais des *lois* ; on n'y recherche plus le *pourquoi*, mais le *comment* des phénomènes.
L'état intermédiaire (ou *métaphysique*) n'étant jamais qu'une « modification dissolvante » du premier (*D.E.P.*, § 2), Comte parle souvent *tout d'un bloc* d'état « théologico-métaphysique ».

**3** □ « Science politique » et « science sociale » sont ici des termes synonymes désignant toute étude des faits sociaux et politiques (ce dernier mot dérivant du grec *polis*, la Cité). Mais l'état présent d'une telle *science* est évidemment « préscientifique » aux yeux de Comte.

La famille est un groupe social parmi d'autres ; à ce titre, elle est susceptible d'une approche sociologique.

## *L'état présent de la science sociale*

**COMTE**

Quand on apprécie, à l'abri de toute prévention, le véritable état présent de la science sociale, avec cet esprit franchement positif que doivent aujourd'hui développer les saines études scientifiques, on ne peut réellement s'empêcher d'y reconnaître, sans aucune exagération, soit dans l'ensemble de la méthode ou dans celui de la doctrine, la combinaison des divers caractères essentiels qui ont toujours distingué jadis l'enfance[1] théologico-métaphysique[2] des autres branches de la philosophie naturelle.

En un mot, cette situation générale de la science politique[3] actuelle reproduit exactement sous nos yeux l'analogie fondamentale de ce que furent autrefois l'astrologie pour l'astronomie, l'alchimie pour la chimie, et la recherche de la panacée universelle[4] pour le système des études médicales. La politique théologique et la politique métaphysique, malgré leur antagonisme pratique, peuvent ici, sans le moindre inconvénient réel, afin de simplifier l'examen, être enveloppées dans une considération commune, parce que, au fond, sous le point de vue scientifique, la seconde ne constitue, à vrai dire, qu'une modification générale de la première, dont elle ne diffère essentiellement que par un caractère moins prononcé. (...) Que les phénomènes soient rapportés à une intervention surnaturelle directe et continue, ou immédiatement expliqués par la vertu mystérieuse des entités correspondantes, cette diversité secondaire, entre des conceptions d'ailleurs finalement identiques, n'empêche nullement l'inévitable reproduction commune des attributs les plus caractéristiques, encore moins ici qu'en tout autre sujet philosophique.

Ces caractères consistent principalement, quant à la méthode, dans la prépondérance fondamentale de l'imagination sur l'observation ; et quant à la doctrine, dans la recherche exclusive des notions absolues ; d'où résulte doublement, pour la destination finale de la science, la tendance inévitable à exercer une action arbitraire et indéfinie sur des phénomènes qui ne sont point regardés comme assujettis à d'invariables lois naturelles. En un mot, l'esprit général de toutes les spéculations humaines, à l'état théologico-métaphysique, est nécessairement à la fois idéal dans la marche, absolu dans la conception, et arbitraire dans l'application[5].

Or, on ne saurait aucunement douter que tels ne soient encore aujourd'hui les caractères dominants de l'ensemble des spéculations sociales, sous quelque aspect qu'on les envisage[6].

***Cours de philosophie positive* (1830-1842), 48e leçon, Hermann, tome II, pp. 101-102**

**4** □ On sait qu'il s'agit là d'un pléonasme passé désormais dans l'usage : une *panacée* (du grec : *pan*, tout et *akos*, remède) serait un remède propre à guérir tous les maux.

**5** □ « L'histoire générale des opinions humaines, note Comte un peu plus loin, vérifie clairement cette *aberration fondamentale* », à savoir l'illusion qui consiste en ce que les hommes ont primitivement la prétention chimérique d'exercer une action illimitée sur les phénomènes dont ils ignorent les lois : ainsi en a-t-il été en astronomie, en physique, en chimie, etc. (*C.P.P.*, 48e leçon, p. 105)

**6** □ La sociologie positive enseigne à l'inverse que le phénomène social est « aussi radicalement soustrait qu'aucun autre aux caprices humains ou surhumains ». (*C.P.P.*, 48e leçon, p. 106)

**C.P.P. :** *Cours de philosophie positive* (1830-1842), Hermann.
**D.E.P. :** *Discours sur l'esprit positif* (1844), Vrin.
**S.P.P. :** *Système de politique positive* (1851-1854), Librairie positiviste G. Crès (larges extraits in : A. Comte, *Sociologie*, textes choisis par J. Laubier, P.U.F., Coll. SUP Grands Textes).

# *LA SOCIOLOGIE : OBJET, MÉTHODES ET PROBLÈMES*

Le terme de « sociologie » a été créé par **Auguste Comte** au XIX$^{e}$ siècle. Dans sa classification des sciences, Comte fait apparaître la sociologie comme le **couronnement des autres sciences** : elle est, en effet, **la plus générale**. Toutefois, l'invention du mot ne suffit pas, loin de là, à assurer à une discipline son statut scientifique.

La nécessité d'étudier les phénomènes sociaux était déjà apparue tout au long des XVIII$^{e}$ et XIX$^{e}$ siècles ; encore fallait-il établir des **« lois »** qui auraient régi le comportement de l'homme en collectivité, et qui auraient eu valeur d'explication. De ce point de vue, l'œuvre de **Montesquieu**, pour ne citer qu'un exemple, est caractéristique du souci de rationaliser les phénomènes sociaux et leur compréhension : Montesquieu pense, en effet, qu'il y a corrélation entre les systèmes politiques, leur milieu géographique et leur histoire particulière. Le souci sociologique naît, on le voit, dès lors qu'il y a projet objectif : prendre la société telle qu'elle est, et non plus telle qu'elle devrait être.

Mais l'ambition de la sociologie est plus vaste encore : il ne suffit pas d'établir des corrélations, de rapporter un phénomène — quelle que soit sa nature — à un contexte socioculturel, mais bien d'**énoncer des lois** sur les comportements sociaux. Comment la sociologie se donne-t-elle les moyens d'accéder à la scientificité ? Qu'en est-il aujourd'hui de ce projet ?

## *I. L'objet de la sociologie : étudier le fait social*

Toute discipline se constitue en science dès lors qu'elle se donne un objet, qu'elle délimite son propre terrain d'investigation. En ce qui concerne la sociologie, cela ne va pas sans poser de problèmes. Le sociologue Raymond Aron traduit ainsi cette difficulté :

> *La sociologie paraît être caractérisée par une perpétuelle recherche sur elle-même. Sur un point, et peut-être sur un seul, tous les sociologues sont d'accord : la difficulté de définir la sociologie.*

La **difficulté** qu'a la sociologie **à se définir elle-même** n'est autre que la difficulté de **cerner son propre objet**, le fait social.

### A. L'attitude du sociologue face au fait social.

Durkheim, le fondateur de la sociologie, l'affirme avec vigueur : si le fait social doit être étudié, alors le sociologue doit quitter la sphère de l'opinion, des préjugés, des passions politiques qui s'expriment dans toute société. Étudier l'homme en société, c'est ne pas s'attacher au niveau superficiel, c'est-à-dire, à l'explication que l'homme se donne de lui-même. L'extériorité du sociologue suppose qu'il **abandonne le terrain de l'idéologie**.

> *Au moment où la recherche va seulement commencer, alors que les faits n'ont encore été soumis à aucune élaboration, les seuls de leurs caractères qui puissent être atteints sont ceux qui se trouvent assez extérieurs pour être immédiatement visibles. Ceux qui sont situés plus profondément sont, sans doute, plus essentiels ; leur valeur explicative est plus haute...* (Durkheim, *Les Règles de la méthode sociologique*, p. 34.)

### B. Le fait social dépasse les volontés.

L'attitude objective ainsi définie, le « fait social » apparaît comme ce qui ne dépend en rien des **volontés individuelles**. Les individus sont soumis à une logique, à une nécessité qui leur est extérieure, et que, sauf exception, ils ne peuvent prétendre modifier. Ce sont des formes complexes dans lesquelles s'insère tout comportement humain qu'étudie le sociologue. L'individu, selon Marcel Mauss,

> *est plus ou moins contraint de s'y conformer. Tantôt c'est la loi même qui l'y contraint, ou la coutume tout aussi impérative de la loi.* (*Essais de sociologie*, p. 11.)

On le voit, la sociologie pense la **société** comme une **réalité rationnelle** qui transcende les individus qui la composent. La sociologie ne peut constituer son objet qu'en affirmant l'existence d'une réalité sociale objective extérieure à l'individu :

> *Quand je m'acquitte de ma tâche de frère, d'époux ou de citoyen, quand j'exécute les engagements que j'ai contractés, je remplis des devoirs qui sont définis, en dehors de moi et de mes actes, dans le droit et dans les mœurs,* note Durkheim.

A titre d'exemple, nous pouvons citer l'analyse de l'inceste que donne Lévi-Strauss. La **prohibition de l'inceste** apparaît en effet comme une **règle universelle**, bien qu'elle puisse se manifester sous des formes différentes : cette interdiction ne peut pas s'expliquer si l'on s'en tient à des raisons morales ou biologiques (la crainte d'avoir des enfants anormaux). Il faut y voir la condition de formation de toute société, car cette règle oblige, selon Lévi-Strauss, à offrir les femmes de la famille, et, en retour, permet de recevoir une épouse qui n'appartient pas au cercle initial. La prohibition de l'inceste lie les familles les unes aux autres et fonde ainsi le groupe social.

> *L'inceste est socialement absurde avant d'être moralement répréhensible*, écrit Lévi-Strauss dans *Les Structures élémentaires de la parenté* (p. 556).

Règle naturelle ou culturelle ? Voici comment Lévi-Strauss tranche le problème :

> *[La prohibition de l'inceste] constitue la démarche fondamentale grâce à laquelle s'accomplit le passage de la nature à la culture. En un sens, elle appartient à la nature, car elle est une condition générale de la culture, et par conséquent, il ne faut pas s'étonner de la voir tenir de la nature son caractère formel, c'est-à-dire l'universalité. Mais en un sens aussi, elle est déjà la culture, agissant et imposant sa règle au sein de phénomènes qui ne dépendent point d'abord d'elle. (ibid., p. 28)*

## 2. Les méthodes sociologiques : quantitatif ou qualitatif ?

Une fois le fait social circonscrit — et on a vu que cette tâche implique un certain nombre de présupposés philosophiques — reste à définir les moyens d'investigation qui permettent de l'atteindre. Toutefois, le caractère spécifique de la sociologie et de son objet, a suscité un débat quant aux **méthodes**. Débat déjà ancien car, grossièrement, on peut dire qu'il oppose les partisans de Durkheim à ceux de Weber ; mais débat significatif puisqu'il permet de comprendre le caractère hétéroclite de la sociologie actuelle.

**A.** Le sociologue doit-il **expliquer** ou doit-il **comprendre** les faits sociaux ? L'approche de Durkheim et de ses successeurs permettait l'utilisation des mathématiques, dans la mesure où le projet avoué était d'établir des lois rationnelles. « Traiter les faits sociaux comme des choses » permet, en effet, la mathématisation. Durkheim en offre l'exemple concret lorsqu'il explique les variations des taux de suicide. Les mathématiques sont un auxiliaire précieux, et les calculs statistiques permettent d'établir des constances, des variations susceptibles d'être analysées par le sociologue. Le travail inauguré par Durkheim est aujourd'hui grandement facilité par l'ordinateur et les enquêtes abondent de nos jours, donnant lieu à une sociologie de type « empirique » et « descriptive » concernant les loisirs, les sports, les activités professionnelles, les comportements de l'individu dans sa vie « privée », etc.

**B.** A la notion d'explication pure et simple (mais trop simple, justement), Max Weber substitue celle de **compréhension sociologique**. Si le fait social est particulier, le comportement des hommes est pourtant remarquablement complexe, et la sociologie ne peut en donner une vision par trop schématique : tout acte individuel a un sens, et le sociologue doit restituer cette signification. S'éloignant de la sociologie purement descriptive, Max Weber propose d'utiliser **« l'idéaltype* »**, c'est-à-dire un système de concepts forgé par le sociologue :

L'évolution des modes de vie est indissociable de celle des comportements. Comment les comportements, les attitudes sociales, pourraient-ils ne pas évoluer lorsque les modes de vie évoluent à ce point ?

Le plan d'un appartement bourgeois du XIX^e siècle (rez-de-chaussée seulement), et celui d'un F3 moderne.

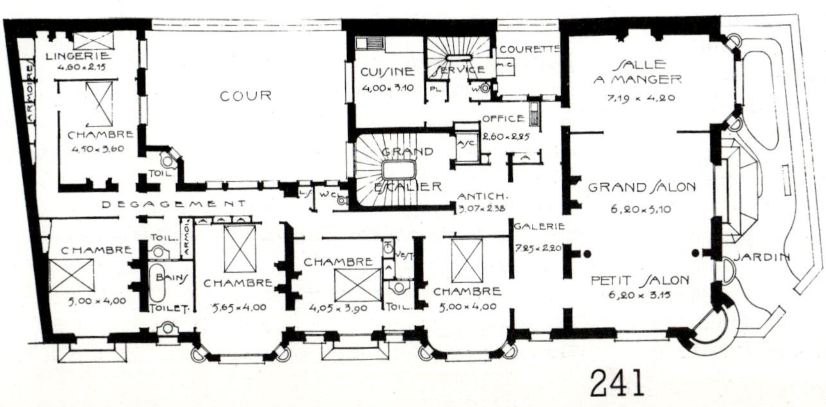


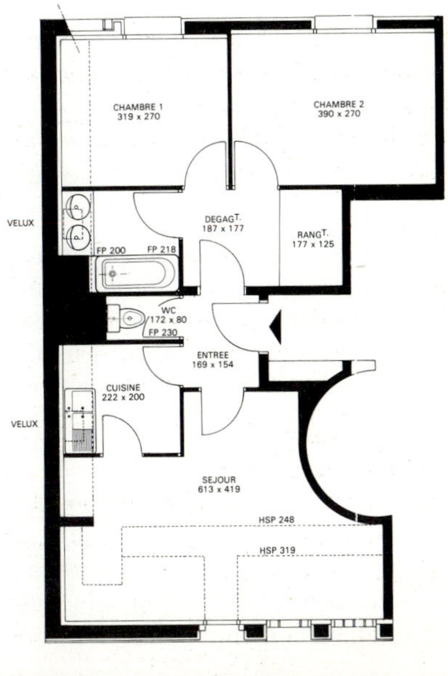

*L'idéaltype est un tableau de pensée, il* n'est pas *la réalité historique ni surtout la réalité "authentique", il sert encore moins de schéma dans lequel on pourrait ordonner la réalité à titre d'*exemplaire. *Il n'a d'autre signification que le concept limite purement idéal auquel on* mesure *la réalité pour clarifier le contenu empirique de certains de ses éléments importants, et avec lequel on la compare.* (*Essais sur la théorie de la science,* p. 180)

Dans son œuvre, *L'Éthique protestante et l'esprit du capitalisme,* Max Weber juge ainsi que l'explication économique s'avère insuffisante. Il existe selon Max Weber un « esprit » du capitalisme, qu'il retrouve dans l'éthique protestante, et qui offre une meilleure compréhension de ce phénomène social : en effet, le puritanisme aurait favorisé l'encouragement au travail tout en freinant la consommation.

On aboutit ainsi à une **approche qualitative**, qui se borne à repérer des régularités historiques.

## *3. Situation actuelle et problèmes*

Les deux orientations définies ci-dessus n'épuisent pas, loin s'en faut, l'ensemble de la recherche sociologique. Elles constituent tout au plus des modèles dont s'inspirent, à des degrés divers, les sociologues contemporains. Mais les oppositions qui distinguent les sociologues sont révélatrices du caractère hétéroclite de la discipline : il n'existe pas une sociologie constituée une fois pour toutes, mais des sociologies multiples. Voici la description qu'en donne R. Boudon, et qui laisse une idée de la situation contradictoire dans laquelle se trouvent plongés les sociologues :

*Multiple et bigarrée, sensible aux modes, ayant tendance à verser du côté de la sociographie dans les périodes de paix sociale et du côté de la philosophie sociale dans les périodes d'effervescence.* (Article « Sociologie » in *Encyclopædia Universalis.*)

Si la sociologie apparaît encore peu rigoureuse, malgré ses acquis, cela tient à la difficulté de définir son objet, et d'unifier ses méthodes. Le projet de Durkheim et des autres fondateurs de faire de l'étude du fait social une science à part entière existe sans doute toujours ; mais ce projet n'a pas encore abouti.

Dès lors, les reproches adressés à la sociologie n'ont pas manqué : l'idée que la société serait soumise à un ensemble de lois indépassables, a pu être taxée de conservatrice. Les sociologues, ne considérant pas la capacité qu'a l'homme de transformer la réalité sociale, **justifieraient la société établie**, sous le masque de la scientificité. Le présupposé sociologique, selon Marcuse,

*rejette cette prétention de l'homme à changer et à réorganiser ses institutions sociales selon sa volonté rationnelle.*

Ainsi, lorsque Durkheim analyse le crime, il souligne que « classer le crime parmi les phénomènes de sociologie normale, ce n'est pas seulement dire qu'il est un phénomène inévitable quoique regrettable, dû à l'incorrigible méchanceté des hommes ; c'est affirmer qu'il est un facteur de la santé publique, une partie intégrante de toute société saine. » (*Règles...*, p. 66.) L'analyse sociologique, ici, a pour résultat manifeste d'entériner un fait, de l'éterniser, et par là, de le justifier. L'explication dépasse donc le projet initial d'objectivité, puisqu'il y a justification morale du phénomène.

Ainsi, la sociologie ne parvient pas à trouver une place entre la pure **description empirique** et le **discours idéologique** et spéculatif. Loin de dévaloriser la recherche sociologique, ceci nous invite à y voir la marque d'un savoir à la recherche de son objectivité. Sans faire passer la sociologie pour ce qu'elle n'est certes pas — une science élaborée — et sans dénier son utilité ou le bien-fondé de ses recherches, on doit déceler dans cette situation la difficulté inhérente à toute « science » humaine : le projet de faire de l'homme un objet de science reste problématique dans une large mesure.

### BIBLIOGRAPHIE DE LA LEÇON

**Raymond ARON :**
*Les Étapes de la pensée sociologique,* Gallimard.

**R. BOUDON :**
*« Les Développements de la sociologie »* in *Encyclopædia Universalis.*

**E. DURKHEIM :**
*Les Règles de la méthode sociologique,* P.U.F.

**H. MARCUSE :**
*Raison et révolution,* Minuit.

**Max WEBER :**
*Essais sur la théorie de la science,* Plon.

## TABLE D'ORIENTATION

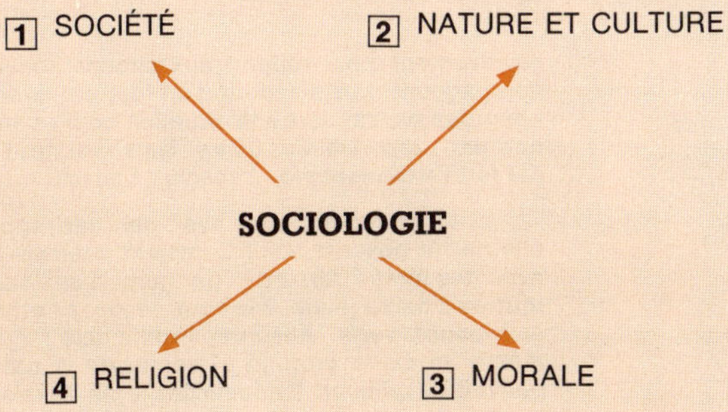


## SUJETS DE DISSERTATION

1 L'inégalité des hommes rend-elle impossible l'égalité des citoyens ? (Besançon, A, 1983)

■ La puissance de l'État est-elle condition de l'harmonie sociale ? (Grenoble, C-D, 1983)

2 L'homme est-il objet de science ?

■ Le goût est-il naturel ou dépend-il de la culture ? (Amérique du Nord, B, 1984)

3 Expliquer une conduite, est-ce la justifier ? (Amiens, C-D, 1984)

■ Ce que la morale autorise, l'État peut-il légitimement l'interdire ? (Poitiers, B, 1984)

■ L'excuse souvent avancée « je ne fais de mal qu'à moi-même » est-elle moralement défendable ? (Nantes, A, 1983)

4 Les religions peuvent-elles être un objet de science ? (Poitiers, C-D, 1984)

■ La superstition est-elle l'affaire de sots ? (Dijon, A, 1983)

## BIBLIOGRAPHIE GÉNÉRALE

***Raymond ARON :*** *Dix-huit leçons sur la société industrielle*, leçon I, Gallimard.

***Raymond BOUDON :*** *Les Méthodes en sociologie*, Que sais-je ?, P.U.F.

***Pierre BOURDIEU, Jean-Claude PASSERON, Jean-Claude CHAMBOREDON :*** *Le Métier de sociologue*, Mouton-Bordas.

***Pierre BOURDIEU :*** *La Distinction ; Les Héritiers*, Minuit.

***Jean BAUDRILLARD :*** *Le Système des objets*, Gallimard.

***Auguste COMTE :*** *La Sociologie*, recueil de textes Coll. « SUP. », P.U.F.

***Émile DURKHEIM :*** *Le Suicide ; De la division du travail social ; Les Formes élémentaires de la vie religieuse*, P.U.F.

***Lucien GOLDMAN :*** *Sciences humaines et philosophie*, Médiations.

***Claude LÉVI-STRAUSS :*** *Les Structures élémentaires de la parenté ; Anthropologie structurale*, Plon.

***Marcel MAUSS :*** *Sociologie et anthropologie*, P.U.F.

***Max WEBER :*** *L'Éthique protestante et l'esprit du capitalisme*, Médiations.

***R. BOUDON*** et ***P. LAZARSFELD*** (sous la dir. de) : *Vocabulaire des sciences sociales*, P.U.F.

## GLOSSAIRE

**Champ social :** la réalité à laquelle s'attache le sociologue n'est pas réductible à une somme d'individus, de groupes et d'institutions : elle est un milieu, un champ (artistique, politique, intellectuel...), à la façon dont on parle d'un « champ magnétique » dans lequel une relation ou une force ne sont pas pensables de manière isolée.

**Fait social :** objet de la sociologie défini par Durkheim, le *fait social* se caractérise par sa transcendance, son extériorité, et son pouvoir de contrainte sur l'individu. Les faits sociaux « consistent en des manières d'agir, de penser et de sentir extérieures à l'individu, et sont doués d'un pouvoir de coercition en vertu duquel ils s'imposent à lui ». Selon Durkheim, le crime, le suicide, la religion, la mode ou la division du travail sont autant de faits sociaux.
Marcel Mauss parle de *faits sociaux totaux*, c'est-à-dire mettant en branle la totalité (ou une grande part) de la société et de ses institutions : de tels phénomènes sont à la fois juridiques, moraux, politiques, économiques, religieux, etc.

**Idéaltype :** concept défini par le sociologue Max Weber. Il s'agit d'un cadre théorique préalable que le savant constitue avant d'aborder une réalité sociale — ce qui a permis à certains de reprocher à Max Weber sa conception « idéaliste » de l'étude des phénomènes sociaux.

**Idéologie :** voir le Glossaire du chapitre sur l'*Idée*.

**Sociologie empirique :** par référence à l'empirisme, selon lequel nos connaissances viennent de l'expérience, la « sociologie empirique », développée aux États-Unis à partir des années 30, connaît actuellement un succès considérable en Europe. Cette approche utilise l'outil mathématique et essaye de mesurer les comportements sociaux. « La gamme des données qui intéressent le sociologue est illimitée ; ce que les gens pensent, ce qu'ils font, ce qu'ils achètent et possèdent, qui ils fréquentent, sont autant de questions parmi d'autres qui peuvent utilement faire l'objet d'enquêtes sociologiques. » (Paul Lazarsfeld, *Qu'est-ce que la sociologie ?*)

**LE CARACTÈRE ABSOLU DE CETTE ABSURDITÉ**

Le mot d'Absurdité naît à présent sous ma plume ; tout à l'heure, au jardin, je ne l'ai pas trouvé, mais je ne le cherchais pas non plus, je n'en avais pas besoin (...) Et sans rien formuler nettement, je comprenais que j'avais trouvé la clef de l'Existence, la clef de mes Nausées, de ma propre vie. De fait, tout ce que j'ai pu saisir ensuite se ramène à cette absurdité fondamentale. Absurdité : encore un mot ; je me débats contre des mots ; là-bas, je touchais la chose.

Mais je voudrais fixer ici le caractère absolu de cette absurdité. Un geste, un événement dans le petit monde colorié des hommes n'est jamais absurde que relativement : par rapport aux circonstances qui l'accompagnent. Les discours d'un fou, par exemple, sont absurdes par rapport à la situation où il se trouve mais non par rapport à son délire. Mais moi, tout à l'heure, j'ai fait l'expérience de l'absolu : l'absolu ou l'absurde.

Cette racine, il n'y avait rien par rapport à quoi elle ne fût absurde. Oh ! Comment pourrais-je fixer ça avec des mots ? Absurde : par rapport aux cailloux, aux touffes d'herbe jaune, à la boue sèche, à l'arbre, au ciel, aux bancs verts. Absurde, irréductible ; rien — pas même un délire profond et secret de la nature — ne pouvait l'expliquer. Évidemment je ne savais pas tout, je n'avais pas vu le germe se développer ni l'arbre croître. Mais devant cette grosse patte rugueuse, ni l'ignorance ni le savoir n'avaient d'importance : le monde des explications et des raisons n'est pas celui de l'existence. Un cercle n'est pas absurde, il s'explique très bien par la rotation d'un segment de droite autour d'une de ses extrémités. Mais aussi un cercle n'existe pas. Cette racine, au contraire, existait dans la mesure où je ne pouvais pas l'expliquer. Noueuse, inerte, sans nom, elle me fascinait, m'emplissait les yeux, me ramenait sans cesse à sa propre existence. J'avais beau répéter : « C'est une racine » — ça ne prenait plus.

Jean-Paul Sartre,
*La Nausée*,
Folio-Gallimard, pp. 181-182

# L'IRRATIONNEL

L'irrationnel est **partout** : Roquentin en fait l'expérience, en sortant dans le jardin... On assimile peut-être trop rapidement l'irrationnel à la magie, à l'hallucination, au rêve, à la sorcellerie, à toutes ces pratiques qui choquent la raison parce qu'elles semblent dépourvues de sens. Mais il suffit de se promener dans un jardin comme Roquentin, héros du roman de Sartre, de se promener n'importe où, et de prêter attention pour débusquer l'irrationnel.

L'irrationnel est dans l'herbe, dans la boue, dans l'arbre et dans le ciel. Car tout ce qui existe n'a **aucune raison** d'exister. L'existence humaine est dépourvue de sens, voilà ce que ressent confusément Roquentin, jusqu'à ce qu'il comprenne : l'existence est **absurde***.

Mais il faut aller encore plus loin que Roquentin : l'irrationnel est présent tout aussi bien dans l'art, dans la religion, dans le sentiment, dans toutes les manifestations humaines, en somme. L'irrationnel c'est ce qui reste une fois que l'analyse de la raison se sera épuisée.

Voici une notion qui bouleverse la raison, et donc la **philosophie** : reconnaître l'existence de l'irrationnel, n'est-ce pas désavouer toute analyse rationnelle ? N'est-ce pas admettre l'**impuissance** de la philosophie elle-même ?

Mais si l'on tente de cerner cet irrationnel, de le repérer, de l'expliquer, d'en « rendre raison », qu'en restera-t-il ? La philosophie peut-elle légitimement s'interroger sur l'irrationnel ? Quelle solution lui reste-t-il entre se désavouer elle-même, et se faire passer pour réductrice ou totalisatrice ? Et pourtant, comme nous le dit Sartre, la philosophie ne peut pas ne pas s'interroger sur ce qui donne sens à l'existence. Elle ne peut pas ne pas essayer de penser l'absurde, au risque de déranger, voire de menacer la raison.

J. Bosch, *Le Jardin des délices*, détail.

## Prouver que Dieu est intelligence témoigne d'un choix irrationnel et arbitraire

**David HUME**

Notre ami Cléanthe (...) affirme que, puisque aucune question de fait ne saurait se prouver autrement que par expérience, l'existence d'une Divinité n'admet de preuve par aucun autre moyen. Le monde, dit-il, ressemble aux œuvres de l'industrie humaine : donc sa cause doit aussi ressembler à la leur. Ici nous pouvons remarquer que l'opération d'une seule et très petite partie de la nature, à savoir l'homme, sur une autre partie très petite, à savoir ce qui gît à sa portée de matière inanimée, constitue la règle par où Cléanthe juge de l'origine du tout (...)

J'affirme qu'il y a, en dehors des machines d'invention humaine, d'autres parties de l'univers, qui présentent encore plus de ressemblances avec l'édifice du monde, et qui, par conséquent, fournissent une meilleure conjecture touchant l'universelle origine de ce système. Ces parties sont les animaux et les végétaux. Le monde ressemble manifestement plus à un animal ou à un végétal, qu'il ne fait à une montre ou à un métier à tricoter. Il est donc probable que sa cause ressemble plutôt à la cause des premiers. La cause des premiers est la génération ou la végétation. La cause du monde est donc, nous pouvons l'inférer, quelque chose de semblable ou d'analogue à la génération ou à la végétation (...) Il n'est pas moins intelligible ni moins conforme à l'expérience de dire que le monde est né par végétation d'une graine jetée par un autre monde, que dire qu'il est né d'une raison ou d'une industrie divine.

***Dialogues sur la religion naturelle* (posth., 1779)**
**trad. M. David, Pauvert, pp. 105-106 et 109**

## L'irrationalité des foules

**Gustave LE BON**

On ne peut dire d'une façon absolue que les foules ne sont pas influençables par des raisonnements. Mais les arguments qu'elles emploient et ceux qui agissent sur elles apparaissent, au point de vue logique, d'un ordre tellement inférieur que par voie d'analogie seulement on peut les qualifier de raisonnements. Les raisonnements inférieurs des foules sont, comme les raisonnements élevés, basés sur des associations : mais les idées associées par les foules n'ont entre elles que des liens apparents de ressemblance ou de succession. (...) Association de choses dissemblables, n'ayant entre elles que des rapports apparents, et généralisation immédiate de cas particuliers, telles sont les caractéristiques de la logique collective. (...)

Faut-il regretter que la raison ne soit pas le guide des foules ? Nous n'oserions le dire. La raison humaine n'eût pas réussi sans doute à entraîner l'humanité dans les voies de la civilisation avec l'ardeur et la hardiesse dont l'ont soulevée ses chimères. Filles de l'inconscient qui nous mène, ces chimères étaient probablement nécessaires. (...) Laissons donc la raison aux philosophes, mais ne lui demandons pas trop d'intervenir dans le gouvernement des hommes. Ce n'est pas avec la raison, et c'est souvent malgré elle, que se sont créés des sentiments tels que l'honneur, l'abnégation, la foi religieuse, l'amour de la gloire et de la patrie, qui ont été jusqu'ici les grands ressorts de toutes les civilisations.

***Psychologie des foules* (1895),**
**P.U.F., coll. Quadrige, pp. 34 et 66-67**

La mutation d'un sorcier en loup, gravure sur bois de 1489.

## *L'irrationnel de la folie : la raison menacée*

**Michel FOUCAULT**

L'internement cache la déraison, et trahit la honte qu'elle suscite ; mais il désigne explicitement la folie ; il la montre du doigt. Si, pour la première, on se propose avant tout d'éviter le scandale, pour la seconde, on l'organise. Étrange contradiction : l'âge classique enveloppe la folie dans une expérience globale de la déraison. Mais, en même temps, elle affecte cette même folie d'un indice particulier : non pas celui de la maladie, mais celui du scandale exalté. Il n'y a rien de commun pourtant entre cette manifestation organisée de la folie au XVIII^e siècle et la liberté dans laquelle elle venait à jour pendant la Renaissance. Alors, elle était présente partout, mêlée à chaque expérience par ses images et ses périls. Pendant la période classique, on la montre, mais de l'autre côté des grilles ; si elle se manifeste, c'est à distance, sous le regard d'une raison, qui n'a plus de parenté avec elle et ne doit plus se sentir compromise par trop de ressemblance. La folie est devenue chose à regarder : non plus monstre au fond de soi-même mais animal aux mécanismes étranges, bestialité où l'homme, depuis longtemps, est aboli. « Je puis bien concevoir un homme sans mains, pieds, tête (car ce n'est que l'expérience qui nous apprend que la tête est plus nécessaire que les pieds). Mais je ne puis concevoir l'homme sans pensée : ce serait une pierre ou une brute »[1].

***Histoire de la folie*, (1961)**


**1** □ Pascal, *Pensées*, fragment 339 (éd. Brunschvicg).

## commentaire

**David Hume** (1711-1776) entreprend dans ses *Dialogues sur la religion naturelle* de démontrer le caractère non rationnel de la **croyance religieuse**. Alors que la plupart des penseurs de son temps croient pouvoir affirmer par des arguments logiques l'existence de Dieu, et fonder ainsi une religion naturelle distincte de la religion révélée et satisfaisant aux exigences de la critique philosophique, il affirme au contraire que les « preuves » qui font de Dieu la cause du Monde reposent toutes nécessairement sur des erreurs de raisonnement. Dans son optique, on n'a pas même à en conclure que Dieu n'existe pas, mais, plus modestement et de façon plus conforme à la prudence et au souci de respecter les **limites de la raison** qui caractérisent l'empirisme, que la philosophie ne doit en aucun cas entreprendre de justifier la croyance religieuse.

La psychologie sociale de **Gustave Le Bon** (1841-1931) suscite aujourd'hui bien des réserves, tant par son appel spontané à la notion de « race », que par son incapacité à saisir la fonction politique des masses. Toutefois, ses analyses concernant le rôle de la raison et l'impact des raisonnements sur les foules ne peuvent être tout à fait repoussées : derrière son pessimisme foncier, on retrouve tout à la fois la thèse hégélienne selon laquelle « rien de grand ne s'est fait sans passion », et la constatation freudienne selon laquelle « les passions instinctives sont plus fortes que les intérêts rationnels » — Freud n'a-t-il d'ailleurs pas magnifié l'œuvre de Le Bon, pour « l'accent qu'elle met sur le rôle inconscient dans la vie psychique » ?...

Dans son *Histoire de la folie*, **Michel Foucault** (1926-1984) analyse la mutation qui s'est accomplie pendant l'âge classique à l'égard de la maladie mentale. « Le grand renfermement » du XVIII^e siècle exclut et désigne la folie tout à la fois. Il ne s'agit pas d'assigner à la raison une fonction réductrice ni universelle, mais d'instaurer une ligne de partage qui lui permette de se constituer et de définir l'essence de l'homme. Le fou est **« l'autre »**, « l'ailleurs » de la raison. Ainsi l'**internement** n'est que la face masquée de la menace de la raison. Cette raison ne doit plus « avoir de parenté » avec la folie : c'est pourquoi la liberté de la déraison est désormais terminée.

# *La raison, maîtresse de son propre dépassement*

## l'auteur

Blaise Pascal est né le 19 juin 1623 à Clermont-Ferrand d'une famille de noblesse de robe. Dès l'âge de 11 ans, il rédige des traités scientifiques et, en 1642, conçoit une machine d'arithmétique destinée à faciliter les opérations comptables. Parallèlement à ces préoccupations d'ordre mathématique, Pascal fait également œuvre de physicien et entreprend de démontrer l'existence du vide : à l'aide de plusieurs expérimentations menées sur le puy de Dôme (1647-48), il détruit les arguments cartésiens assimilant l'étendue à la matière, et en profite pour établir les principes d'une progression de la connaissance scientifique : ce sera la brève mais essentielle *Préface pour un Traité du vide.*

Mais la vie de Pascal connaît un tournant dans la nuit du 23 au 24 novembre 1654 : le texte du *Mémorial* nous indique l'importance de son illumination religieuse. « Oubli du monde et de tout, hormis Dieu (...) Dieu d'Abraham, Dieu d'Isaac, Dieu de Jacob, non des philosophes et des savants. Certitude, certitude, sentiment, joie, paix. » Désormais, toute la pensée de Pascal sera apologétique, c'est-à-dire consacrée à louer Dieu et la religion chrétienne.

## l'intérêt philosophique du texte

Les *Pensées*, œuvre philosophique majeure de Pascal, sont constituées de fragments épars : « J'écrirai ici mes pensées sans ordre et non pas peut-être dans une confusion sans dessein. C'est le véritable ordre et qui marquera toujours mon objet par le désordre même. Je ferais trop d'honneur à mon sujet si je le traitais avec ordre puisque je veux montrer qu'il en est incapable. » (*Pensées*, fragment 532). La forme même de cette œuvre, inachevée et désordonnée, est donc révélatrice de son objet : le monde est désordre, et il ne sert à rien de chercher un « ordre des raisons » comme le fait Descartes. Certes, la raison humaine peut beaucoup, et la science nous figure quelques raisons des effets présents dans la nature. Mais le rationalisme total d'un Descartes, par exemple, laisse de côté ou sous-estime l'ampleur de ce qui nous échappe : « Le silence éternel de ces espaces infinis m'effraie », s'écrie le libertin (frag. 201). Mais l'homme de foi lui aussi est en prise à ce qui lui échappe, au scandale de sa situation au monde, et des contrariétés qui nous habitent.

« Tout ce qui est incompréhensible ne laisse pas d'être » (frag. 149). On ne peut reconstruire le monde, bâtir un « roman de physique », et aplanir l'irrationnel qui « ne laisse pas d'être ». Si les choses naturelles surpassent la raison, écrit Pascal, que dira-t-on des surnaturelles ? (frag. 188) La raison doit donc se dépasser en reconnaissant son impuissance à rendre compte des contrariétés de l'être : c'est pourquoi la philosophie, usage de la raison, se transforme chez Pascal en apologétique, soumission de la raison.

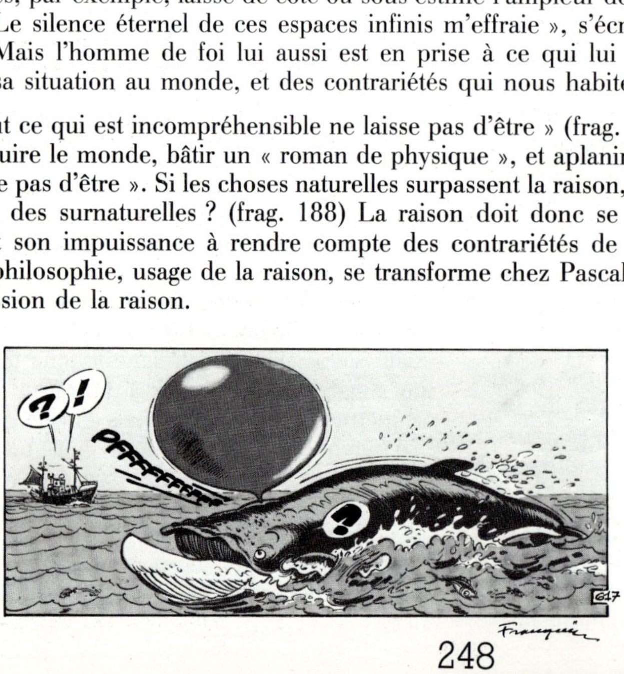


**1** ☐ Autrement dit les sceptiques*. C'est Montaigne qui représente la figure du pyrrhonien par excellence, celui qui « met toutes choses dans un doute universel et si général, que ce doute s'emporte soi-même (...) dans un cercle perpétuel et sans repos ». (*Entretien avec M. de Saci*, p. 293)

**2** ☐ Cette impuissance n'est pas absolue, et n'empêche pas Pascal de rester fermement rationaliste : « Les hommes sont dans une impuissance naturelle et immuable de traiter quelque science que ce soit, dans un ordre absolument accompli. Mais il ne s'ensuit pas de là qu'on doive abandonner toute sorte d'ordre. » (*De l'esprit géométrique et de l'art de persuader*, p. 350)

*« La raison a beau crier... elle est ployable à tous sens »*

**PASCAL**

**110** Nous connaissons la vérité non seulement par la raison mais encore par le cœur. C'est de cette dernière sorte que nous connaissons les premiers principes et c'est en vain que le raisonnement, qui n'y a point de part essaie de les combattre. Les pyrrhoniens*[1], qui n'ont que cela pour objet, y travaillent inutilement. Nous savons que nous ne rêvons point. Quelque impuissance où nous soyons de le prouver par raison, cette impuissance ne conclut autre chose que la faiblesse de notre raison, mais non pas l'incertitude de toutes nos connaissances, comme ils le prétendent. Car (les) connaissances des premiers principes : espace, temps, mouvement, nombres, sont aussi fermes qu'aucune de celles que nos raisonnements nous donnent et c'est sur ces connaissances du cœur et de l'instinct qu'il faut que la raison s'appuie et qu'elle y fonde tout son discours. Le cœur sent qu'il y a trois dimensions dans l'espace et que les nombres sont infinis et la raison démontre ensuite qu'il n'y a point deux nombres carrés dont l'un soit double de l'autre. Les principes se sentent, les propositions se concluent et le tout avec certitude quoique par différentes voies — et il est aussi inutile et aussi ridicule que la raison demande au cœur des preuves de ses premiers principes pour vouloir y consentir, qu'il serait ridicule que le cœur demandât à la raison un sentiment de toutes les propositions qu'elle démontre pour vouloir les recevoir.

Cette impuissance[2] ne doit donc servir qu'à humilier la raison — qui voudrait juger de tout — mais non pas à combattre notre certitude.

**170** Soumission.

Il faut savoir douter où il faut, assurer où il faut, en se soumettant où il faut. Qui ne fait ainsi n'entend pas la force de la raison. Il y (en) a qui faillent contre ces trois principes, ou en assurant tout comme démonstratif, manque de se connaître en démonstration, ou en doutant de tout, manque de savoir où il faut se soumettre, ou en se soumettant en tout, manque de savoir où il faut juger.

Pyrrhonien[1], géomètre, chrétien : doute, assurance, soumission[3].

**182** Il n'y a rien de si conforme à la raison que ce désaveu de la raison.

**183** Deux excès

Exclure la raison, n'admettre que la raison.

**188** La dernière démarche de la raison est de reconnaître qu'il y a une infinité de choses qui la surpassent. Elle n'est que faible si elle ne va jusqu'à connaître cela[4].

**44** Imagination.

C'est cette partie dominante dans l'homme, cette maîtresse d'erreur et de fausseté, et d'autant plus fourbe qu'elle ne l'est pas toujours, car elle serait règle infaillible de vérité, si elle l'était infaillible du mensonge. (...)

Je ne parle pas des fous, je parle des plus sages, et c'est parmi eux que l'imagination a le grand droit de persuader les hommes. La raison a beau crier, elle ne peut mettre le prix aux choses.

Cette superbe[5] puissance ennemie de la raison, qui se plaît à la contrôler et à la dominer, pour montrer combien elle peut en toutes choses, a établi dans l'homme une seconde nature. Elle a ses heureux, ses malheureux, ses sains, ses malades, ses riches, ses pauvres. Elle fait croire, douter, nier la raison. Elle suspend les sens, elle les fait sentir. Elle a ses fous et ses sages. Et rien ne nous dépite davantage que de voir qu'elle remplit ses hôtes d'une satisfaction bien autrement pleine et entière que la raison. (...) Plaisante raison qu'un vent manie et à tous sens.

**412** Les hommes sont si nécessairement fous que ce serait être fou par un autre tour de folie de n'être pas fou[6].

**530** Tout notre raisonnement se réduit à céder au sentiment. Mais la fantaisie est semblable et contraire au sentiment ; de sorte qu'on ne peut distinguer entre ces contraires. L'un dit que mon sentiment est fantaisie, l'autre que sa fantaisie est sentiment. Il faudrait avoir une règle. La raison s'offre mais elle est ployable à tous sens. Et ainsi il n'y en a point.

***Pensées*, (fragments numérotés selon l'éd. Lafuma), Seuil, Coll. l'Intégrale**

**3** « 167. Soumission et usage de la raison : en quoi consiste le vrai christianisme. »

**4** « 174. Saint Augustin. La raison ne se soumettrait jamais si elle ne jugeait qu'il y a des occasions où elle se doit soumettre. Il est donc juste qu'elle se soumette quand elle juge qu'elle se doit soumettre. »

**5** Au sens de « orgueilleuse ».

**6** Comparer avec la première des *Méditations*, de Descartes, dans laquelle le parallèle avec les fous est aisément surmonté : « Mais quoi, ce sont des fous, et je ne serais pas moins extravagant si je me réglais sur leurs exemples. » Pour Pascal, la raison ne peut exclure de la sorte la déraison de son sein.

# PEUT-ON PENSER L'IRRATIONNEL ?

L'irrationnel, au premier abord, ne se laisse pas penser. N'est-il pas, justement, l'**incompréhensible**, l'**irréductible**, l'**inconnaissable** ? Comment penser un seul instant qu'il se laisserait enfermer dans des concepts ? Il ne faut pas, cependant, en conclure trop vite à l'impuissance de l'interrogation philosophique : s'il est vrai que définir ce qui se présente comme irrationnel est réducteur — par exemple si on parvient à expliquer un miracle, il cesse aussitôt d'être miraculeux —, on peut néanmoins vérifier l'existence de ces réalités qui **résisteraient** à toute explication rationnelle.

## 1. L'irrationnel, c'est l'incompréhensible

L'**incompréhensible** existe : c'est le point de départ de toute croyance, et plus généralement de toute **croyance* religieuse**. En effet, l'intelligence, désespérée de ne pouvoir tout comprendre, se résigne et admet à ses côtés l'existence d'un domaine qui lui est fermé à tout jamais. L'irrationnel, ici, se constate, parce qu'un certain nombre de questions surgissent, toutes insolubles. C'est le sens, par exemple, des interrogations pascaliennes :

> *En regardant tout l'univers muet et l'homme sans lumière abandonné à lui-même, et comme égaré dans ce recoin de l'univers sans savoir qui l'y a mis, ce qu'il y est venu faire, ce qu'il deviendra en mourant, incapable de toute connaissance, j'entre en effroi comme un homme qu'on aurait porté endormi dans une île déserte et effroyable et qui s'éveillerait sans connaître et sans moyen d'en sortir.* (*Pensées*, fragment 198, éd. Lafuma).

L'irrationnel **s'éprouve**, il se sent, et il provoque **l'angoisse*** : il naît d'un sentiment d'**impuissance** absolu. Car il faut constater que l'incompréhensible apparaît ici comme définitif. Notre raison aura beau progresser, élaborer de plus en plus de connaissances, elle ne saura jamais répondre aux questions métaphysiques qui portent sur le sens de l'existence humaine. La raison ne pourra jamais abolir l'inévitable sentiment de **l'absurde** qui existe en l'homme.

On peut remarquer dès à présent que l'irrationnel conçu comme sentiment d'absurdité, est la limite de la raison elle-même. Il naît lorsque la raison ne peut plus répondre, et laisse ainsi subsister de l'incompréhensible. C'est reconnaître, d'une certaine façon, que l'irrationnel entretient des rapports significatifs avec la raison elle-même. L'irrationnel n'est donc pas un donné à part, comme voudrait le croire l'obscurantisme : il serait trop naïf de penser que l'irrationnel « se trouve » de fait dans la magie, par exemple, ou dans les miracles, la sorcellerie, la superstition, etc. L'irrationnel, ce n'est pas tant la somme des produits de l'**imagination** humaine, qu'un domaine reconnu par la raison elle-même, qui le reconnaît tout en admettant ses propres **limites**. Mais ceci entraîne une autre conséquence : si l'irrationnel n'est pas le domaine exclusif des sorciers et des magiciens, c'est qu'il se situe dans notre **expérience quotidienne**, de façon moins exubérante, sans doute, mais non moins réelle. Prenons, par exemple, l'expérience amoureuse telle que la décrit Roland Barthes :

> *Je suis pris dans cette contradiction : d'une part, je crois connaître l'autre mieux que quiconque et le lui affirme triomphalement (« Moi, je te connais. Il n'y a que moi qui te connaisse bien ! ») ; et, d'autre part, je suis souvent saisi de cette évidence : l'autre est impénétrable, introuvable, intraitable ; je ne puis l'ouvrir, remonter à son origine, défaire l'énigme. D'où vient-il ? Qui est-il ? Je m'épuise, je ne le saurai jamais* (*Fragments d'un discours amoureux*, Seuil, p. 161).

C'est reconnaître qu'au-dessus de la raison, dans la foi, dans le sentiment, l'homme rencontre des réalités qu'il ne peut que **vivre** sans pouvoir les **analyser**, qu'il ne peut qu'éprouver sans jamais prouver. Ce constat est-il définitif ? La raison peut-elle, sans en être insatisfaite, reconnaître ces réalités dont elle n'aurait jamais rien à dire ?

## 2. L'irrationnel, c'est ce qui n'est pas encore connu

En fait, on peut douter de l'**authenticité** de l'irrationnel. Ce qui apparaît comme incompréhensible peut fort bien se révéler compréhensible un jour. Et l'irrationnel ne serait ainsi que du provisoire, appelé à être compris plus tard. Les **limites de la raison**, celles que posait Pascal, par exemple, ne seraient alors que des limites toutes **temporelles**, limites historiques vouées à la disparition. L'irrationnel ne serait pas de l'inconnaissable, mais du **provisoirement inconnu**. Comment pourrait progresser la connaissance humaine en acceptant l'irrationnel de façon irrémédiable ? Il faut bien que la raison se pense comme infinie, c'est-à-dire qu'elle se croie capable de faire reculer les limites de l'inconnu.

### A - L'irrationnel est l'insignifiant

Que penser, par exemple, du sentiment qui s'éprouve sans pouvoir s'exprimer ni s'expliquer ? L'irrationnel ressenti par toute conscience est-il réel ?

*Le Procès*, de Kafka, n'est-il pas une illustration exemplaire de certaines formes d'irrationnel ? A. Perkins, dans le film d'Orson Welles tiré du roman de Kafka.

L'analyse de Hegel l'assimile à une fiction forgée par la conscience qui s'ignore : « on croit ordinairement, il est vrai, que ce qu'il y a de plus haut, c'est l'ineffable. Mais c'est là une opinion superficielle et sans fondement ; car, en réalité, l'ineffable, c'est la pensée obscure, la pensée à l'état de fermentation, et qui ne devient claire que lorsqu'elle trouve le mot. Ainsi le mot donne à la pensée son existence la plus haute et la plus vraie. » (*Philosophie de l'esprit*, trad. A. Vera, Alcan.)

Il n'y a donc en moi, dans les profondeurs de ma conscience, rien qui puisse être qualifié d'irrationnel, au sens où l'on reconnaîtrait une existence à part entière, opposée à celle de la raison. En réalité, s'il m'arrive de « chercher mes mots », c'est tout simplement que des **pensées obscurcies** cherchent à s'extérioriser et donc, recherchent la **rationalité du langage**. Hegel reconnaît que la rationalité s'accomplit progressivement (les choses ne sont pas immédiatement reconnues par la raison), *mais l'irrationnel n'existe pas en soi.* Il n'est qu'une étape de la rationalité elle-même. Il n'est donc pas question d'y voir on ne sait quelle originalité ou profondeur : l'irrationnel n'est qu'une existence bâtarde et appauvrie qui trouve sa valeur à travers la richesse du langage.

On dira que cette approche de l'irrationnel est une approche menée du point de vue de la raison, donc nécessairement illégitime. Il ne s'agirait que d'une tentative de récupération de la part d'une raison dominatrice. Pourtant, les exemples scientifiques ne manquent pas, qui montrent combien la limite entre rationnel et irrationnel est instable.

## B - L'irrationnel ou la crise de la raison

L'histoire des sciences prouve que le **partage** entre la raison et ce qui n'est pas elle est loin d'être clairement établi. Deux exemples sont significatifs :

- les **nombres irrationnels** : les pythagoriciens découvrent une grandeur pour laquelle n'existe pas de nombre : $\sqrt{2}$. Les limites de la raison se trouvent remises en cause. Pourtant on n'a pas affaire ici à un irrationnel en soi : l'irrationnel fait partie d'une démonstration rationnelle. Il existe une grandeur qui ne fait pas partie des entiers naturels. Ainsi, c'est dans son propre travail que la raison grecque rencontre une région vertigineuse pour l'époque. L'irrationnel, ici, ce n'est ni le mythe, ni la magie, ni la religion : c'est le produit du travail mathématique lui-même.

- l'**infini** : la réflexion sur l'infini au XVII^e siècle apparaît comme une remise en question de la rationalité classique. En effet, l'entendement humain, nécessairement fini, ne peut rendre compte de cette notion. Le témoignage de Pascal explicite cette impuissance de la raison :

*Nous connaissons qu'il y a un infini, et ignorons sa nature comme nous savons qu'il est faux que les nombres soient finis. Donc il est*

**Vincent DESCOMBES**

*La mission d'une raison élargie est de comprendre l'irrationnel, lequel s'offre à nous principalement sous deux espèces : parmi nous le fou (qui "excède la raison") et hors de nous le sauvage (qui la "précède"). D'où l'attention privilégiée dont bénéficient la psychanalyse (qui, avec son concept d'inconscient, a installé la déraison chez ceux qui se croyaient sains d'esprit) et l'anthropologie sociale (qui étudie les comportements archaïques des "primitifs"). Si ces sciences peuvent nous faire comprendre l'irrationnel du rêve, du délire, de la magie ou du tabou, la raison du mâle adulte occidental subit une défaite, mais c'est au profit d'une raison plus universelle.*

***Le Même et l'autre,***
**Minuit, pp. 124-125**

*vrai qu'il y a un infini en nombre, mais nous ne savons ce qu'il est. Il est faux qu'il soit pair, il est faux qu'il soit impair, car en ajoutant l'unité il ne change point de nature.* (*Pensées*, frag. 418.)

De l'infini, nous ne savons qu'une seule chose : il existe. Mais cette certitude, la raison ne peut l'expliquer, car elle ne peut rien dire de sa nature.

Ces deux exemples nous montrent la **raison en crise** avec elle-même. Dès lors qu'il s'agit pour elle de se dépasser, de franchir les limites qu'elle s'était posées, la raison découvre l'irrationnel. Mais on comprend que l'irrationnel soit nécessaire au développement de la rationalité. C'est là ce qui permet à celle-ci de progresser. De ce point de vue, une raison qui n'accepterait pas d'intégrer ce qui en un premier temps lui apparaît comme irrationnel, serait une raison **dogmatique**. On ne peut tenir les limites de la raison pour définitivement fixées. L'irrationnel doit donc être intégré par la raison, même si, comme les exemples l'ont souligné, cela ne va pas sans difficulté.

## 3. *L'irrationnel est constitué par la raison*

L'irrationnel est constitué par la raison qui pose ses propres limites. C'est le sens de la critique kantienne (« critiquer » signifiant, chez Kant, **fixer les limites** afin de savoir ce que peut atteindre la raison) : il existe, au-delà du domaine de l'expérience, un domaine du suprasensible qui échappe à la raison théorique. Tout ce qui dépasse l'entendement humain est **inaccessible à la raison**.

*D'une manière absolue, aucune raison humaine (...) ne peut espérer comprendre à partir de simples causes mécaniques la production du moindre brin d'herbe.* (*Critique de la faculté de juger*, § 77, trad. Philonenko, Vrin, p. 223.)

Toutefois, la raison pose une existence irrationnelle à titre de simple **possibilité**. L'irrationnel ne peut être pensé qu'à titre d'idée, mais de cette idée, je ne peux conclure une existence. Ainsi je peux admettre l'idée de Dieu, voire la nécessité morale de cette idée, mais je ne peux prouver l'existence (ou la non-existence) de Dieu[1]. Kant assigne à l'irrationnel la place qui doit être la sienne : l'irrationnel n'a **pas d'existence propre**, il est constitué par la raison elle-même qui reconnaît ses propres limites, mais n'entrave en rien le processus de connaissance.

Lorsqu'elle aborde le problème de l'irrationnel, la raison est nécessairement amenée à s'interroger sur son exigence de systématicité : doit-elle « rendre raison » de tout ? Au fond, l'irrationnel ne sert-il pas les intérêts de la raison, puisque celle-ci est contrainte de limiter ses prétentions ? Il n'y a sans doute de véritable rationalisme qu'à cette condition.

1 ◻ Voir l'*Extrait* et la *Leçon* du chapitre sur la *Religion*.

### BIBLIOGRAPHIE DE LA LEÇON

***R. BARTHES :***
*Fragments d'un discours amoureux*, Seuil.

***J.T. DESANTI :***
« La crise des irrationnels », in *Histoire des sciences*, Encyclopédie de la Pléiade, Gallimard.

***HEGEL :***
*Phénoménologie de l'esprit, Aubier-Montaigne.*

***A. KOYRÉ :***
*Du monde clos à l'univers infini*, Idées-Gallimard.

***KANT :***
*Critique de la raison pure*, Garnier-Flammarion ; *Critique de la faculté de juger*, Vrin.

***PASCAL :***
*Pensées*, Seuil, coll. L'Intégrale.

**TABLE D'ORIENTATION**

[1] **IRRATIONNEL** → [2] FOLIE ; [3] HISTOIRE ; [4] ART ; [5] PASSIONS

## SUJETS DE DISSERTATION

[1] La raison a-t-elle des limites ? (Polynésie, C-D, 1984)

■ La raison a-t-elle à s'occuper de l'irrationnel ? (Amiens, C-D, 1983)

■ La raison a-t-elle toujours raison ? (Poitiers, B, 1983)

[2] Y a-t-il une logique de l'insensé ? (Etr., A, 1982)

■ La raison peut-elle reconnaître sens et valeur à la folie ?

[3] Peut-on dire qu'il existe une logique des événements historiques ? (Rennes, A, 1984)

■ L'histoire produit-elle son sens ou bien ce sens lui est-il communiqué ? (Bordeaux, C-D-E, 1984)

[4] L'œuvre d'art nous éloigne-t-elle ou nous rapproche-t-elle du réel ? (Nancy-Metz, C-D, 1983)

■ En quel sens peut-on affirmer avec un artiste contemporain : « L'art ne reproduit pas le visible, il rend visible » ? (Nice-Ajaccio, B, 1983)

[5] Qu'est-ce qu'être amoureux ? (Nantes, A, 1984)

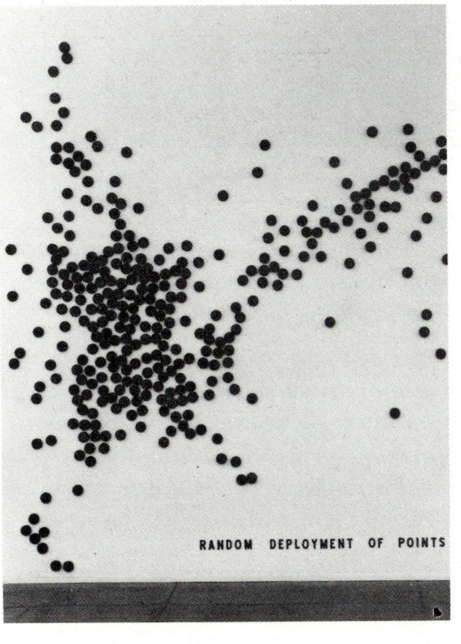


B. Venet, *Déploiement aléatoire de points* (1983).

## BIBLIOGRAPHIE GÉNÉRALE

***A. CAMUS :*** *Le Mythe de Sisyphe*, Idées-Gallimard.

***CALDERON :*** *La Vie est un songe*, Seghers.

***V. DESCOMBES :*** *Le Même et l'autre*, Minuit (1984).

***KAFKA :*** *Le Procès ; le Château ; Préparation de noces à la campagne*, Folio-Gallimard.

***GIDE :*** *Le Prométhée mal enchaîné ; Les Caves du Vatican*, Folio-Gallimard.

***NIETZSCHE :*** *Naissance de la tragédie*, Idées-Gallimard.

***UNAMUNO :*** *Le Sentiment tragique de la vie*, P.U.F.

***VAUVENARGUES :*** *Maximes et réflexions*, Hachette.

On peut lire aussi : ***MAUPASSANT,*** *Le Horla* et ***Edgar POE,*** *Histoires grotesques et sérieuses*.

## GLOSSAIRE

**Absurde :** ce qui est dépourvu de logique, n'a pas de sens, et est par conséquent l'expression même de l'irrationnel. La « philosophie de l'absurde », insistant sur notre présence dans un monde qui n'a pas de sens, a été largement développée par Albert Camus et Jean-Paul Sartre.

**Angoisse :** sentiment de vertige et de peur « sans cause » susceptible d'être éprouvé devant toute situation qui dépasse la raison et ne peut trouver d'explication logique.

**Facticité :** pour le sens commun, ce qui est artificiel, illusoire. Pour la philosophie existentialiste, désigne le caractère de ce qui est injustifiable, inexplicable parce que radicalement contingent.

**Inconcevable :** irréductible à des concepts.

**Inconnaissable :** ce qui ne peut être connu d'aucune façon, ni par les sens, ni par l'entendement.

**Ineffable :** caractère de ce qui ne peut être exprimé par des mots ou des concepts.

**Obscurantisme :** doctrine manifestant une hostilité résolue aux « lumières », c'est-à-dire à la diffusion de l'instruction et de la culture.

**Pyrrhonien :** voir *Scepticisme*.

**Raisonnement :** suite rationnelle de propositions tendant à établir une démonstration.

**Rationalisme :** qualifie toute doctrine qui fait de la raison (et non de l'expérience) la source de nos connaissances.

**Scepticisme :** voir le *Glossaire* au chapitre sur *La Vérité*.

Pierre Brughel, *Les proverbes flamands* (1559).

# LE SENS

*Le tableau doit être considéré comme une image de l'absurdité du monde, mise en lumière par maints exemples de la folie des hommes.*

*La maison, à gauche, porte au-dessus de l'entrée, en guise d'enseigne, une sphère, dont la croix, pour signifier le monde renversé, est tournée vers le bas, au lieu de se trouver en haut. Les nombreuses scènes proverbiales qui illustrent les différents exemples du caractère insensé de l'humanité, sont disséminées dans les bâtiments et les rues d'un village édifié d'une manière fantastique. (...)*

*Les différentes scènes se jouent simultanément, mais elles sont absolument indépendantes les unes des autres, exactement comme les hasards de la réalité pourraient nous les représenter.*

Gustav Glück, *Pieter Brueghel le vieux,*
trad. J. Petithuguenin, éd. Hypérion, p. 25

Les historiens d'art n'ont pas manqué de se livrer au jeu des **correspondances** dans cette composition dense et déséquilibrée de Brueghel (1525-1569) illustrant quelque cent-vingt proverbes et dictons flamands. Ils se sont efforcés de retrouver une expression populaire derrière chacune de ces scènes pittoresques et, ce faisant, ils ont tâché de restituer le **sens littéral** des épisodes disparates que le peintre avait juxtaposés sur sa toile : juché au sommet de la tour, un homme tourne son manteau selon le vent (nous dirions qu'il « fait la girouette ») ; un peu plus bas, un autre tue deux mouches à la fois (nous dirions : « fait d'une pierre deux coups ») ;

plus bas encore, quelqu'un jette de l'argent dans l'eau (c'est-à-dire « par les fenêtres ») ; etc. Ainsi pourrait-on établir un **lexique** exhaustif qui, à chaque scène, associerait un **référent linguistique**. Cet exercice **sémiologique*** (du grec *séméion*, signe) pourrait d'ailleurs s'appliquer aussi bien aux **couleurs** qui constituent des éléments significatifs du vocabulaire pictural : c'est le cas du *bleu*, qui symbolise traditionnellement la fidélité, mais qui sert ici à tourner en dérision un vieux mari qu'une infidèle revêt d'un manteau bleu. Autre exemple, le globe dont la croix orientée vers le bas symboliserait un monde renversé ; etc. En une première acception, le **sens** est donc une **signification**, comparable à **l'équivalent** que fournit un dictionnaire bilingue quand on a rencontré quelque mot étranger jusque-là ignoré.

## *La variété de la notion de « sens »*

**Sens** signifie aussi **direction**, orientation dans l'espace ; et l'on comprend que le même terme puisse désigner, plus abstraitement, le **but poursuivi**, la **finalité** que l'on présuppose à l'ordinaire dans toute action volontaire, voire même dans l'histoire du monde considérée dans sa totalité. C'est dire qu'un nouvel effort de **traduction** attend le spectateur des *Proverbes* : celui qui va de l'énoncé linguistique correspondant aux saynètes représentées ici à la **morale** que renferme cet énoncé, à la **leçon**, au **conseil** éthique et pratique qu'il est censé nous proposer. En voici un, à la fenêtre, qui « pisse à la lune » (c'est-à-dire qui veut l'impossible) ; un autre, plus haut, dans les champs, a « le feu au derrière », etc. L'image une fois décryptée, nous sommes aussitôt renvoyés à la **sagesse** que véhicule le dicton ou l'expression qu'elle représente : vouloir atteindre un but chimérique, c'est s'assurer d'une déconvenue ; la précipitation est mauvaise conseillère ; etc. Le sens est, de ce nouveau point de vue, direction... **de conscience** ; sa signification est d'ordre **axiologique** — relative aux **valeurs**. La banale autorité du proverbe médiéval nous révèle donc que le sens peut être aussi **sentence**, énonciation d'une expérience millénaire et jugement prononcé sur la plus ou moins grande **rationalité** de tel ou tel comportement humain.

Cette universelle agitation, cet affairement dont la diversité et la démultiplication font mieux ressortir l'inanité, Brueghel les a peints dans le dessein de faire paraître l'**absurdité** des conditions humaines. En transférant dans le tableau la littéralité de chaque métaphore contenue dans les vieux proverbes, en rendant ponctuellement ce qui ne se dit qu'au figuré dans la langue, il aurait fait œuvre de philosophe sinon même de réformateur.

L'effet d'absurdité est d'ailleurs accentué par « l'insertion des proverbes dans un village imaginaire, où chacun semble vaquer à ses propres affaires courantes ; mais toutes ces activités sont parfaitement *insensées* et donnent l'impression qu'il s'agit d'un asile d'aliénés en plein air » (A. Wied, *Brueghel*, Nathan, p. 100). Ce n'est là, cependant, qu'**une** explication du tableau et, partant, elle a ses contradicteurs. Contre l'avis d'autres historiens, certains réduiraient au contraire notre peintre à un « hôte assidu des kermesses et fêtes villageoises » (P. Colin, *Brueghel*, Floury, p. 80), peu soucieux d'humanisme ou de philosophie, bon vivant rabelaisien plutôt que moraliste.

Voilà qui nous enseigne, en tout état de cause, qu'on ne saurait établir par aucune **démonstration** quelles sont les intentions qui ont présidé à la naissance d'une œuvre d'art : en ce domaine, tout n'est que **point de vue**, **perspective**, **thèse** formulée *a posteriori*. En tant qu'il est l'objet d'une investigation d'ordre **herméneutique***, le sens, c'est-à-dire l'**intention** que l'on prête à l'artiste, apparaît donc, en une troisième et dernière acception, comme l'**interprétation** que nous nous proposons de donner à son œuvre.

## Sens linguistique et système de la langue

**E. BENVENISTE**

[Freud] a posé le problème dans un article publié en 1910 et intitulé *Sur les sens opposés dans les mots primitifs.* Au point de départ, il y a une observation essentielle de sa *Traumdeutung*[1] sur l'insensibilité à la contradiction qui caractérise la logique du rêve : « La manière dont le rêve exprime les catégories de l'opposition et de la contradiction est particulièrement frappante : il ne les exprime pas, il paraît ignorer le "non". Il excelle à réunir les contraires et à les représenter en un seul objet. Il représente souvent aussi un élément quelconque par son contraire. » (...) Or Freud a cru (...) que « la manière de procéder précitée, dont est coutumière l'élaboration du rêve, est également propre aux plus anciennes langues connues ». (...)

Chaque langue est spécifique et configure le monde à sa manière propre. Les distinctions que chaque langue manifeste doivent être rapportées à la logique particulière qui les soutient et non soumises d'emblée à une évaluation universelle. A cet égard, les langues anciennes ou archaïques ne sont ni plus ni moins singulières que celles que nous parlons, elles ont seulement la singularité que nous prêtons aux objets peu familiers. Leurs catégories, orientées autrement que les nôtres, ont néanmoins leur cohérence. Il est donc *a priori* improbable — et l'examen attentif le confirme — que ces langues, si archaïques qu'on les suppose, échappent au « principe de contradiction » en affectant d'une même expression deux notions mutuellement exclusives ou seulement contraires. En fait, on attend encore d'en voir produire des exemples sérieux. A supposer qu'il existe une langue où « grand » et « petit » se disent identiquement, ce sera une langue où la distinction de « grand » et « petit » n'a littéralement pas de sens et où la catégorie de la dimension n'existe pas, et non une langue qui admettrait une expression contradictoire de la dimension.

***Problèmes de linguistique générale* (1966),**
**Gallimard, coll. « Tel », t. I, pp. 79-82**

1 ◻ *Die Traumdeutung*, titre allemand de l'*Interprétation des rêves*. L'article de 1910 cité ci-dessus se trouve dans les *Essais de psychanalyse appliquée*, Idées-Gallimard, pp. 59-67.

## Ruse de la raison, sens de l'histoire

**HEGEL**

La fin *générale* avec laquelle commence l'histoire, est de donner satisfaction au *concept* de l'Esprit. Mais cette fin n'existe qu'*en soi*, c'est-à-dire comme *nature* : c'est un désir inconscient, enfoui dans les couches les plus profondes de l'intériorité, et toute l'œuvre de l'histoire universelle consiste, ainsi qu'il a déjà été dit, dans l'effort de le porter à la conscience. L'homme fait son apparition comme *être naturel* se manifestant comme *volonté naturelle* : c'est ce que nous avons appelé le côté subjectif, besoin, désir, passion, intérêt particulier, opinion et représentation subjectives. Cette masse immense de désirs, d'intérêts et d'activités constitue les *instruments* et les moyens dont se sert l'Esprit du Monde *(Weltgeist)* pour parvenir à sa fin, l'élever à la conscience et la réaliser. Car son seul but est de se trouver, de venir à soi, de se contempler dans la réalité. C'est leur *bien propre* que peuples et individus cherchent et obtiennent dans leur agissante vitalité, mais en même temps ils sont les *moyens* et les *instruments* d'une chose *plus élevée*, plus vaste qu'ils ignorent et accomplissent inconsciemment.

***La Raison dans l'histoire* (Cours de 1830),**
**trad. K. Papaioannou, coll. 10-18, pp. 109-111**

Dessin de J. P. Jauneau.

## Formations inconscientes et science médiate du sens

**P. RICŒUR**

Or tous trois [Marx, Nietzsche et Freud] dégagent l'horizon pour une parole plus authentique, pour un nouveau règne de la Vérité, non seulement par le moyen d'une critique "destructrice", mais par l'invention d'un art d'*interpréter.* Descartes triomphe du doute sur la chose par l'évidence de la conscience ; eux triomphent du doute sur la conscience par une exégèse du sens. A partir d'eux, la compréhension est une herméneutique : chercher le sens, désormais, ce n'est plus épeler la conscience du sens, mais en *déchiffrer les expressions.* Ce qu'il faudrait donc confronter, c'est non seulement un triple soupçon, mais une triple ruse. (...)

La catégorie fondamentale de la conscience, pour eux trois, c'est le rapport caché-montré ou, si l'on préfère, simulé-manifesté. (...) L'essentiel c'est que tous trois créent, avec les moyens du bord, c'est-à-dire avec et contre les préjugés de l'époque, une *science* médiate du sens, irréductible à la *conscience* immédiate du sens. Ce qu'ils ont tenté tous trois, sur des voies différentes, c'est de faire coïncider leurs méthodes "conscientes" de déchiffrage avec le *travail* "inconscient" du chiffrage qu'ils attribuaient à la volonté de puissance, à l'être social, au psychisme inconscient. A rusé, rusé et demi.

***De l'interprétation* (1965), Seuil, pp. 41-42**

Dessin de Saul Steinberg.

## commentaire

Le texte du linguiste Émile **Benveniste** (1902-1976) porte sur une question d'ordre **sémantique*** et non **herméneutique***. Freud a voulu établir une analogie entre le symbolisme du rêve et le choix des symboles linguistiques (c'est-à-dire des mots) par les langues primitives : dans l'un et l'autre cas serait violée notre **logique**, qui veut que rien ne contrevienne jamais au **principe de contradiction** « A est A ». Ces constructions de l'esprit, affirme Benveniste, négligent une vérité première : « la langue est **système*** », c'est-à-dire qu'elle constitue un ensemble organisé de signes* demeurant stables d'un message à l'autre et se définissant fonctionnellement par leur opposition les uns aux autres. Une langue, fût-elle primitive, ne saurait rendre par un signifiant unique deux concepts contradictoires, c'est-à-dire deux **sens** (ou deux **signifiés***) opposés.

Le texte de **Hegel** (1770-1831) développe les principaux corollaires qui procèdent immédiatement de la postulation d'un **sens de l'histoire**. Il existe, affirme tout d'abord Hegel, une **logique des événements historiques** : l'histoire humaine réalise une **fin générale**, un **dessein**, qui dépasse largement les projets de l'**individu** égoïste ainsi que ceux des peuples **particuliers**. L'histoire a donc un sens en tant qu'elle est **orientée** tout entière vers une fin, en tant qu'on doit la penser de façon téléologique*. Peuples et individus, tout en poursuivant leurs fins propres, produisent de surcroît des effets qu'ils ne désiraient pas : « inconsciemment », ils font advenir des institutions, des révolutions, etc., qui vont dans le *sens* de l'histoire, cette **aliénation du particulier** dans **l'universel** constituant une **ruse de la Raison**.

Marx, Nietzsche et Freud ont ceci de commun, souligne Paul **Ricœur** (né en 1913), qu'ils ont fondé une **herméneutique**. Aux yeux d'un cartésien, « il ne peut y avoir en nous aucune pensée de laquelle, dans le moment qu'elle est en nous, nous n'ayons une actuelle connaissance » (Descartes, *Réponses aux quatrièmes objections*). Selon Marx, Nietzsche et Freud, au contraire, la représentation donnée dans la conscience est toujours-déjà susceptible de ne constituer qu'une **illusion** — la transcription lacunaire d'un texte originaire cherchant à se dissimuler. Tous trois comparent les objets de leur étude à des **hiéroglyphes** ; et tous trois affirment la **nécessité d'un déchiffrage** des idéologies et des institutions sociales (Marx), du contenu du rêve ou des symptômes névrotiques (Freud), de tel type humain ou de tel idéal moral (Nietzsche). Loin d'admettre que la **conscience** puisse être **crue sur parole**, les philosophies de l'« ère du soupçon » proposent des **techniques d'interprétation** destinées à **dévoiler le sens** de ses productions.

# *Une rationalité omniprésente*

## l'auteur

Leibniz (1646-1716) est l'auteur d'une œuvre immense touchant tous les domaines du savoir et de l'agir humains : philosophe, il fut aussi mathématicien, juriste, historiographe, bibliothécaire, théologien œuvrant pour une Église œcuménique, diplomate, linguiste nourrissant le projet de forger une langue universelle, biologiste, géologue, ingénieur...

En philosophie comme ailleurs, Leibniz tâche d'apparaître comme un **conciliateur :** disciple de Descartes, il tente cependant de réhabiliter dans une certaine mesure le **finalisme** aristotélico-scolastique : n'est-il pas, en effet, déraisonnable « d'introduire une intelligence souveraine ordonnatrice des choses, et puis, au lieu d'employer sa sagesse, ne se servir que des propriétés de la matière pour expliquer les phénomènes » ? (*Discours de métaphysique,* § XIX)

De la notion de Dieu (Être absolument parfait) s'ensuit nécessairement qu'il n'aurait pu mieux faire, affirme Leibniz : le monde créé est donc le **meilleur possible**. Il est constitué par l'ensemble des **monades** qui sont des sortes d'atomes spirituels, des unités immatérielles et actives. Ces monades n'agissent pas les unes sur les autres : la série des états de chacune d'elles a été prévue et réglée de toute éternité par le Créateur.

## l'intérêt philosophique du texte

Pour Leibniz, « Dieu applique une sorte de **mathématique divine** » dans sa création (*ORC,* p. 86). Faisant en sorte que le maximum d'effet soit fourni par les voies les plus simples, il a envisagé tous les systèmes de **compossibles**, c'est-à-dire toutes les figurations qu'aurait pu prendre son œuvre. Effectuant son choix, Dieu s'est déterminé, parmi l'**infinité des combinaisons** et des séries possibles, pour ce monde-ci plutôt que pour aucun autre.

Ainsi « les raisons du monde se trouvent-elles cachées dans quelque être en dehors du monde » *(aliquis extramundanus)* (*ORC,* p. 85). Comment pourrait-il en être autrement, si l'on ne veut pas contrevenir au « grand principe » qui, selon Leibniz, préside conjointement avec le principe de contradiction à tous nos raisonnements ? La raison est cette puissance qui **demande raison** à chaque chose de son existence. Si quelque chose existe, il faut donc qu'existe aussi un être absolument nécessaire ; car la concaténation (de *catena*, chaîne, et *cum*, avec) infinie des causes, qui la renvoie sans cesse d'une existence contingente à une autre, laisse la raison insatisfaite : Leibniz use ici de la « preuve » *a contigentia mundi* que Kant critiquera dans la *Critique de la raison pure* sous le nom de « preuve cosmologique ».

Dieu, en considérant toutes les séries possibles, a voulu **antécédemment** le **bien absolu** ; mais même dans la plus harmonieuse de ces séries demeurait quelque **apparence de mal** : sa volonté s'est donc portée **conséquemment** au **meilleur**, et a dû laisser au moins subsister l'« imperfection originelle des créatures ». Tout comme « la vitesse des bateaux vient du fleuve et la lenteur de la cargaison », le mal est inhérent à la créature et non à son Créateur : la créature est, par essence, **limitée**. Ainsi, en postulant que « tout compté et rabattu » ce monde est nécessairement **le plus parfait possible**, Leibniz tente de **conférer un sens** au fait que le **mal** ait été **permis** et que « le crime règne çà et là dans le royaume de Dieu tout-puissant » (*La Cause de Dieu*, in *Opusc.*, p. 127).

**1** ☐ Les six paragraphes qui précèdent constituent une « entrée » *biologique* à la philosophie leibnizienne. Leibniz vient d'y définir les substances comme « monades ». Les monades ne peuvent ni commencer ni finir naturellement. Elles sont douées de *perception* et d'*appétition*. Les plus parfaites sont les *esprits*.

**2** ☐ C'est l'application du principe aristotélicien : 'ανάγκη στῆναι (*anagkè sténaï*, « il faut s'arrêter ») qui permettait au philosophe du Lycée d'affirmer la nécessité d'un « Premier mobile » immuable et extérieur au monde (Cf. Aristote. - *Physique*, VIII, 256 a 29).

**3** ☐ Terme hérité de la scolastique médiévale. Signifie « excellemment », « au suprême degré ».

**4** ☐ « Il est manifeste que les choses existantes jaillissent continuellement de cette source. » (*ORC*, p. 88). C'est la doctrine de la *création continuée*.

Anthony Perkins dans *Le Procès*, film d'Orson Welles, d'après Kafka.



## *Dieu, raison dernière du monde*

**LEIBNIZ**

**7.** Jusqu'ici nous n'avons parlé qu'en simples *physiciens*[1] : maintenant il faut s'élever à la *métaphysique*, en nous servant du *grand principe*, peu employé communément, qui porte que *rien ne se fait sans raison suffisante* ; c'est-à-dire que rien n'arrive sans qu'il soit possible à celui qui connaîtrait assez les choses de rendre une raison qui suffise pour déterminer pourquoi il en est ainsi, et non pas autrement. Ce principe posé, la première question qu'on a droit de faire sera : *Pourquoi il y a plutôt quelque chose que rien ?* Car le rien est plus simple et plus facile que quelque chose. De plus, supposé que des choses doivent exister, il faut qu'on puisse rendre raison *pourquoi elles doivent exister ainsi*, et non autrement.

**8.** Or, cette raison suffisante de l'existence de l'univers ne se saurait trouver dans la suite des choses contingentes, c'est-à-dire des corps et de leurs représentations dans les âmes ; parce que la matière étant indifférente en elle-même au mouvement et au repos, et à un mouvement tel ou tel autre, on n'y saurait trouver la raison du mouvement, et encore moins d'un tel mouvement. Et quoique le présent mouvement qui est dans la matière vienne du précédent, et celui-ci encore d'un précédent, on n'en est pas plus avancé, quand on irait aussi loin que l'on voudrait ; car il reste toujours la même question. Ainsi, il faut que la *raison suffisante*, qui n'ait plus besoin d'une autre raison, soit hors de cette suite des choses contingentes, et se trouve dans une substance qui en soit la cause, et qui soit un être nécessaire, portant la raison de son existence avec soi ; autrement on n'aurait pas encore une raison suffisante où l'on puisse finir[2]. Et cette dernière raison des choses est appelée *Dieu*.

**9.** Cette substance simple primitive doit renfermer éminemment[3] les perfections contenues dans les substances dérivatives qui en sont les effets ; ainsi elle aura la puissance, la connaissance et la volonté parfaites, c'est-à-dire elle aura une toute-puissance, une omniscience et une bonté souveraines. Et comme la justice, prise fort généralement n'est autre chose que la bonté conforme à la sagesse, il faut bien qu'il y ait aussi une justice souveraine en Dieu. La raison qui a fait exister les choses par lui, les fait encore dépendre de lui en existant et en opérant : et elles reçoivent continuellement de lui ce qui les fait avoir quelque perfection[4] ; mais ce qui leur reste d'imperfection vient de la limitation essentielle et originale de la créature[5].

**10.** Il suit de la perfection suprême de Dieu qu'en produisant l'univers il a choisi le meilleur plan possible où il y ait la plus grande variété, avec le plus grand ordre, le terrain, le lieu, le temps les mieux ménagés : le plus d'effet produit par les voies les plus simples ; le plus de puissance, le plus de connaissance, le plus de bonheur et de bonté dans les créatures que l'univers en pouvait admettre. Car tous les possibles prétendant à l'existence dans l'entendement de Dieu à proportion de leurs perfections, le résultat de toutes ces prétentions doit être le monde actuel le plus parfait qui soit possible[6]. Et sans cela il ne serait pas possible de rendre raison pourquoi les choses sont allées plutôt ainsi qu'autrement.

***Principes de la nature et de la grâce fondés en raison* (1718), §§ 7 à 10 in *Œuvres*, édité par L. Prenant, Aubier-Montaigne, pp. 393-394**

**5** ◻ « On peut prendre le mal métaphysiquement, physiquement et moralement. Le *mal métaphysique* consiste dans la simple imperfection, le *mal physique* dans la souffrance, et le *mal moral* dans le péché » (*Théod.*, § 21).
Il faut donc considérer qu'il y a une *imperfection originale de la créature* avant le péché, « parce que la créature est limitée essentiellement, d'où vient qu'elle ne saurait tout savoir, et qu'elle peut se tromper et faire d'autres fautes » (*Théod.*, § 20).

**6** ◻ « Il faut reconnaître d'abord, du fait qu'il existe quelque chose plutôt que rien, qu'il y a dans les choses possibles ou dans la possibilité même, c'est-à-dire dans l'essence (...) une *prétention à l'existence* » (*ORC*, p. 85).

**ORC :** *De l'origine radicale des choses* (1697) ; in *Opuscules philosophiques choisis* (trad. P. Schrecker), Vrin.
**Théod. :** *Essais de théodicée* (1710), Garnier-Flammarion.

## *PHILOSOPHIE ET QUÊTE DU SENS*

Plutôt qu'à son acception psychophysiologique (les cinq sens), ou même à son acception linguistique (le sens d'un mot), le terme **sens**, employé en philosophie, renvoie surtout à la **signification subjective** que peut revêtir aux yeux d'un être conscient la nature, l'histoire, voire quelque phénomène particulier. On peut même dire que la philosophie est fondamentalement **quête du sens** de ce qui, du moins en première apparence, semble n'en comporter aucun : « Je vis dans une nature qui est pour moi une violence aveugle ou qui à chaque instant peut se dévoiler comme telle ; je vis dans une histoire qui, parce que l'homme l'a produite, montre assez de traits ayant sens mais qui peut sans cesse retomber dans la violence pure », écrit Eric Weil (1904-1977). Aussi la philosophie est-elle d'abord « interrogation sur le sens » parce qu'elle est **recherche du rationnel**, c'est-à-dire de ce qui est vrai et **sensé** (E. Weil, « La philosophie est-elle scientifique ? », in *Archives de philosophie*, juillet-septembre 1970, p. 367).

**« L'Ecclésiaste »**

*Propos de l'Ecclésiaste, fils de David, roi de Jérusalem. Vanité des vanités, dit l'Ecclésiaste. Vanité des vanités, et tout est vanité ! Quel intérêt a l'homme à toute la peine qu'il prend sous le soleil ? (...)*

*Un âge va, un âge vient, et la terre tient toujours. Le soleil se lève, et le soleil s'en va ; il se hâte vers son lieu, et là il se lève. (...)*

*Tous les fleuves marchent vers la mer, et la mer ne se remplit pas ; et les fleuves continuent à marcher vers leur terme. Tout est ennuyeux. (...)*

*Ce qui s'est fait se refera ; et il n'y a rien de nouveau sous le soleil.*

**I, 1-9 ; *La Sainte Bible* (trad. sous la direction de l'École biblique de Jérusalem) ; Ed. Labergerie, p. 658**

## *Sens et symbolique médiévale*

La philosophie contemporaine souligne que c'est la conscience humaine qui confère un sens aux choses. « Une vague, écrit Merleau-Ponty, n'est un individu que pour l'homme qui la regarde et la voit s'avancer vers lui ; dans la mer, ce n'est rien que le soulèvement successif des parties de l'eau selon la verticale sans transport de matière selon l'horizontale » (*La Structure du comportement*, P.U.F., p. 6). Notre perception, notre manière d'être au monde, découpe en celui-ci des **unités** qui n'en sont pas du point de vue d'une matière indifférente : le sens nous paraît proprement **humain**.

Mais cette conception du sens comme signification subjective, relative à notre conscience, ne doit pas nous faire oublier que, longtemps, les hommes ont investi la plupart des **êtres de la nature** d'un sens qu'ils rapportaient à un Dieu manifesté selon eux par la moindre des créatures. Au Moyen Age, tout était plein de signes ; toute chose était **théophanie**. La noix signifie le Christ, affirme le théologien Adam de Saint-Victor (XII$^e$ s.) ; l'amande savoureuse est sa nature divine ; l'enveloppe verte qui la recouvre, c'est son humanité ; le bois de la coquille, c'est la croix. Considérant une rose, le cardinal Pierre de Capoue (XII$^e$/XIII$^e$ s.) y voit, quand elle est rouge, le sang de ceux qui sont morts pour la foi, quand elle est blanche, la pureté virginale (cité par E. Mâle, *L'Art religieux du XIII$^e$ siècle en France* [1898] ). « Le monde est un livre immense, écrit de la main de Dieu, où chaque être est un mot plein de sens », renchérit Hugues de Saint-Victor (XII$^e$ s.).

Conviés à l'exégèse d'une nature conçue comme fourmillement de symboles, les théologiens enseignèrent, en outre, que l'Écriture elle-même était tout à la fois **histoire** et **symbole***. Ils s'ingénièrent tout particulièrement à retrouver dans l'Ancien Testament juif des figures voilées du Nouveau. Rapprochant les souffrances de Job et la Passion du Christ, le buisson ardent qui brûla devant Moïse sans se consumer et l'immaculée conception, la résurrection de Jonas qui était demeuré trois jours dans le ventre de la baleine et celle de Jésus resté trois jours dans son tombeau, etc., ils tâchèrent de retrouver à toute force un **sens unique** dans des traditions différentes afin de confirmer l'adage *« Quod Moyses velat, doctrina Christi revelat »* : « Ce que Moïse dit de façon voilée, la doctrine du Christ le révèle, le dé-voile. »

Grammaire mystique de la nature ou « récupération » érudite de textes préchrétiens, c'est donc toujours un même **raisonnement par analogie** qui préside à la mise en correspondance de deux termes distincts dont l'un est arbitrairement supposé constituer le **symbole** de l'autre. Et dans tous les cas de figure, c'est en **Dieu** qu'on relègue la signification ultime des symboles et de ce qu'ils sont censés exprimer.

## *Sens, optimisme, téléologie*

C'est un souci d'ordre **apologétique** qui fonde chez Leibniz la détermination du sens (voir le *Grand Texte* ci-dessus). « C'est la cause de Dieu qu'on plaide », affirme la *Théodicée*. Si de chaque chose on doit pouvoir dire pourquoi elle est ainsi et non autrement, c'est parce qu'elle fait partie d'une série d'étants qui est nécessairement **la meilleure possible.** Et si, considérée en particulier, telle chose semble imparfaite, mauvaise et, partant, dénuée de sens, la considération de cette vérité que Dieu n'aurait pu mieux faire nous rappellera qu'elle constitue un élément concourant à l'harmonie de cette « machine très admirable » qu'est le monde : « un peu d'acide, d'âcre ou d'amer plaît souvent mieux que du sucre ; les ombres rehaussent les couleurs et même une dissonance placée où il faut donne du relief à l'harmonie. » (*Théocidée*, § 12, éd. cit., p. 110). Ainsi ce que les hommes appellent le **mal** se voit-il conféré un **sens** par l'**optimisme*** leibnizien — un sens, c'est-à-dire une **raison** qui le relie à la **fin** visée par le Créateur, au dessein global qui a présidé à son œuvre.

Pour leur part, les philosophies modernes, et celle de Hegel, tout particulièrement, ont préféré **« dialectiser »** l'optimisme en présentant le **mal** comme un **moment nécessaire** à l'effectuation du bien. Guerres, inimitiés et autres conflits sont **en vue de** l'avènement final de la Raison. En un sens, toute **téléologie*** est constituée d'**optimisme plaqué sur du temps**.

Kant (1724-1804) affirme déjà que sans leur « appétit insatiable de possession et de domination », les hommes, « doux comme les agneaux qu'ils font paître, ne donneraient à l'existence guère plus de valeur que n'en a leur troupeau domestique » (*Idée d'une histoire universelle au point de vue cosmopolitique* (1784), in *La Philosophie de l'histoire*, Gonthier-Médiations, p. 32). « L'homme veut la concorde mais la nature sait mieux que lui ce qui est bon pour son espèce, elle veut la discorde. » *(ibid.)*. L'**« insociable sociabilité »** de l'homme est donc un bienfait qu'il a reçu de la nature : chacun rencontrant des limites à ses prétentions égoïstes — vanités, rivalités et autres envies font éclore les talents enfouis, sortent la brute primitive de sa première inertie et font, à terme, **progresser l'espèce** tout entière.

Chez Hegel (1770-1831), on l'a vu, une Raison immanente se sert des passions individuelles et même de peuples entiers comme instruments de sa propre réalisation : parler de **sens de l'histoire**, c'est ainsi non seulement marier le **temps** et l'**optimisme**, mais c'est affirmer, en outre, que l'**action** des hommes est en grande partie **inconsciente**, et que les buts que ceux-ci invoquent pour justifier leurs actes ne coïncident nullement avec la destination réelle de ceux-ci.

**Chercher du sens,** c'est donc, de ce point de vue, déterminer la **finalité** que l'on peut attribuer à un certain phénomène (être de la nature, événement historique, etc.), afin de l'intégrer au **plan général**

SOLUTION

Maintenant le lycéen cherche à s'émanciper.

Serre, *Les vacances.*

que l'on prête à quelque intention directrice, que ce soit le Dieu transcendant de Leibniz et de Kant, ou la Raison immanente de Hegel.

## *Sens et herméneutique*

« Il est facile de voir, écrit Freud, que l'interprétation des rêves, quand elle n'est pas rendue trop pénible par les résistances du malade, conduit à découvrir les désirs cachés et refoulés, ainsi que les complexes qu'ils entretiennent. » (*Cinq leçons sur la psychanalyse,* Payot, p. 42). L'**interprétation** psychanalytique des rêves chez le névrosé et **chez le sujet normal**, tout comme celle des **actes manqués** (lapsus, oublis inexplicables...) et des **névroses**, conduit ainsi à distinguer d'une part un désir inavouable à la conscience morale, et d'autre part les forces psychiques (censure) qui ont présidé à son travestissement. Le **rêve manifeste** (ensemble des images que nous nous rappelons avoir rêvées) constitue donc, selon Freud, l'ersatz, le **substitut**, le rejeton d'un désir qui reste latent : il exprime ce désir tout en le dissimulant ; il le fait apparaître tout en le masquant. Ce **« codage » du désir** autorise celui-ci à se manifester, tout en le contraignant à adopter une **forme** admissible par la censure (voir plus haut l'*Extrait* de Paul Ricœur). Et les forces qui s'opposeront à l'admission par le sujet éveillé de la signification profonde de son rêve sont assurément celles-là même qui, au cours de l'élaboration onirique, avaient contraint le désir à se dissimuler à sa conscience.

Ainsi le rêve doit-il, aux yeux du psychanalyste, être tenu pour un **symptôme*** : il s'agit d'apprendre du rêveur quelque chose que l'on ne sait pas et que lui-même ignore. Le **sens du rêve** est donc atteint par une **investigation** de type **herméneutique** : il faut **interpréter** le film aux allures **insensées** que constitue le rêve manifeste pour retrouver, en deçà de l'écran formé par les **résistances**, les intentions qui ont présidé à la confection et au montage d'un scénario apparemment **indéchiffrable**. Freud pourra donc écrire : « Lorsque nous parlons du "sens" d'un processus psychique, ce "sens" n'est pour nous que l'**intention** à laquelle il sert et la place qu'il occupe dans la série psychique. » (*Introduction à la psychanalyse,* Payot, p. 50.) Toute herméneutique suppose, en effet, que le sens d'un discours ou d'un comportement humain n'apparaisse jamais d'emblée à la conscience de l'individu qui agit ou qui parle ; on y affirme, en outre, qu'un certain **intérêt** inconscient trouve son compte dans cette opacité du sens.

Chercher le **sens** d'un processus psychique (mais on pourrait dire la même chose d'un discours idéologique), c'est donc tenter de **débusquer l'intention** qui fait en sorte que la conscience ne parle en nous qu'**à demi-mot**.

### BIBLIOGRAPHIE DE LA LEÇON

***Louis ALTHUSSER et Étienne BALIBAR :***
*Lire « Le Capital »,* Maspéro, 2 vol.

***Pierre BURGELIN :***
*Commentaire du « Discours de métaphysique de Leibniz »,* P.U.F.

***Sigmund FREUD :***
*Psychanalyse,* textes choisis par D. Dreyfus, P.U.F., Coll. S.U.P. « Les grands textes ».

***Emile MÂLE :***
*L'Art religieux du XIIIe siècle en France,* Le Livre de Poche/Art, 1968, 2 vol.

**TABLE D'ORIENTATION**

**SENS** →
- 1 EXISTENCE
- 2 HISTOIRE
- 3 IRRATIONNEL
- 4 LANGAGE
- 5 ART
- 6 MORT

## SUJETS DE DISSERTATION

1 La vie a-t-elle un sens ? (Poitiers, A, 1983)
- Quelque chose peut-il jamais mériter qu'on lui sacrifie sa propre vie ? (Limoges, A, 1984)
- Notre existence a-t-elle un sens si l'histoire n'en a pas ? (Amérique du Sud, C-D, 1980)

2 L'histoire est-elle un destin ? (Toulouse, C-D, 1982)
- L'histoire a-t-elle un sens ? (Poitiers, A, 1983)
- Peut-on dire qu'il existe une logique des événements historiques ? (Rennes, A, 1984)

3 Y a-t-il une logique de l'insensé ? (Groupe 1 bis, A, 1982)
- La déraison a-t-elle quelque chose à nous apprendre ? (Polynésie française, B, 1981)
- Faut-il donner un sens à la souffrance ? (Orléans-Tours, A, 1980)

4 Le silence a-t-il un sens ? (Paris, B, 1982)
- Peut-on tout dire ?

5 « Il n'y a pas d'œuvre d'art qui ne soit "à message" ». Que pensez-vous de cette affirmation ?

6 La guerre est-elle absurde ? (Nice, B, 1982)
- Donner sa vie pour une cause renforce-t-il celle-ci ?

## BIBLIOGRAPHIE GÉNÉRALE

**CAMUS :** *Le Mythe de Sisyphe,* Idées-Gallimard.

**DELEUZE :** *Logique du sens,* éd. de Minuit.

**ENGELS :** *Ludwig Feuerbach et la fin de la philosophie classique allemande,* chap. IV, éd. Sociales.

**HEGEL :** *La Raison dans l'Histoire,* 10-18.

**KANT :** *Critique de la faculté de juger* (en partic. les § 67 et 86), Vrin.

**LEIBNIZ :** *Principes de la nature et de la grâce fondés en raison. Essais de théodicée,* Garnier-Flammarion.

**MERLEAU-PONTY :** *Sens et non-sens,* Gallimard, coll. Tel.

**NIETZSCHE :** *La Généalogie de la morale ; La Volonté de puissance,* Gallimard.

**RICŒUR :** *De l'Interprétation,* Seuil.

**WEIL (Éric) :** *Logique de la philosophie,* Vrin.

## GLOSSAIRE

**Herméneutique :** du grec *herméneus*, interprète, qui vient de *Hermès*, messager des dieux et interprète de leurs ordres. L'herméneutique est d'abord l'interprétation des textes bibliques (herméneutique *sacrée*) : pendant des siècles, lorsque les religions et leurs livres présidaient aux actions humaines, le déchiffrement des passages obscurs ou contradictoires de ces livres a en effet constitué une tâche essentielle pour les penseurs de chaque époque.
Par extension, on parle d'*herméneutique* pour toute restitution ou dévoilement du *sens* d'un texte, voire même de réalités d'un autre ordre (œuvres d'art, types de société, modes de comportement, etc.).

**Nihilisme :** du latin *nihil*, rien, néant. Le nihilisme est, à l'origine, une doctrine attribuée au sophiste Gorgias, selon laquelle il n'existe rien d'absolu. Il désigne parfois des tendances anarchisantes qui peuvent déboucher sur l'exaltation des actions terroristes individuelles. Philosophiquement, le nihilisme désigne chez Nietzsche le refus d'admettre une hiérarchie des valeurs : « La véritable, la grande angoisse [qui résulte, selon Nietzsche, de la *décadence* européenne], c'est celle-ci : *le monde n'a plus de sens* ». *(Volonté de puissance.)*

**Optimisme :** doctrine selon laquelle le monde est le plus parfait possible. C'est entre autres la position de Leibniz (1646-1716) : « Entre une infinité de mondes possibles, il y a le meilleur de tous, autrement Dieu ne se serait pas déterminé à en créer aucun. » *(Essais de théodicée.)*

**Polysémie :** du grec *poly-*, nombreux et *séméion*, signe. Pluralité de significations.

**Signe :** toute chose *mise à la place* d'autre chose. « Comme l'image, écrit C. Lévi-Strauss, le signe est un être concret, mais il ressemble au concept par son pouvoir référentiel. » On distingue traditionnellement les *indices* et les *symboles* : les premiers ont un rapport *naturel* avec ce qu'ils désignent (la tache de sang, *indice* de la culpabilité d'un criminel) ; les seconds entretiennent un rapport *conventionnel* avec la réalité qu'ils signifient (le *noir* est *symbole* du deuil dans l'Occident contemporain, tandis que la couleur blanche joue ce rôle dans d'autres civilisations).

**Symptôme :** terme d'origine médicale : le symptôme est un *indice* qui rend possible le diagnostic ; par exemple, la toux, *symptôme* de la bronchite. Dans les philosophies dites de l'« ère du soupçon » (l'expression est de P. Ricœur et désigne essentiellement les œuvres de Marx, Nietzsche et Freud), le terme *symptôme* s'applique par extension à tout discours ou comportement en tant que celui-ci est susceptible d'une *interprétation* restituant son sens caché.

**Téléologie :** du grec *télos*, fin, et *logos*, science : étude des fins. Par extension, désigne la finalité, opposée ou superposée à l'enchaînement mécanique des causes efficientes. On parle ainsi de l'Histoire conçue comme téléologie, déroulement vers un but donné.

**CHERCHE TA VÉRITÉ**

**Nathanaël, à présent, jette mon livre. Émancipe-t'en. Quitte-moi. Quitte-moi ; maintenant tu m'importunes ; tu me retiens ; l'amour que je me suis surfait pour toi m'occupe trop. Je suis las de feindre d'éduquer quelqu'un. Quand ai-je dit que je te voulais pareil à moi ? — c'est parce que tu diffères de moi que je t'aime ; je n'aime en toi que ce qui diffère de moi. Éduquer !**

**Qui donc éduquerais-je, que moi-même ? Nathanaël, te le dirais-je ? Je me suis interminablement éduqué. Je continue. Je ne m'estime jamais que dans ce que je pourrais faire.**

**Nathanaël, jette mon livre ; ne t'y satisfais point. Ne crois pas que ta vérité puisse être trouvée par quelqu'un d'autre ; plus que tout, aie honte de cela. Si je cherchais tes aliments, tu n'aurais pas la faim pour les manger ; si je te préparais ton lit, tu n'aurais pas sommeil pour y dormir.**

**Jette mon livre ; dis-toi bien que ce n'est là qu'une des mille postures possibles en face de la vie. Cherche la tienne. Ce qu'un autre aurait aussi bien fait que toi, ne le fais pas. Ce qu'un autre aurait aussi bien dit que toi, ne le dis pas — aussi bien écrit que toi, ne l'écris pas. Ne t'attache en toi qu'à ce que tu sens qui n'est nulle part ailleurs qu'en toi-même, et crée de toi, impatiemment ou patiemment, ah ! le plus irremplaçable des êtres.**

# LA VÉRITÉ

André Gide
*Les Nourritures terrestres* (1897),
Folio-Gallimard, p. 161

## *La vérité est-elle réservée aux initiés ?*

Dans le livre d'André Gide, *Les Nourritures terrestres*, la teneur du propos et le style légèrement prophétique laissent supposer que celui qui parle est un « maître de vérité ». Il ne s'agit pas d'un professeur enseignant à ses élèves, mais il ressemble davantage à ces gourous dont la mode a succombé sous le coup des reproches adressés aux sectes. Ses disciples pensent que la vérité ne peut être acquise qu'au contact du maître et au terme d'une « initiation ».

Il y a là une **conception magique** et élitiste de la vérité : la vérité serait réservée aux **initiés**, elle dépendrait de la parole d'un homme, supposant une phase d'initiation obscure où le disciple accepte de ne pas comprendre et de se soumettre aux rites et aux sentences du maître. Cette conception choque : la vérité est-elle si fragile qu'il faille l'entourer de tant de **mystère** ? Quelque chose qui dépend de la parole d'un homme et dont l'accès est limité à quelques privilégiés ? Pourtant, la vérité est, en droit, bonne pour tous et tous nous estimons y avoir droit.

Le Maître de Gide échappe heureusement à ces questions puisqu'il pose comme condition ultime de la vérité le rejet de la relation maître-disciple. Celui qui veut accéder à la vérité doit d'abord arracher de lui le désir de se soumettre à la parole d'autrui. Autrement, il substitue à son désir de vérité celui d'avoir un maître, et à la recherche personnelle la répétition de formules dont la vérité lui échappe puisque seul le maître la détient. La première leçon de Gide, c'est au contraire que le seul maître digne d'être servi, c'est la vérité, qui laisse tous les hommes égaux devant elle.

## *La vérité et ma vérité*

En congédiant le disciple, Gide semble indiquer que la recherche de la vérité est une affaire personnelle parce qu'il n'y a que des **vérités personnelles** : « Jette mon livre ; dis-toi bien que ce n'est là qu'une des mille postures possibles en face de la vie. » Il y aurait donc autant de vérités que d'individus et ces vérités ne s'accorderaient pas entre elles. Et l'on pourrait ajouter que la vérité d'hier n'est pas celle de demain et que comme l'homme change, la vérité change avec lui.

Ces formules finissent par **détruire l'idée de vérité** : si elle varie selon les individus, alors **la vérité n'est à personne**. Elle n'existe pas ou du moins, elle est hors d'atteinte. Avec elle disparaît la possibilité d'arriver à un accord sur quoique ce soit de définitif : il n'y a plus de communauté des hommes, mais un agrégat d'individus enfermés dans leurs « vérités » singulières.

## *La vérité dépasse le personnel et l'individuel*

Gide ne soutient pas pour autant que la vérité générale doive céder la place à la vérité de chacun, mais que la vérité sur moi-même ne peut m'être révélée que par moi-même. Ainsi chacun doit-il trouver lui-même le sens de son existence, sans copier les solutions inventées par d'autres. Cette recommandation nous avertit aussi de ce que nous ne connaissons la vérité que si nous sommes aptes à la comprendre : « $E = MC^2$ » est une vérité, mais si je la formule sans savoir ce qu'elle signifie, ce n'est pour moi qu'une sentence répétée et vide de sens. Elle n'a de vérité que le nom.

C'est pourquoi il est légitime de réclamer que chacun fasse de la vérité son affaire : la vérité n'est lettre morte que si nous la dissocions du geste par lequel nous nous l'approprions. Ou, comme le disait Hegel citant Lessing : « La vérité n'est pas une monnaie frappée, qui, telle quelle, est prête à être dépensée et encaissée. » (*Phénoménologie de l'esprit*, Préface.)

$$\int_a^b \sum_{n=0}^{\infty} u_n = \sum_{n=0}^{\infty} \int_a^b u_n$$

La vérité tiendrait-elle, comme par magie, dans ce signe « égale » qui sépare et rassemble les deux membres d'une équation ? Et pourquoi cette vérité mathématique prétendrait-elle s'imposer comme modèle de toute vérité ?

## Vérité ordinaire

**HEIDEGGER**

Qu'est-ce qu'être vrai ? Nous disons, par exemple : « c'est une vraie joie de collaborer à la réussite de cette entreprise. » Nous voulons dire par là qu'il s'agit d'une joie pure, réelle. Le vrai est donc le réel. Nous parlons en ce sens de l'or véritable en le distinguant de l'or faux. L'or faux n'est pas réellement ce qu'il paraît être. Il n'est qu'une « apparence » ; il est, pour cette raison, irréel. L'irréel passe pour le contraire du réel. Mais le cuivre doré est tout de même quelque chose de réel. C'est pourquoi nous disons plus clairement : l'or réel est l'or authentique. Mais « réels », ils le sont l'un et l'autre, l'or authentique ne l'est ni plus ni moins que le cuivre doré. La vérité de l'or authentique ne peut donc être garantie par sa simple réalité. La question renaît : que signifie ici être « authentique » et être « vrai » ? L'or authentique est ce réel dont la réalité se trouve en accord avec ce que, d'emblée et toujours, nous avons « proprement » en vue lorsque nous pensons à de l'or. Inversement, nous dirons, dès que nous soupçonnons avoir affaire à du cuivre doré : « quelque chose ici ne "colle" pas. » (...)

Le vrai, que ce soit une chose vraie ou un jugement vrai, est ce qui est en accord, ce qui concorde. Être vrai et vérité signifient ici : s'accorder, et ce d'une double manière : d'abord, comme accord entre la chose et ce qui est présumé d'elle et, ensuite, comme concordance entre ce qui est signifié par l'énoncé et la chose.

**« De l'essence de la vérité » in *Questions I*, (1943), chapitre IV, trad. A. de Waelhens et W. Biemel, Gallimard, pp. 163-164**

— *J'ai juré de dire la vérité et je viens la dire tout entière.* Le cérémonial du témoignage vu par une gravure du XIX$^{e}$ siècle.

## Vérité d'une proposition, validité d'un raisonnement

**R. BLANCHÉ**

Il ne faut pas confondre la *validité d'un raisonnement* avec la *vérité des propositions* qui le composent. Voici, par exemple, deux inférences très simples : *Tout triangle est trilatère, donc tout trilatère est triangle. Tout triangle est quadrilatère, donc quelque quadrilatère est triangle.*

Un instant de réflexion montrera que la première inférence n'est pas valable bien que les deux propositions y soient vraies, et que la seconde est valable bien que les deux propositions y soient fausses. On exprime souvent cette distinction en opposant, à la vérité matérielle, une vérité formelle, et en disant d'un raisonnement valide qu'il est vrai par sa forme, indépendamment de la vérité de sa matière, c'est-à-dire de son contenu. Et c'est parce que la logique ne s'intéresse qu'à cette forme qu'on l'appelle elle-même *formelle.* (...)

Considérons le syllogisme : Tout $f$ est $g$ ; $x$ est $f$ ; donc $x$ est $g$. (...) Les lettres symboliques y marquent des places vides. (...) Elles sont comparables aux blancs d'une « formule » imprimée qu'on vous demande de compléter à la plume, par des indications qui seules donneront à la feuille valeur de renseignement. De même ici, nous n'avons plus affaire qu'à un schéma de raisonnement ou, si l'on veut, à un moule à raisonnements, qui donnera un raisonnement lorsqu'on y coulera une matière. Seulement, quelle que soit cette matière, le raisonnement sera bon, parce que sa validité ne dépend que de la forme du moule, qui demeure invariante.

***Introduction à la logique contemporaine* (1957), A. Colin, pp. 9-11**

## L'idée vraie[1]

**SPINOZA**

L'idée vraie (car nous avons une idée vraie) est quelque chose de distinct de ce dont elle est l'idée : autre est le cercle, autre l'idée du cercle. L'idée du cercle n'est pas un objet ayant un centre et une périphérie comme le cercle, et pareillement l'idée d'un corps n'est pas ce corps même. Étant quelque chose de distinct de ce dont elle est l'idée, elle sera donc aussi en elle-même quelque chose de connaissable ; c'est-à-dire que l'idée, en tant qu'elle a une essence formelle, peut être l'objet d'une autre essence objective et, à son tour, cette autre essence objective, considérée en elle-même, sera quelque chose de réel et de connaissable et ainsi indéfiniment. (...)

Pour connaître l'essence de Pierre, il n'est pas nécessaire que l'entendement connaisse l'idée même de Pierre et, encore moins, l'idée de l'idée de Pierre ; ce qui revient à dire que je n'ai pas besoin pour savoir, de savoir que je sais, et encore bien moins de savoir que je sais que je sais ; pas plus que pour connaître l'essence du triangle il n'est besoin de connaître celle du cercle. C'est le contraire qui a lieu dans ces idées : pour savoir que je sais, il est nécessaire que je sache d'abord.

Il suit de là évidemment que la certitude n'est rien en dehors de l'essence objective elle-même ; c'est-à-dire que la manière dont nous sentons l'essence objective est la certitude elle-même. Mais de là suit évidemment que, pour avoir la certitude de la vérité, nulle marque n'est nécessaire en dehors de la possession de l'idée vraie.

***Traité de la réforme de l'entendement* (1661),**
**§ 27, trad. Appuhn, Garnier-Flammarion, pp. 190-191**

1 ◻ On pourra également se référer au *Grand Texte* de Spinoza, au chapitre sur l'*Idée*.

1 ◻ L'*aporie* est une impasse logique.

## commentaire

**Heidegger** (1889-1976) cherche à définir la conception la plus ordinaire de la vérité. L'imprécision du langage pourrait faire croire que ce qui est vrai, c'est ce qui est réel ou authentique. Mais la **vérité** n'est pas simplement la **réalité** : une pièce en faux or est aussi réelle qu'une pièce en or et n'est **inauthentique** que par rapport à l'idée qu'elle devrait être en or. La vérité n'est donc pas dans les choses en tant que telles, mais dans le **rapport entre les choses et nos idées** sur les choses : il y a vérité quand la chose se trouve en accord avec ce que nous pensons d'elle. On se rapproche par là de la définition classique de la vérité comme **accord, adéquation** entre l'idée et la chose, le jugement et la réalité.

Pour **Spinoza** (1632-1677), la **méthode** en tant que **démarche préalable** à la possession de la vérité se heurte à une aporie[1], à une **difficulté insoutenable** : la méthode doit permettre de connaître la vérité. Mais il faudrait déjà connaître la vérité pour savoir si la méthode est vraie ; ou alors il faudrait une méthode pour trouver la méthode et ainsi de suite, à l'infini. La question de la méthode est donc formelle et inutile : le *Traité de la réforme de l'entendement* qui part d'un préalable à la vérité, est d'ailleurs inachevé. L'**aporie de la méthode** s'applique aussi à la vérité : pour savoir qu'une idée est vraie, il faut avoir l'idée de cette idée et ainsi de suite, à l'infini. En fait, l'idée vraie n'a besoin ni de préalable, ni de critère : elle porte en elle-même la **marque de sa vérité**, comme une évidence.

Robert **Blanché** (1898-1975) entreprend de limiter le sens de la notion de vérité. La logique est « l'étude des raisonnements ou inférences* considérés du point de vue de leur validité ». La vérité matérielle d'une proposition n'est alors plus en cause : en logique, seule compte la **validité** du raisonnement, indépendamment du **sens** de ses propositions. Exclusivement soucieuse de la syntaxe et de la validité, la logique formelle laisse donc hors de son champ la sémantique* et la vérité matérielle.

# *Kant et le criticisme**

## l'auteur

*La Critique de la raison pure* (1re édition : 1781, 2e édition : 1787) paraît à la fin du **XVIIIe siècle**, siècle des lumières et du rationalisme, siècle où, le progrès des sciences et des techniques aidant, celles-ci deviennent le **modèle** même de toute connaissance.

La diversité des systèmes philosophiques, constate Kant, ruine dès le départ leur certitude : comment les oppositions entre philosophes pourraient-elles inciter leurs lecteurs à trouver auprès d'eux une certitude si, par avance, on sait qu'une opinion contraire est tout aussi possible ? Si la philosophie n'a émis jusque-là que des opinions, par définition incertaine, il faut alors limiter ses prétentions pour aboutir à une certitude. La principale prétention de la philosophie tenait dans sa volonté de dépasser le domaine de la connaissance sensible et de manifester l'existence de réalités purement immatérielles qui ne peuvent être approchées par une appréhension sensible.

Pour Kant, tout ce qui n'est pas sensible n'est pas connaissable. *La Critique de la raison pure* limitera donc la prétention de l'esprit humain à penser des réalités qui ne sont pas sensibles.

## l'intérêt philosophique du texte

## *La question du critère de la vérité*

*La Critique de la raison pure* veut dissiper les doutes du **scepticisme**, attitude qui consiste à douter soit de l'existence même de la vérité, soit de la possibilité pour les hommes de l'atteindre. Le doute sceptique est soutenu par une batterie de paradoxes et d'apories dont l'un des plus efficaces est l'impossibilité pour le non-sceptique d'exhiber un **critère universel de la vérité**, permettant d'appliquer la « définition nominale » de la vérité comme accord de la connaissance avec son objet.

Kant ne tente pas de répondre à la réclamation sceptique : il montre qu'on ne peut répondre parce qu'une telle interpellation n'a pas de sens. En effet, si la vérité est l'accord de la connaissance avec son objet, alors la vérité d'une connaissance dépend de son contenu qui ne peut être soumis à aucun critère universel puisqu'il varie selon l'objet de cette connaissance : il ne dépend pas d'un **critère universel**, mais de l'**expérience**.

Si ce critère universel existe, il ne peut concerner que la **forme** des connaissances indépendamment de leur **contenu**. Ce critère est celui de l'accord de la connaissance avec les règles formelles de la pensée telles que les établit la **logique formelle** qui évalue la **cohérence**, la **non-contradiction** des connaissances.

L'originalité de la *Critique de la raison pure* est de présenter, à côté de la logique formelle, une **logique transcendantale** qui ne néglige pas du tout le contenu des connaissances en général mais seulement leur contenu empirique. La logique transcendantale étudie tout ce qui dans la connaissance d'un objet ne relève pas de l'expérience mais sans quoi un objet ne pourrait être ni connu, ni pensé.

A la question du critère universel de la vérité, Kant substitue donc la définition des trois conditions selon lesquelles une connaissance est vraie :
- la validité logique, ou formelle ;
- la vérité transcendantale ou accord entre les objets de l'expérience et les conditions *a priori* nécessaires pour penser un objet en général ;
- la vérification par l'expérience, seule capable de tester le contenu de nos connaissances.

La vérité en histoire ne se donne jamais d'elle-même ; elle est, dans une large mesure, construite et reconstruite en fonction des soucis du moment. De la photographie de groupe prise au 8e congrès du parti bolchévique en 1919, on ne conserve, selon les époques, que Staline et Lénine (en haut), ou aujourd'hui, dans les manuels scolaires, Lénine et Kalinine (en bas).

**1** ▢ *Diallèle* (du grec *dia-allêlos* : au moyen l'un de l'autre) : argument sceptique qui consiste à affirmer que toutes les connaissances se démontrent les unes par les autres. Toute tentative pour fonder la vérité des connaissances aboutit donc à un cercle vicieux.

**2** ▢ *Matière et forme* : « J'appelle *matière*, dans le phénomène, ce qui correspond à la sensation ; mais ce qui fait que le divers du phénomène est coordonné dans l'intuition selon certains rapports, je l'appelle la *forme* du phénomène. » (*C.R.P.*, Esthétique transcendentale, p. 53)

**3** ▢ *Entendement* : « L'entendement doit être considéré comme la source et la faculté de penser des règles en général. Car de même que la sensibilité est la faculté des intuitions, de même l'entendement est la faculté de penser, c'est-à-dire de soumettre les représentations à des règles. » (Kant, *Logique*, Introduction, I.) Chez Kant, l'entendement se distingue de la *sensibilité*, qui

## *Qu'est-ce que la vérité ?*

**E. KANT**

est « la réceptivité de notre esprit, le pouvoir qu'il a de recevoir des représentations en tant qu'il est affecté d'une manière quelconque », mais aussi de la *raison*, faculté de conférer à l'ensemble des règles produites par l'entendement une unité et une totalité qui ne sont pas données par l'expérience. Le Moi, le monde et Dieu, en tant qu'ils dépassent les conditions de l'expérience, sont des objets de la raison et non de l'entendement : ils ne sont pas des objets de *connaissance*.

**4** « La vérité ou l'apparence ne sont pas dans l'objet, en tant qu'il est intuitionné, mais dans le jugement que nous portons sur cet objet, en tant qu'il est pensé. Si donc on peut dire justement que les sens ne se trompent pas, ce n'est point parce qu'ils jugent toujours juste, mais parce qu'ils ne jugent pas du tout. Conséquemment la vérité aussi bien que l'erreur (...) ne se trouvent que dans le jugement, c'est-à-dire que dans le rapport de l'objet à notre entendement. » (*C.R.P.*, Introduction à la Dialectique transcendantale, p. 251)

L'ancienne et célèbre question par laquelle on prétendait pousser à bout les logiciens, en cherchant à les obliger ou à se laisser forcément surprendre dans un pitoyable diallèle[1] ou à reconnaître leur ignorance et, par suite, la vanité de tout leur art, est celle-ci : *Qu'est-ce que la vérité ?* La définition nominale de la vérité qui en fait l'accord de la connaissance avec son objet est ici admise et présupposée ; mais on veut savoir quel est l'universel et sûr critère de la vérité de toute connaissance.

C'est déjà une grande et nécessaire preuve de sagesse et de lumière que de savoir ce que l'on doit raisonnablement demander. (...)

Si la vérité consiste dans l'accord d'une connaissance avec son objet, il faut, par là même, que cet objet soit distingué des autres ; car une connaissance est fausse, quand elle ne concorde pas avec l'objet auquel on la rapporte, alors même qu'elle renfermerait des choses valables pour d'autres objets. Or, un critère universel de la vérité serait celui qu'on pourrait appliquer à toutes les connaissances, sans distinction de leurs objets. Mais il est clair — puisqu'on fait abstraction en lui de tout le contenu de la connaissance (du rapport à son objet) et que la vérité vise précisément ce contenu — qu'il est tout à fait impossible et absurde de demander un caractère de la vérité de ce contenu des connaissances, et que, par conséquent, une marque suffisante et en même temps universelle de la vérité ne peut être donnée. Comme nous avons appelé le contenu d'une connaissance sa matière[2], on devra dire qu'on ne peut désirer aucun critère universel de la vérité de la connaissance quant à sa matière, parce que c'est contradictoire en soi.

Mais pour ce qui regarde la connaissance, quant à sa forme[2] simplement (abstraction faite de tout contenu), il est également clair qu'une logique, en tant qu'elle traite des règles générales et nécessaires de l'entendement[3], doit exposer, dans ces règles mêmes, les critères de la vérité[4]. Car ce qui les contredit est faux, puisque l'entendement s'y met en contradiction avec les règles générales de sa pensée et, par suite, avec lui-même. Mais ces critères ne concernent que la forme de la vérité, c'est-à-dire de la pensée en général et, s'ils sont, à ce titre, très justes, ils sont pourtant insuffisants. Car une connaissance peut fort bien être complètement conforme à la forme logique, c'est-à-dire ne pas se contredire elle-même, et cependant être en contradiction avec l'objet. Donc le critère simplement logique de la vérité, c'est-à-dire l'accord d'une connaissance avec les lois générales et formelles de l'entendement et de la raison est, il est vrai, la *condition sine qua non* et, par la suite, la condition négative de toute vérité ; mais la logique ne peut pas aller plus loin ; aucune pierre de touche ne lui permet de découvrir l'erreur qui atteint non la forme, mais le contenu.

***Critique de la raison pure* (1781),**
**Introduction à la Logique transcendantale,**
**trad. Tremesaygues et Pacaud, P.U.F., pp. 80-83**

# A QUOI BON LA VÉRITÉ ?

« Toute vérité n'est pas bonne à dire » prétend une maxime connue. Et nous connaissons tous des moments où nous trouvons plus facile et plus intéressant de négliger la vérité, voire de la cacher. A ces moments, nous pensons que certaines choses ont plus de valeur que la vérité.

La possibilité du mensonge, de la dissimulation, nous amène à poser une question qui dépasse ces phénomènes particuliers : puisque nous pouvons nous passer de la vérité, quel besoin avons-nous d'elle ? A quoi nous sert-elle ? C'est là la question de la **valeur de la vérité**.

## La vérité est rassurante

Ce problème, Nietzsche l'a formulé avec acuité, en portant le soupçon sur le respect universel de la vérité comme valeur en soi, indiscutable et surtout, insubordonnable à d'autres valeurs. Faire de la vérité une *valeur en soi*, c'est dire qu'il faut vouloir la vérité pour la vérité. Nietzsche repère le caractère moral de ce postulat, et lui adresse deux questions :

**Pourquoi vouloir la vérité ?** La vie, elle, ne la respecte pas : elle a besoin de simplifications pour se développer, elle néglige la vérité au profit de certaines exigences vitales, plus urgentes. Il ne faut donc pas respecter la vérité pour elle-même mais au contraire suspecter dans ce respect quelque chose qui peut menacer la vie. « L'inutilité et le danger de la "volonté de vérité", de la "vérité à tout prix" sont constamment montrés (...) la vie n'est faite que pour l'apparence, j'entends pour l'erreur, l'imposture, la dissimulation, l'aveuglement et l'auto-aveuglement, et la grande forme de la vie s'est toujours montrée du côté des moins scrupuleux (...) Volonté de vérité, elle pourrait être une volonté de mort. » (*Le Gai savoir*, p. 344.)

**Que veulent vraiment ceux qui disent vouloir la vérité ?** La vérité est-elle aussi une simplification, une représentation réductrice du monde toujours en devenir, changeant selon les perspectives qu'on adopte ? En fait, la vérité n'a aucune vérité, sinon pratique : elle assure une représentation stable du devenir, rassurante sur les plans théoriques et pratiques. Vouloir la vérité, c'est donc vouloir la **sécurité**. Cet idéal aide certains à vivre, mais il **menace** la vie en lui ôtant sa part de risque : il est au service d'une vie au rabais.

## Le besoin de vérité

Ce que Nietzsche dénonce, c'est la vérité en tant qu'**idole**. Ce qu'il demande, c'est d'assumer l'absence radicale de vérité. Cette exigence comporte quelque danger : interprétée de façon noble, elle est héroïque puisqu'elle ôte à l'homme le rempart de la certitude ; interprétée de façon vile, elle débouche sur le plus grossier pragmatisme qui asservit toutes les valeurs à la volonté de puissance. On peut, à la critique de Nietzsche opposer deux objections :

**1.** Nietzsche reconnaît lui-même que les hommes ont **besoin**, sinon de la vérité, du moins, de **certitudes***, ne serait-ce que parce que les certitudes partagées maintiennent un accord entre les hommes. Mais ceux qui affirment que ce besoin de certitudes ne peut être satisfait que par la vérité vont plus loin que la simple **recherche de la sécurité** : n'importe quelle erreur commune peut être rassurante mais seule la vérité est incontestable et sa quête peut détruire bien des certitudes. En cherchant la vérité on cherche aussi à abolir la tromperie et la séparation entre ceux qui trompent et ceux qui sont trompés. La vérité est **égalitaire**.

**2.** Nietzsche pose la question de la valeur de la vérité à partir de l'idée qu'elle n'a pas de valeur de soi : tout ce qui a une valeur sert à quelque chose et satisfait un besoin. C'est nier qu'il y ait à l'origine de la recherche de la vérité un libre choix des valeurs et dépouiller la vérité de ce qui a toujours fait sa valeur spécifique. C'est ce souci que certains ont de la respecter pour elle-même sans la faire servir à quelque chose. Si la vérité a pour l'homme une valeur, ce n'est pas parce qu'elle correspond à un besoin mais parce qu'elle est l'objet de son **libre désir**.

Affirmer l'existence de ce libre désir, c'est accorder à la vérité une valeur telle qu'on puisse la chercher sans se poser la question : « A quoi bon la vérité ? »

## La vérité et les vérités

Comment répondre à ce désir de la vérité pour elle-même ? Pourrions-nous, par exemple écrire un livre sur « LA VÉRITÉ » ? Mais pour avoir un contenu, ce livre devrait dire la **vérité sur quelque chose**...

Cette question abstraite est pourtant inévitable si l'on veut éviter de se voir opposer la question socratique : « Comment sais-tu que ce sont des vérités si tu ne sais pas ce que c'est que la vérité ? » Ainsi faut-il connaître ce qu'est l'essence même de la vérité, et son critère, seule garantie contre l'erreur et la rhétorique, ce discours qui, selon Platon, peut affirmer tout et son contraire parce qu'il est affranchi du critère du vrai. Ce **critère** doit donc être **infaillible et universel**.

La formule : « A chacun sa vérité » signifie la dissolution de la vérité dans une pluralité d'**opi-**

**nions*** dépendant des particularités de ceux qui les énoncent. Ce n'est pas une maxime de tolérance qui consiste à accepter la diversité des avis et à croire que la vérité est établie plutôt par le débat rationnel que par les arguments d'autorité. De même, la formule de Pascal, « Vérité en deçà des Pyrénées, erreur au-delà », ne signifie pas qu'il y aurait une vérité espagnole et l'autre française, mais plutôt qu'en matière de justice, il n'y a pas de vérité sur la terre puisque la justice y est affaire de coutume.

## *Vérité, méthode et jugement*

L'idée d'une garantie universelle et infaillible de la vérité guide le *Discours de la méthode* de **Descartes**. A qui suit la méthode*, Descartes garantit la possession du vrai : c'est là une **technique de vérité** applicable par tous, Descartes substituant au chemin aventureux de la recherche solitaire ou de la révélation une voie commune et balisée par une série de règles : « ne recevoir jamais aucune chose pour vraie que je ne la connaisse pour évidemment telle » ; « diviser chacune des difficultés que j'examinerais en autant de parcelles qu'il se pourrait et qu'il serait requis » ; « conduire par ordre mes pensées, en commençant par les objets les plus simples et les plus aisés à connaître, pour monter peu à peu (...) jusques à la connaissance des plus composés » ; « faire partout des dénombrements si entiers (...) que je [sois] assuré de ne rien omettre » (2e partie du *Discours de la méthode*).

Pourtant, ces quatre préceptes méthodiques ne définissent pas le **critère** de la vérité : le premier d'entre eux renvoie à la notion d'**évidence**, et donc à la **clarté** et la **distinction** entendues comme critères infaillibles de la vérité d'une idée. C'est donc en deçà de l'idée de méthode qu'il faut rechercher le critère du vrai.

Qu'est-ce donc qui est susceptible d'être vrai ou faux ? Les **choses** ? Mais elles ne sont ni vraies, ni fausses : elles *sont*, tout simplement. Les **idées** ? Mais Descartes remarque que les idées ne peuvent être fausses en elles-mêmes : ce qui est faux, ce peut être la croyance qu'on en a. Le vrai et le faux sont donc des propriétés des **jugements***. La question de la vérité devient alors plus maniable si on ne considère plus celle-ci comme une entité abstraite mais comme une propriété des jugements.

Quand nous émettons un jugement nous faisons deux choses :

- nous énonçons quelque chose. Ceci suppose que notre jugement ne soit pas contradictoire, car une contradiction n'énonce rien (si je dis « A est rouge et non rouge », je n'affirme rien) ;
- nous énonçons quelque chose sur un objet. Notre jugement doit alors être en accord avec la réalité qu'il décrit.

Un faux Vermeer peut aussi bien être un vrai Van Meegeren : ce fut là l'objet d'un procès retentissant en 1947.
Van Meegeren (Vermeer ?), *La Cène.*

Nous pouvons maintenant distinguer **deux critères de vérité** : le critère de **cohérence** et le critère de **correspondance**.

## *Le critère de cohérence*

Il établit la **condition logique** de la proposition : pour être vrai, un discours doit être cohérent, car s'il est contradictoire, il affirme en même temps deux vérités contraires.

Ce critère est assez maniable (quoique dans le cas d'une théorie mathématique complexe, il ne soit pas toujours facile de tester la cohérence du système). C'est un **critère formel** : la cohérence d'un discours ne dépend pas de son contenu mais de sa forme ; les conditions nécessaires de la cohérence sont définies par la logique, conçue soit comme théorie des règles formelles de la pensée, soit comme théorie des expressions bien formées (voir le chapitre *Logique et mathématiques*).

Le critère de cohérence est pertinent pour définir la vérité des systèmes hypothético-déductifs où les propositions sont rigoureusement déduites de l'ensemble des définitions, axiomes et postulats, sans recours à l'expérience. Dans un tel système, **la vérité** d'une proposition **équivaut à sa validité formelle**.

Par contre, ce critère est **insuffisant** pour décider de la vérité d'énoncés dont le contenu ne peut être déduit d'hypothèses données au départ. Si un discours incohérent ne peut être vrai, un discours cohérent ne préjuge en rien de la vérité **matérielle** de son contenu.

Le critère de cohérence est donc une condition nécessaire mais non suffisante de la vérité.

## Le critère de correspondance

La vérité d'un jugement dépend de la correspondance entre ce qu'il énonce et la réalité. C'est ce que la philosophie médiévale appelle l'**adéquation de la chose à la pensée**. En affirmant quelque chose du monde, le jugement établit un **rapport** entre notre pensée et la réalité. La vérité ou la fausseté résident dans la nature de ce rapport : adéquation ou inadéquation.

L'adoption d'un tel critère pose deux problèmes :

**1.** Comme l'a dit Spinoza, l'idée d'une correspondance entre une idée et une réalité n'est pas claire : l'idée du chien n'aboie pas, l'idée du cercle n'est pas ronde. La notion de correspondance est donc vague et métaphorique.

**2.** Le critère doit décider de la vérité matérielle et pas simplement formelle. Or il est lui-même formel et pour Kant, ne peut être que formel.

Le critère de correspondance n'est donc pas d'une grande utilité. Comme le dit Kant, il est la « définition nominale » de la vérité, c'est-à-dire qu'il donne une définition de dictionnaire. Reste à trouver ce qui permet d'affirmer la correspondance ou l'adéquation de la pensée au réel.

## L'évidence comme définition ultime de la vérité

La définition nominale de la vérité ne nous met pas à l'abri de l'erreur parce qu'elle ne spécifie pas ce qui nous permet d'être sûrs de notre correspondance : celui qui se trompe ou le fou qui se prend pour un roi croient aussi que leurs errements correspondent à la réalité ; c'est même là le problème majeur de la philosophie classique : s'assurer de la vérité malgré les menaces de l'**illusion**.

L'illusion nous empêche d'être à jamais certains ; c'est pourquoi la philosophie classique est une **philosophie de l'évidence** comme critère ultime de la vérité.

L'évidence n'est pas ici à prendre dans le sens banal de ce qui saute aux yeux. L'évidence, c'est la vérité en tant qu'elle s'impose d'elle-même à l'esprit de façon indubitable : « le caractère (ou signe ou critérium) d'une vérité clairement et distinctement conçue s'impose à l'esprit » (Jules Lagneau, *Célèbres leçons et fragments*). Elle peut donc être non le point de départ, mais le terme d'une longue recherche visant à éliminer toute possibilité de douter.

L'évidence est la définition fondamentale de la vérité. C'est elle qui **met fin à l'incertitude** et à la **régression infinie** dans la recherche des critères du vrai. Elle désigne le moment où la vérité n'a plus à être justifiée parce qu'elle s'impose sans pouvoir être mise en doute : l'évidence est **immédiate**, elle n'a pas besoin d'être médiatisée. « La vérité (...) est une notion si transcendantalement claire qu'il est impossible de l'ignorer : en effet, on a bien des moyens pour examiner une balance avant que de s'en servir, mais on n'en aurait point pour apprendre ce que c'est que la vérité, si on ne la connaissait de nature » (Descartes, *Lettre à Mersenne*, 16-X-1639). Et pour Spinoza : « Elle se fait connaître elle-même et fait connaître les ténèbres ; la vérité est norme d'elle-même et du faux » (*Éthique*, II, prop. 43, scolie).

Cette promotion de l'évidence comme pierre de touche de la vérité n'est pas entièrement satisfaisante pour l'esprit :

- On peut penser que l'évidence n'est que l'endroit où **s'arrête la pensée** dans la recherche de la vérité. Contrairement à ce que dit Spinoza, l'évidence n'est pas une marque de l'idée vraie mais un rapport de notre pensée à l'idée qu'elle juge vraie : l'évidence est relative à notre pensée.
- L'évidence est alors plutôt une **condition de notre certitude** (subjective) que de la vérité (objective). Elle ne se mesure pas et laisse ouverte la possibilité d'un désaccord (« à chacun son évidence ») à moins de penser comme Descartes que tous les hommes jouissent d'une même « lumière naturelle » pour voir la vérité.

## L'incontestable et l'injustifiable

Les embarras qui accompagnent l'évidence ne peuvent être dissipés. Husserl a souligné que toute tentative pour définir la vérité aboutit inéluctablement à l'incontestable et l'injustifiable qui ne peut être prouvé par rien d'autre que lui-même. Il y a donc une grande profondeur dans l'idée classique que la vérité ne peut être absolument prouvée ni absolument définie : la vérité s'impose d'elle-même par cela seul qu'elle est la vérité et au moment même où elle ne peut plus être mise en doute, elle conserve le caractère d'une énigme dont le secret ne peut nous être dévoilé. « Nous avons une impuissance de prouver, invincible à tout le dogmatisme. Nous avons une idée de la vérité, invincible à tout le pyrrhonisme. » (Pascal, *Pensées*, fragment 406 [Lafuma].)

**BIBLIOGRAPHIE DE LA LEÇON**

***NIETZSCHE :***
*Le Crépuscule des idoles ; Le Gai savoir*, Idées-Gallimard.

***HEGEL :***
*Phénoménologie de l'esprit*, Introduction, Aubier-Montaigne.

***R. BLANCHÉ :***
*L'Axiomatique*, P.U.F.

## TABLE D'ORIENTATION

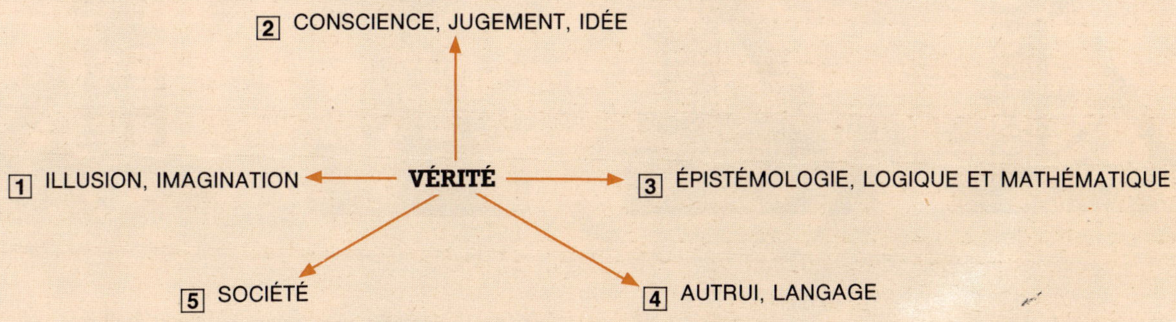


## SUJETS DE DISSERTATION

[1] L'apparence est-elle un mensonge ? (Aix, A, 1980)

■ Que valent les produits de l'imagination par rapport à la réalité ? (Caen, A, 1982)

[2] A quels signes et comment reconnaissons-nous la vérité ? (Aix, C-D, 1982)

■ Qu'est-ce qu'une évidence ? (Dijon, C-D, 1981)

■ Peut-on soutenir : « A chacun sa vérité » ? (Clermont, B, 1984)

[3] Une pensée cohérente est-elle une pensée vraie ? (Poitiers, C-D-E, 1984)

■ L'objectivité implique-t-elle la neutralité ? (Grenoble, C-D, 1983)

■ Une vérité scientifique est-elle indépendante du temps ? (Toulouse, C-D, 1983)

[4] Y a-t-il des vérités indiscutables ? (Besançon, A, 1981)

■ L'accord avec autrui au niveau du discours est-il un critère suffisant de vérité ? (Etr., F-G-H, 1984)

[5] La vérité finit toujours par triompher... dit-on ; n'est-ce pas parce qu'on finit toujours par nommer « vérité » ce qui triomphe ? (Bordeaux, F-G-H, 1977)

■ Peut-on reconnaître le droit à l'erreur quand on a le souci de la vérité ? (Lyon, B, 1982)

■ La vérité peut-elle engendrer la terreur ? (Clermont, B, 1981)

## BIBLIOGRAPHIE GÉNÉRALE

***DESCARTES :*** *Discours de la méthode,* Nathan, Coll. « Les Intégrales de Philo ».

***H. GADAMER :*** *Vérité et méthode,* Seuil.

***HEGEL :*** *Phénoménologie de l'esprit,* Préface et Introduction, Aubier.

***HEIDEGGER :*** *Questions I,* « De l'essence de la vérité », Gallimard.

***KANT :*** *Critique de la raison pure,* P.U.F. ; *Prolégomènes à toute métaphysique future,* Vrin.

***POPPER :*** *La Logique de la découverte scientifique,* Payot ; *La Connaissance objective,* éd. Complexe.

***SPINOZA :*** *Traité de la réforme de l'entendement ; Éthique,* Livres 1 et 2, Garnier-Flammarion.

On peut lire aussi, de ***PIRANDELLO :*** *A chacun sa vérité,* Gallimard.

## GLOSSAIRE

**Certitude :** « état de l'esprit qui adhère fermement à ce qu'il juge être vrai. » (J. Lagneau, *Célèbres leçons et fragments.*)

**Évidence :** « caractère (ou signe ou critérium) d'une vérité clairement et distinctement conçue qui s'impose à l'esprit » (id.). L'évidence est *indubitable* : l'esprit ne peut la contester. Elle est *im-médiate* : elle ne repose sur aucune autre preuve qu'elle-même. Dans la conception traditionnelle des mathématiques, les axiomes d'Euclide expriment des évidences.

**Logique** (du grec *logos*, discours, raisonnement, connaissance) : traditionnellement, science des formes et lois du raisonnement, c'est-à-dire étude des différents types de raisonnements formellement corrects. Dans la conception moderne, la logique est l'étude des expressions bien formées à l'aide d'un symbolisme, d'un corps d'axiomes, et de règles de transformations. Elle ne prétend plus décrire les lois de la pensée et s'est affranchie de toute connotation psychologique. (Voir le chapitre *Logique et mathématiques*).

**Méthode :** cheminement par lequel on obtient un résultat (éventuellement distinct du résultat attendu). La méthode désigne, chez Descartes, un ensemble de procédés et de règles utilisés dans un certain ordre pour atteindre la vérité.

**Opinion :** voir le Glossaire du chapitre L'*Illusion.*

**Scepticisme** (du grec *skeptomaï* : examiner) : se dit de l'attitude ou de la conception qui pose le doute en principe. On parlait à l'âge classique de « pyrrhonisme », du nom de Pyrrhon, sceptique grec du IIIe s. av. J.-C.

**Validité :** caractère de toute proposition qui, à l'intérieur d'un système formel, est vraie en vertu des seuls définitions, axiomes, postulats et règles du système. La validité est un critère formel de la vérité, et définit la vérité des sciences non empiriques (logique, mathématique).

B. et H. Becher, *Twelve winding towers* (1971, 1979), photographies noir et blanc, 1,80 × 2,00.

M. Favre, *Allégorie du travail.*

# LE TRAVAIL

A prononcer le mot « travail », on suscite aisément deux types de réactions contradictoires :
— pour les uns, ce terme appelle les images généralement teintées de nostalgie de l'**artisan** amoureusement penché sur son produit, du paisible laboureur œuvrant au rythme des saisons, du forgeron exhibant avec fierté musculature et outils.
— pour les autres, c'est au contraire la **brutalité anonyme** du paysage industriel, le grand chambardement de la nature et ses éventuelles conséquences écologiques, l'abrutissement du travail à la chaîne — à propos duquel on ne manque pas d'évoquer le Charlie Chaplin des *Temps modernes*.

A une vision quelque peu idyllique (et décalée par rapport à la réalité contemporaine du travail) répond ainsi une vision systématiquement déprimante, comme si le travail devait toujours s'accompagner de représentations peu compatibles, comme s'il fallait qu'y résonne inlassablement une **ambiguïté initiale** : on sait bien que l'homme travaille, on accepte même l'idée que ce soit pour lui une **obligation**, mais on ne peut oublier que travailler est synonyme de **contraintes et de fatigue** morales, intellectuelles ou physiques. On n'oublie pas non plus que les citoyens antiques, grâce à leurs esclaves, restaient indemnes de telles exigences ; on se souvient enfin, consciemment ou non, de la parole divine avertissant Adam de devoir désormais « gagner son pain à la sueur de son front » qui vient sanctionner la **faute originelle**.

A l'opposé d'une telle insistance sur les aspects les plus **pénibles** du labeur, nul n'est cependant en mesure d'imaginer — sauf à se lancer dans le rêve le plus irréaliste — une société où le travail n'existerait pas. Les socialistes précisément qualifiés d'« utopiques », et notamment Fourier, ont envisagé non pas de **supprimer le travail**, mais bien plutôt, et plus prudemment, de le **réorganiser** de telle façon qu'il n'étouffe plus le désir humain.

Car c'est bien au désir le plus immédiat que paraît s'opposer le travail tel que l'analysent et le commentent sociologues, économistes, ou théoriciens plus ou moins fidèles à Marx. Toutes les réflexions produites au XXe siècle sur le « travail en miettes », son organisation, l'« aliénation » de l'ouvrier et l'**asservissement** de ce que Marcuse nomme « homme unidimensionnel » aux **lois de la productivité** et de la **rentabilité** insistent inlassablement sur les aspects les moins encourageants et les plus négatifs du travail. Ils ne font en somme que développer cette remarque de Nietzsche en 1881 : « On sent aujourd'hui, à la vue du travail — on vise toujours sous ce nom le dur labeur du matin au soir —, qu'un tel travail constitue la meilleure des polices, qu'il tient chacun en bride et s'entend à entraver puissamment le développement de la raison, des désirs, du goût de l'indépendance. »

Qu'une telle dimension existe dans le travail (en particulier dans ses formes modernes), voilà qui est difficilement contestable — remarquons toutefois que le « travail intellectuel » fait peut-être exception à la règle. Mais, n'en déplaise à Nietzsche, la réflexion philosophique ne peut s'en tenir à un tel constat : cherchant à définir le travail comme transformation simultanée de l'environnement et de l'homme lui-même, il lui appartient de distinguer entre ce qu'il serait ainsi par « essence » et ce qu'il devient dans l'histoire sociale.

Que la philosophie finisse par établir que le travail est en fait synonyme d'humanisation et de libération, cela contredit bien entendu l'opinion la plus répandue. On aurait tort, pourtant, d'en conclure que la philosophie se réfugie dans l'idéalisme : quêtant le sens du travail, en deçà de ses modes d'organisation, elle interroge en retour aussi bien ces dernières que les représentations ordinaires du labeur humain.

## Travail et satisfaction différée

**G. BATAILLE**

Le travail exige une conduite où le calcul de l'effort, rapporté à l'efficacité productive, est constant. Il existe une conduite raisonnable, où les mouvements tumultueux qui se délivrent dans la fête et, généralement, dans le jeu, ne sont pas de mise. Si nous ne pouvions refréner ces mouvements, nous ne serions pas susceptibles de travail, mais le travail introduit justement la raison de les refréner. Ces mouvements donnent à ceux qui leur cèdent une satisfaction immédiate : le travail au contraire promet à ceux qui les dominent un profit ultérieur, dont l'intérêt ne peut être discuté, sinon du point de vue du moment présent (...).

Il est arbitraire, sans doute, de toujours opposer le détachement, qui est à la base du travail, à des mouvements tumultueux dont la nécessité n'est pas constante. Le travail commencé crée néanmoins une impossibilité de répondre à ces sollicitations immédiates, qui peuvent nous rendre indifférents à des résultats souhaitables, mais dont l'intérêt ne touche que le temps ultérieur. La plupart du temps, le travail est l'affaire d'une collectivité, et la collectivité doit s'opposer, dans le temps réservé au travail, à ces mouvements d'excès contagieux dans lesquels rien n'existe plus que l'abandon immédiat à l'excès. C'est-à-dire la violence. Aussi bien la collectivité humaine, en partie consacrée au travail, se définit-elle dans les *interdits*, sans lesquels elle ne serait pas devenue ce *monde du travail*, qu'elle est essentiellement.

***L'Érotisme*** **(1957), 10-18, pp. 46-47**

## L'homme se définit par sa production

**Karl MARX - Friedrich ENGELS**

On peut distinguer les hommes des animaux par la conscience, par la religion et par tout ce que l'on voudra. Eux-mêmes commencent à se distinguer des animaux dès qu'ils commencent à *produire* leurs moyens d'existence, pas en avant qui est la conséquence même de leur organisation corporelle. En produisant leurs moyens d'existence, les hommes produisent indirectement leur vie matérielle elle-même.

La façon dont les hommes produisent leurs moyens d'existence dépend d'abord de la nature des moyens d'existence déjà donnés et qu'il leur faut reproduire. Il ne faut pas considérer ce mode de production de ce seul point de vue, à savoir qu'il est la reproduction de l'existence physique des individus. Il représente plutôt déjà un mode déterminé de l'activité de ces individus, une façon déterminée de manifester leur vie, un *mode de vie* déterminé. La façon dont les individus manifestent leur vie reflète très exactement ce qu'ils sont. Ce qu'ils sont coïncide donc avec leur production, aussi bien avec *ce qu'*ils produisent qu'avec la façon *dont ils* le produisent.

***L'Idéologie allemande*** **(1845),**
**trad. Cartelle-Badia, éd. Sociales, pp. 18-19**

## Le travail attrayant

**FOURIER**

Il faudra que l'industrie sociétaire, pour devenir attrayante, remplisse les sept conditions suivantes :

**1°** que chaque travailleur soit associé, rétribué par dividende et non pas salarié ;

**2°** que chacun, homme, femme ou enfant, soit rétribué en proportion des trois facultés : *capital*, *travail* et *talent* ;

**3°** que les séances industrielles soient variées environ huit fois par jour, l'enthousiasme ne pouvant se soutenir plus d'une heure et demie ou deux heures dans l'exercice d'une fonction agricole ou manufacturière ;

**4°** qu'elles soient exercées avec des compagnies d'amis spontanément réunis, intrigués ou stimulés par des rivalités très actives ;

**5°** que les ateliers et cultures présentent à l'ouvrier les appâts de l'élégance et de la propreté ;

**6°** que la division du travail soit portée au suprême degré, afin d'affecter chaque sexe et chaque âge aux fonctions qui lui sont convenables ;

**7°** que, dans cette distribution, chacun, homme, femme ou enfant, jouisse pleinement du droit au travail ou droit d'intervenir dans tous les temps à telle branche de travail qu'il lui conviendra de choisir, sauf à justifier de probité et aptitude.

Enfin, que le peuple jouisse dans ce nouvel ordre d'une garantie de bien-être, d'un minimum suffisant pour le temps présent et à venir, et que cette garantie le délivre de toute inquiétude pour lui et pour les siens.

***Traité de l'association domestique et agricole* (1822),**
**in *Textes choisis***
**par F. Armand, éd. Sociales, pp. 140-141**

## commentaire

En prenant le contrepied de toute approche idéaliste ou spiritualiste de l'être humain, Marx et Engels insistent sur l'importance du travail dans la **production de l'espèce humaine** par elle-même. Ce qui marque une séparation définitive par rapport à l'**animalité antérieure**, c'est un mouvement de double **transformation** : de la nature, pour en tirer des moyens d'existence ; de l'existant lui-même, pour lequel le travail devient synonyme d'humanisation, bien au-delà de la seule « reproduction de l'existence physique ».

C'est de ce processus d'**humanisation** que Bataille précise les caractères : le travail exige de l'être humain qu'il ne cède plus à ce qui en lui peut demeurer d'une **violence primordiale**, animale. La satisfaction qu'il offre s'inscrit comme sanction d'un **projet raisonnable** : pour y accéder, il est nécessaire de dire non à la nature brute, au monde de la **satisfaction immédiate**. C'est pourquoi l'univers laborieux — c'est-à-dire humain — implique l'élaboration d'interdits, de garde-fous, destinés à **refouler** le **désir de jeu**, le désir de fête, le goût initial de la dépense. L'interdit, qui sépare aussi bien le rationnel de l'irrationnel que le profane du sacré, est ainsi à l'origine d'un comportement d'épargne et d'économie.

Avec Fourier, on abandonne cette signification anthropologique du travail pour rencontrer un exemple des réponses « utopiques » que suscitèrent dès le début du XIX^e siècle l'organisation du travail industriel et l'aliénation du travailleur qu'elle entraîna : puisqu'il apparaît que le travail est devenu quelque chose de **pénible** pour l'homme, tout doit être imaginé et mis en œuvre pour **restaurer un accord** entre la tâche et celui qui l'accomplit, pour que coïncident à nouveau les dimensions affective, psychologique, économique, hygiénique et matérielle du travail.

# *Une réflexion sur l'humanité*

## l'auteur

La pensée de **Rousseau** (1712-1778) est, depuis Voltaire, trop souvent caricaturée par la formule « L'homme est né bon, la société le corrompt ». Sans doute est-il le premier responsable de cette simplification (dans le troisième de ses *Dialogues*) ; mais sa conception du **devenir de l'homme**, telle qu'il l'expose notamment dans le *Discours sur l'origine et les fondements de l'inégalité*, est heureusement plus subtile (et suffisamment « dialectique » pour avoir provoqué l'admiration de Engels) : à la prétendue opposition nature-société, il convient de substituer, si l'on entend lui être fidèle, une histoire de l'humanité constituée en trois moments :

- l'homme de la nature, qui n'est guère mieux qu'un animal solitaire, et donc ni bon ni mauvais, parce que sans conscience. Mais cet homme possède une **perfectibilité** dont naîtront, sous l'influence des modifications de son environnement, des qualités proprement humaines ;
- l'homme naturel, celui des premiers rassemblements sociaux, qui acquiert langage, pensée et sentiments lorsque, la nature ne suffisant plus à le nourrir, les premières formes de travail apparaissent, qui déterminent la propriété, le droit, les échanges. Cette deuxième période fut celle du plus grand bonheur, mais elle ne dura pas, parce que les inégalités physiques (naturelles) entre les hommes ne furent pas immédiatement corrigées par une législation ;
- d'où la catastrophe de l'inégalité que subit l'homme social, et la perversion de toutes les qualités antérieures (le langage devient mensonger, les sentiments ne sont plus authentiques,.etc.) : la société aboutit à la tyrannie.

## l'intérêt philosophique du texte

Cet extrait concerne précisément la transition du deuxième au troisième moment de l'histoire humaine. Pour Rousseau (qui suit en cela la pensée de Locke : voir le *Grand Texte* du chapitre sur les *Échanges*), le **travail** justifie la propriété, d'où découle la justice. Dans sa forme initiale, il est travail du sol, simplement destiné à assurer la survie. Mais cette production élémentaire va faire naître des transactions, des échanges au cours desquels l'équilibre ne sera pas assuré, par suite de l'inégalité qui advient rapidement entre quantités et valeurs des différentes productions. La spécialisation de chaque travailleur dans un type de production constitue l'origine d'une division du travail qui, insuffisamment contrôlée, favorise l'accumulation des richesses par certains et l'appauvrissement relatif des autres. Ainsi l'**activité laborieuse**, initialement positive et bonne en ce qu'elle répondait aux besoins réels de l'individu, finit-elle par devenir **malsaine**, et source d'une **inégalité** qui, en l'absence des lois nécessaires, ne peut qu'empirer et participer à l'aliénation générale de l'homme moderne.

**1** ☐ « La métallurgie et l'agriculture furent les deux arts dont l'invention produisit cette grande révolution [qui fait passer l'homme de la solitude à la société]. Pour le poète, c'est l'or et l'argent ; mais pour le philosophe, ce sont le fer et le blé qui ont civilisé les hommes et perdu le genre humain. » (p. 79)

**2** ☐ « Dès l'instant qu'un homme eut besoin du secours d'un autre ; dès qu'on s'aperçut qu'il était utile à un seul d'avoir des provisions pour deux, l'égalité disparut, la propriété s'introduisit, le travail devint nécessaire et les vastes forêts se changèrent en des campagnes riantes qu'il fallut arroser de la sueur des hommes. » (p. 79)

Chrétien Legonais, enluminure du XVIe siècle.

## *Travail, échanges, inégalité*

**ROUSSEAU**

De la culture des terres[1] s'ensuivit nécessairement leur partage, et de la propriété une fois reconnue les premières règles de justice : car pour rendre à chacun le sien, il faut que chacun puisse avoir quelque chose ; de plus, les hommes commençant à porter leurs vues dans l'avenir et se voyant tous quelques biens à perdre, il n'y en avait aucun qui n'eût à craindre pour soi la représaille des torts qu'il pouvait faire à autrui. Cette origine est d'autant plus naturelle qu'il est impossible de concevoir l'idée de la propriété naissante d'ailleurs que de la main-d'œuvre ; car on ne voit pas ce que, pour s'approprier les choses qu'il n'a point faites, l'homme y peut mettre de plus que son travail. C'est le seul travail qui, donnant droit au cultivateur sur le produit de la terre qu'il a labourée, lui en donne par conséquent sur le fonds, au moins jusqu'à la récolte, et ainsi d'année en année : ce qui, faisant une possession continue, se transforme aisément en propriété. (...) le partage des terres a produit une nouvelle sorte de droit : c'est-à-dire le droit de propriété, différent de celui qui résulte de la loi naturelle.

Les choses en cet état eussent pu demeurer égales, si les talents eussent été égaux[2], et que, par exemple, l'emploi du fer et la consommation des denrées eussent toujours fait une balance exacte. Mais la proportion, que rien ne maintenait, fut bientôt rompue ; le plus fort faisait plus d'ouvrage ; le plus adroit tirait le meilleur parti du sien ; le plus ingénieux trouvait des moyens d'abréger le travail ; le laboureur avait plus besoin de fer, ou le forgeron plus besoin de blé ; et en travaillant également, l'un gagnait beaucoup, tandis que l'autre avait peine à vivre. C'est ainsi que l'inégalité naturelle[3] se déploie insensiblement avec celle de combinaison ; et que les différences des hommes, développées avec celles des circonstances, se rendent plus sensibles, plus permanentes dans leurs effets, et commencent à influer dans la même proportion sur le sort des particuliers.

3 ☐ « L'inégalité est à peine sensible dans l'état de nature... son influence y est presque nulle » (p. 70) puisque « errant dans les forêts, sans industrie, sans parole, sans domicile, sans guerre et sans liaison, sans nul besoin de ses semblables comme sans nul désir de leur nuire, peut-être même sans jamais en reconnaître aucun individuellement, l'homme sauvage, sujet à peu de passions, et se suffisant à lui-même, n'avait que les sentiments et les lumières propres à cet état » (p. 69).

Citations extraites de l'éd. citée.

***Discours sur l'origine et les fondements de l'inégalité parmi les hommes* (1755),**
**Ed. Nathan, Coll. « Les Intégrales de Philo », p. 81**

# L'HORIZON DU TRAVAIL : L'HUMANISATION

## *Anthropologie*

Quand vient la période des labours et des semailles, les agriculteurs des villages Bambara, au Mali, exécutent des danses au cours desquelles on rappelle que l'agriculture fut « autrefois » enseignée aux hommes par les esprits. Façon de faire comprendre aux génies de la terre et des champs, bientôt éventrés, malmenés et forcés par l'action humaine, que les hommes ne sont pas directement responsables de telles exactions ; façon aussi de se protéger de leur éventuelle réaction d'hostilité ou de colère.

Lorsqu'un groupe, dans une société traditionnelle, prépare une expédition de chasse ou de pêche, on ne constate pas que les rituels préparatoires auxquels il se livre aient la même signification : dans de tels cas, il s'agit plus simplement de garantir la réussite de l'opération, et non de se protéger.

C'est que l'agriculture, de même que l'élevage ou la métallurgie (raison pour laquelle les forgerons bénéficient d'un statut social tout à fait particulier) **transforme** le milieu naturel, alors que la chasse, la pêche ou la cueillette y prélève seulement ce qu'il propose. Dans ce dernier cas, l'exploitation de la nature est simple ; dans les premiers, elle est beaucoup plus complexe et induit la conscience d'une **transgression** relativement au monde tel qu'il est initialement donné : les hommes instaurent par leur travail un **ordre différent**, qui est bien celui de la **culture**. C'est en ce sens que l'on doit d'abord admettre que le travail est l'**indice** ou l'un des indices **de l'humanité**, par ce « non » opposé au donné naturel, et que Georges Bataille relie à l'instauration des premiers interdits et à la conscience de la mort.

Cet indice, il faut l'interpréter de deux façons : en reconnaissant d'abord qu'il n'y a de véritable travail que pour l'**être humain** ; en ajoutant de surcroît que c'est **par le travail** que **l'humanité** s'affirme, mais aussi **se transforme**.

L'animal ne travaille pas. S'il n'est pas question de nier que certaines espèces se montrent capables de fabriquer des objets plus ou moins élaborés (de la termitière au barrage des castors), on doit souligner la **différence irréductible** qui existe entre leur mode de production et celui de l'être humain — différence qui renvoie aussi bien à une façon de s'inscrire dans la **temporalité** qu'à des niveaux de développement des capacités « intellectuelles » et pratiques impossibles à confondre. Cette différence a été fortement marquée par Marx : « Une araignée fait des opérations qui ressemblent à celles du tisserand, et l'abeille confond par la structure de ses cellules de cire l'habileté de plus d'un architecte. Mais ce qui distingue dès l'abord le plus mauvais architecte de l'abeille la plus experte, c'est qu'il a construit la cellule dans sa tête avant de la construire dans la ruche » (*Le Capital*, I, 3, 7).

Autrement dit : le travail humain **actualise un projet***, il est la mise en œuvre d'une **anticipation** inconnue de l'animal, pour lequel la temporalité se réduit au présent, à la présence, et dont l'action n'est déterminée que par des stimuli proches. Dans le labeur véritable, **imagination** et **mémoire** entrent en jeu : « Le vent ne propose pas à la maison un toit déterminé, c'est l'homme qui tend à donner à son toit le profil le plus favorable. »

Si l'activité animale s'effectue de façon « instinctive », comme la réponse (ou la suite de réponses) programmée à une situation donnée, le travail humain possède une plasticité étonnante. Comme l'écrit André

Le travail dans la *Métropolis* de Fritz Lang (1926).

Leroi-Gourhan, l'animal **répète** là où l'être humain, parce qu'il n'a pas en lui de schémas de comportement innés, est **obligé d'inventer**. On en vient ainsi à comprendre que le travail favorise le **développement des facultés intellectuelles**, pas seulement parce qu'il les entretient ou les entraîne, mais bien plus radicalement parce qu'il en suscite la formation et l'affirmation.

Ceci dit, comprendre la nécessité originelle du travail constitue un problème qui, bien qu'il relève sans doute davantage d'une anthropologie préhistorique que de la philosophie elle-même, ne peut laisser cette dernière indifférente dans la mesure où c'est bien l'**apparition** et le **repérage** de **l'homme** qui s'y trouvent impliqués. Le **saut qualitatif de l'animal à l'humain**, de Platon à nos jours en passant par Locke, Rousseau ou Hegel, est interprété comme la

**conséquence d'un déséquilibre** entre les **besoins** d'une humanité en cours de constitution et les **ressources** immédiatement fournies par la nature. Mais plus lourd de conséquences encore apparaît le fait que l'être humain, en inventant des ressources nouvelles, se donne aussi de **nouveaux besoins** : dès lors, le travail détermine une **histoire**, des outils et techniques qu'il met en œuvre, mais aussi de l'humanité dans ses différentes manières d'être.

## *Philosophie*

C'est bien de cette histoire que Hegel a entrepris de livrer la clef dans sa célèbre « dialectique du maître et de l'esclave » (*Phénoménologie de l'esprit*, partie « Conscience », IV, A, ou *Propédeutique philosophique*, deuxième cours, paragraphes 29 à 37). Non que la signification de celle-ci soit épuisée par ce qu'elle peut nous enseigner du sens du travail humain, loin de là. Mais cet enseignement reste capital en ce qu'il affirme que le travail est la seule façon pour l'homme de **réaliser son essence**, c'est-à-dire d'accéder à la plus haute **liberté**.

Comment devient-on « esclave » ? En sacrifiant son « indépendance » au désir d'autrui pour assurer sa propre survie. Mais cette indépendance, qui n'est pour Hegel rien de plus que la volonté de ne pas être déterminé — que ce soit par le monde ou par autrui — ne constitue qu'une liberté encore abstraite : en se tenant à l'écart du réel, elle n'a pas de réalité elle-même. Or, l'esclave va travailler : ce faisant, il confirme bien entendu l'indépendance de son maître puisqu'il sert en quelque sorte d'écran entre ce dernier et le monde, en réalisant ses désirs. Travailler cependant n'est pas seulement être aliéné aux ordres de l'autre, c'est aussi effectuer « le façonnage positif des choses extérieures », c'est-à-dire **œuvrer à la transformation de la nature**, et ce façonnage va autoriser l'esclave à se re-trouver ou se re-connaître dans ses œuvres mêmes, directement. (Transposé en langage quotidien, cela donne la satisfaction du travail accompli, le simple « c'est moi qui ai fait ça ».) Ainsi la conscience qui, initialement, n'était que singularité encore vide, trouve-t-elle à se réaliser dans le concret : à la fin du travail, elle « habite » le monde qu'elle a transformé et devient « vouloir universel ».

Cela ne signifie aucunement que l'esclave ait deviné à l'avance qu'il échapperait à l'emprise du maître pour se définir par sa propre action ; bien plutôt y va-t-il là d'une « ruse de l'histoire » : c'est parce que l'esclave a choisi la vie à tout prix qu'il se trouve **entraîné** par sa situation même dans le mouvement historique d'une **double transformation** — celle du monde et la sienne. L'esclave ne savait évidemment pas qu'il existe une autre forme de liberté (dite par Hegel « en soi pour soi ») au-delà de

Raphaël,
*Homme chargé d'un fardeau*,
sanguine.

celle que privilégie le maître (qui n'est que « pour soi ») : en se livrant au travail et à l'histoire, il s'est simplement donné la chance d'y accéder.

## *Le travail, définitivement*

On objectera qu'un tel schéma paraît bien optimiste, ou, si l'on préfère, « idéaliste », par rapport à la réalité quotidienne du travail contemporain. Il serait simpliste de prétendre rendre compte de cet « idéalisme » en faisant remarquer que Hegel a élaboré sa dialectique en ignorant le travail industriel : il connaissait au moins le travail manufacturier, dont rien ne permet d'affirmer qu'il fut moins « déshumanisant ». Et Marx lui-même, *a priori* peu suspect d'idéalisme dans ce domaine, n'hésitera pas à reprendre le schéma hégélien, pour affirmer à son tour que l'homme trouve et prouve bien son humanité dans le travail. En fait, l'écart que l'on peut déceler entre une telle analyse, proprement philosophique, et les descriptions concernant l'exploitation du prolétariat, marque précisément l'existence de deux points de vue sur le travail, qu'il convient de ne pas confondre : l'un cherche à déceler la signification de l'activité laborieuse de l'homme, l'autre s'attache à décrire les conditions économiques, sociales et politiques dans lesquelles cette activité se développe historiquement.

Ainsi Marx peut-il d'un côté continuer à définir l'humanité par le travail et la production, tout en critiquant par ailleurs l'organisation capitaliste du travail. Que cette dernière aboutisse à la déshumanisation du travailleur signifie seulement que celui-ci est placé dans une situation telle que la confirmation ou le développement de son humanité est (momentanément ?) interrompue. Mais on remarquera que l'« homme communiste » décrit par Marx — c'est-à-dire l'homme de la fin de l'histoire tel qu'il pourrait se manifester dans une société sans classes développant enfin toutes les potentialités de l'humain — même cet homme serait encore un travailleur. Il travaillerait simplement moins (puisque la plus-value* aurait été supprimée) ; il travaillerait surtout **autrement**...

**BIBLIOGRAPHIE DE LA LEÇON**

***G. BATAILLE :***
*L'Érotisme,* Minuit ou 10-18.

***G.F. HEGEL :***
*Phénoménologie de l'esprit,* Aubier ; *Propédeutique philosophique* (2e cours, § 29 à 37), Gonthier-Médiations.

***K. MARX :***
*Le Capital,* Livre I, Garnier-Flammarion ; *Salaire, prix et profits,* éd. Sociales.

**TABLE D'ORIENTATION**

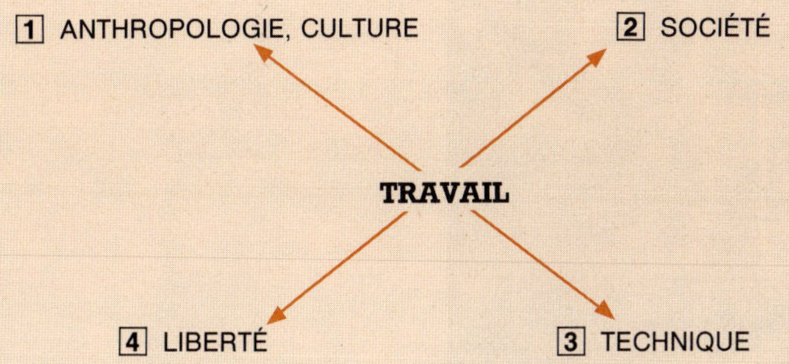


## SUJETS DE DISSERTATION

1 L'homme se reconnaît-il mieux dans le travail ou dans le loisir ? (Rennes, C-D, 1982)

■ Pourquoi parler du travail comme d'un droit ?

■ Le travail manifeste-t-il mieux que le jeu la nature de l'homme ? (Groupe 1 bis, B, 1983)

2 Existe-t-il une différence de nature entre travail manuel et travail intellectuel ?

■ Le travail est-il créateur d'inégalités sociales ?

3 L'homme doit-il craindre que la machine travaille pour lui ? (Grenoble, A, 1983)

4 Abolir le travail et libérer le temps, est-ce la même chose ? (Amérique centrale, C-D, 1982)

■ « Rien ne sert d'être vivant tant qu'on travaille. » Que pensez-vous de cette affirmation d'André Breton ?

## BIBLIOGRAPHIE GÉNÉRALE

***H. ARVON :*** *La Philosophie du travail,* P.U.F.

***E. DURKHEIM :*** *De la division du travail social,* P.U.F.

***C. FOURIER :*** *Textes choisis,* éd. Sociales.

***G. FRIEDMANN :*** *Où va le travail humain ?, Le Travail en miettes,* Idées-Gallimard.

***P. LAFARGUE :*** *Le Droit à la paresse,* Maspero.

***G. LEFRANC :*** *Histoire du travail,* Flammarion.

***H. MARCUSE :*** *Eros et civilisation,* Minuit, ou coll. Points-Seuil.

***A. SMITH :*** *Recherche sur la nature et les causes de la richesse des nations,* Idées-Gallimard.

L'intellectuel,
un travailleur comme les autres ?

## GLOSSAIRE

**Aliénation :** terme initialement juridique, indiquant la cession d'un bien à autrui. Philosophiquement, le terme désigne à partir du XVIIIe siècle la situation d'un individu sous la dépendance du désir, de la volonté ou du regard d'un autre. Le mot est alors ambigu : *Rousseau* l'utilise pour signifier d'abord le résultat historique d'une socialisation mal faite, puis, de façon positive, ce qui assure le passage de l'indépendance naturelle à la liberté civile. L'aliénation possède le même double sens chez *Hegel*, où elle représente le mouvement par lequel la conscience sort d'abord elle-même (notamment par le travail ou le langage), pour se récupérer finalement, enrichie par l'épreuve de l'altérité. Le *marxisme* en fait le caractère fondamental de la situation prolétarienne : le travail est aliéné (fait pour un autre) et, du même coup, le travailleur le devient parce que les buts et les intérêts auxquels il est soumis ne sont pas les siens.

**Loisir :** temps où l'on peut « faire ce que l'on veut » — c'est-à-dire d'abord débarrassé de l'obligation du travail. Le loisir entre dans la définition initiale du citoyen antique (par opposition à l'esclave) comme la possibilité d'un enrichissement intellectuel ou culturel de l'individu. Les sociétés industrielles contemporaines, que l'on a qualifiées de « civilisations du loisir », paraissent cependant capables de l'« enrégimenter » (Marcuse) et d'y trouver l'occasion d'une incontestable rentabilité économique.

**Plus-value :** pour Marx, il s'agit de la forme essentielle de l'exploitation du travailleur — du « travail prolongé » : le prolétaire, qui ne possède rien, est obligé de vendre sa « force de travail », dont la valeur est déterminée par celle des produits nécessaires à sa reproduction (logement, nourriture...). Or la force de travail a la capacité de produire davantage de valeur qu'elle n'en consomme pour se reproduire. Il suffit donc de prévoir pour l'ouvrier un temps de travail tel que son salaire ne représentera qu'une partie de la valeur effectivement produite : le surproduit obtenu échappe ainsi à l'ouvrier et marque son exploitation.

**Projet :** voir le *Glossaire* du chapitre sur le *Temps.*

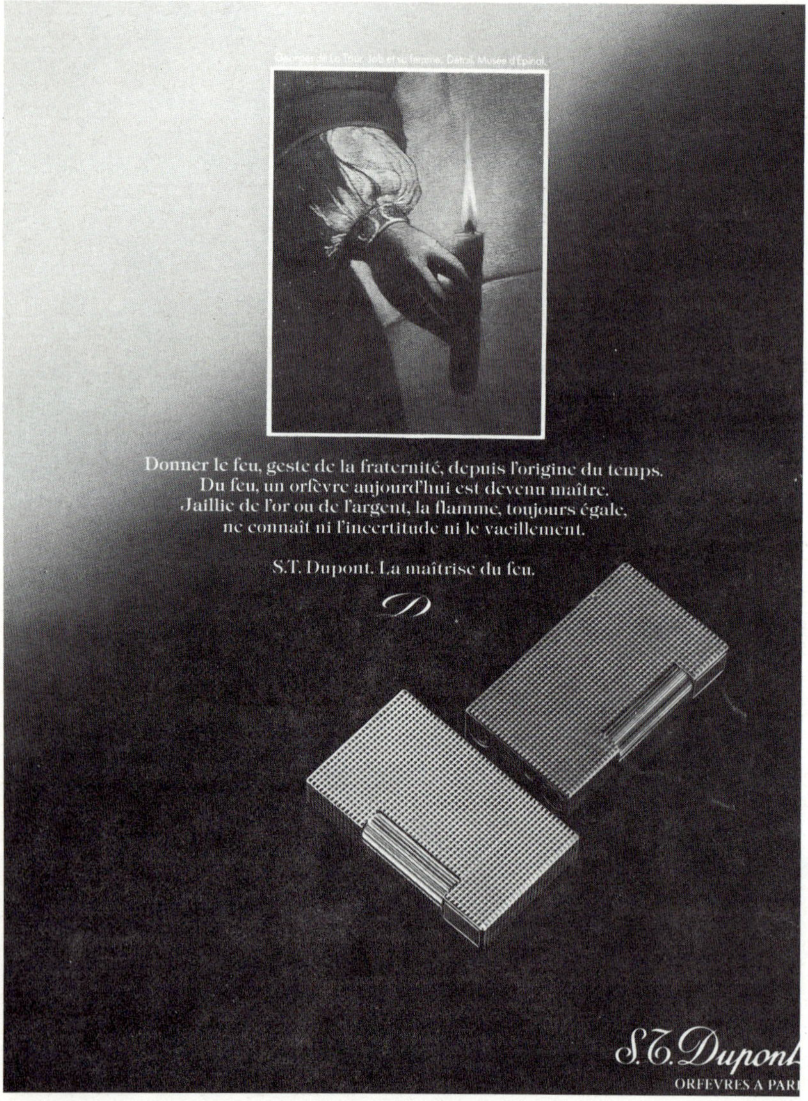


# LES ÉCHANGES

## *Le mythe du feu*

On dit que Prométhée fut puni par Zeus pour avoir dérobé le feu, puis l'avoir offert aux hommes que les dieux avaient délaissés, nus, dans une nature hostile. La colère des dieux exprime les deux modes de puissance extrême que possède le feu : celui d'une énergie capable de transformer la matière, et donc la nature elle-même ; celui d'un savoir par lequel les hommes allaient accomplir leur maîtrise technique dans une domination spirituelle du monde. Technique et science, chaleur et lumière : le feu, attribut de la puissance divine, est l'origine mythique et le moyen historique de la civilisation. Le feu mesure le passage de l'animalité à l'humanité, de la nature à la culture[1].

**1** ◻ Sur le mythe de Prométhée, voir l'extrait du *Protagoras*, de Platon, au chapitre sur la *Technique*.

## *L'image de la consommation*

Sur le fond de lueur originelle, **l'objet** est proposé, que vient éclairer la lumière pâle d'une bougie. Il fait irruption d'un néant obscur, immémorial, qui efface son processus de fabrication. Il est **donné**, là, **offert à la consommation**.

Consommer, qui veut dire à la fois **réaliser** (consommer un désir) et **détruire** (absorber, user de) : tel est le mode moderne de l'échange. Mais quelle est, ici, la nature réelle de l'échange ? Les publicitaires nous parlent de « don » (« fraternité »), et ce geste s'idéalise dans la confusion mythique sur laquelle joue cette publicité : la bougie éclaire (lumière), le briquet allume (chaleur)... Dans l'ombre de l'image, il y a donc Prométhée.

La bougie, c'est encore la nature et le geste indécis de l'homme : la flamme de la bougie est tremblante et sa lumière est inégale. Le briquet, lui, indique la culture et cette maîtrise de l'homme sur l'élément naturel : ni « incertitude », ni « vacillement », mais une puissance toujours « égale ». Par l'objet, l'homme devient un dieu...

L'ethnologie nous a montré comment l'homme est déterminé et défini par le système réglé d'échanges qui fonde toute société humaine : **communication**, échange de la parole ; **consommation**, échange de biens ; **reproduction**, échange des femmes. Aujourd'hui plus que jamais, dans notre « société de consommation », précisément, la logique de la valeur démet, en l'homme, celle du sens.

> *Ce que la publicité ajoute aux objets, sans quoi "ils ne seraient que ce qu'ils sont" — c'est la "chaleur". Qualité moderne que nous avons déjà reconnue comme étant le ressort de l'"ambiance" : de même que les couleurs sont chaudes ou froides (non rouges ou vertes), de même que la dimension déterminante de la personnalité (...) est la chaleur ou la froideur, de même les objets sont chauds ou froids, c'est-à-dire indifférents, hostiles ou spontanés, sincères, communicatifs : "personnalisés". Ils ne se proposent plus à tel usage strict — pratique grossière et archaïque — ils se livrent, se déploient, ils vous cherchent, vous entourent, vous prouvent qu'ils existent par la profusion de leurs apparences, par leur effusion. Vous êtes visé,* aimé *par l'objet. Et parce qu'on vous aime, vous vous sentez exister : vous êtes "personnalisé". C'est l'essentiel : l'achat lui-même est secondaire.*
>
> *Si l'abondance des produits met fin à la* rareté, *la profusion publicitaire met fin, elle, à la* fragilité. *Car le pire est d'être dans la nécessité d'inventer de soi-même des motivations d'agir, d'aimer, d'acheter. Chacun se trouve alors affronté à sa propre méconnaissance, inexistence, mauvaise foi, et angoisse. Tout objet sera dit mauvais qui ne résout pas cette culpabilité de ne savoir ce que je veux, de ne savoir ce que je suis. Si l'objet m'aime (et il m'aime à travers la publicité), je suis sauvé. Ainsi la publicité (comme l'ensemble des* public relations*) ôte-t-elle à la fragilité psychologique par une immense sollicitude, à laquelle nous répondons en intériorisant l'instance qui nous sollicite, l'immense firme productrice non seulement de biens, mais de chaleur communicative qu'est la société globale de consommation.*

Jean Baudrillard,
*Le Système des objets*, Denoël-Gonthier, pp. 201-202

Ainsi, l'échange n'est plus tant un choix qu'une nécessité imposée. Si l'abondance niait la rareté des biens et des produits, l'**échange** tel qu'il est conçu aujourd'hui abolit le caractère aléatoire et seulement probable de nos choix, de nos désirs. Les objets-signes sont **interchangeables**, **multipliables** à l'infini, mais leur nécessité collective, elle, ne peut être remise en question. **L'échange,** qui soulignait autrefois un **manque** et une **fragilité**, est devenu une **obligation non maîtrisée**.

## Nature artificielle des échanges

**ARISTOTE**

Chacune des choses que nous possédons a deux usages, dont aucun ne répugne à sa nature, mais, pourtant, l'un est propre et conforme à sa destination, l'autre détourné à quelque autre fin. Par exemple, l'usage propre d'un soulier est de chausser ; on peut aussi le vendre ou l'échanger pour se procurer de l'argent ou du pain, ou quelque autre chose, et cela sans qu'il change de nature ; mais tel n'est pas là son usage propre, n'ayant pas été inventé pour le commerce. Il en va de même des autres choses que nous possédons. La nature ne les a point faites pour être échangées ; mais les hommes en ayant les uns plus, les autres moins qu'il ne leur faut, ce hasard en a amené l'échange.

Ce n'est pas, non plus, la nature qui a produit le commerce consistant à acheter pour revendre plus cher. L'échange était un expédient nécessaire pour procurer à chacun de quoi suffire à ses besoins. Il n'en fallait point dans la société primitive des familles où tout était commun. Il n'est devenu nécessaire que dans les grandes sociétés et après la séparation des propriétés. (...)

C'est ce commerce qui, dirigé par la raison, a fait imaginer la ressource de la monnaie. (...) On convint donc de se donner et de recevoir réciproquement en échange quelque autre chose qui, outre sa valeur intrinsèque, eût la commodité d'être plus maniable et d'un transport plus facile, telle que du métal, soit du fer, soit de l'argent, soit tout autre, qu'on détermina d'abord par son volume ou par son poids, et qu'ensuite on marqua d'un signe distinctif de sa valeur, pour n'avoir pas la peine de mesurer ou de peser à tout moment.

***La Politique,* I, 3, § 11-14,**
**trad. M. Prélot, Gonthier-Médiations, pp. 30-31**

Quentin Metsys, *Le prêteur et sa femme.*

## Les échanges produisent l'inégalité

**ROUSSEAU**

Le premier qui, ayant enclos un terrain, s'avisa de dire : *Ceci est à moi*, et trouva des gens assez simples pour le croire, fut le vrai fondateur de la société civile. Que de crimes, de guerres, de meurtres, que de misères et d'horreurs n'eût point épargnés au genre humain celui qui, arrachant les pieux ou comblant le fossé, eût crié à ses semblables : Gardez-vous d'écouter cet imposteur ; vous êtes perdus, si vous oubliez que les fruits sont à tous, et que la terre n'est à personne. (...)

Tant que (les hommes) ne s'appliquèrent qu'à des ouvrages qu'un seul pouvait faire, et qu'à des arts qui n'avaient pas besoin du concours de plusieurs mains, ils vécurent libres, sains, bons et heureux autant qu'ils pouvaient l'être par leur nature, et continuèrent à jouir entre eux des douceurs d'un commerce indépendant : mais dès l'instant qu'un homme eut besoin du secours d'un autre ; dès qu'on s'aperçut qu'il était utile à un seul d'avoir des provisions pour deux, l'égalité disparut, la propriété s'introduisit, le travail devint nécessaire et les vastes forêts se changèrent en des campagnes riantes qu'il fallut arroser de la sueur des hommes, et dans lesquelles on vit bientôt l'esclavage et la misère germer et croître avec les moissons.

***Discours sur l'origine et les fondements de l'inégalité parmi les hommes* (1753),**
**Garnier-Flammarion, pp. 205 et 213**

## Le don, source de pouvoir

**Marcel MAUSS**

Même la destruction pure des richesses ne correspond pas à ce détachement complet qu'on croirait y trouver. Même ces actes de grandeur ne sont pas exempts d'égotisme[1]. La forme purement somptuaire, presque toujours exagérée, souvent purement destructrice, de la consommation, où des biens considérables et longtemps amassés sont donnés tout d'un coup ou même détruits, surtout en cas de potlatch[2], donne à ces institutions un air de pure dépense dispendieuse, de prodigalité enfantine. En effet, et en fait, non seulement on y fait disparaître des choses utiles, de riches aliments consommés avec excès, mais même on y détruit pour le plaisir de détruire, par exemple, ces cuivres, ces monnaies, que les chefs tsimshian, tlingit et haïda jettent à l'eau et que brisent les chefs kwakiutl et ceux des tribus qui leur sont alliées. Mais le motif de ces dons et de ces consommations forcenées, de ces pertes et de ces destructions folles de richesses, n'est, à aucun degré, surtout dans les sociétés à potlatch, désintéressé. Entre chefs et vassaux, entre vassaux et tenants, par ces dons, c'est la hiérarchie qui s'établit. Donner, c'est manifester sa supériorité, être plus, plus haut, *magister* ; accepter sans rendre ou sans rendre plus, c'est se subordonner, devenir client et serviteur, devenir petit, choir plus bas *(minister)*.

**« Essai sur le don » (1923),**
***in Sociologie et anthropologie,* P.U.F., p. 269**

**1** □ Par opposition à l'attitude *psychologique* qu'est l'*égoïsme*, l'*égotisme* désigne, après Stendhal, un *mode de vie* centré sur soi.

**2** □ Pour l'explication de ce terme, voir le commentaire.

## commentaire

Dans le Livre I de la *Politique*, **Aristote** (385-322 av. J.-C.) analyse les transformations sociales que provoquent une distribution et une fonction nouvelle des richesses. L'économie a pour objet initial la simple satisfaction des besoins essentiels de l'homme et pour origine naturelle la recherche de la subsistance ; les échanges n'apparaissent qu'avec le développement de l'unité politique (famille, village, Cité). Après le troc est créée la forme artificielle de l'échange : la monnaie*. A la saine limitation de la satisfaction des besoins naturels, s'oppose ainsi le développement illimité des richesses, mouvement pervers puisque le seul usage de la richesse est désormais de produire de la richesse.

Dans son *Discours sur l'origine et les fondements de l'inégalité parmi les hommes*, **Rousseau** (1712-1778) accorde la même importance opératoire à la différence entre naturel et non naturel. L'homme naturel est l'homme abstraction faite de tout ce que lui apportera la socialisation, sujet indépendant qui n'est impliqué dans aucun type d'échange : sa liberté et son bonheur sont fondés sur l'équilibre entre besoins naturels et ressources immédiatement offertes par la nature. La société se constitue parce que, à un moment donné, et pour des causes fortuites, les hommes ont eu besoin les uns des autres. Le développement social va accentuer ces relations de dépendance en les transformant en relations d'inégalité. La propriété révèle l'essence de cette transformation : elle substitue une inégalité morale et politique à de simples différences naturelles. Le pouvoir, et ses effets désastreux dans l'histoire des hommes, ont donc leur origine dans la propriété, et la société est la forme générale de la relation maître-esclave.

**Marcel Mauss** (1872-1950) désigne sous le nom de « potlatch » un type particulier de prestations sociales dans lesquelles s'affrontent, au cours de fêtes, les chefs de clan de sociétés tribales. Cette cérémonie compétitive consiste en dons ou destructions massives de richesses, chacun étant contraint de « rendre » ou détruire à son tour des quantités supérieures de richesses, sous peine de perdre son **prestige** et son pouvoir, et ceux de son clan.

L'échange suppose un élément **non économique** qui contraint les individus à un comportement dont le principe est magique, sinon sacré. Pour Mauss, l'échange marchand dérive du système antérieur du don, et non, comme le supposent les théories économiques classiques, de l'intérêt ou du troc.

## Un combat contre l'absolutisme

### l'auteur

Participant aux événements qui allaient transformer l'histoire politique de l'Angleterre, la philosophie de Locke (1632-1704) est d'abord un combat contre l'absolutisme. Dans ses travaux philosophiques comme politiques, le philosophe anglais s'est attaché à définir les origines, la nature et l'objet de l'**autorité politique** et il s'est également efforcé de démontrer la nécessité d'une séparation entre pouvoir spirituel et temporel (l'Église et l'État) afin d'établir, selon un principe déjà énoncé par Aristote, la spécificité et l'autonomie du **pouvoir politique**[1], du « gouvernement **civil** ». Locke postule l'existence d'une **loi naturelle** dans laquelle il trouve l'origine de la « sociabilité naturelle » de l'homme, et montre comment c'est la **raison** qui oblige l'individu à respecter cette loi : par là, il affirme l'entière responsabilité de chacun quant au « gouvernement de sa vie ».

Si chacune de ces démonstrations est aussi un argument polémique contre l'absolutisme, ce n'est pas que celui-ci (la monarchie anglaise, en l'occurrence) soit condamnable comme régime politique particulier ; c'est parce que tout absolutisme est un déni plus ou moins brutal de la dignité essentielle de l'être humain. La liberté de l'homme, fondement de sa propre humanité, se résout en obéissance à la loi qu'il s'est volontairement donnée. Rousseau, dans le *Contrat social*, retrouvera la même idée ; mais les deux auteurs divergeront quant à la finalité du pouvoir politique dont l'essence est la manifestation de cette loi. On fait de Locke le champion de l'**individualisme** et du **libéralisme**. Et certes, il affirme la nécessité que « l'État soit (fait) pour l'individu et non l'individu pour l'État ». Mais l'essentiel, pour Locke, est « que cette politique témoigne, dans l'expérience, des énergies de la Raison, et que l'homme se révèle en elle un homme de devoir ». (S. Goyard-Fabre, présentation du *Traité*, éd. cit. p. 142.)

### l'intérêt philosophique du texte

## Le travail et l'argent comme termes de l'échange

La théorie du gouvernement civil de Locke est fondée sur l'affirmation, et la justification d'un **droit naturel à la propriété individuelle**. Le gouvernement n'a d'autre but que de protéger ce droit naturel, **antérieur à la société** et au gouvernement, et qui ne peut donc jamais dépendre d'eux. La terre et ses produits sont, à l'origine, **donnés en commun** à tous les hommes ; mais l'usage de ces produits implique que l'individu se les approprie : le **travail** est le **moyen légitime de cette appropriation**, qui va pourtant rencontrer certaines limites : l'impératif d'une **juste distribution** (chacun a droit à tout ce qui lui est nécessaire pour vivre) ; le **principe d'utilité** (ne pas s'approprier ce dont on n'a pas besoin, car ce serait léser les autres) ; et enfin, le **travail comme seule mesure de l'appropriation** (ne s'approprier que ce que l'on peut se procurer par son travail). Mais avec l'argent, il devient possible d'*échanger* n'importe quelle quantité de biens périssables contre des biens incorruptibles (or, argent). La restriction naturelle fondée sur l'interdiction du gaspillage et de l'accumulation inutile n'est donc plus justifiée. En transformant ainsi les termes de l'échange légitime, l'accumulation des richesses (de l'or) transforme aussi les droits attachés à la propriété légitime : celle-ci n'est plus simplement le **droit d'user d'une chose** que l'on s'est appropriée par son travail, mais aussi le **droit d'en disposer** à sa guise, **de l'échanger** ; le travail lui-même devient alors un moyen d'échange. L'invention de la monnaie crée donc la société marchande et le travail salarié, Locke justifiant ici l'accumulation capitaliste des biens fonciers et de l'argent.

**1** □ Voir sur ce sujet le *Grand Texte* de Locke au chapitre sur *L'État, le Pouvoir*.

**2** □ « Il ne paraît pas, je m'assure, aussi étrange que ci-devant, de dire que la *propriété* fondée sur le travail, est capable de balancer la communauté de la terre. Certainement c'est le travail qui met différents prix aux choses. Qu'on fasse réflexion à la différence qui se trouve entre un arpent de terre, où l'on a planté du tabac ou du sucre, ou semé du blé ou de l'orge, et un arpent de la même terre, qui est laissé *commun*, sans propriétaire qui en ait soin : et l'on sera convaincu entièrement que les effets du travail font la plus grande partie de la valeur de ce qui provient des terres. Je pense que la supputation sera bien modeste, si je dis que des productions d'une terre cultivée, 9 dixièmes sont les effets du travail. Je dirai plus. Si nous voulions priser au juste les choses, conformément à l'utilité que nous en retirons, compter toutes les dépenses que nous faisons à leur égard, considérer ce qui appartient purement à la *nature*, et ce qui appartient précisément au travail : nous verrions, dans la plupart des revenus, que 99 centièmes doivent être attribués au travail. » (§ 40)

**3** □ « Encore que la terre et toutes les créatures inférieures soient communes et appartiennent en général à tous les hommes, chacun pourtant a un droit particulier sur sa propre personne, sur laquelle nul autre ne peut avoir aucune prétention. Le travail de son corps et l'ouvrage de ses mains, nous le pouvons dire, sont son bien propre. Tout ce qu'il a tiré de l'*état de nature*, par sa peine et son industrie, appartient à lui seul : car cette peine et cette industrie étant sa peine et son industrie *propre* et *seule*, personne ne saurait avoir droit sur ce qui a été acquis par cette peine et cette industrie, surtout, s'il reste aux autres assez de semblables et d'aussi bonnes choses communes. » (§ 27)

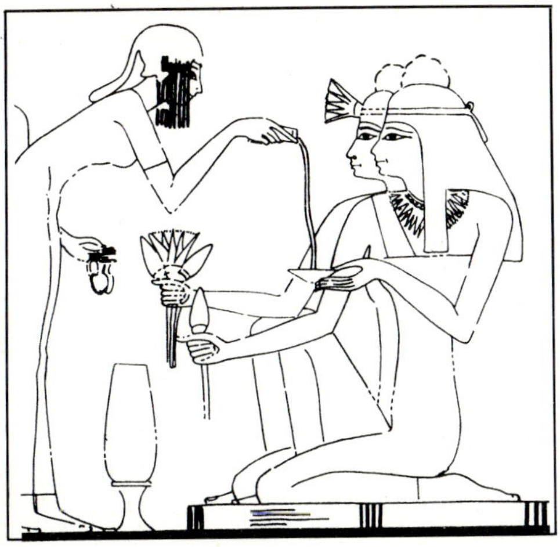

Banquet féminin, fresque égyptienne.

## *Le travail, la propriété, le commerce*

**John LOCKE**

La plupart des choses qui sont véritablement utiles à la vie de l'homme, et si nécessaires pour sa subsistance que les premiers hommes y ont eu d'abord recours, à peu près comme font aujourd'hui les *Américains*, sont généralement de peu de durée ; et si elles ne sont pas consumées, dans un certain temps, par l'usage auquel elles sont destinées, elles diminuent et se corrompent bientôt d'elles-mêmes. L'or, l'argent, les diamants, sont des choses sur lesquelles la fantaisie ou le consentement des hommes, plutôt qu'un usage réel, et la nécessité de soutenir et conserver sa vie, a mis de la valeur[2]. Or, pour ce qui regarde celles dont la *nature* nous pourvoit en commun pour notre subsistance, chacun y a droit, ainsi qu'il a été dit, sur une aussi grande quantité qu'il en peut consumer pour son usage et pour ses besoins, et il acquiert une propriété légitime au regard de tout ce qui est un effet et une production de son travail : tout ce à quoi il applique ses soins et son industrie, pour le tirer hors de l'état où la *nature* l'a mis, devient, sans difficulté, son bien *propre*[3]. En ce cas, un homme qui amasse ou cueille cent boisseaux de glands, ou de pommes, a, par cette action, un droit de *propriété* sur ces fruits-là, aussitôt qu'il les a cueillis et amassés. Ce à quoi seulement il est obligé, c'est de prendre garde de s'en servir avant qu'ils se corrompent et se gâtent : car autrement ce serait une marque certaine qu'il en aurait pris plus que sa part, et qu'il aurait dérobé celle d'un autre. Et, certes, ce serait une grande folie, aussi bien qu'une grande malhonnêteté, de ramasser plus de fruits qu'on n'en a besoin et qu'on n'en peut manger[4].

### *L'échange comme légitimation d'une propriété excessive*

Que si cet homme, dont nous parlons, a pris, à la vérité, plus de fruits et de provisions qu'il n'en fallait pour lui seul ; mais qu'il en ait donné une partie à quelque autre personne, en sorte que cette partie ne se soit pas pourrie, mais ait été employée à l'usage ordinaire ; on doit alors le considérer comme ayant fait de tout un légitime usage. Aussi, s'il troque des prunes, par exemple, qui ne manqueraient point de se pourrir en une semaine, avec des noix qui sont capables de se conserver, et seront propres pour sa nourriture durant toute une année, il ne fait nul tort à qui que ce soit : et tandis que rien ne périt et ne se corrompt entre ses mains, faute d'être employé à l'usage et aux nécessités ordinaires, il ne doit point être regardé comme désolant l'héritage commun, pervertissant le bien d'autrui, prenant avec la sienne la portion d'un autre. D'ailleurs, s'il veut donner ses noix pour une pièce de métal qui lui plaît, ou échanger sa brebis pour des coquilles, ou sa laine pour des pierres brillantes, pour un diamant ; il n'envahit point le droit d'autrui : il peut ramasser, autant qu'il veut, de ces sortes de choses durables ; l'excès d'une propriété ne consistant point dans l'étendue d'une possession, mais dans la pourriture et dans l'inutilité des fruits qui en proviennent.

Or, nous voilà parvenus à l'usage de l'argent monnayé, c'est-à-dire, à une chose durable, que l'on peut garder longtemps, sans craindre qu'elle se gâte et se pourrisse ; qui a été établie par le consentement mutuel des hommes ; et que l'on peut échanger pour d'autres choses nécessaires et utiles à la vie, mais qui se corrompent en peu de temps[5].

***Traité du gouvernement civil* (1690)**
**ch. V, De la propriété des choses, § 46-47**
**trad. D. Mazel, Garnier-Flammarion, pp. 210-211**

**4** ☐ « Avant l'appropriation des terres, celui qui amassait autant de fruits sauvages, et tuait, attrapait, ou apprivoisait autant de bêtes qu'il lui était possible, mettait, par sa peine, ces productions de la nature hors de l'*état de nature*, et acquérait sur elles un droit de *propriété* : mais si ces choses venaient à se gâter et à se corrompre pendant qu'elles étaient en sa possession, et qu'il n'en fît pas l'usage auquel elles étaient destinées ; si ces fruits qu'il avait cueillis se gâtaient, si ce gibier qu'il avait pris se corrompait, avant qu'il pût s'en servir, il violait, sans doute, les *lois communes* de la *nature*, et méritait d'être puni, parce qu'il usurpait la portion de son prochain, à laquelle il n'avait nul droit, et qu'il ne pouvait posséder plus de bien qu'il lui en fallait pour la commodité de la vie. » (§ 37)

**5** ☐ « Mais depuis que l'or et l'argent, qui, naturellement sont si peu utiles à la vie de l'homme, par rapport à la nourriture, au vêtement, et à d'autres nécessités semblables, ont reçu un certain prix et une certaine valeur, du consentement des hommes, quoique après tout, le travail contribue beaucoup à cet égard ; il est clair, par une conséquence nécessaire, que le même consentement a permis les possessions inégales et disproportionnées. Car dans les gouvernements où les lois règlent tout, lorsqu'on y a proposé et approuvé un moyen de posséder justement, et sans que personne puisse se plaindre qu'on lui fait tort, plus de choses qu'on en peut consumer pour sa subsistance propre, et que ce moyen c'est l'or et l'argent, lesquels peuvent demeurer éternellement entre les mains d'un homme, sans que ce qu'il en a, au-delà de ce qui lui est nécessaire, soit en danger de se pourrir et de déchoir, le consentement mutuel et unanime rend justes les démarches d'une personne qui, avec des espèces d'argent, agrandit, étend, augmente ses *possessions*, autant qu'il lui plaît. » (§ 50)

Toutes les citations sont extraites du *Traité du gouvernement civil*, édition citée.

# *L'ANALYSE MARXISTE DE L'ARGENT, L'ALIÉNATION DE L'HOMME*

## *La critique de l'économie politique*

Pour Marx, l'économie politique* est la « science de la production », c'est-à-dire de l'activité qui donne à la pratique son caractère spécifiquement **humain**. En produisant, l'homme manifeste dans le monde sa nature propre, et se distingue par là de l'animal. Le monde qu'il **crée** en transformant les conditions naturelles de son existence, est donc son expression. Mais lorsque Marx envisage l'Histoire, il trouve un monde de contradictions, d'antagonismes, de luttes multiples et incessantes. Si l'économie politique, dans l'analyse des processus de production, révèle bien la vérité effective de l'homme en tant qu'être foncièrement social, alors cette vérité sera elle-même l'expression de la contradiction et des antagonismes qui marquent l'Histoire.

L'économie politique, représentée par les travaux des grands économistes anglais des XVIIIe et XIXe siècles (Smith, Ricardo, James Mill), n'a pas su atteindre cette vérité d'un être **engagé dans le développement historique de ses pratiques économiques et sociales** : cette discipline, qui se présentait comme science historique, est restée en dehors de l'Histoire. Les économistes anglais ont, certes, correctement défini les lois de la production dans le système capitaliste. Mais, en considérant la **propriété privée** comme un **fait** et une **nécessité**, ils ont négligé de s'interroger sur ses origines : ils ont pris pour réalité a-historique, inscrite de toute éternité dans la nature humaine, ce qui est une forme particulière et limitée dans le temps de rapports sociaux.

Pour Marx, l'économie politique classique a négligé de définir ses propres fondements scientifiques : alors même qu'elle est la science humaine par excellence (puisque son objet est constitué par la pratique la plus humaine qui soit, la production), elle n'a pas cherché à penser l'homme en tant que tel ; en substituant aux **rapports entre hommes** des **rapports entre choses**, elle a démontré, à son corps défendant, sa propre contradiction. Elle a laissé échapper l'élément essentiel, le fondement de l'analyse historique de l'économie* : l'**aliénation* de l'homme**, contradiction fondamentale et *moteur* de l'Histoire.

Benozzo Gozzoli, *Les rois mages en route vers Bethléem.*

**Karl MARX**

*Si tu supposes l'*homme en tant qu'homme *et son rapport au monde comme un rapport humain, tu ne peux échanger que l'amour contre l'amour, la confiance contre la confiance, etc. (...) Chacun de tes rapports à l'homme — et à la nature — doit être une* manifestation déterminée, *répondant à l'objet de ta volonté, de ta vie* individuelle réelle. *Si tu aimes sans provoquer d'amour réciproque, c'est-à-dire si ton amour, en tant qu'amour, ne provoque pas l'amour réciproque, si par ta* manifestation vitale *en tant qu'homme aimant, tu ne te transformes pas en* homme aimé, *ton amour est impuissant et c'est un malheur.*

***Manuscrits de 1844,***
**Éditions Sociales, 1968, p. 122**

## *Le travail comme unité d'échange*

David Ricardo (1772-1823), dernier grand représentant de l'économie classique, avait établi dans ses *Principes de l'économie politique et de l'impôt* (1817) que la nature d'une marchandise est déterminée par le temps de travail nécessaire à sa production. Et, en 1776, Adam Smith soutenait déjà dans *La Richesse des nations* que le fondement de la richesse n'est pas la monnaie, mais le travail, créateur de la valeur d'échange de la marchandise. Les économistes anglais avaient donc bien perçu le caractère déterminant du **travail humain** dans les processus économiques de la production et de l'échange.

Mais derrière cette thèse du travail comme source de richesses, Marx distingue une contradiction qui souligne la limite de l'économie politique classique : si le travail, issu à l'origine des besoins humains, est bien l'activité par laquelle l'homme manifeste sa personnalité et accède à la jouissance de la vie, il va néanmoins devenir, dans l'organisation capitaliste des rapports de production, le moyen de l'aliénation universelle des producteurs. Le travail se transformera en son contraire : d'expression objective de l'essence créatrice de l'homme, il deviendra processus dans lequel le travailleur est une marchandise, un **objet** de marché.

Pour Marx, c'est l'**échange** qui provoque cette transformation qualitative : à l'origine, le travail est d'abord **moyen de subsistance** ; la production n'excède alors jamais la demande, c'est-à-dire la satisfaction des besoins naturels. Puis il va apparaître comme **source de gains**. Ce que l'homme produit en plus de ses besoins devient **marchandise échangeable** contre d'autres objets ; ce n'est plus la **valeur d'usage*** qui détermine le produit mais sa **valeur d'échange***, il n'a plus de valeur en lui-même mais « hors de lui-même ». La marchandise se donne ainsi à l'origine du travail aliéné : le produit n'exprime plus l'épanouissement de l'individu, il lui est devenu étranger et ne vaut plus que comme équivalent d'autres produits qu'il permettra d'acquérir. Marx dit alors que le besoin social ne correspond plus au besoin humain, qu'il y a déchirement entre l'être social et l'être de l'homme. Le travail devient le contraire de ce qu'il doit être, la négation de l'essence humaine : il est **travail aliéné**.

## *Les échanges : l'argent et le travail comme formes de l'aliénation*

A l'état primitif, il y a, selon Marx, un équilibre parfait entre besoins et production. Mais **l'échange** est une **pratique** inscrite dans la **nature** des hommes considérés comme êtres naturellement sociaux : à un moment donné, ils produiront donc un **surplus** par rapport à ce que nécessite leur simple subsistance. L'échange transforme alors les produits du travail en *marchandises*, et cette transformation change la nature du travail lui-même : d'abord manifestation et accomplissement de la nature humaine, il devient activité en vue d'un gain, d'un **profit**. L'échange, activité humaine générique, crée les conditions de sa propre négation en détruisant sa forme humaine. Si le travail et l'argent sont les états

*« Dans toute société, la communication s'opère au moins à trois niveaux : communication des femmes ; communication des biens et des services ; communication des messages (...) Quand on passe du mariage au langage, on va d'une communication à rythme lent à une autre, à rythme très rapide ».*
C. Lévi-Strauss, *Anthropologie structurale.*

Henri Rousseau, *La Noce* (1910).

ultimes du développement historique des modalités d'échange entre les hommes, ce développement révèle une contradiction que Marx définit ainsi dans le *Capital* :

> *Le développement historique de l'échange imprime de plus en plus aux produits du travail le caractère de marchandises et développe en même temps l'opposition que recèle leur nature, celle de valeur d'usage et de valeur d'échange.* (Livre I, 1re Section, ch. II.)

A la transformation des produits du travail en marchandises succède donc celle de la marchandise en **argent**. Marx montre ainsi que celui-ci devient la forme supérieure de l'aliénation. Le développement capitaliste des échanges transforme les rapports humains en rapports d'**objets**. Devenu une marchandise comme les autres, le travailleur est vidé de son contenu proprement humain, l'argent est désormais le seul lien qui rattache l'individu à la société, à la nature et à ses semblables.

## *Échanges et société*

Dans *La République* (Livre II, 370 c sqq.), Platon avait montré comment la division sociale du travail permettait le développement harmonieux de la production en instituant l'échange généralisé des produits du travail. Comme le fera Marx, Aristote souligne (*La Politique*, Livre I, 3) que, dans la communauté primitive, les hommes prenaient « directement part à des biens qui étaient tous les leurs ». Le **troc**, forme primitive d'un échange portant sur des « objets d'utilité » (« du blé contre du vin », selon l'exemple d'Aristote), n'apparaît donc, historiquement, qu'**entre** des **groupes humains** distincts (tribus, villages,...) mais s'accommode toujours, à l'intérieur de chaque communauté, de la **possession collective** des biens.

Ce n'est donc qu'avec l'apparition de la **propriété privée**, selon le philosophe grec, que se développe le commerce à l'**intérieur** de la communauté. S'impose alors la nécessité d'un nouvel élément dans la division sociale du travail, le **commerçant**. Aristote explique (*Éthique à Nicomaque*, Livre V, 5) que celui-ci va devoir résoudre la difficulté posée par la forme commerciale de l'échange : celle de la définition d'un **élément de comparaison** entre les divers produits échangés. La **monnaie**, intermédiaire des échanges, permet d'établir une **égalité quantitative** entre des **produits** (et donc du **travail**) **qualitativement différents**. Aristote en conclut que la **valeur monétaire** des choses « n'est pas fondée en nature, mais est purement conventionnelle » ; l'argent n'est qu'un « représentant conventionnel » de la **valeur d'usage** des produits ; celle-ci reste le seul fondement de la valeur, et, donc, le véritable **lien de la communauté**.

Dans le *Capital* ( I, 1), Marx reconnaîtra à Aristote le mérite d'avoir découvert dans l'expression de la valeur des marchandises un rapport d'égalité. Mais, en même temps, il souligne le fait que le philosophe grec **ne pouvait pas** apercevoir le fondement objectif de cette égalité, la société capitaliste, seule, faisant apparaître la notion abstraite qui définit ce fondement : celle de « travail humain abstrait ». C'est à partir de ce concept que Marx montrera comment est réalisée l'égalité universelle de tous les produits du travail humain, « marchandage » universel (pour reprendre l'expression d'A. Smith) où le travail du balayeur et celui du philosophe deviennent les produits équivalents et interchangeables d'un même travail humain abstrait. Derrière les rapports de marchandise disparaît progressivement la vraie origine de leur valeur, le travail humain concret. La marchandise acquiert alors ce que Marx appellera son « caractère fétiche ». Dans le fétichisme (qui est au principe de nos sociétés de **consommation**), Marx voit la perversion de tous les liens sociaux, « la confusion et la permutation de toutes les qualités naturelles et humaines » (*Manuscrits de 1844*, p. 123).

Activité humaine par excellence, l'**échange** est désormais, sous sa forme marchande, ce qui tend à **déshumaniser les rapports humains** : l'argent, terme universel de l'échange est cette « puissance de perversion » qui *« transforme la fidélité en infidélité, l'amour en haine, la haine en amour, la vertu en vice, le vice en vertu, le valet en maître, le maître en valet, le crétinisme en intelligence, l'intelligence en crétinisme »* (o.c., p. 123).

**BIBLIOGRAPHIE DE LA LEÇON**

***Louis ALTHUSSER :***
*Lire « Le Capital »*, « L'objet du Capital », ch. III et IV, Maspéro.

***Emile BOTTIGELLI :***
*Présentation des « Manuscrits de 1844 »*, éd. Sociales.

***Lucien GOLDMANN :***
*Marxisme et sciences humaines*, « Philosophie et sociologie dans l'œuvre du jeune Marx », Idées-Gallimard.

***Henri LEFEBVRE :***
*Le Matérialisme dialectique*, ch. II, P.U.F.

**TABLE D'ORIENTATION**

**ÉCHANGES** → [1] LIBERTÉ · [2] TRAVAIL · [3] SOCIÉTÉ · [4] NATURE ET CULTURE · [5] ANTHROPOLOGIE

## SUJETS DE DISSERTATION

[1] L'échange est-il au principe du social ? (Aix-Marseille, A, 1982)

■ Est-il exact de dire que la propriété est le support naturel de toute liberté ? (Grenoble, A, 1983)

■ Peut-on tout échanger ?

[2] Travail et liberté sont-ils compatibles ? (Nantes, C-D, 1983)

■ Le travail est-il créateur d'inégalités sociales ?

[3] L'inégalité des hommes rend-elle impossible l'égalité des citoyens ? (Besançon, A, 1983)

[4] Faut-il dire que la société dénature l'homme ou qu'elle l'humanise ? (Nantes, A, 1983)

[5] A la question « Qu'est-ce qu'être normal ? », Freud répondait : « Aimer et travailler. » Qu'en pensez-vous ? (Aix-Marseille, B, 1984)

## BIBLIOGRAPHIE GÉNÉRALE

***ARISTOTE :*** *Les Économiques,* Livre I, Vrin.

***HEGEL :*** *Principes de la philosophie du droit* (1821), 1er et 3e parties, 2e section, A, Idées-Gallimard.

***John LOCKE :*** *Traité du gouvernement civil* (1690), ch. II à VIII, Garnier-Flammarion.

***Karl MARX :*** *Contribution à la critique de l'économie politique* (1859), ch. « Introduction à la critique de l'économie politique », éd. Sociales ; *Le Capital* (1867), Livre I (ch. I, « La marchandise », § I et II . ch. II, « Des échanges »), éd. Sociales.

***MONTESQUIEU :*** *De l'esprit des lois* (1748), ch. XX à XXII, Garnier-Flammarion.

***Thomas MORE :*** *L'Utopie* (1516), Livre 2e, éd. Sociales.

## GLOSSAIRE

**Aliénation :** voir le *Glossaire* du chapitre sur le *Travail.*

**Anthropologie :** (du grec *anthropos,* homme) étude des comportements humains et de la structure des sociétés, l'anthropologie (qui englobe l'ancienne *ethnologie*) étudie particulièrement les *échanges* d'une société.

**Capital :** ensemble des moyens de production appartenant à des personnes juridiques privées et produisant des richesses pour leurs propriétaires, indépendamment de leur travail propre.

**Économie :** système organisé de la production et des échanges dans une société donnée.

**Économie politique :** terme inventé au XVIIe siècle pour désigner l'analyse des mécanismes de production, de distribution et de consommation des richesses. Marx fera de l'économie politique l'élément déterminant de l'analyse historique.

**Monnaie :** valeur conventionnelle de référence dont l'unité permettra de déterminer le prix des objets à échanger.

**Salaire :** équivalent en argent que le travailleur reçoit en échange de la location de sa force de travail à un employeur propriétaire des moyens de travail.

**Troc :** forme primitive de l'échange où n'intervient pas la monnaie ; les biens et les services s'échangent directement entre eux en fonction de leur valeur d'usage.

**Valeur d'usage/valeur d'échange :** la *valeur d'usage* est fondée subjectivement sur l'utilité attribuée à une chose, c'est-à-dire sur l'usage que l'on peut en faire pour satisfaire un besoin. Par opposition, la *valeur d'échange* est calculée, pour plus de facilité, par rapport à une monnaie conventionnelle ; elle est déterminée par la quantité de travail nécessaire pour produire l'objet.

*« "Potlatch" veut dire essentiellement "nourrir", "consommer"... Il y a prestation totale en ce sens que c'est bien tout le clan qui contracte pour tous, pour tout ce qu'il possède et pour tout ce qu'il fait, par l'intermédiaire de son chef. »*
M. Mauss, *Essai sur le don.*

Intérieur de la « potlatch house » à Albert Bay (Colnmbie britannique), 1980. Au premier plan, les cadeaux qui vont être distribués après les danses rituelles.

**LE SACRIFICE DU CHRIST**

**Le culte de la première alliance**

La première alliance avait donc un rituel pour le culte et un temple terrestre. En effet, une tente fut installée, une première tente appelée le Saint, où étaient le chandelier, la table et les pains d'offrande. Puis, derrière le second voile, se trouvait une tente, appelée Saint des Saints, avec un brûle-parfum en or et l'arche de l'alliance toute recouverte d'or ; dans celle-ci un vase d'or qui contenait la manne, le bâton d'Aaron qui avait fleuri et les tables de l'alliance (...). L'ensemble étant ainsi installé, les prêtres, pour accomplir leur service, rentrent en tout temps dans la première tente. Mais, dans la seconde, une seule fois par an, seul entre le grand prêtre, et encore, ce n'est pas sans offrir du sang pour ses manquements et pour ceux du peuple.

Le Saint Esprit a voulu montrer ainsi que le chemin du sanctuaire n'est pas encore manifesté, tant que subsiste la première tente. C'est là un symbole pour le temps présent : des offrandes et des sacrifices y sont offerts, incapables de mener à l'accomplissement, en sa conscience, celui qui rend le culte. Fondés sur des aliments, des boissons et des ablutions diverses, ce ne sont que rites humains, admis jusqu'au temps du relèvement.

**Le Christ s'est offert lui-même**

Mais Christ est survenu, grand prêtre des biens à venir. C'est par une tente plus grande et plus parfaite, qui n'est pas œuvre des mains — c'est-à-dire qui n'appartient pas à cette création-ci — et par le sang, non pas des boucs et des veaux, mais par son propre sang, qu'il est entré une fois pour toutes dans le sanctuaire, et qu'il a obtenu une libération définitive. Car si le sang de boucs et de taureaux et si la cendre de génisse répandue sur les êtres souillés les sanctifient en purifiant leur corps, combien plus le sang du Christ, qui, par l'esprit éternel, s'est offert lui-même à Dieu comme une victime sans tache, purifiera-t-il notre conscience des œuvres mortes pour servir le Dieu vivant. (...)

**L'entrée du Christ au sanctuaire céleste**

Ce n'est pas, en effet, dans un sanctuaire fait de main d'homme, simple copie du véritable, que Christ est entré, mais dans le ciel même, afin de paraître maintenant pour nous devant la face de Dieu.

*La Bible,*
*Nouveau Testament,*
« Hébreux », 9, éd. du Cerf,
pp. 1651-1652

# LA RELIGION

## *Le fait religieux : Passion et sacrifice*

A la différence des sacrifices païens où les dieux ne font que **subir un Destin** ou une malédiction, la Passion du Christ, comme l'indique ici l'Épître aux Hébreux, est marquée d'une **intention morale** particulière. Le Nouveau Testament présente en effet le Christ comme une **victime volontaire**. Sa mort prend alors la dimension d'une véritable rénovation morale de toute l'Humanité : le Christ **se sacrifie** pour tous les hommes, y compris les morts. Son martyre, ses souffrances physiques comme spirituelles, en rachetant leurs péchés, leur ouvrent la voie du Salut éternel. La Rédemption (ce rachat des péchés) sauve donc les hommes de leur propre faiblesse, de leur incapacité à accomplir leur destination divine. Mais, le texte l'indique clairement, la Passion du Christ est aussi comme une **seconde Création**.

L'Ancien Testament indiquait les rites par lesquels l'Alliance à Dieu était consacrée dans les pratiques de purification. Mais le Nouveau Testament substitue aux sacrifices animaux le sang du Christ lui-même : ce sont les souillures de l'esprit que celui-ci rachète, et non plus seulement les souillures du corps. Par la « seconde Alliance », le lien des hommes à leur créateur devient ainsi une union céleste et spirituelle : la Passion du Christ est une seconde « fondation du monde ».

## *Religion et violence*

Pour le philosophe contemporain René Girard, le lien n'est pas fortuit entre sacrifice, alliance religieuse et fondation du monde. L'**illusion religieuse** est, à ses yeux, l'acte fondateur de toute société : **le sacré** est l'**organisation de la violence** inhérente au donné humain ; il n'est pas ce qui cherche à exorciser la violence primitive, mais ce qui la transforme en moyen de cohésion du groupe, en condition de sa permanence.

Cette transformation exige que la **violence constitutive** ne soit plus vécue comme telle, mais qu'elle soit **enfouie sous l'histoire**. C'est la fonction du **mythe** que d'effectuer ce « refoulement » : qu'il s'agisse du meurtre de Rémus par Romulus à l'origine de l'histoire de Rome, de celui d'Abel par Caïn à l'origine de l'histoire d'Israël, la violence et le sacrifice sont toujours mêlés dans l'acte fondateur des sociétés humaines. Mais pour René Girard, ce n'est pas seulement l'**origine** de la société qui est ainsi « entachée » de violence : celle-ci est un élément permanent et nécessaire au bon fonctionnement d'une société.

R. Girard insiste sur le mécanisme de la « victime émissaire », qui permet à une société de se décharger de son agressivité sur un être choisi comme bouc émissaire. La victime est alors — et c'est là qu'intervient la **religion — sacralisée**, afin de détourner la culpabilité provoquée par le meurtre rituel. La communauté se réconcilie ainsi **en Dieu**, aux dépens de la victime émissaire : ce **transfert sacré** permet d'effacer l'origine du meurtre rituel, il est une **caractéristique** religieuse propre à toute société.

> *Le religieux n'est rien d'autre que cet immense effort pour maintenir la paix. Le sacré c'est la violence, mais si le religieux adore la violence c'est toujours en tant qu'elle passe pour apporter la paix ; le religieux est tout entier orienté vers la paix mais les moyens de cette paix ne sont jamais dénués de violence sacrificielle.* (R. Girard, *Des choses cachées depuis la fondation du monde*, Grasset, p. 41.)

Ainsi, à travers une nouvelle lecture des grandes religions de l'humanité, R. Girard cherche-t-il à répondre, de façon parfois contestée, aux questions que pose depuis toujours la religion : comment expliquer l'**universalité du fait religieux**, et la **variété de ses formes** concrètes ? Si toute société conçoit une ou des religions, n'est-ce pas que celles-ci ont à voir avec celle-là ? Et si toute religion avait une « fonction » ? On est bien loin, donc, d'une réflexion qui fait de la religion un phénomène individuel, personnel, « qui ne regarde que moi » : quelle que soit la nature des réponses apportées par chacun à l'interrogation religieuse, il faut reconnaître que la religion est une **dimension de l'homme** avant d'être individuelle.

Variété des édifices ou variété des cultes ?

## La religion comme Souverain Bien

**Saint AUGUSTIN**

En nous reliant à [Dieu] (et c'est de là que viendrait aussi le nom de religion), nous tendons vers lui par amour afin qu'une fois parvenus au terme nous y trouvions le repos, bienheureux parce qu'achevés par celui qui est notre fin. Car notre bien, ce bien dont les philosophes ont tant disputé pour savoir quelle en est la perfection, n'est autre que de nous attacher à lui, le seul dont les étreintes incorporelles, si l'on peut ainsi parler, emplissent et fécondent l'âme intellectuelle de vertus véritables.

Aimer ce bien de tout notre cœur, de toute notre âme, de toutes nos forces, voilà ce qui nous est commandé ; c'est vers ce bien que nous devons être conduits par ceux qui nous aiment et conduire ceux que nous aimons. Ainsi s'accomplissent ces deux préceptes auxquels se rattachent toute la loi et les prophètes : « Tu aimeras le Seigneur ton Dieu de tout ton cœur, de toute ton âme et de tout ton esprit », et : « Tu aimeras ton prochain comme toi-même ». Car, afin que l'homme sût s'aimer lui-même, une fin lui a été fixée où il devrait, pour être heureux, référer toutes ses actions — s'aimer, en effet, n'est pas autre chose que vouloir être heureux — et cette fin, c'est de s'attacher à Dieu. Aussi, quand à celui qui sait déjà s'aimer lui-même on commande d'aimer son prochain comme lui-même, que lui commande-t-on sinon de le porter, autant qu'il est possible, à aimer Dieu ?

***La Cité de Dieu* (420-429), Livre X,**
**ch. 3<sup>e</sup>, trad. J. Perret, Garnier, pp. 385-387**

## Dieu, « auteur moral du monde »

**KANT**

Nous pouvons donc supposer un honnête homme (ainsi Spinoza), qui se tient pour fermement persuadé que Dieu n'existe pas et (...) qu'il n'y a pas de vie future ; comment jugera-t-il sa propre destination finale intérieure en vertu de la loi morale qu'il respecte en agissant ? Il ne réclame aucun avantage résultant de l'obéissance à la loi morale, ni en ce monde, ni en un autre ; désintéressé il veut bien plutôt faire le bien, vers lequel cette sainte loi oriente toutes ses forces. Mais son effort est limité. (...) Le mensonge, la violence, la jalousie ne cesseront de l'accompagner, bien qu'il soit lui-même honnête, pacifique et bienveillant ; et les personnes honnêtes qu'il rencontre, en dépit de leur dignité à être heureuses, seront cependant soumises (...) à tous les maux de la misère, des maladies et d'une mort prématurée et le demeureront toujours, jusqu'à ce qu'une vaste tombe les engloutisse tous (honnêtes ou malhonnêtes, peu importe) et les rejette, eux qui pouvaient croire être le but final de la création, dans l'abîme du chaos sans fin de la matière, dont ils ont été tirés.

Aussi cet homme bien pensant devrait abandonner comme tout à fait impossible la fin qu'il avait et devait avoir devant les yeux en obéissant à la loi morale ; ou s'il veut même alors demeurer fidèle à l'appel de sa destination morale intérieure, et s'il ne veut pas affaiblir le respect, que la loi morale lui inspire immédiatement pour l'obéissance, (...) pour se faire au moins une Idée de la possibilité du but final qui lui est moralement prescrit, admettre l'existence d'un auteur *moral* du monde, c'est-à-dire de Dieu.

***Critique de la faculté de juger* (1790),**
**Appendice, §87, trad. A. Philonenko, Vrin, pp. 258-259**

## « Une névrose obsessionnelle de l'humanité »

**Sigmund FREUD**

L'enfant humain ne peut pas accomplir son évolution vers la civilisation sans passer par une phase plus ou moins accentuée de névrose. (...) [Il] est incapable de réprimer par un travail mental rationnel un aussi grand nombre d'impulsions instinctives que celles qu'il possède, impulsions dont plus tard, en tant que civilisé, il n'aurait que faire, et il doit par suite en venir à bout par des actes de refoulement, derrière lesquels d'ordinaire se cache un mobile de peur. La plupart de ces névroses infantiles disparaissent spontanément quand l'enfant grandit ; tel est particulièrement le cas des névroses obsessionnelles de l'enfance.

On pourrait de même admettre que l'humanité dans son ensemble passe, au cours de son évolution, par des états analogues aux névroses (et ceci pour les mêmes raisons). Aux époques d'ignorance et de faiblesse intellectuelle qu'elle a d'abord traversées, l'humanité ne pouvait réaliser les renoncements aux instincts indispensables à la vie en commun des hommes qu'en vertu de forces purement affectives. Et le résidu de ces démarches, analogues au refoulement, qui eurent lieu aux temps préhistoriques, subsiste longtemps en tant que partie intégrante de la civilisation.

La religion serait la névrose obsessionnelle universelle de l'humanité ; comme celle de l'enfant, elle dérive du complexe d'Œdipe, des rapports de l'enfant au père. D'après ces conceptions, on peut prévoir que l'abandon de la religion aura lieu avec la fatale inexorabilité d'un processus de croissance, et que nous nous trouvons à l'heure présente justement dans cette phase de l'évolution.

***L'Avenir d'une illusion* (1907),**
**P.U.F., pp. 60-61**

## commentaires

La pensée chrétienne dut attendre **saint Augustin** (354-430) pour que soient clairement définis les rapports entre **Raison** et **Foi**. Pourtant, si la raison joue le rôle d'un **instrument de la foi**, saint Augustin souligne (et Pascal après lui) que toutes les dimensions de la philosophie se résolvent dans le christianisme, la foi seule faisant **certitude absolue** pour l'homme. L'esprit humain a besoin, pour atteindre la vérité qu'il recherche, d'une aide que seule la Révélation peut lui apporter. Dieu est pour Augustin notre seul Bien, notre **Souverain Bien**. Et sa religion, le mot rappelant cette idée d'être **rattaché à Dieu**, est la seule chose par laquelle l'homme puisse atteindre au Bonheur attaché à la possession totale de ce Souverain Bien.

Sur un mode très pascalien, **Kant** (1724-1804) décrit la position absurde de l'athée dans le monde, et met en scène un « honnête homme » qui doit faire face à la contradiction d'une vocation morale ne trouvant nulle part dans le monde de justification suffisante. En effet, la vraie moralité suppose que la conformité de mon action à la loi soit la seule fin de mes actes : le devoir est lui-même l'objet de mon respect, et je ne dois donc avoir d'autre mobile que son unique accomplissement. Et pourtant, il faut que le monde puisse m'apparaître comme doué d'une **cause morale**, qui soit en même temps cause de sa moralité, venant ainsi la soutenir dans sa réalisation. **Dieu** intervient donc comme **hypothèse morale**, et « la loi morale conduit à la religion, elle fait reconnaître les devoirs comme des ordres divins plutôt qu'arbitraires ou fortuits ».

**Freud** (1856-1939) éclaire la religion à l'aide d'une **analogie** comparant développement de l'enfant et histoire de l'humanité. La religion est, à l'échelle de l'humanité, une forme assimilable à la **névrose** qui habite tout individu au cours de sa transformation d'enfant en adulte, et cette analyse de **la religion comme production humaine** permet d'en comprendre la **genèse** et d'en établir les **causes**. C'est là une position dans le droit fil de la psychanalyse, pour laquelle « le dieu personnel n'est rien autre chose, psychologiquement, qu'un père transfiguré ». Issue du complexe parental, la religion est donc « **protection** contre la névrose », et permet à l'individu de se décharger du sentiment de culpabilité issu des désirs œdipiens. Résidu d'un renoncement à l'exercice des instincts, la religion est donc avant tout **illusion religieuse**. Et Freud peut, à ce titre, s'interrogeant sur l'avenir de cette illusion, prévoir l'inévitable abandon d'une telle production humaine...

# *Analyser des symptômes*

## l'auteur

Nietzsche a écrit la *Généalogie de la morale* en 1887. Présentée comme complément polémique à *Par-delà le bien et le mal* (1886, premier ouvrage après *Ainsi parlait Zarathoustra*), la *Généalogie de la morale* est « la chose la plus inquiétante jamais écrite jusqu'à nos jours » écrit son auteur dans *Ecce Homo.*

Nietzsche avait procédé à une « histoire naturelle de la morale », analysant les grands faits de civilisation (philosophie, morale, religion, science, politique, etc.) comme les **symptômes** d'une perversion des instincts vitaux de l'homme, produits grandioses mais morbides d'une vie affaiblie, d'un « instinct déclinant et malade ». L'analyse relevait donc d'une **approche physiologique et médicale des faits culturels**, fondée sur les concepts de « force » et de « faiblesse », de « santé » et de « maladie ».

Dans cette perspective, la philosophie apparaissait comme produit d'un long reniement de la vie, dû à un renversement opéré dès sa naissance : depuis Socrate, la valeur suprême est désormais celle de **l'homme théorique** chez qui l'instinct, jusque-là force affirmative et créatrice, est pensé comme négatif et critique. La conscience, qui était la force critique et négative, est devenue la force créatrice. Pour comprendre le destin de la culture occidentale, il convenait donc d'évaluer avant tout ce processus de refoulement des instincts vitaux, source d'une décadence progressive de la civilisation.

## l'intérêt philosophique du texte

# *La religion, figure du nihilisme*

Le **nihilisme**, processus de négation de la vie exprimé dans la volonté de néant, est la forme ultime de la décadence : la *Généalogie de la morale* se referme sur ce constat effrayant : « L'homme préfère encore avoir la volonté de *néant* que de ne *point* vouloir du tout. »

La *Première dissertation*, « psychologie du christianisme », découvre le travail du *ressentiment* sous l'histoire des valeurs morales. Le christianisme correspond au moment historique du soulèvement des esclaves, il justifie la subversion des valeurs du Maître. Le **Fait moral** observé par Nietzsche, est ainsi le résultat d'une victoire de la faiblesse sur la force : l'homme, **malade de la vie**, cherche désormais dans un monde méta-physique, ce qu'il n'a plus la force de chercher dans la vie elle-même.

La *Deuxième dissertation*, « psychologie de la conscience morale », analyse les effets de ce renversement des valeurs vitales : survalorisation de l'esprit (qui devient « bon »), et dévalorisation du corps (qui devient « mauvais »). Au lieu d'extérioriser son instinct vital d'agressivité, le sujet intériorise et retourne contre lui sa propre violence. Mais une simple intériorisation de cet instinct resterait trop douloureuse, il faut le sublimer : le **ressentiment** examiné dans la *Première dissertation* se transforme alors en **mauvaise conscience**. Et le coup de génie du prêtre, figure centrale du nihilisme, consiste à donner objet et contenu à cette culpabilité : voici venue la **religion**, qui justifie la mauvaise conscience en la sublimant.

**1** ◻ « La foi que réclamait le christianisme primitif (...) s'apparente déjà beaucoup plus à la foi de Pascal, qui ressemble terriblement à un suicide continu de la raison, d'une raison acharnée à survivre et rongeuse comme un ver, tant il est impossible de la tuer d'un seul coup. La foi chrétienne est essentiellement un sacrifice, sacrifice de toute liberté, de toute fierté, de toute confiance de l'esprit en soi-même ; elle est en même temps asservissement et dépréciation de soi-même, mutilation de soi-même. Il entre de la cruauté (...) dans cette foi qui se propose à une conscience fatiguée, complexe et blasée ; elle implique que la soumission de l'esprit soit inexprimablement *douloureuse*, que tout le passé et les habitudes d'un tel esprit se rebellent contre le comble d'absurdité qui s'offre à lui sous le nom de foi. » *(Par-delà le Bien et le Mal*, § 46).

**2** ◻ « La conception chrétienne de Dieu — Dieu conçu en tant que Dieu des malades, Dieu-araignée, Dieu-esprit — c'est là une des conceptions de Dieu les plus corrompues qui aient jamais été formées sur terre : elle constitue peut-être même le plus bas de l'étiage dans l'évolution déclinante des types divins. Dieu dégénéré en *antithèse de la vie*, au lieu d'être sa transfiguration, son éternel acquiescement ! Dieu, défi jeté à la vie, à la Nature, au vouloir-vivre ! » *(L'Antéchrist*, § 18).

Dans l'Occident chrétien, les cathédrales gothiques (ici celle de Chartres) symbolisèrent pendant des siècles le rassemblement des hommes entre eux, l'élan des hommes vers Dieu.

## *La religion, maladie de la civilisation*

**Friedrich NIETZSCHE**

On aura déjà deviné *ce qui* se passa avec tout cela et *sous le voile* de tout cela : cette volonté à se torturer soi-même, cette cruauté rentrée de l'animal-homme refoulé dans sa vie intérieure, se retirant avec effroi dans son individualité, enfermé dans l'« État » pour être apprivoisé, et qui inventa la mauvaise conscience pour se faire du mal, après que la voie *naturelle* de cette volonté de faire le mal lui fut coupée, — cet homme de la mauvaise conscience s'est emparé de l'hypothèse religieuse pour pousser son propre supplice à un degré de dureté et d'acuité effrayant[1]. Une dette envers *Dieu* : cette pensée devint pour lui un instrument de torture.

Il saisit en « Dieu » les extrêmes contrastes qu'il peut imaginer à ses propres instincts animaux irrémissibles, il interprète ces instincts mêmes comme dette envers Dieu (hostilité, rébellion, révolte contre le « maître », le « père », l'ancêtre et le principe du monde), il se place au beau milieu de l'antithèse entre « Dieu » et le « diable », il jette hors de lui-même toutes les négations, tout ce qui le pousse à se nier soi-même, à nier la nature, la spontanéité, la réalité de son être pour en faire l'affirmation de quelque chose d'existant, de corporel, de réel[2], Dieu. Dieu saint, Dieu juge, Dieu bourreau, l'Au-delà, le supplice infini, l'enfer, la grandeur incommensurable du châtiment et de la faute. C'est là une espèce de délire de la volonté dans la cruauté physique, dont à coup sûr on ne trouvera pas d'équivalent : cette *volonté* de l'homme à se trouver coupable et réprouvé jusqu'à rendre l'expiation impossible, sa *volonté* de se voir châtié sans que jamais le châtiment puisse être l'équivalent de la faute, sa *volonté* d'infester et d'empoisonner le sens le plus profond des choses par le problème de la punition et de la faute, pour se couper une fois pour toutes la sortie de ce labyrinthe d'« idées fixes », sa volonté enfin d'ériger un idéal — celui du « Dieu très saint » — pour bien se rendre compte en présence de cet idéal de son absolue indignité propre.

Quelle bête triste et folle que l'homme. A quelles imaginations bizarres et contre nature, à quel paroxysme de démence, à quelle *bestialité de l'idée* se laisse-t-elle entraîner dès qu'elle est empêchée quelque peu d'être *bête de l'action*[3] !... Tout cela est intéressant à l'extrême, mais, à trop longtemps regarder dans cet abîme, on se sent envahi par une tristesse poignante, et énervante, c'est pourquoi il faut s'arracher avec violence à ce spectacle. Il n'est pas douteux que nous ne nous trouvions en présence d'une *maladie*, la plus terrible qui ait jamais sévi parmi les hommes : — et celui qui est encore capable d'entendre (mais de nos jours on n'a plus d'oreilles pour cela —), d'entendre retentir dans cette nuit de martyre et d'absurdité, le cri d'*amour*, le cri de l'extase, enflammé de désir, le cri de la rédemption par l'*amour*, celui-là se retournera saisi d'une invincible horreur ... En l'homme il y a tant de choses effroyables ! — Trop longtemps la terre fut un asile d'aliénés !...[4]

***Généalogie de la morale* (1887),**
**2e Dissertation, § 22, trad. H. Albert,**
**Nathan, coll. « Les Intégrales de Philo », pp. 143-144**

**3** ☐ « Nous autres, qui avons le *courage* de la santé, et aussi du mépris, combien *nous* avons le droit de mépriser une religion qui a enseigné la mécompréhension du corps ! — qui ne veut pas se débarrasser de la superstition de l'âme ! — qui fait un "mérite" d'une alimentation insuffisante ! — qui combat dans la santé une espèce d'ennemi, de diable, de tentation ! — qui s'est persuadée que l'on pouvait promener une âme "parfaite" dans un corps cadavérique, et qui, pour cela, a eu besoin de se forger une nouvelle conception de la "perfection", celle d'un être blafard, souffreteux, fumeux et hébété, — bref, la prétendue "sainteté" — une sainteté qui n'est qu'accumulation de symptômes d'un corps appauvri, énervé, incurablement ruiné !... » *(L'Antéchrist,* § 51).

**4** ☐ « Peut-être le rire lui aussi a-t-il encore un avenir ! (...) et qu'à tout instant cette ultime libération, cette ultime irresponsabilité sera accessible à chacun. Peut-être alors le rire se sera-t-il allié à la sagesse, peut-être alors n'y aura-t-il plus d'autre savoir que le "Gai Savoir". Mais pour l'instant, il en va encore tout autrement, la comédie de l'existence n'a pas encore pris "conscience d'elle-même" — et nous sommes encore à l'époque de la tragédie, à l'époque des morales et des religions. » *(Le Gai Savoir,* Livre 1er, § 1).

Références bibliographiques

☐ *Par-delà le bien et le mal* 1886, Idées-Gallimard.
☐ *L'Antéchrist* 1888, Idées-Gallimard.
☐ *Le Gai Savoir* 1882, 10/18.

# *UNIVERSALITÉ DU FAIT RELIGIEUX*

Il y a cinq siècles, Marsile Ficin remarquait que la religion est **naturelle** à l'homme « comme le hennissement au cheval ». Dans son étude sur la *Théologie platonicienne de l'immortalité de l'âme*, Ficin dégageait un fond de religiosité commun à la pensée chrétienne et à la pensée païenne ; à la suite de saint Augustin, il affirmait « qu'en changeant peu de choses les Platoniciens seraient chrétiens », de la même façon que, plus tôt, saint Thomas faisait d'Aristote le support du christianisme. Pour Marsile Ficin, Platon, pourtant historiquement privé de la révélation du Christ, a néanmoins perçu deux vérités éternelles : d'une part, la **présence de Dieu** en concevant le monde intelligible des Idées, et d'autre part, la **divinité des âmes** en les faisant participer à ce domaine divin.

Hegel affirmera à son tour l'universalité de l'attitude religieuse à travers les âges. La religion est une **manifestation de l'Esprit se comprenant soi-même** toujours plus finement. A ce titre, elle passe par des **étapes**. Elle s'est d'abord affirmée par la **croyance**, c'est-à-dire par le savoir qui ne connaît pas encore ses raisons. Les cultes primitifs sont perdus dans l'immédiateté naturelle. C'est pourquoi les hommes adoraient le soleil, le feu, ou tout autre élément emprunté à la nature. Ce stade suppose donc bien l'existence du fait religieux dès les balbutiements de l'humanité. Pourtant, l'homme étant essentiellement esprit, et l'esprit consistant à être pour soi, il ne pourra se satisfaire de cette « conscience naturelle » qui l'englue dans l'immédiateté empirique. D'où une **seconde étape** dans laquelle l'esprit supprime cette immédiateté pour **se représenter lui-même** à lui-même à travers des **figures** créées par lui : c'est la **« religion esthétique »** des Grecs, qui modelaient artistiquement les dieux. L'Art représente l'Être comme le « beau », et cette beauté n'est plus naturelle mais **culturelle**. Mais, à travers cette élaboration de figures, l'esprit ne s'apparaît pas encore à lui-même comme esprit réel et effectif. La « religion révélée », c'est-à-dire le christianisme, opérera ce **dépassement** de l'esprit vers son immédiate reconnaissance pour soi. Il y a donc progrès **dialectique**.

Ce qui frappe à la fois chez Ficin et chez Hegel, c'est leur insistance à démontrer que le christianisme est le moment privilégié d'une *perennis religio*, religion pérenne, durable et permanente au-delà de ses modifications. En d'autres termes, Ficin et Hegel pensaient tous deux en terme de **progression**. Pour eux, l'esprit religieux universel devait nécessairement progresser par étapes pour parvenir à sa pleine vérité : l'incarnation de Dieu dans Jésus-Christ.

Inscription coranique en Afghanistan. « Il n'y a pas de divinité sinon Dieu, et Mahomet est son prophète ».

Si nous abandonnons un temps ce cadre de référence exclusivement chrétien (pour des motifs purement méthodologiques et non idéologiques), nous constaterons que, des trois termes « universalité », « religion » et « progression », seul le premier reste incontestable. En effet, le mot « religion », qui désigne la relation que l'homme entretient avec Dieu, est beaucoup trop imprécis pour embrasser la diversité des réalités culturelles. L'historien des religions Mircea Eliade écrit :

> *On se demande comment il [le mot « religion »] peut être appliqué sans discrimination au Proche-Orient ancien, au judaïsme, au christianisme et à l'Islam, ou à l'hindouisme, au bouddhisme et au confucianisme de même qu'aux peuples dits « primitifs ». Mais il est peut-être trop tard pour chercher un autre mot, et « religion » peut encore être un terme utile pourvu qu'on se rappelle qu'il n'implique pas nécessairement une croyance en Dieu, en des dieux ou en des esprits, mais se réfère à l'ex-*

*périence du sacré et, par conséquent est lié aux idées d'* être, *de* signification *et de* vérité. (*La Nostalgie des origines*, Gallimard, p. 9)

Seule l'expérience du **sacré*** est donc universelle parce que l'esprit humain ne peut fonctionner sans l'assurance (ou la conviction) qu'il existe un **réel irréductible** qui **fonde** notre monde « naturel », « profane » : comme une pierre peut, pour telle culture, « montrer » quelque chose qui n'est plus elle-même mais le sacré, Jésus-Christ « montre » aux chrétiens l'exemple qu'ils devront suivre et réitérer dans le culte. Dès lors, l'**expérience universelle du sacré** ne peut être un stade, une étape de l'histoire de la conscience, mais un **élément stable dans la structure de cette conscience.** N'ayant plus à rechercher le « stade initial » de la religion, la question de son origine ne se pose donc plus, ou plus exactement se confond maintenant avec celle de la structure de l'esprit humain. Par exemple, l'historien des religions ne s'attardera plus à l'**interprétation freudienne** de l'origine de la religion comme **souvenir inconscient d'un parricide primordial**, mais retiendra de Freud sa découverte d'une dimension fondamentale de l'esprit : l'**inconscient**[1]. Ainsi, l'hypothèse du banquet totémique présentée dans *Totem et tabou* n'intéresse plus la communauté des savants. En revanche, la thèse contenue dans le même ouvrage, selon laquelle les images et les symboles religieux transmettent des messages « même si sur le plan conscient le sujet continue à les ignorer », devient un des instruments principaux de la recherche actuelle sur l'expérience universelle du sacré.

## *Croyance, foi et raison*

Du point de vue de la pensée biblique, **Dieu n'est pas l'objet d'une croyance***. On peut croire aux revenants, mais pas à Dieu dont l'existence est connue avec **certitude** à partir du **constat de l'ordre de l'univers**. La philosophie occidentale moderne, évoluant à l'intérieur d'une expérience du sacré confondue avec la pensée chrétienne, s'interrogera très tôt sur l'articulation des notions de foi et de croyance avec le concept qu'elle s'est forgée : la Raison.

Pascal réagence les termes de la conception biblique : la raison est le domaine de la certitude, la foi celui de l'**incertitude**, et la croyance un pari. En effet :

*"Dieu est, ou il n'est pas." Mais de quel côté pencherons-nous ? La raison n'y peut rien déterminer : il y a un chaos infini qui nous sépare. Il se joue un jeu, à l'extrémité de cette distance infinie, ou il arrivera croix ou pile. Que gagnerez-vous ? Par raison, vous ne pouvez faire ni l'un ni l'autre ; par raison, vous ne pouvez défendre nul des deux.* (*Pensées*, § 233, éd. Brunschvicg)

L'homme étant un être fini et mortel, sa raison s'arrête aux bornes de sa finitude, et ainsi est-elle naturellement incapable de fournir les preuves de l'existence de Dieu. On ne peut, argumente Pascal, résoudre ce problème en l'analysant, par exemple, à partir du modèle raisonné d'une démonstration mathématique. Or, il n'est pas plus question de supposer, en se passant du fondement qu'offre la certitude rationnelle, la possibilité d'affirmations sur Dieu. L'homme se retrouve ainsi au centre d'un dilemme : **parier** pour ou contre Dieu. Qu'avons-nous à perdre ? demande Pascal. La **finitude de la raison** et l'incertitude de la foi doivent faire place à la seule attitude raisonnable : parier en croyant.

Kierkegaard ne parlera pas de pari, mais s'accordera avec Pascal sur le fait qu'il n'y a **pas de démonstration possible de l'existence de Dieu**[2]. Vouloir prouver son existence est purement et simplement ridicule. « Ou il existe et alors on ne peut pas le prouver ; ... ou il n'existe pas, et alors cela ne peut certes pas non plus être prouvé. » (*Papiers posthumes*, in *Journal*, tome 1, Gallimard, p. 312). On ne **prouve** pas une existence ; on l'**éprouve**. Se convertir, c'est donc se détourner de la sphère de la raison. Il n'y a pas de passage dialectique dans la mesure où entre la raison et Dieu, il existe une **différence de nature** et non une simple différence de degré. Kierkegaard réfute ainsi la proposition hégélienne selon laquelle la croyance devait être dépassée. L'éducation religieuse, par exemple, sert effectivement à communiquer un « savoir », mais elle ne doit être que provisoire. La foi ne se manifestera jamais si nous nous contentons d'accumuler le savoir. La foi commence quand nous tournons le dos au savoir, quand nous prenons la résolution de croire, c'est-à-dire de nous adresser à Dieu en Christ. Il faut croire sans raisons ni preuves, puisque ces « échelons » supposent un travail de la raison qui nous maintient dans son orbite.

**1** ◻ Voir le chapitre consacré à cette notion.

**2** ◻ Voir à ce sujet la thèse de Hume dans l'*Extrait* du chapitre sur l'*Irrationnel*.

Voltaire se posa lui aussi la question d'une articulation de la croyance et de la raison en la foi.

> *Qu'est-ce que la foi ? Est-ce de croire ce qui paraît évident ? non : il m'est évident qu'il y a un Être nécessaire, éternel, suprême, intelligent ; ce n'est pas là de la foi, c'est de la raison (...) La foi consiste à croire, non ce qui est vrai, mais ce qui semble faux à notre entendement.* (*Dictionnaire philosophique*, article Foi)

Autrement dit, si Dieu lui-même me disait que la pensée est couleur d'olive et qu'un nombre carré est amer, mon entendement resterait complètement en défaut (je n'y « entendrais » rien), mais j'y donnerais foi. « Voilà la foi ; ce n'est que l'obéissance » *(ibid.)*. Si la foi se condense dans l'obéissance, elle revient donc bien à croire ce qui « semble faux ». A l'article « Croire » de son *Dictionnaire philosophique*, Voltaire écrit : « Croire, c'est très souvent douter. » Toute cette conception repose sur un **relativisme** (lucide ou exagéré) **de la connaissance humaine**.

Kant posait précisément la triple question des possibilités de l'esprit humain : ce qu'il peut savoir, ce qu'il doit faire, ce qu'il lui est permis d'espérer. C'est cette dernière question qui ouvre sur le domaine de la religion.

L'homme peut connaître le monde de l'expérience, c'est-à-dire des phénomènes soumis aux lois physiques du déterminisme naturel. Par contre, il ne peut avoir une connaissance objective ni de la liberté, ni de l'immortalité de l'âme, ni de Dieu (noumènes*). Les preuves classiques de l'existence de Dieu, par exemple, relèvent de la pure sophistique c'est-à-dire d'un jeu purement verbal : si Dieu est la raison d'être de tout, il est pourtant totalement **absent de l'expérience sensible**. On ne peut donc le prouver. Seulement, comme l'homme pascalien, l'homme kantien est double, à la fois sensible et intelligible. Comme être phénoménal, il est déterminé ; comme être nouménal, il est libre. L'importance donnée à la **liberté** est due à l'existence de la loi morale. La morale présuppose la liberté, au moins au sens négatif : pour imputer une responsabilité, il faut une causalité susceptible d'agir indépendamment de causes extérieures qui la déterminent, sinon il serait impossible de rendre responsable celui qui agit. La liberté obtient ainsi une réalité objective au niveau **pratique**, tout en échappant (en tant que noumène) aux lois de la nature. Pour lui donner un sens positif, Kant a recours à la notion de loi : comme causalité, la liberté suppose le concept de loi suivant lequel par quelque chose (cause) se produit quelque chose (effet). Mais en tant que noumène, elle ne peut être qu'une causalité par soi, c'est-à-dire une causalité qui est à elle-même sa propre loi, et non pas une causalité physique selon laquelle une cause n'agit qu'en y étant déterminée par une autre. La liberté, en tant que causalité autonome, est donc l'impératif catégorique. « Tu dois, donc tu peux » : telle est la loi morale, véritable fait de raison qui « s'impose à nous par elle-même comme une proposition (...) ; qui n'est fondée sur aucune intuition, ni pure, ni empirique » (*Critique de la raison pratique*, trad. Picavet, p. 31).

Mais, si la liberté est cette conscience que la raison prend d'elle-même comme causalité autonome et comme pouvoir législateur, la réalisation du Souverain Bien ne va-t-elle pas se heurter à la nature, c'est-à-dire à ce domaine de lois distinctes de celles de la moralité ? C'est ce que Kant appelle l'antinomie de la raison pratique. Pour échapper à cette absurdité (admettre que notre raison se prescrive une fin, tout en reconnaissant qu'elle lui est inaccessible dans l'expérience sensible), la raison doit postuler les conditions de possibilité de la réalisation du bien. Cette nécessité pratique subjective ne sera ni une opinion ni un savoir, mais la **foi**.

La foi kantienne porte donc davantage sur la **non-contradiction de la raison avec elle-même** que sur l'immortalité ou l'existence de Dieu. Elle est une démarche personnelle, une **certitude morale et non logique** : « je ne dois pas dire : il est moralement certain qu'il y a un Dieu, etc., mais : je suis moralement certain, etc. ». (*Critique de la raison pure*, P.U.F., p. 556). La foi est donc liée à l'**espérance**. Je puis espérer la réconciliation réelle de la nature et de la liberté. La religion n'a pas d'autre office. Si cette religion, conçue comme dualisme surmonté, coïncide d'une certaine manière avec le christianisme, Kant restait prudent quant à la notion de grâce et préférait mettre l'accent sur l'effort humain plutôt que sur l'aide divine.

### BIBLIOGRAPHIE DE LA LEÇON

**ÉLIADE, Mircea :**
*Traité d'histoire des religions* (1948), Payot.
*La Nostalgie des origines* (1971), Idées-Gallimard.

**HEGEL :**
*La Phénoménologie de l'esprit*, trad. J. Hyppolite, Aubier-Montaigne, tome II, pp. 203 sqq.

**KANT :**
*Critique de la raison pratique*, trad. Picavet, P.U.F.
*La Religion dans les limites de la simple raison*, trad. J. Gibelin, Vrin.

## TABLE D'ORIENTATION

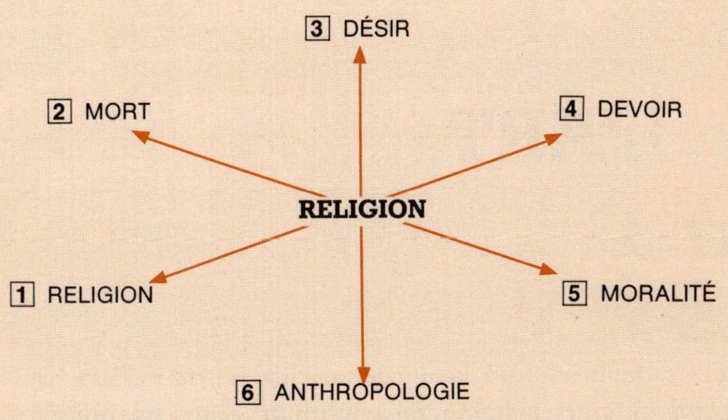


## SUJETS DE DISSERTATION

1 Est-il raisonnable de croire en Dieu ? (Montpellier, B, 1984)

■ Peut-on vivre « sans foi ni loi » ? (Reims, B, 1983)

2 Faut-il vivre comme si nous ne devions jamais mourir ? (Rennes, A, 1981)

■ Ni le soleil ni la mort ne se peuvent regarder en face. (Limoges, A, 1983)

3 Le désir humain peut-il prendre la forme d'un désir d'éternité ? (Amérique du Sud, B, 1981)

4 Y a-t-il à la question « Que faut-il faire ? » une réponse ayant valeur universelle ? (Paris-Créteil-Versailles, B, 1983)

5 L'exigence morale conduit-elle l'homme au-delà de lui-même ? (Toulouse, B, 1983)

6 L'homme est-il chez lui dans l'univers ? (Nice-Ajaccio, B, 1984)

## BIBLIOGRAPHIE GÉNÉRALE

***G. BATAILLE :*** *Théorie de la religion*, Idées-Gallimard.

***DESCARTES :*** *Discours de la méthode*, 4e partie, Vrin.
*Méditations métaphysiques*, 3e et 5e, P.U.F., SUP.

***ÉPICURE :*** *Textes choisis*, II, 3, P.U.F., SUP.

***HEGEL :*** *Leçons sur l'histoire de la philosophie*, Introduction, Gallimard.

***MALEBRANCHE :*** *Conversations chrétiennes*, Entretiens I et VII, La Pléiade.

***Saint AUGUSTIN :*** *La lumière intérieure*, Textes choisis, 3e partie, P.U.F., Les Grands Textes.

***Saint THOMAS :*** *Somme théologique*, I a, Question 1, Desclée & Cie.

***LES SCEPTIQUES GRECS :*** *Textes choisis*, 5e partie, ch. 1, II, P.U.F., SUP.

***SEXTUS EMPIRICUS :*** « Contre les physiciens », *Œuvres choisies*, Aubier.

***LES SOPHISTES :*** *Fragments et témoignages*, P.U.F., SUP.

***SPINOZA :*** *Court Traité*, 1re partie ; L'*Éthique*, 1re partie ; *Traité des autorités théologique et politique*, § XIV et XV, éd. de La Pléiade.

## GLOSSAIRE

**Alliance :** pacte établi par Dieu avec le peuple d'Israël (c'est l'Alliance décrite par l'Ancien Testament) ; pour les chrétiens, c'est le pacte passé, à travers le sacrifice du Christ, avec l'humanité tout entière : le Nouveau Testament est le Livre de cette nouvelle Alliance.

**Croyance :** attitude de l'esprit qui, avec une assurance comportant toutes sortes de degrés, admet une chose pour véritable. Assentiment de l'esprit excluant le doute, mais sans justification rationnelle valable pour tous. Le modèle en est la croyance religieuse, qui repose sur la foi et/ou sur l'autorité.

**Culte :** ensemble organisé des pratiques par l'exercice desquelles l'homme exprime sa vénération d'un principe divin. Le *rite* est l'ensemble des règles régissant les cérémonies de ce *culte*.

**Dogme :** élément d'une doctrine religieuse défini comme vérité fondée sur la Révélation consignée dans un Livre Saint.

**Éternité :** voir le *Glossaire* du chapitre sur la *Mort*.

**Foi :** attitude spirituelle de croyance et de confiance en l'existence d'un être supérieur.

**Monothéisme :** croyance en l'existence d'un dieu unique, par opposition aux religions *païennes* qui admettent l'existence de plusieurs dieux complémentaires ou concurrents.

**Mythe :** voir le *Glossaire* du chapitre sur l'*Histoire*.

**Révélation :** acte par lequel Dieu fait connaître sa volonté aux hommes, et leur manifeste les vérités qui seront le fondement de la foi. La Révélation est donc par nature un événement qui dépasse la raison, et ne lui doit aucun compte.

**Sacré :** voir le *Glossaire* du chapitre sur la *Violence*.

**Sainteté :** désigne d'abord ce qui appartient proprement à Dieu, puis l'idéal désiré par celui qui recherche Dieu.

**Sublimation :** au sens freudien, détournement puis transformation de l'énergie sexuelle en sentiments purement spirituels, esthétiques, éthiques ou religieux.

**Théologie :** étude de l'existence divine selon le système des dogmes tirés des Livres Sacrés. La science théologique consiste donc à examiner l'ensemble des données d'une religion précise, afin de transformer celle-ci en système de vérités, préceptes et pratiques.

# L'ART

Il est à la fois difficile et trop facile de **parler « sur » l'art** : difficile parce qu'il y a toujours solution de continuité entre un objet sensible et ce que l'on peut en dire ; trop facile, parce que précisément, l'on peut tout dire sur l'art sans risque d'être contredit par des objets muets.

La cinquantaine de reproductions qui suivent ne prétend pas constituer une histoire de l'art universelle, ni même esquisser ce que André Malraux nommait un Musée imaginaire : les œuvres retenues composent plus un **échantillon significatif** qu'une galerie incontestable de chefs-d'œuvre. Elles ont été choisies pour témoigner d'une gamme d'**expression aussi large que possible**, depuis l'art dit primitif jusqu'aux manifestations contemporaines apparemment très déroutantes.

La réunion de ces œuvres répond à trois intentions :

- Aider le lecteur à **se défaire de sa définition spontanée** de l'art : ce survol des multiples solutions plastiques élaborées à travers cultures et époques montre que le travail artistique doit être perçu de la façon la plus large et la moins dogmatique possible.

- Rappeler que l'œuvre d'art n'est pas indépendante du **contexte socio-historique** dans lequel elle est conçue. Un tel fait n'empêche certes pas l'œuvre elle-même de survivre à son temps ; mais il nous interdit de postuler l'existence de facteurs supra historiques définissant le Beau éternel.

- Susciter une **question préalable**, avant même toute analyse philosophique : si la philosophie est articulation de concepts, comment le sensible peut-il la concerner, c'est-à-dire l'inquiéter, la contester, la relancer ? Autrement dit, si l'art n'a pas pour simple projet l'« agréable » ou le « joli », comment peut-il nous donner à penser ?

1

2

3

1. Art du **Bénin** (XVIII$^{e}$ siècle), tête en bronze.

2. **Nouvelle-Guinée** (Océanie),
masque en terre et coquillage.

3. Art **dogon**, volet de grenier du Hogon.

D'un côté de la barricade (à mes yeux), il y a les variations sempiternelles sur les apparences *extérieures* de l'homme et des animaux, pouvant naturellement aller jusqu'au *style* par une épuration graduelle de ces apparences... ; de l'autre côté s'exprime le plus grand effort immémorial pour rendre compte de l'interpénétration du physique et du mental, pour triompher du dualisme de la perception et de la représentation, pour ne pas s'en tenir à l'écorce et remonter à la sève.

**André Breton,** *Océanie,* 1948.

**Colombie britannique** (Canada), détail d'un totem (hauteur : 4 m).

**Le Discobole,** copie romaine (original de Myron, vers −450).

**Cuillère à fard** dite « à la nageuse », Égypte (XVIIIe dynastie, de −1530 à −1300 environ).

**Buste romain** de Caligula (Ier siècle), marbre.

**Australie,** esprit fantôme féminin, peinture sur écorce.

Un art dont l'ambition a été d'exclure l'*aveugle représentation réaliste* au profit de l'expression, par les moyens emblématiques, de l'*idée* maîtresse répondant à la méditation sur les fins dernières.

**André Breton,** *Présent des Gaules*, 1955.

**Monnaie gauloise** en or.

**Fresque romane,**
*Saints livrés aux bêtes,*
Saint-Savin-sur-Gartempe.
(XII^e^ siècle).

Les figures ont l'apparence humaine ou animale, mais ce sont des êtres immatériels. Leurs attitudes, leurs expressions, leurs gestes traduisent leur absence au monde corporel, mais leur extrême présence à celui de l'esprit. Ils sont chargés d'interpréter une action qui échappe aux dimensions du temps et de l'espace.

**J. Pichard,** *La Peinture romane*, Rencontre, p. 51.

**Simone MARTINI**
(vers 1284-1344), Ital.,
*Annonciation* (1333),
détrempe sur bois
(2,65 × 3,05)
Florence, Musée des Offices.

**VÉRONÈSE** (1528-1588), Ital., *Annonciation* (1,43 × 2,91)
Venise, Galerie de l'Académie.

Les tableaux d'Annonciation ne partagent l'espace entre un intérieur architectural et un paysage vaporeux que pour les unir dans la fébrilité des personnages (...). Les peintres se sont attachés à rendre la dimension universelle, impersonnelle de cet événement qui concerne toute l'histoire, et son caractère pourtant singulier, absolument privé.

**E. Tassin et R. Barbaras,** *Cahiers philosophiques*, septembre 1981.

**Monsu DESIDERIO**
(nom sous lequel ont été rassemblées les œuvres de deux peintres messins du XVII<sup>e</sup> siècle : Didier BARRA et François de NOMÉ),
*Ruines et personnages*
Musée des Arts décoratifs.

**TITIEN**
(Tiziano Vecellio, dit -,
vers 1485-1576), Ital.,
*Vénus, l'Amour et la Musique* (1548),
huile sur toile (1,48 × 2,17),
Madrid, Musée du Prado.

Le goût se trouve partout où la pureté des lignes est présente.

**Ledoux**

**Claude Nicolas LEDOUX** (1736-1806), Fr., un des bâtiments des *salines* (1775-1779), Arc-et-Senans.

**Hubert ROBERT** (1733-1808), Fr., *Ruines d'architecture*, toile (2,40 × 1,79).

**Charles LE BRUN**
(1619-1690), Fr.,
*L'entrée du chancelier Seguier*
(vers 1657),
toile (2,95 × 3,51),
Musée du Louvre.

Considéré comme peintre, Le Brun est médiocre... Même ses portraits sont médiocres... La seule chose que Le Brun sente réellement, c'est le prestige du parvenu.
**Pierre Francastel,** *Histoire de la peinture française,*
Médiations, tome 1, p. 128.

Le paradoxe de Poussin, c'est qu'avec tous (ses) artifices, il vénérait la nature et en faisait sa source quotidienne d'inspiration... Toutefois, le document, qu'il soit humain ou naturel, n'est jamais utilisé par lui directement pour lui inspirer un rendu illusionniste ; il est toujours élaboré et intégré dans un système.
**Pierre Francastel,** *Histoire de la peinture française,*
Médiations, tome 1, p. 123.

**Nicolas POUSSIN**
(1594-1665), Fr.,
*Les bergers d'Arcadie* (1658-59),
toile (0,85 × 1,21),
Musée du Louvre.

**Diego VELASQUEZ** (1609-1660), Esp., *Les Ménines* (1656), huile sur toile (3,18 × 2,76), Madrid, Musée du Prado.

**LE GRECO** (Domenikos Theotokopulos, dit -, 1541-1614), Esp., *L'enterrement du comte d'Orgaz* (1586-88), huile sur toile (4,80 × 3,60), Tolède, Santo Tomé.

Peut-être y a-t-il, dans ce tableau de Vélasquez, comme la représentation de la représentation classique, et la définition de l'espace qu'elle ouvre. Elle entreprend en effet de s'y représenter en tous ses éléments, avec ses images, les regards auxquels elle s'offre, les visages qu'elle rend visibles, les gestes qui la font naître. Mais là, dans cette dispersion qu'elle recueille et étale tout ensemble, un vide essentiel est impérieusement indiqué de toutes parts : la disparition nécessaire de ce qui la fonde, — de celui à qui elle ressemble et de celui aux yeux de qui elle n'est que ressemblance. Ce sujet même — qui est le même — a été élidé. Et libre enfin de ce rapport qui l'enchaînait, la représentation peut se donner comme pure représentation.

**M. Foucault,** *Les Mots et les choses*, Gallimard, p. 31.

Ce petit poème d'intérieur, plein de repos et de silence, encombré de riches étoffes et de brimborions de toilette, exhale je ne sais quel parfum de mauvais lieu qui nous guide assez vite vers les limbes insondées de la tristesse.

**Baudelaire,** *Salon de 1846.*

**Eugène DELACROIX** (1798-1863), Fr., *Femmes d'Alger dans leur appartement* (1834), huile sur toile (1,80 × 2,29), Paris, Musée du Louvre.

**Gustave COURBET** (1819-1877), Fr., *Un enterrement à Ornans* (1850), huile sur toile (3,15 × 6,68).

Clos ton œil physique afin de voir d'abord ton tableau avec l'œil de ton esprit.

**C.D. Friedrich.**

**Caspar David FRIEDRIECH** (1774-1840), All., *Croix sur la montagne* (vers 1811), huile sur toile (0,44 × 0,30).

C'est expressément à Manet que nous devons attribuer d'abord la naissance de cette peinture sans autre signification que l'art de peindre qu'est « la peinture moderne »... C'est de Manet que date le refus de « toute valeur étrangère à la peinture », l'indifférence à la signification du sujet.
**Georges Bataille,** *Manet,* Skira, p. 50.

**Edouard MANET**
(1832-1883), Fr.,
*Le balcon* (1868-69),
huile sur toile (1,69 × 1,23).

**Edouard MANET**
(1832-1883), Fr.,
*L'asperge* (1880),
huile sur toile (0,16 × 0,21),
Paris, Musée du Jeu de Paume.

**Claude MONET** (1840-1926), Fr.,
*Cathédrale de Rouen, Harmonie bleue et or, plein soleil* (1894),
huile sur toile (1,07 × 0,73).

**Claude MONET** (1840-1926), Fr.,
*Cathédrale de Rouen, Harmonie grise, temps gris* (1894),
huile sur toile (1,07 × 0,73).

La pierre elle-même vit, on la sent mouvante de la vie qui précède en la vie qui va suivre... Le mouvement, grand témoin du soleil, darde au ciel l'élan de sa masse autoritaire qu'il offre au combat des clartés.

**Georges Clemenceau,** *La justice* du 20 mai 1895.

**William Adolphe BOUGUEREAU**
(1825-1905), Fr.,
*Les Oréades* (1902),
huile sur toile (1,80 × 1,38),
coll. W. Bouguereau, Paris.

Pas d'idées ! Surtout, pas d'idées !
**W. Bouguereau,** 1896.

**Henri ROUSSEAU,**
dit **le Douanier ROUSSEAU**
(1844-1910), Fr.,
*Moi-même, portrait-paysage* (1890),
huile sur toile (1,43 × 1,10), Prague.

Le Douanier proclame sa qualité de peintre : chapeau à la Rembrandt, la palette dans une main, le pinceau dans l'autre. Vêtu de noir, sa manchette blanche dépassant à peine la manche de son veston, il semble avoir mis dans cette tenue impeccable toute la dignité que ses contemporains ont notée chez lui. Il est ici le peintre respectable... La réalité se mêle à ses aspirations, et le portrait atteint à une vérité profonde, insoupçonnable en 1890 : que cet homme était un grand peintre.

**Dora Vallier,** *Henri Rousseau*, Flammarion, p. 48.

**Hector GUIMARD** (1867-1942), Fr., entrée d'une station de métro (vers 1899).

**Alfons MUCHA** (1860-1939), Tch., affiche pour *La Dame aux camélias* (1896), lithographie (2,28 × 0,80).

**George GROSZ** (1893-1959), Amér., *Les propriétaires crapaud* (1920), dessin.

Le style, contemporain de qui le crée, devient la vision du passé pour l'avenir, la plus haute approximation après coup de la réalité.

**Louis Aragon,** 1965.

Je n'attends plus rien de positif du genre humain ; cela t'explique que je ne sois pas d'humeur complaisante à tant de bêtise, cette saloperie humaine, cette étroitesse d'esprit, ces sentiments dépourvus de la moindre profondeur — par contre, plus on barbotte dans la fosse à purin, plus je suis content.

**George Grosz,** *Lettre de mars* 1918.

**Antonio GAUDI** (1852-1926), Esp.,
*Casa Battlo* (1904-1906), Barcelone.

**Pablo PICASSO** (1881-1973), Esp., *Les Ménines* (1957), toile.

L'art étant surhumain, il cultive l'élément surhumain en l'homme et se trouve être, par conséquent, un moyen d'évolution de l'humanité au même titre que la religion.
**Piet Mondrian,** 1914.

**Piet MONDRIAN** (1872-1944), Holl., *L'arbre* (1909-1910), aquarelle.

*Les arbres* (1912), toile.

*Pommiers en fleurs* (1912), toile.

**René MAGRITTE** (1898-1967), Belg.,
*Le balcon de Manet* (1950),
huile sur toile (0,81 × 0,60),
Musée des beaux-arts, Gand.

Ce qui m'a fait voir des cercueils là où Manet voyait des figures blanches, c'est l'image montrée par mon tableau où le décor du *Balcon* convenait pour y situer des cercueils.

**René Magritte,**
*Lettre à Michel Foucault,*
4 juin 1966.

Il faut construire dans le temps et l'espace un système qui ne dépende d'aucune beauté, d'aucune émotion, d'aucun état d'esprit esthétique et qui soit plutôt le système philosophique de la couleur où se trouvent réalisés les nouveaux progrès de nos représentations, en tant que connaissance.

**Casimir Malevitch,**
*Suprématisme,* 1919.

◄ **Giorgio DE CHIRICO** (1888-1978), Ital.,
*Portrait prémonitoire de Guillaume Apollinaire* (1914),
huile sur toile (81,5 × 65), M.N.A.M., Centre Pompidou.

**Casimir MALEVITCH** (1878-1935), Rus.,
*Composition suprématiste* (vers 1916).

Henri **MATISSE** (1869-1954), Fr., *Fenêtre sur Tahiti* (1936), gouache sur toile, projet de tapisserie (2,38 × 1,85), Musée Matisse, Le Cateau.

**Joan MIRO** (1893-1983), Esp., *Intérieur hollandais II* (1928).

**Adolf WISSEL** (né en 1894), All., *Famille de paysans de Kalenberg* (1939).

[Les artistes allemands attendent du nouveau gouvernement] que, dans l'art également, il n'y ait désormais qu'*une* règle d'action, celle de la conscience de la race et de l'État, passionnément enracinée et ancrée dans la vérité du sang et de l'histoire.

*Deutscher Kunstbericht* n° 69, 1933.

Si nos écrivains et artistes venus des milieux intellectuels veulent que leurs œuvres soient bien accueillies par les masses, il faut que leurs pensées et leurs sentiments changent, il faut qu'ils se rééduquent.

**Mao Tse Toung,** mai 1942 (Yenan).

**HUHSIEN,** *Peinture paysanne chinoise.*

**Jackson POLLOCK** (1912-1956), Amér.,
*Summertime, number 9 A* (1948),
huile et émail sur toile (84,5 × 549,5),
coll. Mrs Lee Krasner Pollack, New York.

L'art est un problème et non une anecdote. L'anecdote sert de prétexte au problème.

**Serge Poliakoff.**

**Serge POLIAKOFF** (1906-1969), Fr.,
*Composition abstraite* (1967),
huile sur toile (1,62 × 1,30).

**Fernand LÉGER** (1881-1955), Fr.,
*La Joconde aux clés* (1930), huile sur toile (91 × 72).

**Andy WARHOL** (né en 1930), Amér., *Brillo Boxes* (1970), sérigraphie sur bois (0,50 × 0,50 × 0,43).

**Roy LICHTENSTEIN** (né en 1923), Amér., *Eddie Diptych* (1962), toile 2 panneaux (1,12 × 1,32), coll. Mr et Mrs Michael Sonnabend, New York.

J'ai fait ma maison à mon goût, pour être dans mon milieu, dans mon lieu. Je suis arrivé à mon point terminus, un lieu à mon goût, à ma croyance, où je puisse me sentir en liberté, même si ça ne plaît pas à tout le monde.
**Picassiette,** 1962, in G. Ehrmann, *Les Inspirés et leurs demeures,* Le temps.

Au lieu d'avoir de la vie une conception abstraite — biologique ou symbolique — [Dubuffet] a fait d'elle une manifestation du graphisme... Tout est parfaitement en (dés)ordre.
**Max Loreau,** *Dubuffet et le voyage au centre de la perception,* La jeune Parque, p. 96.

**Raymond ISIDORE,**
dit **PICASSIETTE** (1900-1964), Fr.,
*Environnement décoré, ciment et fragments d'assiettes,* Chartres.

**Jean DUBUFFET** (1901-1985), Fr., *Don Coucoubazar* (avril-juin 1972), sculpture, assemblage de découpes de tôle peinte au polyuréthane (1,98 × 1,52 × 0,90). Musée de Colmar.

**Hervé TÉLÉMAQUE** (né en 1937), Haïtien, *La mère-patrie* (1981), triptyque, huile sur toile (1,46 × 3,42 m), coll. FRAC Nord-Pas-de-Calais.

Le peintre hyperréaliste ne dit pas au spectateur comment il doit ressentir le sujet, il affirme simplement qu'il existe et qu'il vaut la peine de le regarder parce qu'il existe.
**Linda Chase,** *Les Hyperréalistes américains,* Filipacchi, p. 12.

**Don EDDY** (né en 1944), Amér., *Peinture* (1971).

**Jean TINGUELY** (né en 1925), Suisse, *Sculpture.*

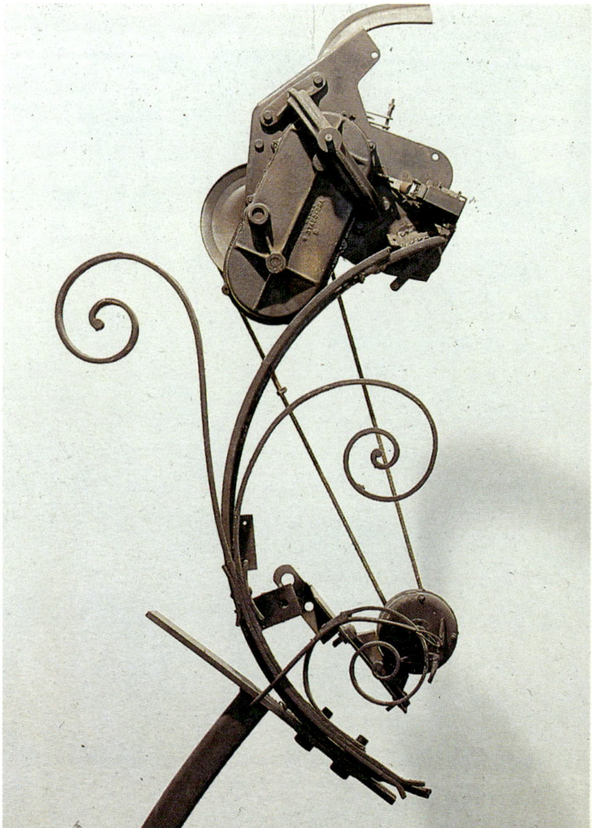

**Robert MOTHERWELL** (né en 1915), Amér.,
*Elegy to the spanish republic* (1962),
huile sur toile (1,22 × 1,83).

Rien n'est donné, rien n'est acquis ; aucune théorie, aucune recette, aucun précepte ne peuvent donner *sens* à ce qui est encore à découvrir, à explorer ou à inventer.

**J. Vérame,** 1984.

**Jean VÉRAME** (né en 1936), Bel., *Sinaï peace junction* (oct. 80-janv. 81), détail d'un travail de peinture du relief effectué sur une superficie de près de 100 $km^2$,
plateau du Hallawi.

**Yves KLEIN** (1928-1962), Fr., *Monochrome bleu*,
Paris, Musée national d'Art moderne.

Magritte, *La condition humaine* (1933), 0,81 × 1, huile sur toile.

# L'ART

## *L'art et (est ?) la pensée*

De cette toile de 1933, René Magritte a donné le commentaire suivant :

*Je plaçai devant une fenêtre, vue de l'intérieur d'une chambre, un tableau représentant exactement la partie de paysage masquée par ce tableau. L'arbre représenté sur ce tableau cachait donc l'arbre situé derrière lui, hors de la chambre. Il se trouvait pour le spectateur à la fois à l'intérieur de la chambre sur le tableau et à la fois à l'extérieur, par la pensée, dans le paysage réel. C'est ainsi que nous voyons le monde. Nous le voyons à l'extérieur de nous-mêmes et cependant nous n'en avons qu'une représentation en nous. De la même manière, nous situons parfois dans le passé une chose qui se passe au présent. Le temps et l'espace perdent alors ce sens grossier dont l'expérience quotidienne est seule à tenir compte.*

Par-delà ce qu'elle paraît nous proposer, la toile aurait donc pour thèmes profonds l'espace et le temps, le rapport entre la perception et le réel, les relations entre subjectivité et objectivité. Lorsqu'il est aussi ambitieux, il faut bien reconnaître que l'art risque bien de concurrencer la philosophie elle-même !

On est du même coup, avec cet exemple, au plus loin de ce que l'on attend très ordinairement de l'art : qu'il nous apporte de la **beauté**, qu'il ajoute de la beauté au réel et au quotidien — soit en l'« enjolivant » (en nous en fournissant une interprétation idéale ou idéalisée), soit en l'enrichissant d'éléments nouveaux. Mais il semble aussi qu'une telle œuvre ait sur celui qui la contemple un impact bien différent des toiles anciennes sagement accrochées dans un musée. De ces dernières, on est toujours prêt à admirer volontiers la **technique**, le fini : est-ce bien là l'important ? Ne faut-il pas se demander si ce respect convenu porté au savoir-faire ne nous dissimule pas le véritable enjeu des œuvres plutôt que de le souligner ?

Revenons à cette *Condition humaine* en oubliant ce qu'en dit l'auteur : ce petit tableau inscrit dans la composition, qui coïncide étrangement avec le paysage, n'est-il pas là pour nous signaler aussi qu'un tableau n'est pas un paysage ? et donc pour nous faire comprendre, par ricochet, que cette fenêtre, ces rideaux, ce ciel, cette végétation, ne sont pas ce qu'ils ont l'air d'être ? Une toile de 1929, *La trahison des images*, montre une pipe, mais soulignée par Magritte d'une inscription calligraphiée : « Ceci n'est pas une pipe. » Fin du « réalisme* » : la peinture — et peut-être plus généralement tout l'art — n'aurait donc rien de commun avec les apparences quotidiennes ? On serait évidemment tenté d'objecter que l'art « classique » ne s'est pourtant pas privé de représenter : portraits, scènes d'intérieur, paysages, mais aussi descriptions littéraires, évocations psychologiques, etc.

A cause de Magritte, nous voici amenés à nous demander si, dans ces re-présentations, ce qui compte, beaucoup plus que la répétition du réel que semble impliquer le préfixe, ce n'est pas la **présentation**, la mise en présence. Ce que disait bien le poète Paul Eluard lorsqu'il affirmait que l'art **donne à voir** — sous-entendons : comme si nous n'avions jamais rien vu. Mais également comme si l'art, en plus du plaisir qu'il peut nous apporter, avait la possibilité de nous apprendre quelque chose, y compris sur ce qui paraît le plus évident, le banal. Car enfin, quoi de plus ordinaire que ces doubles rideaux, ou ce paysage ? Mais en même temps, quoi de plus énigmatique ? La tâche du philosophe, face à l'activité artistique, pourrait bien être de se demander de quoi est faite une telle énigme : qui la produit ? comment s'établit-elle ? pourquoi nous importe-t-elle ?

## *Effets funestes de la tragédie*

**PLATON**

SOCRATE : Le plus grand des méfaits de la poésie, nous ne l'en avons pas encore accusée : c'est qu'elle est capable de contaminer même les sages, à l'exception de quelques-uns en très petit nombre ; (...) les meilleurs d'entre nous, quand ils entendent Homère, ou tel autre parmi les tragiques, imiter un héros qui est dans le deuil, qui remplit de ses lamentations une longue tirade ou qui, en chantant, se frappe la poitrine, ils y trouvent, tu le sais bien, du plaisir, ils se laissent aller, ils suivent le mouvement, ils s'associent aux émotions exprimées, ils louent gravement comme un bon poète celui qui, le plus possible, les aura placés dans de telles dispositions.

GLAUCON : Je le sais bien ! Et comment en serait-il autrement ?

S. : Mais, quand un chagrin personnel survient à tel d'entre nous, réfléchis-tu en revanche que nous nous parons de l'attitude contraire, si nous sommes capables de garder notre calme et de nous résigner ? dans la conviction que cela est d'un homme, tandis que la manière d'être que nous louions alors est d'une femme ?

G. : J'y réfléchis, dit-il.

S. : Est-elle donc de mise, repris-je, cette louange ? est-il de mise, qu'en voyant un homme se comporter d'une façon dont on ne voudrait pas se comporter soi-même, dont au contraire on aurait honte, on n'en soit pas dégoûté, mais qu'au contraire, on s'y plaise et qu'on la loue ? — Non, par Zeus ! dit-il, cela n'a pas l'air raisonnable !

***La République,***
**Livre X, 605 c-605 e, trad. L. Robin,**
**Gallimard, Pléiade, tome I, pp. 1219-1220**

*« Le* Kitsch *reproduit et diffuse des règles déjà établies, dûment élaborées par l'art d'avant-hier, celui qui a réussi dans l'histoire... Il imite et multiplie les imitations parce qu'il touche ainsi chez le consommateur une sorte de certitude esthétique : c'est une forme de "confort intellectuel".*
J. Duvignaud.

## *Le motif déterminant du jugement du goût**

**E. KANT**

Toute fin, envisagée comme le motif de la satisfaction, est toujours associée à un intérêt comme cause déterminante du jugement sur l'objet du plaisir. Le jugement de goût ne peut donc avoir pour principe une fin subjective ; de même aussi aucune représentation d'une fin objective c'est-à-dire de la possibilité de l'objet lui-même d'après des principes de liaison finale ; donc aucun concept du bien ne peut déterminer le jugement du goût ; car c'est un jugement esthétique et non un jugement de connaissance, et il ne concerne par suite aucun **concept** de la nature, ou de la possibilité interne ou externe de l'objet, mais uniquement le rapport réciproque des facultés représentatives en tant que déterminées par une représentation.

Or ce rapport, quand on qualifie un objet de beau, est uni à un sentiment de plaisir qui est en même temps déclaré valable pour tous par le jugement du goût ; par suite, un agrément accompagnant la représentation ne peut pas plus en renfermer le motif déterminant que ne le peut la représentation de la perfection de l'objet ou le concept du bien. Donc ce qui constitue la satisfaction que, sans concept, nous jugeons universellement communicable, et par suite le motif déterminant du jugement du goût, c'est uniquement la finalité subjective dans la représentation d'un objet, sans aucune fin (ni objective ni subjective), en conséquence la simple forme de la finalité dans la représentation par laquelle un objet nous est donné.

***Critique du jugement* (1790),**
**trad. J. Gibelin, Vrin, p. 54**

## Voir avec la peinture

**M. MERLEAU-PONTY**

Puisque les choses et mon corps sont faits de la même étoffe, il faut que sa vision se fasse de quelque manière en elles, ou encore que leur visibilité manifeste se double en lui d'une visibilité secrète : « la nature est à l'intérieur », dit Cézanne. Qualité, lumière, couleur, profondeur, qui sont là-bas devant nous, n'y sont que parce qu'elles éveillent un écho dans notre corps, parce qu'il leur fait accueil. Cet équivalent interne, cette formule charnelle de leur présence que les choses suscitent en moi, pourquoi à leur tour ne susciteraient-ils pas un tracé, visible encore, où tout autre regard retrouvera les motifs qui soutiennent son inspection du monde ? Alors paraît un visible à la deuxième puissance, essence charnelle ou icône du premier. Ce n'est pas un double affaibli, un trompe-l'œil, une autre **chose**. Les animaux peints sur la paroi de Lascaux n'y sont pas comme y est la fente ou la boursouflure du calcaire. Ils ne sont pas davantage **ailleurs**. Un peu en avant, un peu en arrière, soutenus par sa masse dont ils se servent adroitement, ils rayonnent autour d'elle sans jamais rompre leur insaisissable amarre. Je serais bien en peine de dire **où** est le tableau que je regarde. Car je ne le regarde pas comme on regarde une chose, je ne le fixe pas en son lieu, mon regard erre en lui comme dans les limbes de l'Être, je vois selon ou avec lui plutôt que je ne le vois.

***L'Œil et l'esprit* (1964), Gallimard, pp. 21-23**

### commentaire

La perception d'une œuvre d'art ne manque pas de provoquer dans le public certaines **réactions affectives** : de l'émotion ressentie à l'audition d'un poème ou au spectacle d'une tragédie à l'enthousiasme qui peut nous ravir, nous entraîner même jusqu'à l'oubli du monde quotidien et de ses aspects les plus pénibles, l'œuvre nous interpelle et nous ébranle. C'est précisément cette action que, dès l'aube de la réflexion philosophique, **Platon** (427-347 av. J.-C.) condamne, en adoptant le point de vue du moraliste avant tout préoccupé par la relation de l'être humain à la vérité. Le trouble provoqué par la poésie tragique « n'a pas l'air raisonnable » : entendons qu'il ne saurait être digne d'un homme déterminé à n'obéir qu'à la raison et à ses lois. Aussi Platon n'hésite-t-il pas, dans la *République*, à chasser Homère de la cité idéale, tout comme, parallèlement, il reproche à la peinture de nous **séduire** par la simple **copie d'une copie** (elle imite le monde matériel qui n'est lui-même qu'un reflet dégradé des Idées). Dans tous les cas, il convient donc d'être méfiant à l'égard des sortilèges artistiques : à l'horizon s'affirme la nécessité d'une surveillance, sinon d'une **censure** civile et politique de l'art.

Lorsque **Kant** (1724-1804) en vient à s'interroger, d'un point de vue initialement dégagé de toute préoccupation moralisatrice, sur ce qui motive le jugement de goût et le plaisir que nous procure la beauté, c'est l'objet porteur de beauté qu'il questionne directement, dans sa structure même, pour y déceler un mode particulier de finalité : cette dernière, rigoureusement « intrinsèque », nous présente l'œuvre comme détachée de tout intérêt pratique. Mais c'est précisément ce qui autorise Kant à la considérer comme **symbole** de la moralité — ce qui signifie pour lui que les différentes parties de l'œuvre s'articulent entre elles de façon à garantir l'unité de l'œuvre elle-même, exactement comme les différents intérêts égoïstes s'unifient dans le respect que porte tout homme à la loi morale universelle. Ce n'est plus, donc, par ses effets que l'œuvre contredit éventuellement la morale ; c'est au contraire par son mode de constitution qu'elle rejoint, dans la conscience humaine, le mystère de cette dernière.

C'est également en interrogeant la présence particulière du tableau que **Merleau-Ponty** (1908-1961) analyse la relation qui l'unit à notre corps pour en déduire des conséquences fondamentales. En l'affirmant comme différent des choses du monde, le philosophe reconnaît d'abord la spécificité du tableau, qui introduit le « regardeur » dans un espace étranger au quotidien lui-même : la peinture, même figurative, n'est pas à appréhender dans la continuité du quotidien ; c'est au contraire elle qui nous donne sur le « réel » une optique inédite et nous apprend à le percevoir autrement. Comme l'affirmait le peintre Paul Klee, elle ne **reproduit** pas le visible, elle **rend visible**.

# La signification de l'art

## l'auteur

Le cours d'esthétique que professa Hegel propose, après la *Critique de la faculté de juger* de Kant, le second grand moment de l'esthétique philosophique : en la réalisant sous l'aspect d'un système totalisateur, il porte cette dernière à son sommet mais l'achève aussi bien, en précisant à la fois ses ambitions et, involontairement, ses limites.

Qu'est-ce en effet, pour Hegel, que l'esthétique* ? C'est la **philosophie de l'art**, c'est-à-dire l'examen de *ce qu'il est dans son fond* et de sa signification ou *destination suprême.* La possibilité, que Hegel s'attribue, d'élaborer cette esthétique en prenant en considération l'histoire de l'art depuis son origine implique que l'art constitue un domaine désormais *achevé* : ainsi que l'affirme le philosophe, *l'art ... est pour nous quelque chose du passé,* qui invite *à la méditation philosophique,* non pour lui assurer un renouveau, mais pour le cerner définitivement. C'est qu'il doit désormais laisser place au règne des concepts philosophiques, au niveau desquels il ne peut prétendre puisqu'il demeure soumis aux lois de la manifestation sensible, c'est-à-dire à une présence matérielle. L'art n'est donc pas un domaine autonome, qui serait juxtaposable à d'autres productions de l'esprit : il représente, avec la religion et la philosophie, un moment du devenir de l'esprit.

## l'intérêt philosophique du texte

La définition ici proposée par Hegel de l'œuvre comme « accord du sensible et du spirituel » détermine trois relations possibles entre ses deux versants, qui définissent à leur tour les trois grandes époques de l'art :

- ou bien le sensible l'emporte sur le spirituel ; il y a alors débordement de l'apparence sur le « contenu » ; et c'est l'art **symbolique**, caractérisé par son « équivocité » ;

- ou bien l'accord est parfaitement équilibré : coïncidence exacte des formes et du sens qui caractérise l'art **classique** ;

- ou enfin l'excès s'inverse, le spirituel excédant l'aspect, et c'est l'art **romantique**.

A partir du moment où Hegel constate que ces trois formes de l'art ont été historiquement accomplies, il peut conclure que l'art a *perdu pour nous sa vérité et sa vie* puisqu'il suscite, *mis à part un plaisir immédiat,* un jugement critique : faisant appel à l'esprit qui le juge, mais devenu étranger à une société qui n'est plus de plain-pied avec lui parce qu'elle est en quête de principes universels dégagés de toute particularisation sensible, il se prête à son propre dépassement par la réflexion pure. Il aura ainsi servi de transition entre la matière et l'esprit, mais son rôle serait terminé.

Paradoxalement, cette position hégélienne ne manquera pas d'influencer une partie de la production artistique du XXe siècle — le surréalisme tout particulièrement. Doit-on en conclure qu'elle est « fausse », et que l'art existe toujours ? Les choses ne sont peut-être pas aussi simples : il faut au moins se demander si ce que Hegel conçoit comme œuvre d'art correspond toujours à ce que nous repérons sous la même expression, autrement dit s'il n'y aurait pas à considérer, à partir de la seconde moitié du XIXe siècle, le surgissement d'œuvres non conformes au système hégélien.

1 ◻ « Le désir ne se contente pas de l'apparence superficielle des choses extérieures, mais veut les tenir dans leur existence sensible et concrète... Les relations de l'homme à l'œuvre d'art ne sont pas de l'ordre du désir. Il la laisse exister pour elle-même, librement, en face de lui, il la considère, sans la désirer, comme un objet qui ne concerne que le côté théorique de l'esprit. » (pp. 12-13)

2 ◻ « La science peut partir du sensible individuel et avoir une représentation de l'aspect immédiat (couleur, forme, grandeur individuelles, etc.) sous lequel il s'offre à nos regards. Mais ce sensible individuel n'a pas de rapport plus poussé avec l'esprit, puisque l'intelligence va droit à l'universel, à la loi, à la pensée et au concept de l'objet ; non seulement donc l'intelligence l'abandonne à son individualité immédiate, mais encore elle le transforme intimement, puisque, de ce sensible concret, elle fait un abstrait, une chose pensée. » (p. 14)

L'art et ses moyens : le pianiste Glenn Gould contrôlant le réglage de la mécanique de son piano.

## *L'art est accord du sensible et du spirituel*

**HEGEL**

Le sensible doit être présent dans l'œuvre artistique, mais avec cette restriction qu'il s'agit seulement de l'aspect superficiel, de l'apparence du sensible. L'esprit ne cherche en lui ni la matérialité concrète, la consistance intérieure et toute l'envergure d'un objet organique que réclame le désir[1], ni les concepts universels purement idéaux[2] ; ce qu'il veut, c'est la présence sensible, qui doit certes rester sensible, mais qui doit aussi être débarrassée de l'échafaudage de sa matérialité. C'est pourquoi le sensible est élevé dans l'art à l'état de pure apparence, par opposition à la réalité immédiate des objets naturels. L'œuvre artistique tient ainsi le milieu entre le sensible immédiat et la pensée pure. Ce n'est **pas encore** de la pensée pure, mais en dépit de son caractère sensible, **ce n'est plus** une réalité purement matérielle, comme sont les pierres, les plantes et la vie organique. Le sensible dans l'œuvre artistique participe de l'idée, mais à la différence des idées de la pensée pure, cet élément idéal doit en même temps se manifester extérieurement comme une chose. Cette apparence du sensible s'offre de l'extérieur à l'esprit, à titre de forme, d'aspect, de sonorité, à condition qu'il laisse les objets exister en toute liberté, sans cependant essayer de pénétrer leur essence intime (ce qui les empêcherait d'avoir pour lui une existence individuelle).

C'est pourquoi le sensible dans l'art ne concerne que ceux de nos sens qui sont intellectualisés : la vue et l'ouïe, à l'exclusion de l'odorat, du goût et du toucher. Car l'odorat, le goût et le toucher n'ont affaire qu'à des éléments matériels et à leurs qualités immédiatement sensibles, l'odorat à l'évaporation de particules matérielles dans l'air, le goût à la dissolution de particules matérielles, le toucher au froid, au chaud, au lisse, etc. Ces sens n'ont rien à faire avec des objets de l'art qui doivent se maintenir dans une réelle indépendance et ne pas se borner à offrir des relations sensibles. Ce que ces sens trouvent agréable n'est pas le beau que connaît l'art.

C'est donc à dessein que l'art crée un royaume d'ombres, de formes, de tonalités, d'intuitions et il ne saurait être question de taxer d'impuissance ou d'insuffisance l'artiste qui appelle une œuvre à l'existence, sous prétexte qu'il ne nous offre qu'un aspect superficiel du sensible, que des sortes de schèmes[3]. Car ces formes et ces tonalités sensibles, l'art ne les fait pas seulement intervenir pour elles-mêmes et sous leur apparence immédiate, mais encore afin de satisfaire des intérêts spirituels supérieurs[4], parce qu'ils sont capables de faire naître une résonance dans les profondeurs de la conscience, un écho dans l'esprit. Ainsi, dans l'art, le sensible est **spiritualisé**, puisque l'**esprit** y apparaît sous une forme sensible.

***Esthétique***
**(cours professé entre 1818 et 1829, publication posthume en 1835), choix de C. Khodoss, P.U.F., pp. 17-18**

**3** ◻ « L'art est limité dans ses moyens d'expression et ne peut produire que des illusions partielles, qui ne trompent qu'un seul sens ; en fait, quand l'art s'en tient au but formel de la stricte imitation, il ne nous donne, à la place du réel et du vivant, que la caricature de la vie. » (p. 9)

**4** ◻ « Le besoin général et absolu, auquel répond l'art, tire son origine du fait que l'homme est un être doué de conscience et qui pense, c'est-à-dire que, de ce qu'il est, quelle que soit sa façon d'être, il fait un être pour soi. » (p. 17)

Ces citations sont extraites de l'*Esthétique*, éd. citée.

# L'ART, SON HISTOIRE ET L'ONTOLOGIE

## Diversité de l'art

De Platon à Hegel, la philosophie prétendit énoncer la vérité de l'art, que ce soit pour appeler à s'en défier (Platon), pour repérer les qualités principales de la beauté (Kant) ou pour en marquer les limites (Hegel). Retenant de Hegel que la compréhension de l'art dépend de la connaissance de son histoire, un certain nombre d'esthéticiens (E. Faure, H. Focillon, B. Croce, A. Malraux, etc.) perpétuèrent cette visée théorique : établir une ou des **définitions** susceptibles d'englober toutes les manifestations artistiques.

Mais, parallèlement à ces tentatives, le regard occidental s'est fait accueillant à des formes que Kant et Hegel ignoraient : depuis la seconde moitié du XIX^e^ siècle, le champ artistique s'élargit, et des objets jusqu'alors considérés comme des curiosités éventuellement décoratives sont désormais admis comme œuvres d'art authentiques, obéissant simplement à des critères d'appréciation différents des nôtres. Estampes orientales, masques et statues d'Afrique, d'Océanie ou d'Amérique, œuvres naïves, peintures de sable d'Australie, mais aussi, au sein de l'Occident, gravures et peintures préhistoriques ou productions d'art brut*, tous ces objets côtoient aujourd'hui, dans le « musée imaginaire », les temples grecs et les cathédrales gothiques, les toiles de Rembrandt et les dessins de Dürer, les fresques romanes et les Nativités.

Comment, dès lors, pourrait-on découvrir une définition de la beauté qui englobe des formes aussi dissemblables ? L'esthétique classique pouvait être normative. Celle d'aujourd'hui, plus modestement, se veut descriptive ou analytique, elle a perdu de sa superbe pour gagner en précision. Croyons-en un auteur comme M. Dufrenne : « une acception trop étroite du beau est dangereuse : elle mène à un dogmatisme arbitraire et stérilisant. »

## Le mouvement des formes

L'art « moderne », pour sa part, semble lutter contre la possibilité de ce dogmatisme : tout se passe comme s'il s'agissait de transgresser inlassablement les définitions déjà admises — comme si l'art, voulant rompre avec toute tradition (de la figuration, de la ressemblance, du métier, de l'apprentissage, etc.), n'en connaissait plus d'autre que la **tradition de la nouveauté**, depuis que Manet exposa en 1865 son « scandaleux » *Déjeuner sur l'herbe.* Nouveauté éventuellement choquante ou déplaisante : chaque courant de l'art moderne (impressionnisme, cubisme, futurisme, surréalisme, etc.) s'élabore dans une ambiance de scandale et d'agressivité qui signale un décalage durable par rapport à l'attente de la majeure partie du public.

Gisbrechts, *Attributs du peintre.*

C'est que, pour ce dernier, l'art paraît immuable, dans ses intentions comme dans ses formes. Il est par exemple incontestable que l'art grec nous intéresse toujours. Mais précisément, ce qui pour Marx faisait problème (comment se fait-il que l'art, élément de la superstructure, survive à la disparition de l'infrastructure économique qui l'a initialement déterminé ?) est admis comme un modèle transhistorique ou une certitude définitive. Ainsi la poésie en vers libres a-t-elle choqué les lecteurs habitués aux vers réguliers, le « Nouveau Roman » les partisans de Balzac, la peinture « abstraite », les amateurs de figuration ressemblante, etc.

## Le public introuvable

L'histoire de l'art nous enseigne pourtant que **les formes ne cessent de se modifier** : la perspective, qui nous paraît aujourd'hui encore « naturelle » ou « normale », est en fait élaborée au XV^e^ siècle à partir des connaissances géométriques et techniques de l'époque (voir à ce propos, les textes de P. Francastel cités dans le chapitre sur l'*Espace*) ; le roman, depuis qu'il existe (puisqu'il a une naissance, pourquoi ne devrait-il pas disparaître ?) a présenté bien des formes avant de se figer dans un prétendu modèle balzacien ; si l'abstraction en peinture naît officiellement pour le regard européen en 1910, elle existait bien antérieurement dans d'autres cultures (en particulier dans les régions islamisées).

A cette histoire se substitue trop aisément, dans la conscience commune, une définition idéologique des œuvres qui se met en place au XIXe siècle, lorsque la bourgeoisie en devient la principale « consommatrice », alors même que commence la série des ébranlements de l'art moderne : c'est que, pour la bourgeoisie accédant au pouvoir, l'art a aussi (il a toujours) valeur de **distinction**. Posséder un tableau, fréquenter les concerts, c'est une manière d'affirmer une certaine supériorité sociale : celle-ci peut, bien entendu, être de nature économique (le marché de l'art tel que nous le connaissons aujourd'hui, se met en place au XIXe siècle), mais elle est également **symbolique** : l'amateur participe à la notoriété de l'artiste, il peut exhiber une culture raffinée, s'anoblit par son décor et acquiert une supériorité de prestige.

Or, les sociologues font état d'une loi de parodie selon laquelle chaque classe tient à imiter les comportements de celle qui l'a précédée : rien d'étonnant, dès lors, à ce que la bourgeoisie du XIXe siècle méconnaisse l'art vivant de son temps, pour se satisfaire d'un art « pompier » où se répètent sans nécessité les formes (portraits, scènes d'histoire) qu'avait appréciées la noblesse. Le même phénomène se reproduit depuis, parfois amplifié par la méfiance que provoque l'image mythique de l'artiste : bohème irresponsable, méprisant ceux qui le font vivre, génie incompris que seule la postérité saura saluer comme il convient. Au point que l'on peut, avec l'écrivain Alain Robbe-Grillet, affirmer que **toute œuvre nouvelle est d'abord privée de public**, et qu'il lui appartient de **fabriquer** progressivement **son propre public**.

## *Le sensible est à réinventer en permanence*

Qu'est-ce alors, aujourd'hui qu'un **artiste** ? Tout simplement quelqu'un qui travaille dans des domaines où le contact entre l'œuvre et le spectateur s'établit d'abord par la perception. Mais aussi un homme (ou une femme : autre évolution...) qui cherche à se déprendre d'une mythologie aussi aliénante qu'encombrante : nombreux sont les artistes qui se définissent d'abord comme des travailleurs, ou des producteurs. Il ne s'agit pas pour autant de réduire l'œuvre à un simple produit, comparable à l'objet industriel : elle garde en elle une singularité que ne possède pas ce dernier, limité par son caractère fonctionnel. L'œuvre d'art, elle, s'obstine, comme on dit, à ne « servir à rien ». Plus précisément, elle s'affirme comme **a-fonctionnelle**.

S'il est vrai, comme l'affirme Henri Michaux, que « la pensée, c'est une image éconduite », on comprend que l'art n'en finisse pas d'inquiéter le discours philosophique : au concept que privilégie ce dernier, s'oppose le **sensible** de l'œuvre : matière peinte, volumes sculptés ou architecturaux, sons de la musique ou de la poésie...

Aussi les philosophes contemporains, loin de vouloir encore régenter l'art, se mettent-ils en quelque sorte à son écoute pour faire avancer leur réflexion en fonction de ce que les œuvres leur montrent comme non encore pensé : lorsque Heidegger lit Hölderlin, ce n'est pas pour y retrouver ses propres affirmations, mais pour y découvrir cette parole, plus originelle que le discours philosophique, que serait, selon lui, le dire poétique authentique. Pareillement, s'il définit au terme d'une méditation sur *L'art et l'espace* la sculpture comme « incorporation de la vérité de l'être en son œuvre établissante de lieux », ce n'est pas pour ajouter quelques pages à l'analyse de l'espace que proposent ses textes antérieurs, mais bien plutôt pour trouver dans une réflexion sur la sculpture une relance de sa pensée.

Avec des orientations différentes, on voit aujourd'hui Jean-François Lyotard établir un déroutant parallèle entre le fonctionnement capitaliste, la sexualité et la couleur bleue qu'a privilégiée Jacques Monory dans sa peinture ; ou Gilles Deleuze réfléchir sur le cinéma comme art, ou sur la chair et la sensation à partir de ce qu'exposent les toiles du peintre Francis Bacon.

Il ne s'agit plus, dans de telles entreprises, de construire un système global, mais de **centrer la pensée sur une œuvre**, afin d'en souligner la vérité singulière : ce qu'elle révèle, concernant l'homme lui-même, de ses façons d'être au monde. Poèmes, films, tableaux, sculptures, compositions musicales, énoncent à leur manière (c'est-à-dire dans leurs formes, beaucoup plus que dans leur contenu apparent) ces multiples « situations », qu'elles soient « réelles » ou « imaginaires ». On comprend, dès lors, que les pouvoirs — en particulier totalitaires — les tiennent

en suspicion : ne montrent-ils pas en permanence que, au-delà, ou à côté du donné, existent d'autres possibles, d'autres versions du monde ? Telle serait finalement la signification, à la fois critique et utopique de l'art, sur laquelle insistaient en particulier les théoriciens de l'École de Francfort (W. Benjamin, T. Adorno), et qui permet de considérer l'œuvre d'art comme fondatrice d'une véritable ontologie : « épiphanie du sensible » (M. Dufrenne), elle propose un rapport singulier avec ce que nous admettions comme réel — ce qui revient à dire qu'elle nous enseigne inlassablement à le redéfinir.

Voûte de la cathédrale d'Amiens.

*« L'espace gothique est de l'activité sans frein. Il ne reçoit pas le visiteur avec des gestes mous, il l'entraîne violemment avec lui, par une contrainte mystique ».*
W. Worringer, *L'art gothique.*

## BIBLIOGRAPHIE DE LA LEÇON


***BENJAMIN, W. :***
*Essais,* Gonthier-Médiations.

***BERNIER, G. :***
*L'Art et l'argent,* Laffont.

***BOURDIEU, P. :***
*La Distinction,* Minuit ; avec A. Darbel : *L'Amour de l'art,* Minuit.

***DELEUZE, G. :***
*F. Bacon, logique de la sensation,* La différence.

***DUFRENNE, M. :***
*Phénoménologie de l'expérience esthétique,* P.U.F.

***DUROZOI, G. et LECHERBONNIER, B. :***
*Le Surréalisme,* Larousse.

***HEIDEGGER, M. :***
« L'Homme habite en poète », in *Essais et conférences,* Gallimard ; *L'Art et l'espace,* Erker.

***LYOTARD, J.F. :***
*L'Assassinat de l'expérience par la peinture, Monory,* Castor astral.

***ROBBE-GRILLET, A. :***
*Pour un nouveau roman,* Idées-Gallimard.

***VALLIER, D. :***
*L'Art abstrait,* Hachette, coll. Pluriel.

## TABLE D'ORIENTATION

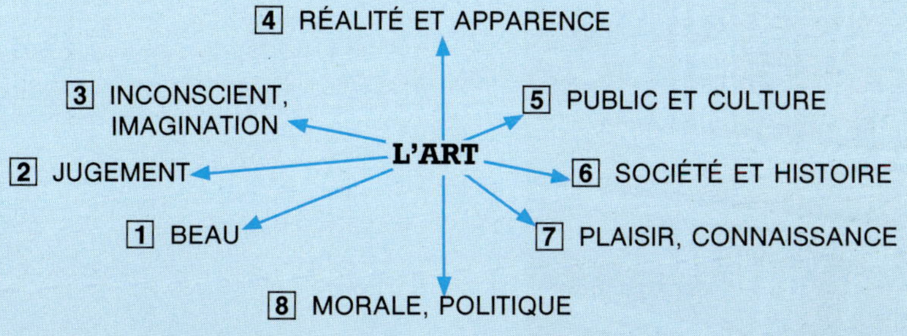


## SUJETS DE DISSERTATION

1 En quoi la beauté artistique est-elle supérieure à la beauté naturelle ? (Poitiers, B, juin 1984)

■ Ne peut-on aimer que le beau ? (Paris-Créteil-Versailles, B, juin 1983)

2 Qu'est-ce que le mauvais goût ? (Montpellier, C-D-E, juin 1984)

■ Pourquoi nos préférences ne sont-elles pas des critères suffisants pour juger une œuvre d'art ? (Rouen, C-D, juin 1983)

3 L'artiste peut-il prétendre dominer les différentes significations de son œuvre ?

■ Peut-on admettre que tout homme risque d'être artiste sans le savoir ?

4 L'art est-il le règne de l'apparence ? (Paris-Créteil-Versailles, C-D-E, juin 1984)

■ L'œuvre d'art nous éloigne-t-elle ou nous rapproche-t-elle du réel ? (Nancy, C-D, juin 1983)

5 L'art peut-il s'enseigner ? (Bordeaux, A, juin 1984)

■ Le plaisir esthétique suppose-t-il une culture esthétique ? (Aix-Marseille, C-D, septembre 1983)

6 Comment l'art peut-il s'insérer dans la vie sociale ? (Nice, B, septembre 1983)

■ « L'art actuel résume et justifie l'art du passé. » Qu'en pensez-vous ?

■ La science est une création collective, dit-on. Qu'en est-il de la création artistique ? (Besançon, B, septembre 1983)

7 L'art est-il dévoilement d'une vérité ? (Aix-Marseille, A, juin 1983)

■ Le plaisir éprouvé devant une œuvre d'art est-il un plaisir spécifique ? (Grenoble, A, septembre 1982)

8 Une œuvre d'art peut-elle être immorale ?

## BIBLIOGRAPHIE GÉNÉRALE

***DIDEROT :*** *Œuvres esthétiques,* Garnier.

***DUBUFFET, J. :*** *Asphyxiante culture,* Pauvert.

***DUFRENNE, M. :*** *Art et politique,* 10-18.

***DUVIGNAUD, J. :*** *Sociologie de l'art,* P.U.F.

***FRANCASTEL, P. :*** *Peinture et société,* Gallimard, coll. Idées/Art.

***FREUD :*** *Un souvenir d'enfance de Léonard de Vinci,* Idées-Gallimard.

***HEGEL :*** *Esthétique,* Aubier. (On peut utiliser le choix d'extraits de C. Khodoss, paru aux P.U.F., coll. « Les grands textes », sous le même titre.)

***KANT :*** *Critique de la faculté de juger,* Vrin.

***NIETZSCHE :*** *La Naissance de la tragédie,* Gonthier-Médiations.

***PLATON :*** *La République,* livres II, III et X ; *Ion.*

***SCHOPENAUER :*** *Le Monde comme volonté et comme représentation,* Livre III. P.U.F.

## GLOSSAIRE

**Art brut :** productions artistiques d'individus n'ayant ni culture artistique, ni volonté de s'intégrer dans l'histoire de l'art (ce qui les distingue des artistes « naïfs »). Le soutien à *l'art brut,* déclenché au XX<sup>e</sup> siècle, s'inscrit dans la perspective d'une contestation sociale.

**Avant-garde :** utilisée également dans le domaine politique (on parle ainsi du « rôle d'avant-garde » d'un parti...), la notion d'avant-garde désigne à chaque époque ou chaque génération artistique le ou les groupes artistiques qui refusent de perpétuer l'art sous les formes qui leur ont été léguées. L'*avant-garde* est donc généralement en rupture avec le passé, solidaire en revanche des avant-gardes à l'œuvre dans d'autres disciplines artistiques.

**Beaux-Arts :** appellation un peu démodée de l'ensemble des pratiques artistiques étudiées par l'esthétique : architecture, sculpture, peinture, danse, musique et poésie.

**Création :** terme d'abord religieux, désignant l'instauration du monde à partir du néant par un « Dieu créateur ». La transposition de cette notion dans le domaine artistique est révélatrice d'une approche qui gomme le travail et l'aspect artisanal de l'art, pour insister sur le surgissement quasi-divin de l'œuvre créée : l'artiste est ainsi, à sa façon et dans son domaine, une sorte de Dieu, grâce à son « inspiration ». La *créativité* désigne une capacité à innover dans un domaine, en particulier en matière d'art.

**Engagement :** la thèse selon laquelle tout artiste se doit d'être socialement et politiquement *engagé,* de faire des choix et de les défendre, se fonde sur la nature politique de l'art. On parle ainsi de « littérature engagée », de « cinéma engagé », etc.

**Esthétique :** discipline apparue au XVIII<sup>e</sup> siècle, dont l'objet est constitué des jugements d'appréciation concernant le beau et le laid. L'esthétique moderne étudie en particulier le développement historique des formes, et les liens entre l'œuvre, le créateur et son milieu social.

**Goût :** capacité d'apprécier le beau dans ce qu'il a de singulier, c'est-à-dire de trouver belle telle œuvre d'art particulière.

**Réalisme :** courant esthétique particulièrement représenté au XIX<sup>e</sup> siècle, selon lequel l'œuvre d'art se doit de représenter fidèlement la réalité. Le *réalisme socialiste* voit dans l'art un élément de construction du socialisme, qu'il doit illustrer et vanter, perdant ainsi tout caractère critique et devenant purement représentatif.

# LA TECHNIQUE

Fernand Léger,
*Les Constructeurs* (1950),
Huile sur toile, 300 × 200.

*Quand j'ai bâti les "Constructeurs", je n'ai pas fait une seule concession plastique. C'est en allant chaque soir à Chevreuse en voiture sur la route, que cette idée m'a pris. Il y avait là dans les champs une usine en construction. Je voyais les hommes se balancer en haut dans les poutres de fer ! je voyais l'homme comme une puce, il semblait encore perdu dans ses inventions, avec le ciel par-dessus. J'ai voulu rendre cela : le contraste entre l'homme et ses inventions, entre l'ouvrier et toute cette architecture métallique, ce dur, ces ferrailles, ces boulons, ces rivets. Les nuages aussi je les ai placés techniquement mais ils jouent par contraste avec les poutres. Aucune concession sentimentale, même si mes figures sont plus variées et plus individualisées.*

F. Léger,
*Carnets*, cité in *F. Léger*,
éd. Hazan, p. 330.

Le peintre Fernand Léger (1881-1955) l'a lui-même confié, son esthétique **mécaniste** est fille de l'expérience la plus horrible que la technique puisse donner à connaître aux hommes : la guerre. « Ce sont ces quatre années de guerre (1914/1918), écrit-il, qui m'ont jeté brusquement dans une réalité aveuglante et toute nouvelle pour moi. J'ai quitté Paris en plein dans une manière abstraite, époque de libération picturale. Sans transition, je me suis retrouvé de niveau avec tout le peuple français ; versé au génie, mes nouveaux camarades étaient des mineurs, des terrassiers, des artisans du bois et du fer. J'ai découvert là le peuple français. Dans le même temps, je fus ébloui par une culasse de canon de 75 ouverte en plein soleil, magie de la lumière sur le métal blanc. » (cité in D. Cooper, *F. Léger et le nouvel espace*, éd. des Trois Collines, p. 74.)

Exaltante beauté de l'objet technique ; tragique dévoiement de la puissance humaine ; caractère inopiné des rencontres entre l'intellectuel et ceux qui travaillent la matière : les principaux problèmes que soulève la technique sont brièvement évoqués par ces quelques lignes.

On a trouvé paradoxal que l'**objet technique** (et surtout l'**objet industriel**, qui n'a ni la magnificence des marbres ni le chatoiement des soieries) ait été choisi par un artiste comme élément primordial de son vocabulaire pictural : le mépris dans lequel on tient traditionnellement le travail manuel ne doit pas être totalement étranger à cette surprise. Envers et contre l'étymologie qui nous les fait voir synonymes, on éprouve bien des réticences à concéder que l'objet technique puisse jamais **devenir objet d'art**. Mais Léger, en représentant les constructeurs comme des tubulures métalliques en un certain ordre assemblées, ne les déshumanise pas pour autant ; ces ouvriers faits de cylindres et de volumes évanouis lui donnent au contraire occasion de répondre **de façon esthétique** à la première question que suggère le monde des objets fabriqués : le **travail** et l'usage d'**outils** constituent-ils la marque distinctive de l'homme dans l'ensemble du monde vivant ?

Cette singulière puissance qui fait de la nature entière le « corps inorganique de l'homme » (l'expression est de Marx dans ses *Manuscrits de 1844*) a cependant pour effet d'accroître corrélativement les **pouvoirs de destruction** que nous confère la **technique** : destruction sanglante et brutale de l'autre par la **guerre** dont Léger parlait tout à l'heure, mais aussi destruction plus subtile (parce que plus lente) de l'intégrité physique du travailleur ou de son environnement naturel lorsqu'une course effrenée à la rentabilité asservit l'homme à la technique au lieu de faire servir celle-ci au bien-être de celui-là. La technique est-elle donc « neutre », nous demanderons-nous, et les dommages qu'elle cause ne tiennent-ils qu'à son mésusage, ou bien tend-elle à constituer **par elle-même** un système d'oppression et de domination ?

Tâcher de penser la technique, c'est ainsi rappeler la peine des hommes et l'inégalité de leurs conditions d'existence. Il est indéniable que Léger a voulu — et tout particulièrement dans cette œuvre — exalter les « constructeurs », annoncer des temps « où la machine travaillera pour eux » (c'est là un vers du poème de F. Léger intitulé « Les mains des constructeurs »). Sans aucune outrance expressionniste, il nous incite à nous demander qui jouira des fruits de l'immense effort qu'il a ici figé sur la toile. Poser la question de la technique, c'est donc poser du même coup celles de son sens, du profit qu'en peuvent tirer les hommes, de la manière dont on répartit ses fruits ; c'est, autrement dit, poser la **question sociale**. Eluard l'avait ainsi compris, qui écrivait dans un poème illustrant précisément ce tableau :

*Pleurez vieux paresseux des temps incohérents*
*(...)*
*Quand nous parlons nous entendons*
*La vérité des charpentiers*
*Des maçons des couvreurs des sages*
*Ils ont porté le monde au-dessus de la terre*
*Au-dessus des prisons des tombeaux des cavernes*
*Contre toute fatigue ils jurent de durer.*

P. Eluard,
« Les Constructeurs »
in *Poésie ininterrompue*, II.

## La technique supplée à la prodigalité de la nature

**PLATON**

Au moment de produire à la lumière les races mortelles, les dieux ordonnèrent à Prométhée et à Épiméthée de distribuer entre elles toutes les qualités dont elles avaient à être pourvues. Épiméthée demanda à Prométhée de lui laisser le soin de faire lui-même la distribution. (...)

Dans cette distribution, il donne aux uns la force sans la vitesse ; aux plus faibles, il attribue le privilège de la rapidité ; à certains, il accorde des armes. (...) Bref, entre toutes les qualités, il maintient un équilibre. (...) Après qu'il les eut prémunis suffisamment contre les destructions réciproques, il s'occupa de les défendre contre les intempéries qui viennent de Zeus, les revêtant de poils touffus et de peaux épaisses, abris contre le froid, abris aussi contre la chaleur. (...) Or Épiméthée, dont la sagesse était imparfaite, avait déjà dépensé, sans y prendre garde, toutes les facultés en faveur des animaux, et il lui restait encore à pourvoir l'espèce humaine. (...) Dans cet embarras, survient Prométhée pour inspecter le travail. Celui-ci voit toutes les autres races harmonieusement équipées, et l'homme nu, sans chaussures, sans couvertures, sans armes. (...)

Prométhée, devant cette difficulté, ne sachant quel moyen de salut trouver pour l'homme, se décide à dérober l'habileté artiste d'Héphæstos et d'Athéna, et en même temps le feu — car, sans le feu, il était impossible que cette habileté rendît aucun service — puis, cela fait, il en fit présent à l'homme. C'est ainsi que l'homme fut mis en possession des arts utiles à la vie.

***Protagoras,* 320 d-321 d,**
**trad. A. Croiset, éd. Les Belles Lettres, pp. 35-36**

## « Maîtres et possesseurs de la nature »

**DESCARTES**

Sitôt que j'ai eu acquis quelques notions générales touchant la physique, (...) j'ai cru que je ne pouvais les tenir cachées, sans pécher grandement contre la loi qui nous oblige à procurer, autant qu'il est en nous, le bien général de tous les hommes. Car elles m'ont fait voir qu'il est possible de parvenir à des connaissances qui soient fort utiles à la vie, et qu'au lieu de cette philosophie spéculative, qu'on enseigne dans les écoles, on en peut trouver une pratique, par laquelle connaissant la force et les actions du feu, de l'eau, de l'air, des astres, des cieux et de tous les autres corps qui nous environnent, aussi distinctement que nous connaissons les divers métiers de nos artisans, nous les pourrions employer en même façon à tous les usages auxquels ils sont propres, et ainsi nous rendre comme maîtres et possesseurs de la nature.

(...) Sans que j'aie aucun dessein de mépriser [la médecine], je m'assure qu'il n'y a personne même de ceux qui en font profession, qui n'avoue que tout ce qu'on y sait n'est presque rien, à comparaison de ce qui reste à y savoir, et qu'on se pourrait exempter d'une infinité de maladies, tant du corps que de l'esprit, et même aussi peut-être de l'affaiblissement de la vieillesse, si on avait assez de connaissance de leurs causes, et de tous les remèdes dont la nature nous a pourvus.

***Discours de la méthode* (1637),**
**VIe partie, éd. Nathan, Coll. « Les Intégrales de Philo », pp. 72-73**

## Érotisme et technologie

**MARCUSE**

Dans cette société le temps que l'on passe sur les machines et avec les machines n'est pas exclusivement un temps de travail (c'est-à-dire un labeur déplaisant mais nécessaire) et l'énergie que la machine économise n'est pas exclusivement de l'énergie de travail. La mécanisation a aussi « sauvegardé » la libido, la force des instincts de vie — c'est-à-dire qu'elle lui a supprimé les formes antérieures de réalisation. C'est ce qu'exprime essentiellement le contraste romantique entre le voyageur moderne et le poète vagabond . (...) L'environnement d'où l'individu pouvait tirer du plaisir (...) a été restreint. (...) Il en résulte une localisation et une contraction de la libido, l'érotique se restreint à l'expérience et à la satisfaction sexuelles. (...)

En affaiblissant l'érotique et en renforçant l'énergie sexuelle, la société technologique établit des limites pour la sublimation. Elle restreint également le besoin de sublimer. Dans l'appareil mental, la tension entre ce qui est désiré et ce qui est permis semble beaucoup plus faible ; le principe de réalité ne semble plus requérir une transformation violente et douloureuse des besoins instinctuels. (...) Ainsi l'organisme est conditionné au préalable à accepter spontanément ce qui lui est offert.

***L'Homme unidimensionnel* (1966),**
**1re partie, chap. 3,**
**Ed. de Minuit, pp. 96-98**

## commentaire

**Platon** (429-347 av. J.-C.) interrompt parfois l'enchaînement rationnel des arguments (l'exposé conforme au *logos*) par un **mythe** destiné à fournir l'**illustration de la vérité** philosophique qu'il s'agit d'établir. Dans le *Protagoras*, Socrate rapporte une fable selon laquelle l'homme aurait été « oublié » lorsqu'il s'est agi de répartir les qualités entre les diverses espèces vivantes : le **système de compensations** dont avait usé Épiméthée en donnant à certains animaux la vitesse, à d'autres la force, à certains des ailes, à d'autres une cachette souterraine, etc., n'avait rien prévu pour l'espèce humaine. Prométhée dut donc voler le feu du ciel ; ce faisant, il a donné à l'homme la « possession des arts utiles à la vie », c'est-à-dire les **techniques**. Ce larcin sacrilège a mis les hommes en mesure de trouver par eux-mêmes une compensation à leur **infériorité** initiale.

A l'aube des Temps modernes apparaît une nouvelle forme de technique : celle des **machines** complexes ou **automates**, fondée sur la maîtrise rationnelle des lois de la nature. Dans l'extrait ci-dessus, **Descartes** (1596-1650) s'emploie à justifier la publication de son *Discours de la méthode* par le fait qu'on y trouve les bases d'une philosophie « pratique » bien différente de la stérile érudition scolastique : cette philosophie nouvelle se propose de découvrir « une infinité d'artifices » susceptibles d'améliorer nos conditions d'existence. Outre ceux des arts mécaniques, les progrès de la médecine sont également à la portée de notre technique : grâce à ceux-ci, nous triompherons des maladies et peut-être de la sénescence... Un texte à l'optimisme aussi conquérant semble avoir un siècle d'avance sur l'idéologie des Lumières.

Pourtant, trois siècles d'une mécanisation toujours plus effrénée auraient de quoi tempérer cet optimisme. **Marcuse** (1898-1979) souligne que l'« énergie instinctuelle » de l'individu, l'ensemble de ses pulsions, trouvait naguère, dans un monde non mécanisé, mille occasions de se dépenser de façon non sexuelle — de se **sublimer**, pour parler avec Freud. La technologie moderne n'a pas seulement asservi le travailleur à la machine : elle a aussi rendu possibles des économies énergétiques (par le perfectionnement des moyens de transport, les appareils ménagers, etc.) qui ont notablement réduit le champ des satisfactions érotiques diffuses et non directement sexuelles. La **« désublimation répressive »** dont Marcuse fait état consiste donc en ceci que **l'énergie de chacun** étant, pour l'essentiel, mise **au service de la productivité**, la société industrielle peut s'accommoder sans dommages d'une libération ou plutôt d'une libéralisation de la sexualité. L'individu n'en est que mieux conditionné à trouver sa satisfaction dans des formes stéréotypées, nullement dangereuses du point de vue de l'ordre établi.

# Un savoir universel

## l'auteur

Né en 385 av. J.-C. à Stagire, en Macédoine, Aristote était fils du médecin du roi de Macédoine, Amyntas II. Lui-même fut le précepteur d'Alexandre le Grand, petit-fils d'Amyntas et fils de Philippe de Macédoine. Cette collusion avec le Conquérant lui valut d'avoir mauvaise presse auprès des Athéniens qui le contraignirent à finir ses jours en exil (322 av. J.-C.).

Quoiqu'une bonne part de ses œuvres ne nous soit pas parvenue, les écrits d'Aristote se caractérisent avant tout par l'immense variété des sujets traités : logique *(Organon)* ; philosophie première *(La Métaphysique)* ; éthique (*l'Éthique à Nicomaque*) ; physique *(Traité du Ciel ; Météorologiques ; Physique)* ; biologie *(De l'âme ; Des parties des animaux)* ; philosophie politique *(La Politique)* ; esthétique *(La Rhétorique, la Poétique)...*

Aristote récuse la théorie platonicienne des Idées : s'il considère qu'il faut remonter jusqu'à un **Premier Moteur** (sorte de Dieu) extérieur à ce monde pour rendre compte des mouvements qui s'y produisent, il nie cependant que l'intelligible doive être conçu comme existant dans un **monde séparé** de celui des objets sensibles.

Fruit d'un esprit universel, remise en honneur au Moyen Age grâce aux traductions fournies par ses commentateurs arabes, l'œuvre de celui que Dante appela « le maître de ceux qui savent » fit office d'**encyclopédie des sciences** jusqu'à l'aube des Temps modernes.

## l'intérêt philosophique du texte

On est d'autant plus proche de la sagesse, semble dire Aristote dans ce texte, qu'on accède à la science, c'est-à-dire à la **connaissance par les causes**. Si certains animaux ont la faculté de s'élever de la **sensation** au **souvenir** et du souvenir à une **connaissance empirique** rudimentaire, seul l'homme accède à l'**art** et au **raisonnement**.

Qu'est-ce donc qui distingue l'art *(technè)* de la simple connaissance empirique ou expérience (en grec, *emperia*) ? L'objet de l'expérience, répond Aristote, c'est le **fait brut** dans son individualité singulière. Dérivée de la sensation et de la mémoire, elle les prolonge toutes deux, sans solution de continuité : elle n'est donc qu'une routine douée d'efficacité. Tout à l'inverse, la science — qu'Aristote conçoit comme un système d'**opinions inébranlables** — a pour domaine la **théorie**, la **spéculation**, la **contemplation** de l'objet (en grec *« theoria »*, en latin *« speculatio »*). Or l'**art** est de même forme que la science ; il a partie liée avec elle puisqu'il est son **application** au cas individuel. Il ne diffère de celle-ci que par son objet : son domaine est celui de la **pratique**, celui de l'**action** et de la **fabrication** ; c'est celui de la **production** (en l'occurrence, de la « production » de la santé).

Ainsi le sens très large qu'a originairement le mot grec correspondant nous rappelle-t-il que la technique est d'abord un **procédé rationnel destiné à obtenir un résultat déterminé**. En outre, l'usage que fait Aristote de ce mot nous signale que la véritable technique est fondée sur des connaissances scientifiques et explicatives plutôt que sur l'habitude ou la constatation stupide de certaines consécutions empiriques. Enfin, le texte comporte une dernière leçon : parce qu'elle « entre » dans la matière, parce qu'elle a, **en tant que technique**, affaire à l'individuel, la **connaissance** doit être accompagnée de quelque **expérience** pour être à même de produire son effet.

**1** □ Rappelons-nous que « art » traduit ici le mot grec *technè*.

**2** □ Polos d'Agrigente était un élève du sophiste Gorgias.

**3** □ Les lignes suivantes vont expliquer cela : qui soigne quelqu'un en s'inspirant de simples recettes empiriques, peut, *par chance*, réussir ; et qui possède une technique éclairée par la connaissance des causes sans posséder toutefois l'*expérience* (c'est-à-dire la *pratique*) peut, à l'inverse, échouer.

Vitraux du Moyen Âge : Tailleurs de pierres et sculpteurs statuaires.

## *L'art (technè) comme science appliquée*

**ARISTOTE**

Tous les hommes désirent naturellement savoir ; ce qui le montre, c'est le plaisir causé par les sensations, car, en dehors même de leur utilité, elles nous plaisent par elles-mêmes, et, plus que toutes les autres, les sensations visuelles. (...) Par nature, les animaux sont doués de sensation, mais, chez les uns, la sensation n'engendre pas la mémoire, tandis qu'elle l'engendre chez les autres. Et c'est pourquoi ces derniers sont à la fois plus intelligents et plus aptes à apprendre que ceux qui sont incapables de se souvenir. (...)

Quoi qu'il en soit, les animaux autres que l'homme vivent réduits aux images et aux souvenirs ; ils ne participent que faiblement à la connaissance empirique, tandis que le genre humain s'élève jusqu'à l'art[1] et aux raisonnements. C'est de la mémoire que provient l'expérience pour les hommes : en effet, une multiplicité de souvenirs de la même chose en arrive à constituer finalement une seule expérience ; et l'expérience paraît bien être à peu près de même nature que la science et l'art, avec cette différence toutefois que la science et l'art adviennent aux hommes par l'intermédiaire de l'expérience, car « *l'expérience a créé l'art*, comme le dit Polos[2] avec raison, *et le manque d'expérience, la chance* ». L'art naît lorsque, d'une multitude de notions expérimentales, se dégage un seul jugement universel, applicable à tous les cas semblables. En effet, former le jugement que tel remède a soulagé Callias, atteint de telle maladie, puis Socrate, puis plusieurs autres pris individuellement, c'est le fait de l'expérience ; mais juger que tel remède a soulagé tous les individus de telle constitution, rentrant dans les limites d'une classe déterminée, atteints de telle maladie, comme, par exemple, les phlegmatiques, les bilieux ou les fiévreux, cela relève de l'art.

Ceci dit, au regard de la pratique, l'expérience ne semble en rien différer de l'art ; et même nous voyons les hommes d'expérience obtenir plus de succès que ceux qui possèdent une notion sans l'expérience[3]. La cause en est que l'expérience est une connaissance de l'individuel, et l'art, de l'universel. Or, toute pratique et toute production portent sur l'individuel : ce n'est pas l'homme, en effet, que guérit le médecin traitant, sinon par accident, mais Callias ou Socrate, ou quelque autre individu ainsi désigné, qui se trouve être accidentellement un homme. Si donc on possède la notion sans l'expérience, et que, connaissant l'universel, on ignore l'individuel qui y est contenu, on commettra souvent des erreurs de traitement, car ce qu'il faut guérir c'est l'individu[4]. — Il n'en est pas moins vrai que nous pensons d'ordinaire que le savoir et la faculté de comprendre appartiennent plutôt à l'art qu'à l'expérience, et que nous jugeons les hommes d'art supérieurs aux hommes d'expérience, dans la pensée que la sagesse, chez tous les hommes, accompagne plutôt le savoir : et cela, parce que les uns connaissent la cause et que les autres ne la connaissent pas. En effet, les hommes d'expérience savent bien qu'une chose est, mais ils ignorent le pourquoi, tandis que les hommes d'art connaissent le pourquoi et la cause[5].

***La Métaphysique,***
**livre A, chap. 1, 980 a 21 sqq., trad. J. Tricot, Vrin, pp. 2 à 7**

**4** ◻ L'art, la *technè*, en tant que science *appliquée*, doit s'adjoindre la connaissance de l'individuel, faute de quoi il demeure abstrait et, partant, inefficace.

**5** ◻ Et c'est la connaissance progressive du *pourquoi* qui fonde la hiérarchie entre les diverses activités de l'esprit.
Cf. *Seconds analytiques*, I, 13, où Aristote déclare que certaines sciences sont subordonnées à d'autres parce qu'elles sont *empiriques relativement* à celles-ci : ainsi « *savoir que* les blessures circulaires guérissent plus lentement que les autres relève du médecin, et *savoir pourquoi*, du géomètre. » (Vrin, trad. J. Tricot, p. 79).

# *CULTURE, TRAVAIL, TECHNIQUE*

Comme le souligne Auguste Comte dans son *Cours de philosophie positive*, l'homme est de tous les animaux celui chez qui l'intelligence a le plus à faire pour atténuer la discordance entre les « imperfections physiques » et les « nécessités morales » de sa condition. La constatation de ce que l'être humain sort inachevé des mains de la nature constitue, depuis Platon, un poncif de l'anthropologie philosophique (voir plus haut l'*Extrait* du *Protagoras*) : faiblesse de l'**espèce humaine** qui n'a ni fourrure ni armes pour se protéger des attaques du froid et des grands animaux ; faiblesse de l'**individu humain** dont l'enfance est exceptionnellement longue et qui, même parvenu à l'âge adulte, n'est guère apte à survivre en dehors de la société.

L'homme est donc cet être de la nature qui doit **inventer** lui-même, par le **travail**, jusqu'à ses moyens de survie. Le travail humain implique la **conscience d'un projet**[1] : alors que l'agriculteur le plus primitif sait **prévoir** la récolte de l'année suivante, les animaux, remarque Engels, « pratiquent à un haut degré le gaspillage et, en outre, ils détruisent en germe les pousses nouvelles » (*Dialectique de la nature*, éd. Sociales, p. 176). Or, c'est cette même faculté d'**anticiper** intelligemment la fin recherchée qui permet à l'homme de s'en détourner provisoirement afin d'élaborer et de forger des **outils***, c'est-à-dire des **objets fabriqués** servant à **agir sur la matière** : une définition célèbre, donnée par Franklin, puis reprise par Marx, a ainsi pu caractériser l'homme comme un **animal** fabriquant des **outils** *(« a toolmaking animal »)*.

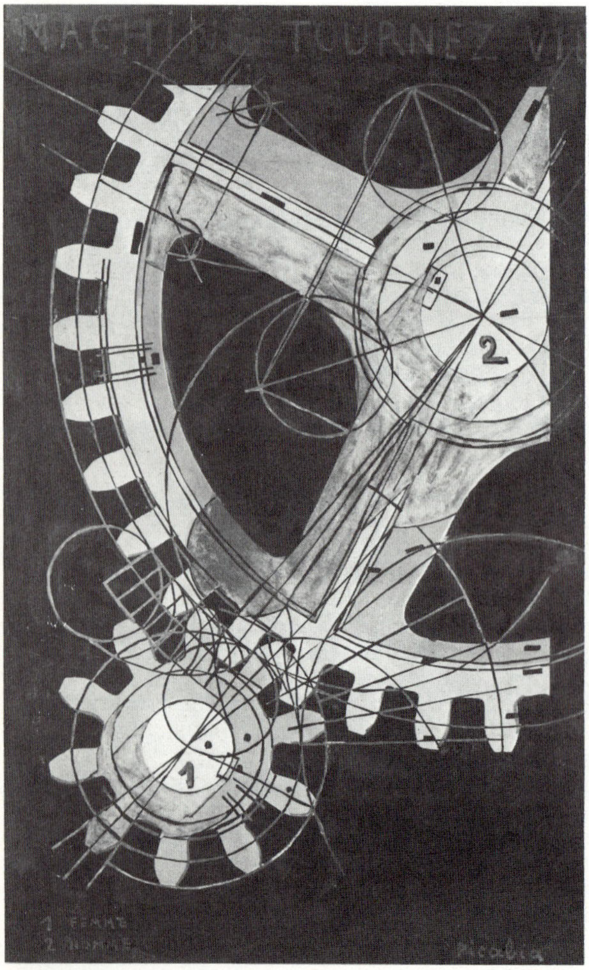

Picabia,
*Machine tournez vite* (1916).

Outre le développement maximal de la capacité crânienne (1 300 $cm^3$ environ), la station droite (qui élargit notablement le champ perceptif) et la libération de la main (pouce opposable aux autres doigts) ont présidé aux premiers progrès de l'espèce. La main est un organe tout particulièrement remarquable par la complexité de son squelette et de son innervation : n'étant pas spécialisée, elle est, comme le dit Aristote, « non pas un outil, mais plusieurs » (*Parties des animaux*, IV, 10) ; elle est un outil à faire des outils. L'outil **réagit** d'ailleurs sur la nature de l'être qui l'a fabriqué, remarque Bergson, car « pour chaque besoin qu'il satisfait, il produit un besoin nouveau » (*L'Évolution créatrice*, chap. II, P.U.F., p. 142) : de la roue à la fusée cosmique, n'est-ce pas le **besoin toujours renouvelé** d'aller *plus* vite et *plus* loin qui a guidé l'inventeur ? Ainsi, en s'exerçant, la technique humaine se dispose à mieux s'exercer.

## *Science et technique*

**Technique** qualifie originairement, on l'a vu, tout procédé mis en œuvre pour obtenir un résultat déterminé. L'idée de technique évoque donc d'abord celles d'empirisme, de recette transmise par quelque tradition : « J'appelle *technique*, écrivait en ce sens Marcel Mauss (1872-1950), un acte *traditionnel efficace* » (« Les techniques du corps », in *Sociologie et anthropologie*, P.U.F., p. 372. Voir à ce sujet le *Grand Texte* du chapitre sur *Nature et Culture*). Mais, de nos jours, le terme de technique fait toujours plus référence à des ensembles de procédés fondés sur des **connaissances scientifiques**. On pense **machine** et on pense **rationalité** lorsque l'on parle de techniques : la technique apparaît désormais presque exclusivement comme la **science appliquée**.

Cette évolution sémantique tient à deux raisons essentielles. D'une part, l'Antiquité et le Moyen Age ayant distingué soigneusement les **arts libéraux*** des arts réputés indignes d'un homme libre,

**1** ◻ Sur la notion de **projet**, voir la *Leçon* sur le *Temps*.

l'idée de technique s'est progressivement rétrécie jusqu'à ne plus évoquer que des activités d'ordre **manuel**. Le **technicien** ou **artisan** n'est, en ce sens, qu'un simple tâcheron, un pur exécutant, et Pascal (1623-1662) peut, en tant qu'inventeur de la machine arithmétique, prévenir contre « les mauvaises copies qui pourraient [en] être produites par la présomption des *artisans.* (...) Pour les nouvelles inventions, ajoute-t-il, il faut nécessairement que l'art soit aidé par la théorie jusqu'à ce que l'*usage* ait rendu les règles de la théorie si communes qu'il les ait enfin *réduites en art* » (*La Machine d'arithmétique*, Avis, Œuvres complètes, Seuil, p. 190).

Mais, d'autre part, les **délais d'application** de la science contemporaine s'étant tellement réduits par rapport à ce qu'ils étaient naguère, la technique paraît désormais constituer bien souvent une « retombée » presque immédiate de la science la plus abstraite, voire même une partie intégrante de la recherche la plus fondamentale. L'emploi d'énormes appareils (accélérateurs de particules dont le diamètre mesure plusieurs centaines de mètres, télescopes géants, etc.) conçus et utilisés par des **équipes** de nombreux chercheurs, la fabrication massive d'instruments construits sous leur égide (« Le microscope est un prolongement de l'esprit plutôt que de l'œil. Un instrument est une théorie matérialisée », écrivait Bachelard dans *Les Intuitions atomistiques*), et, plus prosaïquement, la **conception** de produits destinés à être fabriqués en série par des robots ou par des machines que l'ouvrier se borne à alimenter, tout ceci redore quelque peu le blason d'un **technicien** que la conscience commune oppose bien moins volontiers au savant qu'elle n'opposait jadis les **artisans** aux **inventeurs**.

## *La technique : mutilation ou libération ?*

« Le monde est plein de dangers, mais aucun n'est plus formidable que l'homme », proclame le chœur dans l'*Antigone* de Sophocle. L'homme « parcourt la mer qui moutonne quand la tempête souffle au sud, (...) et la mère des dieux, la Terre souveraine, (...) il la travaille, il la retourne. (...) Savoir et pouvoir dans l'art qui est le sien passent toute espérance, glissant tantôt au mal, tantôt au bien » *(ibid.).* Cette impuissance de la pensée à savoir si elle doit davantage admirer ou redouter les pouvoirs de l'homme nous paraît tout à la fois archaïque et moderne : **archaïque** dans la mesure où, comparée à l'idéologie conquérante des Lumières, par exemple, et à sa foi dans les progrès techniques et moraux de l'espèce, elle révèle une confiance bien limitée dans l'avenir de l'humanité (on trouve déjà une foi comparable à celle

Barrias,
*Allégorie de l'électricité.*

qui animera les philosophes des Lumières dans l'*Extrait* de Descartes cité plus haut) ; **moderne**, parce qu'au cours des deux derniers siècles, les techniques se sont tellement « multipliées, compliquées, renforcées », et ce, à un rythme si « hallucinant » (toutes ces expressions sont de Georges Friedmann dans *Où va le travail humain ?*, Gallimard) que l'on y a trouvé maintes fois occasion de nuancer, voire même de récuser, cet enthousiasme des Lumières.

La « ronde infernale des besoins » (Friedmann) que créent les nouvelles techniques et qui, à leur tour, les nourrissent ; la démultiplication des efforts fournis par le travailleur (n'oublions pas qu'au Moyen Age, un jour sur trois environ était chômé) ; l'abrutissement physique et moral qu'induit un travail parcellaire et répétitif (dont Hegel signale déjà l'extension dans ses *Principes de la philosophie du droit*, § 243) : tous ces effets négatifs de la grande industrie moderne semblent plaider contre le continuel progrès des techniques. Et les premières révoltes ouvrières (en particulier, celles des canuts de Lyon en 1831 et 1834) consistèrent bel et bien à **briser des machines** qui, en dévalorisant les productions du vieux métier à tisser, épuisaient les moins malchanceux et privaient les autres de leur gagne-pain.

Est-ce à dire que l'automatisation des travaux les plus pénibles et les plus fastidieux doit inéluctablement entraîner misère et chômage ? Que la conquête de l'espace ne puisse avoir d'autre aiguillon qu'une folle course à la « guerre des étoiles » ? Par quelle malédiction les progrès de la technique, prétendument destinés à épargner la peine des hommes, devraient-ils aggraver leurs souffrances ?

Pour commencer de répondre à cette dernière question, on peut se reporter à l'analyse qu'a faite André Leroi-Gourhan de la situation sociale du technicien dans la plupart des civilisations : on y trouverait peut-être matière à espérance. A travers toute l'histoire humaine, affirme cet ethnologue contemporain, le technicien apparaît comme un « démiurge asservi » : maître des arts du feu, c'est lui qui depuis cinquante siècles — tel un « Vulcain tout-puissant, boiteux et ridiculisé » — martèle la vaisselle des dieux, forge les armes dont usent les chefs et fond les bijoux dont se parent leurs femmes. (Leroi-Gourhan, *Le Geste et la parole*, Albin Michel, Tome I, p. 249). Toujours le **travailleur**, l'**ingénieur**, et, à l'époque contemporaine, le **savant** dans la mesure où ses travaux peuvent avoir des **applications** immédiates, paraissent servir **les fins d'autres hommes**, semblent obéir à un État ou à un groupe social qui s'approprie les principales découvertes techniques et les oriente en fonction d'intérêts particuliers et égoïstes.

Si les finalités de la technique humaine sont à ce point subordonnées aux visées du pouvoir politique, il est donc permis de penser que c'est moins la technique elle-même qui est à redouter, que l'utilisation qu'on en peut faire pour asservir l'humanité, la traiter comme une marchandise, ou, dans le cas des armements modernes, pour mettre un terme tout d'un coup à « l'ascension prométhéenne » que constitue l'histoire humaine (Leroi-Gourhan, loc. cit.).

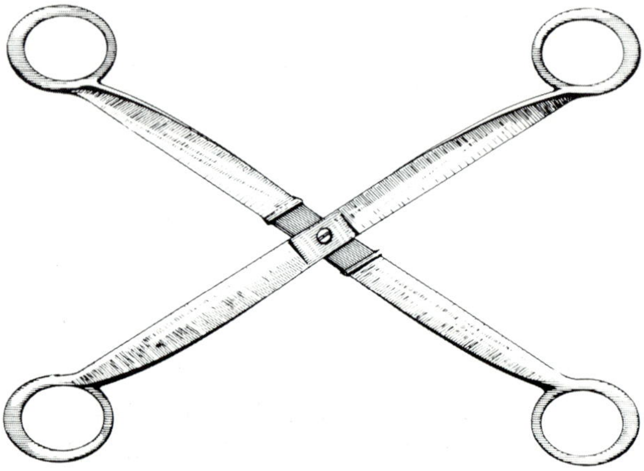

Ciseaux siamois : Avec ces ciseaux plus de métal inutilisé : les branches d'une des deux paires forment les tranchants de l'autre, et inversement.

Carelmann, *Catalogue d'objets introuvables.*


BIBLIOGRAPHIE DE LA LEÇON

***Émile BOTIGELLI :***
*Présentation des Manuscrits de 1844 de K. Marx*, Ed. Sociales.

***Georges FRIEDMANN :***
*Où va le travail humain ?*, Gallimard.

***André LEROI-GOURHAN :***
*Le Geste et la parole*, Albin Michel.

**TABLE D'ORIENTATION**

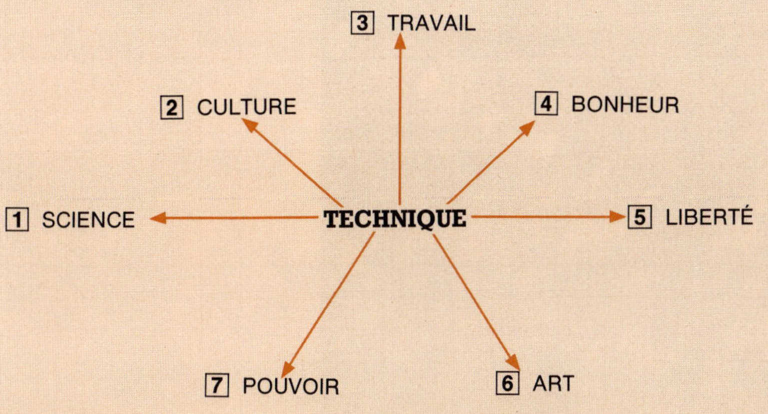


## SUJETS DE DISSERTATION

1 Les techniques ne sont-elles qu'une application des sciences ? (Groupe 1, A, 1980)

■ Le progrès scientifique a-t-il pour condition l'échec d'une technique ? (Groupe 1, C-D, 1982)

2 La science et la technique nous autorisent-elles à considérer notre civilisation comme supérieure aux autres ?

3 L'homme doit-il craindre que la machine travaille pour lui ? (Grenoble, B, 1983)

■ L'outil et la machine.

4 Que peut-on attendre de la technique ? (Dijon, C-D, 1979)

■ Peut-on en toute rigueur parler des « miracles de la technique » ? (Besançon, C-D, 1980)

5 Le projet de devenir « maîtres et possesseurs de la nature » a-t-il encore un sens de nos jours ? (Besançon, B, 1981)

■ La machine libère-t-elle l'homme ?

6 Y a-t-il une différence de nature entre l'artiste et l'artisan ?

7 La politique est-elle une technique ? (Aix-en-Provence, C-D, 1983)

## BIBLIOGRAPHIE GÉNÉRALE

***ARISTOTE :*** *Traité des parties des animaux,* IV, 10, Vrin.

***BACHELARD :*** *L'Activité rationaliste de la physique contemporaine,* Conclusion, P.U.F.

***BERGSON :*** *L'Évolution créatrice,* chap. II, P.U.F. ; *Les Deux sources de la morale et de la religion,* chap. IV, P.U.F.

***DESCARTES :*** *Discours de la méthode,* VIe partie, Nathan, Coll. « Les Intégrales de Philo ».

***DIDEROT :*** Article « Art » de *L'Encyclopédie,* éd. Sociales.

***FRIEDMANN :*** *Le Travail en miettes,* Gallimard.

***HEIDEGGER :*** « La question de la technique », in : *Essais et conférences,* Gallimard.

***LUCRÈCE :*** *De la nature,* chant V, vers 1241 à 1457, Garnier-Flammarion.

***MARCUSE :*** *L'Homme unidimensionnel,* Minuit.

***MARX :*** *Le Capital,* livre I (en particulier : Troisième section, chap. VII et Quatrième section, chap. XV), Garnier-Flammarion.

***MARX/ENGELS :*** *L'Idéologie allemande,* 1re partie, éd. Sociales.

***PLATON :*** *Protagoras,* Garnier-Flammarion.

## GLOSSAIRE

**Arts libéraux :** du latin *artes liberales*, arts dignes d'un homme libre, par opposition aux arts *mécaniques*, c'est-à-dire manuels. Musique exceptée (parce qu'elle était considérée comme une branche des mathématiques, par l'intermédiaire de l'*harmonie*), aucun de nos « arts » n'était rangé dans les arts libéraux : à partir de la Renaissance seulement (XVe/XVI[e] siècle), on admettra que les *beaux-arts,* quoique *manuels* pour une large part, ne sont pas réductibles à des arts mécaniques.

**Forces productives :** chez Marx, terme désignant les *matières premières*, la *force de travail* humaine, les *outils* (ou machines) et les *techniques*.
« Le moulin à bras, écrit Marx dans sa *Misère de la philosophie*, vous donnera la société avec le suzerain [c'est-à-dire la féodalité] ; le moulin à vapeur, la société avec le capitalisme industriel. » C'est donc le *degré de développement des forces productives*, c'est-à-dire essentiellement des *techniques*, qui rendrait compte de l'organisation d'une société donnée, de ses institutions, de ses croyances, etc.

**Impératif technique** (chez Kant) : Kant distingue l'impératif *catégorique*, qui représente une action comme bonne *en soi*, des impératifs *hypothétiques*, qui représentent l'action comme bonne en tant que « moyen pour quelque autre chose ».
Par opposition aux *commandements de la moralité* (impératifs du premier genre), ces derniers impératifs sont donc seulement *techniques* ou *pragmatiques* : techniques, ce sont des *règles de l'habileté* pourvoyant à l'emploi des moyens en vue de toute fin *possible* (par exemple, les parents éduquent leurs enfants *afin que* ceux-ci puissent obtenir plus tard ce à quoi ils aspireront *éventuellement*) ; *pragmatiques*, ce sont des *conseils de la prudence* nous suggérant les moyens de parvenir au bonheur (qui, lui, est une fin *réelle* chez tous les hommes).

**Outil :** « choses ou ensemble de choses que l'homme *interpose* entre lui et l'objet de son travail comme conducteurs de son action » (Marx, *Le Capital*, éd. cit., p. 140).

**Taylorisme :** organisation du travail préconisée par l'ingénieur américain F.W. Taylor (1856-1915), destinée à accroître notablement la *productivité* du travail ouvrier : utilisation maximale de l'outillage, spécialisation stricte et suppression des gestes inutiles constituent les principes essentiels du *taylorisme* dont le travail *à la chaîne* est l'application essentielle.

**Technocratie** (de *technè*, art, technique et *cratos*, pouvoir) : terme de formation récente, désignant, en particulier dans les sociétés industrielles, un groupe social composé pour l'essentiel de hauts fonctionnaires et d'agents du pouvoir exécutif. Ces *technocrates* décideraient, sans trop s'embarrasser de considérations éthiques ni institutionnelles, des grandes orientations politiques et sociales qu'adoptent les gouvernements. Ce faisant, ils réduiraient la gestion de la société à une pure et simple *technique*.

Fin de carnaval à Rio.

# LA SOCIÉTÉ

Pensons à la fête... songeons aux saturnales de la Rome païenne antique, au nouvel an babylonien, au renversement du monde du carnaval des gueux en Espagne, au « Corrobori » australien, au carnaval de Rio, à celui de Venise ou de la Nouvelle Orléans... ou encore aux mardis gras de notre enfance.

Le charivari d'un carnaval, le **déchaînement** orgiaque d'une **fête**, c'est un peu comme si, subitement, la société, son ordre, ses codes, ses lois, sa hiérarchie et ses usages n'avaient plus de raison d'être. L'image du **carnaval**, sorte de « folie » collective, met en cause le bien-fondé de la vie en société. Mais on ne connaît pas, dans l'histoire, de société qui fonctionne sans les **discontinuités**, les parenthèses insolentes d'une fête, d'un carnaval où tout semble permis.

## *Le carnaval : un acte antisocial ?*

Certes, les fêtes gardent un aspect **social** dans la mesure où elles consistent à rassembler ou **unir les individus**, massivement, pour susciter une exaltation collective. Mais leur fonction véritable n'est-elle pas de permettre à chacun d'**échapper** pour un temps **aux règles de la société**, et de montrer par là la gageure qu'elles représentent ?

L'insensé devient sage, le riche devient le pauvre, le vieillard retourne en enfance, l'homme se déguise en femme et réciproquement ; la prostituée est sanctifiée, l'esclave devient le maître, chacun endosse l'habit de ses fantasmes ou de ses rêveries... Le carnaval est une **violation rituelle** et solennelle de la société qui est faite de tumulte, de cris, de rixes et de combats, de beuveries et de mœurs dissolues. La société est alors travestie et minée, reconstruite sans aucun souci de cohérence, les **rôles sociaux** sont **inversés** ou **renversés**, la hiérarchie sociale est retournée de façon incongrue.

Transgressant l'idée même d'organisation sociale, le carnaval nourrit de véritables **aspirations de rejet** et de révolte contre les chaînes de la dépendance sociale. Il est en quelque sorte **retour mythique à des origines naturelles**, au « chaos » perçu comme « pré-social ».

## *Le dérèglement socialisé*

Pourtant, si le carnaval est une diversion passagère de l'ordre social, il est également, par la fusion fraternelle des individus à laquelle il donne lieu, une manifestation du **caractère sacré** des **normes** de la vie en société. Bien qu'ils apparaissent comme des **dérèglements**, carnavals et fêtes sont des **institutions sociales** parfaitement **réglées** : ils ont une fonction de « soupape de sécurité », et contribuent à entretenir et régénérer la société elle-même.

Cela n'empêche pas pour autant que ces dérèglements dégénèrent... Chaque année, le carnaval de Rio occasionne des morts et des centaines de blessés : les fêtes populaires, tout comme les manifestations hostiles, les guerres ou les révolutions, catalysent et exaspèrent au grand jour les contradictions qui minent la société. Les petits drames du quotidien, querelles, vandalisme, antagonismes sociaux, individualismes, y prennent tout à coup une dimension effrayante et tragique.

## *La société : un vain mot ?*

S'interroger sur la société, c'est donc chercher quelles sont les raisons et les moyens de **l'unité** et de la **cohérence** sociale. C'est aussi, d'une façon ou d'une autre, rendre compte des **contradictions** qui s'y manifestent. « L'homme est un animal social qui déteste ses semblables », disait Delacroix. Analyser la société, c'est résoudre cet apparent paradoxe.

## *L'homme est un « animal politique »*

**ARISTOTE**

C'est pourquoi toute cité est naturelle, comme le sont les premières communautés qui la constituent. Car elle est leur fin, et la nature est fin : car ce que chaque chose est une fois que sa genèse est complètement achevée, nous disons que c'est la nature de cette chose, ainsi pour un homme, un cheval, une famille. De plus le « ce en vue de quoi » c'est-à-dire la fin, c'est le meilleur ; et l'autarcie est à la fois la fin et le meilleur.

Nous en déduisons qu'à l'évidence la cité fait partie des choses naturelles, et que l'homme est par nature un animal politique ; si bien que celui qui vit hors cité, naturellement bien sûr et non par le hasard des circonstances, est soit un être dégradé, soit un être sur-humain : il est comme celui qu'Homère injurie en ces termes : « sans lignage, sans loi, sans foyer ». Car un tel homme est du même coup passionné de guerre. Il est comme une pièce isolée au jeu de tric-trac. C'est pourquoi il est évident que l'homme est un animal politique, bien plus que n'importe quelle abeille ou n'importe quel animal grégaire. Car, nous le disons souvent, la nature ne fait rien en vain. Et seul parmi les animaux l'homme est doué de parole. (...)

De plus la cité est par nature antérieure à la famille et à chacun d'entre nous. Car le tout est nécessairement antérieur à la partie. (...) Que, donc, la cité soit à la fois naturelle et antérieure à chacun de ses membres, c'est évident. S'il est vrai, en effet, que chacun pris isolément n'est pas auto-suffisant, il sera dans la même situation que les autres parties vis-à-vis du tout. Aussi, celui qui ne peut appartenir à une communauté, ou qui n'en a nullement besoin du fait qu'il est autosuffisant n'est en rien une partie d'une cité : par conséquent, c'est soit une bête, soit un dieu.

***La Politique,* Livre I Chap. 2,**
**Nathan, coll. « Les Intégrales de Philo », pp. 39-41**

## *L'état de société s'oppose à l'état de nature*

**ROUSSEAU**

Il y a dans l'état de nature une égalité de fait réelle et indestructible parce qu'il est impossible dans cet état que la seule différence d'homme à homme soit assez grande pour rendre l'un dépendant de l'autre. Il y a dans l'état civil une égalité de droit, chimérique et vaine, parce que les moyens destinés à les maintenir servent eux-mêmes à la détruire, et que la force publique ajoutée au plus fort pour opprimer le faible rompt l'espèce d'équilibre que la nature avait mis entre eux. De cette première contradiction découlent toutes les autres qu'on remarque dans l'ordre civil entre l'apparence et la réalité. Toujours la multitude sera sacrifiée au petit nombre, et l'intérêt public à l'intérêt particulier ; toujours ces noms spécieux de justice et de subordination serviront d'instruments à la violence et d'armes à l'iniquité : d'où il suit que les ordres distingués qui se prétendent utiles aux autres ne sont en effet utiles qu'à eux-mêmes aux dépens des autres.

***L'Émile* (1762), Livre IVe,**
**Gallimard, éd. de la Pléiade, pp. 524-525**

## L'insociable sociabilité de l'homme

**KANT**

*Le moyen dont la nature se sert pour mener à bien le développement de toutes ses dispositions est* leur antagonisme *au sein de la Société, pour autant que celle-ci est cependant en fin de compte la cause d'une ordonnance régulière de cette Société.* J'entends ici par antagonisme *l'insociable sociabilité* des hommes, c'est-à-dire leur inclination à entrer en société, inclination qui est cependant doublée d'une répulsion générale à le faire menaçant constamment de désagréger cette société.

L'homme a un penchant à *s'associer*, car dans un tel état, il se sent plus qu'homme par le développement de ses dispositions naturelles. Mais, il manifeste aussi une propension à *se détacher* (s'isoler), car il trouve en même temps en lui le caractère d'insociabilité qui le pousse à vouloir tout diriger dans son sens ; et de ce fait, il s'attend à rencontrer des résistances de tous côtés, de même qu'il se sait par lui-même enclin à résister aux autres. C'est cette résistance qui éveille toutes les forces de l'homme, le porte à surmonter son inclination à la paresse, et sous l'impulsion de l'ambition, de l'instinct de domination ou de cupidité, à se frayer une place parmi ses compagnons qu'il supporte de mauvais gré, mais dont il ne peut se passer. L'homme a alors parcouru les premiers pas qui, de la grossièreté, le mènent à la culture dont le fondement véritable est la valeur sociale de l'homme.

***Idée d'une histoire universelle au point de vue cosmopolitique*** **(1784),**
**trad. S. Piobetta, Gonthier-Médiations, p. 31**

## commentaire

Pour **Aristote** (385-322 av. J.-C.), l'homme est un « animal politique » (du grec *polis*, la cité), être **par nature social**, conduit à s'associer à ses semblables pour former une communauté. Cette nécessité est d'ordre quasi économique, l'homme isolé n'étant pas autosuffisant et la société assurant seule l'**autarcie**. L'idée d'un « homme naturel » présocial est donc absurde, l'homme n'étant homme qu'en tant qu'il est uni aux autres individus. La société est à la fois le **fait premier** à partir duquel on peut penser l'homme, et la **fin** qui accomplit les potentialités de la nature humaine.

Pour **Rousseau** (1712-1778), la finalité de la société est de faire passer l'homme de l'**état de nature**, caractérisé par la **dispersion** et la **satisfaction immédiate** des besoins, à l'**état social** qui instaure une communauté paisible et égalitaire par l'aliénation des intérêts égoïstes en une volonté générale. Mais l'institution de la **propriété** corrompt cette finalité car, au lieu de fonder la société sur l'idée de **communauté**, elle substitue à l'état naturel un ordre social inégalitaire où le rapport social est un **rapport de force déguisé** sous une forme légale. Contradictoire, la société inégalitaire ne convertit pas les intérêts privés en intérêts sociaux, et ne supprime pas les antagonismes dus à l'égoïsme. Elle n'est qu'un agrégat d'égoïsmes rivaux. C'est pourquoi l'ordre social n'y peut prendre la forme que de la domination légale de certains sur d'autres.

Pour **Kant** (1724-1804), cette contradiction ne ruine pas l'idée de société, mais en assure paradoxalement le fonctionnement et le développement. Deux penchants entrent en conflit en l'homme : penchant à s'associer, qui lui permet de développer ses potentialités par la collaboration avec ses semblables ; penchant à se détacher, c'est-à-dire à défendre son intérêt privé et son autonomie de décision (égoïsme). Le deuxième penchant, qui est en apparence un pur principe de **dislocation sociale**, peut pourtant servir les intérêts de la communauté, dans la mesure où il est aussi principe de **stimulation** : animée par l'égoïsme, la **concurrence** contribue en fait au développement général de la société. Il y a une **utilité sociale** du **penchant a-social**, et la société fait collaborer à son progrès la nature a-sociale de l'homme.

# Comprendre la société

## l'auteur

Né en Allemagne, en 1818, Karl Marx a connu l'exil dès l'âge de 25 ans. Installé d'abord à Paris, puis en Belgique, il mourra à Londres en 1883, après un bref retour en Allemagne. Sa pensée a radicalement bouleversé l'analyse de la société en raison du caractère novateur de sa démarche, mais aussi des implications **politiques** et des conséquences **historiques** du marxisme.

A l'origine, la pensée de Marx se présente comme l'héritage et la critique de la philosophie de **Hegel**. La critique de Marx porte essentiellement sur **l'aliénation**, le fait « d'avoir son être dans son être-autre », dépossession fondamentale de soi. Marx repère l'aliénation dans tous les domaines de l'activité humaine : économie, religion, politique, idéologie. Mais l'aliénation économique en est la forme fondamentale, parce qu'elle touche aux conditions matérielles de l'existence.

C'est pourquoi l'analyse des **formations historiques** doit avant tout être l'analyse de leur infrastructure économique qui détermine les autres sphères de pratiques sociales. Cette idée est l'acte de naissance du **matérialisme historique** qui revendique le statut de **science de l'histoire** ou **science des sociétés** comme formations historiques. En affirmant que l'histoire est fondamentalement **histoire des modes de production**, le matérialisme historique fournit une **méthodologie** pour l'analyse des sociétés.

Analyser un phénomène c'est, pour les marxistes, établir sa « nature de classe ». Cela implique donc d'interroger son rapport à la production (qui produit, pour qui, quel est l'état de développement des forces productives ?...). Analyser une société, c'est, *a fortiori*, établir la nature des rapports de production qui la constituent.

## l'intérêt philosophique du texte

Selon Marx, les rapports sociaux sont « déterminés » : à l'intérieur d'une société donnée, les rapports des individus entre eux ne dépendent pas exclusivement de leurs volontés individuelles, ils ne sont ni naturels, ni arbitraires, et correspondent à une **phase historique du développement de la société**. Le postulat fondamental de l'analyse marxiste est que la diversité des rapports sociaux doit être référée à la sphère de la production matérielle (sphère de l'économie ou des « rapports de production ») qui détermine tous les autres aspects de la vie sociale. La sphère économique (« infrastructure ») est l'**instance déterminante** dont les autres formes sociales sont des **effets**. Elle est le **moteur du changement** historique, rendu nécessaire à un moment donné par la contradiction des forces productives et des rapports de production, lorsque le développement des forces matérielles (techniques, machines...) atteint un niveau tel que les rapports de production (esclavagistes, féodaux, capitalistes...) deviennent pour celles-ci une entrave.

Cette théorie de l'histoire est à la fois **discontinuiste** (l'histoire n'avance pas par progression continue mais par sauts qualitatifs quand une contradiction demande à être résolue) et **déterministe**, puisque la transformation historique répond à une nécessité indépendante. C'est ce qui permet à Marx de pronostiquer la disparition des rapports de production bourgeois comme forme sociale antagoniste : freinant le développement des forces productives (chômage, destructions massives de marchandises invendues, investissements parasitaires, etc.), ceux-ci périront sous les coups des fossoyeurs qu'ils ont eux-mêmes engendrés, les ouvriers modernes, qui « n'ont à perdre que leurs chaînes » *(Manifeste du Parti communiste)*.

**1** □ « Pour vivre, il faut avant tout boire, manger, se loger, s'habiller et quelques autres choses encore. Le premier fait historique est donc la production des moyens permettant de satisfaire ces besoins, la production de la vie matérielle elle-même, et c'est même là une condition fondamentale. » (*Idéologie allemande,* pp. 26-27.)

**2** □ « Quelles que soient les formes sociales de la production, les travailleurs et les moyens de production en restent toujours les facteurs. Mais les uns et les autres ne le sont qu'à l'état virtuel tant qu'ils se trouvent séparés. Pour une production quelconque, il faut leur combinaison. C'est la manière spéciale d'opérer cette combinaison qui distingue les différentes époques économiques par lesquelles la structure sociale est passée. » (*Capital,* IV, p. 38.)

**3** □ La situation économique est la base, mais les divers éléments de la superstructure — les formes politiques de la lutte des classes et ses résultats, (...) les formes juridiques, et même les reflets de toutes ces luttes réelles dans le cerveau des participants, théories juridiques, politiques, philosophiques, conceptions religieuses et leurs développements ultérieurs en système dogmatique — exercent leur action sur le cours des luttes historiques, et dans beaucoup de cas, en déterminent de façon prépondérante la *forme*. Il y a action et réaction de tous ces facteurs. (F. Engels : *Lettre à J. Bloch.)*
« Aux différentes étapes de l'évolution de la production correspondent des rapports différents et des contradictions différentes [qui ne peuvent] être comprises qu'en considérant le mode de production de l'époque et tout l'ordre social dont il est la base. » (*Idéologie allemande,* pp. 530-531.)

**4** □ « A chaque époque historique la propriété s'est développée différemment et dans une série de rapports sociaux diffé-

Jeu de société ou apprentissage de la société ? (Joueurs de Monopoly).

# *Les contradictions fondamentales de la société*

**Karl MARX**

## *La structure économique*

Dans la production sociale de leur existence[1], les hommes entrent en des rapports déterminés, nécessaires, indépendants de leur volonté, rapports de production[2] qui correspondent à un degré de développement déterminé de leurs forces productives matérielles. L'ensemble de ces rapports de production constitue la structure économique de la société, la base concrète sur laquelle s'élève une superstructure[3] juridique et politique et à laquelle correspondent des formes de conscience sociales déterminées. Le mode de production de la vie matérielle conditionne le processus de vie social, politique et intellectuel dans son ensemble. Ce n'est pas la conscience des hommes qui détermine leur être ; c'est inversement leur être social qui détermine leur conscience.

## *Contradiction et révolution*

A un certain stade de leur développement, les forces productives matérielles de la société entrent en contradiction avec les rapports de production existants, ou, ce qui n'en est que l'expression juridique, avec les rapports de propriété[4] au sein desquels elles s'étaient mues jusqu'alors. De formes de développement des forces productives qu'ils étaient, ces rapports en deviennent des entraves. Alors s'ouvre une époque de révolution sociale. La transformation dans la base économique bouleverse plus ou moins rapidement toute l'énorme superstructure. Lorsqu'on considère de tels bouleversements, il faut toujours distinguer entre le bouleversement matériel des conditions de production économiques, constaté avec la rigueur des sciences de la nature, et les formes juridiques, politiques, religieuses, artistiques ou philosophiques, bref, les formes idéologiques sous lesquelles les hommes prennent conscience de ce conflit et le mènent jusqu'au bout. (...)

## *L'extinction d'une forme de société*

Une formation sociale ne disparaît jamais avant que soient développées toutes les forces productives[5] qu'elle est assez large pour contenir, jamais des rapports de production nouveaux et supérieurs ne s'y substituent avant que les conditions d'existence matérielles de ces rapports soient écloses dans le sein même de la vieille société. (...) Les rapports de production bourgeois sont la dernière forme antagoniste[6] du processus de production sociale, antagoniste, non pas dans le sens d'un antagonisme individuel, mais d'un antagonisme qui naît des conditions d'existence sociale des individus ; cependant les forces productives qui se développent au sein de la société bourgeoise créent en même temps les conditions matérielles pour résoudre cet antagonisme[7]. Avec cette formation sociale s'achève donc la préhistoire de la société humaine.

***Contribution à la critique de l'économie politique,***
**Préface (1859), trad. M. Husson, Éd. Sociales, pp. 4-5**

rents. (...) Vouloir donner une définition de la propriété, comme d'un rapport indépendant, d'une catégorie à part, d'une idée abstraite et éternelle, ce ne peut être qu'une illusion de la métaphysique ou de jurisprudence. » (*Misère de la philosophie*, p. 160.)

**5** ◻ « Mise sous le joug des forces de la nature, machinisme, application de la chimie à l'industrie et à l'agriculture, navigation à vapeur, chemins de fer, télégraphes électriques, défrichement de continents entiers, régularisation des fleuves, populations entières jaillies du sol — quel siècle antérieur aurait soupçonné que de pareilles forces productives sommeillaient au sein du travail social ? » (*Manifeste du Parti communiste*, p. 37.)

**6** ◻ « L'histoire de toute société jusqu'à nos jours est l'histoire de luttes de classes. » (*Manifeste du Parti communiste*, p. 30.)

◻ « Toutes les sociétés antérieures (...) ont reposé sur l'antagonisme de classes oppressives et de classes opprimées. Mais pour opprimer une classe, il faut pouvoir lui assurer des conditions d'existence qui lui permettent au moins de vivre dans la servitude. (...) La bourgeoisie est incapable (...) d'imposer à la société les conditions d'existence de sa classe (...) parce qu'elle est obligée de le laisser déchoir [son esclave, le prolétaire] au point de devoir le nourrir au lieu qu'il la nourrisse. » (*Ibid.*, p. 46.)

**7** ◻ « Mais cette forme contradictoire est une forme qui disparaît et produit les conditions réelles de sa propre abolition. » (*Grundrisse*, V, p. 28.)

Toutes les notes se réfèrent aux ouvrages des éditions Sociales.

# *LA SOCIÉTÉ : le lieu d'un affrontement philosophique*

C'est Aristote qui a inauguré toute une tradition affirmant la sociabilité naturelle de l'homme, sa nature d'« animal politique » qui ne se réalise pleinement qu'en société. **Cicéron** considérera l'origine de la société humaine dans les **tendances* naturelles** : « De même que nous nous servons de nos membres avant d'avoir appris pour quel usage nous les possédons, de même c'est la nature qui nous a liés et associés en vue d'une commune politique. » (*Des biens et des maux*, III, in « Les Stoïciens », Pléiade, p. 287.) Le philosophe arabe **Avicenne**, grand lecteur d'Aristote, soutiendra que « l'être de l'homme tel qu'il a été créé ne peut se maintenir en vie sans une société. » **Grotius** affirmera à son tour l'inclination naturelle de chacun à vivre avec ses semblables, quand bien même nous n'aurions besoin de rien, précisait-il. **Pufendorf** développera la **spontanéité sociale** de l'homme en l'accordant avec l'amour-propre et le soin de notre propre conservation. **Diderot** admettra encore que l'origine de la société est à chercher dans la nature « sociale » de l'homme. Et la liste n'est pas close...

Ces quelques références suffisent à montrer la permanence et l'influence de cette conception aristotélicienne. C'est seulement lorsque les philosophes poseront l'hypothèse d'un **contrat** originel que cette conception sera remise en cause : société « naturelle » et société « artificielle » s'affronteront alors par thèses interposées.

## *L'hypothèse d'un contrat originel*

L'homme n'est pas un être naturellement « social » ; il est essentiellement **un loup pour l'homme**. Tel est le point de départ de la réflexion que Hobbes **propose** pour remonter à l'origine de la société. A l'état de nature, l'homme jouit d'un **droit absolu sur toutes choses**. Chacun agit selon **son propre intérêt** au détriment des autres. De ce débordement réciproque des droits naturels résultent à la fois un état intenable de **guerre virtuelle de tous contre tous** et une condition invivable de **crainte permanente**. Mais Hobbes reconnaît à l'homme un seul instinct, le plus simple et le plus élémentaire : l'**instinct de conservation**. Guidé par la raison, cet instinct pousse l'homme à **chercher la paix** et la **sécurité**, à passer un **contrat*** avec les autres hommes. La société naît du mécanisme conscient et volontaire qui consiste dans l'abandon collectif du droit naturel de se gouverner soi-même au profit d'une personne — que Hobbes appelle le **Léviathan** — qui seule sera autorisée à user de la force pour faire respecter l'ordre et assurer la sécurité recherchée. Autrement dit, la société est le lieu d'un **transfert du droit absolu de chacun à la « personne unique »**. Elle résulte d'un contrat dont les termes sont les suivants :

> *J'autorise cet homme ou cette assemblée et je lui abandonne mon droit de me gouverner moi-même, à cette condition que tu lui abandonnes ton droit et que tu autorises toutes ses actions de la même manière.*
>
> (*Léviathan*, IIe partie, chap. XVII)

Faisons quelques remarques :

1) Deux **termes** sont **communs à l'état de nature* et à l'état social** : la **crainte** et la **réciprocité**. C'est la crainte qui pousse les hommes naturels à passer un contrat entre eux, et c'est toujours elle qui les contraint à respecter les engagements sous peine de punition. D'autre part, au débordement réciproque qui caractérisait l'état de nature, correspond maintenant l'abandon réciproque des droits naturels*. En d'autres termes, quand Hobbes affirme la rupture entre les deux états — l'homme devant, selon son expression, « mourir à la nature pour naître à la vie sociale » —, il fonde néanmoins ce **passage** sur deux caractères relevant essentiellement de la nature.

2) Ceci posé, la société reste une **création**, et le *status civilis* une dimension artificielle.

3) Le contrat originel est une **hypothèse*** plus que la description d'un épisode historique. Hobbes, comme l'ensemble des théoriciens du « contrat social », ne considérait pas l'état de nature dans le temps : son existence effective importe peu. C'est le **concept*** qui est indispensable à la compréhension et à la justification de l'état civil.

## *Le droit de nature dans la société*

C'est pour Hobbes la volonté qui fonde le droit naturel : l'homme peut volontairement se retirer des lois communes de la nature. C'est ce pouvoir humain qui justifie la définition de la société comme **renonciation** totale et absolue de chaque membre du corps social à son droit naturel. **Spinoza** conteste cette conception :

> *Chacun existe par le droit suprême de la Nature, et par conséquent chacun fait par le droit suprême de la Nature ce qui suit de la nécessité de sa propre nature ; et ainsi chacun juge par le droit suprême de la Nature quelle chose est bonne, quelle mauvaise, ou avise à son intérêt suivant sa complexion, se venge et s'efforce de conserver ce qu'il aime, de détruire ce qu'il a en haine.*
>
> (*Éthique*, IV, 37, scolie II)

Autrement dit, le **droit naturel** ne peut pas être supprimé puisqu'il est une **forme de la nécessité**. Il est donc **impossible** à l'individu **de l'abandonner**. Dans le pacte avec la société, ce droit survit. En fait, demande Spinoza, comment pourrait-on vivre dans la sécurité (fonction de la société) sans conserver son droit naturel d'existence et d'agir ?

La seconde critique que Spinoza adresse au théoricien du *Léviathan* concerne la notion d'« état de nature ». Il est vain, soutient Spinoza, de bâtir des hypothèses sur l'état de nature puisqu'il ne peut être rien d'autre que l'état de l'homme tel qu'il est effectivement, abstraction faite de toute institution politique. A l'hypothétique « homme-loup », Spinoza substitue la définition suivante : « A l'homme, rien de plus utile que l'homme. » (*Éthique*, IV, 18).

L'homme a toujours ressenti ce « commandement de la Raison » qu'est l'« utilité » de l'autre. Ainsi, même à l'état de nature, il vivait nécessairement en société, car la solitude ne peut ni quantitativement ni qualitativement répondre à ses besoins. La société ne provient donc pas d'un **projet*** (Hobbes) ; elle existe en fonction d'une même nature — à la fois nécessaire et raisonnable.

## *Violence et société*

Hobbes pensait **endiguer la violence** propre à l'homme naturel par la renonciation réciproque du droit de nature au profit d'un seul et unique Pouvoir. Cette « espérance » fit l'objet de nombreuses critiques.

**Montesquieu** pense que, par nature, **l'homme fuit** plutôt que d'attaquer. La « guerre de tous contre tous » n'est pas le stade originel du genre humain. Ce n'est pas la violence qui est première, mais le sentiment de faiblesse et la peur qui l'accompagne. **La violence apparaît** avec la constitution de la société : c'est **lorsque les hommes s'associent** qu'ils trouvent la guerre.

> *Sitôt que les hommes sont en société, ils perdent le sentiment de leur faiblesse ; l'égalité, qui était entre eux, cesse, et l'état de guerre commence. Chaque société vient à sentir sa force ; ce qui produit un état de guerre de nation à nation. Les particuliers, dans chaque société, commencent à sentir leur force : ils cherchent à tourner en leur faveur les principaux avantages de cette société ; ce qui fait entre eux un état de guerre. Ces deux sortes d'état de guerre font établir des lois parmi les hommes.*
>
> (*De l'Esprit des lois*, Livre I, ch. 3)

Si, pour Montesquieu, la violence est contemporaine de l'avènement de la société, pour **René Girard** il est **illusoire de l'escamoter** soit avant soit après cette réalisation. Girard s'accorde avec **Durkheim** pour placer le fait religieux à l'origine de la société. Mais il reproche à ce dernier de ne pas avoir totalement exploité sa découverte. A l'origine du religieux, poursuit Girard, il y a le **sacrifice**. Par le sacrifice, la société détourne « une violence qui risque de frapper ses propres membres, ceux qu'elle entend à tout prix protéger » (*La Violence et le sacré*, 1972, Grasset, p. 13). Il y a donc bien **expulsion de la violence**, mais **par la violence**. Autrement dit, le mouvement de l'humanité vers la société conduit les individus au meurtre sacrificiel, à la violence, et non pas à la renonciation à leur droit naturel de tuer.

René Girard ne conçoit pas d'« état de nature non-violent ». Comme **Freud**, il pense plutôt que l'homme n'est pas naturellement porté à la société des autres. Hobbes avait raison de souligner l'existence d'une violence naturelle et réciproque, mais son erreur fut de penser qu'elle pouvait s'annuler pour fonder la société. La fonction fondatrice se trouve dans la **violence unanime**. C'est parce qu'à la violence réciproque des hommes peut se substituer une violence unanime de tous contre un seul (qu'il s'agisse du sacrifice d'un homme ou d'un animal) que la société peut apparaître. La violence est donc présente dans la société, mais cette fois de façon **légale** car unanime. Contre la doctrine du Contrat social, Girard montre que la volonté humaine n'est pas **ce qui unifie les hommes** en société. C'est le **mécanisme de la victime émissaire**, c'est-à-dire de l'expulsion de la violence par la violence qui rendrait possible cette association :

> *Si la pensée religieuse primitive se trompe quand elle divinise la violence, elle ne se trompe pas quand elle refuse d'attribuer au vouloir des hommes le principe de l'unité sociale.*
>
> (*ibid.*, p. 386)

## *Intérêt et société*

Si en s'associant les hommes se démunissent de leur droit fondamental (Hobbes), ou se trouvent en face d'un état de guerre (Montesquieu), si, comme le soutient Schiller, la société amenuise l'individu, **pourquoi** est-elle malgré tout recherchée ?

On peut trouver chez **Platon** une double réponse. D'une part, Platon propose une **conception**

Le Louvre sous tous ses aspects : grands magasins (aujourd'hui disparus), maquette du futur musée du « Grand Louvre », station de métro.

**« instinctive »** : les hommes se plaisent à se rassembler. D'autre part, il considère l'aspect **« utilitaire »** de la société. La société tire son origine du besoin provoqué par l'insuffisance propre à chaque individu isolé. A ce titre, elle est constamment recherchée.

> *Ce qui donne naissance à une cité, c'est, je crois, l'impuissance où se trouve chaque individu de se suffire à lui-même, et le besoin qu'il éprouve d'une foule de choses.*
> (*La République* II, 369 b-c)

Aristote admet que l'origine historique de la société réside dans le besoin et donc dans l'intérêt. Mais, précise-t-il, cette origine ne se confond pas avec son but qui est la **vertu**. On se réunit pour vivre, mais on reste ensemble pour **bien vivre**, c'est-à-dire pour vivre **conformément à la justice**.

En fait, l'intérêt que les Grecs portaient à la société (ou, plutôt, à la **Cité**) s'explique par le concept qu'ils se sont forgé de la liberté : être libre, c'était naître et être intégré dans une société, l'exil représentant alors la pire des sanctions.

Près de vingt siècles après Aristote, Bernard de **Mandeville** opérera une distinction tranchée entre société civile et **société morale**. Dans son ouvrage intitulé *La Fable des abeilles* (1705), Mandeville prétend que les moteurs de la vie sociale et économique se confondent précisément avec ce que les moralistes et théologiens condamnent, à savoir gaspillage et corruption. Le commerce prospère dans une société où règnent le gaspillage et la corruption, alors que la frugalité et l'honnêteté ruinent l'économie. Il faut choisir entre vertu et prospérité. Plus l'individu est **« intéressé »**, plus il est **« sociable »**. Autrement dit, l'intérêt qu'offre la société civile se résume à l'**intérêt égoïste* de l'individu**.

Tenir compte du caractère égoïste de l'homme ne contraint pourtant pas à choisir entre société morale et société civile, affirme Kant :

> *Remercions la nature pour cette humeur peu conciliante, pour la vanité rivalisant dans l'envie, pour l'appétit insatiable de possession ou même de domination. Sans cela toutes les dispositions naturelles excellentes de l'humanité seraient étouffées dans un éternel sommeil.*
> (*Idée d'une histoire universelle au point de vue cosmopolitique*, tr. S. Piobetta, Gonthier, p. 32)

L'intérêt de la société se présente aux yeux de Kant sous la forme d'une **émulation**. Seul, l'homme s'adonne à ses désirs de tranquillité. A l'intérieur de la société, il combat cette paresse par l'estime qu'il a de lui-même.

### BIBLIOGRAPHIE DE LA LEÇON

**René GIRARD :**
*La Violence et le sacré*, Grasset.

**Thomas HOBBES :**
*Le Léviathan*, trad. F. Tricaud, Sirey.

**P.F. MOREAU :**
« Nature, Culture, Histoire », in *Les Idéologies*, tome III, sous la direction de F. Châtelet, Hachette.

**PLATON :**
*La République*, trad. R. Baccou, Garnier-Flammarion.

**SPINOZA :**
*Éthique*, trad. Ch. Appuhn, Garnier-Flammarion.

**TABLE D'ORIENTATION**

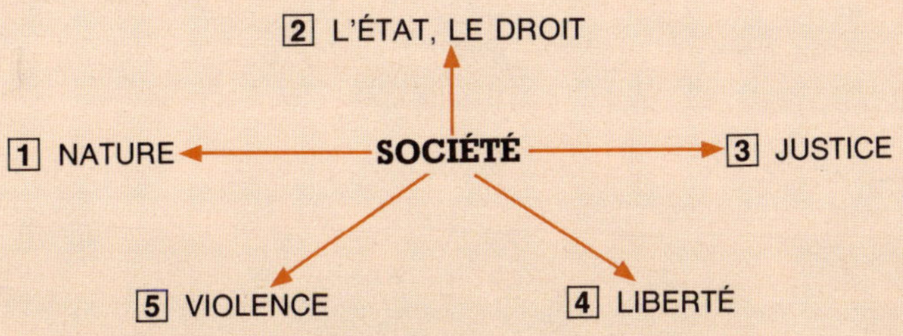


**SUJETS DE DISSERTATION**

1 Y a-t-il des fondements naturels de l'ordre social ? (Etr., F-G, 1980)

2 En quel sens peut-on dire que l'homme est un « animal politique » ? (Toulouse, C-D, 1983)

■ La puissance de l'État est-elle condition de l'harmonie sociale ? (Grenoble, C-D, 1983)

3 Faut-il défendre l'ordre à tout prix ? (Lille, C-D, 1983)

■ L'inégalité des hommes rend-elle impossible l'égalité des citoyens ? (Besançon, A, 1983)

4 L'obligation morale est-elle entièrement expliquée par la pression de la société sur l'individu ? (Besançon, B, 1983)

5 Les crises au sein d'une société sont-elles le signe de sa vitalité ? (Antilles-Guyane, B, 1983)

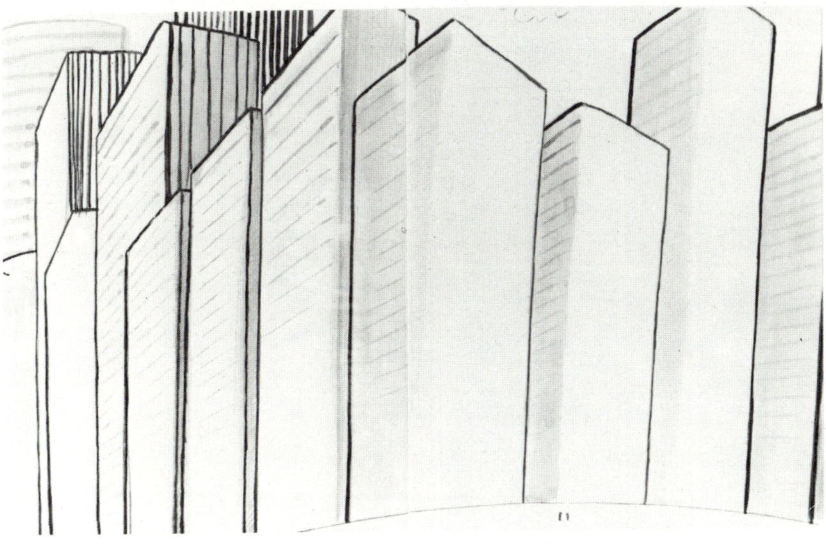

— *« En somme vous êtes un poids pour la société... »*

Sempé, *Quelques philosophes.*

**BIBLIOGRAPHIE GÉNÉRALE**

***ARISTOTE :*** *Éthique à Nicomaque,* livre IX, Vrin.

***COMTE :*** *Discours sur l'ensemble du positivisme ; Système de philosophie positive,* « Textes choisis », P.U.F.

***E. DURKHEIM :*** *La Division du travail social ; Les Règles de la méthode sociologique,* P.U.F.

***FREUD :*** *Malaise dans la civilisation,* P.U.F.

***HEGEL :*** *Principes de la philosophie du droit,* Idées-Gallimard.

***KANT :*** *La Philosophie de l'Histoire,* Gonthier-Médiations.

***LOCKE :*** *Traités du gouvernement civil,* Vrin.

***MARX et ENGELS :*** *Le Manifeste du Parti communiste,* Nathan, coll. « Les Intégrales de Philo ».

***MONTESQUIEU :*** *De l'Esprit des lois ; Les Lettres persanes,* Garnier-Flammarion.

***ROUSSEAU :*** *Du contrat social ; Discours sur l'origine et les fondements de l'inégalité parmi les hommes,* Gallimard.

**GLOSSAIRE**

**Autarcie :** état de celui qui a en lui-même *(autos)* son propre principe d'existence *(arkê),* c'est-à-dire qui se suffit à lui-même. La cité parfaite est pour Aristote celle qui ne doit rien à l'extérieur et vit en autarcie (politique, économique, culturelle...).

**Droit :** ensemble des lois qui, dans une société, déterminent juridiquement les rapports des hommes entre eux et des hommes aux choses. Pour une définition des termes « Droit des gens », « Droit subjectif » et « Droit objectif », voir le chapitre *Droit.*

**Droits naturels :** ensemble des droits inhérents à l'homme par nature.

**État de nature :** voir le *Glossaire* du chapitre sur le *Droit.*

**Société civile :** voir le *Glossaire* du chapitre sur la *Justice.*

**Totalitarisme :** voir le *Glossaire* du chapitre sur *l'État, le pouvoir.*

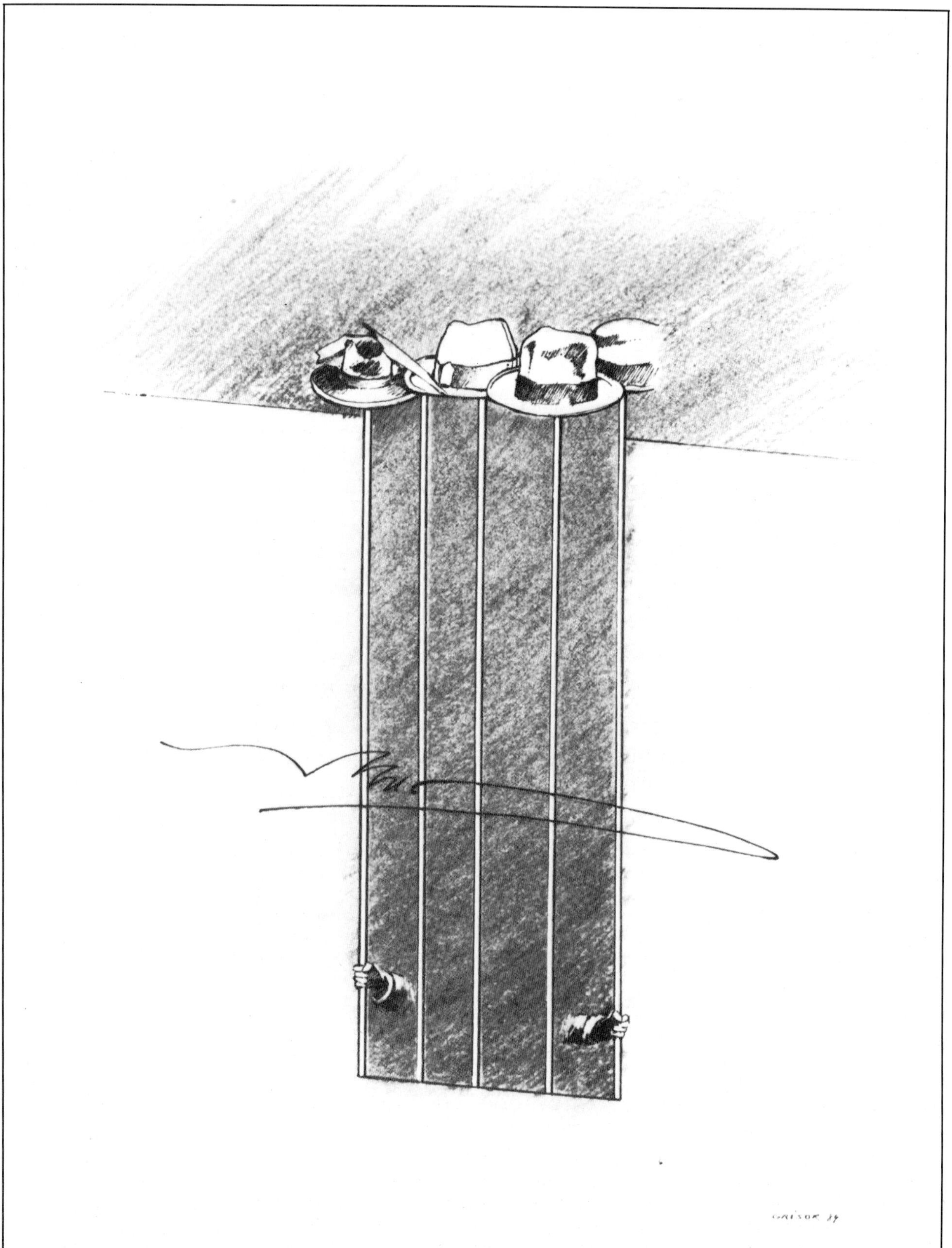

# L'ÉTAT, LE POUVOIR

## *Omniprésence du pouvoir*

Pour l'homme occidental, l'**État**, qui peut être loué pour ses bienfaits (sécurité sociale ou congés payés) comme mis en accusation pour ses contraintes (les impôts, la police...), est immédiatement **perçu comme la forme la plus évidente du pouvoir**. S'en tenir à ce constat, c'est oublier qu'il n'a pas toujours existé : la politique grecque, fidèle à l'étymologie du terme, s'organisait non par rapport à un État, mais à la *polis*, à la cité ; aujourd'hui même, de nombreuses sociétés ignorent la réalité de l'État, au point qu'il est par exemple fréquent que, dans un État africain, les gens se définissent davantage par leur appartenance ethnique que par leur citoyenneté officielle.

Le citoyen athénien ne méconnaissait pas pour autant les rouages du pouvoir ; le membre d'une société traditionnelle ou « primitive » ne les néglige pas davantage — pouvoir de la religion officielle, pouvoirs du chef de village, du sorcier ou des traditions... En Occident même, l'assimilation du pouvoir au seul État ne doit pas faire oublier les autres versions du pouvoir : ainsi, l'opposition des **pouvoirs « spirituel » et « temporel »** de l'Église, essentielle dans l'histoire de l'Occident.

L'État est sans doute devenu le synonyme le plus évident et permanent de la **Loi**, — celle que nul n'est censé ignorer... C'est bien lui qui décide du licite — mais qui représente-t-il ? et de quel droit ? telles sont les questions les plus courantes de la réflexion politique... C'est l'État qui décrète et produit les textes de référence.

Ce passage par le texte peut au moins suggérer que l'écriture n'est pas ici un instrument neutre : son intervention, parce qu'elle fixe définitivement les décisions et en inscrit les traces pour « toujours », ne risque-t-elle pas de modifier les **relations entre l'individu et le pouvoir** ? A la tradition orale, qui peut être insensiblement modifiée, l'écriture substitue un texte incontestable. Ce qui révèle en elle la capacité, non seulement de participer au pouvoir, mais, plus radicalement, de signaler qui le détient : celui qui la pratique.

Au-delà des descriptions classiques des différentes formes de pouvoir, de la démocratie* au totalitarisme* en passant par la monarchie*, une éventuelle analyse du pouvoir de l'État n'aurait de sens qu'à la condition d'en étudier les modes de diffusion : à travers les slogans, les media, l'information plus ou moins contrôlée, les rouages bureaucratiques ou l'organisation pénale, le pouvoir se répand, s'infiltre dans le quotidien par des voies auxquelles on ne pense pas toujours immédiatement.

Ainsi, dans la formule classique du « Tout est politique », on pourrait entendre un plus troublant « il y a du pouvoir partout ». Encore faut-il ajouter que ce pouvoir s'effectue, non seulement entre une « tête » (ou un « sommet ») et des « sujets », mais aussi bien d'un sujet à l'autre, se ramifiant en tous sens et trouvant d'étranges relais dans ceux qui, parce qu'ils en subissent un aspect, prétendent en exercer un autre sur autrui.

(Page de gauche)
Dessin original de Grisor.

## *L'obéissance à la volonté générale*

**ROUSSEAU**

Chaque individu peut comme homme avoir une volonté particulière contraire ou dissemblable à la volonté générale qu'il a comme citoyen. Son intérêt particulier peut lui parler tout autrement que l'intérêt commun ; son existence absolue et naturellement indépendante peut lui faire envisager ce qu'il doit à la cause commune comme une contribution gratuite, dont la perte sera moins nuisible aux autres que le payement n'en est onéreux pour lui, et regardant la personne morale qui constitue l'État comme un être de raison parce que ce n'est pas un homme, il jouirait des droits du citoyen sans vouloir remplir les devoirs du sujet ; injustice dont le progrès causerait la ruine du corps politique.

Afin donc que le pacte social ne soit pas un vain formulaire, il renferme tacitement cet engagement qui seul peut donner de la force aux autres, que quiconque refusera d'obéir à la volonté générale y sera contraint par tout le corps : ce qui ne signifie autre chose sinon qu'on le forcera d'être libre ; car telle est la condition qui donnant chaque citoyen à la Patrie le garantit de toute dépendance personnelle ; condition qui fait l'artifice et le jeu de la machine politique, et qui seule rend légitimes les engagements civils, lesquels sans cela seraient absurdes, tyranniques, et sujets aux plus énormes abus.

***Du Contrat social* (1762),**
**Livre I, chap. 7, Garnier-Flammarion, pp. 54-55**

## *L'égoïsme contre l'État*

**Max STIRNER**

Dans notre groupement en nation, en État, nous ne sommes que des hommes. En tant qu'individus, c'est à notre vie privée qu'il appartient exclusivement de régler comment nous pouvons nous comporter et à quels instincts égoïstes nous pouvons obéir ; notre vie publique, notre vie de citoyen est une vie purement humaine. Ce qu'il y a en nous d'inhumain et d'égoïste est rabaissé à une « affaire privée » et nous séparons nettement l'État de la « Société civile » dans laquelle se donne cours « l'égoïsme ».

L'Homme véritable, c'est la nation, mais l'homme isolé est constamment un égoïste. Donc faites abstraction de votre personnalité, de votre individualité isolée, en laquelle demeure l'inégalité égoïste et la discorde et consacrez-vous tout entier à l'Homme véritable, à la nation, l'État. Alors vous serez estimés comme hommes et vous aurez tout ce qui est le propre de l'homme ; l'État, l'homme vrai, vous reconnaîtra ses privilèges et vous donnera « les droits de l'Homme ». L'Homme vous donne ses droits ! Ainsi parle la bourgeoisie.

Le régime bourgeois se résume en cette pensée que l'État c'est l'homme vrai et que la valeur humaine de l'individu consiste à être un citoyen de l'État. Il met tout son honneur à être un bon citoyen, au-dessus il ne connaît rien, tout au plus cette vieillerie — être un bon chrétien.

***L'Unique et sa propriété* (1844),**
**trad. H. Lasvignes, éd. S.L.I.M., pp. 126-127**

## *L'État est le rationnel en soi et pour soi*

**HEGEL**

Si on confond l'État avec la société civile et si on le destine à la sécurité et à la protection de la propriété et de la liberté personnelles, l'intérêt des individus en tant que tels est le but suprême en vue duquel ils sont rassemblés et il en résulte qu'il est facultatif d'être membre d'un État. Mais sa relation à l'individu est tout autre ; s'il est l'esprit objectif, alors l'individu lui-même n'a d'objectivité, de vérité et de moralité que s'il en est un membre. L'association en tant que telle est elle-même le vrai contenu et le vrai but, et la destination des individus est de mener une vie collective ; et leur autre satisfaction, leur activité et les modalités de leur conduite ont cet acte substantiel et universel comme point de départ et comme résultat. La rationalité, considérée abstraitement, consiste essentiellement dans l'unité intime de l'universel et de l'individuel et ici concrètement, quant au contenu, dans l'unité de la liberté objective, c'est-à-dire de la volonté générale substantielle et de la liberté subjective comme conscience individuelle et volonté recherchant ses buts particuliers ; quant à la forme, c'est par suite une conduite qui se détermine d'après des lois et des principes pensés donc universels. Cette idée est l'être universel et nécessaire en soi et pour soi de l'esprit.

***Principes de la philosophie du droit* (1821),**
**§ 258, trad. A. Kaan, Idées-Gallimard, p. 271**

## commentaire

Dans le *Contrat social*, **Rousseau** (1712-1778) cherche à établir le **fondement** véritable **du corps politique** : il ne saurait résider dans la force ni dans aucun autre principe arbitraire ; si les hommes ressentent la nécessité de s'unir, ce doit être pour mieux assurer leur sécurité en faisant l'addition de leurs forces. Une telle union, par laquelle s'effectue le passage de l'indépendance naturelle à la liberté proprement civile, implique l'aliénation de toutes les volontés individuelles à un **projet commun**, c'est-à-dire leur conversion en une **volonté générale** exprimant l'intérêt de tous. Une telle conversion ne peut être partielle : cela ouvrirait la possibilité de privilèges ruineux pour l'ensemble du corps politique. La conséquence en est que le citoyen doit désormais obéir en tout, sans restriction aucune, à la volonté générale : celui qui serait tenté d'y échapper y sera contraint au profit du bien collectif, dont son bien personnel fait en réalité partie.

Du point de vue de **Hegel** (1770-1831), cette volonté générale est encore insuffisante dans la mesure où elle reste trop entachée de subjectivité, donc éloignée du véritable absolu, du « rationnel en soi et pour soi de la volonté » : il en trouve une conséquence positive dans la « constitution d'un grand **État** réel en renversant tout ce qui existe et est donné » ; une autre conséquence, négative cette fois, tient dans « les événements les plus horribles et les plus cruels » qui ont suivi cette constitution.

Tant que l'État est conçu comme contrat, il n'est constitué que par « des abstractions sans Idée ». Si l'on pense au contraire l'État comme le sommet de la « moralité objective », supérieur à la simple société civile, il apparaît qu'il offre à l'**individu** sa seule chance de se réaliser lui-même objectivement et authentiquement. Le destin historique de l'être humain est alors de devenir **membre d'un État** — mais la rationalité de ce dernier est telle qu'on pourra le qualifier de « monstre froid ».

La sensibilité égocentrique de **Stirner** (1806-1856) se révolte nécessairement contre un tel **asservissement de l'individu à l'État**. Ce dernier exige la mutilation permanente de l'être humain — en échange de quoi il prétend lui attribuer des Droits. L'**individualisme** exacerbé que déploie Stirner dans son principal ouvrage (sévèrement critiqué par Marx) refuse une telle mutilation : il se trouve à l'origine de certains courants anarchistes, l'État n'étant d'ailleurs qu'une des puissances aliénantes qui demandent la « négation de soi » : à ses côtés menacent également tous les grands principes à majuscules, qu'il s'agisse de la Patrie, de Dieu, du Peuple ou du Parti... Contre tous ces pouvoirs, il appartient à l'**Unique** de préserver son intégrité.

# *Organiser le pouvoir*

## l'auteur

John Locke (1632-1704) fut officiellement médecin du comte de Shaftesbury. Il séjourna en France puis, suspect aux yeux des Stuart alors au pouvoir (on le soupçonna même de faire partie d'un complot contre le roi), il se réfugia en Hollande.

Il y resta jusqu'à la Révolution de 1688, qui aboutit l'année suivante au *Bill des Droits* substituant à la monarchie absolue un régime de **monarchie constitutionnelle**, protégeant les citoyens contre les abus du pouvoir. Nommé commissaire des Appels, puis au Commerce et aux Plantations, Locke entreprend de publier son œuvre philosophique après son retour en Angleterre : si l'*Essai sur l'entendement humain* élabore la théorie empiriste de la connaissance, les différents textes politiques font à leur façon le bilan de l'histoire récente de l'Angleterre. Très célèbre pendant tout le XVIII$^e$ siècle, sa pensée politique aura une influence en Angleterre (la *Déclaration* de 1689 correspond à ses vœux), en France (où elle est saluée par Voltaire et Montesquieu) et en Amérique (son influence est patente dans la *Déclaration d'indépendance* de 1776).

## l'intérêt philosophique du texte

Dans son *Traité du gouvernement civil*, conçu durant son exil, Locke se montre farouchement hostile à l'**absolutisme**. Il y fonde le libéralisme politique, mais en l'orientant par des préoccupations intellectuelles et morales. L'ouvrage s'inscrit dans le grand élan libéral qui traverse la réflexion politique anglaise au second XVII$^e$ siècle ; pour Locke, l'ordre politique ne saurait trouver son origine dans un décret divin : il se définit par rapport à une **loi naturelle** initiale qui est simultanément commandement de Dieu, **règle de la raison** et loi régissant la nature de toutes choses. L'ordre politique vient corriger les dérèglements de cette loi naturelle lorsque les hommes se laissent dominer par leurs passions, en particulier celle de la richesse.

La **société civile**, fondamentalement législatrice, et à laquelle les hommes adhèrent par « consentement », est ainsi fondée pour **garantir les biens** propres à chacun[1] — garantie que réclame la raison. Dans cette société civile la souveraineté appartient à tous, au « peuple » : il est donc logique que ceux qui auront pour charge de le diriger ne disposent que d'un pouvoir limité.

Au cours de ses années d'exil, Locke a médité sur le **droit à la résistance**, dont le *Traité* fait la théorie : puisque l'autorité politique ne se fonde que sur le consentement du peuple, elle ne peut trahir la confiance de ce dernier (en prétendant devenir absolue) sans se défaire elle-même et **légitimer** automatiquement **l'opposition du peuple**. Une telle situation s'accompagnera sans doute de désordres et de troubles : le responsable en sera non le peuple lui-même, mais bien le tyran, puisqu'il est le premier coupable de la violation des lois. L'excès de pouvoir équivaut ainsi à l'injustice suprême : il pervertit non seulement celui qui l'exerce en opprimant les sujets, mais, de surcroît, il **déstabilise** l'ensemble de l'organisation politique en rendant nécessaire les troubles sociaux.

**1** ◻ Voir sur ce point le *Grand Texte* de Locke au chapitre sur les *Échanges*.

**2** ◻ « Un *accord volontaire* donne... le *pouvoir politique*, aux conducteurs et aux Princes, pour l'avantage de leurs sujets, en sorte que ces sujets puissent posséder en sûreté ce qui leur appartient en propre. » (chap. XV, p. 313)

**3** ◻ « Tout le pouvoir qui est donné et confié en vue d'une *fin*, étant limité par cette *fin*-là, dès que cette *fin* vient à être négligée par les personnes qui ont reçu le pouvoir... et qu'(elles) font des choses qui y sont directement opposées ; la confiance qu'on avait mise en (elles) doit nécessairement cesser et l'autorité qui leur avait été remise est dévolue au peuple, qui peut la placer de nouveau où il jugera à propos, pour sa sûreté et son avantage. Ainsi, le peuple garde toujours le *pouvoir souverain* de se délivrer des entreprises de toutes sortes de

*« La première conjecture qu'on fait d'un seigneur et de son cerveau, c'est de voir les hommes qu'il tient autour de lui ; et quand ils sont suffisants et fidèles, on le peut toujours estimer sage, parce qu'il les a su connaître suffisants et les maintenir fidèles ».*
Machiavel, *Le Prince.*

Mantegna, détail de *La Rencontre,* fresque : le prince Ludovic III et son secrétaire.

## *De la tyrannie **

**John LOCKE**

*La tyrannie est l'exercice d'un pouvoir outré, auquel qui que ce soit n'a droit assurément :* ou bien, la tyrannie est l'usage d'un pouvoir dont on est revêtu, mais qu'on exerce, non pour le bien et l'avantage de ceux qui y sont soumis[2], mais pour son avantage propre et particulier ; et celui-là, quelque titre qu'on lui donne, et quelques belles raisons qu'on allègue, est véritablement *tyran,* qui propose, non les lois, mais sa volonté pour règle, et dont les ordres et les actions ne tendent pas à conserver ce qui appartient en propre à ceux qui sont sous sa domination, mais à satisfaire son ambition particulière, sa vengeance, son avarice, ou quelque autre passion déréglée. (...)

Partout où les lois cessent, ou sont violées au préjudice d'autrui, la *tyrannie* commence et a lieu. Quiconque, revêtu d'autorité, excède le pouvoir qui lui a été donné par les lois, et emploie la force qui est en sa disposition à faire, à l'égard de ses sujets, des choses que les lois ne permettent point, est, sans doute, un *véritable tyran* ; et comme il agit alors sans autorité, on peut s'opposer à lui tout de même qu'à tout autre qui envahirait de force le droit d'autrui[3]. Il n'y a personne qui ne reconnaisse qu'il est permis de s'opposer de la même manière à des magistrats subordonnés. Si un homme qui a eu commission de se saisir de ma personne dans les rues, entre de force dans ma maison et enfonce ma porte, j'ai droit de m'opposer à lui comme à un voleur, quoique je reconnaisse qu'il a pouvoir et reçu ordre de m'arrêter dehors. Or, je voudrais qu'on m'apprît pourquoi on n'en peut pas user de même à l'égard des Magistrats supérieurs et souverains, aussi bien qu'à l'égard de ceux qui leur sont inférieurs ? Est-il raisonnable que l'aîné d'une famille, parce qu'il a la plus grande partie des biens de son père, ait droit par là de ravir à ses frères leur portion[4] ; ou qu'un homme riche, qui possède tout un pays, ait droit de se saisir, lorsqu'il lui plaira, de la chaumière ou du jardin de son pauvre prochain ?

Bien loin qu'un pouvoir et des richesses immenses, et infiniment plus considérables que le pouvoir et les richesses de la plus grande partie des enfants d'Adam, puissent servir d'excuse, et surtout de fondement légitime pour justifier les rapines et l'oppression, qui consistent à préjudicier à autrui sans autorité : au contraire, ils ne font qu'aggraver la cruauté et l'injustice.

***Traité du gouvernement civil*** **(1690),**
**chap. XVIII, trad. D. Mazel,**
**Garnier-Flammarion, pp. 331-332 et 334-335**

personnes, même de ses *législateurs,* s'ils venaient à être assez fous ou assez méchants, pour former des desseins contre les *libertés* et les propriétés des sujets. » (chap. XIII, p. 292)

**4** ☐ « La mesure de la propriété a été très bien réglée par la *nature,* selon l'étendue du travail des hommes, et selon la commodité de la vie... j'ose hardiment soutenir que la même mesure et la même règle de propriété, savoir, que chacun doit posséder autant qu'il lui en faut pour sa subsistance, peut avoir lieu aujourd'hui... Mais depuis que l'or et l'argent, qui, naturellement sont si peu utiles à la vie de l'homme... ont reçu un certain prix et une certaine valeur du consentement des hommes... il est clair, par une conséquence nécessaire, que le même consentement a permis les possessions inégales et disproportionnées. » (chap. V, pp. 201, 202, 213)

Les notes sont extraites du *Traité du gouvernement civil,* éd. citée.

# POUVOIR, VOIR ET SAVOIR

## Le pouvoir doit parler

Dans une analyse aujourd'hui classique, le sociologue Max Weber (1861-1920) a distingué trois fondements de la légitimité, ou, selon ses propres termes, « trois raisons internes qui justifient la domination » :
— le pouvoir peut être **traditionnel**, c'est-à-dire prendre appui sur un ensemble de coutumes sanctifiées par l'habitude (patriarche, seigneur terrien),
— il peut se fonder sur le **charisme*** personnel d'un dirigeant auquel on reconnaît des qualités exceptionnelles (prophète, chef de guerre élu, « grand démagogue », homme providentiel...),
— l'autorité peut enfin s'imposer grâce à une **« légalité »**, « en vertu de la croyance en la validité d'un statut légal et d'une “compétence” positive » (serviteur de l'État au sens contemporain).

Ces trois formes de pouvoir officiel ont au moins en commun de ne devenir efficaces qu'à la double condition d'être **acceptées** et **reconnues** par les **sujets** qui auront à les subir, et d'organiser une **circulation** de **discours** et de messages grâce auxquels elles pourront aussi bien être dites, que se dire elles-mêmes et faire connaître leur volonté : le pouvoir n'a de réalité que s'il passe par la **médiation du langage**, se confirmant dans le discours ou, plus généralement, dans un **ordre symbolique** — celui des insignes, des monuments, des trophées qui exhibent sa force et sa richesse. Muet, un pouvoir n'existerait plus : son **silence** durable signifierait sa décomposition, en même temps que celle du groupe qui lui obéissait ; pour les sujets, la **parole du pouvoir** est davantage qu'une série d'ordres ou un ensemble d'obligations : c'est elle qui donne au groupe sa cohésion et lui permet de se connaître.

## Le pouvoir doit voir

En 1791, l'Assemblée nationale décide de faire publier la version française d'un texte du « jurisconsulte anglais » Jeremy Bentham (1748-1832) : *Le Panoptique*. L'ouvrage présente « un nouveau principe pour construire des maisons d'inspection, et nommément des maisons de force » : il s'agit d'élaborer un espace architectural où les personnes enfermées, par la disposition relative des cellules et des lieux de **surveillance**, auront l'impression qu'elles sont en permanence observées et que leurs moindres faits et gestes seront immédiatement connus de leurs gardiens. Bentham précise au passage qu'« un des grands avantages collatéraux de ce plan, c'est de mettre les sous-inspecteurs, les subalternes de tout genre, sous la même inspection que les prisonniers : il ne peut rien se passer entre eux qui ne soit vu par l'inspecteur en chef ». Ainsi, l'**« œil du pouvoir »** peut-il s'exercer, non seulement du sommet vers le bas, mais aussi sur tous ceux qui, chargés d'en assurer le relais, risqueraient de se laisser aller à quelque faute : dans l'univers carcéral de Bentham, le surveillant est lui-même surveillé.

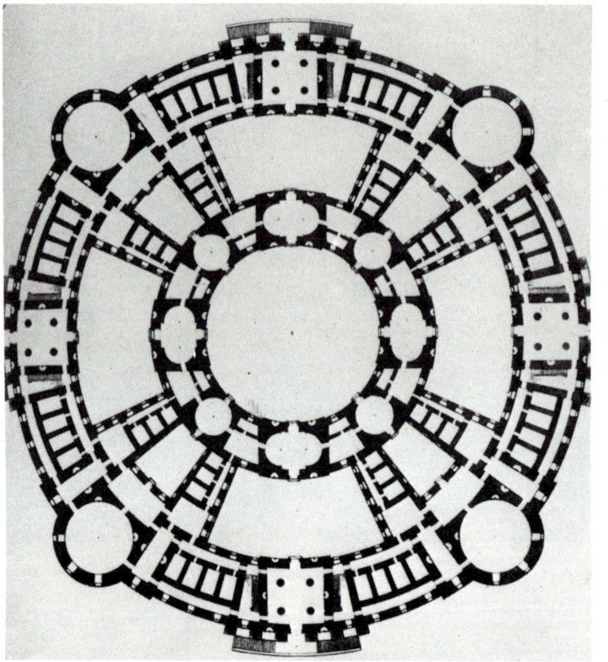

*« Bentham a pensé et dit que son procédé optique était* la *grande innovation pour exercer bien et facilement le pouvoir. De fait, elle a été largement utilisée depuis la fin du dix-huitième siècle. Mais les procédures du pouvoir mises en œuvre dans les sociétés modernes sont bien plus nombreuses et diverses et riches. »*
Michel Foucault.

*J. F. de Neufforge, Projet de prison.*

Cette « utopie-programme », comme l'a nommée Michel Foucault, apparaît comme une version si l'on veut obscure (à force de lumière favorisant le regard en tous sens...) de cette volonté de **transparence** que Rousseau entendait instaurer dans le corps politique. Le *Contrat social*, en affirmant la nécessité d'une absolue réciprocité entre tous les membres du souverain, instaure aussi une **réciprocité** des regards et des contrôles, telle que les membres du souverain n'en finissent pas de s'entre-surveiller. D'ailleurs, si le *Contrat social* est généralement lu én France comme un ouvrage établissant les fondements de la démocratie, il est à remarquer que les commentateurs anglo-saxons y décèlent plus volontiers la justification anticipée des régimes **« totalitaires »**.

Il est d'autre part tentant de trouver dans ce *Panoptique* une première approximation de tous les réseaux grâce auxquels le pouvoir contemporain peut être informé d'une grande partie de la vie privée ou intime des membres d'un État : fichiers informatisés, centrales de listes codées... De ce point de vue, par l'importance qu'il accorde dans son roman *1984* à la télévision comme système de persuasion et de diffusion des ordres, George Orwell apparaît comme un lointain (et involontaire) disciple de Bentham. De plus, le *Panoptique* esquissait l'espace d'un pouvoir suffisamment diffus pour être finalement **anonyme** : « On n'a pas là une puissance qui serait donnée entièrement à quelqu'un et que ce quelqu'un exercerait isolément, totalement sur les autres ; c'est une machine où tout le monde est pris, aussi bien ceux qui exercent le pouvoir que ceux sur qui ce pouvoir s'exerce... Le pouvoir n'est plus substantiellement identifié à un individu qui le posséderait ou qui l'exercerait de par sa naissance ; il devient une machinerie dont nul n'est titulaire » (Michel Foucault).

Paris le 11 mai 1968, angle de la rue Gay-Lussac et du boulevard Saint-Michel.

*« Nous encourageons les efforts des écrivains et des artistes révolutionnaires pour resserrer leurs liens avec les ouvriers, les paysans et les soldats, nous leur assurons l'entière liberté d'aller aux masses, de créer une littérature et un art authentiquement révolutionnaires ».*
Mao Tse Toung, *Interventions aux Causeries sur la littérature et l'art à Yenan*, mai 1942.

Shi jia zhvang, la Filature.

## *Pouvoir et savoir*

Au pouvoir **hiérarchisé**, dépendant d'un ou de quelques individus qui en occupent le sommet, succéderait ainsi une autre figure du pouvoir, peut-être depuis le XIX$^{e}$ siècle, fin officielle des « privilèges » de naissance. Ce pouvoir serait en quelque sorte **acéphale**, au sens où sa réalité s'exercerait non plus à partir de décisions **singulières** transmises verticalement, mais plutôt par la mise en place progressive et difficilement perceptible de trames, de **réseaux**, de relais horizontaux.

Que ce type de **pouvoir sans sommet** soit plus puissant (parce que moins aisément décelable) et plus **insidieux** que ses formes antérieures, voilà qui doit amener à interroger ses relations avec le savoir, y compris le plus **scientifique**.

« On a vérifié mille fois que le savoir est constamment localisé au plus près du pouvoir, dans son exercice, dans sa conservation et dans sa conquête » (Michel Serres) : savoir militaire, géographique, économique, technique, etc. Il conviendrait sans doute de rappeler ici que, dans *La République* de Platon, ceux qui **savent** et ceux qui **dirigent** doivent bien être les mêmes : les **philosophes**. Bien sûr il s'agit pour ces derniers de connaître avant tout le Bien ; la connaissance moderne, scientifique, vise de tout autres objectifs. Mais c'est précisément pourquoi son alliance avec le pouvoir se fait plus insistante que jamais : s'il y a lieu de se rendre « maîtres et possesseurs de la nature », conformément au programme cartésien dont science et technique nous donnent aujourd'hui les moyens, il est à craindre que cette maîtrise ne s'exerce aussi rapidement sur les autres. La réflexion contemporaine en épistémologie insiste suffisamment sur les relations qui existent entre le développement des recherches scientifiques et celui de leurs applications militaires pour que nous soyons prévenus : le savoir a partie liée avec le pouvoir, même (surtout ?) lorsqu'il se prétend pur ou désintéressé. Ne serait-ce que parce que son avancée doit être financée, que ce soit par l'État ou par des organismes privés.

Que serait un pouvoir qui ne serait pas au moins potentiellement et parce qu'il en fait toujours planer la menace, **pouvoir** de **donner la mort**, de **détruire légitimement autrui** ? Tout pouvoir tend ainsi à la « thanatocratie », selon le mot de Michel Serres. Et lorsqu'il prétend se rationaliser, s'effectuer de façon scientifique, cela ne peut que donner naissance à l'**idéologie de la technocratie**, telle que la précisait Burnham dans son *Ère des organisateurs* : le monopole des décisions y reviendrait à ceux qui détiennent déja celui des connaissances, confirmant le clivage entre une « élite » et une population d'autant plus obéissante qu'elle se maintiendrait dans l'ignorance.

La philosophie ne saurait se contenter aujourd'hui de constater l'alliance du pouvoir et du savoir. Si elle entend être fidèle à la fonction **critique** ou de contestation qui put être la sienne, elle doit entreprendre d'interroger le savoir, de le démonter de l'intérieur, de le mettre face à ses responsabilités et conséquences, faisant de l'épistémologie une réflexion à visée **politique et morale**. Au « scientisme » diffus qui imprègne la mentalité contemporaine, encouragé par les États les plus différents qui y trouvent chacun leur avantage, il s'agirait d'opposer une insatisfaction où se ravive quelque chose de l'**étonnement socratique** : ces valeurs de la science, qui semblent trop utiles au pouvoir pour être tout à fait « honnêtes », pour qui sont-elles ? à quel prix ? et au nom de quoi ?

### BIBLIOGRAPHIE DE LA LEÇON

***J. BENTHAM :***
*Le Panoptique*, Belfond.

***F. CHÂTELET, J. DERRIDA, J.-F. LYOTARD, M. SERRES :***
*Politiques de la philosophie*, Grasset.

***J.-T. DESANTI :***
*Le Philosophe et les pouvoirs*, Calmann-Lévy.

***M. SERRES :***
*Hermès III*, Minuit.

***M. WEBER :***
*Le Savant et le politique*, 10-18.

## TABLE D'ORIENTATION

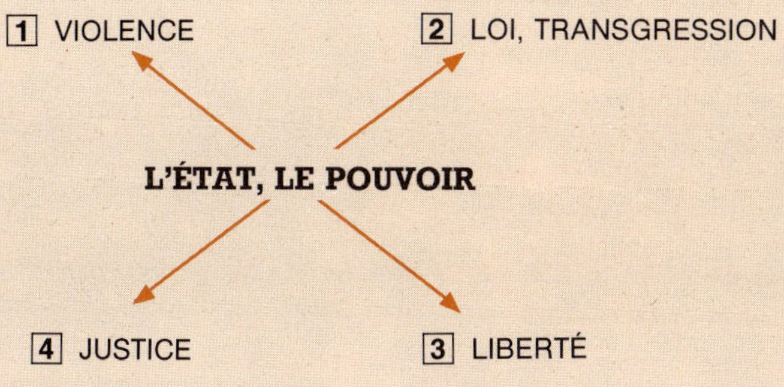


## SUJETS DE DISSERTATION

1
- Qu'est-ce qu'un abus de pouvoir ? (Montréal, A, 1983)
- L'État n'impose-t-il l'obéissance que par la force matérielle ? (Montréal-New York, C-D, 1982)

2
- Peut-on en appeler à la conscience contre la loi ? (Créteil, C-D, 1983)
- Quel rapport la politique entretient-elle avec la morale ? (Lyon, C-D, 1983)
- La concentration des pouvoirs est-elle nécessaire à l'autorité de l'État ? (Polynésie, B, 1985)

3
- Un homme privé de ses droits de citoyen est-il encore un homme libre ? (Amérique du Sud, A, 1983)
- Peut-on dire avec Hölderlin que « Ce qui a fait de l'État un enfer, c'est que l'homme a voulu en faire son paradis » ? (Aix, A, 1983)

4
- La puissance de l'État est-elle condition de l'harmonie sociale ? (Grenoble, C-D, 1983)
- Pourquoi l'union du droit et de la force dans l'État pose-t-elle un problème ? (Nouvelle-Calédonie, B, 1983)
- L'intérêt de l'État coïncide-t-il avec le bien commun ? (Antilles, A, 1982)

## BIBLIOGRAPHIE GÉNÉRALE

***HEGEL*** : *La Raison dans l'histoire,* 10-18 ; *Principes de la philosophie du droit,* Idées-Gallimard.

***HOBBES*** : *Léviathan,* Sirey.

***H. LEFEBVRE*** : *De l'État,* 10-18.

***LÉNINE*** : *L'État et la révolution,* Gonthier-Médiations.

***LOCKE*** : *Traité du gouvernement civil,* Garnier-Flammarion.

***MARX-ENGELS*** : *Manifeste du parti communiste,* Nathan, Coll. « Les Intégrales de philo ».

***PLATON*** : *La République,* Garnier-Flammarion ; *Les lois,* Pléiade.

***ROUSSEAU*** : *Du Contrat social,* Garnier-Flammarion.

## GLOSSAIRE

**Anarchie :** étymologiquement : absence de gouvernement ou d'État. La doctrine anarchiste, telle qu'elle a été fondée par Proudhon, Stirner et Bakounine, rejette toute autorité, qu'il s'agisse de l'État ou d'un pouvoir religieux, et recommande l'association volontaire des individus.

**Charisme** (du grec *charisma*, la grâce) : la première signification de ce terme est religieuse, et se réfère à un don venant de Dieu. Depuis Max Weber, le *charisme* désigne dans le vocabulaire politique contemporain un ensemble de qualités reconnues comme exceptionnelles, et qui semblent prédisposer un individu à exercer le pouvoir.

**Communisme :** toute organisation fondée sur la communauté des biens ou des moyens de production. On distingue le communisme utopique (Platon, Th. More, Babeuf) du communisme marxiste, qui s'affirme scientifique. Ce dernier n'est annoncé par Marx que comme l'aboutissement ultime de la révolution prolétarienne, succédant à la dictature du prolétariat et au socialisme : l'homme y devrait trouver enfin son plein épanouissement.

**Démocratie :** c'est le peuple dans son ensemble qui y constitue le souverain, exprimant sa volonté par ses suffrages. A la suite de la démocratie grecque (où la citoyenneté était d'ailleurs sélective), le terme désigne un régime dans lequel le peuple peut soit exercer sans intermédiaire son pouvoir (démocratie directe), soit le déléguer à ses représentants élus (démocratie représentative).

**Monarchie :** régime politique dans lequel le pouvoir n'est en théorie exercé que par « un seul ». La plupart des monarchies classiques européennes se justifient par un « droit divin » au pouvoir. Ce régime a historiquement évolué vers la monarchie constitutionnelle, dans laquelle le pouvoir du monarque, perdant de son absolutisme, est tempéré par une chambre représentant tout ou partie de la population.

**Oligarchie :** régime politique où le pouvoir appartient à « un petit nombre » de dirigeants choisis en vertu de leur richesse et de leur naissance, ou, dans les cas contemporains, à la suite d'un coup d'État ou même d'élections.

**Souverain :** le substantif désigne en philosophie politique le ou les détenteurs légitimes du pouvoir. Chez Rousseau, par exemple, c'est l'ensemble du peuple.

**Totalitarisme :** régime politique dans lequel les individus sont intégralement soumis au contrôle d'un pouvoir souvent détenu par une seule personne : la « raison d'État » y passe toujours avant le droit des personnes. Un régime totalitaire s'appuie sur un parti unique, sur une police omniprésente, et sur la terreur éventuelle. Selon Anna Arhendt qui a forgé ce concept, l'histoire du xxe siècle a montré que le totalitarisme peut être aussi bien « de droite » que « de gauche ».

**Tyrannie :** pouvoir absolu exercé par un individu, généralement maintenu par la seule force.

**Utopie :** voir le *Glossaire* du chapitre sur l'*Illusion*.

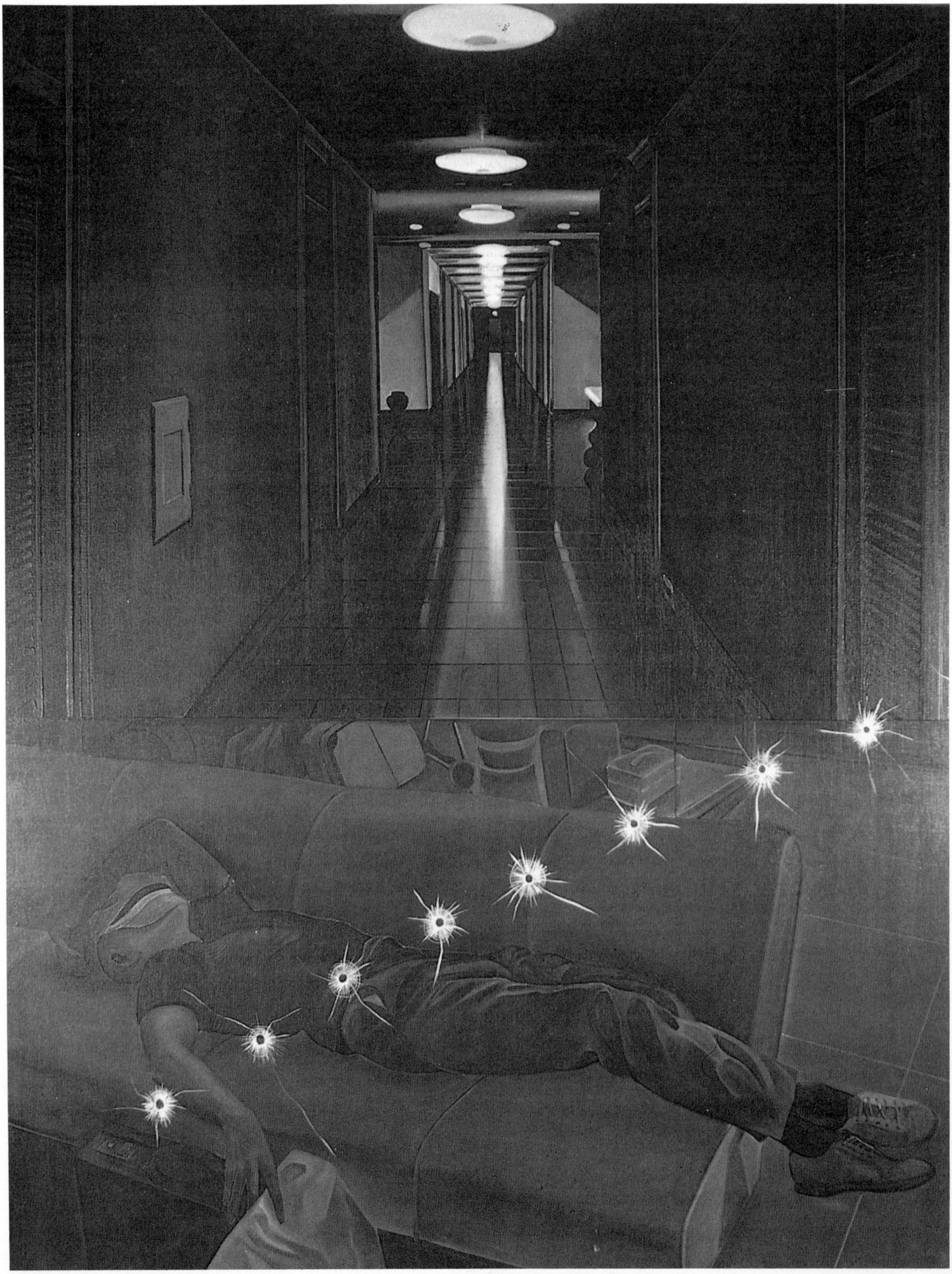

# LA VIOLENCE

## *De la difficile appréhension de la violence...*

La violence est-elle **figurable** ? Parce qu'elle paraît toujours impliquer une mise à distance de son objet, la re-présentation ne détermine pas chez le spectateur de réactions (en particulier affectives) du même ordre ou de même intensité que l'événement réel : regarder un meurtre dans un film, quelle que soit la crédulité qu'attend de nous le réalisateur, ça n'est jamais la même chose qu'être le témoin d'un assassinat dans la rue. Alain Robbe-Grillet, en dénonçant précisément l'« illusion réaliste » que produit le cinéma habituel, a su obtenir des effets comiques en exploitant des situations telles que le viol, le sado-masochisme, etc. : situations qui, dans le quotidien, font plutôt frémir. On sait aussi que, lorsque les chaînes de télévision américaines montraient le déroulement de combats authentiques durant la guerre du Viêt-nam, certains spectateurs trouvaient que les morts ne tombaient pas toujours « bien » — c'est-à-dire aussi artistiquement que John Wayne dans un western...

Ce n'est qu'après coup que la violence peut nous sembler « spectaculaire », lorsque la mémoire, le discours, l'imagination font retour sur son déroulement : au moment même où elle a lieu, elle est simplement **inqualifiable**. Sa brutalité, son caractère immédiat interdisent à la conscience toute prise, tout jugement : la violence en acte stupéfie, rend muet (d'horreur ? de fascination ?), laisse désarmé — au moins de mots.

Doit-on en déduire qu'elle échappe nécessairement à la **compréhension** ? Faut-il plutôt penser que cette dernière lui est sur le moment refusée parce que, de la violence, alors même que l'on sait parfaitement qu'elle existe, on préfère ne pas entendre parler, et donc ne rien dire de sérieux, comme s'il s'agissait de se dissimuler son importance, sa signification ?

## *... à la ruse d'un peintre*

Un homme se repose sur une banquette d'aéroport : le peintre, Jacques Monory, y a fait un autoportrait de plus. Des impacts de balles s'inscrivent sur la toile — peut-être sur une vitre qui sépare le regardeur de la salle d'attente. Rien ne permet d'affirmer que les projectiles aient atteint ce corps étendu : la violence n'est sans doute qu'au dehors. Dans la partie supérieure du tableau est représenté un corridor désert. D'hôtel ou d'hôpital. Ou encore de prison modèle. Lieu où la mort rôde, mais où l'on ignore ce que vivent les corps dans les pièces voisines.

Parce qu'elle produit des images fixes, la peinture ne montrerait que la menace de la violence, ou ses conséquences ; la différant ou la constatant, pour affirmer sa propre maîtrise, sa volonté de ne pas se laisser déborder par les excès de l'in-figurable. Dans le champ du visible se manifeste alors, en deçà de la solution technique retenue, une interrogation fondamentale qui concerne toute la société : comment contrôler la violence, s'il faut commencer par admettre sa présence radicale dans l'homme ?

(page de gauche)
Monory, *Meurtre n° 7* (1968), 1,62 × 1,30, huile sur toile.

## *Les conditions économiques de la violence*

**ENGELS**

La violence, c'est de nos jours, l'armée et la marine de guerre, et toutes deux, comme nous le savons tous à nos dépens, coûtent "diablement cher". Mais la violence ne peut pas faire de l'argent, elle peut tout au plus prendre de l'argent déjà fait — et même cela n'est pas très utile — comme nous l'avons malheureusement également vu à nos dépens dans les cas des milliards de la France.

C'est donc en dernière analyse, la production économique qui doit fournir l'argent ; par conséquent la violence est à nouveau conditionnée par l'ordre économique qui lui procure les moyens de s'équiper en instruments et de les entretenir. Mais cela n'est pas tout. Il n'y a rien qui dépende plus des conditions économiques préalables que précisément l'armée et la flotte. Leur armement, leur composition, leur organisation, leur tactique et leur stratégie dépendent avant tout du niveau atteint à l'époque par la production et les communications.

Ce ne sont pas les "libres créations de l'esprit" des généraux de génie qui ont bouleversé l'art de la guerre, mais la découverte d'armes de meilleure qualité et la transformation du matériel humain, les soldats ; le rôle des généraux de génie se limite dans le meilleur des cas à adapter le mode de combat aux nouvelles armes et aux combattants nouveaux.

***Anti-Dühring*** **(1887-88),**
**IIe partie, chap. 2,**
**trad. Hilsum, éd. Sociales, p. 18**

*« La guerre est divine »...*

**Joseph DE MAISTRE**

Dès que vous sortez du règne insensible, vous trouvez le décret de la mort violente écrit sur les frontières mêmes de la vie. Déjà, dans le règne végétal, on commence à sentir la loi : depuis l'immense catalpa jusqu'à la plus humble graminée, combien de plantes *meurent*, et combien sont *tuées* ! mais, dès que vous entrez dans le règne animal, la loi prend tout à coup une épouvantable évidence. Une force, à la fois cachée et palpable, se montre continuellement occupée à mettre à découvert le principe de la vie par des moyens violents. Dans chaque grande division de l'espèce animale, elle a choisi un certain nombre d'animaux qu'elle a chargés de dévorer les autres : ainsi, il y a des insectes de proie, des reptiles de proie, des oiseaux de proie, des poissons de proie, et des quadrupèdes de proie. Il n'y a pas un instant de la durée où l'être vivant ne soit dévoré par un autre. Au-dessus de ces nombreuses races d'animaux est placé l'homme, dont la main destructive n'épargne rien de ce qui vit ; il tue pour se nourrir, il tue pour se vêtir, il tue pour se parer, il tue pour attaquer, il tue pour se défendre, il tue pour s'instruire, il tue pour s'amuser, il tue pour tuer : roi superbe et terrible, il a besoin de tout, et rien ne lui résiste. (...)

Mais cette loi s'arrêtera-t-elle à l'homme ? non sans doute. Cependant quel être exterminera celui qui les extermine tous ? Lui. C'est l'homme qui est chargé d'égorger l'homme. Mais comment pourra-t-il accomplir la loi, lui qui est un être moral et miséricordieux ; lui qui est né pour aimer ; lui qui pleure sur les autres comme sur lui-même, qui trouve du plaisir à pleurer, et qui finit par inventer des fictions pour se faire pleurer ; lui enfin à qui il a été déclaré *qu'on redemandera jusqu'à la dernière goutte du sang qu'il aurait versé injustement ?* c'est la guerre qui accomplira le *décret.*

***Les Soirées de St-Pétersbourg* (1821),**
**7ᵉ entretien, in *Textes choisis* par E.M. Cioran,**
**éd. du Rocher, pp. 70-72**

## commentaire

C'est en constatant que la **mort** et la **violence** sont bien **inscrites dans la nature** que **Joseph de Maistre** (1753-1821) en déduit des considérations prenant le contre-pied de toute une tradition philosophique qui avait trouvé dans Rousseau un de ses meilleurs représentants (voir son texte dans le chapitre sur le *Droit*). Mort et violence constituent en effet pour de Maistre des normes justifiant l'existence de la guerre de l'humanité contre elle-même. En admettant une **continuité** essentielle entre la **nature** végétale ou animale, et **l'homme**, de Maistre recourt à une argumentation qui n'est pas sans ressembler à celle que soutenait le marquis de Sade quelques années plus tôt dans ses romans.

En précisant la nature des **moyens matériels** mis en œuvre par la guerre et la violence « modernes », **Engels** (1820-1895) s'éloigne évidemment de toute métaphysique : il apparaît ainsi qu'il peut exister une **histoire de la violence**, déterminée par l'évolution économique. Si le rôle de la violence est incontestable dans l'histoire, on ne saurait en rendre compte par des considérations générales : c'est dans sa réalité, dans ses techniques précises et datées, qu'il s'agit de l'analyser comme entretenant des rapports dialectiques avec l'infrastructure économique.

Pour une fois, examinons une **photographie** au lieu de lire un texte philosophique : dans ces ruines recouvrant partiellement une pancarte dont elles frappent le slogan de dérision, comment ne pas deviner le jeu d'une violence bien contemporaine ? Au cri de rage, à la revendication peut-être légitime, n'a répondu que la machine...

# *Une réaction contre la violence*

## l'auteur

Au IV^e siècle av. J.-C., Athènes n'est plus la cité florissante qui dominait autrefois la Grèce classique : elle est devenue le terrain d'interminables batailles politiques intérieures qui ne sont pour Platon que le symptôme d'une décadence généralisée. En réagissant fortement contre cette interminable **décadence morale d'Athènes** (n'a-t-elle pas condamné à mort Socrate, c'est-à-dire le meilleur des hommes ?), Platon se devait d'incriminer l'influence des **sophistes** et des professeurs de rhétorique sur ses contemporains.

De fait, la réalité de cette influence est incontestable. Sans doute, les plus honnêtes affirment prudemment n'enseigner rien de plus qu'un art de la parole : c'est le cas de Gorgias ; mais leurs disciples immodérés (dont Calliclès, qui parle dans cet extrait, et qui est sans doute un personnage d'invention) n'hésitent pas à profiter du pouvoir que peut leur conférer cet « art » pour soutenir des opinions aux conséquences funestes. A ces « amis des apparences », Platon ne cesse d'opposer l'amour du vrai et du bien dont Socrate a donné l'exemple, et qui doit animer le vrai philosophe.

## l'intérêt philosophique du texte

Sous-titré « Sur la **rhétorique** », le *Gorgias* traite principalement de la **justice**. Calliclès y intervient pour soutenir des thèses outrepassant celles de Gorgias, totalement inacceptables du point de vue de Socrate. Celui-ci n'a d'ailleurs guère de mal, dans la suite du dialogue, à en souligner l'incohérence.

On notera combien ces affirmations — notamment dans le premier paragraphe ici retenu — anticipent sur celles de Nietzsche, telles qu'elles sont en particulier énoncées dans la Première Dissertation de la *Généalogie de la morale*. En se référant à une **« loi de la nature »**, Calliclès inaugure la tradition des théoriciens du « droit du plus fort » : la violence, en tant qu'elle use de la **force***, est justifiée par son origine même ; c'est parce qu'elle plonge dans un donné initial qu'elle a pour elle le droit authentique et chronologiquement premier. Dans cette optique, les lois historiquement instaurées par la société ne peuvent être que l'indice d'une dégénérescence, qui vise à transformer les hommes en un troupeau d'esclaves sans orgueil.

**1** ☐ « Le plus heureux, c'est celui dont l'âme est exempte de mal, puisque ce mal de l'âme, nous l'avons dit, est le plus grand des maux. » (Socrate, 478 e)

**2** ☐ « La foule blâme ceux qu'elle rougit de ne pouvoir imiter, dans l'espoir de cacher par là sa propre faiblesse ; elle déclare que l'intempérance est honteuse, s'appliquant (...) à asservir les hommes mieux doués par la nature, et, faute de pouvoir elle-même procurer à ses passions une satisfaction complète, elle vante la tempérance et la justice à cause de sa propre lâcheté. » (Calliclès, 492 a)

**3** ☐ « La vie facile, l'intempérance, la licence, quand elles sont favorisées, font la vertu et le bonheur ; le reste, toutes ces

## *La force est la loi suprême*

**PLATON**

Calliclès : Selon la nature, en effet, ce qui est le plus laid, c'est toujours le plus désavantageux, subir l'injustice ; selon la loi, c'est de la commettre[1]. La subir n'est même pas le fait d'un homme : c'est bon pour un esclave, à qui la mort est plus avantageuse que la vie, et qui, contre l'injustice et les mauvais traitements, est sans défense à la fois pour lui-même et pour ceux qu'il aime. La loi, au contraire, est faite par les faibles et par le grand nombre[2]. C'est donc par rapport à eux-mêmes et en vue de leur intérêt personnel qu'ils font la loi et qu'ils décident de l'éloge et du blâme. Pour effrayer les plus forts, les plus capables de l'emporter sur eux, et pour les empêcher de l'emporter en effet, ils racontent que toute supériorité est laide et injuste, et que l'injustice consiste essentiellement à vouloir s'élever au-dessus des autres : quant à eux, il leur suffit, j'imagine, d'être au niveau des autres, sans les valoir.

Voilà pourquoi la loi déclare injuste et laide toute tentative pour dépasser le niveau commun, et c'est cela qu'on appelle l'injustice. Mais la nature elle-même, selon moi, nous prouve qu'en bonne justice celui qui vaut plus doit l'emporter sur celui qui vaut moins, le capable sur l'incapable. Elle nous montre partout, chez les animaux et chez l'homme, dans les cités et les familles, qu'il en est bien ainsi, que la marque du juste, c'est la domination du puissant sur le faible et sa supériorité admise[3]. De quel droit, en effet, Xerxès vint-il porter la guerre dans la Grèce, ou son père chez les Scythes ? et combien de cas semblables on pourrait citer ? Mais tous ces gens-là agissent, à mon avis, selon la vraie nature du droit, et, par Zeus, selon la loi de la nature, bien que ce soit peut-être contraire à celle que nous établissons, nous, et selon laquelle nous façonnons les meilleurs et les plus vigoureux d'entre nous, les prenant en bas âge, comme des lionceaux, pour nous les asservir à force d'incantations et de mômeries, en leur disant qu'il ne faut pas avoir plus que les autres et qu'en cela consiste le juste et le beau. Mais qu'il se rencontre un homme assez heureusement doué pour secouer, briser, rejeter toutes ces chaînes, je suis sûr que, foulant aux pieds nos écrits, nos sortilèges, nos incantations, nos lois toutes contraires à la nature, il se révolterait, se dresserait en maître devant nous, lui qui était notre esclave, et qu'alors brillerait de tout son éclat le droit de la nature[4].

***Gorgias,* 483 a-484 a,**
**trad. Croizet-Bodin, éd. Les Belles Lettres,**
**pp. 162-163**

fantasmagories humaines contraires à la nature, n'est que sottise et néant. » (Calliclès, 492 c)

**4** □ « Il est de toute nécessité, Calliclès, que l'homme sage, étant (...) juste, courageux et pieux, soit aussi l'homme parfaitement bon ; que l'homme bon fasse en tout ce qui est bien et beau ; et qu'agissant bien et comme il faut, il ne puisse manquer d'obtenir le succès et le bonheur, tandis que le méchant, agissant mal, est misérable : or, ce méchant, c'est précisément l'opposé du sage, du tempérant, c'est l'homme intempérant et déréglé, dont tu vantais le bonheur. » (Socrate, 507 c)

Les citations sont extraites du *Gorgias*, éd. cit.

# *LA VIOLENCE : DE LA NATURE AU POLITIQUE*

## *Diversité de la violence*

Sans doute la violence est-elle **scandaleuse**. Elle n'en est pas moins **habituelle**. La conscience « normale » prétend ne la considérer qu'avec horreur, mais le quotidien nous la montre s'exerçant sous les formes les plus variées. Il y a la violence purement **physique**, celle du meurtre, de l'attentat ; mais il y a aussi la violence **psychologique** ou **morale**, celle de la torture par isolement. Il y a une violence **économique** de l'exploitation des classes ou des pays défavorisés, il y a la violence à but **politique** des régimes totalitaires, il y a la violence des génocides, du racisme, des camps de concentration... La liste n'est hélas pas complète — au point qu'il conviendrait de se demander si cette diversité des formes de la violence correspond à une réalité constante ou si, à l'inverse, l'usage d'un terme unique ne dissimule pas des différences, non seulement quantitatives, mais bien plutôt essentielles.

Par simple prudence, retenons donc que privilégier certains exemples plutôt que d'autres, considérer que la violence réside davantage, pour la signification qu'on lui peut trouver, dans la guerre que dans le petit banditisme, ou dans l'exploitation du tiers monde plutôt que dans les cas de viol, c'est effectuer des choix qui ne sont pas insignifiants : on peut deviner que la dénonciation prioritaire de certains aspects de la violence est en relation avec des **attitudes éthiques ou politiques**, et qu'il est donc toujours possible d'utiliser la violence comme thème de propagande, sinon comme élément d'une tactique d'accès ou de maintien au pouvoir. Si la **violence subie** détruit tout ou partie de l'existence, la **violence effectuée** peut être un **instrument** au service **d'un projet** : peut-être n'est-elle pas rationnelle en elle-même, mais ses **conditions d'utilisation** demeurent **rationalisables**.

## *La contestation du monde humain*

L'irruption de la violence, sous quelque forme que ce soit, semble brutalement mettre en danger la totalité de **l'organisation** d'un **monde humain**. Tel est peut-être le caractère le moins immédiatement compréhensible, le plus déroutant, de la violence que l'homme exerce et n'en finit pas d'exercer, tant à l'égard de ses semblables qu'à celui des autres espèces.

L'existence de l'être humain paraît ordinairement protégée de toute irrégularité extérieure par le jeu de règles, de coutumes et de lois — mais aussi par

l'organisation sociale du travail ou la périodicité des rythmes. En montrant qu'il demeure toujours des failles dans le tissu social, des fissures par où l'irrationnel le plus dangereux peut resurgir quelle que soit la rigueur des lois, la violence porte effectivement ou symboliquement atteinte à cette construction. L'acte violent, lorsqu'il s'affirme ouvertement, stupéfie par son absence de justification, par son caractère démesuré : il est incompréhensible, précisément parce qu'il bafoue ce qui constitue habituellement les conditions mêmes de la compréhension. Se demander pourquoi il a lieu, essayer de comprendre ce qui l'a produit, c'est constater qu'il a été préféré à d'autres comportements également possibles, refusés alors même qu'ils auraient été plus « raisonnables ». Ainsi la violence est-elle, au moins implicitement, la **négation de cette rationalité** dont les hommes attendent habituellement et majoritairement qu'elle organise leurs relations : l'humanité apparaît alternativement capable d'**organisation** et de **désorganisation**, d'**équilibre pacifiant** et de **violence transgressive**. La conquête rationnelle s'effondre, en même temps que le discours, auquel la violence interdit tout recours.

## *Du côté de l'éthologie**

Pour rendre compte de cette contradiction entre la mesure du quotidien réglé et l'absence de mesure que suppose et introduit la violence, les éthologistes se réfèrent à une généalogie de l'humanité qui l'inscrit dans la continuité du comportement animal : « ces paradoxes étonnants s'expliquent (...) aisément et se rangent à leur place comme les pièces d'un puzzle, dès que l'on admet que le comportement de l'homme, et tout particulièrement son comportement social, loin d'être uniquement déterminé par la raison et les traditions culturelles, doit encore se soumettre à toutes les lois prédominantes dans le comportement instinctif adapté par la phylogenèse » (K. Lorenz, *L'Agression*, p. 229).

Il s'agit d'admettre que subsiste dans l'homme une agressivité* originelle, initialement utile à des fins de sélection et de hiérarchisation. Dans cette optique, si l'on compare son existence avec celle de l'animal, on constate chez ce dernier l'existence de facteurs d'inhibition qui empêchent l'espèce de **s'autodétruire**, facteurs qui perdent de leur efficacité dans l'être humain en raison de son évolution sociale et technologique. Ainsi s'expliquerait que l'espèce humaine, encore dotée de **tendances agressives**, mais également équipée de **moyens techniques de destruction** sans rapport avec ses capacités d'inhibition, se trouve menacée par sa propre violence.

Puisque ce n'est plus la nature qui peut contrôler la violence humaine, il faudrait que ce soit la société par le biais, soit de l'éducation, soit de la pratique de compétitions et d'agressions symboliques et inoffensives (sports, militantisme...).

Si les travaux des éthologues ont l'avantage de ne pas sous-estimer la violence dans l'homme, sa « caractéristique la plus absurde » puisque « aucun autre mammifère ne tue les membres de son espèce » (H. Laborit), il n'est pas sûr qu'ils rendent tout à fait compte de sa signification en n'y voyant que la marque de son animalité première : l'animal humain est devenu si complexe que sa qualité même d'« animal », au sens strict, devient problématique. Aussi la spécificité de la violence telle que l'homme la pratique doit-elle sans doute être mieux cernée.

## *La violence et le sacré*

C'est bien ce repérage qu'a tenté Georges Bataille dans les textes que rassemble son ouvrage *L'Érotisme* (1957). L'opposition entre le **monde humain**, rationnel, laborieux, réglé, et le **monde naturel** de la violence et de l'excès, renvoie selon ses analyses à la distinction entre **profane** et **sacré***. Dans la régularité profane, le comportement violent est repoussé en raison même des perturbations et de la contestation globale de la culture qu'il introduit. Mais ce « refoulement » n'en signifie aucunement la disparition, et l'homme en subit en permanence la tentation : tout ce qui est interdit fascine et appelle une transgression ; Bataille n'hésite pas à écrire : « Nous pouvons même aller jusqu'à la proposition absurde : l'interdit est là pour être violé. »

La transgression ne saurait toutefois consister en un simple retour à l'absence pure et simple de règles : l'homme y rejoindrait trop uniment l'animalité.

La transgression doit être elle-même réglée, ou, si l'on préfère, l'humanité doit introduire sa marque jusque dans la violence en la codifiant. La violence (du meurtre, de l'érotisme, de la guerre, du sacrifice religieux), ainsi réglée, offre alors à l'être humain la chance ou l'occasion de s'extraire momentanément du monde profane et de se mettre en rapport avec le sacré. Sans doute est-ce par cette dernière affirmation qu'une telle conception peut sembler la plus étrange ; c'est que, à en croire Bataille, le **sacré primitif** a dégénéré dans le christianisme pour n'apparaître orienté que **vers le Bien**. Initialement, l'accès y demeurait ouvert, aussi bien par des voies violentes que par des voies plus douces ou pacifiques.

Il paraît en effet incontestable que certaines pratiques magico-religieuses établissant un contact avec le sacré (transe, orgies, sacrifices), passent par la violence, c'est-à-dire par le **non-respect des limites** habituellement imposées à et acceptées par l'individu : l'excès, la dépense incontrôlée et incontrôlable d'énergie, la substitution, au langage, du cri, du rythme et de la psalmodie lancinante — autant d'expressions qui constituent bien les figures et les signes de la violence, permettant aux participants de s'arracher à la quotidienneté et à la conscience ordinaire.

(page de gauche)
M. Gérard, *L'homme qui crie* (1976), 1,50 × 1,30 × 1,20.

C'est dans une optique très proche que Nietzsche qualifiait de « titanesque » et « barbare » l'action du dionysiaque, par opposition à la mesure et à l'harmonie protectrice de l'esprit apollinien (voir *La Naissance de la tragédie*, § 1 à 4) : à ses yeux, les premières fêtes dionysiaques, antérieures à l'arrivée du Dieu en Grèce, « consistaient essentiellement en une licence sexuelle sans frein, dont le flux submergeait toute institution familiale... Les tendances les plus bestiales s'y déchaînaient » ; et l'importation de ces cérémonies en Grèce eut pour premier effet que « la démesure se révèle comme vérité ; la contradiction, la joie née de la douleur parlèrent un langage jailli du cœur de la nature ».

## *L'exemple de Sade*

Que l'on admette ainsi l'existence d'un esprit dionysiaque comme l'un des composants fondamentaux de l'homme, ou que l'on interprète, comme le fait Bataille, cette **tendance à la démesure violente** comme l'écho, dans l'être socialisé, d'une violence initialement naturelle, la conséquence, pour la conscience, reste la même : là où règne la violence, elle ne peut que disparaître en même temps que sa transposition dans le discours, et avec elle, de proche en proche, toute l'organisation sociale.

On comprend que le marquis de Sade, lorsqu'il veut développer jusqu'au bout les effets des pulsions agressives de ses personnages libertins, ne puisse situer leurs exploits que dans des châteaux coupés du reste du monde : espaces utopiques où les exigences du social peuvent être ignorées, mises entre parenthèses à titre pour ainsi dire expérimental. Les descriptions sadiennes peuvent alors aller jusqu'à la violence la plus exacerbée, pour en montrer les effets non seulement sur ses victimes (violées, bafouées, tuées) mais également sur ses acteurs : parce que la violence qu'ils exercent ne peut s'accompagner de conscience, ces acteurs sont en quelque sorte privés d'un aspect de la jouissance recherchée, et doivent périodiquement interrompre leurs « forfaits » pour se repaître, grâce au langage retrouvé, de leur comportement, de leur progression dans le mal et des diverses façons dont ils bafouent aussi bien Dieu que la raison et les lois de la société humaine. « La conscience », remarque à leur propos Bataille, « veut étendre son domaine à la violence (elle veut qu'une part aussi considérable de l'homme cesse de lui échapper). De l'autre côté, la violence, au-delà d'elle-même, cherche la conscience (afin que la jouissance qu'elle atteint soit réfléchie, par là plus intense et plus décisive, plus profonde). »

## *La violence confisquée*

Parce que la violence est ainsi négation du rationnel et de la contrainte sociale, il va de soi que l'organisation sociale ne peut qu'en interdire le déchaînement. Pour durer, la société doit évacuer la violence privée — ce qui ne peut se faire qu'en la confisquant à son profit, en ne l'autorisant que lorsqu'elle sera légitimée par sa collaboration avec le pouvoir. C'est ainsi en opposant une violence officialisée (celle des forces qui font respecter la loi, la police, l'armée) à une autre qui demeurerait « sauvage » que le pouvoir établit sa réalité : soit qu'il doive lutter par la violence contre ce qui le conteste, soit (et c'est le cas le plus fréquent) qu'il fasse planer la menace de sa violence sur ses sujets. Ce qui doit nous faire admettre que le droit lui-même est lié à l'exercice toujours possible d'une violence officielle et légale : que serait une loi qui ne prévoirait pas les sanctions qu'appellera sa transgression ?

**BIBLIOGRAPHIE DE LA LEÇON**

***G. BATAILLE :***
*L'Érotisme,* (en particulier : 1re Partie, ch. V, VI, VII et 2e Partie, étude II), 10-18.

***W. BENJAMIN :***
*L'Homme, le langage et la culture,* chapitre II, Gonthier-Médiations.

***K. LORENZ :***
*L'Agression,* Flammarion.

***NIETZSCHE :***
*La Naissance de la tragédie,* Gonthier-Médiations.

## TABLE D'ORIENTATION

VIOLENCE →
1 NATURE/CULTURE
2 MORT
3 DROIT/JUSTICE
4 POLITIQUE
5 LANGAGE

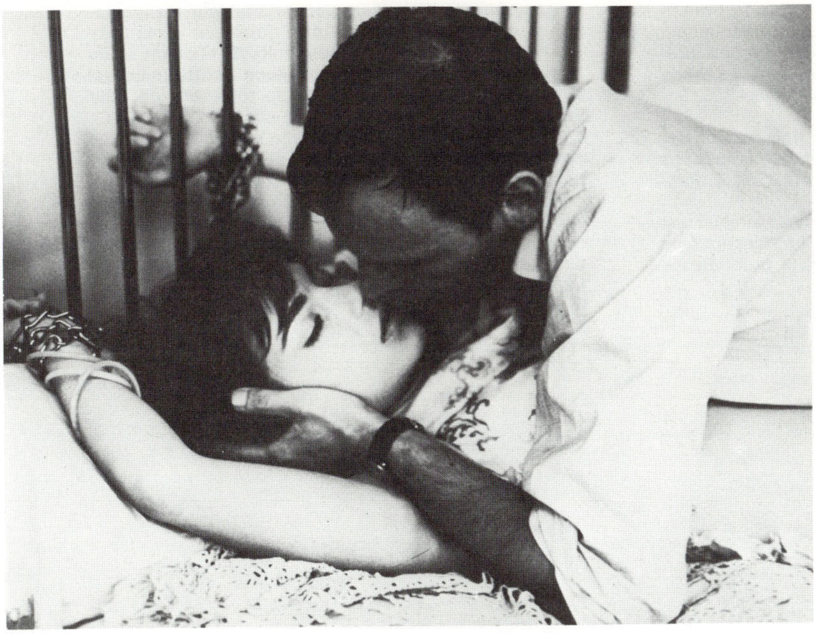

L'amour dans *Trans Europ Express*, film d'Alain Robbe-Grillet.

## SUJETS DE DISSERTATION

1 La force et la violence ont-elles même origine et même but ? (Aix, B, 1983)
- Un monde humain sans affrontement est-il pensable ? (Dijon, A, 1981)
- La raison est-elle génératrice de violence ? (Strasbourg, C-D, 1981)

2 Toute vie dépend-elle d'une autre vie qu'elle détruit ?

3 Tout ordre est-il une violence dissimulée ?
- La non-violence est-elle une arme par le refus qu'elle oppose ou par les questions qu'elle pose ? (Lille, B, 1975)

4 Y a-t-il des guerres justes ? (Lyon, B, 1983)
- La violence porte-t-elle toujours atteinte à la liberté ? (Clermont-Ferrand, B, 1981)

5 Justifier la violence par un discours, est-ce nécessairement se contredire ? (Nice, A, 1979)

## GLOSSAIRE

**Agressivité :** tendance élémentaire à attaquer autrui, en actes aussi bien qu'en paroles.

**Ethologie :** discipline étudiant d'abord les comportements animaux dans leur environnement naturel ; on prétend ensuite déduire de cette étude des éléments permettant d'expliquer les attitudes les plus radicales de l'être humain.

**Force :** c'est soit la puissance dont dispose un individu (ou une idée...), soit la contrainte extérieure que le même individu impose à un autre.

**Sacré :** désigne, par opposition au profane, tout ce qui est séparé, au-delà ou en deçà du monde quotidien et de son organisation : à ce titre, le sacré est ambivalent, à la fois fascinant et repoussant.

**Sociobiologie :** discipline ayant pour objet, selon son fondateur E. Wilson, « l'étude systématique des bases biologiques de toutes les formes de comportement social ». Cette « science » fort contestée admet que des concepts forgés en étudiant le comportement animal peuvent être transposés, et éclairer le comportement humain dans certains domaines (territorialité, parenté...).

## BIBLIOGRAPHIE GÉNÉRALE

***F. ENGELS :*** *Le Rôle de la violence dans l'histoire*, éd. Sociales.

***S. FREUD :*** *Malaise dans la civilisation*, P.U.F.

***R. GIRARD :*** *La Violence et le sacré*, Grasset.

***HOBBES :*** *Léviathan*, I, XIII, Sirey.

***M. MAFFESOLI :*** *La Violence totalitaire*, P.U.F.

***Y. MICHAUD :*** *Violence et politique*, Gallimard.

***A. PERRIN :*** *La Violence fondatrice*, éd. du Champ urbain.

***G. SOREL :*** *Réflexions sur la violence*, éd. M. Rivière.

**DÉCLARATION DES DROITS DE L'HOMME ET DU CITOYEN**

Les représentants du peuple français, constitués en Assemblée nationale, considérant que l'ignorance, l'oubli et le mépris des droits de l'homme sont les seules causes des malheurs publics et de la corruption des gouvernements, ont résolu d'exposer, dans une déclaration solennelle, les droits naturels, inaliénables et sacrés de l'homme, afin que cette déclaration, constamment présente à tous les membres du corps social, leur rappelle sans cesse leurs droits et leurs devoirs ; afin que les actes du pouvoir législatif et ceux du pouvoir exécutif, pouvant être à chaque instant comparés avec le but de toute institution politique, en soient plus respectés ; afin que les réclamations des citoyens, fondées désormais sur des principes simples et incontestables, tournent toujours au maintien de la Constitution et au bonheur de tous. — En conséquence, l'Assemblée nationale reconnaît et déclare, en présence et sous les auspices de l'Être suprême, les droits suivants de l'Homme et du Citoyen.

**Article premier.** — Les hommes naissent et demeurent libres et égaux en droits. Les distinctions sociales ne peuvent être fondées que sur l'utilité commune.

**Art. 2.** — Le but de toute association politique est la conservation des droits naturels et imprescriptibles de l'homme. Ces droits sont la liberté, la propriété, la sûreté et la résistance à l'oppression.

**Art. 3.** — Le principe de toute souveraineté réside essentiellement dans la Nation. Nul corps, nul individu ne peut exercer d'autorité qui n'en émane expressément.

**Art. 4.** — La liberté consiste à pouvoir faire tout ce qui ne nuit pas à autrui : ainsi, l'exercice des droits naturels de chaque homme n'a de bornes que celles qui assurent aux autres membres de la société la jouissance de ces mêmes droits. Ces bornes ne peuvent être déterminées que par la loi. (...)

**Art. 6.** — La loi est l'expression de la volonté générale. Tous les citoyens ont droit de concourir personnellement, ou par leurs représentants à sa formation. Elle doit être la même pour tous, soit qu'elle protège, soit qu'elle punisse. (...)

**Art. 10.** — Nul ne doit être inquiété pour ses opinions, mêmes religieuses, pourvu que leur manifestation ne trouble pas l'ordre public établi par la loi. (...)

**Art. 12.** — La garantie des droits de l'homme et du citoyen nécessite une force publique ; cette force est donc instituée pour l'avantage de tous, et non pour l'utilité particulière de ceux à qui elle est confiée.

**Art. 16.** — Toute société dans laquelle la garantie des droits n'est pas assurée, ni la séparation des pouvoirs déterminée, n'a point de constitution.

**Art. 17.** — La propriété étant un droit inviolable et sacré, nul ne peut en être privé, si ce n'est lorsque la nécessité publique, légalement constatée, l'exige évidemment, et sous la condition d'une juste et préalable indemnité.

# LE DROIT

Le 26 août 1789, l'Assemblée constituante adopta une *Déclaration des droits de l'homme et du citoyen* qui fut ensuite placée en tête de la Constitution de 1791.

*Condamnation implicite de la société du XVIII^e^ siècle et des abus de la monarchie, la Déclaration des droits constituait, à ce titre, « l'acte de décès » de l'Ancien Régime. Mais, en même temps, s'inspirant de la doctrine des Philosophes, elle exprimait l'idéal de la bourgeoisie et jetait les fondements d'un ordre nouveau. Sans doute, toute la pensée des Constituants n'y figure pas : il n'y est pas expressément question de la liberté économique, à laquelle la bourgeoisie tenait par-dessus tout. Mais dans son préambule qui rappelle la théorie du droit naturel et dans ses dix-sept articles rédigés sans plan, la Déclaration précise l'essentiel des droits de l'homme et des droits de la nation. Elle le fait avec un souci d'universalité qui dépasse singulièrement le caractère empirique des libertés anglaises telles qu'elles avaient été proclamées au XVII^e^ siècle ; quant aux déclarations américaines de la guerre d'Indépendance, elles s'étaient bien réclamées de l'universalisme du droit naturel, mais non sans certaines restrictions qui en limitaient singulièrement la portée.*

Albert Soboul, *1789, l'an I de la liberté*,
Éd. Sociales, p. 214

## *Le droit, expression du rationnel ou de la conjoncture ?*

Le droit est-il tout simplement le contraire de la force ? N'est-il pas plutôt l'**auxiliaire de la force** ? De la force des puissants, lorsqu'il la codifie ; de la force des opprimés lorsqu'il fait droit aux doléances depuis longtemps exprimées. Le royaliste Rivarol ne déclarait-il pas avec une amère lucidité : « Les nègres dans nos colonies et les domestiques dans nos maisons peuvent, la Déclaration des Droits à la main, nous chasser de nos héritages » ?

Alors que l'arbitraire du pouvoir royal n'avait guère été limité que par quelques lois coutumières, voilà un « catéchisme national » (l'expression est de Barnave) figurant en tête de la Constitution, qui allait désormais permettre aux « réclamations des citoyens » d'être fondées sur « des principes simples et incontestables » (cf. *Préambule* de la *Déclaration*). Barnave n'avait pas cru si bien dire, puisque à quelque temps de là il perdit tout crédit dans l'opinion parisienne en préconisant, au mépris des principes proclamés, le maintien de l'esclavage aux Antilles : telle était la force du droit nouveau qu'il rendait à l'évidence **illégal** aux yeux de tous ce qui jusque-là n'avait semblé **illégitime** qu'à quelques-uns.

Malgré son caractère pratique d'**acte antiféodal**, cette *Déclaration* française se présente comme l'exposé d'une législation supérieure, s'appliquant à tous les peuples et à tous les temps. « Chaque nouvelle classe qui prend la place de celle qui dominait avant elle est obligée (...) de donner à ses pensées la *forme de l'universalité* » écrira Marx un demi-siècle plus tard. C'est bien le cas de la Révolution française, et sur ce point-là non plus, ses détracteurs ne se sont pas trompés, qui ont vu dans la Déclaration le manifeste d'une « politique métaphysique » (Burke, 1790), une abstraction sans contenu due à l'oubli volontaire de « toutes les différences qui séparent (...) un Français d'un Papou, un Anglais moderne d'un Breton contemporain de César » (Taine, 1877).

Le droit est-il donc naturel ou bien conventionnel ? Ne vaut-il que pour une société particulière, ou bien existe-t-il véritablement une loi juste et immuable que les droits positifs particuliers tendent tous à imiter avec plus ou moins de bonheur ?

## *Droit et philosophie de l'histoire*

La *Déclaration* de 1789 proclame que les **droits de l'homme** sont « naturels, inaliénables et sacrés », « naturels et imprescriptibles », etc. En les énumérant solennellement, l'Assemblée ne prétend nullement **inventer** ces droits : elle les **découvre** seulement, et fait en sorte qu'on ne puisse plus les **recouvrir**, que l'« ignorance, l'oubli ou le mépris » de ces droits soient à jamais rendus impossibles. C'est que les Constituants sont nourris de Rousseau et de l'idéologie du droit naturel : ils imaginent, somme toute, que le législateur doit se régler sur une loi naturelle qui n'est autre que la loi dictée par la raison. Cette loi rationnelle stipulerait que **nul n'a par nature le droit de commander à autrui**. Mais parce qu'une constitution se doit d'assurer la « garantie des droits » de tous les citoyens (art. 16) — autrement dit, leur **sécurité** — une certaine hiérarchie peut s'instaurer entre les hommes : tous, c'est-à-dire **la nation**, délèguent à certains individus ou corps d'individus des pouvoirs de police, d'administration, etc.

En proclamant l'**égalité juridique de tous**, la *Déclaration* ne s'en tient-elle pas cependant à des principes généreux mais formels, dont la réalité sociale a montré depuis lors les limites ? Si ses inspirateurs ont bien eu le souci de **garantir la liberté personnelle** (garanties judiciaires, liberté de conscience, d'expression...), n'ont-ils pas proclamé, par ailleurs, le caractère intangible des inégalités dues à la richesse ? La propriété est d'ailleurs expressément mentionnée à l'article 2 parmi les droits imprescriptibles de la personne humaine : dans ces conditions, on peut se demander si le droit ne remplit pas, entre autres fonctions, celle de dissimuler les oppositions sociales.

## La contrainte ne suffit pas à fonder le droit

**ROUSSEAU**

Le plus fort n'est jamais assez fort pour être toujours le maître, s'il ne transforme sa force en droit, et l'obéissance en devoir. De là le droit du plus fort ; droit pris ironiquement en apparence, et réellement établi en principe. Mais ne nous expliquera-t-on jamais ce mot ? La force est une puissance physique ; je ne vois point quelle moralité peut résulter de ses effets. Céder à la force est un acte de nécessité, non de volonté ; c'est tout au plus un acte de prudence. En quel sens pourra-ce être un devoir ?

Supposons un moment ce prétendu droit. Je dis qu'il n'en résulte qu'un galimatias inexplicable ; car, sitôt que c'est la force qui fait le droit, l'effet change avec la cause : toute force qui surmonte la première succède à son droit. Sitôt qu'on peut désobéir impunément, on le peut légitimement ; et, puisque le plus fort a toujours raison, il ne s'agit que de faire en sorte qu'on soit le plus fort. Or, qu'est-ce qu'un droit qui périt quand la force cesse ? S'il faut obéir par force, on n'a pas besoin d'obéir par devoir ; et si l'on n'est plus forcé d'obéir, on n'y est plus obligé. (...)

Convenons donc que force ne fait pas droit, et qu'on n'est obligé d'obéir qu'aux puissances légitimes.

***Du Contrat social*** **(1762),**
**livre I, chap. 3, « Du droit du plus fort »,**
**éd. de la Pléiade, Gallimard, pp. 354-355**

## Liberté individuelle et obligation juridique

**STIRNER**

Combien n'a-t-on pas vanté chez Socrate le scrupule de probité qui lui fit repousser le conseil de s'enfuir de son cachot ! Ce fut de sa part une pure folie de donner aux Athéniens le droit de le condamner. (...)

S'il avait su, s'il avait pu savoir ce qu'il était, il n'eût reconnu à de tels juges aucune autorité, aucun droit. S'il fut faible, ce fut précisément *en ne fuyant pas*, en gardant cette illusion qu'il avait encore quelque chose de commun avec les Athéniens, et en s'imaginant n'être qu'un membre, un simple membre de ce peuple. Il était bien plutôt ce peuple même en personne, et seul il pouvait être son juge. Il n'y avait point de juge *au-dessus de lui* : n'avait-il pas d'ailleurs prononcé sa sentence ? Il s'était, lui, jugé digne du Prytanée[1]. Il aurait dû s'en tenir là, et, n'ayant prononcé contre lui-même aucune sentence de mort, il aurait dû mépriser celle des Athéniens et s'enfuir. Mais il se subordonna, et il accepta le Peuple pour juge : il se sentait petit devant la majesté du Peuple.

S'incliner comme devant un « droit » devant la force qu'il n'aurait dû reconnaître qu'en y succombant, c'était se trahir soi-même, et c'était de la *vertu*. (...) Socrate aurait dû savoir que les Athéniens n'étaient que ses ennemis et que lui seul était son juge. L'illusion d'une « justice », d'une « légalité », etc., devait se dissiper devant cette considération que toute relation est un rapport de *force*, une lutte de puissance à puissance.

***L'Unique et sa propriété*** **(1845),**
**Deuxième partie, chap. II, « Le Propriétaire »,**
**trad. R. Leclaire, Stock, pp. 271-272**

1 ◻ Lieu de réunion des *prytanes*, importants magistrats athéniens. L'État nourrissait au *Prytanée* ceux qui s'étaient couverts de gloire.

## Le droit, symptôme et codification de l'injustice sociale

**MARX**

Les « droits de l'homme », distincts des « droits du citoyen », ne sont rien d'autre que les droits du membre de la société bourgeoise, c'est-à-dire de l'homme égoïste, de l'homme séparé de l'homme et de la communauté. La Constitution la plus radicale, celle de 1793, a beau dire : Déclaration des droits de l'homme et du citoyen. « Art. 2. Ces droits (les droits naturels et imprescriptibles) sont l'égalité, la liberté, la sûreté, la propriété. » En quoi consiste la « liberté » ? (...) D'après la Déclaration des droits de l'homme de 1791 : « La liberté consiste à pouvoir faire tout ce qui ne nuit pas à autrui. » La liberté est donc le droit de faire tout ce qui ne nuit pas à autrui. Les limites dans lesquelles chacun peut se mouvoir *sans nuire* à autrui sont marquées par la loi, de même que la limite de deux champs est déterminée par un piquet. Il s'agit de la liberté de l'homme considéré comme monade isolée, repliée sur elle-même. (...) L'application pratique du droit de liberté, c'est le droit de *propriété privée*. Mais en quoi consiste ce dernier droit ? (...) Le droit de propriété est (...) le droit de jouir de sa fortune et d'en disposer « à son gré », sans se soucier des autres hommes, indépendamment de la société ; c'est le droit de l'égoïsme. C'est cette liberté individuelle, avec son application, qui forme la base de la société bourgeoise. Elle fait voir à chaque homme, dans un autre homme, non pas la *réalisation*, mais plutôt la *limitation* de sa liberté. (...) Restent les autres droits de l'homme, *l'égalité* et la *sûreté*. Le mot « égalité » n'a pas ici de signification politique ; ce n'est que l'égalité de la liberté définie ci-dessus : tout homme est également considéré comme une telle monade basée sur elle-même. (...) La sûreté est la notion sociale la plus haute de la société bourgeoise, la notion de la *police* : toute la société n'existe que pour garantir à chacun de ses membres la conservation de sa personne, de ses droits et de ses propriétés. (...) Aucun des prétendus droits de l'homme ne dépasse donc l'homme égoïste, l'homme en tant que membre de la société bourgeoise, c'est-à-dire un individu séparé de la communauté, replié sur lui-même, uniquement préoccupé de son intérêt personnel et obéissant à son arbitraire privé.

***La Question juive* (1843),**
**trad. J.-M. Palmier, 10-18, pp. 37-39**

## commentaire

Pour **Rousseau** (1712-1778), l'idée d'un **droit du plus fort** est une contradiction dans les termes : la force peut tout au plus s'imposer, de façon illégitime et précaire, à ceux qui sont impuissants à lui résister. Mais un pouvoir ouvertement fondé sur la violence ne pourrait invoquer aucune raison de droit si sa domination venait à être menacée : rien ne sera usurpation, en effet, là où seule la **contrainte** tient lieu d'**obligation** : « Tout homme étant né libre et maître de lui-même, nul ne peut, sous quelque prétexte que ce puisse être, l'assujettir sans son aveu ». La force de l'État suppose donc que ceux qui disposent du pouvoir soient à même de fournir les **raisons légitimant** la concentration de **cette force** entre leurs mains.

**Stirner** (1806-1856) raille l'estime dans laquelle on tient traditionnellement les scrupules de Socrate à l'égard d'une loi qui l'a injustement condamné. L'**égoïsme** stirnérien, qui récuse toutes les **catégories générales** aliénantes (États, Constitutions, Églises, etc.), ne saurait s'accommoder du sacrifice de l'individu sur l'autel du prétendu « bien public » : la loi ne doit pas compter sur notre moralité, qui est incompatible avec l'égoïsme.

Le droit bourgeois constitue selon **Marx** (1818-1883) le **travestissement** de l'**exploitation** dont est victime le travailleur salarié. Des individus juridiquement égaux passent « librement » un **contrat** stipulant que l'un d'entre eux loue ses bras à l'autre ; l'égalité formellement reconnue à l'ouvrier ne lui confère donc jamais que l'importante liberté de se vendre ou... se laisser mourir de faim. Le droit moderne revêt ainsi d'un pudique manteau égalitariste l'inégalité réelle qui régit les rapports sociaux : aussi, pour mieux asseoir cet artifice, doit-il préalablement définir l'être humain comme un atome individuel exclusivement préoccupé de son intérêt égoïste.

# *État de nature, droit naturel*

## l'auteur

Comme les autres théoriciens de l'école du **droit naturel**, le jurisconsulte allemand Samuel von Pufendorf (1632-1694) considère qu'il existe une « loi naturelle antérieure à toutes les conventions particulières ». Dans ces conditions, la méthode suivie sera totalement **idéaliste**, puisque cette **loi naturelle** se découvrirait « par les réflexions qu'on fait sur la constitution de la nature humaine » (*DNG*, Livre I, ch. 6, § 13).

Afin de mieux déterminer quelles lois, quel **contrat social**, auraient choisis des hommes guidés par la seule raison, Pufendorf imagine (avec Grotius, Hobbes, Locke, Rousseau, etc.) un **état de nature** antérieur à la société civile, dans lequel les hommes auraient vécu indépendamment de toute institution. Cet état de nature, il faut le concevoir « ou par fiction ou tel qu'il existe véritablement » ; autrement dit, la question de sa réalité historique est somme toute inessentielle et accessoire. On saisit la portée critique d'une telle **fiction théorique** : en remontant à des origines plus ou moins fantaisistes (l'état de nature n'a, bien sûr, jamais existé), c'est le régime en place que l'on se propose de réformer.

## l'intérêt philosophique du texte

### *Le droit : liberté naturelle contre sécurité ?*

Dans ce texte, Pufendorf rappelle l'**indépendance** dont jouirait l'homme avant d'entrer en société : dans l'état naturel, nul n'est assujetti à qui que ce soit, et l'**égalitarisme** de Pufendorf lui fait écrire qu'

> *il y a dans chaque particulier des semences, pour ainsi dire, du pouvoir souverain. Les pactes, en réunissant ces semences, et en les faisant germer, donnent naissance au pouvoir souverain. (*DNG, *Livre VII, ch. 3, § 4)*

Faute d'une autorité capable d'imposer à tous le respect de la loi naturelle, dans l'état de nature la paix reste précaire et l'**insécurité** règne en permanence. « Il n'est point d'animal naturellement plus dangereux et plus indomptable que l'homme, ni enclin à plus de vices capables de troubler la société » (*DHC*, Livre II, ch. 5, § 6). La société n'est donc ici conçue que comme la réunion artificielle d'atomes individuels et naturellement égoïstes. Et la nécessité se fait alors sentir d'un *contrat social*, qui, comme l'écrira Locke, assurerait aux hommes « la préservation mutuelle de leurs vies, de leurs libertés et de leurs biens ». Chacun se dépouillera donc, au moins partiellement, « de sa liberté naturelle ». **En échange** de quoi celui ou ceux qui ont été investis du pouvoir civil devront désormais **garantir la sécurité** des biens et des personnes. Rousseau, plus radical encore sur ce point que les autres théoriciens du droit naturel, niera que la liberté puisse entrer en commerce comme une vulgaire marchandise. Le contrat social ne saurait donc être passé, selon lui, entre de futurs chefs et de futurs sujets. En tout état de cause, c'est toujours l'**intérêt bien compris** qui pousse les hommes — chez Rousseau comme chez Pufendorf — à instituer un droit qui désormais les **oblige** et prévoit des **sanctions** proportionnées en cas de non-respect des lois.

**Égalitarisme**, **individualisme**, **utilitarisme** : on tient là les trois aspects essentiels de l'idéologie du **droit naturel**.

**1** ◻ « Les hommes étant égaux sont tous également libres et l'on doit rejeter l'opinion de ces anciens Grecs qui prétendaient qu'il y a des hommes naturellement esclaves. » (*DNG*, livre II, chap. 2).
Pour ce qui est des « anciens Grecs », voyez, par exemple, Aristote (IVe siècle avant J.-C.) déclarant que « la nature divise les hommes en hommes libres et en esclaves » (*La Politique*, livre I, ch. 2, 1255 a 1).

**2** ◻ Dans l'état de nature, les *pères de famille* n'ont aucune *garantie* relativement à la *sécurité* de leur famille.

**3** ◻ Ainsi, dans l'état de nature, rien ne m'assure que le champ que j'ai cultivé ne soit investi par un autre durant mon absence : seul l'état civil permettra, comme le dira Locke (1632-1704), de conférer à mes *possessions* le statut juridique de *propriétés* (Locke, *Deuxième traité du gouvernement civil*, chap. V, § 50). Alors, si l'on attente à l'un de mes biens, la loi prévoiera des sanctions et des réparations proportionnées au dommage qui m'aura été causé.

**4** ◻ « Même ceux qui, comme Locke et Pufendorf, rejettent l'hypothèse initiale de Hobbes et font de l'état de nature un état de paix, sont obligés de reconnaître que, faute d'un juge commun pour arbitrer les conflits, et d'une autorité capable d'imposer à tous le respect de la loi naturelle, la

*Les gros poissons mangent les petits*, gravure de H. Cock, d'après Bosch et Brueghel.

## *Le droit : la liberté et la loi*

**S. PUFENDORF**

Le principal droit de l'état de nature, c'est une entière indépendance de tout autre que de Dieu ; à cause de quoi on donne à cet état le nom de liberté naturelle, en tant que l'on y conçoit chacun comme maître de soi-même, et ne relevant de l'empire d'aucun homme, tant qu'il n'y a pas été assujetti par quelque acte humain. De là vient aussi que chacun est regardé comme égal à tout autre dont il n'est ni sujet, ni maître[1].

L'homme ayant donc naturellement les lumières de la raison, à la faveur desquelles il peut se conduire, quiconque vit dans l'état de nature n'est point tenu de régler ses actions sur le jugement ou la volonté d'aucun autre homme ; mais il peut faire tout ce qu'il veut, et qu'il juge lui-même conforme à la droite raison. (...)

Mais quelque agréablement que flatte ce privilège d'indépendance, qui est attaché à l'état de nature, il ne laisse pas d'avoir plusieurs incommodités pour ceux qui sont hors de toute société civile ; soit que l'on conçoive chaque homme en particulier vivant dans une entière solitude, et n'ayant d'autre ressource qu'en lui-même, de quoi nous avons parlé ailleurs ; soit que l'on considère la vie des anciens pères de famille[2]. (...)

Dans la liberté naturelle chacun n'a que ses propres forces pour se défendre ; au lieu que, dans une société civile, on a outre cela les forces de tous les autres. Dans l'état de nature, personne ne saurait être assuré de jouir des fruits de son industrie : dans une société civile, chacun peut s'en promettre la jouissance paisible[3]. Dans l'état de nature, on ne trouve que passions qui règnent en liberté, que guerres, que craintes, que pauvreté, que solitude, qu'horreur, que barbarie, qu'ignorance, que férocité : dans une société civile, on voit régner la raison, la paix, la sûreté, les richesses, l'ordre, la beauté, la douceur du commerce, la politesse, les sciences, l'amitié[4]. (...)

Lorsqu'il survient quelque différend entre ceux qui vivent dans l'état de nature, ou parce que l'un a offensé l'autre, ou parce que l'on a quelque autre chose à démêler ensemble, il n'y a personne qui puisse prononcer là-dessus avec autorité, et contraindre celui qui a tort à faire satisfaction, ou à tenir sa parole comme cela a lieu dans une société civile, où l'on peut implorer le secours d'un juge commun. (...)

Du moment que l'on entre dans une société civile, on se dépouille de sa liberté naturelle, et l'on se soumet à une autorité souveraine ou à un gouvernement, qui renferme le droit de vie et de mort sur les sujets[5], et qui les oblige à faire bien des choses pour lesquelles ils ont de la répugnance, ou à n'en pas faire qu'ils souhaitent extrêmement[6].

***Les Devoirs de l'Homme et du Citoyen*** **(1673),**
**Livre II, chap. 1 et 5, trad.**
**J. Barbeyrac (1707)**

paix de l'état de nature est mal assurée et que l'indépendance naturelle des hommes engendre inévitablement entre eux un état de guerre. C'est pour mettre fin à cet état de guerre que les sociétés civiles ont été créées. » R. Derathé, *Jean-Jacques Rousseau et la science politique de son temps*, Vrin, pp. 174-175.

**5** ◻ « L'union des volontés de plusieurs personnes distinctes ne saurait se faire que par un engagement où chacun entre de soumettre sa volonté particulière à la volonté d'une seule personne, ou d'une assemblée composée d'un certain nombre de gens ; en sorte que désormais toutes les résolutions de cette personne, ou de cette assemblée, au sujet des choses qui concernent la sûreté et l'utilité commune, passent pour la volonté de tous en général et de chacun en particulier. » (*DHC*, Livre II, ch. 6, § 5.)

**6** ◻ Pufendorf parle un peu plus loin de « la nonchalance et de la répugnance même avec laquelle on se porte à faire ce qui est avantageux à la société, tant qu'il n'y a point de force supérieure qui puisse nous contraindre à faire notre devoir ». (*DHC*, Livre II, ch. 6, § 64.)

**DNG :** *Droit de la Nature et des Gens* (1672), trad. fr. par Jean Barbeyrac, 1706.
**DHC :** *Devoirs de l'Homme et du Citoyen* (1673), trad. fr. par Jean Barbeyrac, 1707.

## DROIT ET ... RELIGION

L'homme des nations laïques partage souvent l'idée que le droit jouit d'une sorte d'autonomie et de souveraineté par rapport à la société civile, qu'il la régit et lui prescrit ses normes, et que ni la morale ni la politique ni aucune autre instance ne le fait être ce qu'il est.

Aux yeux d'innombrables masses d'hommes, le droit est cependant ouvertement lié non seulement à la **morale** — ce que nous admettons nous-mêmes, quoique confusément —, mais aussi à la **religion**. Ainsi la religion musulmane est-elle tout à la fois une **théologie** enseignant ce que doit **croire** le fidèle, et un **droit** (le *shar'* ou loi coranique) qui prescrit aux croyants ce qu'ils doivent **faire et ne pas faire**. L'hindouisme conçoit le droit d'une manière similaire. Et la plupart des droits coutumiers africains sont eux aussi sacralisés.

### Droit et morale

Le droit, comme la morale, contient un **impératif** : il indique ce qui est à faire ou à ne pas faire, ce qui est licite et ce qui ne l'est pas, ce qui est attribué comme pouvoir aux uns et aux autres. Qu'est-ce donc qui distingue la *règle de droit* de la *règle morale* ? On retiendra ici trois différences essentielles :

1° Tandis que la règle de droit assume une **fonction instrumentale** (elle est censée présider à la réalisation du *bien public*), la règle morale n'en a pas.

2° Tandis que la règle de droit suppose une technique de formulation et de mise à exécution, la règle morale **s'impose d'emblée** à la conscience, sans que soient nécessaires des démonstrations ou des considérants préalables. Elle est, dirait Rousseau, « mieux gravée dans le cœur des hommes que dans tout le fatras de Justinien »[1].

3° Tandis que le droit s'intéresse à nos actes considérés dans leur matérialité, la morale a affaire aux **principes intérieurs** des actions que l'on ne voit pas. « La législation qui fait d'une action un devoir et en même temps de ce devoir un mobile, est une législation *éthique*, écrit Kant. En revanche la législation qui n'intègre pas le mobile à la loi et qui par conséquent admet un autre mobile que l'Idée du devoir elle-même est *juridique*. » (*Métaphysique des mœurs*, Première partie, « Doctrine du droit », Introduction, Vrin, p. 93).

Différence ne signifie pas exclusion réciproque, et la notion de **justice** assure la **médiation entre le domaine du droit et celui de l'éthique** : nous demandons au droit qu'il fasse régner la justice et, partant, nous le souhaitons **conforme au bien moral**.

Réciproquement, c'est parce que nous avons intériorisé les valeurs éthiques véhiculées par les lois qui gouvernent la société où nous vivons, qu'existe en nous le sentiment de l'**obligation juridique**, sentiment qui nous incite d'ailleurs, parfois par simple routine, à tenir pour **immoral** ce qui n'est peut-être qu'**illégal**.

### Droit naturel et droit positif

Par **loi**, écrit Aristote, on peut entendre tantôt la loi **particulière** (ou **positive**) qui a été définie relativement à tel peuple, tantôt la loi **« commune »** ou **loi naturelle**. Car, poursuit-il, « il y a une justice et une injustice dont tous les hommes ont comme une divination et dont le sentiment leur est naturel et commun, même quand il n'existe entre eux aucune communauté ni aucun contrat » (*Rhétorique*, 1373 b). C'est de cette dernière loi, « qui n'est ni d'aujourd'hui

1 ▢ Sur Justinien, voir la rubrique *Droit romain* dans le *Glossaire*.

ni d'hier, qui est éternelle et dont personne ne connaît l'origine » *(ibid.)*, que s'autorise l'Antigone de Sophocle lorsqu'elle affirme qu'il est juste d'ensevelir Polynice, son frère, alors même que la loi de Thèbes interdit qu'on accorde une sépulture à ceux qui ont porté les armes contre la cité. Les Stoïciens, puis les docteurs de l'Église (saint Augustin, saint Thomas) opposeront à leur tour à la diversité des législations positives une loi unique, rationnelle et divine.

Certes, dès l'Antiquité, on trouve des philosophes pour nier que le *bien* et le *mal* puissent aucunement précéder les lois positives. Épicure affirme ainsi que « la justice n'existe pas en soi », mais qu'elle repose sur « un certain contrat » *(sunthékè)* que passent des hommes rassemblés en un même lieu afin de ne pas se nuire mutuellement. Hobbes (1588-1679), et surtout Spinoza (1632-1677) pour qui « le droit naturel de chaque homme se définit non par la saine raison, mais par le désir et la puissance » (*Traité théologico-politique*, chap. XVI), rejoignent cette idée que **rien n'est juste ni injuste avant la loi**. Et c'est l'« extravagance du système déifique » qui, selon le marquis de Sade (1740-1814), nous fait croire à l'existence d'un bien et d'un mal existant en soi *(La Philosophie dans le boudoir)*.

C'est cependant l'idée d'une loi supérieure à toutes les conventions particulières qui prédomine traditionnellement dans la pensée juridique occidentale. L'idéologie libérale, tout comme celle de ses ancêtres immédiats (les juristes et philosophes de l'École du droit naturel : Grotius, Locke, etc.), n'innove guère sur ce point. La révolution spirituelle des XVII^e^ et XVIII^e^ siècles ne porte guère que sur le **contenu** de cette loi prétendument conforme à la nature humaine : désormais, l'**égalité initiale de tous les hommes** est tenue pour un postulat indiscutable.

Un simple regard sur l'évolution de ce qui a *paru* naturel à diverses époques de notre histoire implique immédiatement qu'on tempère toute spéculation sur un quelconque droit « naturel » par la prise en compte de l'*historicité* des valeurs morales. « *Est* naturel, écrivait Eric Weil (1904-1977), ce qui *paraît* naturel à une époque donnée dans une communauté ou dans un groupe de communautés. » (*Philosophie politique*, § 12).

## Droit et politique

C'est par réaction contre toute doctrine « dualiste » (c'est-à-dire concevant l'existence d'un droit positif et d'un droit naturel) que s'est constitué le **positivisme juridique** de Kelsen (1881-1973) : la « théorie pure du droit » doit être *purifiée* de toute métaphysique et de toute idéologie. Elle se bornera donc à **décrire le droit en vigueur**, en s'abstenant

Daumier,
*Un avocat au Palais de Justice.*

Recueil des « Codes et lois » dans la salle de délibération des jurés d'une cour d'assises.

de porter sur celui-ci aucun jugement de valeur. Seules, en effet, les normes qui constituent le droit positif peuvent faire l'objet d'une connaissance scientifique. Tout le reste, affirme Kelsen, c'est-à-dire toute théorie du droit quittant la sphère de **ce qui est** pour faire incursion dans le domaine du **devoir-être**, n'est que **« politique juridique »**.

Au lieu d'une semblable **analyse logique** du droit, le marxisme en a proposé une **analyse politique et économique** : selon Marx, il n'y a rien dans le droit positif qui ne soit réductible, en dernière analyse, à de la « politique juridique ». Loin d'en être l'arbitre impartial, comme le croit la conscience commune, le droit reflète, gère et reproduit les oppositions sociales : c'est un **instrument du pouvoir** des classes dominantes. Kelsen tente de fonder l'étude du droit comme discipline autonome ; le marxisme annexe cette étude — ou du moins la subordonne — à la sociologie et à l'économie politique.

Dans une *Lettre à Conrad Schmidt* (octobre 1890), Engels précise sa position à l'égard du droit : il arrive rarement, dit-il, qu'un code soit « l'expression brutale, intransigeante, authentique de la domination d'une classe » : ce serait là une contradiction trop frappante avec la notion même de « droit ». Dans un État moderne, poursuit-il, le droit doit être « une expression systématique » du pouvoir de l'argent, mais une expression « qui ne se frappe pas elle-même au visage ». Le droit, comme *théorie* juridique, est l'une de ces « régions idéologiques qui planent (...) dans les airs » : *idéologique*, il l'est parce que « tout y est mis la tête en bas », poursuit Engels. N'est-il pas symptomatique, par exemple, que sous le capitalisme l'idéologie commune conçoive spontanément le droit subjectif comme un « droit de... » (droit d'user et d'abuser de ce que je *possède* à l'intérieur de *bornes* définies par la loi), alors que l'on pourrait aussi bien considérer que les droits essentiels sont surtout des « droits à... » (droit *au* travail, droit *à* la santé, etc.). « Le juriste, écrit Engels, s'imagine qu'il opère par propositions *a priori*, alors que ce ne sont pourtant que des reflets économiques. »

Aussi le droit positif (les lois) n'est-il conçu par les marxistes que comme une émanation du pouvoir d'État — l'État n'étant lui-même que « la forme par laquelle les individus d'une classe dominante font valoir leurs intérêts communs » (Marx, 1re partie de *L'Idéologie allemande*). On comprend alors qu'en 1919, la jeune Union soviétique ait pu proclamer une loi selon laquelle « le prolétariat détruira l'État en tant qu'organe de coercition *et le droit comme fonction de l'État* ».

### BIBLIOGRAPHIE DE LA LEÇON

***Robert DERATHÉ :***
*Jean-Jacques Rousseau et la science politique de son temps,* Vrin.

***Georges PLEKHANOV :***
*Les Questions fondamentales du marxisme,* éd. Sociales.

***Albert SOBOUL :***
*Précis d'histoire de la Révolution française,* Idées-Gallimard, 2 vol.

## TABLE D'ORIENTATION

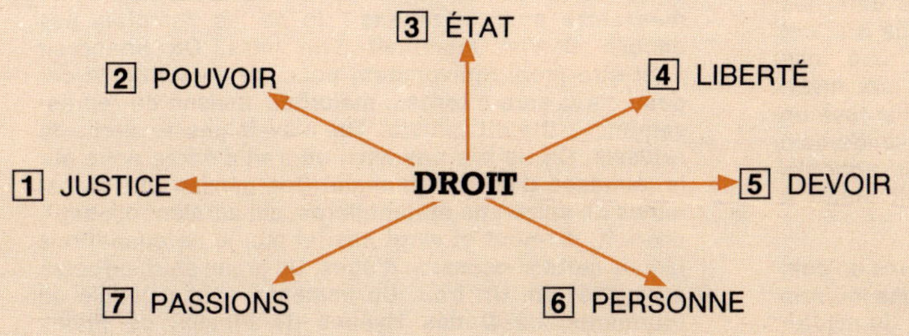


## SUJETS DE DISSERTATION

1 Sommes-nous autorisés à confondre action illégale et action injuste ? (Polynésie française, C-D, 1982)

■ Peut-on dire qu'il n'y a pas de justice mais seulement des lois ? (Rennes, B, 1981)

■ Peut-on discerner dans les changements du droit un progrès vers la justice ? (Lille, B, 1983)

2 Pourquoi l'union du droit et de la force dans l'État est-elle un problème ? (Nouvelle-Calédonie, B, 1983)

3 D'où vient la force de la loi ? (Lille, A, 1980)

■ De quel droit le juge prononce-t-il la sentence ? (Paris, C-D, sept. 1983)

4 Le désir de sécurité et le désir de liberté sont-ils conciliables ? (Sport-études, B, 1982)

■ Un homme privé de ses droits de citoyen est-il encore un homme libre ? (Amérique du Sud, A, 1983)

■ Abolir l'esclavage, est-ce instaurer la liberté ? (Pondichéry, C-D, 1983)

5 Peut-on refuser d'obéir à la loi politique par respect pour la loi morale ? (Nantes, C-D-E, 1984)

6 On parle des « droits de l'homme ». Cette notion a-t-elle un fondement philosophique ?

7 Le respect de la loi est-il réductible à l'intérêt bien compris ? (Nantes, B, 1982)

■ Peut-on réduire le droit à la contrainte sociale ? (Dijon, B, 1980)

## BIBLIOGRAPHIE GÉNÉRALE

***ARISTOTE* :** *La Politique*, Vrin.

***ÉPICURE* :** *Maximes fondamentales*, Hermann.

***HEGEL* :** *Principes de la philosophie du droit*, Vrin.

***HOBBES* :** *Léviathan*, Sirey.

***KANT* :** « Doctrine du droit », 1re partie de la *Métaphysique des mœurs*, Vrin.

***MARX* :** *La Question juive*, éd. Sociales.

***MONTESQUIEU* :** *L'Esprit des lois*, Garnier-Flammarion.

***PLATON* :** *La République, Gorgias*, éd. de la Pléiade, Gallimard.

***ROUSSEAU* :** *Discours sur l'origine de l'inégalité ; Le Contrat social ;* éd. de la Pléiade, Gallimard.

***SPINOZA* :** *Traité politique*, Garnier-Flammarion.

*On pourra consulter également :*

***J. PIAGET* :** *Le Jugement moral chez l'enfant* (chap. I : Les règles du jeu), P.U.F.

***E. WEIL* :** *Essais et conférences*, Plon, 1970.

***S. WEIL* :** *L'Enracinement*, Gallimard, 1949.

## GLOSSAIRE

**Contrat social :** chez les philosophes du droit naturel (XVIIe-XVIIIe siècle), ensemble de conventions tacitement ou expressément passées entre les hommes au sortir de l'*état de nature*. Par le biais de cette fiction, chaque philosophe (Hobbes, Locke, Rousseau...) propose en fait *sa* conception de la « bonne » société (respectivement : autoritaire, libérale, démocratique...).

**Droit des gens** (en latin : *jus gentium*) : expression désignant à Rome le droit applicable aux étrangers, non soumis au droit romain.
Chez les modernes, en particulier chez les théoriciens de l'École du droit naturel (ou École du droit de la nature *et des gens*), l'expression désigne l'ensemble des droits régissant les rapports des États entre eux (*droit international public*) ou des individus appartenant à des États différents (*droit international privé*). Ainsi, le « droit des gens » prescrit-il, par exemple, l'inviolabilité des ambassades.
Certains juristes contemporains contestent que ce « droit » soit un droit véritable, faute d'une force supranationale habilitée à faire exécuter les recommandations qui en émanent.

**Droit romain :** droit en vigueur dans la Rome ancienne. Ce droit a été, et demeure pour une large part, la base du droit français et des modes de raisonnement des juristes : le *Code civil* ou *Code Napoléon* (1804), tout en définissant les règles juridiques correspondant à l'évolution individualiste et libérale-bourgeoise de la société issue de la Révolution, comporte nombre de dispositions empruntées à ce droit romain.
Les IIe et IIIe siècles de notre ère ont été l'époque de son plein épanouissement. Mais c'est à Byzance, en 530, que fut réalisée sous l'impulsion de l'empereur Justinien une compilation systématique des œuvres des grands juristes de l'époque classique, connue sous le nom de *Digeste*.

**Droit subjectif :** les juristes opposent généralement au *droit objectif* (qui est la *règle de droit*) le *droit subjectif* qui est la prérogative conférée à une personne par le droit objectif. Ainsi l'auteur d'une œuvre artistique a sur cette œuvre des *droits* (subjectifs) moraux et pécuniaires ; l'ouvrier a le *droit* (subjectif) de faire grève...

**État de nature :** fiction théorique d'un état préliminaire à la réunion des hommes en société civile. État d'isolement chez Rousseau, c'est d'abord et surtout un état d'*indépendance* à l'égard de toute *loi*.
Il faut, selon les philosophes du droit naturel, bâtir cette hypothèse pour mieux déterminer quel *contrat social* et quelles *conventions* auraient bien pu passer des hommes qui n'auraient préalablement été assujettis en aucune façon.

**Pouvoir législatif :** pouvoir de faire les lois. Selon Rousseau, le seul détenteur légitime d'un tel pouvoir, c'est le *peuple* assemblé (qu'il appelle d'ailleurs le « souverain »). Dans la France contemporaine, c'est la *représentation nationale*, c'est-à-dire le Parlement, ensemble des députés et sénateurs, qui est investi de ce pouvoir. On distingue traditionnellement les pouvoirs *exécutif*, *législatif* et *judiciaire*, et l'on veut — avec Montesquieu — tenir leur *séparation* pour une garantie essentielle de la santé du corps politique.

**« ... un de ces locaux enténébrés où se rend la justice... »**

J'ai pris le journal, me suis reglissé dans les toiles et, au coin d'une page, je suis tombé sur cet article concernant le mildiou, qu'illustrait une jolie feuille de vigne, une feuille de vigne bouffée aux mites, mais je n'avais jamais rien vu de si beau et j'ai rêvé un peu dessus et puis je me suis endormi et, le lendemain matin, j'ai rendu au prêtre son *Petit Journal agricole*, parce que, chapitre de l'intérêt, ça laissait plutôt à désirer.

Il a dû m'en rester quelque souvenir dans un coin obscur de mon ciboulot. Toute la journée — une journée en apparence semblable aux autres — ça a dû mijoter et fermenter, comme le vin qu'on fabrique chez nous, ou peut-être même que ça durait depuis plus longtemps que ça, que ça s'accumulait depuis que les flics m'avaient ramassé sous le pont. Toujours est-il que le soir, vers six heures, ça a éclaté, comprimé depuis longtemps ou pas, ç'a été terrible, il n'y a pas de mots pour l'exprimer.

Un éclair a fondu sur moi. J'ai sursauté sur ma paillasse et trépigné, et me suis étreint la tête à deux mains, cependant qu'avant de mordre le drap grossier, juste à l'endroit marqué d'un matricule, mes dents grinçaient. C'est comme ça que j'ai pleinement réalisé ma triste situation. Pour la première fois, les mots : « maison de correction », se sont imposés à moi dans tout leur sens redoutable. La défection de mon avocat et le silence du seul parent qui me restait prenaient une signification atrocement claire. Ça y était ! J'étais abandonné, traité en voleur et assassin, sans être ni l'un ni l'autre. Quelque part, dans un de ces locaux enténébrés où se rend la justice comme se prépare ou s'accomplit un mauvais coup, « ils » avaient disposé de mes seize ans. Seize ans ! Je ne les comptais pas encore. Il s'en manquait d'un mois. On attendrait peut-être mon anniversaire, pour me présenter le cadeau : « ... sera interné... majorité... maison de redressement ». C'était injuste. On n'avait pas le droit. Je refusais. On ne tire pas ainsi un trait d'encre noire sur la jeunesse d'un être humain. Des gamins et des gamines de seize ans étaient libres, qui auraient dix-sept, dix-huit, dix-neuf et vingt ans, et moi je ne connaîtrais jamais cette succession d'âges. Un grand saut, de seize à vingt et un. Un trou. Un immense abîme peuplé de tourments, de Dédés Hyènes de Pigalle, de Frisés d'Italoche, de matricules, de gaffes, de coups et d'hypocrites apitoiements. Dans cinq ans, je sortirais — si j'en sortais — de la colonie pénitentiaire d'Aniane ou de Mettray, et, d'un coup, j'atteindrais vingt et un ans, l'âge de coiffer le képi à large viscope des Bat' d'Af'. A cette évocation, j'ai pleuré, j'ai pleuré, secoué de sanglots et de hoquets, et j'ai crié merde et j'ai répété que c'était injuste et j'ai dit à Dieu que je ne croyais pas en lui, mais que s'il existait qu'il ne m'abandonne pas, qu'il avait été suffisamment vache, qu'il s'arrête, par pitié, qu'il ne se montre pas plus fils de putain que l'exigeait son courroux, que j'avais eu ma part et au-delà, qu'à côté de moi une poupée qui dit : « Papa-maman » était mieux lotie, parce que je n'avais jamais dit papa-maman. Je n'avais pas pu. Ils étaient morts.

Et puis, je me suis apaisé, brisé de fatigue et de douleur, et j'ai compris que la partie était jouée.

# LA JUSTICE

Léo Malet :
*Le Soleil n'est pas pour nous*,
éd. Fleuve Noir,
pp. 16-17

## *Le « roman » de la société*

Léo Malet fut, dans les années 30, membre actif du groupe surréaliste. Mais il doit avant tout sa célébrité à son personnage de Nestor Burma, le détective des *Nouveaux Mystères de Paris*. Dans cette œuvre romanesque, Malet avait pour projet de prendre chacun des arrondissements de la capitale comme cadre d'une enquête : la dérive de Burma dans divers lieux inspirés de la grande ville rappelle singulièrement la figure du « piéton de Paris » chère au groupe d'André Breton.

Mais Léo Malet relève aussi d'une autre tradition : celle des mouvements **libertaires** du début du siècle. La *Trilogie noire* : *Il fait toujours nuit*, *Sueur aux tripes* et *Le Soleil n'est pas pour nous* (dont est extrait notre texte) s'inscrit dans cette tradition. Les héros des trois romans, comme ici André Arnal, sont des jeunes partis en **guerre contre la société**. Affrontement violent et désespéré où la **délinquance** relève aussi bien du banditisme que de l'activisme anarchiste. La « Trilogie » est comme un long **poème de la révolte**, un poème noir où la violence sociale est le produit d'une confrontation brutale et sans merci entre des ordres de valeurs irréductibles les uns aux autres. Mais le roman policier se donne aussi comme une anatomie froide de la société, des processus par lesquels elle sécrète sa propre délinquance et **produit la révolte** pour s'entretenir de sa répression même.

## *Ce qui est hors la loi*

Tous les acteurs de la « Trilogie » seront exterminés. Balles ou guillotine sont les figures indifférentes d'une même justice, dont les expédients mettent à nu ce que sa mise en scène sociale a pour fonction de masquer : le **fait social** est lui-même immédiatement **violent** ; **il produit l'illégalité** pour se protéger de ses propres processus d'autodestruction. L'exclusion du délinquant, par l'exécution ou l'incarcération, est une procédure de conjuration par laquelle le groupe social cherche à exorciser ses propres démons. En désignant ce qui est **dans** ou **hors** la loi, la justice entretient le contrat social et le perpétue : elle montre ce qui le garantit, et exhibe ce qui le menace — ce fut pendant des siècles l'objet des supplices publics transformés en véritables fêtes populaires... Ainsi, au siècle dernier, la « chaîne des bagnards » en marche vers Toulon traversait les villes, déclenchant sur son passage des carnavals dont on connaît la fonction de défoulement social.

## *La « feuille de vigne bouffée aux mites »*

Le texte de Léo Malet montre à sa manière en quoi la justice est toujours **révélée**, c'est-à-dire donnée en deçà de toute rationalité. L'illumination du jeune homme lui révèle son exclusion définitive, et le désespoir qui le transperce soudain est la conscience de l'irrationalité de cette exclusion, de son injustice même : arrêté pour simple vagabondage, il est **devenu** un **hors-la-loi**. Cet irrémédiable devenir, qui le mènera indifféremment à la colonie pénitentiaire ou à la guillotine, exhibe ce que Kafka avait montré dans *Le Procès* et *La Colonie pénitentiaire* : toute société est potentiellement **totalitaire**, au sens où l'ordre social ne se maintient que du « dressage de la bête humaine », comme le disait Nietzsche. Dressage, et donc aussi redressement, comme en ces maisons auxquelles le jeune homme se sait promis.

« Feuille de vigne bouffée aux mites » : la société est la vigne, et la vigne, si elle n'est pas traitée, est toujours malade. Toute société est menacée de mildiou, de désordre, de rébellion et de révolte ; et le parasite, c'est ici André Arnal...

*« Il est terrible, le juge que vous fuyez. Vous êtes donc celui qui n'a pas trouvé son juge et qui, n'ayant pas obtenu de jugement, demeure livré à l'angoisse. Il faudra que vous mouriez sans être jugé et n'ayant trouvé de repos nulle part. »*
Bernard Groethuysen

Anthony Perkins dans *Le Procès*, film d'Orson Welles, d'après Kafka.

## La justice, principe d'ordre et d'harmonie

**PLATON**

Ce principe qui ordonne à chacun de remplir sa propre fonction pourrait bien être, en quelque manière, la justice (...) Dans la cité, le complément des vertus que nous avons examinées, tempérance, courage et sagesse, est cet élément qui leur a donné à toutes le pouvoir de naître, et, après leur naissance, les sauvegarde tant qu'il est présent. Or nous avons dit que la justice serait le complément des vertus cherchées, si nous trouvions les trois autres. (...) Cependant, s'il fallait décider quelle est celle de ces vertus qui par sa présence contribue surtout à la perfection de la cité, il serait difficile de dire si c'est la conformité d'opinion entre les gouvernants et les gouvernés, la sauvegarde, chez les guerriers, de l'opinion légitime concernant les choses qui sont ou ne sont pas à craindre, la sagesse et la vigilance chez les chefs, ou bien si ce qui contribue surtout à cette perfection c'est la présence, chez l'enfant, la femme, l'esclave, l'homme libre, l'artisan, le gouvernant et le gouverné, de cette vertu par laquelle chacun s'occupe de sa propre tâche et ne se mêle point de celle d'autrui. (...) Ainsi la force qui contient chaque citoyen dans les limites de sa propre tâche, concourt, pour la vertu d'une cité, avec la sagesse, la tempérance et le courage de cette cité. (...) La justice consiste à ne détenir que les biens qui nous appartiennent en propre et à n'exercer que notre propre fonction.

***La République,*** **Livre IV, 433 a-434 a,**
**trad. É. Chambry, Garnier-Flammarion, pp. 186-187**

## La justice est d'« utilité publique »

**HUME**

Ainsi les règles de l'équité et de la justice dépendent entièrement de l'état particulier et de la condition où les hommes sont placés (...) Renversez la condition humaine sur un point d'importance : produisez l'extrême abondance ou l'extrême nécessité ; implantez dans le cœur humain une parfaite modération et une parfaite humanité, ou une cupidité et une malignité achevées ; si vous rendez la justice complètement *inutile*, vous détruisez par là complètement son essence et vous suspendez l'obligation qu'elle impose aux hommes.

La situation courante de la société est un milieu entre tous ces extrêmes. Nous sommes naturellement partiaux en notre faveur et pour nos amis ; mais nous sommes capables d'apprendre qu'un avantage résulte d'une conduite plus équitable. La nature nous donne peu de jouissances d'une main libéralement ouverte ; mais c'est par l'art, le labeur et l'industrie que nous pouvons les obtenir en grande abondance. C'est de là que provient la nécessité des idées de propriété dans toute société civile ; c'est de là que la justice tire son utilité pour le public ; et c'est de cette seule source qu'elle tire son mérite et son obligation morale.

***Enquête sur les principes de la morale*** **(1751),**
**Section III, 1re partie,**
**trad. A. Leroy, Aubier-Montaigne, pp. 37 et 42-43**

## La justice comme « prix des choses »

**NIETZSCHE**

Le sentiment de la faute, de l'obligation personnelle a tiré son origine (...) des plus anciennes et des plus primitives relations entre individus, les relations entre acheteur et vendeur, entre créancier et débiteur : ici la personne s'opposa pour la première fois à la personne, *se mesurant* de personne à personne. On n'a pas trouvé de degré de civilisation, si rudimentaire soit-il, où l'on ne remarquât déjà quelque chose de la nature de ces relations. (...) L'homme se désigne comme l'être qui mesure des valeurs, qui apprécie et évalue, comme « l'animal estimateur par excellence ». L'achat et la vente avec leurs corollaires psychologiques sont antérieurs même aux origines de n'importe quelle organisation sociale : de la forme la plus rudimentaire du droit personnel, le sentiment naissant de l'échange, du contrat, de la dette, du droit, de l'obligation, de la compensation s'est *transporté* après coup sur les complexions sociales les plus primitives et les plus grossières (...), en même temps que l'habitude de comparer puissance à puissance, de les mesurer et de les calculer (...) : on en arrive bientôt à la grande généralisation : « toute chose a son prix, *tout* peut être payé ».

Ce fut le canon moral de la *justice*, le plus ancien et le plus naïf, le commencement de toute « bonté », de toute « équité », de tout « bon vouloir », de toute « objectivité » sur la terre. La justice, à ce premier degré, c'est le bon vouloir entre gens de puissance à peu près égale, de s'accommoder les uns des autres, de ramener l'« entente » au moyen d'un compromis — quant aux gens moins puissants on les *contraignait* à accepter entre eux ce compromis.

***Généalogie de la morale* (1887),**
**2e Dissertation, § 8, trad. M. Albert, Nathan,**
**Coll. « Les Intégrales de Philo », pp. 123-124**

## commentaire

Dans le *Gorgias* de **Platon** (427-347 av. J.-C.), Socrate soutient que celui qui connaît la justice ne peut qu'agir justement : la vertu est savoir, et le vice ignorance, faute de quoi il n'y a pas de morale possible. Platon se propose d'étudier **la justice dans la Cité**, considérée comme le miroir grossissant de l'homme. Une cité parfaite se devrait de renfermer les quatre vertus cardinales : la **Sagesse**, vertu des Chefs et du Pouvoir ; le **Courage**, vertu des gardiens de l'Ordre ; la **Tempérance**, vertu commune à tout le corps social, assurant la soumission à l'Ordre. La quatrième vertu est la **Justice**, qui apparaît comme **condition de toutes les autres** : principe même de la division sociale et de son respect par tous, elle garantit **l'ordre et l'harmonie** du corps social.

Dans le *Traité de la nature humaine* (1739), **Hume** (1711-1776) avait expliqué l'**invention de la justice** par l'action de « l'intérêt personnel bien compris ». Cet **intérêt personnel**, et donc l'« amour de soi » qu'il suppose, était pensé comme source naturelle de la vie morale. Pourtant, « les lois de la justice, en raison de leur universalité et de leur inflexibilité absolue, ne peuvent pas provenir de la nature, ni être les créations d'une inclination et d'un motif naturels ». La justice est donc une **règle** qui **organise** et construit, à partir des principes naturels, cet **artifice** qu'est la **société**.

**Nietzsche** (1844-1900) repère l'**origine de la morale** dans le renversement des rapports naturels du corps et de l'esprit : la morale empêchant désormais les hommes de décharger leur agressivité à l'extérieur, celle-ci est retournée contre les hommes eux-mêmes : cette **intériorisation**, devenue **sublimation**, donne naissance aux produits les plus spirituels de la Civilisation, le Droit, la Justice. **Rationalisation d'une violence primitive**, la **justice** est l'instrument du mouvement de la culture, de la moralisation des mœurs dans laquelle Nietzsche comprend ce qu'il nomme le **dressage de la bête**. Il pourra ainsi parler d'un **processus d'autodestruction de la justice** : lorsque l'« esprit des lois » aura fait son travail de formation, alors l'homme sera affranchi de la loi.

# *Comprendre les lois*

## l'auteur

Président du Parlement de Bordeaux de 1716 à 1726, Montesquieu (1689-1755) publie les *Lettres persanes* en 1721, et *De l'esprit des lois* en 1748. Résultat de vingt années de travail, cet ouvrage qui reprend tous ses travaux précédents sera mis à l'Index en 1750. L'auteur rédigera à cette occasion sa « Défense de l'esprit des lois » sans succès puisque le livre sera en partie censuré en 1754.

L'ouvrage, dit l'auteur, étudie les lois, les coutumes et les usages de tous les peuples de la Terre. Immense projet, qui vise ainsi à comprendre « toutes les institutions qui sont reçues parmi les hommes ». Le caractère inédit de l'œuvre de Montesquieu tient d'abord à sa thèse de la **relativité des lois** par rapport à la nature des choses qu'elles légifèrent. Mais il distingue ensuite, en les opposant, les **lois de la nature** (qui dérivent de la constitution humaine), de ce qu'il appelle les **lois positives**, qui ne sont pas déductibles de la nature de l'homme mais des seules conditions de la vie sociale. Montesquieu, qui veut comprendre les lois du point de vue de leur **devenir dans l'histoire**, fut ainsi amené à souligner l'influence sur les lois et les sociétés humaines des conditions climatiques, géographiques, économiques, morales et religieuses. En effectuant cette séparation entre les deux types de loi, en faisant des lois positives l'objet d'une analyse spécifique, en les envisageant dans leurs rapports aux conditions objectives des données naturelles et historiques, Montesquieu apparaît comme le fondateur de la **science politique**.

## l'intérêt philosophique du texte

# *La justice et l'imperfection humaine*

C'est dans le Livre XI de son ouvrage que Montesquieu démontre la nécessité de la **séparation des trois pouvoirs** qui composent la « chose politique » (la « res publica ») : le législatif, l'exécutif et le judiciaire. Le premier pouvoir **fait les lois**, le second **se charge de leur exécution**, et le dernier **en contrôle le respect**. L'indépendance de chaque pouvoir assurerait à la société civile les bienfaits de la sécurité et de la liberté. La **justice**, troisième pouvoir, est donc analysée dans le cadre de cette séparation des pouvoirs.

Dans le texte qui ouvre son ouvrage, l'auteur parle d'une **justice éternelle** et **primitive**, antérieure à l'histoire même, et qui n'est donc pas relative aux conditions concrètes de la vie des peuples. Cette justice aurait sa source en Dieu ou dans la nature, les deux termes qui indiquent la même extériorité à l'homme étant, ici, équivalents. Pour accomplir leur humanité, les hommes seraient donc d'abord astreints à un **devoir** relevant d'un ordre qui transcende les bornes de l'humanité. Dans sa *Défense de l'esprit des lois*, Montesquieu expliquera cette astreinte (difficile à concilier avec le thème de la séparation des lois naturelles et positives) par les obstacles que les hommes rencontrent dans leur nature même : bornes, ignorance, erreur, faiblesse, passion, oubli de soi et de ce qui est l'humanité de ce soi. C'est ainsi l'**imperfection humaine**, l'errance des hommes, qui **justifie l'existence de la loi**. Les devoirs qu'elle prescrit viennent répondre à cette **capacité d'insoumission** aux ordres qui déterminent et définissent l'homme : Dieu, la morale, la société. En inscrivant ainsi des lois éternelles en deçà des lois humaines, Montesquieu rejette toute possibilité d'un contrat fondateur du social. Il évite donc, par là même, ses implications négatives quant au fondement et à la légitimité de tout Pouvoir.

**1** □ « Les lois, dans la signification la plus étendue, sont les rapports nécessaires qui dérivent de la nature des choses ; et, dans ce sens, tous les êtres ont leurs lois, la divinité a ses lois, le monde matériel a ses lois, les intelligences supérieures à l'homme ont leurs lois, les bêtes ont leurs lois, l'homme a ses lois. (...) Il y a donc une raison primitive ; et les lois sont les rapports qui se trouvent entre elle et les différents êtres, et les rapports de ces différents êtres entre eux. » (p. 124)

**2** □ Montesquieu utilise à dessein une image mathématique : l'existence des êtres intelligibles (ici, le cercle) est antérieure à la découverte qu'en font les hommes. L'instauration de lois positives par les sociétés est donc implicitement comparée à la *découverte* de vérités scientifiques par elles-mêmes préexistantes.

**3** □ L'originalité de Montesquieu tient à sa présentation *hypothétique* (« par exemple », « supposé que... ») de principes intangibles concernant la société, les rapports entre hommes, ceux de l'homme à Dieu, et la justice. Dans ses *Lettres persanes*, il écrivait déjà : « Quand il n'y aurait pas de Dieu, nous devrions toujours aimer la Justice, c'est-à-dire faire nos efforts pour ressembler à cet être dont nous avons une si belle idée, et qui, s'il existait, serait nécessairement juste. Libres que nous serions du joug de la Religion, nous ne devrions pas l'être de celui de l'Équité. » (Lettre 83)

**4** □ « Avant toutes ces lois sont celles de la nature ; ainsi nommées parce qu'elles dérivent uniquement de la constitution de notre être. Pour les connaître bien, il faut

**MONTESQUIEU**

Les êtres particuliers intelligents peuvent avoir des lois qu'ils ont faites : mais ils en ont aussi qu'ils n'ont pas faites[1]. Avant qu'il y eût des êtres intelligents, ils étaient possibles ; ils avaient donc des rapports possibles, et par conséquent des lois possibles. Avant qu'il y eût des lois faites, il y avait des rapports de justice possibles. Dire qu'il n'y a rien de juste ni d'injuste que ce qu'ordonnent ou défendent les lois positives, c'est dire qu'avant qu'on eût tracé le cercle, tous les rayons n'étaient pas égaux[2].

Il faut donc avouer des rapports d'équité antérieurs à la loi positive qui les établit : comme par exemple, que, supposé qu'il y eût des sociétés d'hommes, il serait juste de se conformer à leurs lois ; que, s'il y avait des êtres intelligents qui eussent reçu quelque bienfait d'un autre être, ils devraient en avoir de la reconnaissance ; que, si un être intelligent avait créé un être intelligent, le créé devrait rester dans la dépendance qu'il a eue dès son origine ; qu'un être intelligent qui a fait du mal à un être intelligent mérite de recevoir le même mal ; et ainsi du reste[3].

Mais il s'en faut bien que le monde intelligent soit aussi bien gouverné que le monde physique. Car, quoique celui-là ait aussi des lois qui par leur nature sont invariables, il ne les suit pas constamment comme le monde physique suit les siennes[4]. La raison en est que les êtres particuliers intelligents sont bornés par leur nature, et par conséquent sujets à l'erreur ; et d'un autre côté, il est de leur nature qu'ils agissent par eux-mêmes. Ils ne suivent donc pas constamment leurs lois primitives ; et celles mêmes qu'ils se donnent, ils ne les suivent pas toujours. (...)

## *Les animaux et l'homme*

Par l'attrait du plaisir, [les bêtes] conservent leur être particulier ; et, par le même attrait, elles conservent leur espèce. Elles ont des lois naturelles, parce qu'elles sont unies par le sentiment ; elles n'ont point de lois positives, parce qu'elles ne sont point unies par la connaissance. Elles ne suivent pourtant pas invariablement leurs lois naturelles : les plantes, en qui nous ne remarquons ni connaissance, ni sentiment, les suivent mieux.

Les bêtes n'ont point les suprêmes avantages que nous avons ; elles en ont que nous n'avons pas. Elles n'ont point nos espérances, mais elles n'ont pas nos craintes ; elles subissent comme nous la mort, mais c'est sans la connaître ; la plupart même se conservent mieux que nous, et ne font pas un aussi mauvais usage de leurs passions.

L'homme, comme être physique, est, ainsi que les autres corps, gouverné par des lois invariables. Comme être intelligent, il viole sans cesse les lois que Dieu a établies[5] et change celles qu'il établit lui-même : il faut qu'il se conduise ; et cependant il est un être borné : il est sujet à l'ignorance et à l'erreur, comme toutes les intelligences finies : les faibles connaissances qu'il a, il les perd encore. Comme créature sensible ; il devient sujet à mille passions. Un tel être pouvait à tous les instants oublier son créateur ; Dieu l'a rappelé à lui par les lois de la religion. Un tel être pouvait à tous les instants s'oublier lui-même ; les philosophes l'ont averti par les lois de la morale. Fait pour vivre dans la société, il y pouvait oublier les autres ; les législateurs l'ont rendu à ses devoirs par les lois politiques et civiles[6].

***De l'esprit des lois* (1748),**
**Livre I, ch. 1, Garnier-Flammarion**

considérer un homme avant l'établissement des sociétés. Les lois de la nature sont celles qu'il recevrait dans un état pareil. » (p. 126)

**5** ☐ L'homme viole sans cesse les lois divines et c'est de cette infraction permanente que naît l'Histoire : Montesquieu remet l'Histoire entre les mains de l'homme (mais à ses risques et périls) là où Bossuet la remettait totalement entre les mains de la Providence. La faiblesse de l'homme, qui n'a pas l'invariabilité de l'animal, est donc aussi sa grandeur.

**6** ☐ « Les hommes, dans l'état de nature, abstraction faite de toute religion, ne connaissant, dans les différends qu'ils peuvent avoir, d'autre loi que celle des animaux, le droit du plus fort, on doit regarder l'établissement des sociétés comme une espèce de traité contre ce droit injuste ; traité destiné à établir, entre les différentes parties du genre humain, une sorte de balance. Mais il en est de l'équilibre moral comme du physique ; il est rare qu'il soit parfait et durable ; et les traités du genre humain sont, comme les traités entre nos princes, une semence continuelle de divisions. L'intérêt, le besoin et le plaisir ont rapproché les hommes. Mais ces mêmes motifs les poussent sans cesse à vouloir jouir des avantages de la société, sans en porter les charges (...)
« (...) Voilà donc les hommes, réunis et armés tout à la fois, s'embrassant d'un côté, si l'on peut parler ainsi, et cherchant, de l'autre, à se blesser mutuellement. Les lois sont le lien, plus ou moins efficace, destiné à suspendre ou à retenir leurs coups. » (pp. 93-94)

La numérotation des pages renvoie à l'*Esprit des lois*, éd. cit.

# JUSTICE ET SOCIÉTÉ

## La Justice : dressage et « discipline »

Dans le mouvement général de la culture et de la civilisation, Nietzsche interprétait la fonction de la **justice** comme l'élément essentiel du **processus de moralisation**, c'est-à-dire de dressage des hommes. La longue et immémoriale histoire du châtiment laisse voir comment la violence faite au corps du condamné a pour finalité d'**inscrire la loi dans tout le corps social** :

> *[le supplicié est] tenaillé aux mamelles, bras, cuisses et gras des jambes, sa main droite tenant en icelle le couteau dont il a commis ledit parricide, brûlée de feu de soufre, et sur les endroits où il sera tenaillé, jeté du plomb fondu, de l'huile bouillante, de la poix de résine brûlante, de la cire et soufre fondus ensemble et ensuite son corps tiré et démembré à quatre chevaux et ses membres et corps consumés au feu, réduits en cendres et ses cendres jetées au vent.*
>
> (cité par M. Foucault, *o.c.*, p. 9)

Nietzsche l'avait déjà compris : le supplice, dans sa démesure, n'est pas l'effet d'un sadisme gratuit, d'une violence démente qui ne serait que le produit d'époques barbares. Car le supplice n'a pas pour seule fonction de punir le délit — la démesure de la torture serait en ce cas inexplicable, et ne pourrait jamais correspondre au crime du condamné, quelle que soit la sauvagerie de celui-ci ; la souffrance infligée au corps du délinquant a surtout valeur exemplaire : il paye non pas la réparation du dommage causé à la victime, mais bien plutôt le préjudice porté au corps social tout entier. Le crime du condamné est moins d'avoir volé ou tué, que d'avoir porté atteinte à l'ordre social, de l'avoir mis en danger en exposant sa fragilité et son équilibre toujours instable. Le coupable est aussi coupable d'avoir exhibé la précarité d'une loi qui ne se soutiendrait pas si chaque membre du corps social ne l'avait d'abord intériorisée pour lui.

Kant analysait ainsi le caractère **intérieur** de la loi morale :

> *On appelle* fin *l'objet d'une volonté (d'un être raisonnable) déterminée par l'idée même de cet objet à le réaliser. — Or, je puis bien être forcé par d'autres à faire certains actes qui tendent comme moyen à une certaine fin, mais non pas à me* proposer cette fin à moi-même *; moi seul je puis* me proposer *pour fin quelque chose.*
>
> (Kant, *Éléments métaphysiques de la doctrine de la vertu* (1797), Introduction, § 1)

**Léo Malet**

*Un grand saut de seize (ans) à vingt et un. Un trou. Un immense abîme (...) Dans cinq ans, je sortirais — si j'en sortais — de la colonie pénitentiaire d'Aniane ou de* **Mettray** *et, d'un coup, j'atteindrais vingt et un ans.*

**(cf. pré-texte)**

**Michel Foucault**

*J'aurais à fixer la date où s'achève la formation du système carcéral, je ne choisirais pas 1810 et le code pénal, ni même 1844, avec la loi qui posait le principe de l'internement cellulaire (...) Mais le 22 janvier 1840, date de l'ouverture officielle de* **Mettray**. *(...) Pourquoi Mettray ? Parce que c'est la forme disciplinaire à l'état le plus intense, le modèle où se concentrent toutes les technologies coercitives du comportement.*

***Surveiller et punir,***
**Gallimard, p. 300**

La justice en appelle donc à cette **moralité** présumée **en nous**, cette contrainte que l'on exerce sur soi au nom des lois morales, et qui est la marque de notre humanité. Elle tend, de ce point de vue, à limiter le plus possible ce que l'on pourrait appeler le **coût de la socialisation**, en pensant à ce que Freud, dans *Malaise dans la civilisation*, analysait comme la somme de frustration, de souffrance physique et spirituelle provoquée par la répression des instincts et le refoulement de l'agressivité que nécessite la vie en société. « Limiter ce coût » signifie qu'il faut réaliser la **mise en ordre** (et la **conservation** de cet ordre) des groupes humains au prix le plus bas possible, abaisser le plus possible le « prix de revient » du **pouvoir** qui garantit et conserve cet ordre.

La justice a donc une **fonction sociale**, qui est d'introduire et d'imposer un ordre rationnel dans un monde où règne avant tout le **désordre des volontés individuelles**. A l'intérieur de la justice en général, Aristote distinguait déjà une **justice corrective**, celle qui sanctionne, punit et cherche réparation. Justice corrective qu'il justifiait en notant que « la plupart des hommes sont plutôt méchants que bons (...) ils commettent l'injustice dès qu'ils sont en mesure de le faire » (*Rhétorique*, II, 5, 1382).

Michel Foucault a repris l'analyse de cette fonction « corrective » dans le cadre de ce qu'il a appelé la « formation d'une société disciplinaire » : « D'une façon globale, on peut dire que les disciplines sont des techniques pour assurer l'ordonnance des multiplicités humaines » (*Surveiller et punir*, p. 219). La **discipline**, comme technique fondamentale de pouvoir, est donc l'effet d'un type d'organisation sociale qui cherche, en chacun de ses secteurs, le plus grand **rendement** possible, au sens économique du terme.

Dans le cadre de la « société disciplinaire », la justice subit ainsi une véritable **reconversion** : il s'agit moins de punir pour sanctionner, réparer des dommages, que de renforcer l'efficacité productive de tous les appareils qui composent la société. La justice devient le moyen d'un ajustement optimal entre les divers groupes sociaux et la multiplication toujours plus grande des appareils de production. Production de biens, mais aussi, fait remarquer Foucault, production de savoir, de science, de force, etc., un seul modèle fonctionnant alors de l'usine aux prisons, en passant par l'école, l'hôpital, l'armée.

La question, supplice du taureau d'airain.
Bois gravé de H. Burgkmair, 1533.

## *La colonie pénitentiaire : un modèle pour la société*

Dans ses *Éléments métaphysiques de la doctrine du droit* (Introduction, § D), Kant posait que « le droit implique la faculté de contraindre celui qui y porte atteinte », faculté pleinement conforme à la justice dans la mesure où, ce qui est **injuste** constituant un **obstacle à la liberté**, tout ce qui sert à écarter cet obstacle s'accorde avec la liberté que la justice a pour fonction de protéger. En ce sens, la justice *corrective* dont parlait Aristote, a trouvé sa réalisation la plus explicite à partir du XIX$^{e}$ siècle sous la forme de ces institutions où il s'agit de **corriger le comportement** des jeunes délinquants : les maisons de **redressement** ou de « correction ».

Mettray, la colonie pénitientiaire où la justice envoyait les jeunes délinquants comme A. Arnal, le personnage de Léo Malet, est donc le modèle de « ces techniques coercitives du comportement » qui visent à **contraindre** (coercition) le délinquant à une **discipline** qui a pour fin de le re-former, de le **redresser** (« maison de redressement »). Il ne s'agit pas de **punir** — ce serait une **dépense** purement **improductive** —, mais de **dresser**, ce qui réalise un double bénéfice : prévenir le délit (dépense sociale) et « fabriquer des corps dociles et capables » (Foucault, p. 301). La colonie de Mettray est organisée selon cinq modèles superposés et renforcés l'un l'autre : la **famille** (chaque groupe est une famille composée de frères et d'aînés) ; l'**armée** (rôle des chefs et des sous-chefs, numéros de matricule, exercices militaires, revues et appel...) ; l'**atelier** (des chefs et des contremaîtres assurent l'apprentissage et encadrent le travail) ; l'**école** (un enseignement quotidien est dispensé par un instituteur et les sous-chefs) ; la **justice** (une « distribution de justice » a lieu journellement au parloir, chaque faute commise au sein de la colonie étant sévèrement réprimée).

Ainsi cette colonie pénitentiaire, microcosme d'une société bien ordonnée, en vient-elle à fournir le modèle général de toute société. M. Foucault repère là l'émergence d'une nouvelle pratique de la **normalisation** des individus, qui s'étend, à partir du **laboratoire** que constitue l'institution disciplinaire, à la société tout entière. La justice n'a plus alors fonction de **répression** — punir la délinquance comme **anomalie** ou écart à la norme — mais de **prévention**, en traitant **la société** tout entière comme un **corps potentiellement délinquant**.

« Qui vole un œuf vole un bœuf » enseigne la sagesse populaire. On entend là comme un écho de cet avertissement diffusé dans le corps social par les techniques disciplinaires : « Tu finiras au bagne » disaient les parents à l'enfant frondeur ou indiscipliné. La **continuité des institutions** de la société (A. Arnal passe de la prison à la colonie pénitentiaire, aux bataillons disciplinaires, pour finir... à l'échafaud) généralise donc le contrôle et la surveillance en les banalisant. L'objet de la justice n'est plus tant de chercher réparation aux atteintes portées à l'intérêt

Mort de Louis Capet, seizième du nom, le 21 janvier 1793. (Gravure révolutionnaire).

commun, que de prévenir la production des anomalies, des écarts à une **norme** par rapport à laquelle la plus infime des irrégularités, des indisciplines, est porteuse du même **danger social** que le plus grand des crimes.

## *Justice et société : l'ordre et la norme*

Dans le livre III de *La République*, Platon faisait de la justice l'**expression de l'ordre social**, c'est-à-dire de l'équilibre réalisé par la conservation de la **hiérarchie naturelle** propre à toute société. La fonction de la justice était donc de réaliser cette harmonie à la fois dans l'homme et dans la société, selon la loi de la primauté du supérieur sur l'inférieur : chaque partie de l'âme (esprit, passions nobles, appétits sensibles) et chaque classe sociale (les dirigeants, les gardiens, les producteurs) étant alors maintenue dans sa fonction propre.

Mais l'essence de la justice ne se réduit pas pour autant à la simple conformité aux normes de conduite et d'action spécifiques à chaque partie ; la justice est, selon Platon, conformité à des règles idéales, c'est-à-dire à un ordre fondamental auquel doit s'accorder **préalablement** tout système de règles établi par les hommes. Si « la possession, autant que l'accomplissement de ce qui nous est propre » est la définition platonicienne de la justice (*République*, IV, 434 a), c'est d'abord parce que cet accomplissement ressortit à un ordre moral que seule la connaissance et la passion du Bien peuvent nous restituer. **L'homme** n'est juste que parce qu'il est **d'abord moral**.

Dans la Cité platonicienne, la cité où le philosophe (celui qui est **amoureux du Bien**) est roi, la morale précède, en le fondant, l'ordre social qui garantit la justice. La « société disciplinaire » analysée par M. Foucault, elle, a inversé ce rapport : c'est désormais **l'ordre social** qui **produit la norme**, et ce, au nom d'un idéal qui n'est plus d'essence morale mais qui touche aux critères de la productivité, du rendement (d'où, par exemple, les réflexions contemporaines sur le **coût** économique des prisons). Or, dans cette société, dit M. Foucault, société dont « l'incarcération est l'armature omniprésente, **le délinquant n'est pas hors la loi** ; il est même dès le départ dans la loi, **au cœur même de la loi**, ou du moins en plein milieu de ces mécanismes qui font passer insensiblement de la discipline à la loi, de la déviation à l'infraction. » (*Surveiller et punir*, p. 308. [C'est nous qui soulignons]).

La justice tend alors à se transformer en un **réseau de surveillance**[1], de mise en observation d'une société dont chaque membre est désormais considéré comme potentiellement délinquant. L'impératif de sécurité s'y double d'un sentiment diffus mais obsédant d'insécurité, dialectique perverse où la justice elle-même est mise en question : au fantasme d'une justice que chacun devrait désormais faire pour lui-même répond alors celui décrit dans les fictions exemplaires de notre fin de siècle, celles d'Orwell, d'Huxley ou de Zamiatine, fantasme d'une société réalisant, à un niveau technologique extrême, le cauchemar décrit par Kafka dans *La Colonie pénitentiaire*.

1 ◻ Voir à ce sujet dans le chapitre sur *L'État, le Pouvoir*, la partie de la *Leçon* intitulée « Le pouvoir doit voir ».

### BIBLIOGRAPHIE DE LA LEÇON

***Gilles DELEUZE :***
*Nietzsche et la philosophie*, ch. IV, P.U.F.

***Michel FOUCAULT :***
*Surveiller et punir*, ch. I et IV, Gallimard.

***E. KANT :***
*La Raison pratique*, Textes choisis, P.U.F., Coll. S.U.P.

## TABLE D'ORIENTATION

2 ÉTAT, POUVOIR, VIOLENCE

1 JUSTICE ← **JUSTICE** → 3 DROIT

5 LIBERTÉ — 4 DEVOIR

## SUJETS DE DISSERTATION

1 La justice a-t-elle un fondement rationnel ? (Rouen, C-D, 1983)
- Le châtiment peut-il ne rien devoir au désir de se venger ? (Strasbourg, B, 1983)
- A qui appartient-il de décider du juste et de l'injuste ? (Montpellier, C-D, 1983)

2 L'État n'impose-t-il l'obéissance que par la force matérielle ? (Caen, C-D, 1982)
- Faut-il défendre l'ordre à tout prix ? (Lille, C-D, 1983)
- Suffit-il de la loi pour que la raison l'emporte sur la violence ? (Besançon, B, 1984)
- La violence exercée au nom de l'État est-elle fondamentalement différente de toutes les autres formes de violence ? (Orléans-Tours, B, 1984)

3 Peut-on refuser d'obéir à la loi politique par respect pour la loi morale ? (Nantes, C-D-E, 1983)
- De quel droit le juge prononce-t-il la sentence ? (Paris, C-D, 1983)
- Peut-on discerner dans les changements du droit un progrès vers la justice ? (Lille, B, 1983)

4 L'obligation morale est-elle entièrement expliquée par la pression de la société sur l'individu ? (Besançon, B, 1983)

5 Faut-il dire avec Voltaire que « la liberté consiste à ne dépendre que des lois » ? (Clermont-Ferrand, B, 1984)
- Peut-on dire que « le but de l'organisation en société, c'est la liberté » ? (Rouen, B, 1983)

## BIBLIOGRAPHIE GÉNÉRALE

**ARISTOTE :** *La Politique*, Livres II et III, Denoël-Gonthier.

**ÉPICURE :** « Épicure et les épicuriens », *Textes choisis*, P.U.F.

**HEGEL :** *Principes de la philosophie du droit*, 1re partie (3e section) ; 3e partie, B. Idées-Gallimard.

**HUME :** *Traité de la nature humaine*, Livre III, 2e partie, Aubier-Montaigne.

**KANT :** *Éléments métaphysiques de la doctrine du droit*, 2e partie, Vrin.

**MARX :** *L'Idéologie allemande*, Tome 1, « Le Nouveau Testament : MOI », I, II et III, éd. Sociales.

**PASCAL :** *Les Pensées*, Section V, Classiques Hachette (éd. Brunschvicg), 1966.

**PLATON :** *Apologie de Socrate*, Garnier-Flammarion.

**ROUSSEAU :** *Du Contrat social*, Livres I et II, Garnier-Flammarion.

**Les SOPHISTES :** « Fragments et témoignages », *Textes choisis*, P.U.F.

**SPINOZA :** *Traité des autorités théologiques et politiques*, ch. XIII, XVI, XIX, XX ; *Traité de l'autorité politique*, ch. II et VI in *Œuvres complètes*, Gallimard, éd. de La Pléiade.

## GLOSSAIRE

**Carcéral :** qui se rapporte à l'univers de la prison ou des prisonniers.

**Délinquance :** ensemble de délits tombant sous le coup de la loi, sans avoir la gravité des crimes. Par ses actes, le délinquant exprime une désadaptation sociale souvent conditionnée par un environnement défavorable.

**Exécutif :** pouvoir relatif à l'exécution, c'est-à-dire à la mise en œuvre et l'application des lois. Le *pouvoir exécutif* se distingue des *pouvoirs législatif* (faire les lois) et *judiciaire* (en juger les infractions).

**Institution :** par opposition à tout donné naturel, désigne ce qui a été établi par les hommes. C'est donc l'ensemble des structures fondamentales de l'organisation sociale, établies selon les lois ou coutumes d'un groupe humain donné.

**Légalité :** ce qui est conforme à la lettre de la loi. La *légalité* se distingue donc de la *légitimité*, qui indique la conformité au droit et à la justice, c'est-à-dire à un droit qui serait supérieur à toute forme positive de juridiction.

**Loi :** au sens juridique, ensemble de règles établies dans une société donnée par une autorité souveraine, et sanctionnées par la force publique.

**Norme :** se réfère à l'idée d'une moyenne régulière et conforme à la majorité des cas envisagés. La *norme* est donc à la fois une règle et un modèle fournissant un idéal pour l'action et le comportement.

**Société civile :** par opposition à un état naturel des rapports humains, désigne l'organisation juridique des individus devenus de ce fait des citoyens, et donc des personnes soumises à des droits et devoirs prescrits par la loi. Par opposition à l'*État* comme communauté politique, la *société civile* désigne la seule sphère des relations sociales (économiques et juridiques).

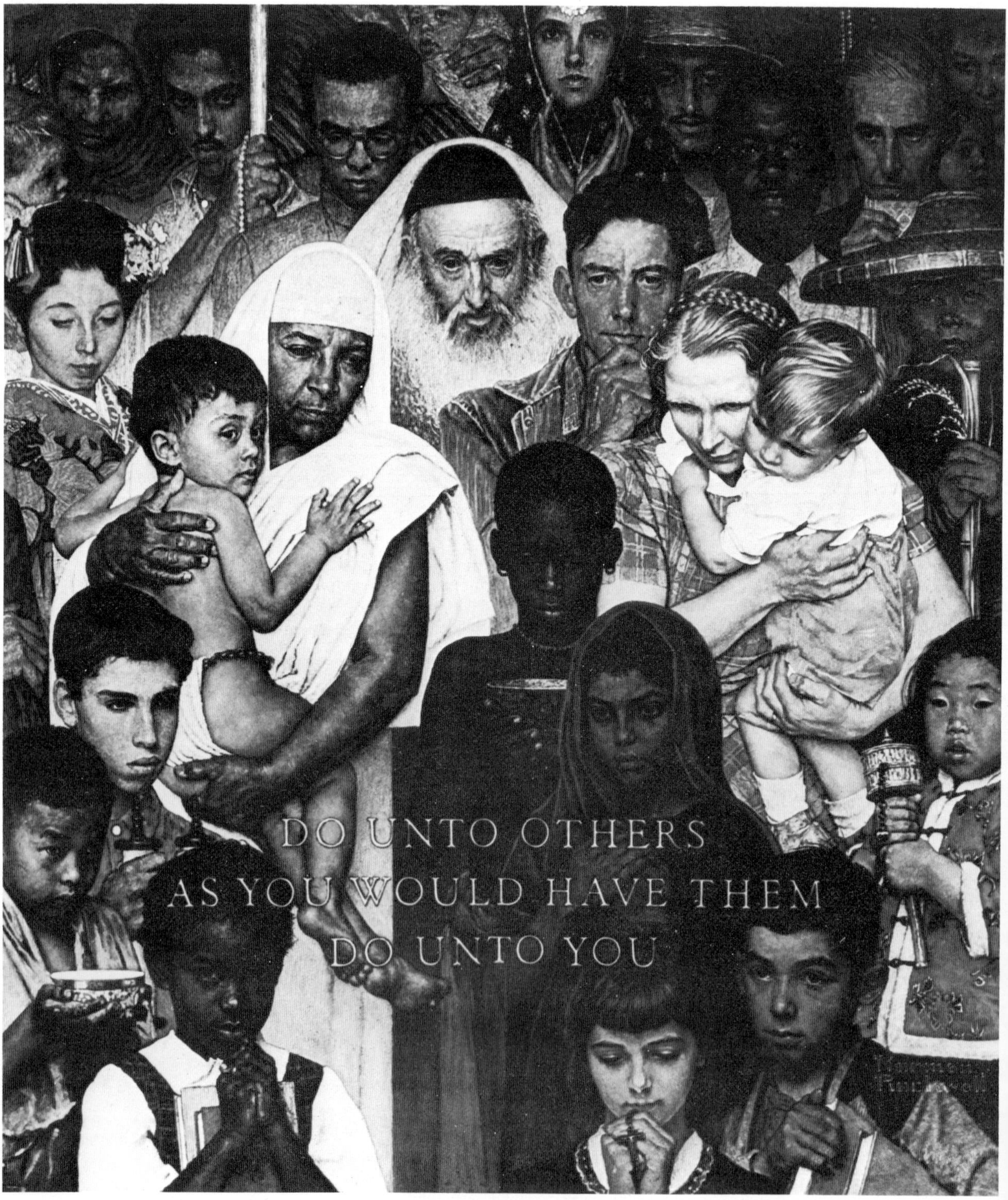


Norman Rockwell, *La Règle d'or.*
Original (huile)
pour la couverture du *Post* du 1er avril 1961.
Coll. personnelle.

# LE DEVOIR

## *Le devoir rendu visible*

Cette œuvre du peintre américain Norman Rockwell a servi d'illustration de couverture au *Saturday Evening Post* du 1er avril 1961. La légende indique le sens qu'il convient d'attribuer à cette diversité de personnages représentatifs de toutes les races : *Fais à l'égard d'autrui ce que tu aimerais qu'il fasse à ton égard.*

La maxime conventionnelle souligne la présence d'un **élément commun à toutes les religions**, puisque la plupart des figures sont présentées dans une attitude de prière ou avec les instruments d'un culte particulier. Ainsi faudrait-il comprendre que, par-delà les races et les croyances qui peuvent différencier les individus, il existe une formulation **universelle** de ce qu'il convient de faire si l'on prétend affirmer son humanité.

Cette leçon d'œcuménisme, intitulée *La Règle d'or* (ce qui ne laisse guère d'ambiguïté dans l'esprit du lecteur-spectateur) a de quoi séduire, sinon persuader. Rockwell fait étalage d'une sentimentalité qui joue du pittoresque des visages pour toucher le lecteur de façon évidemment affective : les figures sont éminemment sympathiques et « réalistes » ; les enfants, dans leurs regards, laissent passer ce qu'il faut de malice ou de curiosité convenues pour que leur recueillement ne semble pas exagéré ; la composition triangulaire (qui reprend l'idée classique d'une pyramide des âges) définit une zone claire qui tranche aussi bien sur le fond que sur le premier plan tout en justifiant l'accumulation de personnages jeunes à l'avant-scène. L'art de peindre est ici entièrement mis au service d'un **message** qui s'adressait à plus de quatre millions de personnes : il va de soi que ce n'est pas d'un point de vue rigoureusement esthétique qu'une telle œuvre doit être appréciée.

## *Un angélisme dérisoire et significatif*

Mais, précisément, la question qu'elle suggère concerne la relation qu'elle instaure entre une maxime où s'énonce le devoir de l'humanité et son illustration. Doit-on nécessairement, pour rendre la maxime plus parlante et moins abstraite, « jouer sur la corde sensible » ? Le devoir ne risque-t-il pas d'en subir un certain **abaissement** ? Pire : la séduction de l'image ne peut-elle aller jusqu'à **fausser le message** qu'elle prétend véhiculer ? Car peut-être faut-il rappeler qu'au moment où cette couverture était diffusée, la question raciale était particulièrement brûlante aux États-Unis. A rapprocher l'espoir de paix universelle qu'elle paraît suggérer et ce qui se passait à l'époque dans les ghettos des grandes villes, comment interpréter cette sérénité calculée, cette ignorance de l'actualité ? Doit-on y voir un rappel à l'ordre adressé à l'Américain moyen ou bien, tout au contraire, l'affirmation d'un angélisme indifférent au réel ? La maxime elle-même paraît bien dérisoire dès que l'on prend en considération la réalité historique...

Faut-il enfin admettre que cette image nous révèle à sa façon une contradiction propre à l'humanité, toujours prête à **afficher son devoir** et en même temps **incapable de le faire** ? Toute exigence morale ne semble-t-elle pas en effet bien vaine au vu de la pénible réalité des actions de l'homme ?

## *L'indépendance à l'égard des déterminations naturelles*

**KANT**

*Devoir !* nom sublime et grand, toi qui ne renfermes rien en toi d'agréable, rien qui implique insinuation, mais qui réclames la soumission, qui cependant ne menaces de rien de ce qui éveille dans l'âme une aversion naturelle et épouvante, pour mettre en mouvement la volonté, mais poses simplement une loi qui trouve d'elle-même accès dans l'âme et qui cependant gagne elle-même malgré nous, la vénération (sinon toujours l'obéissance), devant laquelle se taisent tous les penchants, quoiqu'ils agissent contre elle en secret ; quelle origine est digne de toi, et où trouve-t-on la racine de ta noble tige, qui repousse fièrement toute parenté avec les penchants, racine dont il faut faire dériver, comme de son origine, la condition indispensable de la seule valeur que les hommes peuvent se donner à eux-mêmes ? (...)

Ce n'est pas autre chose que la *personnalité*, c'est-à-dire la liberté et l'indépendance à l'égard du mécanisme de la nature entière, considérée cependant en même temps comme un pouvoir d'un être qui est soumis à des lois spéciales, c'est-à-dire aux lois pures pratiques données par sa propre raison, de sorte que la personne, comme appartenant au monde sensible, est soumise à sa propre personnalité, en tant qu'elle appartient en même temps au monde intelligible.

***Critique de la raison pratique* (1788),**
**trad. F. Picavet, P.U.F., p. 91**

## *Norme morale et lutte des classes*

**TROTSKY**

La cause du vide des formes obligatoires pour tous c'est que, dans toutes les circonstances importantes, les hommes ont un sentiment beaucoup plus immédiat et plus profond de leur appartenance à une classe sociale qu'à la « société ». Les normes de morale « obligatoire pour tous » reçoivent en réalité un contenu de classe, en d'autres termes, antagonique. La norme morale est d'autant plus catégorique qu'elle est moins « obligatoire pour tous ». La solidarité ouvrière, surtout dans les grèves ou derrière les barricades, est infiniment plus catégorique que la solidarité humaine en général.

La bourgeoisie, dont la conscience de classe est très supérieure, par sa plénitude et son intransigeance, à celle du prolétariat, a un intérêt vital à imposer « sa » morale aux classes exploitées. Les normes concrètes du catéchisme bourgeois sont camouflées à l'aide d'abstractions morales placées elles-mêmes sous l'égide de la religion, de la philosophie ou de cette chose hybride qu'on appelle le « bon sens ». L'invocation des normes abstraites n'est pas une erreur désintéressée de la philosophie, mais un élément nécessaire du mécanisme de la lutte des classes. Faire ressortir cette duperie, dont la tradition remonte à des millénaires, est le premier devoir du révolutionnaire prolétarien.

***Leur morale et la nôtre* (1938),**
**trad. V. Serge, éd. Pauvert,**
**coll. « Libertés », pp. 37-38**

## La vertu doit être individuelle

**NIETZSCHE**

Un mot encore contre Kant *moraliste*. Une vertu doit être *notre* invention, *notre* défense la plus personnelle et légitime dans le besoin : prise dans un tout autre sens, elle n'est qu'un danger. Ce qui n'en est pas une condition vitale *nuit* à notre existence : une vertu est nuisible quand elle ne tient qu'à un sentiment de respect pour l'idée de « vertu », comme le voulait Kant. La « vertu », le « devoir », le « bien en soi », le bien à caractère d'impersonnalité et d'universalité, autant de chimères où s'expriment la décadence, l'exténuation finale de la vie, toute la chinoiserie à la marque de Königsberg[1].

Les profondes lois de la conservation et de la croissance exigent le contraire : que chacun s'invente *sa* vertu, son impératif catégorique. Un peuple va à sa perte quand il confond son devoir propre avec l'idée générale du devoir. Rien ne cause de ruine plus profonde, plus intérieure, que toute forme de devoir « impersonnel », de sacrifice au Moloch de l'abstraction. Et dire que l'on n'a pas senti ce danger mortel qu'est l'impératif catégorique de Kant !

**_L'Antéchrist_ (1888),**
**trad. R. Rovini, éd. Pauvert,**
**coll. « Libertés », p. 88**

1 ◻ Königsberg est la ville où résida Kant.

## commentaire

On caractérise volontiers la morale de **Kant** (1724-1804) comme une, sinon comme **la morale du devoir**. En effet, pour rendre compte de l'existence, dans l'homme, d'une moralité qui lui paraît incontestable, Kant met en avant le concept de devoir, qu'il oppose aux **penchants** et lie à l'idée de **loi**. La conscience du devoir suffit à distinguer l'être humain du monde simplement sensible ou naturel : elle confirme en lui une dimension proprement **intelligible**, obéissant aux lois de sa propre raison en toute indépendance à l'égard des déterminations extérieures.

C'est parce que le devoir ainsi analysé nous indique les exigences d'une loi par définition universelle que **Nietzsche** (1844-1900) lui oppose violemment la décision au contraire la plus **singulière** : pour lui, **« impersonnalité »** est synonyme d'abaissement et de médiocrité.

A l'inverse, c'est donc en obéissant à sa propre définition de la vertu que l'individu ou même plus généralement « un peuple » garde quelque chance de réaliser pleinement ses possibilités. L'opposition n'est pas tant ici à comprendre entre individualisme et sens de la collectivité, qu'entre singularité et universalité. Dans ce dernier terme, Nietzsche ne peut percevoir que l'abstraction la plus artificielle et la plus dangereuse.

La **critique de l'universalité** s'opère chez **Trotsky** (1879-1940) d'un point de vue très différent puisqu'il y devine le jeu intéressé de l'idéologie bourgeoise, qui omet nécessairement de prendre en compte la lutte et les intérêts de classes pour mieux imposer les siens. A la morale idéaliste qui se réfère à l'humanité en général, le théoricien révolutionnaire doit donc répliquer par une **morale intéressée**, c'est-à-dire susceptible d'**aller dans le sens** des intérêts du **prolétariat**. Dans la mesure où la morale appartient à la sphère des superstructures idéologiques, elle doit en effet être considérée elle aussi comme un champ où s'exerce la lutte des classes.

# *La découverte de l'éthique*

## l'auteur

Le penseur danois Søren Kierkegaard (1813-1855) occupe dans la philosophie une place tout à fait singulière, qui fait de lui un **précurseur de l'existentialisme** aussi bien que du renouveau de la **théologie protestante**. Après des études de théologie, il considère la philosophie comme « la nourrice sèche de la vie », déplorant tout particulièrement l'abstraction de son cadre conceptuel et sa systématisation. Son **hostilité** se marque notamment **à l'égard de Hegel**, puisque c'est bien chez ce dernier que la notion de système devient la plus totalisante.

Auteur à pseudonymes, qui sont comme les facettes d'une pensée cherchant toujours à approfondir sa réflexion sur la solitude de l'individu et l'existence humaine dans sa singularité, Kierkegaard entremêle étroitement sa propre biographie et son parcours philosophique, qui culmine finalement dans un face à face avec Dieu où les dogmes de l'Église sont outrepassés.

## l'intérêt philosophique du texte

Ce que Kierkegaard qualifie de **stade esthétique** constitue la première modalité de l'existence humaine : l'individu y jouit de l'**instant**, du **hasard**, de sa séduction (c'est Don Juan). Mais les plaisirs, si raffinés et diversifiés soient-ils, ne viennent jamais à bout du désir : d'où le « désespoir » et le dépassement conséquent de l'esthétique vers le **stade éthique** où la notion morale du **devoir** devient centrale. L'ambition de l'homme éthique est de **devenir l'homme « général »**, c'est-à-dire d'**échapper à l'accidentel** en réalisant en lui ce qui peut être commun à tout le genre humain. C'est pourquoi l'éthique apporte une « profondeur » insoupçonnée du moment esthétique : l'individu y a la satisfaction de réaliser l'honnêteté et peut-être une certaine sagesse, même précaire, tout en ne trouvant qu'en lui-même le ressort de sa conduite. La satisfaction d'être le « seul homme », c'est-à-dire de manifester ce que peut et doit être l'homme en général, s'accompagne de **bonne conscience**.

On notera toutefois que, pour Kierkegaard, ce moment de l'éthique doit à son tour être abandonné pour faire place au **stade religieux** et dernier, dans lequel le sentiment de la liberté trouve son fondement tragique en l'expérience du péché.

**1** ☐ « L'esthétique dans un homme est ce par quoi il est immédiatement ce qu'il est ; l'éthique est ce par quoi il devient ce qu'il devient. » (p. 480)

**2** ☐ « [L'éthique] n'anéantit pas l'esthétique, mais elle la transfigure. Pour qu'un homme puisse vivre éthiquement, il est nécessaire qu'il prenne conscience si profondément de lui-même qu'aucune contingence ne lui échappe. » (p. 535)

**3** ☐ « Il est assez curieux qu'en parlant du devoir on pense à quelque chose d'extérieur bien que le mot lui-même indique qu'il s'applique à quelque chose d'intérieur ; car ce qui m'incombe, non pas comme à un individu accidentel, mais d'après ma vraie

*« La* maxime *est le principe* subjectif *de l'action, que le sujet même se donne pour règle (c'est le comment il* veut agir*). Le principe du devoir est, au contraire, ce que la raison lui prescrit absolument, par suite objectivement (c'est le comment il* doit agir*) ».*
Kant, *Doctrine du droit.*

David,
*Le serment de Horace.*

nature, est bien dans le rapport le plus intime avec moi-même. » (p. 535)

**4** ◻ « [Le désespoir est] la dernière conception esthétique de la vie, car elle a, dans une certaine mesure, incorporé en elle la conscience de la nullité d'une telle conception. » (pp. 491-492)

**5** ◻ « Celui qui vit esthétiquement ne voit partout que des possibilités, qui pour lui constituent la substance de l'avenir, tandis que celui qui vit éthiquement voit des tâches partout. » (p. 533)

Extraits de l'ouvrage cité.

## *L'individu éthique et l'homme général*

**KIERKEGAARD**

L'homme général n'est pas un fantôme, mais tout homme est l'homme général, ce qui veut dire que le chemin par lequel il devient l'homme général est assigné à tout homme. Celui qui vit esthétiquement est l'homme accidentel ; il pense être l'homme parfait parce qu'il pense être le seul homme ; celui qui vit éthiquement agit pour devenir l'homme général[1]. Lorsque ainsi un homme est esthétiquement amoureux, le fortuit joue un rôle énorme, et il lui importe qu'il n'y ait personne qui ait aimé de la même manière ou avec les mêmes nuances que lui ; en se mariant celui qui vit éthiquement réalise le général [2]. C'est pourquoi il ne haïra pas le concret, mais il possède une expression en plus, une expression plus profonde que toute expression esthétique, puisqu'il voit dans l'amour une révélation de ce qui est commun au genre humain. Celui qui vit éthiquement a donc lui-même comme tâche. Son Soi, en tant qu'immédiat, est déterminé fortuitement et la tâche consiste à coordonner le fortuit et le général.

L'individu éthique n'a donc pas le devoir en dehors de lui, mais en lui[3], cela apparaît à l'instant du désespoir[4] et se fraie un chemin à travers l'esthétique, en elle et avec elle. On peut dire de l'individu éthique qu'il est comme la mer étale qui a une grande profondeur, tandis que celui qui vit esthétiquement n'est agité qu'en surface. Par conséquent, lorsque l'individu éthique a accompli sa tâche[5], lorsqu'il a combattu le bon combat, il est arrivé au point où il est devenu le seul homme, ce qui veut dire qu'il n'y a pas d'homme comme lui et, en outre, qu'il est devenu l'homme général. Il n'y a rien de bien grand dans le fait d'être le seul homme, car tout homme a cela en commun avec toute création de la nature ; mais le véritable art de la vie, c'est de l'être de façon à être en outre le général.

**« L'équilibre entre l'esthétique et l'éthique »,**
**in *Ou bien... ou bien...* (1843),**
**trad. Prior et Guignot, Gallimard, pp. 536-537**

# LE DEVOIR ET L'ESPOIR DE LA RATIONALITÉ

Qu'est-ce que le devoir ? Il suffit pour le situer d'écouter résonner le verbe à travers le substantif : le devoir s'impose ou se propose à moi comme **ce que je dois faire**. Il définit ainsi un **ordre de réalité** immédiatement différent de ce qui m'est naturellement donné : ordre proprement humain de l'**autorisé** et de l'**interdit**, avec lequel l'enfant doit s'accoutumer par un apprentissage nécessaire. Faire l'**éducation d'un enfant**, c'est en effet lui procurer des mœurs, c'est-à-dire l'habituer à **respecter certaines règles**, certaines maximes, au lieu de suivre ses impulsions premières et ses désirs.

Cette obéissance de l'enfant, doit-on admettre qu'elle se prolonge chez l'adulte ? D'où vient chez ce dernier la capacité de repérer ce qu'il faut faire ? Est-ce encore d'une autorité extérieure ? Provient-elle au contraire de son intimité même ?

La réponse de Kant à cette question est étonnamment simple : à l'inverse des philosophes qui l'ont précédé et qui trouvaient à l'existence morale un but (le bonheur, ou le plaisir), Kant affirme que la conscience du devoir n'a nul besoin d'être justifiée par la préoccupation de quelque fin que ce soit. C'est que le **devoir** nous est **indiqué pour lui-même** par les maximes que nous suivons dès que celles-ci peuvent être admises comme de véritables lois.

Le devoir, lorsque je le comprends, a donc comme on dit **force de loi.** Mais d'où vient cette force, et pourquoi la loi m'en apparaît-elle précisément dotée ? Toute loi est universelle, qu'elle concerne la nature ou l'éthique — ce qui revient à dire que tout homme placé dans la même situation que moi ressentirait la même obligation et ne pourrait pas agir autrement que je le dois. Si la loi provoque mon obéissance, c'est donc parce que je pressens qu'en la bafouant, je trahirais ce que je porte en moi d'humanité : la raison. Aussi ne puis-je éprouver pour la loi qui m'indique où est mon devoir que du **respect**. Ce terme ne doit pas être compris comme désignant un sentiment ordinaire, l'expérience quotidienne m'enseignant largement que la loi est justement ce qui peut s'opposer au sentiment. Ce terme signifie que la loi « m'en impose » en m'offrant l'occasion de **combattre mes propres penchants** et de me prouver ainsi à moi-même que je suis capable de dépasser ma sensibilité ou sentimentalité la plus immédiate. En termes kantiens : « Quoique le respect soit un sentiment, ce n'est point cependant un sentiment *reçu* par influence ; c'est, au contraire, un sentiment *spontanément produit* par un concept de la raison, et par là même spécifiquement distinct de tous les sentiments du premier genre » (*Fondements de la métaphysique des mœurs*, p. 102).

Un ange arrête le bras d'Abraham prêt à sacrifier son fils Isaac par obéissance à Yavhé.

Ainsi le devoir est-il **indépendant d'un but et de l'inclination** ; la loi qui y transparaît m'oblige à lui obéir par la seule puissance de sa forme universelle : la considération de son contenu me ferait retomber dans un calcul concernant une fin à poursuivre, dans lequel Kant voit le risque d'un fanatisme des fins, qui pourrait justifier n'importe quel moyen et porterait donc atteinte à la moralité. Reste à préciser la **provenance du devoir** : quel en est le **législateur** ?

Ce ne peut être, selon Kant, nul autre que **moi-même**, et, puisque le devoir détermine ma volonté à agir comme il faut (en appliquant une maxime universalisable), le fondement de la moralité réside dans l'**autonomie* de la volonté.** La loi ne m'est révélée par aucune autre **autorité** que celle **de ma propre raison** puisque cette dernière est bien **capacité de légiférer**, soit à propos du donné naturel, soit à propos de ce qui est à faire.

## L'autonomie

La découverte kantienne de l'autonomie de la volonté ne change en rien les **enseignements** du devoir, elle modifie avant tout sa **compréhension**.

Tous les philosophes antérieurs admettaient en effet que la moralité provenait dans l'être humain d'une régulation ayant son origine en dehors de lui, qu'il s'agisse de l'**éducation** ou de la **volonté de Dieu**, pour prendre les deux cas extrêmes de ces **conceptions hétéronomiques*** dont Kant dresse le tableau dans la *Critique de la raison pratique* : dans leur optique, et quelle que soit la diversité apparente de leurs solutions, le sujet n'est en rien le découvreur de son devoir ; sans doute peut-il en paraître respectueux, mais on risque surtout d'encourager un banal **conformisme* moral** dans lequel les apparences seront sauves, même si elles ne correspondent pas aux intentions véritables de l'individu.

Lorsque Kant établit sa célèbre distinction entre l'**acte accompli par devoir** et celui qui n'est que **conforme au devoir**, nous pouvons y trouver, outre un intérêt théorique, une sorte d'avertissement : lorsqu'il y va de la morale et du devoir, méfions-nous plus que jamais des simples **apparences** ! En effet, un comportement seulement conforme au devoir ne se distingue en rien, de l'extérieur, de celui qui est authentiquement moral parce qu'effectué par devoir : dans la mesure où la saisie de ce dernier ne relève que de la conscience individuelle, il est évidemment délicat, sinon impossible, d'en garantir la présence ; seul le sujet connaît ce qui se passe en lui, toute interprétation extérieure risquant d'être prise au **piège du conformisme**.

L'exemple de l'individu qui « conserve sa vie » est ici particulièrement significatif : si chaque être humain pouvait être qualifié de moral pour peu qu'il reste en vie, le respect du devoir serait décidément la chose du monde la mieux partagée ! Cette conformité de surface ne doit pas nous tromper : seul obéit véritablement au devoir celui qui reste en vie alors même qu'il a perdu « tout goût de vivre », puisqu'il ne cède pas aux inclinations qui le pousseraient à se supprimer et leur oppose l'impératif du devoir.

## *Devoir et liberté*

**Rousseau,** en une formule qui suscitera l'approbation de Kant, affirmait que **« l'obéissance à la loi qu'on s'est prescrite** est **liberté »** — mais la loi qu'il envisageait était d'abord politique. Pour Kant, elle sera plus fondamentalement morale, et il en devient d'autant plus vrai d'affirmer qu'on se l'est prescrite : dès lors, il n'est plus besoin de faire intervenir, pour l'énoncer, la figure encore trop extérieure du « législateur » tel que Rousseau en précise la fonction dans le *Contrat social.* Le **seul et pur législateur**, c'est **moi-même**, lorsque je choisis précisément de régler ma volonté sur l'idée purement formelle de loi en général.

Ainsi le devoir et l'autonomie de la volonté qui me le fait découvrir ne sont-ils possibles que parce qu'il y a en moi un **mystère de liberté**, c'est-à-dire parce que j'ai toujours un choix à faire entre l'obéissance et la désobéissance. Car s'il est vrai, comme l'énonce la première phrase des *Fondements*, que « de tout ce qu'il est possible de concevoir dans le monde, et même en général hors du monde, il n'est rien qui puisse sans restriction être tenu pour bon, si ce n'est seulement une bonne volonté » (une volonté déterminée par la loi), il n'en reste pas moins également vrai que la **mauvaise volonté** existe. Quelle que soit la force avec laquelle le devoir se présente au sujet, il arrive que ce dernier choisisse d'y rester sourd.

Cette possibilité de **choisir le mal** en bafouant la loi confirme qu'à la racine de l'autonomie de la volonté se trouve bien la **liberté**, concept métaphysique : si tout homme, dès qu'il comprend où est son devoir, ne pouvait que l'effectuer en quelque sorte mécaniquement, c'est l'existence même de la moralité qui serait impossible, puisqu'on ne rencontrerait qu'un **déterminisme rigoureux**, semblable à celui qui se déploie dans la nature. Pour que la notion de devoir possède une signification effectivement morale, il faut que demeure ouverte la **possibilité de ne pas l'accomplir** : que **le mal** soit, non pas le résultat de l'ignorance ou d'une superficielle négligence (comme l'enseigne une tradition philosophique d'origine socratique), mais bien le **résultat d'un libre choix**, celui que décide la volonté en toute connaissance de cause.

Refuser le devoir signifie ainsi renoncer à reconnaître la validité de la loi, tenir pour négligeable sa propre capacité rationnelle à légiférer : **l'homme mauvais s'exclut de lui-même de l'humanité**, puisqu'il agit de façon extra ou infrarationnelle.

## *Quelques réserves à l'égard de la conception kantienne*

L'insistance kantienne sur le devoir et l'autonomie de la volonté a été critiquée de multiples façons.

En premier lieu, c'est bien l'universalité même de la loi morale qui peut sembler contestable. On lui oppose aisément un **relativisme culturel** selon lequel la vérité en deçà des Pyrénées se transforme en erreur au-delà des mêmes montagnes... et les informations que nous apportent aujourd'hui les **anthropologues** semblent bien confirmer ce relativisme.

D'autre part, la relation entre le devoir et la liberté, donc la métaphysique, semble assez éloignée des préoccupations contemporaines, plus soucieuses d'accorder l'individu avec les exigences de la société.

La notion même de loi n'évoque-t-elle pas spontanément de nos jours un cadre plus juridique que moral ? Ainsi serait-il judicieux de reconsidérer un principe hétéronomique de la volonté — **le devoir** nous étant **indiqué par le social** — afin de sortir de ce qu'il peut y avoir d'apparemment « idéaliste » dans la position kantienne.

Cet idéalisme lui-même pourrait d'ailleurs être cerné plus précisément comme idéologie. Du point de vue marxiste, la réflexion kantienne témoigne d'une position de classe : c'est bien l'idéologie bourgeoise qui s'affirme en quête d'humanité en général et d'universalité, au moment même où elle ne comprend sous ces termes abstraits que sa propre définition et ses intérêts particuliers.

## *Le pari*

De telles objections ne font que remettre au goût du jour un débat très ancien : celui d'Antigone et de Créon. Alors que ce dernier ne prétend faire respecter que les **lois de la cité**, Antigone se réfère pour sa part aux **« lois non écrites »** qui lui dictent un devoir venant contredire l'organisation politique. Un sociologue pourrait, il est vrai, remarquer que ces lois plus anciennes sont elles-mêmes d'origine collective ou sociale, puisque le devoir d'ensevelir les morts a bien été enseigné par les prêtres de Thèbes. Il n'en reste pas moins que la collectivité apparaît ainsi sollicitée par des **obligations incompatibles** : l'organisation religieuse peut s'opposer au politique. Comme le souligne René Le Senne, de façon plus générale, « l'État entre en conflit avec la religion, les intérêts de notre famille s'opposent à ceux de la patrie, la profession nous impose des partialités que le respect de nous-même comme tout indivisible exclurait, le partisan qui va jusqu'au bout de ce qu'exige son parti devient un traître envers sa nation, et ainsi de suite. Comment pourrions-nous nous contenter d'obéir à la société, puisqu'en nous elle est divisée contre elle-même ? » (*Traité de morale générale*, p. 360.) Face à une telle **pluralité d'inclinations et de devoirs** partiels, « le moi ne peut plus être considéré comme un lieu, il devient un créateur de la société ».

La deuxième maxime du devoir énoncée par Kant : « Agis toujours de telle sorte que tu traites l'humanité, dans ta personne et dans celle d'autrui, toujours comme une fin et jamais comme un moyen », souligne combien l'homme du devoir est soucieux de respecter la personne humaine, et de collaborer à la constitution progressive d'une société uniquement composée de personnes, d'individus égaux en dignité.

En fait, l'**origine rationnelle du devoir** a pour nous la signification d'un **pari** : que l'homme se montre capable de **surmonter ses intérêts égoïstes**, ses passions et ses inclinations pour accéder à une dignité le haussant très au-dessus des phénomènes naturels, du donné premier, et lui conférant une dimension spécifique. Par-delà les critiques et les réserves ponctuelles que peuvent susciter les analyses kantiennes, la conception très exigeante qu'elles nous proposent du devoir ne peut aboutir pour l'homme contemporain qu'à une interrogation toujours dérangeante : savoir s'il demeure apte à penser que cette dignité mérite en effet d'être désirée.

*« J'ai entendu une voix, à droite de l'église... La voix me disait de venir en France et je ne pouvais plus durer où j'étais !*
*Je ne suis venue en France que sur l'ordre de Dieu. »*
Déclarations de Jeanne d'Arc lors de son procès, 1429.


**BIBLIOGRAPHIE DE LA LEÇON**

***E. DURKHEIM :***
« Détermination du fait moral », in *Sociologie et anthropologie*, P.U.F.

***L. GOLDMANN :***
*Introduction à la philosophie de Kant*, 2e partie, chap. III, Idées-Gallimard.

***E. KANT :***
*Fondements de la métaphysique des mœurs*, Delagrave ; *Critique de la raison pratique*, P.U.F.

***R. LE SENNE :***
*Traité de morale générale*, en particulier p. 232 sq., p. 450 sq., P.U.F.

## TABLE D'ORIENTATION

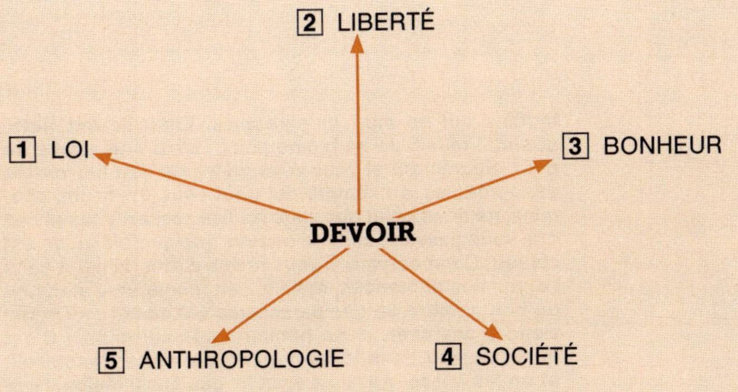


## SUJETS DE DISSERTATION

1 Y a-t-il à la question « Que faut-il faire ? » une réponse à valeur universelle ? (Paris, B, 1983)

■ Peut-on être sûr de bien agir ? (Strasbourg, B, 1975)

■ Y a-t-il des valeurs universelles ou toute valeur est-elle particulière ? (Toulouse, A, 1980)

2 L'exigence morale conduit-elle l'homme au-delà de lui-même ? (Toulouse, B, 1983)

■ Se sentir obligé, est-ce renoncer à sa liberté ? (Besançon, A, 1981)

3 Y a-t-il un devoir d'être heureux ? (Nantes, A, 1979)

4 La transgression des interdits constitue-t-elle un retour au chaos ? (Besançon, B, 1983)

■ Le devoir se réduit-il à un ensemble de contraintes sociales ? (Pondichéry, A, 1983)

5 Peut-on qualifier d'inhumains certains actes humains ? (Amiens, C-D, 1977)

■ L'homme peut-il vivre sans exigence morale ? (Sports études, B, 1982)

## BIBLIOGRAPHIE GÉNÉRALE

***H. BERGSON :*** *Les Deux sources de la morale et de la religion,* P.U.F.

***G. GUSDORF :*** *Traité de l'existence morale,* Colin.

***C. GUYAU :*** *La Morale sans obligation ni sanction,* P.U.F.

***F. NIETZSCHE :*** *Généalogie de la morale,* 10-18 ; *L'Antéchrist,* 10-18.

## GLOSSAIRE

**Autonomie :** au sens général, capacité pour un individu ou un groupe de déterminer soi-même la loi qu'il respecte. Pour Kant, l'autonomie de la volonté constitue le véritable principe de la moralité : la volonté s'y règle, à travers ses maximes, sur l'idée formelle de loi en général, sans subir la moindre influence des inclinations, des sentiments ou de l'entourage social. (S'oppose à *Hétéronomie.*)

**Conformisme :** simple adhésion, sans examen critique, aux valeurs ou principes reconnus par un groupe ou une majorité d'hommes. Socrate en montre déjà les limites ; Kant, par sa distinction entre l'acte accompli « par devoir » et celui qui n'est que « conforme au devoir », souligne que l'individu n'accède à l'authenticité morale (donc à l'autonomie) qu'en refusant le conformisme.

**Eudémonisme :** voir le *Glossaire* du chapitre sur le *Bonheur.*

**Hédonisme :** voir le *Glossaire* du chapitre sur le *Bonheur.*

**Hétéronomie :** en général, condition d'un individu ou d'un groupe qui reçoit de l'extérieur la loi à laquelle il obéit. Kant nomme en particulier principes hétéronomiques de la volonté tous les principes qui déterminent la volonté indépendamment de la seule considération de la loi en général : l'éducation, la constitution civile, le sentiment physique ou moral, l'idée de perfection ou la volonté de Dieu.

**Impératif :** tout énoncé apparaissant comme un commandement, la forme radicale en étant le « Tu dois ». Kant distingue l'*impératif hypothétique* qui subordonne l'ordre à la poursuite d'une fin et ne relève que de l'habileté ou de la prudence, de l'*impératif catégorique*, seul moral puisqu'il ordonne inconditionnellement par sa seule forme impérative et indépendamment de son contenu.

**Responsabilité :** le terme peut être pris au sens pénal ou juridique aussi bien qu'au sens moral, pour désigner la situation de l'individu qui peut être appelé à répondre de ses actes. La responsabilité implique ainsi la liberté comme fondement.

**RÊVER OU DEMANDER ?**

Chacun a ce qu'il veut. La jeunesse se trompe là-dessus parce qu'elle ne sait bien que désirer, et attendre la manne. Or, il ne tombe point de manne ; et toutes les choses désirées sont comme la montagne, qui attend, que l'on ne peut manquer. Mais aussi il faut grimper. Tous les ambitieux que j'ai vu partir d'un pied sûr ; je les ai vus aussi arriver, et même plus vite que je n'aurais cru. Il est vrai qu'ils n'ont jamais différé une démarche utile, ni manqué de voir régulièrement ceux dont ils pensaient se servir, ni aussi de négliger ces inutiles qui ne sont qu'agréables. Enfin ils ont flatté quand il fallait. Je ne blâme point ; c'est une affaire de goût. Seulement si vous vous mêlez de dire les vérités désagréables à l'homme qui peut vous ouvrir les chemins, ne dites point que vous vouliez passer. Vous rêviez que vous passiez, comme on rêve quelquefois qu'on est oiseau. C'est comme si vous rêviez d'être ministre sans l'ennui des audiences, et sans rien ménager. J'ai connu un bon nombre de ces paresseux, qui disent : « On me viendra chercher, je ne remuerai pas un doigt. » C'est qu'ils veulent dans le fond qu'on les laisse tranquilles, et on les laisse. Aussi ne sont-ils pas aussi malheureux qu'ils voudraient le croire. Les niais sont ceux qui font soudain dix démarches en deux jours, visant tout à coup une riche proie, comme le milan. Il n'y a rien à espérer de ces expéditions mal préparées. J'ai vu des hommes de mérite attaquer ainsi des coffres-forts avec leurs ongles.

D'où l'on dit quelquefois que la société est bien injuste ; en quoi l'on est bien injuste. La société ne donne rien à celui qui ne demande rien, j'entends avec constance et suite ; et cela n'est point mal, car les connaissances et aptitudes d'esprit ne sont pas le tout.

Alain,
*Propos sur le bonheur*,
Gallimard, p. 88

# LA VOLONTÉ

« Quand on veut, on peut... » nous dit-on. Cette phrase si facile à prononcer, et pourtant si difficile à exécuter, révèle-t-elle une quelconque vérité sur la volonté ? Si la volonté est la faculté que l'homme a, après une **délibération** intérieure ou placé devant un choix, de **prendre une décision** et de l'**exécuter**, la volonté apparaît comme le **pouvoir absolu**, la manifestation même de la liberté en action : « il suffirait de vouloir vraiment... » Mais il est bien facile de constater que les choses ne sont pas si simples ! Il y a des choses que l'on peut toujours vouloir de toutes ses forces sans pouvoir les mettre à exécution. Je peux souhaiter indéfiniment, je peux appeler de tous mes vœux l'inaccessible, sa réalisation ne s'ensuivra pas pour autant. Ce qui revient à dire que la volonté ne va pas sans **lucidité**, sur soi-même et sur le monde ; elle doit entretenir un rapport étroit à la **réalité**. C'est par là que la volonté se distingue de la **velléité** : beaucoup de gens semblent prendre d'irrévocables « décisions » sans se donner les moyens de les mettre en œuvre. La volonté, elle, demande sans doute un début de réalisation.

## *La volonté comme valeur*

Il ne suffit pas de mettre sa puissance en question, de faire des « exercices » de volonté — ce qui implique presque toujours contrainte et effort. Lorsque l'on nous dit « quand on veut, on peut », n'est-ce pas là le signe que la volonté apparaît d'emblée dirigée vers le bien ? Si l'homme est naturellement porté à la paresse, à la veulerie et à la loi du moindre effort, faire preuve de volonté renvoie alors à un jugement de valeur. La volonté est une **valeur positive**. C'est ce que pense le sens commun qui fait de la volonté une **alliée de la raison** : il faut de la volonté pour travailler, pour se lever le matin, pour cesser de fumer ou de se ronger les ongles, etc.

Mais la volonté est-elle toujours raisonnable ? Faut-il penser avec le philosophe Renouvier, que « vouloir vraiment, c'est vouloir ce qu'on ne veut pas » ? Car enfin, la volonté pourrait aussi vouloir autre chose que le bien, la volonté pourrait aussi n'être pas seulement un effort, une tension. Pourquoi ne se dirigerait-elle pas aussi vers le **mal** ? Si la volonté est pouvoir absolu, elle devient **dangereuse** et l'on pourrait parler à bon escient de « bonne volonté » et de « mauvaise volonté ».

## *L'enjeu de la volonté*

Le portrait que nous fait Alain des velléitaires dans ses *Propos sur le bonheur* n'est rien moins que réaliste, et nous donne à penser que la volonté est une faculté en friche dans l'esprit humain, prête à être cultivée ou sclérosée à force de ne pas être utilisée.

Tout le problème consiste alors à s'interroger sur l'**objet** même de la volonté. Une volonté sans objet est inutile ; par son exercice l'homme veut en fait manifester sa liberté. S'agit-il de réaliser tel ou tel projet, ou bien de s'éprouver soi-même en prouvant le caractère infini de la volonté ?

C'est que la volonté révèle peut-être l'essence de l'homme : ni l'instinct ni la raison ne lui permettent d'accomplir immédiatement ses projets. La volonté est alors cette troisième voie, difficile certes, mais passionnante, dans la mesure où la liberté est en jeu, qui seule peut amener au succès. La question est donc fondamentale : suffit-il de vouloir ?

*« Si je voulais résumer en quelques mots les fondements de notre politique, je citerais (...) la volonté de défense des Français qui donne à nos armes leur valeur dissuasive et défensive. »*
Ministre de la Défense, 1983.

## Puissance de la volonté

**ÉPICTÈTE**

Ne possèdes-tu donc rien qui soit en ton pouvoir, qui dépende uniquement de toi, ou possèdes-tu quelque chose de pareil ? — Je ne sais pas. — Vois donc et examine ainsi la question. Quelqu'un peut-il te faire adhérer à une proposition fausse ? — Personne. — Donc quant à l'assentiment, tu ne trouves ni obstacle ni entrave. — Soit. — Peut-on te forcer à vouloir ce que tu ne désires pas ? — On le peut ; en me menaçant de la mort ou de la prison, on me force à le vouloir. — Donc, si tu méprises la mort ou la prison, tu ne tiendrais plus compte de l'ordre ? — Non. — Le mépris de la mort est-il ou non ton affaire ? — C'est mon affaire. — Est-ce aussi ou non ton affaire de vouloir ? — Soit ! C'est la mienne. — Et de refuser d'agir ? C'est aussi ton affaire. — Quoi ! Si je peux me promener, et si l'on m'en empêche ? — Qui pourra-t-on empêcher en toi ? Est-ce ton assentiment ? — Non, mais mon corps. — Oui, comme on arrête une pierre. — Soit, mais je cesse de me promener. — Qui t'a dit que c'était ton affaire de pouvoir te promener sans en être empêché ? C'est ta volonté seulement dont je dis qu'elle n'est pas empêchée ; mais dès qu'on a besoin du corps et de son concours, tu as depuis longtemps appris que ce n'est pas ton affaire. — Soit encore cela. — Quelqu'un peut-il te forcer à désirer contre ton gré ? — Personne. — Ou à projeter, à faire des plans, et en général à user des représentations qui surviennent ? — Non plus. Mais il peut m'empêcher d'obtenir ce que je désire. — Comment le pourrait-il si tu désires des choses qui sont tiennes et qu'on ne peut empêcher ? — D'aucune manière.

***Entretiens,* Livre IV, trad. Bréhier-Aubenque, in « Les Stoïciens », éd. de la Pléiade, Gallimard, pp. 1047-1048**

## La bonne volonté

**KANT**

Ce n'est pas par ses productions et ses succès que la bonne volonté est ce qu'elle est ; ce n'est pas par sa facilité à atteindre un but proposé, mais c'est seulement par le vouloir ; c'est-à-dire qu'elle est bonne en soi, et que, considérée en elle-même, elle doit incontestablement être estimée de beaucoup supérieure à tout ce qui pourrait être fait par elle en faveur de quelque inclination, ou même, si l'on veut, de l'ensemble des inclinations.

Quand bien même, par la défaveur du sort ou par l'avarice d'une nature marâtre, cette volonté serait absolument dépourvue du pouvoir de faire aboutir ses desseins ; alors même que ses plus grands efforts resteraient stériles ; alors même qu'il n'y aurait plus que la bonne volonté toute seule (j'entends par là, non pas un simple vœu, mais l'usage de tous les moyens dont nous pouvons disposer), elle n'en brillerait pas moins, comme une pierre précieuse, de son éclat propre, comme une chose qui possède en soi sa valeur. L'utilité ne serait pour ainsi dire que la monture qui permet de mieux manier le joyau dans l'usage courant, ou qui est propre à attirer sur lui l'attention de ceux qui ne sont pas connaisseurs, mais elle ne saurait avoir pour résultat de le recommander aux connaisseurs, ni d'en déterminer la valeur.

***Fondements de la métaphysique des mœurs,* 1re section, trad. P. Lemaire, Hatier, p. 20**

## Du volontaire et de l'involontaire

**ARISTOTE**

On admet d'ordinaire qu'un acte est involontaire quand il est fait sous la contrainte ou par ignorance. Est fait par contrainte tout ce qui a son principe hors de nous, c'est-à-dire un principe dans lequel on ne relève aucun concours de l'agent ou du patient : si par exemple on est emporté quelque part, soit par le vent, soit par des gens qui vous tiennent en leur pouvoir.

Mais pour les actes accomplis par crainte de plus grands maux ou pour quelque noble motif (par exemple, si un tyran nous ordonne d'accomplir une action honteuse, alors qu'il tient en son pouvoir nos parents et nos enfants, et qu'en accomplissant cette action nous assurerions leur salut, et en refusant de la faire, leur mort), pour de telles actions la question est débattue de savoir si elles sont volontaires ou involontaires. C'est là encore ce qui se produit dans le cas d'une cargaison que l'on jette par-dessus bord au cours d'une tempête ; dans l'absolu, personne ne se débarrasse ainsi de son bien volontairement, mais quand il s'agit de son propre salut et de celui de ses compagnons un homme de sens agit toujours ainsi. De telles actions sont donc mixtes, tout en ressemblant plutôt à des actions volontaires, car elles sont librement choisies au moment où on les accomplit, et la fin de l'action varie avec les circonstances de temps. On doit donc, pour qualifier une action de volontaire ou d'involontaire, se référer au moment où elle s'accomplit. Or ici l'homme agit volontairement car le principe qui, en de telles actions, meut les parties instrumentales de son corps, réside en lui, et les choses dont le principe est en l'homme même, il dépend de lui de les faire ou de ne pas les faire.

***Éthique à Nicomaque,*** **Livre III, ch. I,**
**trad. Tricot, Vrin, pp. 119-120**

(Page de gauche)
*« Découpez votre tête sur une photo d'identité et collez-la sur cette silhouette.
Voir le but, la fin d'un régime aide à supporter la faim. »*
(Photo parue avec cette légende dans un hebdomadaire féminin).

## commentaire

Pour **Épictète** (50-125), représentant du stoïcisme, « il y a ce qui dépend de nous, il y a ce qui ne dépend pas de nous ». Mais si Épictète assigne des **limites** à la volonté, cela n'enlève rien à la **puissance** de celle-ci : en ce qui concerne l'opinion, les tendances, le désir, les aversions, la volonté assure une **maîtrise** de l'homme **sur sa propre nature**. Ce qui échappe à ma volonté, en revanche, ne fait pas l'objet d'une critique, car, en soi, rien n'est mauvais : le sage doit donc y être indifférent. Si la volonté est toute-puissante, c'est aussi parce qu'elle sait être volonté de **renoncement** quand il le faut.

Le texte d'**Aristote** (385-322 av. J.-C.) témoigne des premiers balbutiements de la réflexion sur la volonté (voir ci-dessous la *Leçon*). Si le mot est bien présent (encore s'agit-il là d'un choix du traducteur), la notion reste floue. Elle est néanmoins déjà indissociable de la **connaissance** et de la **rationalité**. En rendant l'homme **responsable** de ses actes mauvais comme de ses actes vertueux, Aristote souligne l'importance de cette notion naissante de volonté, qui deviendra essentielle à toute considération éthique.

L'analyse de **Kant** (1724-1804) bouleverse le schéma classique puisque la volonté n'est plus envisagée selon son objet. On ne fait donc plus le partage entre objets vertueux et objets viciés : la volonté doit être **bonne par elle-même**, indépendamment des fins et des résultats. Seule la **conformité** de la volonté **à la loi** est susceptible de produire la bonne volonté. Selon cette loi pratique, il faut « que je puisse vouloir que ma maxime devienne une loi universelle ». La volonté est pure en ce qu'elle est stricte conformité à la loi, mais elle est aussi pratique, en ce sens qu'elle n'est autre que ma liberté[1].

1 ◻ Pour prolonger le texte de Kant, voir la *Leçon* du chapitre sur le *Devoir*.

# *La volonté de puissance, cette force continue*

## l'auteur

Nietzsche naît en 1844 dans la Saxe prussienne. Après des études de philologie à Bonn, il est nommé en 1869 à l'université de Bâle. Il est alors très influencé par la philosophie de Schopenhauer dont il s'éloignera par la suite. En 1886, Nietzsche publie *Par-delà le bien et le mal*, qu'il prolongera l'année suivante avec la *Généalogie de la morale*. Il s'agit d'une **critique de la tradition philosophique**, analysée comme l'histoire d'une **décadence**. Nietzsche entend revaloriser les valeurs issues de la **vie**, et entreprend pour cela de « déconstruire » les présupposés classiques tels que la vérité, le « Bien », le « Beau ».

La critique du concept traditionnel de « volonté » prend place dans cette entreprise : en effet, la volonté, que ce soit chez Descartes, chez Kant ou encore chez Schopenhauer (« le vouloir-vivre »), renvoie toujours d'une certaine façon à l'idée d'un sujet libre et tout-puissant.

## l'intérêt philosophique du texte

L'ancienne métaphysique forge une volonté qui n'est qu'un concept creux et abstrait. Face à l'unité du mot, Nietzsche met au jour la **complexité** de la notion, complexité à partir de laquelle il forge le concept central de sa propre philosophie, la **« volonté de puissance »**. C'est qu'en effet, la « volonté » au sens traditionnel du terme est constituée à partir d'oublis : oublis des sentiments, oubli de la pensée, oubli de l'état affectif issu de la puissance. Oublieuse de tous ces facteurs, la tradition tombe dans son illusion principale : assimiler la volonté au libre arbitre, à la primauté du sujet ; ainsi, on croit que la volonté serait en elle-même efficace !

La volonté de puissance entend rompre avec cette représentation. Nietzsche restitue au concept la notion de **force** : la volonté de puissance est ainsi création. Toutefois, il ne faut pas prendre l'expression au sens de volonté de domination : la volonté de puissance est une force immense qui cherche à se **dépasser** et à **créer**. La volonté, contrairement à la représentation classique n'a pas de fin extérieure à elle-même : elle est à elle-même sa propre fin. Il s'agit donc d'une concentration d'énergie qui ne veut rien d'autre que la vie elle-même : « Savez-vous ce qu'est le monde pour moi ? Un monstre de force sans commencement, ni fin, une somme fixe de forces... Et voulez-vous un nom pour cet univers, une solution pour toutes ses énigmes ? Le monde, c'est la Volonté de Puissance, et rien d'autre », nous dit Nietzsche.

**1** □ « Mon principe, c'est que la volonté des psychologues antérieurs est une généralisation injustifiée, que cette volonté *n'existe pas*, qu'au lieu de concevoir les expressions diverses d'une volonté *déterminée* sous diverses formes, on a effacé le caractère de la volonté en l'amputant de son contenu, de sa direction ; c'est éminemment le cas chez Schopenhauer ; ce qu'il appelle la volonté n'est qu'une formule creuse. » (*Volonté de puissance*, II, 23.)

**2** □ « La puissance fut traitée par Nietzsche comme une affaire de sentiment et de sensibilité, avant de l'être comme une affaire de volonté. Mais quand il eut élaboré le concept complet de volonté de puissance, cette première caractéristique ne disparut nullement, elle devint la manifestation de la volonté de puissance. » (G. Deleuze, *Nietzsche et la philosophie*, P,U.F., pp. 70-71.)

L. de Vinci, *Tête d'homme.*

## *La volonté comme autorité*

**NIETZSCHE**

La Volonté m'apparaît avant tout comme une chose complexe, une chose qui n'a d'unité que son nom, et c'est dans cette unicité du nom que réside le préjugé populaire qui a trompé la vigilance toujours en défaut des philosophes[1].

### *Fausse unité de la volonté*

Pour une fois, soyons donc plus circonspects, soyons moins philosophes, disons que dans toute volonté il y a d'abord une pluralité de sentiments[2], le sentiment de l'état dont on veut sortir, celui de l'état où l'on tend, le sens de ces directions elles-mêmes, « à partir d'ici », « pour aller là-bas », enfin une sensation musculaire accessoire qui, même sans que nous remuions bras ni jambes, entre en jeu comme machinalement sitôt que nous nous mettons à « vouloir ». De même que le sentir, et un sentir multiple, est évidemment l'un des ingrédients de la volonté, elle contient aussi un « penser » ; dans tout acte volontaire, il y a une pensée qui commande ; et qu'on ne croie pas pouvoir isoler cette pensée du « vouloir » pour obtenir un précipité qui serait encore de la volonté. En troisième lieu, la volonté n'est pas uniquement un complexe de sentir et de penser, mais encore et avant tout un état affectif, l'émotion de commander dont nous avons parlé plus haut.

### *Une hiérarchie interne*

Ce qu'on appelle le « libre arbitre » est essentiellement le sentiment de supériorité qu'on éprouve à l'égard d'un subalterne. « Je suis libre, c'est à lui d'obéir », voilà ce qu'il y a au fond de toute volonté (...) VOULOIR, c'est commander en soi à quelque chose qui obéit ou dont on se croit obéi. Mais que l'on considère à présent l'essence la plus singulière de la volonté, cette chose si complexe pour laquelle le vulgaire n'a qu'un seul nom : s'il arrive que dans un cas donné nous soyons à la fois celui qui commande et celui qui obéit, nous avons en obéissant l'impression de nous sentir contraints, poussés, pressés de résister, de nous mouvoir, impressions qui suivent immédiatement la volition[3], mais dans la mesure où nous avons d'autre part l'habitude de faire abstraction de ce dualisme, de nous tromper à son sujet grâce au concept synthétique du « moi », toute une chaîne de conclusions erronées et par suite de fausses évaluations de la volonté elle-même viennent encore s'accrocher au vouloir. Si bien que celui qui veut croit de bonne foi qu'il suffit de vouloir pour agir[4]. (...)

Dans tout vouloir il s'agit simplement de commander et d'obéir à l'intérieur d'une structure collective complexe, faite, comme je l'ai dit, de « plusieurs âmes » ; c'est pourquoi un philosophe devrait pouvoir se permettre de considérer le vouloir sous l'angle de la morale, la morale conçue comme la science d'une hiérarchie dominatrice, d'où naît le phénomène de la vie[5].

***Par-delà le bien et le mal* (1876),**
**I, 19, trad. G. Bianquis, Aubier, p. 75**

**3** ☐ « Ce concept *victorieux* de la force grâce auquel nos physiciens ont créé Dieu et l'univers, a besoin d'un *complément* ; il faut lui *attribuer* un vouloir *interne* que j'appellerai la volonté de puissance. » (*Volonté de puissance,* II, 309.)

**4** ☐ « La volonté de puissance ne peut pas être séparée de la force sans tomber dans l'abstraction métaphysique. » (G. Deleuze, op. cit., p. 57.)

**5** ☐ « Partout où j'ai rencontré la vie, j'ai trouvé la volonté de puissance ; et même dans la volonté de celui qui obéit, j'ai trouvé la volonté d'être maître. » (*Ainsi parlait Zarathoustra,* II.)

# *LA VOLONTÉ : LE RISQUE D'ANACHRONISME*

Pas plus que la notion de liberté, celle de volonté n'est une donnée de la nature humaine. S'il y a une universalité ou une permanence de l'expérience du sacré[1], il n'y a pas de « fonction psychologique de la volonté » qui serait immuable. La volonté est un concept tardif, lentement élaboré par la tradition occidentale, puis pleinement affirmé par la **découverte cartésienne** du **sujet libre** et **responsable de ses actes**. Il est donc tout à fait anachronique de chercher telle quelle chez les Grecs ou chez les Latins l'affirmation d'une telle dimension de la personne humaine. Jean-Pierre Vernant, spécialiste de la pensée grecque, écrit à ce propos :

> *Nous sommes portés à croire que l'homme se décide et agit « volontairement » comme il a des bras et des jambes ; là même où une civilisation, comme celle de la Grèce archaïque et classique, ne comporte dans sa langue* aucun mot *qui corresponde à notre terme de volonté, nous n'hésitons guère à doter les hommes de ce temps, comme malgré eux, de cette fonction volontaire qu'ils n'ont cependant pas nommée.*
>
> (*Mythe et tragédie en Grèce ancienne*, Maspéro, p. 44)

Il est courant de traduire certains mots du vocabulaire aristotélicien par « volonté », alors qu'Aristote ne se posait que la question suivante : qu'est-ce qu'agir **de son plein gré** ? et répondait : c'est agir « volontiers », de « bon cœur », et, inversement, agir « malgré soi » c'est agir à « regret », à « contrecœur ». Certes Aristote soutenait que l'action effectuée de « plein gré » procède d'un principe intérieur, c'est-à-dire de la connaissance, mais il comprenait cette dernière comme connaissance du singulier, des conditions de fait dans lesquelles se déroule l'action, et non comme connaissance de la fin de l'action, à savoir une connaissance produite par la raison et suscitant en l'homme un appétit de la fin, donc une *volonté*. Autrement dit, transposer chez Aristote le concept de volonté c'est confondre tradition grecque et tradition chrétienne, Aristote avec saint Thomas d'Aquin. Le fameux « principe intérieur » aristotélicien est à la fois partagé par *les hommes et les animaux* : le chien ne mange-t-il pas de « bon cœur » sa pâtée ? La volonté n'a donc rien à voir avec ce cadre de pensée qui attribuait à *tout* vivant la connaissance des conditions de fait, du singulier.

De même, le « volontarisme » attribué trop souvent à la pensée des Romains est largement anachronique. Dans les textes de Lucrèce, par exemple, les mots *« voluntas »* et *« voluptas »* sont constamment intervertis. *Voluntas* (bon plaisir) n'y signifie pas la libre volonté, mais la tendance spontanée de l'être vers le plaisir *(voluptas)*. Et la tradition latine conservera longtemps le terme *« voluntas »* dans le sens de « bon plaisir » ou de « bienveillance ».

Frontispice du *Léviathan* de Hobbes.

## *La volonté comme « évidence »*

L'affirmation d'une dimension « spécifique » de la nature humaine nommée « volonté » est étroitement liée à la révélation d'un Dieu, puis à la réflexion chrétienne. En d'autres termes, la volonté apparaîtra comme « évidence » lorsque la réflexion opérera une distinction entre la nature de la nature et la nature de l'homme. Pour saint Augustin, la volonté est donnée dans une intuition immédiate (cf. la leçon sur *la Liberté*). A ce titre, elle domine la vie de l'âme, et seulement elle. De fait, la nature est, d'un côté, nécessairement soumise à l'ordre que Dieu lui impose. Comme « partie de la nature », l'homme est donc régi par cet ordre divin sans qu'il puisse s'y soustraire. Mais Augustin distingue le registre de l'âme de celui de la nature : si les actions de l'âme ont pour objet de réaliser l'ordre divin, ces actions dépendent cependant, d'un autre côté, de la **propre volonté humaine**. L'homme, s'il le **veut**, n'a plus à **subir la loi**, mais à **collaborer à sa réalisation**. La question augustinienne est alors la suivante : le veut-il ? La volonté devient donc le concept « évident » sur lequel s'articule toute la réflexion sur l'ordre naturel.

Dans son hyperbole, le doute cartésien ne présente-t-il pas la volonté comme une évidence ? La volonté est précisément ce **pouvoir de refus**. Elle

1 Voir la *Leçon* du chapitre sur *La liberté*.

peut toujours et absolument refuser ce que lui présente l'entendement. La volonté est **libre**, et c'est librement que l'esprit se trompe. Dans sa lettre à Mesland, Descartes soutient qu'on peut choisir d'adhérer au faux pour prouver simplement son libre arbitre :

> *Il nous est toujours possible de nous retenir de poursuivre un bien clairement connu ou d'admettre une vérité évidente, pourvu que nous pensions que c'est un bien d'affirmer par là notre libre arbitre.*
> (*Lettre au P. Mesland*, 9 novembre 1645)

Chez Descartes, le prétendu « principe intérieur » d'Aristote est intégré au sujet : la volonté résulte maintenant d'une **connaissance**, issue de la raison, **de la finalité de l'action**. L'homme n'agit pas comme le chien qui mange « volontiers » son os. Le sujet cartésien devient l'exception dans la nature, image terrestre d'un Dieu plus exceptionnel encore, parce que doué d'une volonté sans bornes.

La soudaine « évidence » d'une constitution volontaire de la nature humaine deviendra un thème que de nombreux philosophes développeront. Malebranche affirmera que la volonté est, de toute évidence, supposée par la passion. Elle est, en l'homme, cette détermination d'une inclination **vers un objectif que l'entendement lui présente comme bon**. Le philosophe français Maine de Biran (1766-1824) ira même jusqu'à « reprocher » à ses prédécesseurs d'avoir considéré trop légèrement cette « évidence » au risque de l'estomper. En questionnant sa nature, sa force et son origine, Maine de Biran substitue au « je pense » cartésien le « je veux » — l'action musculaire volontaire étant, pour lui, source de toute connaissance de soi et du réel.

La dialectique hégélienne de l'Esprit, quant à elle, s'articule d'emblée sur la notion de **volonté**. La *Phénoménologie de l'Esprit* décrit l'Esprit en tant qu'il s'apparaît à lui-même, c'est-à-dire dans son cheminement vers le Savoir Absolu. La volonté de l'Esprit, dit Hegel, c'est de parvenir, à travers différentes étapes, à se recueillir en la conscience de son caractère absolu. La volonté est tout entière **force interne** et essence dynamique de l'Esprit. Elle est ce qui le pousse à « outrepasser le limité », à se surpasser dialectiquement au cours de son effectuation.

## *La volonté distinguée de la raison*

De Descartes à Hegel, la volonté est **au service de la rationalité**. Voltaire, puis surtout Schopenhauer vont opérer une distinction entre les deux termes en dégageant la part d'**irrationnel***propre à la volonté.

C'est à partir d'un constat que Voltaire entrevoit le caractère obscur de la volonté : il se sentait intérieurement contraint d'écrire ce qu'il écrivait tout en sachant fort bien que le juge qui allait condamner ses propos serait pareillement forcé de le condamner. Autrement dit, nos actions sont libres alors que notre volonté ne l'est pas. « Nous sommes tous deux également des sots », disait Voltaire à son juge, car notre volonté nous pousse obscurément à faire ce que nous faisons.

Toute la pensée de **Schopenhauer** est centrée sur la **volonté** qu'il distingue de l'**acte volontaire** : « Avant tout, il faut savoir distinguer entre volonté et acte volontaire et comprendre que le premier terme peut exister sans le second. C'est là toute ma philosophie. » (*De la volonté dans la nature*, trad. E. Sans, P.U.F., p. 78.) Schopenhauer refuse à la raison, source de l'acte dit « volontaire » toute prétention à saisir la volonté : celle-ci est **chose en soi**, racine des phénomènes, être du monde. De la pierre à l'homme, de la fleur à l'animal, tout participe de la volonté. **Tout tend** et **tout veut aveuglément**. Il est donc vain de chercher à assimiler la chose en soi à un Dieu classique :

> *Je vous ai dit de ne pas chercher la chose en soi dans la cité des coucous et des nuages où réside le Dieu des Juifs, mais dans les choses de ce bas monde, par conséquent dans la table où vous posez votre très digne séant.*
> (Lettre à Frauenstaedt du 21 août 1832)

Seule l'**intuition*** peut nous permettre d'approcher la chose en soi qui se rend elle-même visible à travers la diversité des phénomènes ou représentations. C'est cette « visibilité » que Schopenhauer nomme « les degrés d'**objectivation de la volonté** ». Le monde inorganique représente le degré le plus bas de l'objectivation de la volonté : « La formation du cristal nous présente une sorte d'élan, d'effort vers la vie, effort incapable d'aboutir (...) Aussi, ce mouvement instantané est-il saisi d'une rigidité tout aussi instantanée, et il n'en reste que la trace sous forme de cristal. » (*Le Monde comme volonté et comme représentation*, trad. A. Burdeau, P.U.F., p. 1013.) De même, la volonté fonde le phénomène à l'échelle animale : « Le jeune oiseau n'a aucune représentation des œufs pour lesquels il construit son nid, ni la jeune araignée de la proie pour laquelle elle tisse une toile. Dans cet acte particulier de ces animaux, la volonté se manifeste aussi clairement que dans tous les autres. » (*ibid.*, p. 157.) Dans l'espèce humaine, au degré supérieur, la volonté deviendra consciente d'elle-même : « Dans les explosions des affects et des passions, la volonté se manifeste sans masque. » (*Éthique, droit et politique*, trad. A. Dietrich, Alcan, p. 146.) L'homme a l'intuition de la volonté — de la chose en soi — par les volitions* de son propre corps. Schopenhauer ne cessera d'affirmer l'identité de la volonté et du corps : « Mon corps n'est pas autre chose que ma volonté devenue visible. » (*Monde*, p. 149.) Mais ce n'est pas parce que j'ai l'intuition de la volonté que j'en suis pour autant le maître :

> *Les décisions de la volonté qui concernent l'avenir ne sont que des prévisions de la raison sur ce que l'on voudra à un moment donné, ce ne sont pas réellement des actes de volonté. C'est seulement l'exécution qui prouve la décision ; jusque-là elle n'est qu'un projet qui peut changer ; elle n'existe que dans l'entendement,* in abstracto. *C'est pour la réflexion seule qu'il y a une différence entre vouloir et faire ; en fait, c'est la même chose. Tout acte réel, effectif, de la volonté, est sur-le-champ et immédiatement un acte phénoménal du corps ; et par contre, toute action exercée sur le corps est par le fait et immédiatement une action exercée sur la volonté ; comme telle, elle se nomme douleur, lorsqu'elle va à l'encontre de la volonté ; lorsqu'elle lui est conforme au contraire, on l'appelle bien-être ou plaisir.*
>
> (*Ibid.*, pp. 141-142)

Schopenhauer comprend intuitivement que le vouloir déborde le cadre de ma prétendue action consciente. Dans le cas du suicidé, c'est la volonté, et elle seule, qui se veut dans cet acte ; allant même jusqu'à se duper en se donnant l'illusion d'une suppression définitive. Seule la volonté veut, et ne voulant rien d'autre qu'elle-même, elle n'est qu'une finalité sans fin.

Face à l'absurdité que représente cette condition humaine absolument débordée par la **pulsion de l'être pour être**, Schopenhauer proposera deux solutions. **L'art** et **la mort** (« naturelle ») permettent à l'homme d'**échapper à son assujettissement à la volonté**. L'art, parce qu'il est une représentation de la volonté, c'est-à-dire une **mise à distance** de celle-ci. La mort, car l'homme **se confond alors avec la volonté** elle-même en abandonnant son corps. Elle est la liberté suprême.

Ce double renoncement est-il efficace ? Ne traduit-il pas une sorte de paralysie devant une découverte fondamentalement pessimiste ? Freud tentera de donner une logique à ce monde « nouménal » de l'« être pour être ». Il accorde à Schopenhauer que la pulsion* « veut » à travers l'homme, mais il ajoute qu'elle veut selon un contenu *réductible* à l'analyse : l'inconscient*.

**Jean STAROBINSKI**

*La volonté singulière de chaque individu se* généralise *dans l'instant où tous prononcent la formule du serment : c'est du fond de chaque vie individuelle que monte la parole dite en commun, où la loi future, tout ensemble impersonnelle et humaine trouvera sa source.*

***1789, les emblèmes de la raison,*** **Champs-Flammarion, p. 66**

**M. DUFRENNE**

*La volonté prend toujours des risques, mais elle décide de les prendre : elle sait qu'on ne trouve de nouvelles ressources que si l'on en cherche, et qu'il ne faut pas désespérer trop vite de les trouver, surtout lorsqu'on les cherche en soi : le corps humain est capable de miracles. Le corps social aussi, aux heures chaudes de son histoire : on l'a vu en Algérie, on le voit au Viêt-nam. La volonté ne veut pas l'impossible, mais elle veut un peu au-delà de ce qu'elle peut. (...) Car la volonté, dans ses entreprises les plus décisives, se met en jeu elle-même : elle se trempe ou se casse. Parce qu'elle est l'homme même dans sa manière singulière d'être au monde.*

***Pour l'homme,*** **Seuil, p. 185**

**BIBLIOGRAPHIE DE LA LEÇON**

***Paul RICŒUR :***
*Philosophie de la volonté* : I, *Le volontaire et l'involontaire*, II, *Finitude et culpabilité*, Aubier.

***Arthur SCHOPENHAUER :***
*Le Monde comme volonté et comme représentation* (trad. A. Burdeau, revue par R. Roos) ; *De la volonté dans la nature* (trad. E. Sans), P.U.F.

TABLE D'ORIENTATION

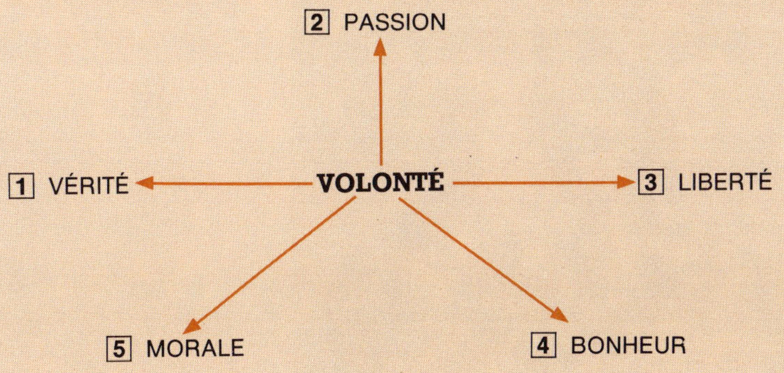


## SUJETS DE DISSERTATION

1 Peut-on dire que « les hommes aiment tellement la vérité qu'ils voudraient que ce qu'ils aiment soit vrai » ? (Bordeaux, B, 1984)

■ Comment comprendre cette affirmation d'un personnage de Camus : « Le mensonge n'est jamais innocent » ? (Grenoble, C-D, 1982)

2 Si la passion est involontaire, y a-t-il un sens à vouloir la maîtriser ? (Caen, A, 1984)

■ Comment comprendre l'expression « ne pas savoir ce que l'on fait » ? (Orléans-Tours, B, 1984)

3 Se sentir obligé, est-ce renoncer à sa liberté ? (Besançon, A, 1981)

■ Être libre, est-ce simplement faire ce que l'on veut, comme on le veut, quand on le veut ? (Polynésie française, 1984)

4 La recherche du bonheur peut-elle être un esclavage ? (Clermont, A, 1981)

5 Puis-je me vouloir immoral ? (Etr., Groupe 1, A, 1983)

■ Quels grands problèmes philosophiques la notion de choix soulève-t-elle ? (Clermont, B, 1983)

■ Faut-il vouloir trouver un sens à toute chose ? (Caen, A, 1981)

## BIBLIOGRAPHIE GÉNÉRALE

***ARISTOTE*** **:** *Éthique à Nicomaque,* Garnier-Flammarion.

***CAMUS*** **:** *Le Mythe de Sysiphe,* Idées-Gallimard.

***DESCARTES*** **:** *Méditations métaphysiques,* (surtout la Méditation quatrième), Nathan, coll. « Les Intégrales de Philo ».

***HEGEL*** **:** *Principes de la philosophie du droit,* Idées-Gallimard.

***KANT*** **:** *Fondements de la métaphysique des mœurs,* Delagrave ; *Critique de la raison pratique,* Vrin.

***NIETZSCHE*** **:** *Textes choisis* (sur la volonté de puissance) P.U.F., coll. « Les grands textes ».

***PLATON*** **:** *La République,* trad. Robin, éd. de la Pléiade, Gallimard.

## GLOSSAIRE

**Aboulie :** absence totale de volonté, ou bien inhibition de la volonté pour des raisons qui tiennent à une maladie, à la folie, etc.

**Délibération :** « Quand nous délibérons, les jeux sont faits », dit Jean-Paul Sartre : placé devant un choix, une alternative, l'esprit délibère en ce sens que son raisonnement lui permet de faire exercice de sa liberté de choisir. La délibération précède l'action et donc le choix volontaire.

**Empirisme :** voir le *Glossaire* du chapitre sur la *Perception.*

**Indifférence** (liberté d'indifférence) : la volonté humaine a, pour Descartes, le pouvoir de se déterminer sans raisons particulières, « gratuitement ». Mais la contingence de ce choix exprime « le plus bas degré de la liberté, et fait plutôt paraître un défaut dans la connaissance qu'une perfection dans la volonté » (Méditation quatrième).

**Infini :** étymologiquement, ce qui n'est pas fini, ce qui est sans limites. Valorisé négativement chez les Grecs, *l'infini* est, dans le monde chrétien et la philosophie classique, l'un des attributs essentiels de Dieu. Pour Descartes, la volonté est infinie en l'homme, et c'est pourquoi elle est la marque de Dieu en sa créature finie.

**Libre arbitre :** voir au chapitre *Liberté.*

**Mobile :** ce qui détermine et conduit à une action donnée. Le mobile, souvent irraisonné, est à distinguer du projet ou de la visée, qui font l'objet d'une décision rationnelle.

**Pratique :** (du grec *praxis,* action) la raison pratique est, pour Kant, celle qui règle l'action, la conduite. La problématique de la volonté appartient donc à la sphère de la philosophie pratique.

**Velléité :** volonté faible et inachevée qui n'aboutit pas à une décision. Être velléitaire, c'est ne pas accomplir les actes nécessaires à l'obtention d'un but qu'on dit souhaiter.

**Volition :** on parle de volition(s) lorsqu'il s'agit d'exercices particuliers de la volonté. On substitue « volition » à volonté lorsqu'il s'agit de volontés et non de *la* volonté en général.

*Siva Hermaphrodite (Ardhanārīśvara).* Bronze provenant de Tiruvankadu (Inde, XI$^{e}$ s.).

# LA PERSONNE

Si l'on considère le bronze indien reproduit ci-dessus, on sera immédiatement frappé par l'asymétrie du personnage divin qu'il représente. On est ici à l'opposé des statues égyptiennes ou des statues grecques de l'époque archaïque, figées dans l'harmonie toute statique de leur frontalité rigide : l'auteur du Siva de Madras n'a placé qu'une seule main sur la gauche du corps du dieu, alors qu'il en a sculpté deux sur la droite. En outre, et c'est là ce qui constitue le principal facteur de notre étonnement face à cette statuette, il a représenté Siva en hermaphrodite, sculptant ici l'arrondi d'un sein, là une demi-poitrine virile, donnant au galbe de la hanche un volume plus considérable d'un côté que de l'autre et suggérant jusque dans le visage du dieu la réunion d'attributs à nos yeux contradictoires.

A l'instar de ces androgynes ancestraux imaginés par Platon dans le *Banquet*, Siva le géniteur, Siva le nourricier, Siva qui réunit en lui les deux natures mâle et femelle nous surprend en ce qu'il apparaît indéniablement comme un **dieu personnel**, alors même qu'il est pourvu d'attributs bien trop disparates pour que nous puissions reconnaître en lui un véritable **individu**.

## *Singularité de la personne*

Qu'est-ce qui nous surprend donc ici, sinon l'insuffisante détermination de la figure qui nous est présentée ? Les individus humains sont hommes *ou* femmes, beaux *ou* laids, ceci *ou* le contraire. Cyrano est un bel esprit, mais il est affublé d'un nez proéminent ; amoureux fou de Roxane, il lui faut donc trouver **un autre individu** qui, sans avoir sa faconde, sera plaisant d'aspect : « Je serai ton esprit, tu seras ma beauté », déclare-t-il à Christian. Et il compose alors des discours enflammés qu'il croit ne pouvoir déclamer que **par personne interposée**, car la nature n'a pas daigné unir en lui éloquence et beauté. Et c'est cette même contingence des **accidents individuels** qui fait que notre personne appartient à tel ou tel sexe et que, selon la thèse soutenue par Aristophane dans le *Banquet*, nous cherchons dans l'amour à « recomposer l'antique nature, à fondre deux êtres en un seul et à guérir la nature humaine » (*Banquet*, 191 d).

## *Identité de la personne*

Si d'un point de vue métaphysique la personne est **individu singulier**, au point de vue psychologique elle est **conscience de soi** : le sentiment de sa permanence l'accompagne toute sa vie durant, au point que nous pouvons renouveler sept à huit fois pendant le cours de notre existence la totalité des cellules qui entrent dans la composition de notre organisme sans cesser toutefois de **demeurer nous-mêmes**.

Il va de soi, pourtant, que l'on peut relativiser de multiples façons le bien-fondé d'un sentiment qui n'a par lui-même nulle valeur probatoire : mis à part les croyances indiennes selon lesquelles la fin de l'âme personnelle est précisément d'échapper à l'*illusion* de l'individuation pour se fondre à nouveau dans le Tout *(brahman)*, nombre de recherches psychologiques modernes ont tenté de limiter notablement l'autonomie d'une personne conçue comme conscience de soi indépendante du corps et de la société : c'est le cas notamment de celles de Freud, distinguant le **moi*** du **ça** et du **surmoi** — tandis qu'un penseur comme Taine réduit pour sa part la personne à un « polypier de sensations ».

## *Indépendance de la personne*

Il faudra enfin remarquer la **dimension juridique et éthique** de la notion de personne. L'**esclave**, explique Aristote dans la *Politique*, est un instrument animé ; l'**intouchable**, dans le système des castes, n'est pas un homme à part entière : ni l'un ni l'autre ne sont considérés comme des **personnes juridiques**. En fait, seule la reconnaissance de l'égalité de tous les hommes au regard de la loi peut conférer à la notion de personne un **sens universel** : cette reconnaissance date, pour l'essentiel, de la *Révolution française*. C'est l'invocation des **droits de l'homme**, des droits de **tous** les hommes, qui permet de dénoncer d'un point de vue éthique toute inégalité ou discrimination qu'on fait subir ici ou là à telle ou telle catégorie de **personnes**.

## Le « moi », irrepérable pour autrui

**PASCAL**

Qu'est-ce que le *moi*?

Un homme qui se met à la fenêtre pour voir les passants, si je passe par là, puis-je dire qu'il s'est mis là pour me voir ? Non ; car il ne pense pas à moi en particulier ; mais celui qui aime quelqu'un à cause de sa beauté, l'aime-t-il ? Non ; car la petite vérole[1], qui tuera la beauté sans tuer la personne, fera qu'il ne l'aimera plus.

Et si on m'aime pour mon jugement, pour ma mémoire, m'aime-t-on, *moi*? Non : car je puis perdre ces qualités sans me perdre moi-même. Où donc est ce *moi*, s'il n'est ni dans le corps, ni dans l'âme ? Et comment aimer le corps ou l'âme, sinon pour ces qualités, qui ne sont point ce qui fait le *moi*, puisqu'elles sont périssables ? Car aimerait-on la substance de l'âme d'une personne abstraitement, et quelques qualités qui y fussent ? Cela ne se peut, et serait injuste. On n'aime donc jamais personne, mais seulement des qualités.

***Pensées,***
**fragment 688 (éd. Lafuma), Seuil, p. 591**

1 ◻ Nom donné à la *variole*, maladie alors particulièrement répandue et redoutable.

## Dignité de la personne

**KANT**

Dans le système de la nature l'homme *(homo phaenomenon, animal rationale)* est un être de moindre importance et il possède avec les autres animaux, en tant que produits de la terre, une valeur vulgaire. Mais en outre le fait qu'il ait un entendement, ce qui l'élève au-dessus de ceux-ci, et puisse se proposer à lui-même des fins, lui confère seulement une valeur *extrinsèque* d'utilité, si bien qu'un homme peut être préféré à un autre, ce qui revient à dire que dans le commerce des hommes, considérés au point de vue animal ou comme choses, il possède un *prix* comme une marchandise, mais inférieur pourtant à la valeur du moyen universel d'échange, l'argent, dont la valeur est pour cette raison appelée éminente.

Mais considéré comme *personne*, c'est-à-dire comme sujet d'une raison moralement pratique, l'homme est élevé au-dessus de tout prix ; en effet comme tel *(homo noumenon)*, il ne peut être estimé uniquement comme un moyen pour les fins d'autrui, pas même pour les siennes propres, mais comme une fin en soi, c'est-à-dire qu'il possède une *dignité* (une valeur intérieure absolue), par laquelle il force au *respect* de lui-même toutes les autres créatures raisonnables et qui lui permet de se mesurer avec toute créature de cette espèce et de s'estimer sur le pied d'égalité.

L'humanité qui réside en sa personne est l'objet d'un respect qu'il peut exiger de tout autre homme ; mais il ne doit pas non plus s'en priver. (...) C'est dire qu'il ne doit pas poursuivre sa fin, qui est en elle-même un devoir, d'une manière basse et *servile*, comme s'il s'agissait de gagner quelque faveur, qu'il ne doit pas renoncer à sa dignité, mais qu'il doit toujours conserver la conscience du caractère sublime de sa constitution morale qui est déjà comprise dans le concept de vertu ; et *cette estime de soi* est un devoir de l'homme envers lui-même.

***Métaphysique des mœurs* (1797), Seconde partie**
**« Doctrine de la vertu », § 11, trad. A. Philonenko,**
**Vrin, pp. 108-109**

Masques scéniques grecs.

## La personne : un individu « capable d'autrui »

**MOUNIER**

L'individualisme est un système de mœurs, de sentiments, d'idées et d'institutions qui organise l'individu sur ces attitudes d'isolement et de défense. Il fut l'idéologie et la structure dominante de la société bourgeoise occidentale entre le XVIIIe et le XIXe siècle. Un homme abstrait, sans attaches ni communauté naturelles, dieu souverain au cœur d'une liberté sans direction ni mesure, tournant d'abord vers autrui la méfiance, le calcul et la revendication ; des institutions réduites à assurer le non-empiétement de ces égoïsmes, ou leur meilleur rendement par l'association réduite au profit : tel est le régime de civilisation qui agonise sous nos yeux, un des plus pauvres que l'histoire ait connus. Il est l'antithèse même du personnalisme, et son plus prochain adversaire.

Pour les distinguer, on oppose parfois personne à individu. (...) Cependant, la personne ne croît qu'en se purifiant incessamment de l'individu qui est en elle. Elle n'y parvient pas à force d'attention sur soi, mais au contraire en se faisant *disponible* (G. Marcel), et par là plus transparente à elle-même et à autrui. Tout se passe alors comme si n'étant plus « occupée de soi », « pleine de soi », elle devenait, et alors seulement, capable d'autrui, et entrait en grâce. (...) Ainsi, le premier souci de l'individualisme est de centrer l'individu sur soi, le premier souci du personnalisme de le décentrer pour l'établir dans les perspectives ouvertes de la personne.

***Le Personnalisme* (1950),**
**P.U.F., Coll. Que sais-je ?, p. 37**

## commentaire

Au dire de **Pascal** (1623-1662), l'imagination, « maîtresse d'erreur et de fausseté » mène le monde. Ainsi, tout l'« appareil auguste » des magistrats, robes rouges et hermines n'est que « vains instruments » destinés à « frapper l'imagination » des hommes, à leur faire vénérer des **signes** en lieu et place d'une justice introuvable.

Mais pourquoi se moquer de ceux qui se font honorer pour ces signes, alors qu'on n'aime jamais personne que pour des **qualités empruntées**, ou du moins périssables ? Il n'est rien, dans les sentiments que peut inspirer **ma personne**, qui ne soit réductible à ce qu'elle **paraît être** dans le moment présent. L'on n'aimera jamais en moi que des qualités qui n'ont pas même l'éphémère permanence de la conscience que je peux avoir de moi-même.

C'est **Kant** (1724-1804) qui a donné à la notion de personne son véritable statut philosophique. Au lieu qu'une **chose** n'est jamais qu'un moyen et n'a qu'une valeur relative, l'individu humain, en tant qu'être raisonnable, est une **personne** et la personne est une **fin en soi**. Toute chose a un **prix**, affirme Kant ; mais seule la personne a une **dignité**.

Un homme peut donc bien se mettre au service d'un autre et gagner ainsi son salaire ; mais, considéré comme **personne**, il ne doit jamais être traité « **uniquement** comme moyen » : il peut prétendre forcer au **respect** de lui-même toute autre créature raisonnable, à commencer par lui-même. Parvenir à ses fins par de mauvais moyens, c'est en effet avilir l'humanité et la personne en soi.

Emmanuel **Mounier** (1905-1950) caractérisait l'individualisme comme une « métaphysique de la solitude intégrale ». L'homme qui ne se meut plus que parmi des **choses utilisables** susceptibles de devenir ses **propriétés**, l'homme sécrété par ce « désordre établi » qu'est pour Mounier le capitalisme, cet homme n'est qu'un individu rétréci, replié sur lui-même, retranché derrière d'épaisses murailles psychologiques, morales et juridiques.

Certes, la vie personnelle est intimité, recueillement, réflexion ; mais la **personne** véritable est, dès l'origine, **mouvement vers autrui**, faculté de sortir de soi, insertion originelle dans une coexistence avec d'autres personnes. Sans jamais rejoindre le marxisme qui, à ses yeux, privilégie la **masse** plutôt que la personne, Mounier appelle de ses vœux une **civilisation personnaliste** et **communautaire** qui satisferait à la fois aux exigences de son anticapitalisme et à celles de sa foi chrétienne.

# *Une philosophie du Moi*

## l'auteur

Toute philosophie repose, selon Bergson, sur une unique intuition : si la formule est parfois discutable, pour ce qui est de Max Stirner (1806-1856) son bien-fondé n'est pas douteux. L'auteur de *L'Unique et sa propriété* (1844) est l'homme d'un livre et, pourrait-on dire, d'une idée. « Je n'ai fondé ma cause sur rien », ni sur Dieu, ni sur mon pays, ni sur un parti, ni sur ma famille... : tel est le leitmotiv sur lequel Stirner revient à l'envi.

Le Moi doit découvrir son unicité et comprendre tous les liens (religieux, moraux, familiaux) qui l'attachent à diverses idoles comme autant d'**aliénations** de lui-même. Alors seulement pourra se révéler l'Unique, c'est-à-dire Moi, Toi, etc., qui sommes des **êtres différents**, **irréductibles** aux catégories générales de la pensée logique. « L'individuel, proclame Stirner, est foncièrement libre de naissance » ; mais, plus que la liberté elle-même, c'est notre **originalité**, notre « **propriété** » (ce qui nous est *propre*) qui fait la valeur de notre individualité.

Celui qu'au dire d'Engels (cf. *Ludwig Feuerbach*, ch. IV) Bakounine amalgama avec Proudhon pour forger l'*anarchisme* ne sera, aux yeux des marxistes, qu'un de « ces moutons qui se prennent et qu'on prend pour des loups » (Préface de *l'Idéologie allemande*). En ne prônant guère que l'affranchissement des *catégories* de l'État, du Pouvoir, etc., il reste confiné dans l'étroit domaine de la pensée pure et n'aboutit, somme toute, qu'à accepter la réalité sociale au moyen d'une interprétation différente. En abolissant tout, il ne touche à rien.

## l'intérêt philosophique du texte

Un homme n'est **destiné à rien** ; il n'a aucune tâche, aucune vocation, pas plus qu'une plante ou qu'un animal n'ont de destination, proclame Stirner. Être un homme ne signifie donc pas réaliser l'idéal de **l'humain en général**, mais **être soi**, être un individu. C'est Moi qui suis Mon espèce, et non pas l'Homme abstrait dont parlent conjointement l'État moderne et la philosophie humaniste de Feuerbach.

Dans *L'Essence du christianisme* (1841), ce dernier voulait ramener l'opposition illusoire entre l'humain et le divin à une opposition entre l'**individu limité** et l'**essence de l'homme** ; ce faisant, objecte Stirner, Feuerbach n'a pas supprimé la religion : il l'a seulement perfectionnée. Il a substitué une **foi morale** à une **foi religieuse**. S'il a bien vu que les êtres supérieurs ne sont que le reflet fantastique de notre propre être, il n'a su appliquer sa découverte qu'à la seule aliénation religieuse.

Pourtant, les divers programmes socialistes dérivent de la même croyance en la majesté de l'Homme, du Peuple, etc., affirme Stirner. Mais « la liberté du peuple n'est pas *Ma* liberté » : le peuple a bien condamné Socrate qui, par faiblesse (et non par vertu, comme on le prétend) s'est incliné devant la « légalité » de ce jugement inique...[1] Libéraux, humanistes, communistes, tous les chantres de la « Société » ont vocation pour traquer l'individu, l'Unique qui, lui, ne connaît ni règles, ni modèles, ni normes. Ici encore l'égoïsme est vaincu, une nouvelle forme de piété est victorieuse. Ainsi l'Unique stirnérien, dans lequel on a parfois voulu voir un ancêtre du Surhomme nietzschéen, tiendra-t-il tout lien prétendument sacré pour un fantôme destiné à persécuter l'**individuel** en nous.

**1** ◻ Voir sur ce point le texte de Stirner dans les *Extraits* du chapitre sur le *Droit*.

**2** ◻ Se dévouer, se sacrifier à une entité abstraite (Dieu, l'État, les liens familiaux, etc.), c'est *s'enchaîner* à une idole. Voir plus bas : « Tout ce qui est sacré est un lien, une chaîne. »

**3** ◻ L'État moderne me définit comme Homme abstrait et interchangeable, c'est-à-dire comme A égal à B qui est lui-même égal à C, etc. Autrement dit, il doit nécessairement « compter avec notre **moralité** ». Or, la moralité est incompatible avec l'**égoïsme***, car « ce n'est pas à Moi mais seulement à l'Homme que je suis qu'elle accorde une valeur ». (*UP*, p. 210).

**4** ◻ Citation extraite de la *Triarchie européenne*, ouvrage de Moses Hess (1812-1875), théoricien communiste qui eut une certaine influence sur Marx.
Église, État libéral (issu de la Révolution

## *La personne, c'est l'individu égoïste*

**M. STIRNER**

Aussi l'État et Moi sommes-nous ennemis. Le bien de cette « Société humaine » ne me tient pas au cœur, à moi l'égoïste ; je ne me dévoue[2] pas pour elle, je ne fais que l'employer ; mais afin de pouvoir pleinement en user, je la convertis en ma propriété, j'en fais ma créature, c'est-à-dire que je l'anéantis et que j'édifie à sa place l'*association des Égoïstes*.

L'État, de son côté, trahit son hostilité à mon égard en exigeant que je sois un Homme, ce qui sous-entend que je pourrais n'en pas être un et passer à ses yeux pour un « non-homme » : il me fait de l'humanité un *devoir*. Il exige en outre que je m'abstienne de toute action susceptible de compromettre son existence ; l'existence de l'État, l'état de choses régnant, doit m'être sacré. Aussi ne dois-je pas être un égoïste, mais un homme « bien pensant » et « bien faisant », autrement dit moral. Devant l'État et son état je dois être impuissant, respectueux, etc.[3]

Cet État, qui n'a d'ailleurs actuellement aucune réalité et doit encore être fondé, est l'idéal du Libéralisme progressiste. Il sera une véritable « société humaine » où trouvera place quiconque est « Homme ». Le Libéralisme se propose comme but de réaliser l'« Homme », c'est-à-dire de lui créer un monde, monde qui sera le monde *humain* ou la société humaine universelle (communiste). « L'Église, disait-on, ne pouvait s'occuper que de l'esprit ; l'État doit se charger de l'homme tout entier[4]. » Mais l'Homme n'est-il pas Esprit ? Le noyau de l'État est l'« Homme », cette irréalité, et l'État lui-même n'est qu'une société d'Hommes. Le monde que crée le croyant (Esprit croyant) s'appelle Église ; le monde que crée l'Homme (Esprit humain) s'appelle État. Mais ce n'est point là *mon* monde. (...)

États, Constitutions, Églises, etc., se sont toujours évanouis dès que l'individu a levé la tête, car l'individu est l'ennemi irréconciliable de tout ce qui tend à submerger sa volonté sous une volonté *générale*, de tout *lien*, c'est-à-dire de toute chaîne. Cependant, on s'imagine aujourd'hui encore que l'homme ne peut se passer de « liens sacrés » ! L'Homme, cet ennemi mortel de tout « lien »[5]! L'histoire des peuples nous montre qu'aucun lien n'a pu échapper à la dissolution ; elle nous démontre que l'homme lutte infatigablement contre toute chaîne, quelle qu'elle soit ; et cependant on ferme les yeux devant l'évidence, et l'on en rêve encore et toujours de nouvelles : on croit, par exemple, avoir trouvé quelque chose de neuf et de solide quand on impose à l'homme ce qu'on appelle une « constitution libérale », une belle chaîne constitutionnelle. Les rubans, les cordons et tous les liens de confiance et d'amour qui unissent les sujets à... finissent en vérité par montrer quelque peu la corde. (...)

Tout ce qui est sacré est un lien, une chaîne. (...)

Tout Peuple opprime ceux qui s'élèvent au-dessus de sa majesté ; l'ostracisme[6] menace le citoyen trop puissant, l'inquisition de l'Église guette l'hérétique, et — l'inquisition également guette le traître envers l'État.

Car le Peuple n'a cure que de se maintenir et de s'affermir ; il réclame de chacun un « patriotique dévouement ». L'individu *en soi* lui est donc indifférent, c'est un zéro, et le Peuple ne peut faire ni même permettre que l'individu accomplisse ce qu'il est seul capable d'accomplir, sa *réalisation*. Tout Peuple, tout État est « injuste » envers les égoïstes.

Tant qu'il reste debout une seule institution qu'il n'est pas permis à l'individu d'abolir, le Moi est encore bien loin d'être sa propriété et d'être autonome. Comment parler de liberté, tant que je dois par exemple me lier par serment à une constitution, à une charte, à une loi, tant que je dois jurer d'appartenir « corps et âme » à mon Peuple ? Comment être moi-même s'il n'est permis à mes facultés de se développer que pour autant qu'elles « ne troublent pas l'harmonie de la Société » ?[7].

La chute des peuples et de l'humanité sera le signal de son élévation.

***L'Unique et sa propriété* (1845),**
**Deuxième partie, chap. II,**
**trad. R. Leclaire, Stock, pp. 211 et 253-4**

française) et communisme, affirme donc Stirner, reposent sur un principe identique : la **scission du Moi** en un Esprit transcendant d'une part et les intérêts individuels d'autre part ; et cette scission permet qu'on sacrifie ceux-ci sur l'autel de l'« Esprit ».

**5** Stirner aime à procéder par « déductions » étymologiques. Ainsi se plaît-il à souligner que religion signifie originairement lien. Inversement, société (en allemand : *Gesellschaft*) vient de salle *(saal)* : quel lien, demande Stirner, pourrait donc obliger ceux dont la communauté se réduit à occuper une même salle ? (*UP*, p. 256)

**6** Dans la démocratie athénienne, procédure permettant aux citoyens de bannir pour une durée déterminée (dix ans) un homme politique jugé trop puissant ou dangereux.

**7** Cf. la note 3, ci-dessus.

**UP :** *L'Unique et sa propriété*, éd. cit.

## *STABILITÉ DE LA PERSONNE*

### *La personne comme rôle*

« Personne » et « personnalité » dérivent du latin **persona** : ce dernier terme désignait originairement le masque porté par l'acteur de théâtre (le *prosôpon* des Grecs). Les masques, en nombre limité (on en dénombre 76, dont 28 pour la seule tragédie) correspondaient à des caractères déterminés et, par conséquent, à des comportements aisément prévisibles par le spectateur. Un peu comme le **personnage littéraire** — celui de l'avare, par exemple — peut s'incarner dans des individus distincts (Shylock, Harpagon, le père Grandet) imaginés par des auteurs différents (Shakespeare, Molière, Balzac), la *persona* des Romains suggère donc l'idée de **rôle** avant même de renvoyer à l'individu particulier qui se trouve être l'**acteur** de ce rôle.

**KANT**

*Une* personne *est ce sujet, dont les actions sont susceptibles d'*imputation. *La personnalité* morale *n'est rien d'autre que la liberté d'un être raisonnable sous les lois morales. En revanche, la personnalité* psychologique *n'est que la faculté d'être conscient de son existence comme identique à travers différents états.*

*Il s'ensuit qu'une personne ne peut être soumise à d'autres lois qu'à celles qu'elle se donne elle-même (ou toute seule, ou du moins à soi-même en même temps qu'avec d'autres).*

***Métaphysique des mœurs,***
**Première partie :**
**Doctrine du droit, p. 98**

L'idée de personne a ainsi d'abord évoqué la stabilité d'un **type** humain résonnant *(sonare)* au travers *(per)* du masque porté par un individu anonyme. Il faut donc se défier de l'illusion rétrospective qui nous ferait oublier que l'acteur du rôle, le **sujet**, ne tient pas le devant de la scène de toute éternité : au contraire, l'évolution sémantique du mot signale assez combien la **personne**, tout d'abord paradigme s'accommodant de comparses interchangeables, est devenue peu à peu synonyme d'**individualité singulière** et irremplaçable.

## *LA PERSONNE COMME SUBJECTIVITÉ*

### *Inauthenticité du rôle*

Il aura fallu tout le détour de ce que Merleau-Ponty appelle la « découverte de la *subjectivité* » pour que, précisément, la personne apparaisse comme ce qui, en nous, est toujours-déjà susceptible de déchoir au rang d'un simple rôle qu'on compose pour la montre. En exécutant mécaniquement les « **gestes typiques** de mon état », je rends ma conduite comparable à celle du célèbre garçon de café évoqué par Sartre, — du garçon qui **joue à être** garçon de café. « Il a le geste vif et appuyé, un peu trop précis, un peu trop rapide (...), il s'incline avec un peu trop d'empressement, (...) enfin le voilà qui revient, en essayant d'imiter dans sa démarche la rigueur inflexible d'on ne sait quel automate... » (*L'Être et le néant,* Première partie, chap. II). Tout de même que le soldat au garde-à-vous se fait « chose-soldat », avec « un regard direct qui ne voit point » *(ibid.)*, nous jouons pour les autres ce sujet que nous avons à être mais que nous ne sommes point : ainsi les rendons-nous, en comblant leur attente, complices de notre propre aliénation. Les relations sociales sont donc tissées, pour une grande part, d'hypocrisie (l'*hupocritès* étant, au sens propre, le comédien qui joue sous le masque) ; chacun perd plus ou moins délibérément sa **personne** dans le **personnage** que la quotidienneté l'incite à endosser.

Pour que Sartre puisse ainsi opposer l'intimité personnelle au regard que portent les autres sur elle, et plus généralement à cet « on » dont parle Heidegger, il a fallu que trois siècles de philosophie découvrent, approfondissent, puis exacerbent l'idée de la *subjectivité.* Les philosophies hellénistiques (épicurisme, stoïcisme), échos d'un monde finissant, ont assurément prôné l'*indépendance* de la personne, l'*autarkeïa* (mot à mot, le fait de se suffire à soi-même). La métaphysique chrétienne, vicaire d'une religion qui, parmi d'autres cultes orientaux, avait introduit à Rome l'idée de l'immortalité *personnelle*, a certes trouvé occasion d'affiner la notion dans ses spéculations relatives à la Trinité (unité des trois **personnes** divines en une seule), ou à l'Incarnation (réunion des deux natures, humaine et divine, en la **personne** du Christ). Mais c'est essentiellement la pensée moderne qui, de Montaigne aux existentialistes contemporains, n'a cessé de privilégier un type de réflexion centré autour d'un **sujet** défini comme individu conscient et libre. Descartes (1596-1650), en particulier, prétend faire dépendre l'ensemble de nos connaissances de cette première certitude que « l'on ne saurait douter sans être ». « Je pense, donc je suis » est ainsi « la première et la plus certaine » des vérités qui se présentent à l'esprit de celui qui conduit ses pensées par ordre (*Principes de la philosophie*, I, § 7). L'existence dont il s'agit ici est, bien entendu, celle du moi considéré en tant que **sujet pensant** : la réalité des corps extérieurs, celle de mon propre corps, celle des autres personnes m'apparaissent comme moins évidentes que celle de mon esprit. Toute philosophie du sujet doit ainsi **retrouver le monde** et éviter l'écueil du **solipsisme*** : pour ce qui est de la philosophie cartésienne, ce sont les « preuves » de l'existence de Dieu *(Méditation troisième)* qui rompent la solitude dans laquelle se trouvait le *Je pense* à la fin de la *Méditation* précédente. Alors seulement deviennent possibles la démonstration des vérités mathématiques, celle de l'existence du monde extérieur, etc.

## *LA PERSONNE COMME SUJET ÉTHIQUE*

### *Autonomie* de la personne*

Respect et dignité de la personne humaine : c'est au coin de l'analyse kantienne que sont frappées les formules dont on use chaque jour pour évoquer les « droits de l'homme ». C'est en effet chez Kant que la notion de *personne* acquiert un **statut éthique**, alors qu'elle appartenait essentiellement jusqu'à lui à la **métaphysique** et à la **psychologie rationnelle**. A la même époque, et à la suite des Déclarations des droits de l'homme que la France allait proclamer, un grand mouvement historique allait amener les sociétés civiles occidentales à reconnaître l'égalité juridique de tous leurs membres : ainsi le statut de **personne à**

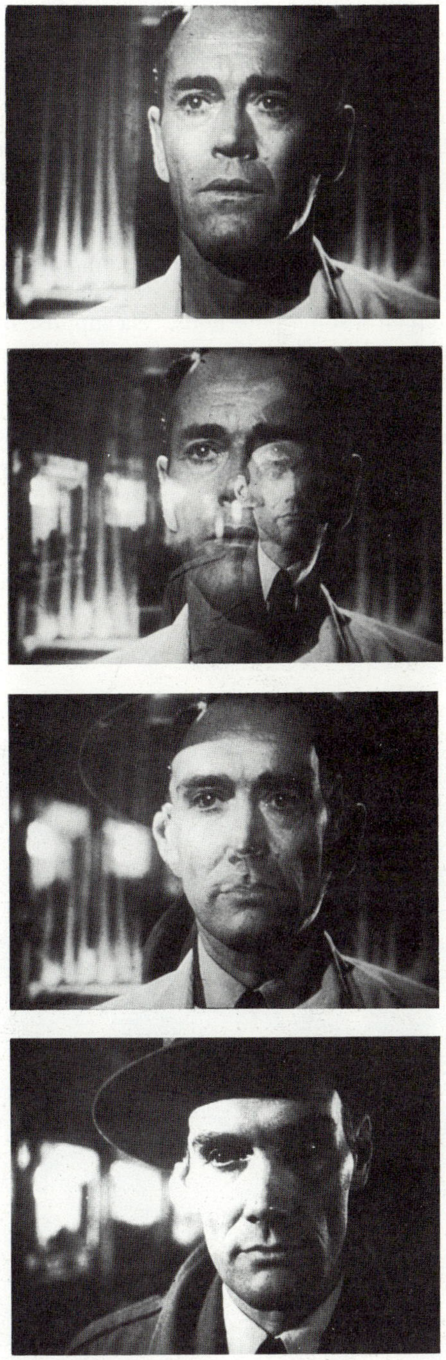

*Le Faux-coupable*, film d'Alfred Hitchcock.

**part entière** allait-il bientôt être conféré par le droit à *tous* les citoyens sans exception.

« Toute chose dans la nature, écrit Kant, agit d'après des lois. Il n'y a qu'un être raisonnable qui ait la faculté d'agir *d'après la représentation* des lois, c'est-à-dire d'après des principes, en d'autres termes qui ait une *volonté.* » (*Fondements de la métaphysique des mœurs,* Deuxième section, Delagrave, p. 122.) Pour dériver les actions des lois, la raison est requise : et la volonté est donc une raison pratique (du grec *praxis,* action). Or ce qui sert à la volonté de principe objectif pour se déterminer, c'est une fin. Une fin est généralement relative et ne fonde qu'un impératif hypothétique qui m'enjoint simplement ceci : si tu veux telle fin, use de tel moyen. Mais pour qu'il existe un impératif catégorique nous commandant d'agir absolument, indépendamment des conséquences qui peuvent en résulter pour nous, cela suppose qu'il y ait « quelque chose *dont l'existence en soi-même* ait une valeur absolue », quelque chose qui constitue une fin en soi. Une telle chose existe, affirme Kant : c'est **l'homme en tant qu'être raisonnable**, c'est-à-dire en tant que **personnalité**. Aussi l'impératif pratique (ou catégorique) peut-il s'énoncer ainsi : « Agis de telle sorte que tu traites l'humanité aussi bien dans ta personne que dans la personne de tout autre toujours en même temps comme une fin et jamais simplement comme un moyen. » (*id.,* p. 150).

Titien, *L'Homme aux yeux gris.*

C'est que la « personnalité » est, en effet, « ce qui rattache l'homme à un ordre de choses que seul l'entendement peut concevoir » (*Critique de la raison pratique,* Vrin, p. 99). Cette personnalité est définie à la fois comme « indépendance vis-à-vis du mécanisme de la nature » et comme faculté qu'a la volonté humaine de se donner à elle-même sa loi ; la **personnalité** c'est, en un mot, l'**autonomie de la volonté**. Si l'homme « en tant qu'il appartient au monde sensible est soumis à des lois de la nature (hétéronomie), *de l'autre côté,* en tant qu'il appartient au monde intelligible, il est soumis à des lois qui sont indépendantes de la nature, qui ne sont pas empiriques, mais fondées uniquement dans la raison » (*Fondements de la métaphysique des mœurs,* p. 191). Parce qu'il est capable d'aller contre ses penchants pour obéir à un devoir que seule lui représente sa raison, l'être humain est **digne d'estime** : et c'est cette **sainteté** de l'humanité qui, selon Kant, nous impose le **respect de la personne humaine**.

**BIBLIOGRAPHIE DE LA LEÇON**

***Ferdinand ALQUIÉ :***
*La Découverte métaphysique de l'homme chez Descartes,* P.U.F.

***Karl JASPERS :***
*Introduction à la philosophie,* 10-18.

***Zivia KLEIN :***
*La Notion de dignité humaine dans la pensée de Kant et de Pascal,* Vrin.

***Maurice MERLEAU-PONTY :***
*Cours de psychologie générale,* Vrin.

***Joseph VIALATOUX :***
*La Morale de Kant,* P.U.F., Coll. SUP.

### TABLE D'ORIENTATION

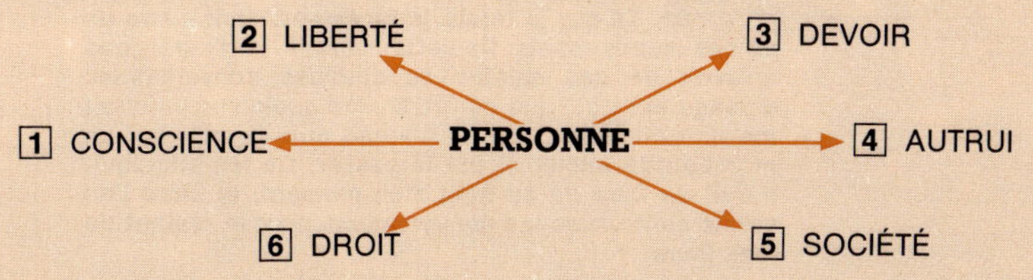


### SUJETS DE DISSERTATION

1 Qu'est-ce que rester soi-même ? (Lille, A, 1984)
■ Peut-on ne pas être égoïste ? (Amiens, C-D, 1982)

2 Suis-je responsable de ce que je suis ? (Paris, B, sept. 1983)

3 Nous ne nous comportons pas de la même manière à l'égard d'une personne et à l'égard d'une chose. Quelle conception de la personne cette différence d'attitude vous paraît-elle impliquer ? (Cameroun, A-B, 1981)
■ L'excuse souvent avancée : « Je ne fais de mal qu'à moi-même » est-elle moralement défendable ? (Caen, A, sept. 1983)

4 Suffit-il pour être soi-même d'être différent des autres ? (Orléans-Tours, A, 1984)
■ Pourquoi l'homme désire-t-il être reconnu par les autres ? (Clermont-Ferrand, A, 1984)

5 La vie dans une communauté met-elle en péril la personnalité de chacun ? (Amérique du Sud, A, 1982)
■ Comment expliquez-vous la possibilité de la solitude au sein de la collectivité ? (Japon, A, 1984)

6 Toutes les personnes ont-elles un droit égal au respect ? (Montpellier, C-D, 1982)
■ Tout individu en vaut-il un autre ? (Grenoble, A, 1980)

### BIBLIOGRAPHIE GÉNÉRALE

***BENVENISTE*** **:** *Problèmes de linguistique générale,* ch. XVIII et XXI, Gallimard.

***ÉPICTÈTE*** **:** *Manuel,* Garnier-Flammarion.

***HEGEL*** **:** *Phénoménologie de l'esprit,* chap. IV, section A, Aubier-Montaigne.

***KANT*** **:** *Fondements de la métaphysique des mœurs,* Delagrave ; *Critique de la raison pratique,* P.U.F.

***KIERKEGAARD*** **:** *Post-scriptum aux « Miettes philosophiques »,* IIe partie, éd. de l'Oronte.

***MAINE DE BIRAN*** **:** *Essai sur les fondements de la psychologie,* chap. II, Slatkine Reprints.

***MAUSS*** **:** « Une catégorie de l'esprit humain : la notion de personne, celle de moi », in *Sociologie et anthropologie,* P.U.F.

***MONTAIGNE*** **:** *Les Essais* (surtout Livre I, ch. 37 et Livre II, ch. 5 et 19), Garnier-Flammarion.

***MOUNIER*** **:** *Le Personnalisme,* P.U.F.

***SARTRE*** **:** *L'Être et le néant* (surtout 1re partie, chap. 2 et 3), Gallimard.

### GLOSSAIRE

**Authenticité :** voir le *Glossaire* du chapitre sur l'*Existence*.

**Autonomie :** voir le *Glossaire* du chapitre sur le *Devoir*.

**Égoïsme :** dérivé du grec *ego*, je, moi. Disposition à rechercher exclusivement son plaisir et son intérêt personnels. Max Stirner a employé ce terme pour désigner sa doctrine *individualiste*.
Jusqu'au XVIIe siècle, on dit plutôt : *amour-propre* (par exemple dans La Rochefoucauld). Au XVIIIe siècle, le terme désigne le plus souvent ce que nous appelons aujourd'hui *solipsisme* (voir plus loin).

**Moi :** voir le *Glossaire* du chapitre sur l'*Inconscient*.

**On :** dérivé du latin *homo*, homme. (En allemand, *der Mann* signifie l'*homme* ; au neutre, *das Man* = le *on*). C'est cette force qui, selon Heidegger, pousse le *moi* à se satisfaire d'une existence *inauthentique*. « Le "on" qui n'est personne de déterminé et qui est tout le monde, bien qu'il ne soit pas la somme de tous, prescrit à la réalité quotidienne son mode d'être. (...) Le "on" demeure toujours dans la *moyenne* de ce qui est convenable, de ce qui est reçu et de ce qui ne l'est pas, de ce qui mérite l'assentiment et de ce qui ne le mérite pas. » (Heidegger, *L'Être et le temps*, Gallimard, pp. 159-160.)

**Persona :** chez Jung, sorte de *masque* que revêt la conscience individuelle dans son comportement social.

**Personnalisme :** toute doctrine posant la personne humaine comme la valeur fondamentale. En particulier, mouvement de pensée contemporain d'inspiration chrétienne qui fleurit surtout pendant les années 1925-1950, développé par E. Mounier, M. Nédoncelle, J. Lacroix, etc. « Nous appelons *personnaliste* toute doctrine, toute civilisation affirmant le primat de la personne humaine sur les nécessités matérielles et sur les appareils collectifs qui soutiennent son développement. » (Mounier *Manifeste au service du personnalisme*, Aubier-Montaigne, p. 7.)

**Personne morale** (par opposition à une *personne physique*, c'est-à-dire à un individu humain). En *droit*, statut juridique conféré soit à une entité administrative (État, communes, départements, etc.), soit à un groupement de personnes physiques (sociétés, associations, syndicats, etc.), soit à une masse de biens dotés d'une certaine affectation (fondations).

**Solipsisme :** du latin *solus*, seul, et *ipse*, soi-même. Doctrine selon laquelle il n'existerait pas d'autre réalité que moi-même en tant que sujet pensant.

**LES JOIES DU CONDITIONNEL**

Je restai assis là, je crois, pendant près d'une heure. Finalement, ce que je décidai de faire, je décidai de partir au loin. Je décidai de ne jamais revenir à la maison, de ne jamais retourner dans une autre école. Je ne reverrais que Vieille Phœbé. Je lui dirais adieu et tout, et lui rendrais son fric de Noël, et puis, clopin-clopant, je me mettrais en route vers l'ouest. Ce que j'allais faire, j'allais descendre au Tunnel Holland et faire de l'auto-stop. J'arrêterais une voiture, et puis une autre, et encore une, et encore une, et sous peu de jours je serais quelque part dans l'ouest où ce serait chouette et ensoleillé, et où nul ne me connaîtrait, et là je trouverais du boulot.

Je me disais que je pourrais trouver un boulot dans un garage, quelque part, à mettre de l'essence et de l'huile dans les voitures des gens. Peu m'importait quelle sorte de boulot ce serait, d'ailleurs, pourvu que les gens ne me connussent pas et que je ne connusse personne. Ce que je ferais, je ferais semblant d'être un de ces sourds-muets. De cette manière, je n'aurais pas à avoir de ces saletés de stupides conversations d'usage avec qui que ce fût. Quand quelqu'un voudrait me dire quelque chose, il n'aurait qu'à l'écrire sur un morceau de papier et me le passer. Ça les enquiquinerait de faire ça au bout d'un moment, et alors j'en serais quitte avec les conversations pour le restant de mes jours.

Tout le monde s'imaginerait que je n'étais qu'un pauvre salaud de sourd-muet et on me laisserait tranquille. Ils me feraient mettre de l'essence et de l'huile dans leurs voitures à la noix et me paieraient un salaire et tout, et avec le fric que je ferais je bâtirais une petite cabane quelque part et je vivrais là le reste de ma vie. Je la bâtirais tout près des bois, mais pas dedans, car il me faudrait tout le temps un soleil à tout casser. Je cuisinerais moi-même mes repas et plus tard, si je voulais me marier ou quelque chose, je rencontrerais cette belle fille qui serait sourde-muette, elle aussi, et nous nous marierions. Elle viendrait vivre avec moi dans la cabane, et quand elle voudrait me dire quelque chose, elle n'aurait qu'à l'écrire sur une saleté de morceau de papier, comme les autres. Si nous avions des enfants, nous les cacherions quelque part. Nous pourrions leur acheter beaucoup de livres et leur apprendre à lire et à écrire.

J.D. Salinger,
*L'Attrape-cœurs,*
Laffont, pp. 357-358

# LE BONHEUR

## *« Ce serait chouette et ensoleillé... »*

Dans **« L'Attrape-cœurs »** (1952), J.D. Salinger met en scène un jeune garçon new-yorkais, Holden Caufield, qui, renvoyé de son école, va errer, pendant quelques jours, dans la grande métropole américaine. Ce qui n'était, au début, qu'une fugue va se transformer en une odyssée solitaire où le personnage cherche, de toutes parts, une solution à ce que l'on a coutume d'appeler le « mal de vivre ». Et l'odyssée deviendra, progressivement, une véritable descente aux enfers, que l'humour désespéré d'Holden rend encore plus poignante. Car ce qu'il va découvrir au hasard de ses rencontres, de ses aventures toutes plus pitoyables les unes que les autres, c'est, comme le lui dira sa petite sœur Phoebé, le seul être qui compte vraiment pour lui, qu'il n'aime **rien**. Rien dans la vie des autres, dans ce qu'il peut imaginer, rien ne fait finalement sens pour lui. La seule solution est alors le départ ; partir au loin, au soleil : cabane, silence, forêt... ne plus avoir à parler, faire n'importe quoi mais avoir affaire le moins possible aux autres, juste pour aimer, juste des enfants ; Holden cède ainsi à sa façon au mirage du vieil adage épicurien : **« pour vivre heureux, vivons cachés »**.

Le bonheur comme « retraite »... Mais de quoi faut-il donc se cacher ? Se retirer de quoi ? Est-ce bien le monde qui fait obstacle à mon bonheur ? Soit qu'il ne m'offrirait pas ce que j'en espère, soit qu'il m'empêcherait de l'obtenir. Mais ce que montrent l'ennui, le désarroi sinon le désespoir d'Holden, c'est qu'il s'agit moins de chercher **ce qu'**il faut vouloir, que de savoir **où** le chercher : et le jeune garçon se perd dans l'immensité de la ville sans fond. Mais c'est au bout de **lui-même**, au fond encore plus insondable de lui-même qu'il va s'échouer. Holden ne partira pas, il n'y a nulle forêt, nulle cabane, nul « ailleurs » où se cacher de soi-même.

Le mot « bonheur » n'est-il donc que cette illusion d'un fond, que quelque chose viendrait à arrêter l'errance, qu'il y aurait un bout à la recherche ?... « ce serait chouette et ensoleillé. »

Le bonheur, voilà donc ce que cherche Holden. Comme ce que cherche tout homme. Cela semble une évidence, mais qui recouvre un abîme de difficultés. Penchez-vous sur vous-même. Vous voulez être heureux ? Certes, et qu'est-ce donc que l'on entend par là ?

Des premières peintures rupestres aux produits les plus sophistiqués dont la publicité sature les murs de nos cités, il n'est aucune représentation humaine qui n'en propose un programme possible : proie ou automobile, l'objet élu me propose la **voie du bonheur**. Le bonheur serait, ainsi, satisfaction de tous nos désirs, comblement de tous nos manques : amour, richesse, liberté mais aussi gloire, pouvoir..., le bonheur se conjuguerait alors selon le mode de l'auxiliaire **avoir**. Mais nous disions **être** heureux. Avoir ou être ? Entre les deux, il y a cet abîme que nous évoquions à l'instant, et dans lequel tout homme qui cherche, comme Holden, vient à sombrer.

Ce que j'**ai**, ou que je pourrais **avoir** suffit-il à **faire** mon bonheur ? Voici dans quoi s'épuise le temps de toute existence : le **faire**. Le bonheur, **mon** bonheur est ce que j'ai à faire. L'être de l'homme ne se définirait-il donc **que** de cette entreprise ?

## *La question du bonheur*

Qu'est-ce qu'il faut faire ? Comment faire pour être heureux ? C'est-à-dire : qu'est-ce qu'il faut **vouloir** ? Si, donc, je veux être heureux, il me faut d'abord voir ce **que je suis** ; le désir rencontre, ici, le savoir.

Mais qui me répondra ? Et que faut-il que j'interroge ? La question du bonheur fait, en l'homme, cette urgence de savoir ce qu'il est **en tant qu'homme**. Toute philosophie débute en cette demande : définir l'homme, pour déterminer ce qu'il **peut** et **doit** donc vouloir.

La question devient alors **morale** : il faut choisir en l'homme ce qui est le **meilleur**. Car le bonheur aura pour condition un accord minimal avec soi-même. La philosophie appellera cela le **Bien**.

J'ai donc à **chercher**. Le bonheur viendra, peut-être, à l'occasion de cette épreuve toujours recommencée, et qui mesure ma volonté d'être ; « à l'occasion », ce qui veut dire qu'il n'est pas certain que je trouve le bonheur ; et même le trouverai-je, il n'est pas certain non plus que je sache le reconnaître.

Bref : le bonheur est-il quelque chose de pensable, de simplement **saisissable** ?

Quino,
*Le petit frère de Mafalda.*

## Le bonheur : une approche religieuse

**SAINT AUGUSTIN**

Qu'ils cèdent donc tous le pas à ces philosophes qui n'ont pas cru que soit heureux l'homme qui jouit de son corps ou qui jouit de son âme, mais celui qui jouit de Dieu ; qui en jouit non pas comme on jouit du corps, ou comme l'esprit jouit de lui-même, ou comme un ami jouit de son ami, mais comme l'œil jouit de la lumière, pour autant qu'on puisse, entre ces choses et ces choses, établir une comparaison. Je m'expliquerai d'ailleurs sur ce point en un autre endroit, dans la mesure de mes forces, si Dieu veut bien m'y aider. Il suffit de rappeler ici que pour Platon le souverain bien, c'est de vivre selon la vertu, ce qui selon lui n'est possible qu'à celui qui a la connaissance de Dieu et s'efforce de l'imiter : et voilà l'unique source du bonheur.

Aussi Platon n'hésite-t-il pas à affirmer que philosopher, c'est aimer Dieu, dont la nature est incorporelle. D'où l'on peut naturellement conclure que l'ami de la sagesse, car c'est le sens du mot « philosophe », ne sera heureux que lorsqu'il aura commencé à jouir de Dieu. Certes, on n'est pas nécessairement heureux parce qu'on jouit de ce qu'on aime : beaucoup sont malheureux pour aimer ce qu'ils ne devraient pas aimer, et plus malheureux encore quand ils en jouissent. Pourtant nul n'est heureux, s'il ne jouit de ce qu'il aime. Ceux-là même qui aiment ce qu'ils ne devraient pas aimer, ne se croient pas heureux par le simple fait d'aimer, mais par la jouissance. Il faut être bien malheureux pour nier que soit heureux celui qui jouit de ce qu'il aime, et qui aime le Souverain Bien véritable. Or ce Souverain Bien véritable, c'est Dieu, déclare Platon. Aussi veut-il que le vrai philosophe soit celui qui aime Dieu : ainsi, puisque c'est vers le bonheur que tend la philosophie, il sera heureux en jouissant du Dieu qu'il aime.

***La Cité de Dieu* (413-424), Livre VIII, ch. VIII**
**Classiques Garnier, tome 2, pp. 213-215**

## Une fin parfaite et autosuffisante

**ARISTOTE**

Puisque toute connaissance, tout choix délibéré aspire à quelque bien, voyons quel est (...) de tous les biens réalisables celui qui est le Bien suprême. Sur son nom, en tout cas, la plupart des hommes sont pratiquement d'accord : c'est le *bonheur*, au dire de la foule aussi bien que des gens cultivés ; tous assimilent le fait de *bien vivre* et de *réussir* au fait d'être heureux. Par contre, en ce qui concerne la nature du bonheur, on ne s'entend plus, et les réponses de la foule ne ressemblent pas à celles des sages. (...)

S'il y a une seule chose qui soit une fin parfaite, elle sera le bien que nous cherchons, et s'il y en a plusieurs, ce sera la plus parfaite d'entre elles. Or, ce qui est digne d'être poursuivi par soi, nous le nommons plus parfait que ce qui est poursuivi pour une autre chose (...) Le bonheur semble être au suprême degré une fin de ce genre, car nous le choisissons toujours pour lui-même et jamais en vue d'une autre chose : au contraire, l'honneur, le plaisir, l'intelligence ou toute vertu quelconque, sont des biens que nous choisissons assurément pour eux-mêmes (...), mais nous les choisissons aussi en vue du bonheur, car c'est par leur intermédiaire que nous pensons devenir heureux. Par contre, le bonheur n'est jamais choisi en vue de ces biens, ni d'une manière générale en vue d'autre chose que lui-même.

***Éthique à Nicomaque,***
**I, 2 et 5, trad. J. Tricot, Vrin, pp. 40, 55-56**

## Le bonheur : une définition psychologique

**Sigmund FREUD**

Quels sont les desseins et les objectifs vitaux trahis par la conduite des hommes, que demandent-ils à la vie, et à quoi tendent-ils ? On n'a guère de chance de se tromper en répondant : ils tendent au bonheur ; les hommes veulent être heureux et le rester. Cette aspiration a deux faces, un but négatif et un but positif : d'un côté éviter douleur et privation de joie, de l'autre rechercher de fortes jouissances. En un sens plus étroit, le terme « bonheur » signifie seulement que ce second but a été atteint. (...)

On le voit, c'est simplement le principe du plaisir qui détermine le but de la vie, qui gouverne dès l'origine les opérations de l'appareil psychique ; aucun doute ne peut subsister quant à son utilité, et pourtant l'univers entier — le macrocosme aussi bien que le microcosme — cherche querelle à son programme. Celui-ci est absolument irréalisable ; tout l'ordre de l'univers s'y oppose ; on serait tenté de dire qu'il n'est point entré dans le plan de la « Création » que l'homme soit « heureux ». Ce qu'on nomme bonheur, au sens le plus strict, résulte d'une satisfaction plutôt soudaine de besoins ayant atteint une haute tension, et n'est possible de par sa nature que sous forme de phénomène épisodique. Toute persistance d'une situation qu'a fait désirer le principe du plaisir n'engendre qu'un bien-être assez tiède ; nous sommes ainsi faits que seul le contraste est capable de nous dispenser une jouissance intense, alors que l'état lui-même ne nous en procure que très peu.

***Malaise dans la civilisation* (1929),**
**trad. Ch. et J. Odier, P.U.F., pp. 20-21**

## commentaire

Si tout le monde s'accorde à voir dans le bonheur un bien visé par les hommes, **Aristote** (385-322 av. J.-C.) remarque que la nature de ce bonheur est loin de faire l'unanimité : plaisir, santé, richesse, autant de **définitions partielles** et **multiples**, donc insatisfaisantes. Le **finalisme** aristotélicien implique de rechercher, dans la hiérarchie des fins, la plus haute d'entre elles : le bonheur ne peut être qu'un, **Souverain Bien**, caractérisé par sa suffisance *(autarkéia)*. C'est sur ces bases seulement que la **nature du bonheur** pourra être établie, en faisant appel à l'anthropologie aristotélicienne.

Nous voulons tous être heureux, constate **saint Augustin** (354-430). Mais c'est pour souligner qu'en cette vie terrestre les hommes recherchent n'importe quoi en fait de bonheur, sauf ce qui en est la condition absolue : l'**immortalité**. Parmi tous les systèmes philosophiques, qui s'opposent sur les **moyens du bonheur**, Platon a pourtant montré que l'âme humaine, immortelle et toute spirituelle, n'atteint au **Souverain Bien** que par sa participation à la lumière éternelle du **principe divin** qui soutient toute chose. Le bonheur suprême, dit saint Augustin, est donc **possession de Dieu**, et la seule morale qui puisse nous apporter ce bonheur est celle qui enseigne à la créature à **aimer son Créateur**.

**Freud** (1856-1939) voit dans le **principe de plaisir** l'élément fondamental de notre économie psychique : principe selon lequel le psychisme cherche sans cesse à baisser le plus possible la **tension** provoquée par les difficultés du monde extérieur et les conflits internes qu'elles engendrent. Mais cette tension ne peut jamais être abolie totalement et le principe de plaisir va devoir céder sa place à un **principe de réalité** : sans nous faire renoncer pour autant à notre but final du plaisir, ce principe nous oblige néanmoins à en différer la réalisation, et à accepter le déplaisir sinon la douleur comme prix de cette satisfaction. Si le bonheur est donc d'abord **satisfaction de nos instincts**, la pression du monde extérieur nous contraint, en premier lieu, à éviter la souffrance. Freud verra dans la **sublimation** le moyen le plus puissant de cette économie : la dynamique psychique permet en effet de transformer sans en diminuer l'intensité nos pulsions sexuelles interdites en sentiments supérieurs (esthétiques, éthiques, intellectuels ou religieux). A la **jouissance sexuelle** est ainsi substituée une **satisfaction spirituelle** dont Freud fait le principe même de la civilisation.

# *Savoir et raison pratique*

## l'auteur

Située entre la *Critique de la raison pure* (1781) et la *Critique de la faculté de juger* (1790), la *Critique de la raison pratique* (1788) est le volet central de la philosophie critique d'Emmanuel Kant (1724-1804), dont l'objet est le **sauvetage** de la métaphysique. C'est en 1748, dans son *Enquête sur l'entendement humain*, que le philosophe empiriste anglais David Hume a procédé à une critique en règle de la causalité, et donc de la capacité de la raison à légiférer sur les phénomènes sensibles. C'était ainsi le programme philosophique cartésien, à savoir constituer la métaphysique comme science, qui était mis en échec.

Si la métaphysique a la prétention d'accéder à la connaissance d'objets qui dépassent la nature dont nous pouvons faire l'expérience sensible, et donc la théorie scientifique, il faut alors démontrer que ces objets — Dieu, l'âme, la liberté, pour ne citer que les plus généraux — peuvent être pensés par la Raison, sans pour autant que celle-ci, comme elle en a donné le triste spectacle jusque-là, ne sombre dans des contradictions indépassables.

La solution kantienne va consister à « supprimer le savoir pour lui substituer la croyance », selon la célèbre formule de la Préface à la 2e éd. de *Critique de la raison pure*. Ce qui revient à prouver la supériorité de la raison pratique (morale) sur la raison théorique : c'est-à-dire à distinguer en l'homme l'être qui appartient au monde **sensible** et est donc déterminé absolument par les lois de la nature, et celui qui évolue dans un monde **intelligible** où il échappe au déterminisme naturel. L'homme, en tant qu'homme, se définit alors comme **sujet moral** radicalement libre, dans la mesure où il produit lui-même sa causalité éthique ; être libre, c'est-à-dire être responsable, se déterminant lui-même à agir selon des lois fixées par sa raison propre.

## l'intérêt philosophique du texte

# *Le bonheur : problème moral ?*

Kant oppose ici le devoir et le bonheur pour montrer que celui-ci ne peut pas être le principe de nos actions. L'homme n'est moral que par la pure disposition de sa volonté se conformant à la loi. Le Souverain Bien qu'il doit rechercher n'est donc pas le **bonheur**, dont la réalisation ne peut être une fin que dans le monde de la sensibilité ; monde où l'homme est soumis au déterminisme de ses plaisirs, c'est-à-dire à la contingence des objets qui peuvent satisfaire son désir. Le Bien moral est la « perfection », où ce n'est plus la sensibilité qui nous contraint mais la volonté qui nous motive. Le Souverain Bien serait ainsi le bonheur atteint dans la perfection.

Cette opposition du Bien moral et des biens réels suppose donc celle de la sensibilité, qui nous incline vers le plaisir, et de la volonté raisonnable qui nous dispose **librement** à obéir à la loi. La condition de la moralité est réalisée dans une telle indépendance par rapport aux biens réels, sinon matériels, que nous croyons être les conditions et les moyens de notre bonheur.

A l'**agrément de la vie**, dont parle ici Kant, il faut alors préférer le **contentement de soi** dont la jouissance provient de l'affirmation de notre liberté, de ce que le philosophe appellera l'**autonomie de la volonté**. Kant définit la volonté comme « faculté de désirer telle qu'elle est déterminée par la raison » (*Fondements de la métaphysique des mœurs*, éd. Delagrave, p. 169), et de ce point de vue l'autonomie nous enseigne, non comment nous devons nous **rendre** heureux, mais **comment nous devons nous rendre dignes du bonheur** (*Critique de la raison pratique*, p. 139).

**1** □ « Des *principes pratiques* sont des propositions renfermant une détermination générale de la volonté à laquelle sont subordonnées plusieurs règles pratiques. Ils sont subjectifs ou forment des *maximes* quand la condition est seulement considérée par le sujet comme valable pour sa volonté ; mais ils sont objectifs et fournissent des *lois* pratiques, quand la condition est reconnue comme objective, c'est-à-dire comme valable pour la volonté de tout être raisonnable. » (*C.R.Pra*, p. 17)
Rappelons que pour Kant, la condition de possibilité, et le critère de la moralité, est la capacité d'ériger mes maximes d'action en loi.

**2** □ Synonyme de moral, le pratique s'oppose au théorique — « Est pratique tout ce qui nous est possible par liberté. » (*C.R.P.*, p. 540) — « La Raison (pratique) s'occupe des principes déterminants de la volonté, qui est un pouvoir ou de produire des objets correspondants aux représentations, ou de se déterminer soi-même à réaliser ces objets (...), c'est-à-dire de déterminer sa causalité. » (*C.R.Pra*, p. 13)

**3** □ « Mais n'a-t-on pas un mot qui désignerait, non une jouissance comme le mot bonheur, mais qui cependant indiquerait une satisfaction liée à son existence, un analogue du bonheur qui doit nécessairement accompagner la conscience de la vertu ? Si ! ce mot c'est *contentement de soi-même*, qui au sens propre ne désigne jamais qu'une satisfaction négative liée à l'existence, par laquelle on a conscience de n'avoir besoin de rien. » (*C.R.Pra*, p. 127)

## *Le bonheur : le désir et la loi*

**E. KANT**

Tous les principes[1] pratiques matériels sont, comme tels, d'une seule et même espèce et se rangent sous le principe général de l'amour de soi ou du bonheur personnel. Le plaisir provenant de la représentation de l'existence d'une chose, en tant qu'il doit être un principe déterminant du désir de cette chose, se fonde sur la **capacité de sentir** du sujet, puisqu'il **dépend** de l'existence d'un objet ; partant, il appartient au sens et non à l'entendement, qui exprime un rapport de la représentation à un **objet**, d'après des concepts, mais non un rapport de la représentation au sujet d'après des sentiments. Il n'est donc pratique[2] qu'en tant que la sensation agréable, que le sujet attend de la réalité de l'objet, détermine la faculté de désirer. Or, la conscience qu'a un être raisonnable de l'agrément de la vie accompagnant sans interruption toute son existence est le **bonheur** et le principe de prendre le bonheur pour principe suprême de détermination du libre choix, est le principe de l'amour de soi[3]. (...)

Être heureux est nécessairement le désir de tout être raisonnable mais fini, partant c'est inévitablement un principe déterminant de sa faculté de désirer. Être content de son existence tout entière n'est pas en effet une sorte de possession originelle et une félicité qui supposerait une conscience de son indépendance et de son aptitude à se suffire à soi-même ; c'est un problème qui nous est imposé par notre nature finie elle-même ; car nous avons des besoins et ces besoins concernent la matière de notre faculté de désirer, c'est-à-dire quelque chose qui se rapporte à un sentiment de plaisir ou de peine qui sert subjectivement de principe et par lequel est déterminé ce dont nous avons besoin pour être contents de notre état. Mais, justement, parce que le principe matériel de détermination ne peut être connu qu'empiriquement par le sujet, il est impossible de considérer ce problème comme une loi ; car une loi, en tant qu'objective, devrait renfermer, dans tous les cas et pour tous les êtres raisonnables, **le même principe déterminant** de la volonté[4]. En effet, bien que le concept du bonheur serve **partout** de base au rapport pratique des **objets** à la faculté de désirer, il n'est cependant que le titre général des principes subjectifs de détermination et ne détermine rien spécifiquement, tandis que c'est de cela seulement qu'il s'agit dans ce problème pratique, qui ne peut en aucune façon être résolu sans cette détermination.

Le sentiment particulier de plaisir et de déplaisir, propre à chacun, lui indique en quoi il doit[5] placer son bonheur, et, même dans un seul et même sujet, ce choix dépend de la différence des besoins qui suivent les modifications de ce sentiment, ainsi une loi **subjectivement nécessaire** (comme loi naturelle), est **objectivement** un principe pratique tout à fait **contingent**, qui peut et doit être très différent dans des sujets différents, qui partant ne peut jamais fournir une loi, puisqu'il s'agit, dans le désir de bonheur, non de la forme de la conformité à la loi, mais exclusivement de la matière, c'est-à-dire, de savoir si je dois attendre du plaisir et combien je dois en attendre de l'observation de la **loi**[6].

***Critique de la raison pratique* (1788),**
**Analytique, ch. I, traduction Picavet,**
**P.U.F., pp. 20 et 24**

**4** ◻ Elle se confond avec l'usage pratique de la raison — « La volonté est conçue comme une faculté de se déterminer soi-même à agir conformément à la représentation de certaines lois. » (*F.M.M.*, p. 184)

**5** ◻ « Le devoir est la nécessité d'accomplir une action par respect pour la loi » (*F.M.M.*, p. 100). « Quelques nombreuses que soient les raisons naturelles qui me poussent à *vouloir*, quelques nombreux que soient les mobiles sensibles, ils ne peuvent produire le *devoir* mais seulement un vouloir, qui est loin d'être nécessaire, mais qui est toujours conditionné, tandis que le devoir, que la raison proclame, impose, au contraire, une mesure et un but, et même une défense et une autorité. » (*C.R.P.*, p. 402) (cf. *C.R.P.*, p. 32, 84).

**6** ◻ « On peut voir aussi par là que si l'on demande quel est le *dernier but de Dieu* dans la création du monde, on ne doit pas nommer le *bonheur* des êtres raisonnables en ce monde, mais le *souverain bien* qui, à ce désir des êtres, ajoute encore une condition, celle d'être dignes du bonheur, c'est-à-dire la *moralité* même de ces êtres raisonnables, qui seule renferme la mesure d'après laquelle ils peuvent espérer, par la main d'un *sage* auteur d'avoir part au bonheur. » (*C.R.Pra*, p. 140)

**C.R.P. :** *Critique de la raison pure*, Trad. Tremesaygues. Pacaud, P.U.F., 1971.
**C.R.Pra :** *Critique de la raison pratique*, Trad. Picavet, P.U.F., 1971.
**F.M.M. :** *Fondements de la métaphysique des mœurs*, Trad. Delbos, Delagrave.

# LE PROJET PHILOSOPHIQUE : LE BONHEUR ET LA VERTU

## Bonheur et Vertu

La philosophie, dit-on, est **recherche de la sagesse**. L'étymologie (*philo - sophia*) n'a pas d'autre intérêt, ici, que de nous indiquer ce qui fait la singularité de son projet. **Pourquoi** rechercher la sagesse, et **comment** ? Répondre à ces deux questions, plus pressantes qu'il n'y paraît, c'est déjà justifier la fonction de la philosophie.

**Pourquoi la sagesse ?** Parce que, répond le philosophe, elle est le seul moyen proprement humain qui nous permette, peut-être, d'atteindre ce que tout homme recherche : le bonheur. Mais c'est aussi une certaine façon de dire que le **bonheur** ne relève pas d'une législation spécifiquement philosophique : il en est l'**horizon**, ou l'**orientation**, mais non pas la matière propre. La philosophie indiquera donc simplement quelles sont les **conditions** dans lesquelles il est légitime d'espérer sa réalisation.

Réalisation : ce qui est à faire ; les Grecs avaient une formule pour cela — *Deviens ce que tu es*. Le bonheur, du point de vue de la philosophie est donc l'**accomplissement de notre humanité**, épanouissement de ce que nous sommes en tant qu'être humain. Il est ainsi **accord** avec nous-même, dans quoi seulement nous pourrions trouver la paix et cette tranquillité de l'âme qui sont moins la matière même du bonheur que sa forme et sa tonalité.

**Comment ?** Cette question interroge les modalités de la recherche du bonheur : « philein », c'est d'abord aimer au sens de **tendre vers**. Les hommes tendent vers le bonheur. Mais tendance n'est pas encore possession, rechercher n'est pas déjà trouver.

La philosophie est l'ordre de cette recherche, à la fois chemin et démarche. Comment devenir ce que l'on est ? Une autre des plus belles formules de la philosophie grecque répond : *« Connais-toi toi-même. »* Il nous faut savoir ce que nous sommes en tant qu'homme, définir notre essence d'être humain, ce qui manifeste nos propriétés les plus hautement humaines. L'idée de **vertu** représente la saisie de cette excellence, elle est la voie du bonheur.

Les philosophes grecs trouvaient dans leur langue une expression indiquant clairement cette conjonction de la **vertu** et du **bonheur** : *eu prattein*, qui signifie à la fois « bien agir » et « être heureux ». Mais la philosophie achoppera sur la vérification de cette synonymie dans la réalité du comportement humain : une belle conduite n'assure que rarement le bonheur et il arrive souvent que le « méchant » fasse

la démonstration que le déni de vertu n'empêche apparemment pas d'être heureux. C'est ainsi la philosophie qui est prise à partie dans son projet même, et mise en demeure de fonder son présupposé d'une **destination morale** de l'homme hors de laquelle il ne serait nulle promesse de bonheur.

# PLATON :

## le bonheur « et » le désir

Dans un de ses premiers dialogues, le *Charmide*, Platon confirme, à sa façon, cette idée de connexion entre vertu et bonheur : les hommes ne peuvent manquer d'être heureux, dit-il, **si** leurs actions sont toujours conduites avec rectitude et droiture. Mais il souligne aussitôt que l'on ne peut bien se conduire qu'à condition de savoir comment s'y prendre : c'est ce **savoir**, et lui seul, qui conditionne donc le bonheur. La vertu apparaît alors comme une véritable méthode pour atteindre la félicité.

Les sophistes avaient posé, les premiers peut-être, la question : comment **s'acquiert** la vertu ? On retrouve ici une des thèses essentielles de Platon, qui est aussi réponse directe à la question des sophistes : la vertu est affaire d'**enseignement**. Elle est un apprentissage dans lequel les hommes s'efforcent d'orienter leurs actions selon un ordre de valeurs qui oblige à un retournement, une véritable **conversion** : la vertu consiste à chercher au-delà de ce qui motive habituellement nos actions (le plaisir sous toutes ses formes) la seule valeur qui, par son universalité,

(page de gauche)
Sculpture de Henry Moore.

*« On n'est jamais si heureux ni si malheureux qu'on s'imagine. »*
La Rochefoucauld.

accomplit notre essence d'homme, à savoir la **pensée** — car seule l'activité de l'esprit nous manifeste la présence des Idées, réalité la plus haute, principes de toutes choses.

Conversion de ce qui est en nous de plus bas et nous rattache à l'**animalité**, en ce qui est le plus haut et anticipe le **divin**, la pensée : telle est la vertu, qui fait notre valeur humaine, sagesse hors de laquelle il n'est point d'humanité. Dans le *Philèbe*, Platon demande « si quelqu'un d'entre nous voudrait vivre, assuré d'avoir en toutes choses la sagesse, l'intelligence, la Science et la mémoire qu'on peut avoir, mais sans avoir part, ni petite ni grande au plaisir, ni à la douleur non plus, et sans évoquer aucun sentiment de cette nature » ? (*Philèbe*, 21e) Il s'agit, pour l'auteur, d'évaluer la théorie selon laquelle, le bonheur n'étant atteint que dans le plaisir, la moralité se résumerait à l'organisation hiérarchique de nos plaisirs. Si Platon rejette cette théorie, il n'en admet pas moins que le pur et seul exercice de la pensée ne suffit pas à donner un contenu satisfaisant à la moralité.

Le **Bien** consisterait donc en une vie où **plaisir et pensée** produiraient, en un mélange harmonieux, cette **vie mixte** dont parle Platon, seule susceptible d'être vraiment heureuse. Mais un tel mélange suppose, pour être effectivement harmonieux, que la pensée puisse opposer ses limitations aux exigences infinies et déraisonnables du plaisir. C'est donc en nous, dans notre **juste mesure** d'hommes, êtres du milieu, à mi-chemin de l'animal et du dieu, que nous avons à chercher les formes de notre devoir-être.

## *ÉPICURE ET LES STOÏCIENS :*
### *le bonheur « ou » le désir*

**ÉPICURE :** le plaisir **est** le bonheur, dit le philosophe matérialiste, il est à la fois commencement et fin de toute vie heureuse parce qu'il est le **principe même** de la **vie**. Le plaisir est ainsi la **norme naturelle** tant du bon fonctionnement du corps que de l'équilibre de l'âme. « Absence de peine » pour le premier et « absence de trouble » pour la seconde, le plaisir apparaît, de ce fait, comme une **limite** (celle où l'on ne souffre plus, où nous ne sommes plus troublés) au-delà de laquelle il n'a plus ni sens ni réalité. Le **plaisir** n'est donc **toujours un bien** qu'à la condition de se maintenir dans ses limites. Épicure va en tirer la célèbre distinction entre les différents types de désir : s'il est des plaisirs qui nous sont à la fois **naturels** et **nécessaires** et qui, seuls, contribuent au bonheur comme paix du corps et de l'âme, il en est d'autres, naturels mais *non nécessaires*, ou pire, ni l'un ni l'autre, qui font donc notre malheur : les premiers (naturels, non nécessaires) ne font que **varier le plaisir** (chercher des mets raffinés — non nécessaires — pour se nourrir — ce qui est naturel) ; les seconds (ni naturels ni nécessaires) mettent l'homme dans une frustration intolérable, car leurs exigences, n'ayant plus aucune limite, deviennent infinies. Il faut donc **écarter** les **faux plaisirs** pour être heureux. La **moralité** consiste à se tenir dans les limites fixées par la Nature et à accepter ses impératifs : ainsi de la mort[1] qui ne doit pas être redoutée puisqu'elle est un fait naturel, sinon le plus naturel de

*« Tous les hommes recherchent d'être heureux. Cela est sans exception, quelques différents moyens qu'ils y emploient. »*
Pascal, *Pensées.*

tous. Ni crainte, ni trouble, l'âme du Sage atteint l'**indifférence** qui n'est rien d'autre que cet accord librement consenti avec l'ordre naturel.

**Les STOÏCIENS :** si le plaisir est pour les épicuriens le principe auquel nous devons conformer toutes nos actions, les stoïciens soutiennent que la règle du bonheur doit répondre à ce qui, en l'être, est poussée *(hormê)* vers les exigences essentielles de sa nature. Mais ce qui, ici, définit cette *hormê*, relève d'une **Raison** qui est la tendance la plus profonde de notre être. Les stoïciens appelleront « convenables » les choses par lesquelles le sage **s'accorde** avec lui-même en respectant cette **tendance** conforme à sa nature. Notre fin, notre destination proprement humaine, se résout ainsi dans cet accord par lequel nous donnons à notre vie une ordonnance qui est l'image de l'ordre du monde. Cet « art de vivre » nous fera atteindre à un *Souverain Bien* qui « consiste à vivre en ayant la science de ce qui arrive selon la nature, en choisissant ce qui est conforme à la nature et en rejetant ce qui lui est contraire, c'est-à-dire à vivre en accord et en harmonie avec la nature » (Cicéron, *De finibus*, III, 9, 31). A la législation épicurienne du plaisir répond ici celle d'une raison que *rien* ne peut détourner de son orientation vers la nature. Le Sage ne connaîtra alors ni la passion ni ses troubles, il ne souffrira pas : cette « impassibilité » est la matière même de son bonheur. Le stoïcien ne voit, dans ce consentement aux événements du monde ni servitude ni résignation, mais une hautaine **royauté** dans laquelle s'affirme aussi notre liberté d'êtres indépendants : « Non seulement les sages sont libres, mais ils sont rois, la royauté est un pouvoir qui n'a pas de compte à rendre. » (Diogène Laërce, *Vies et sentences des philosophes,* VII, 122.)

Au contraire de ce qu'aime à croire le sens commun, les voies du bonheur ne sont pas multiples. L'homme n'a pas d'autre choix que de décider sa sujétion au plaisir ou à la pensée, à une vertu humaine qui est recherche du plaisir ou à une vertu *sur*-humaine qui serait recherche de la pensée pure. Cette décision constitue la paradoxale royauté de l'homme, sa servitude volontaire. Quelles que soient, au bout du compte, les divergences entre Platon, épicuriens et stoïciens, un même processus y est à l'œuvre, auquel toute la philosophie s'est identifiée : la **question pratique** du **bonheur** est reformulée en la **question éthique** de la **vertu.** Il ne s'agit pas pour l'homme d'**être heureux**, mais de **se rendre digne du bonheur**.

**1** ◻ Voir le *Grand Texte* de Lucrèce dans le chapitre sur la *Mort.*


## BIBLIOGRAPHIE DE LA LEÇON

***M. ALEXANDRE :***
*Lecture de Platon*, Bordas Mouton.

***P. BOYANCE :***
*Lucrèce et l'épicurisme,* P.U.F.

***L. BRUNSCHVICG :***
*Les Progrès de la conscience dans la philosophie occidentale,* tome I, ch. 1 et 2, P.U.F.

***V. GOLDSCHMIDT :***
*Le Système stoïcien et l'idée de temps,* Vrin.

***L. ROBIN :***
*La Morale antique,* P.U.F.

**TABLE D'ORIENTATION**

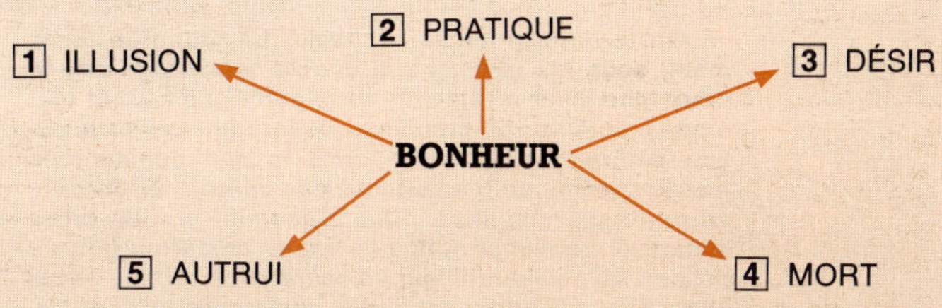


## SUJETS DE DISSERTATION

1 Pensez-vous que « c'est l'illusion et non le savoir qui rend heureux » ? (Grenoble, A, 1983)

■ L'inutile est-il toujours superflu ? (Strasbourg, B, 1978)

2 Y a-t-il un devoir d'être heureux ? (Nantes, A, 1979)

■ Le bonheur est-il la fin de toute action humaine ? (Amiens, A, 1979)

■ « Tout homme qui ne voudrait que vivre, vivrait heureux. » Que signifie et que vaut cette affirmation ? (Amiens, A, 1983)

■ « Bien conduire sa vie » : est-ce un art ? une science ? une technique ? (Caen, B, 1979)

3 L'homme peut-il se contenter de vivre en paix ? (Amiens, B, 1983)

■ La libération du désir peut-elle constituer un idéal moral ? (Bordeaux, A, 1978)

4 Faut-il vivre comme si nous ne devions jamais mourir ? (Rennes, A, 1981)

5 « L'enfer, c'est les autres. » Qu'en pensez-vous ?

■ Y a-t-il des tyrans heureux ? (Caen, A, 1982)

■ Faut-il vivre pour autrui ? (Caen-Rouen, B, 1984)

## BIBLIOGRAPHIE GÉNÉRALE

***ARISTOTE :*** *Éthique à Nicomaque*, Vrin.

***EPICTÈTE :*** *Manuel*, Garnier-Flammarion.

***ÉPICURE :*** *Lettre à Ménécée*, Nathan, coll. « Les Intégrales de Philo. ».

***FREUD :*** *Malaise dans la civilisation*, P.U.F.

***KANT :*** *Fondements de la métaphysique des mœurs*, Delagrave ; *Critique de la raison pratique*, P.U.F.

***LEIBNIZ :*** *Essais de théodicée*, 2e partie, Garnier-Flammarion.

***PLATON :*** *Ménon, Gorgias, Phédon*, Garnier-Flammarion.

***SPINOZA :*** *L'Éthique*, 4e et 5e parties Garnier-Flammarion.

On pourra lire également *Ma conception du bonheur*, de B. Russell, et *Comment je vois le monde*, d'A. Einstein (Payot).

## GLOSSAIRE

**Ataraxie :** (du grec *a*-privatif et *taraxia*-trouble, agitation de l'âme) désigne chez Épicure la tranquillité de l'âme obtenue par une vie harmonieuse, c'est-à-dire essentiellement par la mesure dans les plaisirs.

**Apathie :** (du grec *a*-privatif et *pathein*-être affecté) c'est primitivement le sceptique grec *Pyrrhon* qui introduira dans sa morale l'idée d'un Souverain Bien, défini comme *indifférence* à tout mobile d'activité sensible. Les stoïciens désigneront, ensuite, par *apathie*, cet état de l'âme du Sage que ni passion ni douleur ne vient troubler.

**Bien :** concept normatif fondamental de la réflexion éthique, le Bien définit l'idéal (norme) moral, et donne donc sa valeur propre à toute action humaine.
Si, chez *Platon*, le Bien est l'Idée suprême, c'est-à-dire celle qui est à la fois l'objet de la science la plus haute et celui de la Sagesse, chez *Kant* (idée de Souverain Bien) ce concept désigne ce qui seul peut satisfaire l'homme en tant que celui-ci est être de raison et de sensibilité.

**Désir :** si ce terme n'est pas proprement philosophique (il relève d'abord de la *psychologie*, dans laquelle il désigne la transformation d'un besoin en une tendance qui se représente son but), l'idée de *désir* n'en reste pas moins au centre de toute réflexion morale en tant qu'il est ce qui s'oppose, fondamentalement à la volonté, c'est-à-dire à l'autonomie du sujet par rapport à l'objet.

**Épicurisme :** le terme désigne toute doctrine se rapportant aux thèses morales d'Épicure (Grèce, 341/270 av. J.-C.). Mais il a fini par prendre un sens presque complètement opposé à ce que celui-ci prescrivait... On entend vulgairement par *épicurisme*, un style de vie tout entière consacrée à la recherche de plaisirs toujours plus raffinés.

**Eudémonisme :** du grec *eu*-bon et *daïmon*-destin individuel ; qualifie toutes les doctrines morales pour lesquelles le bonheur, identifié avec la vertu et le Souverain Bien, est le but de toute action.

**Hédonisme :** du grec *hédonè*-plaisir, volupté ; par opposition à l'eudémonisme, l'hédonisme fait du *plaisir* le principe unique de toute morale et donc le contenu du Souverain Bien pour l'homme.

**Passion :** du latin populaire *pati*-souffrir, supporter ; si le terme apparaît chez *Aristote* (grec, *pathos*) pour désigner la catégorie selon laquelle le sujet subit une action (voir aussi *Descartes*, « Les Passions de l'âme », I, art. 1), le concept est généralement employé en philosophie comme ce qui s'oppose au travail de la raison.
Ainsi, chez les *stoïciens* la passion est ce qui vient détourner, sinon pervertir la tendance fondamentale de l'homme à se conformer aux règles de sa nature rationnelle.

**Plaisir :** de l'infinitif du latin *placere*-plaire, être agréable ; terme relevant de la psychologie et désignant l'état résultant de la jouissance, c'est-à-dire de la prise de conscience de la satisfaction d'une tendance, d'un désir. Freud distingue le *Principe de Plaisir* du *Principe de Réalité* (voir le *Glossaire* du chapitre sur l'*Inconscient*).

**Vertu :** du latin *virtus*, dérivé de *vir*-homme ; propriété d'une chose montrant son pouvoir, ou puissance physique, c'est-à-dire indiquant la raison des effets qu'elle produit.
Dans la pensée morale, le mot désignera ce qui en l'homme le dispose à *vouloir* accomplir le Bien. *Kant* entend par *vertu* la qualité qui permet à l'homme d'accomplir son devoir.

**QUEL EMBARRAS POUR LA POLICE !**

Tout à coup, au plafond voûté du wagon, l'électricité jaillit dans le lustre ; éclairage trop brutal, auprès de ce crépuscule attendri ; (...)

— A-t-il bientôt fini de jouer avec la lumière ? pensait Lafcadio impatienté. Que fait-il à présent ? (Non ! je ne lèverai pas les paupières.) Il est debout... (...) Il n'a pas l'air heureux, reprenait à part soi Lafcadio. Il doit souffrir d'une fistule, ou de quelque affection cachée.

Lafcadio redonna de la lumière. Le train longeait alors un talus, qu'on voyait à travers la vitre, éclairé par cette lumière de chaque compartiment projetée ; cela formait une suite de carrés clairs qui dansaient le long de la voie et se déformaient tour à tour selon chaque accident du terrain. On apercevait au milieu de l'un d'eux, danser l'ombre falote de Fleurissoire ; les autres carrés étaient vides.

— Qui le verrait ? pensait Lafcadio. Là, tout près de ma main, sous ma main, cette double fermeture, que je peux faire jouer aisément ; cette porte qui, cédant tout à coup, le laisserait crouler en avant ; une petite poussée suffirait ; il tomberait dans la nuit comme une masse ; même on n'entendrait pas un cri... Et demain, en route pour les îles !... Qui le saurait ? (...) Un crime immotivé, continuait Lafcadio : quel embarras pour la police ! Au demeurant, sur ce sacré talus, n'importe qui peut, d'un compartiment voisin, remarquer qu'une portière s'ouvre, et voir l'ombre du Chinois cabrioler. Du moins les rideaux du couloir sont tirés... Ce n'est pas tant des événements que j'ai curiosité, que de moi-même. Tel se croit capable de tout, qui, devant que d'agir, recule... Qu'il y a loin, entre l'imagination et le fait !... Et pas plus le droit de reprendre son coup qu'aux échecs. Bah ! qui prévoirait tous les risques, le jeu perdrait tout intérêt !... Entre l'imagination d'un fait et... Tiens ! le talus cesse. Nous sommes sur un pont, je crois ; une rivière...

Sur le fond de la vitre, à présent noire, les reflets apparaissaient plus clairement, Fleurissoire se pencha pour rectifier la position de sa cravate.

— Là, sous ma main, cette double fermeture — tandis qu'il est distrait et regarde au loin devant lui — joue, ma foi ! plus aisément encore qu'on eût cru. Si je puis compter jusqu'à douze, sans me presser, avant de voir dans la campagne quelque feu, le tapir est sauvé. Je commence : Une ; deux ; trois ; quatre ; (lentement ! lentement !) cinq ; six ; sept ; huit ; neuf... Dix, un feu...

# LA LIBERTÉ

André Gide,
*Les Caves du Vatican,*
Le Livre de Poche, pp. 197-199

## *L'échiquier*

*Les Caves du Vatican* est l'un des romans qui a fait couler le plus d'encre. Selon l'interprétation désormais traditionnelle, Lafcadio serait l'auteur d'un pur « acte gratuit » tel qu'André Gide le concevait :

> *J'ai longtemps pensé que c'est là ce qui distingue l'homme des animaux, une action gratuite... Et comprenez qu'il ne faut pas entendre par là une action qui ne rapporte rien, car sans cela... Non mais gratuit, un acte qui n'est motivé par rien. Comprenez-vous ? Intérêt, passion, rien... L'acte désintéressé ; né de soi ; l'acte aussi sans but ; donc sans maître ; l'acte libre, l'acte autochtone.* (*Le Prométhée mal enchaîné,* Gallimard, pp. 20-21.)

A y regarder de plus près, on s'aperçoit pourtant que ces deux mots accolés, « acte », « gratuit », n'épuisent pas la situation telle que le roman nous la décrit.

C'est avant tout l'image d'un **échiquier** qui s'impose. Deux pièces se trouvent dans un même espace codé : Fleurissoire, le voyageur (donc le cavalier), se trouve près de la portière (carré blanc), tandis que Lafcadio, l'observateur (certainement le fou), est assis sur la banquette (carré noir). Autour d'eux, des pions placés ou repris par les maîtres du jeu : un talus qui empêche le déplacement du fou, une vitre qui retient le cavalier. Soudain le talus est mis hors-jeu, libérant du même coup la trajectoire du fou — mais pas celle du cavalier, à qui la règle impose un autre type de déplacement. Les rideaux sont tirés et le cavalier est toujours immobilisé face à son image : le fou est alors protégé. Il a la voie libre. Mais le jeu comporte toujours un risque, un piège que l'adversaire peut tendre insidieusement. « Bah ! qui prévoirait tous les risques, le jeu perdrait tout intérêt » : le fou fait sauter le cavalier. La partie peut continuer sans lui, c'est-à-dire jusqu'à ce que tombe la pièce essentielle.

## *Les maîtres du jeu*

Étudiée d'un point de vue inédit, une situation qui prétendait prouver l'**absolue liberté** vient donc à démontrer précisément son contraire... Et c'est bien le rôle de la philosophie que de multiplier les perspectives en posant des questions.

Pourquoi Lafcadio s'**oblige**-t-il à compter jusqu'à douze ? Il pourrait s'arrêter à deux, à cinq, continuer jusqu'à vingt, ou ne pas commencer le décompte. L'arbitraire fonderait-il la liberté ? Est-ce que compter ne reviendrait pas à prendre une certaine distance vis-à-vis des choses — ce que Lafcadio prétend pourtant éviter...

D'où lui vient l'idée d'un « crime immotivé » ? Le plaisir malsain qu'il y trouve n'indique-t-il pas sa **motivation** ? N'y a-t-il pas là un **désir inconscient** qui renforce la thèse freudienne d'un **déterminisme** universel ?

Pourquoi le talus retarde-t-il son acte, alors que la rivière le permet ? Puisque la situation et la conséquence importent, l'acte ne serait donc ni spontané ni gratuit. Il obéirait à une certaine **logique** : à celle des maîtres du jeu. Celle qui intéresse les philosophes.

Enfin, la référence à l'échiquier implique une dernière remarque : dans le tourbillon des pensées de Lafcadio, un constat analogue à celui selon lequel il est impossible de reprendre son coup aux échecs ne s'**impose**-t-il pas à sa conscience ?

*« A mi-chemin de la cage au cachot, la langue française a cageot ».*
F. Ponge, *Le parti pris des choses.*

## « Si tu le veux, tu es libre »

**EPICTÈTE**

Homme, tu possèdes par nature une volonté qui ne connaît ni obstacles ni contraintes : voilà ce qui est écrit ici dans ces entrailles. Je te le ferai voir d'abord à propos de l'assentiment. Y a-t-il quelqu'un qui puisse t'empêcher d'adhérer à la vérité ? Personne. Et quelqu'un qui puisse te forcer d'admettre l'erreur ? Personne ; tu vois bien que, en cette matière, ta volonté ne rencontre ni contrainte, ni obstacle, ni empêchement. Eh bien ! en est-il autrement dans le cas des désirs et des tendances ? Qui peut vaincre une tendance, sinon une autre tendance ? un désir ou une aversion, sinon un autre désir ou une autre aversion ? Si l'on me menace de mort, dis-tu, on me contraint ? Ce n'est pas cette menace qui te contraint d'agir, c'est l'opinion que tel ou tel acte est préférable à la mort ; c'est donc bien encore ton jugement qui t'y oblige ; c'est la volonté qui oblige la volonté. Si cette partie de nous-mêmes, que Dieu a émise de lui pour nous la donner, avait été rendue par lui sujette aux obstacles et aux contraintes venus de lui ou d'un autre être, il ne serait plus dieu, il ne serait plus pour nous l'être providentiel qu'il doit être. Voilà ce que je trouve dans les victimes ; voilà les signes qu'elles donnent. Si tu le veux, tu es libre ; si tu le veux, tu n'auras ni reproche ni réprimande à adresser à personne ; tout sera selon ta volonté, qui est aussi celle de Dieu.

**« Entretiens », Livre I, ch. XVII, trad. Bréhier-Aubenque,**
**in *Les Stoïciens*, Gallimard, éd. de la Pléiade, p. 849**

## Le libre arbitre en nous

**DESCARTES**

Tout ainsi qu'on ne donne point aux machines qu'on voit se mouvoir en plusieurs façons diverses, aussi justement qu'on saurait désirer, des louanges qui se rapportent véritablement à elles, pour ce que ces machines ne représentent aucune action qu'elles ne doivent faire par le moyen de leurs ressorts, et qu'on en donne à l'ouvrier qui les a faites, pour ce qu'il a eu le pouvoir et la volonté de les composer avec tant d'artifice : de même, on doit nous attribuer quelque chose de plus, de ce que nous choisissons ce qui est vrai, lorsque nous le distinguons d'avec le faux, par une détermination de notre volonté, que si nous y étions déterminés et contraints par un principe étranger. (...)

Au reste, il est si évident que nous avons une volonté libre, qui peut donner son consentement ou ne pas le donner quand bon lui semble, que cela peut être compté pour une de nos plus communes notions. Nous en avons ci-devant une preuve bien claire ; car, au même temps que nous doutions de tout, et que nous supposions même que celui qui nous a créés employait son pouvoir à nous tromper en toutes façons, nous apercevions en nous une liberté si grande, que nous pouvions nous empêcher de croire ce que nous ne connaissions pas encore parfaitement bien. Or, ce que nous apercevions distinctement, et dont nous ne pouvions douter pendant une suspension si générale, est aussi certain qu'aucune autre chose que nous puissions jamais connaître.

***Principes de la philosophie* (1644),**
**1re partie, articles 37 & 39, Vrin**

## L'homme est condamné à être libre

**SARTRE**

Dostoïevski avait écrit : « Si Dieu n'existait pas tout serait permis. » C'est là le point de départ de l'existentialisme. En effet, tout est permis si Dieu n'existe pas, et par conséquent l'homme est délaissé, parce qu'il ne trouve ni en lui, ni hors de lui une possibilité de s'accrocher. Il ne trouve d'abord pas d'excuses. Si, en effet, l'existence précède l'essence, on ne pourra jamais expliquer par référence à une nature humaine donnée et figée ; autrement dit, il n'y a pas de déterminisme, l'homme est libre, l'homme est liberté. Si, d'autre part, Dieu n'existe pas, nous ne trouvons pas en face de nous des valeurs ou des ordres qui légitimeront notre conduite.

Ainsi nous n'avons ni derrière nous, ni devant nous, dans le domaine lumineux des valeurs, des justifications ou des excuses. Nous sommes seuls, sans excuses. C'est ce que j'exprimerai en disant que l'homme est condamné à être libre. Condamné, parce qu'il ne s'est pas créé lui-même, et par ailleurs cependant libre, parce qu'une fois jeté dans le monde, il est responsable de tout ce qu'il fait. L'existentialiste ne croit pas à la puissance de la passion. Il ne pensera jamais qu'une belle passion est un torrent dévastateur qui conduit fatalement l'homme à certains actes et qui, par conséquent, est une excuse. Il pense que l'homme est responsable de sa passion. L'existentialiste ne pensera pas non plus que l'homme peut trouver un secours dans un signe donné, sur terre, qui l'orientera ; car il pense que l'homme déchiffre lui-même le signe comme il lui plaît. Il pense donc que l'homme, sans aucun appui et sans aucun secours, est condamné à chaque instant à inventer l'homme.

***L'Existentialisme est un humanisme* (1946),**
**Nagel, pp. 36-38**

## commentaire

La philosophie stoïcienne pose comme principe qu'il existe un destin* rationnel, un **ordre de la nature** que l'homme est incapable de contester. **Epictète** (50-125) n'en conclut nullement à une privation de la liberté : il distingue simplement les choses « qui **dépendent de nous** » et celles « qui **n'en dépendent pas** ». Nos sentiments, nos opinions, nos jugements, dépendent de nous. Notre corps, notre santé, la mort même, n'en dépendent pas. L'homme peut être **libre dans l'assentiment** qui lui permet **d'adhérer à la vérité**. La reconnaissance de la vérité est dépourvue de contraintes et l'homme peut donc y mesurer sa liberté : mais il n'est pas question pour lui de créer sa propre vérité ou de transformer l'ordre de la nature. **Être libre**, en ce sens, consiste à **vivre en accord avec la Nature**.

Pour **Descartes** (1596-1650), la liberté est bien ce qui n'a pas besoin de **preuves** car « je la reconnais en moi comme une **évidence** ». La liberté n'a pas besoin d'être prouvée car elle est la seule chose irrécusable qui nous appartienne. La liberté ne se prouve pas, elle **s'éprouve** à travers le **doute** des *Méditations*. Nous comprenons alors que si la liberté n'a pas besoin d'être fondée, c'est qu'elle est elle-même **fondatrice**. C'est la liberté qui permet d'**accéder au savoir**, et l'erreur même est ce qui nous distingue de la machine ou de l'instinct animal.

« Descartes a parfaitement compris que le concept de la liberté renfermait l'exigence d'une autonomie absolue », écrit **Sartre** (1905-1980). L'existentialisme reprendra cette **exigence**, mais dans un monde débarrassé de tout projet divin. La liberté devient **dépassement** des conditions objectives qui forment « ma **situation** » : l'homme ne peut être compris à travers une « essence » immuable qui le figerait. Le célèbre mot de Sartre « jamais nous n'avons été plus libres que sous l'occupation allemande » en témoigne : la liberté est **capacité de résistance** face à une situation, pouvoir de choix et finalement **transcendance**.

# *Liberté et lois de la nature*

## l'auteur

Baruch Spinoza (né à Amsterdam en 1632, mort en 1677) est issu d'une famille juive traditionaliste. Excommunié en 1656 pour avoir manifesté une trop grande indépendance d'esprit, Spinoza vivra en solitaire, fabriquant des lentilles optiques pour survivre. Il ne publie de son vivant que les *Principia Philosophiae Cartesianae* et, anonymement, le *Traité théologico-politique*, en latin. Les autres livres, et en particulier l'*Éthique*, son œuvre maîtresse, ont été publiés après sa mort. Spinoza aura été toute sa vie critiqué, attaqué, presque persécuté.

Souvent rangé à tort parmi les cartésiens, Spinoza dénonce dans l'*Éthique* « le très illustre M. Descartes » comme étant attaché à l'**illusion de la liberté**. Ce n'est d'ailleurs pas seulement Descartes qu'il prend à parti mais aussi le sens commun, la théologie, la morale et la philosophie : autant de formes d'une pensée à ses yeux déformée.

Philosophe rationaliste, Spinoza rejette le surnaturel : Dieu ne crée pas selon son « bon vouloir », il obéit aux **lois nécessaires de la nature**. La liberté est donc soumise à la nécessité. Par sa méthode géométrique (dont la forme rigoureuse vise précisément à éviter les solutions imaginées et erronées), Spinoza s'attache donc dans l'*Éthique* à montrer comment s'enchaînent inéluctablement les illusions humaines.

## l'intérêt philosophique du texte

### *« La liberté est le produit de l'imagination »*

Les hommes sont **victimes** de leur **imagination**. Mais ils n'en sont pas pour autant **responsables** puisque l'**illusion de la liberté** vient de leur nature propre. Comme tous sont conscients de poursuivre des fins, ils aperçoivent l'objet de leurs désirs et attribuent la cause de leurs actions à leur volonté libre. Les hommes ignorent tout autre rapport de causalité : une cause est toujours un moyen, un effet est toujours l'objet d'un désir ou d'un projet ***(Les hommes se croient libres parce qu'ils ont conscience de leur volition et de leur appétit et ils ne pensent pas, même en rêve, aux causes qui les disposent à désirer et à vouloir, parce qu'ils les ignorent ;*** appendice au Livre I de l'*Éthique*). La volonté libre croit être soustraite de la nécessité universelle. Ainsi, la pierre, mue par une cause extérieure croit que son désir est à l'origine du mouvement...

Le préjugé de la liberté n'est pas isolé. Dans un enchaînement apparemment cohérent, les hommes font d'autres déductions : ainsi, l'idée que toute la nature serait à leur disposition, transformée en objet de désir ; l'idée que cette nature ne pourrait provenir que d'une autre volonté libre, celle de Dieu. D'où la nécessité du culte, dont le but est d'honorer ce Dieu tout-puissant **à l'image de l'homme**.

Si ce préjugé « est inné en tous les hommes », comme le dit Spinoza, c'est aussi qu'il fait partie d'une construction générale et que cesser de croire à la liberté humaine entraînerait l'effondrement de tout un système de pensée, attaché à l'erreur. Ainsi l'illusion de la liberté peut conduire indirectement à la superstition, voire au fanatisme.

Une libération n'en est pas moins possible ; il faut pour cela comprendre les lois qui gouvernent notre nature, et atteindre la sagesse qui conduit à la **vraie liberté** — celle qui ne s'oppose pas à la nécessité mais l'accepte, celle qui est la **« béatitude »** par excellence.

**1** La nécessité est l'enchaînement des causes et des effets, des principes et des conséquences. Traditionnellement, la philosophie opposait la liberté à la nécessité, l'acte libre étant à lui-même sa propre cause. C'est cette liberté que rejette Spinoza puisque toute chose est mûe par nécessité.

**2** « Si donc il ne peut y avoir nulle raison ni cause qui empêche que Dieu existe, ou qui lui enlève l'existence, il faut conclure absolument qu'il existe nécessairement. » (*Éthique*, Livre I, proposition XI, démonstration.)

**3** Le « libre décret » est ici la liberté qui se croit affranchie de la nécessité : le libre arbitre cartésien, par exemple, qui n'est pas déterminé par une quelconque cause antérieure.

Photo-souvenir d'évasion.

## *« Les hommes se trompent en ce qu'ils pensent être libres... » (*Éthique *II, 35, scolie)*

**SPINOZA**

Pour ma part, je dis que cette chose est libre qui existe et agit par la seule nécessité de sa nature[1], et contrainte cette chose qui est déterminée par une autre à exister et à agir selon une modalité précise et déterminée. Dieu, par exemple, existe librement (quoique nécessairement) parce qu'il existe par la seule nécessité de sa nature[2]. De même encore, Dieu connaît soi-même et toutes choses en toute liberté, parce qu'il découle de la seule nécessité de sa nature qu'il comprenne toutes choses. Vous voyez donc que je ne situe pas la liberté dans un libre décret, mais dans une libre nécessité[3].

Mais venons-en aux choses créées qui, toutes, sont déterminées à exister et à agir selon une manière précise et déterminée. Pour le comprendre clairement, prenons un exemple très simple. Une pierre reçoit d'une cause extérieure qui la pousse une certaine quantité de mouvement, par laquelle elle continuera nécessairement de se mouvoir après l'arrêt de l'impulsion externe. Cette permanence de la pierre dans son mouvement est une contrainte, non pas parce qu'elle est nécessaire, mais parce qu'elle doit être définie par l'impulsion des causes externes ; et ce qui est vrai de la pierre, l'est aussi de tout objet singulier, quelle qu'en soit la complexité et quel que soit le nombre de ses possibilités : tout objet singulier, en effet, est nécessairement déterminé par quelque cause extérieure à exister et à agir selon une loi précise et déterminée.

Concevez maintenant, si vous voulez bien, que la pierre, tandis qu'elle continue de se mouvoir, sache et pense qu'elle fait tout l'effort possible pour continuer de se mouvoir. Cette pierre, assurément puisqu'elle n'est consciente que de son effort, et qu'elle n'est pas indifférente, croira être libre et ne persévérer dans son mouvement que par la seule raison qu'elle le désire. Telle est cette liberté humaine que tous les hommes se vantent d'avoir et qui consiste en cela seul que les hommes sont conscients de leurs désirs et ignorants des causes qui les déterminent[4]. C'est ainsi qu'un enfant croit désirer librement le lait, et un jeune garçon irrité vouloir se venger s'il est irrité, mais fuir s'il est craintif. Un ivrogne croit dire par une décision libre ce qu'ensuite il aurait voulu taire. De même un dément, un bavard, et de nombreux cas de ce genre croient agir par une libre décision de leur esprit, et non pas portés par une impulsion. Et, comme ce préjugé est inné en tous les hommes[5], ils ne s'en libèrent pas facilement.

**« Lettre à Schuller » (1667),**
**in *Œuvres complètes,* Gallimard,**
**éd. de la Pléiade, pp. 1251-1252**

**4** □ « Nous sommes agités de bien des façons par les causes extérieures et pareils aux flots de la mer, agités par les vents contraires, nous flottons inconscients de notre sort et de notre destin. » (*Éthique*, Livre III, prop. 59, scolie.)

**5** □ Ce préjugé est inné car les hommes, ignorants des véritables causes, utilisent spontanément leur imagination et non leur raison : « Nous voyons donc que toutes les notions que le vulgaire a l'habitude d'utiliser pour expliquer la Nature ne sont que des façons d'imaginer, et ne révèlent la nature d'aucune chose, mais seulement la constitution de l'imagination. » (*Éthique*, appendice du Livre I.)

## *LA LIBERTÉ : UNE PROBLÉMATIQUE RÉCENTE*

On tient aujourd'hui la notion de liberté pour allant de soi : même si les philosophes se distinguent par leurs conceptions opposées de la liberté, chacun semble tenir pour évident que cette notion correspond par elle-même à une réalité, fût-elle problématique.

Pourtant, ce n'est qu'à une date relativement récente que cette notion apparut. A l'époque d'Aristote, le mot *éleuthéria*, que nous traduisons par « liberté », désignait exclusivement l'**état juridique** de l'homme libre, par opposition à la condition d'**esclave** : il n'était pas question alors de liberté psychologique. Cette conception juridique s'étendit ensuite au domaine **politique**, c'est-à-dire aux relations que les Cités entretenaient entre elles : en ce sens, pour l'Antiquité, la liberté ne fut guère que l'**indépendance nationale**, comme le remarqua Renan. Quant au mot « libre arbitre », il n'apparaîtra véritablement dans sa valeur technique que dans les *Entretiens* d'Epictète, soit au Ier siècle après J.-C... Il importe alors de comprendre à l'aide des deux étapes que constituent l'œuvre des poètes épiques et celle d'Aristote pourquoi la problématique de la liberté ne se posait pas en leur temps.

Le monde d'**Homère** et d'**Hésiode** est un monde définitivement réalisé et achevé. Les puissances cosmiques l'ont agencé, et il revient aux races humaine et divine de le **maintenir en ordre**. Ainsi, les dieux grecs ne sont pas, comme dans la philosophie classique occidentale, synonymes de liberté : nés après l'émergence du monde (cosmos), dieux et déesses (Zeus, Poséidon, Athéna...) ne l'ont donc point créé, et doivent tout apprendre de son organisation, de son ordre. Les chants poétiques ont précisément pour fonction d'apprendre à chacun le rôle qui lui est assigné : aux hommes de cultiver la terre et d'offrir des sacrifices aux dieux ; à ceux-ci de faire respecter ce que nous appellerions aujourd'hui l'ordre des valeurs. L'équilibre du monde se trouve garanti par cette répartition des tâches. L'*Iliade* montre que Zeus doit à la fois punir les Troyens parce que l'un d'eux a violé la loi de l'hospitalité, et punir les Achéens qui ont déshonoré leur propre champion. La double action de Zeus n'est pas le fruit d'un débat intérieur, psychologique. Il ne décide pas « librement » de châtier les uns et les autres ; c'est sa fonction de garant de l'ordre cosmique qui lui impose d'infliger ces deux punitions. Autrement dit, la question de la liberté ne se pose pas, parce que la source du choix n'est pas conçue comme **intériorité psychologique**, mais comme **connaissance apprise**, donc **extérieure** à l'être qui agit.

**Aristote** restera tributaire de cette **articulation du choix sur la connaissance** lorsque, dans son *Éthique à Nicomaque*, il s'interrogera sur la nature de la délibération rationnelle (Livre III). Du désir procède le souhait, qui conduit au choix et à la « prise d'une décision ». Or, le désir est une faculté passive car il ne se détermine pas lui-même mais par la connaissance : on souhaite **nécessairement** ce qu'on croit être un bien. Si c'est « nécessairement » que la raison choisit, on comprend alors pourquoi la notion de **jugement libre** est totalement absente de la psychologie aristotélicienne. En donnant toujours la primauté à la connaissance sur l'action, Aristote s'accordait d'ailleurs à sa façon avec l'enseignement socratique selon lequel tout pécheur est un ignorant, l'immoralité étant synonyme d'un défaut de connaissance.

Il est toujours arbitraire de donner une date de naissance à une notion. Néanmoins, dans la mesure où les **stoïciens** découvrent et affirment l'existence d'un **pouvoir intériorisé en l'homme**, ils donnent le coup d'envoi au débat explicite sur la notion de liberté. Le texte d'Epictète cité en *Extrait* montrait que l'homme est libre parce que nul ne peut contraindre son assentiment au vrai. Pas plus, continue Epictète, qu'on ne peut contraindre son **choix** :

> *Choisir ce que tu ne veux pas, est-il quelqu'un qui puisse t'y contraindre ? — Oui. S'il me menace de la mort, ou des fers, il me contraint de choisir ce qu'il veut. — Mais si tu méprises la mort, ou les fers, lui es-tu encore soumis ? — Non. — Or, mépriser la mort t'appartient-il à toi ? — Il m'appartient à moi. — Il t'appartient aussi, par conséquent, de choisir ou non telle conduite.* (« Entretiens », Livre IV, in *Les Stoïciens*, éd. de la Pléiade, Gallimard, p. 1047.)

Cette réflexion sur la **menace** est fondamentale. La menace (de mort ou de torture) n'a d'effet que par le biais de la **crainte** qu'elle inspire. Or, selon Epictète, il faut que ce sentiment de crainte soit ratifié par le **jugement**, qui dépend de nous, pour qu'il puisse déterminer la conduite. Autrement dit, c'est parce que je suis assujetti intérieurement à la crainte que je puis être contraint par la menace ; mais pour être ainsi assujetti, il faut que j'y consente préalablement. Notre choix de céder ou de résister à la menace ne peut donc jamais être forcé. « Nul ne peut nous faire agir contre notre préférence actuelle, commente Joseph Moreau ; seulement, par l'effet de la menace, *une préférence peut se substituer à une autre.* Mais cette substitution s'effectue en nous, dans notre conscience, et avec notre aveu ; une préférence est un jugement et ne peut être imposée malgré nous. »

Cette définition de la **liberté intérieure du jugement** allait considérablement influencer la pensée occidentale. On retrouve chez Sartre ce thème stoïcien de la liberté jusque dans les fers : emprisonné, le héros des *Chemins de la liberté* est « au-dedans, chez soi ».

## *Libre arbitre, choix et volonté*

La première notion clé dans l'élaboration du concept de liberté est donc celle de **choix*** : l'homme est libre parce qu'il choisit. Les latins traduiront le *autexousion* d'Epictète par *liberum arbitrium*, et Jean Buridan (XIVe siècle) poussera le libre arbitre jusqu'à son point extrême : sommé de choisir entre une botte de foin et un seau d'eau, un âne également assoiffé et affamé mourra pour n'avoir aucune inclination préférentielle qui le pousse vers l'un plutôt que vers l'autre. Autrement dit, l'âne meurt parce qu'il a joui de son libre arbitre en restant indifférent devant des motifs qui se valent. Saint Augustin, comme nous le verrons, avait déjà montré qu'il ne fallait pas confondre **libre arbitre*** et **liberté**, et, après Buridan, les philosophes s'efforceront d'évincer cette **liberté d'indifférence** prouvée à renfort de sophismes (dans son *Essai sur le libre arbitre* (1839), Schopenhauer ironisera d'ailleurs sur cette « hypothèse stupide » qui fait de nous au mieux, des ânes, et au pire, des rats emprisonnés dans un labyrinthe, mais « libres » d'emprunter tel ou tel couloir !).

La seconde notion clé est celle de **volonté**. Pour saint Augustin, la volonté est une évidence : quand je m'introspecte, je constate que je pense, que j'existe, mais aussi que **je veux vivre**. Or vouloir, dans la conception augustinienne, c'est user du libre arbitre, c'est-à-dire **choisir selon des motifs**. Ce n'est pas sans **cause** qu'une pierre tombe, mais c'est sans **motif** puisqu'elle est dépourvue du libre arbitre. Ainsi doué d'un **libre arbitre identifié à la volonté**, l'homme choisit ; mais il ne fait que choisir, car **pouvoir faire** ce que l'on a choisi de faire n'est plus du domaine du simple libre arbitre : il s'agit alors de la liberté *(libertas)*. Cette distinction prend tout son sens face à la réalité du **mal** (et, de fait, la problématique de la liberté reste indissolublement liée à des questions d'ordre **moral**). Si la volonté reste toujours libre au sens du libre arbitre, elle n'est pas toujours bonne, et par conséquent n'est pas toujours libre au sens de *libertas*. **Vouloir et accomplir le bien** placent la volonté humaine à la fois en état de libre arbitre et de liberté. Quand je veux et fais le mal, mon libre arbitre reste intact alors que j'aliène ma liberté. Être libre c'est confirmer sa volonté dans le bien ; et si l'homme a toujours un libre arbitre, il n'est pas toujours libre.

A travers la réflexion de saint Augustin, nous assistons donc à un déplacement de la problématique : principalement centrée sur la notion de **jugement** chez les stoïciens, la liberté est maintenant articulée sur l'**action humaine** par le penseur chrétien. Ce changement de point de vue s'explique essentiellement par le fait que les Grecs n'ont jamais véritablement conçu l'homme comme l'**agent de ses actions**, puisqu'ils ne distinguaient pas franchement le sujet de l'objet : une pierre pouvait ainsi être « responsable » de la mort de quelqu'un.

RÈGLEMENT
DES
ATELIERS
DE CONSTRUCTIONS
portant sur les
*heures de travail.*

ART. 1er

A partir du 1er septembre, et jusqu'à nouvel ordre, la durée de la journée de travail est fixée à 12 heures.

ART. 2.

La journée sera divisée en trois tiers de quatre heures chacun.

Les entrées et sorties seront réglées sur les bases suivantes, savoir :

1er TIERS.

| | |
|---|---|
| A 4 heures 30 min. | premier coup de cloche. |
| 5 heures | commencement des travaux. |
| 9 heures | fin des travaux. |

2e TIERS.

| | |
|---|---|
| A 9 heures 45 min. | premier coup de cloche. |
| 10 heures | commencement des travaux. |
| 2 heures | fin des travaux. |

3e TIERS.

| | |
|---|---|
| A 2 heures 45 min. | premier coup de cloche. |
| 3 heures | commencement des travaux. |
| 7 heures | fin des travaux. |

ART. 3.

Les portes de l'établissement fermeront au second coup de cloche. Aucune entrée n'est permise après ce moment.

Tout ouvrier qui, au second coup de cloche, ne sera pas à son travail, ou qui le quittera avant l'avertissement donné pour la suspension des travaux, perdra la valeur *d'une heure* sur sa journée.

En cas de récidive, l'ouvrier perdra sa place.

*Creusot, 1er septembre* 1850.

Signé : SCHNEIDER et Cie.

Autun, imprimeries de Déjussieu et Villedey.

Les *Principes de la philosophie* de **Descartes** établissent « que la liberté de notre volonté se connaît sans preuve, par la seule expérience que nous en avons » (§ 39). Dans l'ordre de la volonté, éprouver suffit à prouver. Notons seulement deux points. D'une part, Descartes distingue deux faces de la liberté : celle qui s'exprime dans l'impossibilité de ne pas adhérer au vrai lorsque je le connais par évidence (« par exemple, examinant ces jours passés si quelque chose existait dans le monde, et connaissant que, de cela seul que j'examinais cette question, il suivait très évidemment que j'existais moi-même, *je ne pouvais pas m'empêcher* de juger qu'une chose que je concevais si clairement était vraie », *Méditation quatrième*) ; celle qui est liée à l'ignorance, autrement dit la **liberté d'indifférence**. Certes sommes-nous libres de choisir entre des affirmations opposées, mais quand nous le faisons par ignorance nous restons entièrement indifférents à leur égard. Ce dernier genre de liberté est ainsi en l'homme le degré inférieur, la forme la plus basse de la liberté, *gradus infimus libertatis*.

D'autre part, Descartes rattache toujours la

liberté à la volonté, mais cette fois pour les fonder véritablement dans la **subjectivité**. Puisque seul le moi ne se dissout pas dans le tourbillon du doute méthodique, il devient l'inébranlable fondement de ce qui est : c'est cette découverte du sujet humain et de son autonomie qui appelle l'évidence de la liberté.

## *La liberté soupçonnée*

L'homme est-il vraiment et absolument libre ? Après l'élaboration augustinienne puis la fondation cartésienne de la subjectivité, la question ne pourra plus se poser sans se référer à la notion de volonté : lorsque **Spinoza** s'attaque à la notion de liberté, il axe sa démonstration sur la volonté. Nous avons vu (cf. le *Grand Texte*) qu'il dénonçait l'illusion d'une « radicalité de la volonté » caractérisée par la liberté. Certes la réflexion sur la liberté n'est pas un discours vide ; mais elle analyse une simple **conséquence**, en la scindant précisément de ce dont elle est conséquence. Penser être libre, c'est méconnaître la cause de ses actions :

> *Les hommes, donc, se trompent en ce qu'ils pensent être libres ; et cette opinion consiste uniquement pour eux à être conscients de leurs actions, et ignorants des causes par lesquelles ils sont déterminés. L'idée de leur liberté, c'est donc qu'ils ne connaissent aucune cause à leurs actions. Car ils disent que les actions humaines dépendent de la volonté, mais ce sont des mots qui ne correspondent à aucune idée. Ce qu'est, en effet, la volonté, et comment elle meut le corps, tous l'ignorent, et ceux qui se vantent de le savoir et se représentent un siège ou une demeure de l'âme excitent d'ordinaire le rire ou le dégoût.* (*Éthique*, II, 35, trad. Appuhn, Garnier-Flammarion, p. 109.)

**Nietzsche** reproche à Schopenhauer d'avoir érigé la volonté en principe cosmologique alors qu'elle n'est pas un commencement mais un **aboutissement**. Ce que la conscience naïve nomme volonté n'est en fait que le **sentiment tardif** et complexe de la **victoire d'une pulsion*** sur les autres. Vouloir n'est rien d'autre que sentir le triomphe d'une force qui s'impose **à notre insu**. L'illusion suprême consiste alors, pour Nietzsche, à identifier ce sentiment à la causalité libre (et Freud dira d'ailleurs sa dette envers Nietzsche, qui subordonnait ainsi la conscience au dynamisme des pulsions : pour Freud, la destinée de chaque individu résulte d'un jeu d'identifications — le complexe d'Œdipe — à partir duquel se forme un noyau qui orientera inconsciemment les choix, les goûts, les volitions de l'homme).

Mais pourquoi, demande Nietzsche, la métaphysique a-t-elle postulé l'existence d'une volonté libre ? Parce que les philosophes raisonnent comme des théologiens. A partir du moment où il est dit à la fois que Dieu est bon et que le mal existe, il faut bien « inventer » un sujet libre pour pouvoir lui imputer la responsabilité de la méchanceté et du mal. L'homme a en lui la possibilité d'un « mal radical » parce qu'il peut faire mauvais usage de sa liberté. Et Nietzsche de s'en prendre à Kant : « Kant a cru nécessaire l'hypothèse de la "liberté intelligible" pour décharger l'*ens perfectum* [être parfait] de la responsabilité des modalités de ce monde, bref, pour expliquer la méchanceté et le mal » (*La Volonté de puissance*, tome 1, § 216, trad. G. Bianquis, Gallimard, p. 110). C'est la dimension morale de la liberté que vise Nietzsche.

Kant distinguait le monde des phénomènes* du monde des noumènes*. Je peux connaître les lois du premier en tant qu'il est soumis au déterminisme de la nature. Par exemple, la loi de la chute des corps est une vérité d'expérience : elle est prouvée. Or **je ne peux pas prouver la liberté** puisqu'elle n'est pas un fait empirique. Je peux seulement la postuler comme une **vérité de raison** car, lorsque je demande à quelqu'un d'obéir, je suppose qu'il est libre de désobéir. La voix du devoir indique que nous sommes libres puisqu'elle ne peut s'adresser qu'à un être capable de choisir entre l'obéissance et la désobéissance. Autrement dit, si toutes nos actions sont déterminées du point de vue scientifique (un homme ne peut se soustraire à la loi de la chute des corps quand il tombe d'une falaise), notre action morale n'est possible que si nous croyons à la liberté : l'homme est donc un être nouménal.

C'est ce monde intelligible que refuse Nietzsche, pour qui l'arrière-monde est une fiction, une projection chimérique. A la liberté-noumène Nietzsche oppose la vraie liberté, la seule possible : l'**amour de la nécessité**, *amor fati*. Il ne s'agit ni de la nécessité causale (déterminisme naturel), ni d'une finalité, ni d'une fatalité, mais de la **compréhension de ce qui se veut soi-même**, en ce seul et unique monde. Le sage, l'homme libre, comprend cette nécessité. Il comprend que « tout ce qui est fut fragment, énigme et horrible hasard jusqu'à ce que la volonté créatrice ajoute : mais je le voulais ainsi ».

### BIBLIOGRAPHIE DE LA LEÇON

***EPICTÈTE :***
« Entretiens », in *Les Stoïciens*, éd. de la Pléiade, Gallimard.

***NIETZSCHE :***
*La Volonté de puissance*, Gallimard.

***SCHOPENHAUER :***
*Essai sur le libre arbitre*, Éditions d'aujourd'hui.

***SPINOZA :***
*Éthique*, Garnier-Flammarion.

**TABLE D'ORIENTATION**

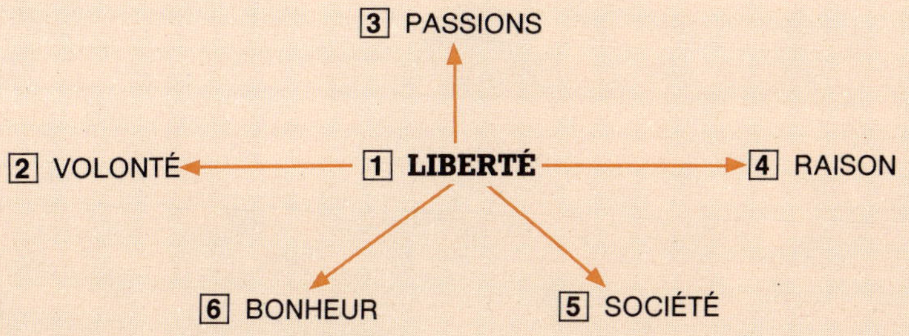


## SUJETS DE DISSERTATION

**1**
- Que prétend-on affirmer en déclarant que l'homme est né libre ? (Lille, B, 1982)
- Pouvons-nous savoir avec certitude que nous sommes libres ? (Rennes, C-D, 1981)
- Quels problèmes philosophiques la notion de choix soulève-t-elle ? (Clermont, B, 1983)

**2**
- Penser par soi seul, est-ce penser librement ? (Étr., B, 1980)
- Suis-je responsable de ce que je suis ? (Paris, B, 1983)

**3**
- La violence porte-t-elle toujours atteinte à la liberté ? (Clermont, B, 1981)
- Quel rôle joue mon corps dans l'expression de ma liberté ?
- Peut-on être esclave de soi-même ? (Amiens, A, 1982)

**4**
- Se sentir obligé, est-ce renoncer à sa liberté ? (Besançon, A, 1981)
- Le refus d'être raisonnable rend-il vain le projet d'être libre ? (Reims, B, 1981)
- Y a-t-il liberté là où il n'y a pas intelligence ? (Bordeaux, B, 1983)

**5**
- L'indépendance est-elle le plus haut degré de la liberté ? (Montpellier, A, 1981)
- Qu'est-ce qu'un citoyen libre ? (Amiens, C-D, 1981)
- Peut-on dire « le but de l'organisation en société, c'est la liberté » ? (Rouen, A, 1983)

**6**
- Discutez cette réflexion d'un philosophe : « Il n'est pas bon d'être trop libre, il n'est pas bon d'avoir toutes les nécessités » (Pascal). (Reims, A, 1981)

## BIBLIOGRAPHIE GÉNÉRALE

***DESCARTES :*** *Méditations métaphysiques,* (Méditation Quatrième), Nathan, coll. « Les Intégrales de Philo ».

***KANT :*** *Critique de la raison pratique,* P.U.F.

***SARTRE :*** *L'Existentialisme est un humanisme,* Nagel.

***SPINOZA :*** *Éthique* (Appendice du Livre I et Livres III et IV ; *Traité théologico-politique* (ch. XX), Garnier-Flammarion.

*On peut consulter également :*

***A. GIDE :*** *Les Caves du Vatican, Prométhée mal enchaîné,* Gallimard.

***P. VALÉRY :*** *Regards sur le monde actuel* (« Fluctuations sur la liberté »), Idées-Gallimard.

## GLOSSAIRE

**Choix :** action humaine consistant à prendre parti. La philosophie classique conçoit le choix d'un acte ou d'une attitude (qui excluent d'autres actes ou attitudes jusqu'alors possibles) comme la marque de la *liberté humaine*, dont la capacité de choisir librement le *mal* constituerait la preuve paradoxale. Depuis Aristote, la notion de choix s'insère donc dans une problématique articulant liberté et éthique.

**Contingence :** s'oppose à *nécessité*. Est contingent ce qui peut ne pas être. Les événements sont contingents lorsqu'ils sont possibles sans qu'aucune nécessité ne les détermine à être pour autant.

**Destin :** puissance extérieure à l'homme, par laquelle des forces invisibles et indépendantes de la volonté et de la liberté fixeraient le cours du monde et les événements de la vie.

**Déterminisme :** doctrine selon laquelle le monde consiste en un enchaînement où chaque élément dépend de celui qui précède et conditionne celui qui suit. Il y aurait une liaison nécessaire des causes et des effets, telle qu'on pourrait les prévoir et les maîtriser. Dans le domaine de la physique, Laplace (1749-1827) fut le tenant d'un *déterminisme physique* absolu, une connaissance totale d'un état donné du monde permettant selon lui de déduire sans failles les états passés et futurs.

**Fatalisme :** doctrine selon laquelle la destinée humaine et l'ordre des choses étant fixés à l'avance, toute intervention humaine est vaine et sans effet.

**Libre arbitre :** faculté que l'homme a de faire ou de ne pas faire, de choisir tel ou tel terme d'une alternative. En insistant sur cette notion, la philosophie classique voulait souligner l'indépendance absolue de la volonté humaine, et notamment son indépendance à l'égard de l'entendement qui l'éclaire sans la déterminer pour autant.

**Nécessité :** caractère de ce qui ne peut pas ne pas être. Contrainte inévitablement liée au déterminisme de l'univers.

**Spontanéité :** caractérise une réaction indépendante de la réflexion ou de la raison, sans référence aux influences extérieures.

**« DESCENDS VERS MOI, Ô MON PETIT SOCRATE... »**

— Strepsiade : O Socrate, mon petit Socrate !
— Socrate : Pourquoi m'appelles-tu, ô être éphémère ?
— Strepsiade : Tout d'abord, explique-moi, je t'en conjure, ce que tu fais.
— Socrate : Je voyage dans les airs et médite sur le soleil.
— Strepsiade : A ce compte-là, c'est d'une corbeille, et non de la terre que tu regardes de haut les dieux ?
— Socrate : C'est que je ne serais jamais parvenu à une connaissance exacte des phénomènes célestes, sans avoir suspendu mon intelligence et confondu ma pensée, subtile qu'elle est, avec l'air de même essence. Si je restais à terre et examinais d'en bas les régions d'en haut, je ne ferais jamais aucune découverte, je dis bien aucune, car la terre attire à elle, de force, l'humidité de la pensée. C'est exactement ce qui arrive pour le cresson.
— Strepsiade : Que dis-tu ? La pensée attire l'humidité dans le cresson ? Viens donc, descends vers moi, ô mon petit Socrate, afin de m'apprendre les choses pour lesquelles je suis venu.
— Socrate : Et tu es venu en vue de quoi ?
— Strepsiade : Avec le désir d'apprendre à parler. Car, par le fait des intérêts et de créanciers implacables, je suis pillé, ruiné, et mes biens sont donnés en gages.
— Socrate : Et comment t'es-tu endetté sans t'en apercevoir ?
— Strepsiade : C'est une maladie qui m'a épuisé, la « chevalite », rongeuse par excellence. Mais enseigne-moi l'un de tes deux raisonnements, celui qui ne rembourse rien, et quel que soit le salaire exigé, je jurerai par les dieux de te le payer.
— Socrate : Par quels dieux jureras-tu ? Car, pour commencer, les dieux, c'est une monnaie qui n'a pas cours chez nous.

Aristophane, *Les Nuées* (423 av. J.-C.), trad. M.-J. Alfonsi, Garnier-Flammarion, pp. 162-163

# ANTHROPOLOGIE, MÉTAPHYSIQUE, PHILOSOPHIE

## *Le philosophe, ici ou là-bas ?*

Lorsque Aristophane (445-386 av. J.-C.) fait de Socrate un simple sophiste et tourne en dérision son enseignement, il inaugure une tradition qui se poursuit jusqu'à nos jours. Ne **reproche**-t-on pas fréquemment au **philosophe** d'être précisément « dans les nuages », et, au mieux, de faire de son auditeur ou de son lecteur « un as de la parole, une cliquette, une fleur de farine », selon les formules qu'Aristophane prête à Socrate ?

La philosophie aurait ainsi le double tort d'affirmer un intérêt pour des réflexions qui ne concernent pas le quotidien, et de rendre ses praticiens incapables de vivre comme tout le monde, au risque d'être **bernés** par une réalité qu'ils prétendent mépriser. Ainsi le *Lai d'Aristote* d'Henry d'Andély nous montrera-t-il à son tour au XIII^e siècle un Aristote qui, après s'être moqué de la passion qu'éprouve son élève Alexandre le Grand pour Phylis, se laisse séduire par la beauté de cette dernière au point d'accepter de se mettre à quatre pattes, d'être harnaché comme un cheval et de la véhiculer sur son dos...

## *Étonnement et questionnement*

Il n'en reste pas moins que tout individu en vient un jour ou l'autre à se poser la triple question que Gauguin inscrit sur son tableau, « D'où venons-nous ? Que sommes-nous ? Où allons-nous ? » (1897-1898) : on y devine une **interrogation** qui sera qualifiée d'**anthropologique** et de **métaphysique**, et qui indique suffisamment combien l'être humain ne peut vivre sans **s'étonner de ce qu'il est** et **de son propre destin**.

L'étonnement, c'est précisément ce dont Platon faisait déjà l'origine de la philosophie. Faut-il dès lors admettre que la philosophie ne serait rien d'autre que le développement spécialisé de questions qui sont toujours déjà en nous ? On passerait ainsi **d'une métaphysique latente** ou implicite à une métaphysique lucidement **déployée**. Resterait à savoir si cette explicitation n'aurait pas pour effet de **transformer les questions** elles-mêmes, et de rendre les éventuelles réponses complexes au point qu'elles deviendraient incompréhensibles au questionneur profane...

Admettons qu'il convienne de s'étonner pour commencer à philosopher. Ne devient-il pas en conséquence nécessaire de **pousser l'étonnement** au maximum, c'est-à-dire de s'étonner à propos de tout ? De sa propre existence mais aussi de l'existence en général, de sa pensée et de la politique, du fait qu'il y a de la morale mais aussi de son non-respect. On comprend alors que la philosophie puisse dès Socrate assumer une **fonction critique**, et semble se situer en conséquence **en marge de la pensée dominante** et du pouvoir. Car à la fin, si j'entreprends de philosopher en m'étonnant, le plus étonnant ne serait-il pas que les autres ne connaissent pas les effets d'un étonnement comparable — que j'attendrais volontiers d'eux tout autant que de moi ?

L'Occident s'ouvre et perd l'exclusivité du rationnel : « Il faut se méfier du Grec » (Gauguin).

## La philosophie est une sorte de luxe

**HEGEL**

La philosophie est une activité libre, désintéressée ; libre, l'angoisse du besoin ayant disparu, elle fortifie, élève, affermit l'esprit en soi ; c'est une sorte de luxe, ce mot signifiant ces joies et ces occupations qui ne dépendent pas des nécessités extérieures. L'esprit d'un peuple a fait effort pour sortir du morne abrutissement de la vie naturelle primitive, comme de l'état de l'intérêt passionné — en sorte que cette tendance à l'individuel s'est usée au travail. On peut dire, quand un peuple est sorti de la vie concrète, quand les classes se sont séparées, différenciées, qu'il s'approche de sa fin ; sa vivante existence lui devient indifférente, il en est mécontent ; il la fuit dans le domaine de la pensée. Socrate, Platon ne s'intéressaient plus à la vie politique d'Athènes ; Platon cherchait à en établir une meilleure auprès de Denys[1]. A Rome, la philosophie ainsi que la religion chrétienne se répandirent sous les empereurs romains en cette période de malheur universel, de ruine de la vie politique. La science et la philosophie modernes parurent dans la vie européenne au XVe et au XVIe siècle quand fut ruinée la vie médiévale dans laquelle avaient vécu dans l'identité de la religion chrétienne, la vie politique, la vie bourgeoise et la vie privée.

***Leçons sur l'histoire de la philosophie,***
**Introduction au cours de Berlin (1820),**
**trad. J. Gibelin, Idées-Gallimard, tome I, pp. 55-56**

**1** ◻ Allusion à la tentative platonicienne de mettre en pratique ses principes politiques auprès du tyran Denys. Voir la *Lettre VII*, attribuée à Platon.

## L'homme est une invention récente

**FOUCAULT**

L'homme n'est pas le plus vieux problème ni le plus constant qui se soit posé au savoir humain. En prenant une chronologie relativement courte et un découpage géographique restreint — la culture européenne depuis le XVIe siècle — on peut être sûr que l'homme y est une invention récente. Ce n'est pas autour de lui et de ses secrets que, longtemps, obscurément, le savoir a rôdé. En fait, parmi toutes les mutations qui ont affecté le savoir des choses et de leur ordre, le savoir des identités, des différences, des caractères, des équivalences, des mots, — bref au milieu de tous les épisodes de cette profonde histoire du *Même* — un seul, celui qui a commencé il y a un siècle et demi et qui peut-être est en train de se clore, a laissé apparaître la figure de l'homme. Et ce n'était point là libération d'une vieille inquiétude, passage à la conscience lumineuse d'un souci millénaire, accès à l'objectivité de ce qui longtemps était resté pris dans des croyances ou dans des philosophies : c'était l'effet d'un changement dans les dispositions fondamentales du savoir. L'homme est une invention dont l'archéologie de notre pensée montre aisément la date récente. Et peut-être la fin prochaine.

***Les Mots et les choses* (1966),**
**Gallimard, p. 398**

## *La question fondamentale de la métaphysique*

**HEIDEGGER**

La philosophie — ce que nous appelons ainsi — n'est que la mise-en-marche de la Métaphysique, par laquelle elle accède à soi-même et à ses tâches *explicites*. Et la philosophie ne se met en marche que par une *insertion* spécifique de mon existence propre dans les possibilités fondamentales de la réalité-humaine en son ensemble. Pour cette insertion, voici qui est décisif : *d'abord*, donner accès à l'existant dans son ensemble ; *ensuite*, lâcher prise soi-même dans le Néant, c'est-à-dire s'affranchir des idoles que chacun possède et près desquelles chacun cherche ordinairement à se dérober ; *enfin*, laisser cours aux oscillations de cet état de suspens, afin qu'elles nous ramènent sans cesse à la question *fondamentale* de la métaphysique, celle qui extorque le Néant lui-même :

Pourquoi, somme toute, y a-t-il de l'existant plutôt que Rien ?

***Qu'est-ce que la métaphysique ?* (1929),**
**trad. H. Corbin, Gallimard, pp. 43-44**

## commentaire

Lorsque **Hegel** (1770-1831) insiste comme il le fait sur le caractère « luxueux » de la philosophie, qui ne peut se manifester que lorsqu'ont été résolus les problèmes relatifs à l'existence matérielle, on peut y entendre un écho lointain d'une remarque déjà effectuée par Aristote : la **théorie** (le goût pour l'abstraction) ne se développe que comme une **variante du loisir**. Mais avec Hegel, le « luxe » philosophique est synonyme à la fois d'élévation de l'esprit et de déclin du quotidien : aussi définit-il la réflexion philosophique comme l'**« oiseau du soir »**, celui qui prend son envol lorsque les événements du jour sont accomplis, et les exemples qu'il cite illustrent bien cet aspect crépusculaire. Dès lors, les transformations historiques de la philosophie témoignent des crises (politiques, techniques, matérielles) de l'organisation sociale : tout **sursaut de l'esprit** s'effectue par rapport à une **réalité décevante**, comme une sorte de **fuite en avant** ou d'**anticipation**.

C'est en liant l'avancée de la philosophie à la « mise en marche de la Métaphysique » elle-même que **Heidegger** (1889-1976) cerne la question centrale de cette dernière. Question qui n'a en apparence rien de commun avec les préoccupations habituelles, puisqu'elle s'interroge sur le fait qu'il y ait de l'existant quel qu'il soit (en prenant le terme dans sa plus grande généralité) plutôt que Rien. Question sans doute « anormale », qui témoigne d'une capacité d'**étonnement** (que Platon repérait déjà comme origine de l'aptitude à philosopher) tout à fait éloignée de la simple opinion. Mais question à laquelle on n'accède précisément qu'après s'être affranchi des « idoles » (avis et intérêts restreints) qui paraissent ordinairement offrir un refuge rassurant à la pensée lorsqu'elle n'est pas en quête de l'authenticité la plus exigeante.

Parmi ces « idoles », la **question de « l'homme »** paraît figurer en bonne place, puisque le développement des divers discours le concernant (les « sciences humaines », ou, plus généralement, l'anthropologie) attire l'attention sur ce qui peut apparaître comme sa priorité. Or **Michel Foucault** (1926-1984) a au contraire montré, après avoir fait l'« archéologie » de ces discours, que cette question est récente, et ne remonte guère en deçà d'un siècle et demi. **Question datée,** inscrite dans une histoire particulière, et dont il semble en conséquence légitime d'admettre qu'elle peut connaître une « fin prochaine ». Ce qui en fait un simple « incident de parcours », sinon une déviation, dans le trajet de la philosophie et de ses annexes, et autorise à rappeler que les interrogations proprement philosophiques sont en effet tout autres.

# *La métaphysique, fondement des savoirs partiels*

## l'auteur

Aristote (384-322 av. J.-C.) fut d'abord l'élève de Platon, puis le précepteur d'Alexandre le Grand, avant de fonder à Athènes (en 335 av. J.-C.) le Lycée, où il dispensa son enseignement pendant douze ans. Esprit encyclopédique, son œuvre touche à tous les domaines du savoir antique : il fonde la Logique avec son *Organon*, rédige des traités de morale et de politique, une *Rhétorique*, et étudie les êtres naturels dans leur devenir (*Physique*, *De l'âme*, *De la génération des animaux*, etc.). Hostile à la théorie platonicienne des « Idées », il est souvent qualifié de « réaliste » dans la mesure où il conçoit que chaque être obéit à un principe d'organisation immanent, qui le mène à sa propre perfection.

## l'intérêt philosophique du texte

Au-delà de tous les savoirs partiels, Aristote affirme la nécessité d'une **philosophie première**, que l'on nommera ultérieurement métaphysique. Première, elle l'est en importance, parce qu'elle est **fondatrice** : c'est en effet la réflexion sur le **mouvement** (c'est-à-dire la réalité en devenir sous tous ses aspects), tel qu'il l'aborde dans sa *Physique*, qui débouche sur l'affirmation d'un principe* initial de ce mouvement, ou Dieu (« premier moteur » immobile).

Cette « science de l'universel » sera la plus exacte et la plus parfaite, puisqu'elle traite des **premiers principes** et du connaissable par excellence ; dès lors, elle peut être affirmée supérieure à toute autre science dans la mesure où elle se préoccupe du **souverain Bien** alors que les savoirs partiels (subordonnés, et donc « postérieurs » à la connaissance des premières causes) ne révèlent que les fins propres à leurs objets limités. Le Livre IV de la *Métaphysique* la redéfinira comme étudiant « l'Être en tant qu'être, et ses attributs essentiels ». « Elle ne se confond avec aucune des sciences dites particulières, car aucune de ces autres sciences ne considère en général l'Être en tant qu'être, mais découpant une certaine partie de l'Être, c'est seulement de cette partie qu'elles étudient l'attribut essentiel » (éd. citée, p. 109).

**1** □ C'est-à-dire en puissance.

**2** □ Aristote oppose les sciences qui partent de principes « moins nombreux », c'est-à-dire plus simples, plus abstraits, et par suite sont plus exactes, aux sciences qui reposent sur des principes « résultant de l'addition », c'est-à-dire plus complexes. C'est ainsi que l'Arithmétique est antérieure à la Géométrie, qui ajoute aux principes du nombre les principes de l'étendue.

**3** □ Et, donc, la science des causes premières mérite davantage le nom de *sophia* que la science des causes secondes.

*« Le domaine de l'Esprit englobe tout ; il enveloppe tout ce qui a suscité et suscite encore l'intérêt humain. L'homme y est actif. Quoi qu'il fasse il est l'être en qui l'Esprit agit ».*
Hegel, *La raison dans l'histoire.*

*« Tout : l'histoire minutieuse de l'avenir, les autobiographies des archanges, le catalogue fidèlement tenu à jour et conforme de la Bibliothèque, des milliers de cataloguer faux, la démonstration de la fausseté de ces catalogues, la démonstration de la fausseté du catalogue faux (...), la traduction de tous les titres dans toutes les langues, les interpolations de chaque livre dans tous les livres. »*
Borges, *Bibliothèque de Babel.*

## *Nature de la philosophie première*

### ARISTOTE

La connaissance de toutes choses appartient nécessairement à celui qui possède la science de l'universel, car il connaît, d'une certaine manière[1], tous les cas particuliers qui tombent sous l'universel. Mais aussi, il est extrêmement difficile pour les hommes d'arriver à ces connaissances les plus universelles, car elles sont le plus en dehors de la portée des sens[(a)]. Les sciences les plus exactes sont celles qui sont le plus sciences des principes, et celles qui partent de principes plus simples sont plus exactes que celles qui partent de principes plus complexes, comme l'Arithmétique est plus exacte que la Géométrie[2]. Mais une science est d'autant plus propre à enseigner qu'elle approfondit davantage les causes[3], car ceux-là enseignent qui disent les causes[(b)] de chaque chose. Connaître et savoir pour connaître et savoir : tel est le caractère principal de la science du suprême connaissable, car celui qui veut connaître pour connaître choisira de préférence la science parfaite, c'est-à-dire la science du connaissable par excellence. Or, le connaissable par excellence, ce sont les principes et les causes : c'est par eux et à partir d'eux que les autres choses sont connues, et ce ne sont pas les principes et les causes qui sont connus par les autres choses qui leur sont subordonnées. La science la plus parfaite, et qui est supérieure à toute science subordonnée, est celle qui connaît en vue de quelle fin il faut faire chaque chose. Et cette fin est le bien de chaque être, et, d'une manière générale, c'est le souverain Bien dans l'ensemble de la nature.

De toutes ces considérations il résulte que c'est à la même science que s'applique le nom de Philosophie : ce doit être, en effet, la science théorétique des premiers principes et des premières causes, car le bien, c'est-à-dire la fin, est l'une de ces causes.

***Métaphysique,* A, 2, 982a-982b,**
**trad. Tricot, Vrin, pp. 7-8**

**Notes du traducteur**

**(a)** ◻ La philosophie première, ou métaphysique, vise la connaissance de ce qui est *au-delà* du sensible.
Le terme « métaphysique » a été utilisé pour la première fois par Andronicos de Rhodes (vers 50 av. J.-C.) pour désigner, dans l'ensemble des œuvres d'Aristote, celles qui viennent *après* l'étude de la Physique (ce qui concerne la nature). Le préfixe grec *méta-* possède initialement ce double sens : à la fois *au-delà* et *à la suite de.*

**(b)** ◻ « La science à acquérir est celle des causes premières (puisque nous disons que nous connaissons chaque chose, seulement quand nous pensons connaître sa première cause). Or les causes se divisent en quatre sens. En un sens, par cause nous entendons la substance formelle, ou quiddité (en effet la raison d'être d'une chose se ramène en définitive à la notion de cette chose, et la raison d'être primordiale est cause et principe) ; en un autre sens, la cause est la matière ou substrat ; en un troisième sens, c'est le principe du mouvement ; en un quatrième, qui s'oppose au troisième, la cause, c'est ce pourquoi, ou le bien (car le bien est la fin de toute génération et de tout mouvement). Nous avons suffisamment étudié ces principes dans la *Physique.* » (*Métaphysique,* éd. citée, pp. 11-12)
Aristote énonce ici les quatre sortes de causes qu'il distingue : formelle (l'idée, ou le modèle à quoi correspond l'objet) ; matérielle (la matière dont est fait l'objet) ; efficiente (l'agent de la modification) ; finale (ce en vue de quoi l'objet existe).

# *LA CURIOSITÉ ANTHROPOLOGIQUE*

A qui entreprend de réfléchir sur l'existence, il peut sembler tentant, sinon logique, de commencer par se demander ce qu'il est et, au-delà, ce qu'est l'homme en général. Ainsi entendue comme repérage, connaissance ou compréhension de l'être humain, l'**anthropologie** se trouverait justifiée dans la mesure où elle répondrait à une curiosité immédiate.

On est cependant obligé de constater que l'histoire du savoir n'inclut pas dès l'origine une telle préoccupation : ce n'est en fait que tardivement, au cours des temps habituellement qualifiés de « modernes », qu'elle s'affirme. Mais à peine cette connaissance de l'homme s'esquisse-t-elle par des voies diverses qu'elle suscite, complémentairement, sa propre dispersion et l'interrogation de la philosophie quant à son statut et à sa véritable portée.

Il est en effet clair que, aujourd'hui, le discours anthropologique court à travers les **sciences humaines** : celles-ci en forment en quelque sorte les diverses avancées en même temps qu'elles en posent l'unité comme une limite dont le moins qu'on puisse dire est qu'elle paraît difficile à atteindre. Car les sciences humaines sont évidemment multiples, non seulement par leurs objets mais encore par leurs méthodes. Sans doute ce qui les rassemble est qu'elles ont pour objet l'homme dans ses différentes dimensions, mais rien ne garantit qu'elles parviennent (en admettant qu'elles continuent à se développer durablement) à cerner cet être humain de façon globale. Psychologie, sociologie, histoire, linguistique, mais aussi ethnologie ou géographie humaine (à quoi il convient d'ajouter toutes les disciplines intermédiaires, psycho-sociologie, ethno-psychanalyse, socio-linguistique, etc.) : les discours paraissent multiplier leurs angles d'approche et leurs méthodes, comme s'il s'agissait de combler les vacances d'un objet d'abord découpé en morceaux.

Comme d'un autre côté ces diverses disciplines, qui affirment *a priori* leur scientificité, semblent peu capables de réfléchir sur leur propre enracinement idéologique et de mettre en question leurs postulats implicites[1], on comprend que leur prétention initiale à **mettre fin au discours philosophique sur l'homme** apparaisse aujourd'hui bien vaine : n'est-ce pas un philosophe qui, dès le départ, laissait entendre ce que pourrait être leur insuffisance ?

## *L'anthropologie kantienne*

Contrairement au positivisme dominant au XIX^e^ siècle, qui confond l'empirique et le transcendantal, Kant prend soin de les distinguer. Aussi son

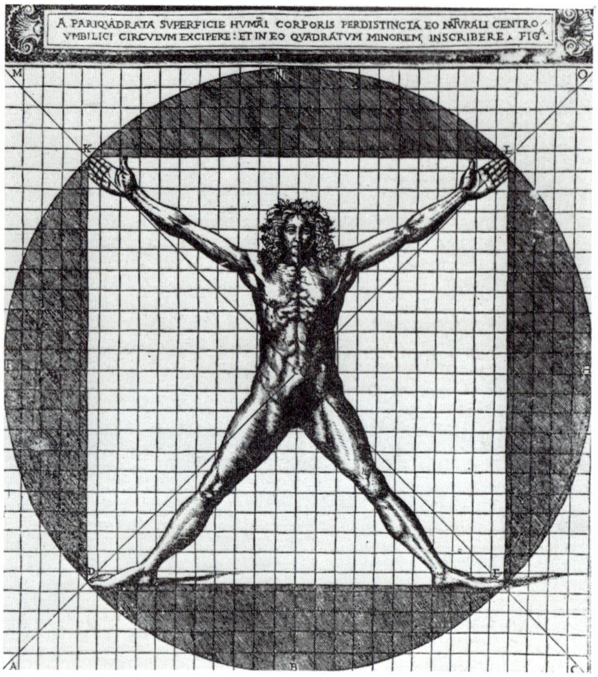


*« L'homme est la mesure de toute chose ».*

Protagoras.

projet de constituer une *Anthropologie du point de vue pragmatique* (1798) ne doit-il pas se confondre avec une étude de ce qui compose l'ensemble des dimensions de l'humanité : il ne s'agit encore que d'y aborder la psychologie des facultés humaines, qui doit être prolongée par une théorie de l'habileté, elle-même couronnée par une étude des conditions empiriques dans lesquelles doit s'effectuer l'application des lois morales.

Ceci aboutit à insister sur la **spécificité de l'homme**, irréductible à la simple animalité, mais aussi à souligner qu'il n'y a d'être authentiquement humain que là où les diverses expériences sont rassemblées dans un sujet capable de se poser comme Moi. Autrement dit : le déchiffrement des faits empiriques ouvre directement sur le transcendantal — l'**anthropologie pragmatique** doit se prolonger en une **anthropologie philosophique**, enrichie par une méditation sur l'histoire, sur l'existence de la loi morale et sur ce mystère que constitue dans l'être humain la présence de la liberté qui, sans doute, lui permet de choisir le mal, mais qui l'autorise également à se perfectionner.

L'anthropologie, entendue philosophiquement, doit ainsi abandonner le seul registre des faits observables et des analyses « objectives » pour réfléchir sur le droit et les valeurs : non contente de constater les différentes manières dont vit l'être humain à travers la diversité historique et culturelle, elle en vient à penser ce que peut et doit être l'homme pour se réaliser au mieux.

## *L'exigence métaphysique*

On reconnaîtra volontiers dans ce passage **du fait au droit** le risque qui caractérise toute réflexion métaphysique, toujours élaborée — ainsi que le montre également Kant — sur le pari d'une pensée capable de dépasser les considérations empiriques pour accéder aux concepts *a priori*. Si, par définition, la méta-physique considère ce qui est au-delà de l'expérience, elle trouve son fondement dans la curiosité de l'homme lui-même pour ce qui excède les limites de son existence empirique ; Kant en nomme les trois concepts centraux, auxquels correspondent dans son système les trois « postulats de la raison pratique » : Dieu, la liberté, l'immortalité de l'âme.

De Dieu, on peut évidemment se demander s'il appartient en propre à la métaphysique. Parce que Aristote le définit comme Premier moteur immobile et en affirme la nécessité, parce que, ultérieurement, la réflexion philosophique est obligée de se développer dans un contexte chrétien, on est tenté de répondre par l'affirmative.

Toutefois, Heidegger montre que, en deçà des trois concepts de Kant, la démarche métaphysique est fondée par une interrogation plus radicale encore, sur l'Être. On en vient alors à penser que c'est l'oubli de cette **question de l'Être**, et donc son occultation particulière par la **réflexion sur Dieu**, qui caractérise l'histoire de la métaphysique occidentale : d'**ontologie** initiale, elle se transforme durablement en

*« Les philosophes conçoivent les affections qui se livrent bataille en nous comme des vices dans lesquels les hommes tombent par leur faute (...) Ils croient ainsi agir divinement et s'élever au faîte de la sagesse, prodiguant toute sorte de louanges à une nature humaine qui n'existe nulle part, et flétrissant par leurs discours celle qui existe réellement. Ils conçoivent les hommes en effet, non tels qu'ils sont, mais tels qu'eux-mêmes voudraient qu'ils fussent. »*
Spinoza, *Traité politique.*

**onto-théo-logie**, si durablement que la re-découverte du sens même de sa question initiale nécessite un effort considérable et un travail de « déconstruction » pour le moins surprenant, dans la mesure où il fait apparaître son histoire comme celle d'une longue errance...

Parce que la métaphysique entreprend, quoi qu'il en soit, d'élaborer une pensée cohérente sur ce qui dépasse l'expérience et donc le concret, de violentes critiques n'ont pas manqué de lui être adressée, en particulier du point de vue marxiste : elle fait alors figure de simple **idéologie**, aussi aliénante et trompeuse que la religion elle-même, avec laquelle elle partagerait cette qualité peu recommandable de ne se diffuser que dans l'intérêt des nantis. Il n'en reste pas moins que le souci métaphysique est inscrit dans chaque être humain, comme le désir d'échapper à sa propre finitude, en concevant un « au-delà » ou un « en deçà » qui apporte une certaine cohérence aux apparences. Dans cette optique, la réflexion sur l'être se double dès Parménide d'un discours sur le Néant, d'abord conçu comme sa simple négation, puis, à partir de Hegel, comme son complément productif : « Comme si, écrit un poète contemporain, le néant était la face cachée des objets — ou leur âme, je veux dire ce petit osselet de bois qui, associé au vide, à l'intérieur du violon, lui donne sa souveraine résonance » (Jean Tardieu, *Obscurité du jour*, Skira, p. 96).

## *Philosopher*

Contrairement à « l'homme », « l'Être » serait ainsi le thème qui détermine l'**étonnement philosophique**. Autrement dit, comme le rappelle Heidegger : Pourquoi y a-t-il **quelque chose plutôt que rien** ? On comprend que répondre par exemple « Parce que Dieu l'a voulu » n'a rien de satisfaisant, ne faisant que repousser la question en « Pourquoi y a-t-il alors un Dieu plutôt que rien ? » — jusqu'à ce que le croyant reconnaisse précisément que sa **foi** repose sur un choix non fondé en raison.

C'est pourquoi, historiquement, la philosophie ne put naître et se développer que dans une mentalité en train de s'éloigner des explications mythiques apportées à l'existence des choses, en même temps que dans une langue où pouvait s'énoncer la question de l'Être. Ce fut donc en Grèce.

Cette origine grecque n'est pas indifférente : elle signifie que la philosophie ne se déploiera que dans la culture issue de la Grèce antique, à Rome, autour du bassin méditerranéen, puis à travers l'Europe et dans les zones qu'elle influencera.

Ainsi la philosophie, qui constitue le fond même de notre mentalité (c'est par exemple Aristote qui définit le **principe d'identité** sur lequel repose notre pensée quotidienne) cette philosophie est, historiquement, géographiquement et culturellement un type de discours qui connaît des limites assez strictes. Lorsque Heidegger affirme que l'expression **« philosophie occidentale »** est une **tautologie**, cela signifie crûment qu'il n'existe pas de philosophie chinoise, pas davantage de philosophie bantoue, ni de philosophie aztèque ou nambikwara... Cela ne signifie aucunement que son absence soit un défaut : c'est pourquoi, en la définissant comme l'**« aventure occidentale de la pensée »**, Jean Beaufret prend soin de la situer par rapport à une pensée à la fois antérieure (chez les présocratiques) et parallèle (dans les cultures non occidentales).

Philosopher, parce que cela ne peut se faire qu'en éprouvant sa propre réflexion à celle des **philosophes du passé**, pour connaître ce qui la rend possible, c'est donc aussi affirmer qu'un **héritage** mérite d'être recueilli — ne serait-ce que pour en contester la valeur.

1 ☐ Voir à ce sujet le chapitre sur la *Constitution d'une science de l'homme : la sociologie*.

**BIBLIOGRAPHIE DE LA LEÇON**

***J. BEAUFRET :***
« La naissance de la philosophie », in *Approche de Heidegger*, tome I, Minuit.

***M. HEIDEGGER :*** *Qu'est-ce que la philosophie ?*, Gallimard.

***KANT :***
*Anthropologie du point de vue pragmatique*, Vrin.

***P. NIZAN :***
*Les Chiens de garde*, Maspéro.

## TABLE D'ORIENTATION

5 LA VÉRITÉ
↑
1 **ANTHROPOLOGIE**
4 L'HISTOIRE ← 2 **MÉTAPHYSIQUE** → 6 LE SENS
3 **PHILOSOPHIE**
↓
7 LA LIBERTÉ

## SUJETS DE DISSERTATION

1 Savons-nous répondre à la question « Qu'est-ce que l'homme ? » (Strasbourg, A, 1980)

■ Est-il préférable de dire « J'ai un corps » ou bien « Je suis mon corps » ? (Toulouse, A, 1975)

■ Peut-on être sans avoir ? (Poitiers, A, 1977)

2 La philosophie est-elle la tentative pour penser aussi loin que possible ? (Poitiers, C-D, 1980)

3 « Curiosité de tout et curiosité du tout » : définiriez-vous ainsi la réflexion philosophique ? (Rouen, A, 1977)

■ La philosophie a-t-elle un objet propre ? (Amérique du Sud, A, 1977)

4 5 La diversité des philosophies ruine-t-elle toute prétention de la philosophie au vrai ? (Dijon, A, 1979)

6 Peut-on reprocher à la philosophie d'être inutile ? (Amiens, A, 1979)

7 De quelle servitude un philosophe essaie-t-il de se libérer ? (Rennes, A, 1977)

## BIBLIOGRAPHIE GÉNÉRALE

***M. DUFRENNE :*** *Pour l'homme,* Seuil.

***M. GUÉRIN :*** *Le Génie du philosophe,* Seuil.

***G. GUSDORF :*** *Traité de métaphysique,* A. Colin.

***M. HEIDEGGER :*** *Qu'est-ce que la métaphysique ?* Gallimard ; *Lettre sur l'humanisme,* Aubier.

***HEGEL :*** *Leçons sur l'histoire de la philosophie,* Gallimard-Idées.

***K. JASPERS :*** *Introduction à la philosophie,* 10/18.

***M. MERLEAU-PONTY :*** *Éloge de la philosophie,* Gallimard-Idées.

***J. PIAGET :*** *Sagesse et illusions de la philosophie,* P.U.F.

## GLOSSAIRE

**Cause, causalité :** ce terme n'a plus aujourd'hui le sens vaste et varié que lui prêtait Aristote (voir ci-dessus le *Grand Texte*), et désigne ce qu'il nommait la *cause efficiente*. La cause est le phénomène antécédent qui détermine l'existence de l'effet. **Le principe de causalité** énonce que tout phénomène a une cause : pour Kant, il est nécessairement *a priori*, tandis que Hume et les empiristes n'y voient qu'une acquisition progressive de l'esprit humain. La recherche des causes est, pour Auguste Comte, caractéristique de l'esprit « métaphysique » et de sa quête de l'absolu.

**Finalisme :** se dit de toute doctrine pour laquelle le monde et les éléments qui le composent (l'homme, la nature...) tendent à la réalisation d'une fin.

**Métaphysique :** désignant à l'origine l'ouvrage d'Aristote qui vient après la *Physique*, le terme désigne désormais ce qui est *au-delà* de la physique. Pour la philosophie critique de *Kant*, la *métaphysique* devient l'inventaire des connaissances dépendant de la seule raison, sans appel à l'expérience. *Auguste Comte* désigne par *état métaphysique* l'âge intermédiaire de la connaissance humaine : après l'état *théologique* (faisant appel aux miracles et aux caprices divins) et avant l'état *positif* (consacré à l'établissement des lois), l'état *métaphysique* est recherche des *causes*.

**Principe d'identité, principe de contradiction :** principes logiques fondamentaux selon lesquels « ce qui est est, ce qui n'est pas n'est pas » (autrement dit A = A) ; le *principe de contradiction* (également dit « de non-contradiction ») énonce qu'on ne peut poser simultanément une affirmation et une contradiction à propos d'un objet, au même moment et sous le même rapport. Pour Hegel, ces deux principes appartiennent à la *logique de l'entendement*, et il appartient à la dialectique de les dépasser en montrant comment les contraires s'engendrent dynamiquement.

# INDEX DES AUTEURS

Les chiffres en gras renvoient à un texte de l'auteur.

## A



## B



## C



## D



## E



## F

## V



## W



## X



## Y



## Z



# INDEX DES NOTIONS

Les chiffres en **gras** renvoient au glossaire dans lequel le terme est défini. Les chiffres en *italiques* renvoient à un développement consacré à la notion.

## A



## B



## C

## D



## E



## F



## G



## H



## I

## J



## L



## M



## N



## O



## P



## R

## S



## T



## U



## V